संग-सत्संग

[साक्षात्कार]

संग-सत्संग

नामवर सिंह

सम्पादक
आशीष त्रिपाठी

राजकमल प्रकाशन

ISBN : 978-93-88753-97-5

मूल्य : ₹995

पहला संस्करण : 2020

प्रकाशक : राजकमल प्रकाशन प्रा.लि.
1-बी, नेताजी सुभाष मार्ग, दरियागंज
नई दिल्ली-110 002

शाखाएँ : अशोक राजपथ, साइंस कॉलेज के सामने, पटना-800 006
पहली मंजिल, दरबारी बिल्डिंग, महात्मा गांधी मार्ग, इलाहाबाद-211 001
36 ए, शेक्सपियर सरणी, कोलकाता-700 017

वेबसाइट : www.rajkamalprakashan.com
ई-मेल : info@rajkamalprakashan.com

मुद्रक : बी.के. ऑफसेट
नवीन शाहदरा, दिल्ली-110 032

SANG-SATSANG
Interviews by Namavar Singh
Edited by Ashish Tripathi

लोकतंत्र और संवाद

> कहना न होगा कि साहित्य की प्रत्येक विधा तत्त्वतः संवाद ही है, उसका लिखित रूप जो भी हो। संवाद अर्थात् बातचीत। यह संवाद स्वयं भाषा की प्रकृति में है। भाषा का तो स्वधर्म ही संवाद है। जब हम किसी और से बातचीत कर रहे होते हैं तो अपने अन्दर भी कहीं-न-कहीं बातचीत का एक सिलसिला चलता रहता है।
>
> **—नामवर सिंह**

नामवर सिंह एक संवादी आलोचक हैं। अपनी आलोचना में उन्होंने अपने संवादी को अनेक आयामों और रूपों में विकसित और अभिव्यक्त किया है। उनके 'संवादी' की बुनियादें एक ओर भारतीय समाज और लोकतंत्र में हैं तो दूसरी ओर उनके निज व्यक्तित्व में। भारतीय समाज मूलतः एक संवादी समाज है। विभिन्नताओं के अति-छोरों की उपस्थिति के बावजूद। वह अति-बिन्दुओं के एक दूसरे से संवाद के लिए परिस्थिति निर्मित करता है, उन्हें उकसाता है और संवाद से निकलने वाले परिणामों और परिवर्तनों को उत्सुकता से जाँचता और अपनाता है। इस प्रक्रिया में एक ओर विरोधी-युग्म अपने मूल रूप बनाए रखते हैं तो संवाद से निकले नये समूह भी अपनी उपस्थिति से समाज में नये परिवर्तन उपस्थिति करते हैं। जहाँ संवाद सम्भव नहीं होता, वहाँ भी विरोधी-युग्म के अति-छोर एक साथ उपस्थित होते हैं। 'श्वेत-श्याम' अर्थात् 'श्वेत' और 'श्याम' की तरह। 'और' के साथ। द्वन्द्व समास की तरह। बौद्ध आन्दोलन, भक्ति आन्दोलन, नवजागरण और स्वतंत्रता आन्दोलन में भारतीय समाज की संवादी परम्पराओं के विविध रूप और उदाहरण देखे जा सकते हैं। 'संवाद' के लिए वाद-विवाद अनिवार्य है। सो भारतीय समाज और ज्ञान-परम्परा में इसकी परम्पराएँ बहुत ताकतवर हैं। 'संवाद' 'असहमति के साहस' और 'सहमति के विवेक' के बगैर सम्भव नहीं होता। भारतीय समाज की विविधता और बहुलता औपचारिक समंजन और तकनीकी तटस्थता से नहीं, वाद-विवाद-संवाद तथा घात-प्रतिघात-संघात की ऊष्मा से जीवनी-शक्ति प्राप्त करती है। इसीलिए वह निरन्तर परिवर्तनशील बनी रहती है।

ब्राह्मणवाद और सामंतवाद के व्यापक प्रभाव के कारण अनेक बार ऐसा लगता है कि लोकतंत्र भारतीय समाज का मूल स्वभाव नहीं है। राजतंत्रात्मक व्यवस्था की दीर्घ परम्परा और भेद पर आधारित ब्राह्मणवादी वर्णवाद के कारण राजसत्ता, धर्मसत्ता और समाजसत्ता में एकाधिकारवादी और तानाशाही प्रवृत्तियाँ ताकतवर रही हैं। इसके बावजूद समाज में एक तरह की मुक्तता भी रही है। भारतीय समाज कभी भी राजसत्ता, धर्मसत्ता और समाजसत्ता से उस तरह बँधा नहीं रहा है, जैसाकि अक्सर औपनिवेशिक ज्ञान-मीमांसा के प्रभाव में मान लिया जाता है।

भारतीय स्वतंत्रता संग्राम के दौरान भारतीय समाज ने सबसे ज्यादा आग्रह सामाजिक और राजनीतिक लोकतंत्र का किया। भक्ति-आन्दोलन की विद्रोही धाराएँ भौतिक- वादियों और बौद्ध आन्दोलन की परम्परा में पहले ही धार्मिक और सामाजिक लोकतंत्र के लिए संघर्ष चलाए हुए थीं। यह संघर्ष नवजागरण युग तक जारी चला आता था। स्वतंत्रता आन्दोलन ने वास्तविक अर्थों में भारतीय समाज के संवादी स्वभाव को बंधनहीन बनाने का प्रयास किया। इसके कारण भारतीय समाज एक 'अखिल भारतीय समाज' बन सका। 'लोकतांत्रिकता' इस संवाद की बुनियादी शर्त थी।

आजादी के बाद भारतीय लोकतंत्र को ज्यादा जीवन्त, वास्तविक और गहरा बनाने के लिए इस संवाद को समाज की आन्तरिक परतों तक ले जाना जरूरी था। इसीलिए लोकतंत्र को ऐसे नायकों की जरूरत थी, जो संवाद की प्रक्रिया को आगे बढ़ाएँ। जवाहरलाल नेहरू, भीमराव अम्बेडकर, पी.सी. जोशी, ई.एम.एम. नंबूदरीपाद, राममनोहर लोहिया और नरेन्द्रदेव जैसे राजनीतिज्ञों से लेकर अलाउद्दीन खान, सत्यजित राय, हबीब तनवीर, कुमार गंधर्व, उदयशंकर, आर. के लक्ष्मण, एम.एफ. हुसैन, राहुल सांकृत्यायन, मुक्तिबोध, नागार्जुन, फणीश्वरनाथ रेणु, रामविलास शर्मा और हरिशंकर परसाई जैसे कलावन्तों के काम को इस सन्दर्भ में देखा जा सकता है। नामवर सिंह इसी श्रृंखला की प्रभावी कड़ी हैं।

नामवर सिंह के व्यक्तित्व में संवादी-भाव की जड़ें गँवई भारतीय समाज में हैं। नेहरूयुगीन लोकतंत्र ने इसे सँवारा और विकसित किया है। बचपन, किशोरवय और युवावस्था में कामता प्रसाद विद्यार्थी, नतीउल्लाह खान, त्रिलोचन, मार्कंडेय सिंह और हजारीप्रसाद द्विवेदी के प्रभावों ने उन्हें ज्यादा संवादी और लोकतांत्रिक बनाया। प्रगतिशील लेखक संघ और अध्यापन के पेशे ने उनके संवादी-स्वरूप को नई जरूरतों के अनुकूल ढाला। नामवर सिंह के व्याख्यान उनके संवादी-व्यक्ति को सबसे सटीक अभिव्यक्त करते हैं।

नामवर सिंह आधुनिक हिन्दी के सबसे बड़े संवादी हैं, जिस अर्थ में महात्मा गांधी आधुनिक भारत के। वाद विवाद संवाद को अनिवार्य मानते हुए संवाद के प्रत्येक रूप के लिए प्रस्तुत। संवादी आलोचक। आलोचना में 'सहयोगी प्रयास' के पक्षधर। साहित्य-समाज में छिड़ी चर्चाओं में अपनी मान्यताओं और तर्कों के साथ

उपस्थित होकर उसमें अपने ढंग से हस्तक्षेप करना उन्हें जरूरी लगता है। रुचिकर भी। इसमें वे रमते हैं। सम्भवत: इसीलिए उन्होंने 'साक्षात्कार' विधा को उसके उभार के दौर से ही गम्भीरता से लिया है। साक्षात्कार विधा के उभार का गहरा सम्बन्ध आठवें दशक में पत्रकारिता और साहित्य की आन्तरिक जरूरतों और उनके रिश्तों के साथ ही भारतीय लोकतंत्र में आए बुनियादी परिवर्तन से है।

आठवें दशक में विकेंद्रीकरण एक प्रमुख प्रवृत्ति बनकर उभरा। राजनीति से लेकर पत्रकारिता और साहित्य—सभी क्षेत्रों में आधुनिक विकास और लोकतंत्रीकरण की प्रक्रिया में उभरे पूर्ववर्ती केन्द्रों के समानान्तर नये केन्द्रों का उभार हुआ। नक्सलबाड़ी से लेकर सम्पूर्ण क्रान्ति—सभी आन्दोलनों में ताकतवर केन्द्रों को चुनौती देने और उनकी शक्ति-सम्पन्नता को प्रश्नांकित करने की भावना मौजूद थी। लोकतंत्र के लोकव्यापीकरण का यह अनिवार्य परिणाम था। प्रगतिशील आन्दोलन के पुन:उभार ने साहित्य की दुनिया में इसे विकसित करने में अपनी महत्त्वपूर्ण भूमिका निभायी। हिन्दी क्षेत्र में कस्बों और छोटे शहरों तक गतिविधियों का विस्तार हुआ। महाविद्यालयों और विश्वविद्यालयों में अकादमिक हलचलें आकार लेने लगीं। राज्य सरकारों की साहित्यिक अकादमियाँ साहित्य के क्षेत्र में सहभागिता के लिए प्रस्तुत हुईं।

इसी दौर में हिन्दी पत्रकारिता में समाजवादी और मार्क्सवादी रुझान रखनेवाले पत्रकारों का बड़ी संख्या में आगमन हुआ। सातवें और आठवें दशक के सामाजिक-राजनीतिक आन्दोलनों ने बुद्धिजीवियों, लेखकों और पत्रकारों के बीच आन्तरिक संवाद विकसित करने का अवसर दिया। ये पत्रकार सामाजिक, राजनीतिक और आर्थिक मुद्दों पर हिन्दी के लेखकों के विचारों को प्रमुखता से छापने में दिलचस्पी ले रहे थे। ऐसे में विभिन्न केन्द्रों की गतिविधियों में भाग लेनेवाले लेखकों के लिए सामाजिक और राजनीतिक प्रश्नों पर राय प्रकट करना अनिवार्य हो गया। 'हिन्दी के आलोचक' नामवर सिंह इस प्रक्रिया में 'हिन्दी के शीर्ष बुद्धिजीवी-कार्यकर्ता' होकर उभरे। प्रगतिशील लेखकों के समूह, भारत भवन और विश्वविद्यालय जैसे संस्थान उन्हें जिन विषयों पर विचार के लिए आमंत्रित कर रहे थे, पत्रकार उनसे भिन्न विषयों पर उनके विचार जानना चाहते थे। ये विषय ज्यादातर साहित्येतर थे। राजनीति, अर्थ-व्यवस्था, समाज, आन्दोलन और ऐसे ही हजारों विषय चर्चा-परिचर्चा में आए। इन विषयों पर मूलत: पत्रकारों द्वारा लिये गए नामवर जी के साक्षात्कार स्थानीय से लेकर राष्ट्रीय पत्र-पत्रिकाओं में छपने लगे। विविध सामाजिक प्रश्नों पर मत के लिए नामवर जी पत्रकारों की पहली पसन्द बनकर उभरे। नामवर जी की पुस्तकों 'कहना न होगा', 'बात बात में बात' और प्रस्तुत पुस्तक में पत्रकारों के इस हस्तक्षेप को स्पष्ट रूप से पहचाना जा सकता है। 'राष्ट्रीय सहारा' के 'हस्तक्षेप' का संयोजन करनेवाले अरुण पांडेय का अनुभव इस मायने में महत्त्वपूर्ण है।

'सहारा समय' में आते हुए उनके मन में था कि कुछ ऐसा हो ताकि अंग्रेजी वालों के सामने सिर उठाकर बात की जा सके। वे लिखते हैं : 'सोच के मुताबिक काम मिला और पिछले करीब ग्यारह वर्षों में एक टीम के साथ हमने हर सप्ताह एक ही विषय पर भरी-पूरी सामग्री के साथ 'हस्तक्षेप' के लगभग 600 अंक निकाले हैं। कुछेक अपवादों को छोड़ दिया जाए तो आम तौर पर 'हस्तक्षेप' के इन अंकों को प्रशंसा ही मिली। ये चीजें सिर्फ बताने के लिए नहीं लिख रहा बल्कि इसका नामवर जी के होने से सीधा सम्बन्ध है। इसको कहने में हमें तनिक भी संकोच नहीं है कि इसको सफलतापूर्वक अंजाम देने में हिन्दी के जिन चन्द लोगों की उपस्थिति निर्णायक थी, उनमें से एक नामवर जी भी हैं।...यह काम आसान हुआ तो इसलिए कि साहित्येतर विमर्श के दायरे से बाहर हिन्दी में नामवर जी जैसे कुछ पुरोधा थे।...अंग्रेजी के दिग्गजों के बीच हमने नामवर सिंह को चौड़े से छापा। उनका कहा हुआ किसी के लिखे हुए से हल्का नहीं होता था। नामवर जी से एक-दो घंटे बात करने के बाद बड़ी से बड़ी वैचारिक उलझनों की गुत्थी सुलझाने में मदद मिलती थी।'

ऐसे माहौल में नामवर सिंह अपनी संवाद-प्रवीणता के कारण हिन्दी के सार्वजनिक व्यक्तित्व बनकर उभरे।

नामवर सिंह न सीमित अर्थों में साहित्यकार हैं, न आलोचक। इसके बावजूद वे इन साक्षात्कारों में मुख्यत: आलोचक के रूप में उभरते हैं। नामवर जी का आलोचक समाज में बातचीत करते हुए, वाद-विवाद-संवाद करते, प्रश्न-प्रतिप्रश्न करते सक्रिय रहता है और विचार, तर्क और संवाद की उस प्रक्रिया से गुजरता है जो आलोचना की बुनियादी भूमि है। आलोचना लिखित हो या वाचिक, उसके पीछे बुनियादी प्रक्रिया है—पढ़ना, विवेचना, विचारना। तर्क और संवाद। नामवर जी के साक्षात्कारों में इसका व्यापक समावेश है। इनसे गुजरते हुए हम महसूस करते हैं कि वह किसी रचना को हमेशा नई और अपनी तरह से पढ़ने की कोशिश करते हैं और इस तरह 'पढ़ते' हुए वे लगातार नई तरह से 'सोचते' और 'विचारते' हुए सामने आते हैं। उनकी वाचिक आलोचना मूल्यांकन की ऊपरी सीढ़ी तक पहुँचती है। निकष बनाती है। प्रतिमानों पर बहस करती है। उसमें 'लिखित' की तरह की 'कौंध' मौजूद होती है। नहीं होता तो बस पूरापन।

पुस्तक में संकलित साक्षात्कारों का विषय-क्षेत्र अत्यन्त विस्तृत है। मार्क्सवाद, समकालीन विश्व, पूँजीवाद, नवसाम्राज्यवाद, नवफासीवाद और भारतीय लोकतंत्र के विरूपीकरण से लेकर कविता, कहानी, उपन्यास और निजी जीवन तक—साहित्य और देश-दुनिया की उनकी समझ का एक स्पष्ट प्रतिबिंब यहाँ मिलता है। उनकी विश्वदृष्टि का रूपायन इनमें हुआ है।

पुस्तक चार खंडों में बँटी हुई है। दीर्घ और विषय-केन्द्रित साक्षात्कार पहले खंड में हैं। इनमें एक तरह का पूरापन है। उठाए गए प्रश्नों पर नामवर जी की राय

मुकम्मल रूप में उभरकर आई है। दूसरे खंड में साहित्यकारों और कृतियों पर केन्द्रित बातचीत है। तुलसीदास, निराला, नागार्जुन, हबीब तनवीर और स्वयं प्रकाश तथा काशीनाथ सिंह की दो कृतियाँ—'काशी का अस्सी' और 'याद हो कि न याद हो'—इस साक्षात्कारों के केन्द्र में हैं। तीसरे खंड में पाँच साक्षात्कार हैं जो उनके निजी जीवन से सम्बन्धित हैं। चौथे खंड में प्रकाशित साक्षात्कारों में 'तेज चाल बातचीत' का-सा बोध होता है। इनमें एक तरह की क्षिप्रता है। नुकीलापन। इस खंड के अनेक साक्षात्कारों में सवाल रिले रेस की शैली में उभरते हैं। यहाँ नामवर जी के विचार प्राय: निष्कर्षों के रूप में प्रकट हो सके हैं। अब तक चर्चा में न आए अनेक प्रसंग और प्रश्न भी यहाँ मौजूद हैं। अनेक तात्कालिक सन्दर्भों पर नामवर जी की प्रतिक्रिया को जगह मिली है, जिनसे उनकी राजनीतिक चेतना को समझने में मदद मिलती है। इस खंड के अनेक साक्षात्कारकर्ता प्राय: पहली बार हिन्दी जगत के सम्मुख आए हैं और इनके माध्यम से हिन्दी की दुनिया में अपना हस्तक्षेप कर सके हैं। इन साक्षात्कारों से पता चलता है कि युवा पत्रकारों, अध्यापकों और विद्यार्थियों में नामवर जी से बात करने की कितनी गहरी इच्छा मौजूद रही है। संवाद के लिए प्रेरित करती उनकी उपस्थिति का महत्त्व इससे अधिक और कैसे समझा जा सकता है?

इन सभी साक्षात्कारों से गुजरते हुए यह बात गहराई से अनुभव की जा सकती है कि लोकतंत्र इन साक्षात्कारों के केन्द्र में है। सवाल पूछनेवाले प्रश्नकर्ता लोकतंत्र में आनेवाले परिवर्तनों से चिन्तित हैं और प्रत्युत्तर में नामवर जी लोकतांत्रिक राजनीति और समाज का गहरा विवेचन करते हैं। जनमुखी लोकतंत्र के लिए वैचारिक संघर्ष—इन साक्षात्कारों की वैचारिकी को विशिष्ट बनाता है।

1988-1992 के दौरान आए परिवर्तनों से नामवर सिंह एक आलोचक-विचारक के रूप में चिन्तित-विचलित थे। भारतीय समाज और लोकतंत्र में आ रहे परिवर्तनों की मुख्यत: दो दिशाएँ थीं। भारतीय प्रभु वर्ग एक तरह की लोकतांत्रिक प्रति-क्रान्ति की तैयारी कर रहा था। वह लोकतंत्र का अपने हित में अधिकतम उपयोग कर चुका था, और उसे समाज के वंचित वर्गों तक जाते देख रहा था। वर्ण-जाति-धर्म के भेदवादी ढाँचे से उसके मन में दलितों-पिछड़ों, स्त्रियों और गैर-हिन्दुओं के प्रति एक घृणा मौजूद थी। वह पूरी ताकत लगाकर लोकतंत्र को इन वंचित वर्गों के हाथ में जाने से रोकना चाहता था। शाहबानो प्रकरण और बाबरी मस्जिद, राम जन्मभूमि विवाद ने अचानक जैसे इस प्रति-क्रान्ति के लिए एक हथियार उपलब्ध करा दिया। साम्प्रदायिक उन्माद और धार्मिक कट्टरतावाद ऐसे ही कारगर हथियार थे। हिन्दी समाज साम्प्रदायिक ध्रुवीकरण, उन्माद और हिंसा की गिरफ्त में था। जनता के वास्तविक प्रश्न पीछे डाल दिये गए थे। आर्थिक निराशा तेज थी और 'राजनीति' अपना विश्वास खो रही थी। जनता में एक तरह की अराजकता घर कर रही थी, जिसका रणनीतिक उपयोग साम्प्रदायिक संगठन अपने हित में कर रहे थे। जनता का

साम्प्रदायिक बँटवारा एक तरह से वास्तविक लोकतांत्रिक प्रक्रियाओं और लक्ष्यों को स्थगित करने के लिए काफी था। जनता को साम्प्रदायिक बँटवारे की ओर धकेलकर साम्प्रदायिक हिंसा और दंगों की आग में झोंका जा रहा था। साम्प्रदायिक संगठनों की कार्य-प्रणाली और कार्य-व्यवहार में फासीवादी-नाजीवादी रणनीतियों की प्रभावी झलक थी। साम्प्रदायिकता को 'धर्म', 'सांस्कृतिक' और 'राष्ट्रीयता' के मोहक और आकर्षक आवरण से छुपाया जा रहा था, फिर भी देश के बुद्धिजीवी-विचारक-लेखक-संस्कृतिकर्मी और जनता का एक बड़ा वर्ग इसकी सच्चाई को गहराई से समझ रहा था। चूँकि इस प्रति-लोकतांत्रिक कार्यवाही का केन्द्र हिन्दी-उर्दू क्षेत्र था, इसलिए इस इलाके के बुद्धिजीवियों पर अचानक एक नई जिम्मेदारी आ गई थी। कहना न होगा कि इस क्षेत्र के जन-पक्षधर और लोकतंत्र-समर्थक बुद्धिजीवियों-विचारकों ने अपनी वैचारिक भिन्नताओं को दरकिनार कर इस प्रश्न पर प्रभावशाली एकता का प्रदर्शन किया। सभी तरह के मार्क्सवादी, विभिन्न खेमों के समाजवादी, गांधीवादी, नेहरूवादी, अम्बेडकरवादी और स्वतंत्र विचारों वाले लोकतंत्रवादी और संविधानवादी प्रभावी ढंग से सम्प्रदायवाद और फासीवाद की वैचारिकता का प्रत्याख्यान कर रहे थे। अनेक इतिहासकार, अर्थशास्त्री, समाज वैज्ञानिक और राजनीति वैज्ञानिकों ने, जो अब तक मूलत: अंग्रेजी में ही पढ़ते-लिखते-बोलते थे, इस नई चुनौती का मुकाबला करने के लिए हिन्दी में बोलना-लिखना प्रारम्भ किया। एजाज अहमद, रोमिला थापर, पी.सी. जोशी, श्यामाचरण दूबे, रामशरण शर्मा, इरफ़ान हबीब, हरवंश मुखिया, प्रभात पटनायक, अरुण कुमार, मृदुला मुखर्जी, आनन्द कुमार आदि ने इन प्रश्नों पर हिन्दी समाज को जागरूक करने की जिम्मेदारी स्वीकार की। स्वाभाविक है कि भारतीय बुद्धिजीवी लोकतांत्रिक प्रति-क्रान्ति की इस सम्प्रदायवादी-फासीवादी करवट से गहरे तक चिन्तित थे। हिन्दी क्षेत्र के बुद्धिजीवियों ने चुनौती को अपेक्षित गम्भीरता से लिया। समाज की सामाजिक संरचना और विकसित होते सामाजिक लोकतंत्र को बचाए रखने के लिए उन्होंने जनता के बीच जाने और उनसे संवाद करने का रास्ता अपनाया। कहना न होगा कि साम्प्रदायिक विचारधारा द्वारा फैलाए जा रहे तर्कों-कुतर्कों को काटने के लिए ऐसे विचारकों की जरूरत थी जो धर्म, परम्परा, संस्कृति, साहित्य और इतिहास की निर्भ्रान्त समझ रखते हों। हिन्दी के आलोचक नामवर सिंह इस वैचारिक संघर्ष के शीर्ष नेताओं में एक थे। 1989-90 से 2012-13 तक वे लगातार अपने व्याख्यानों और साक्षात्कारों के माध्यम से इस संघर्ष में सहभागी रहे। उनकी पुस्तकों—'जमाने से दो दो हाथ', 'सम्मुख' और 'बात बात पर बात'—के व्याख्यान और साक्षात्कार इस बात की साखी पेश करते हैं। साम्प्रदायिकता और फासीवाद जहाँ एक ओर लोकतांत्रिक क्रान्ति को रोकने की कोशिश कर रहे थे, वहीं भूमंडलीकरण-उदारीकरण-निजीकरण को अंगीकार करने से भारतीय राष्ट्र-राज्य के चरित्र में भी 'लोकतांत्रिकता'

की जगह कम हो गई। 'लोककल्याणकारी राज्य' ने अपने को 'लोककल्याण' के कार्यों से अलग करने का निश्चय ले लिया। समाजवाद के ढाँचे से सीखकर 'राज्य' ने 'सामाजिक स्वतंत्रता, समानता और न्याय' की जो गारंटियाँ जनता को दी थीं, उनसे पीछे हटने की तैयारियाँ की जाने लगीं। यह एक तरह से नवउपनिवेशवादी प्रभुओं को सादर आमंत्रण था। विकास और आर्थिक समृद्धि के नाम पर किए जा रहे इन परिवर्तनों से राष्ट्र जनता के प्रति अपने कर्तव्यों से खुद को बरी कर अकुंठ और अपराधबोध से मुक्त हो जाना चाहता था।

सामान्यत: ऐसा कहा जाता है कि नामवर सिंह ने सम्प्रदायवाद-फासीवाद का जितना मुखर विरोध किया, उतना भूमंडलीकरण-युगीन पूँजीवाद, नवउपनिवेशवाद और नवसाम्राज्यवाद का नहीं किया। बटखरा लेकर तौलने वालों ने जरूर तौल की होगी, परन्तु इसे अनदेखा नहीं किया जा सकता कि नामवर सिंह ने भूमंडलीकरण के आर्थिक-सामाजिक-सांस्कृतिक पहलुओं की लगातार आलोचना की। कहीं कठोर, कहीं नर्म। धर्मेन्द्र त्रिपाठी के साथ बातचीत में वे भूमंडलीकरण के साथ आ रही अमरीकी दादागीरी से हमें सचेत करते हैं। यह बातचीत 27 जनवरी, 1997 को प्रकाशित हुई थी। वे स्पष्ट रूप से कहते हैं :

> 'संसार के अन्य देशों की तरह भारत भी अपना पिछड़ापन दूर करने के लिए बहुराष्ट्रीय कम्पनियों को आमंत्रित कर रहा है। मेरी अपनी समझ है कि बहुराष्ट्रीय कम्पनियों के अबाध प्रवेश पर कुछ न कुछ राज्य का अंकुश होना चाहिए और उनका निवेश किन क्षेत्रों में हो, यह हमारे देश की सरकार तय करे। इसलिए हमारी अपनी जो प्राथमिकताएँ हैं—स्वास्थ्य, पर्यावरण, गरीबी, रोजमर्रा की बुनियादी जरूरतें—उनके अनुसार भूमंडलीकरण हो।
>
> दूसरे, भूमंडलीकरण के साथ जुड़ी हुई जो अमरीकी दादागीरी है, उसका विरोध होना चाहिए। जब हमने अंग्रेजी गुलामी नहीं स्वीकार की तो आज के दौर में हम अमरीकी दादागीरी तो नहीं स्वीकार करेंगे, लेकिन भूमंडलीकरण 'विश्व बैंक' और 'अन्तर्राष्ट्रीय मुद्राकोष' के नाम पर लगभग अमरीकी दादागीरी बनता जा रहा है। हमारी जनता इसे कभी स्वीकार नहीं करेगी। हम पाकिस्तान नहीं हैं।
>
> तीसरी बात जो इस सिलसिले में कहनी है, वह यह कि अमरीका की उपभोग-संस्कृति को हम अपने देश में नहीं आने देंगे। हमारे यहाँ का सम्पन्न वर्ग, जो स्वयं अपनी परम्पराओं से एक अरसे से कटा हुआ है, वह भारतीय संस्कृति के मूल्य और महत्त्व को जानता ही नहीं और उसकी जो सड़ी-गली चीजें हैं, उनको संस्कृति के नाम पर देश-विदेश में भुनाता रहता है। हमारी संस्कृति की जो श्रेष्ठ परम्पराएँ हैं, उनको मिटाकर यदि हम बाजारू माल की तरह बाजार में बिकने लगे तो मैं समझता हूँ, यह प्रवृत्ति अत्यन्त घातक है।'

भूमंडलीकरण की अमरीका-केन्द्रित नीतियों की मुखर और स्पष्ट पहचान के कारण ही नामवर जी ने वी.एस. नायपॉल को नोबल सम्मान मिलने पर उनके विचारों और रणनीति का मुखर विरोध किया। वीरेन्द्र सेंगर के साथ बातचीत करते हुए उन्होंने नायपॉल को दक्षिणपंथी-फासीवादी शक्तियों द्वारा मिल रहे समर्थन के कारण भी स्पष्ट किए। उनका स्पष्ट मानना है कि उन्हें नोबल सम्मान अमरीका की ग्लोबल दादागीरी का समर्थन और इस्लाम-विरोध करने के कारण मिला है। इस साक्षात्कार के कुछ वाक्यों पर इस सन्दर्भ में विशेष रूप से विचार करना चाहिए :

> '11 सितम्बर को अमरीका में हुए आतंकी हादसे के बाद जो घटनाक्रम चल रहा है, वह महत्त्वपूर्ण है। अमरीका अफगानिस्तान, तालिबान और ओसामा बिन लादेन के खिलाफ युद्ध लड़ रहा है। ऐसे में नायपॉल को पुरस्कार दिये जाने का एक खास सन्दर्भ हो सकता है।
>
> दरअसल, उन्होंने दो किताबें लिखी हैं इस्लाम के विरोध में। पहली किताब तो यात्रा-वृत्तान्त है। ईरान, पाकिस्तान, मलेशिया और इंडोनेशिया जैसे इस्लामी देशों की यात्रा करके उन्होंने 'अमंग दि बिलीवर्स' लिखी। इसके बाद उन्होंने दूसरी किताब लिखी : 'बियॉन्ड बिलीव'। इन किताबों में लगभग वही स्थापनाएँ हैं जो कि 1990 के आसपास के 'फॉरेन अफेयर्स जनरल' में अमरीका के सैम्युअल पी. हटिंग्टन के प्रकाशित लेख में हैं। हटिंग्टन ने 'सभ्यताओं का संघर्ष' नाम से वह लेख लिखा था जो बाद में किताब के रूप में भी आया। दरअसल, आज अमरीका जो कर रहा है, वह उसका एक घोषणा-पत्र जैसा था। इसमें सैम्युअल ने कहा था कि सोवियत संघ के बिखरने के बाद दुनिया में विचारधाराओं का संघर्ष खत्म हो गया है। इसलिए अब दुनिया में बड़ी सभ्यताओं के बीच संघर्ष होगा। पश्चिमी देशों को उन्होंने ईसाई सभ्यता माना और एशिया की तीन बड़ी सभ्यताओं में उन्होंने इस्लाम को ऐसी सभ्यता के रूप में चिह्नित किया जिसका ईसाइयत से टकराव तय है। इस्लाम को उन्होंने पश्चिम का सबसे खतरनाक दुश्मन करार दिया। हटिंग्टन की इस अवधारणा के बाद इराक से अमरीका का टकराव और बढ़ा। अब अफगानिस्तान से नया सिलसिला शुरू हुआ है। नायपॉल भी इसी पृष्ठभूमि से जुड़े हैं।
>
> जब 1992 में अयोध्या में बाबरी मस्जिद गिराई गई थी तो इसे उन्होंने हिन्दू वर्ग का प्रतीक माना था। बाद के यात्रा-वृत्तान्तों में इस्लाम के खतरे बताने में उनकी कुशलता को काफी महत्त्व दिया गया। इसलिए 11 सितम्बर के बाद के घटनाक्रम को देखते हुए नायपॉल को पुरस्कार दिया जाना कुछ सवाल तो उठाता ही है।'

स्पष्ट है कि भूमंडलीकरण और साम्प्रदायिक फासीवादी शक्तियों के बीच एक स्पष्ट गठजोड़ अमरीका के निर्देशन में तैयार हो रहा था। इस मर्म में भारत के भीतर

भी तेजी से सामाजिक-राजनीतिक परिवर्तन हो रहे थे। नामवर जी की पैनी नजर इन परिवर्तनों पर थी। अनेक साक्षात्कारों में सवालों के जवाब देते हुए उन्होंने इन परिवर्तनों की गम्भीर और निर्भ्रान्त विवेचना पेश की। शम्भुदत्त पांडेय से बातचीत करते हुए नामवर जी ने भाजपा के राष्ट्रवाद की कठोर आलोचना की है :

> 'भाजपा या ऐसी किसी भी सत्तालोलुप पार्टी के राष्ट्रवाद का मतलब हिन्दुओं का और उसमें भी एकदम सवर्णों का राष्ट्रवाद ही है, सवर्णों का उत्थान ही उनका परम लक्ष्य है, इसलिए उन्हें पोखरण विस्फोट में राष्ट्रहित दिखाई पड़ता है। भाजपा अग्नि-2 के परीक्षण को राष्ट्रीय गौरव घोषित करती है, उसके लिए यही कुल राष्ट्रवाद है, जबकि राष्ट्रवाद के बाकी रूप या अंग, मसलन—आदिवासी या देश में आजादी के बाद रह गए गरीब मुसलमान जो कि दंगों में ही पीड़ित नहीं होते बल्कि सामाजिक भेदभाव से भी पीड़ित हैं, वे सब भी तो आखिर इसी राष्ट्र के अंग हैं। ईसाइयों के साथ बर्बरता बरती जा रही है। स्त्रियाँ उत्पीड़ित हैं। ये सभी इसी राष्ट्र के हिस्से हैं। अब इन्हें दबाया जाता रहेगा तो एक रोज भयावह संत्रास छा जाएगा। दमन भी एक प्रतिक्रियावादी आतंक लेकर आएगा। लेकिन मेरा कहना है कि कभी-कभी एक ही समय में, एक ही राष्ट्र में एक से भी अधिक राष्ट्र होते या दिखाई पड़ते हैं। लेनिन ने तो समान समय में दो राष्ट्रों की बात सविस्तार कही ही है। यह मुद्दा आजादी की लड़ाई के समय में भी था और आज तो और भी प्रबल हो गया है। विदेशी शक्ति हट जाने पर भीतरी विघटन या चेहरे खुलकर दिखने लगे। इसलिए गठजोड़ में भी अन्तर होता है। विडम्बना यह है कि भाजपा के वर्ग-चरित्र को जानते हुए भी उसका गठजोड़ यहाँ सफल हो जा रहा है। यह सचमुच घातक है। मैं इसे राष्ट्रवाद के नाम से हिन्दू फासीवाद के आसन्न संकट के रूप में देखता हूँ। इसके विरोध में सक्रिय पार्टियाँ जो कि खंड-खंड पाखंड की शिकार हैं, उनमें बिखराव ज्यादा है, टूट ज्यादा है।
>
> एक जमाने में वामपंथी दल किसानों और मजदूरों की एकता के प्रयास और दावे करते थे परन्तु आज किसानों-मजदूरों की वह एकता कहाँ चली गई है जिससे समाजवाद सम्भव होता है? इसलिए गठबंधन या गठजोड़ जिन दलों के बीच होना चाहिए, आज बस वही नहीं हो रहा है। विरोधी पक्ष विघटित हैं। निराला ने 'राम की शक्ति-पूजा' में कहा है कि 'है शक्ति उधर अन्याय जिधर' यानी न्यायकारी ताकतें बिखरी हुई हैं। इसलिए यही आज का सबसे बड़ा संकट है।'

साम्प्रदायिक कट्टरपंथ और धार्मिक उन्माद का ज्यादा प्रभाव हिन्दी क्षेत्र में देखने को मिला है। निःसन्देह हिन्दी क्षेत्र की सामाजिक-सांस्कृतिक गतिविधियों में जीवन खपा देनेवाले किसी विचारक के विचार-विवेचन में इसकी ओर ध्यान जाना

अनिवार्य ही है। नामवर जी ने भी इन नई परिस्थितियों में हिन्दीभाषी समाज पर बार-बार विचार किया है। तारानंद और अविनाश द्वारा की गई बातचीत के केन्द्र में यही सवाल हैं। पहले ही सवाल के जवाब में रामविलास शर्मा की अनेक धारणाओं से मुठभेड़ करते हुए नामवर जी यह बताने की कोशिश करते हैं कि हिन्दी समाज अंग्रेजों के आने के पहले से ही लगातार आर्थिक-सामाजिक दृष्टि से अन्य क्षेत्रों से पिछड़ा रहा है। वे कहते हैं :

'रामविलास जी ने साबित करने की कोशिश की है कि यह तो सोने की चिड़िया कहलाती थी। उसी से आकृष्ट होकर मध्यकाल में अंग्रेज यहाँ आए। रामविलास जी का कहना है कि अंग्रेजों के आने के पहले तक यह पिछड़ा हुआ नहीं था। अकबर के समय में क्या, शाहजहाँ और औरंगजेब के जमाने तक औद्योगिक दृष्टि से या व्यावसायिक दृष्टि से पिछड़ा हुआ नहीं था। और उन्होंने एक पूरी किताब यही दिखाने की कोशिश में लिखी है कि यहाँ व्यापारिक पूँजीवाद बहुत विकसित था; अर्थात् भारत का व्यापार एशिया के अन्य देशों तक फैला हुआ था। यूरोप में यहाँ का माल जाता था, पर मुझे लगता है कि बिलकुल ऐसा नहीं था। अंग्रेज जब आए तो उन्होंने औद्योगिक दृष्टि से अपने देश का विकास किया। यहाँ से कच्चा माल ले जाते थे और वहाँ से तैयार माल भेजते थे। खास तौर से जिसके बारे में कहा जाता है कि सूती उद्योग, वह हमारे यहाँ काफी विकसित था। इसको अंग्रेजों ने खत्म किया। एक तरह से यहाँ मैनचेस्टर का माल बिकता था। इसलिए गांधी जी ने चरखा, खादी, स्वदेशी पर आजादी के आन्दोलन के वक्त जोर दिया था। दादाभाई नौरोजी ने उन्नीसवीं सदी के ब्रिटिश पार्लियामेंट में यह सवाल भी उठाया था। हिन्दी प्रदेशों में जो औद्योगिक विकास होना चाहिए था, वह और प्रदेशों की तुलना में कम हुआ। इन क्षेत्रों में औद्योगिक कल-कारखाने कितने हैं—उत्तर प्रदेश, मध्य प्रदेश, बिहार, राजस्थान, हरियाणा आदि में? साथ ही इस इलाके में जनसंख्या भी बहुत अधिक है। चूँकि उद्योग-धन्धों का विकास नहीं हुआ, इसलिए रोजगार के अवसर भी नहीं हैं। इन सबके साथ एक दिक्कत यह भी है कि इस क्षेत्र में साक्षरता-दर भी बहुत कम है। केरल से आप तुलना कीजिए, जहाँ साक्षरता नब्बे फीसदी से भी ज्यादा है, तो हिन्दी इलाके के पिछड़ेपन में साक्षरता यानी शिक्षा का विकास न होना एक महत्त्वपूर्ण कारक है।

जहाँ तक प्रतिरोध की राजनीति का सवाल है, तो इस मामले में पिछड़ापन नहीं है—स्वाधीनता के बाद भी और स्वाधीनता के पहले भी। गांधी जी ने तो चम्पारण से ही अपना आन्दोलन शुरू किया था। तो इसका आशय यह है कि औद्योगिक दृष्टि से विकसित न होना एक अलग बात है। अब सवाल यह उठता है कि उसके लिए कौन जिम्मेदार है? हिन्दीभाषी प्रदेश बहुत दिनों तक कांग्रेस का गढ़ माना जाता रहा है और इसी प्रदेश से

> कई प्रधानमंत्री, राष्ट्रपति हुए और उनकी दृष्टि इतनी अखिल भारतीय थी कि उन लोगों ने अपने क्षेत्र के विकास पर ध्यान ही नहीं दिया।'

नामवर जी लगातार इस बात को रेखांकित करते रहे हैं कि हिन्दी क्षेत्र में प्रतिरोध की सतत परम्परा मौजूद रही है। पुस्तक में संकलित पहले साक्षात्कार के पहले ही प्रश्न में वे इस बात को स्पष्ट रूप से कहते हैं :

> 'मैं नहीं मानता कि हिन्दी प्रदेश में वैचारिक शून्यता या दरिद्रता है। विचारों से लोगों का क्या आशय है, यह तो मैं नहीं कह सकता, लेकिन मेरा खयाल है कि अब भी महत्त्वपूर्ण मुद्दों पर बहस हो रही है—चाहे वे साहित्यिक हों या राजनीतिक। जिस प्रकार की शून्यता लोग हिन्दी प्रदेश में देख रहे हैं, वह तो पूरे देश में है।'

नामवर जी ने इन साक्षात्कारों में हिन्दी भाषा और समाज को केन्द्र में रखकर उसकी तत्कालीन स्थिति पर गम्भीर विचार किया है। इस दृष्टि से इस पुस्तक में संकलित अनेक साक्षात्कार अत्यन्त महत्त्वपूर्ण हैं।

नामवर जी के बारे में यह मान्यता रही है कि वे इतना सुगठित और सुनियोजित वक्तव्य देते हैं कि उसे ज्यों-का-त्यों लिख देने से एक निबन्ध की तरह पढ़ा जा सकता है। यह बात एक हद तक ही ठीक है। उनके वक्तव्य में सुसम्बद्धता होती है, वह काफी हद तक सुगठित भी होता है; परन्तु विचार-निरूपण के क्रम में तात्कालिक दबाव, मन:स्थिति और आवेग की मात्रा के अन्तर से भाषा टूटती-दरकती रहती है। खास तौर पर वाक्य-रचना में यह टूटन-दरकन स्पष्ट देखी जा सकती है। आधे-अधूरे वाक्य कई बार इस तरह विन्यस्त होते हैं कि उन्हें साफ कर पूरे वाक्यों में बदलना या जरूरी न होने पर छोड़ देना जरूरी हो जाता है। ऐसे अधूरे वाक्यों से निपटने के लिए एक स्पष्ट दृष्टि, सतर्कता और साहस की जरूरत पड़ती है। इसलिए बोले गए के प्रति निष्ठा रखते हुए भी उसमें जरूरी काट-छाँट अनिवार्य होती है। कहना न होगा कि प्रस्तुत साक्षात्कारों में यह अधिकार प्रयोग में लाया गया है। यह प्रक्रिया बड़ी उबाऊ और धीरज की माँग करनेवाली रही है। इसके बावजूद प्राप्त सभी साक्षात्कारों को समय अन्तरालों के बाद पुनः-पुनः सम्पादित किया गया है। अन्तिम प्रकाशन के पहले तक यह कार्य जारी रहा है। नामवर जी के उपलब्ध साक्षात्कारों को एक पुस्तक में परिकल्पित करने के बाद भी लगातार मेरे मन में एक ऊहापोह बनी रही है। इसलिए अन्तिम प्रकाशन के पूर्व तक साक्षात्कार जुड़ते या निकलते रहे हैं। साथ ही उनके क्रमों में बदलाव होता रहा है। राजकमल प्रकाशन समूह से जुड़े साथियों ने इस पूरी प्रक्रिया में पूरा साथ दिया है और धीरज बनाए रखा है, इसके लिए उनके प्रति सम्मान व्यक्त करना मात्र पेशेवर औपचारिकता नहीं है।

पुस्तक में संकलित सभी साक्षात्कार पूर्व-प्रकाशित हैं। हमने अपनी दृष्टि से उन्हें पुनः-पुनः सम्पादित करके ही पुस्तक में विन्यस्त किया है। प्रथम प्रकाशन की, जहाँ तक सम्भव हो सका है, जानकारी प्रत्येक साक्षात्कार के अन्त में दी गई है। साक्षात्कारों के प्रथम प्रकाशन में प्रस्तोता द्वारा दिये गए शीर्षक प्रायः बदल दिये गए हैं। साक्षात्कारों के प्रथम प्रकाशित प्रारूपों में मौजूद असम्बद्धताओं को सम्भव सीमा तक दूर करने की कोशिश की गई है। आधे-अधूरे वाक्यों और एक वाक्य में गुँथे अनेक अधूरे उपवाक्यों से पैदा होनेवाली प्रवाह-बाधा को खत्म किया गया है। प्रसंग के अनुसार नए पैराग्राफ बनाए गए हैं। हमारी कोशिश भाषा को कसने और बातचीत को सुसम्बद्ध-सुसंगठित रूप में प्रस्तुत करने की रही है, कि पढ़ते समय एक प्रवाह में उसे पढ़ा जा सके। इन साक्षात्कारों के टेप अनुपलब्ध हैं। पुस्तक में साक्षात्कारों के प्रथम प्रकाशित प्रारूपों के प्रस्तोता और सम्पादक ही इनकी प्रामाणिकता के लिए उत्तरदायी हैं। पुस्तक में प्रकाशित इनके प्रारूपों में भी नामवर सिंह का कोई लिखित अवदान नहीं है।

हम 2010 से नामवर जी की पुस्तकों के प्रकाशन में संलग्न हैं। 4-4 पुस्तकें 2010 और 2012 में तथा दो पुस्तकें 2018 में प्रकाशित हुई हैं। दस पुस्तकें प्रकाशन की प्रक्रिया में हैं। इन पुस्तकों में प्रकाशित हो रही सामग्री पिछले 70 वर्षों की दीर्घ अवधि में प्रकाशित परन्तु असंकलित रही है। खोज का यह काम 2005 में प्रारम्भ हुआ। निरन्तर पत्र-पत्रिकाओं, पुस्तकों, पुस्तकालयों, इंटरनेट एवं खास तौर पर निजी संग्रहों को खँगालने पर यह सामग्री प्राप्त हुई—लगभग 2000 पृष्ठ। उसमें नामवर जी के आलेखों, व्याख्यानों और साक्षात्कारों के लिप्यन्तरित पाठ, वाचिक टिप्पणियाँ, व्यक्तिगत साक्षात्कार एवं सामूहिक परिसंवाद शामिल हैं। इसके बावजूद अभी अनेक आलेख और व्याख्यानों और साक्षात्कारों के मुद्रित पाठ खोजे जाने बाकी हैं। नामवर जी ने जब स्वयं यह संग्रह देखा तो उन्हें आश्चर्य हुआ। अनेक आलेख , व्याख्यान और साक्षात्कार उनकी स्मृति में नहीं थे। इस सामग्री को पुस्तकों में बाँटने की प्रमुखतः दो योजनाएँ विकल्प के रूप में सामने थीं—विषयवार पुस्तकें और लिखित-वाचिक की अलग-अलग पुस्तकें। हमने बीच का रास्ता अपनाया : सामयिक विषयों पर एक स्वतंत्र पुस्तक 'जमाने से दो दो हाथ' के साथ प्रेमचन्द पर केन्द्रित पुस्तक 'प्रेमचन्द और भारतीय समाज' में—आलेख, भाषण एवं वाचिक टिप्पणियाँ एक साथ मौजूद हैं। इसके अतिरिक्त वाचिक की दो पुस्तकें 'आलोचना और विचारधारा' तथा 'साहित्य की पहचान'; लिखित की चार पुस्तकें 'कविता की जमीन और जमीन की कविता', 'हिन्दी का गद्य पर्व', 'पूर्वरंग' तथा 'आलोचना और संवाद' और साक्षात्कार-संवाद की दो पुस्तकें 'साथ साथ' तथा 'सम्मुख'।

इसी क्रम में यह नई पुस्तक आपके सामने है। इन पुस्तकों से गुजरते हुए आप नामवर जी की प्रतिभा के विविध आयामों से संवाद कर सकेंगे।

सम्पूर्ण खोज-यात्रा में प्रो. कमला प्रसाद जी के साथ ही हिन्दी के वरिष्ठ कथाकार प्रो. काशीनाथ सिंह का प्रोत्साहन मेरी शक्ति रहा है। अनेक आदरणीय वरिष्ठों एवं मित्रों ने इस कार्य में निरन्तर दिलचस्पी ली है और बहुविध सहयोग किया है।

इस सम्पूर्ण यात्रा के प्रारम्भिक पाँच-छह वर्षों में एक बात मैं निरन्तर महसूस करता रहा कि इसके संग्रहण एवं प्रकाशन के प्रति नामवर जी में गहरी असम्पृक्ति रही है। सम्भवत: यही कारण है कि इतनी ढेर सारी सामग्री अब तक पुस्तक रूप में संकलित-प्रकाशित नहीं हो सकी है। अनेक व्याख्यान व साक्षात्कार तो उन्होंने प्रकाशित रूप में देखे भी न थे। आज के समय में, जबकि लोग आत्म-प्रदर्शन की प्रवृत्ति के शिकार हैं, नामवर जी में एक किसान का-सा संकोच है। अपने लिखे और बोले हुए के प्रति नामवर जी की यह असम्पृक्ति और उसके व्यवस्थित प्रस्तुतीकरण के प्रति उनका यह संकोच, मुझे अनेक तरह से अपरिग्रह के पुराने मूल्य का ही एक नया रूपान्तर लगता रहा है। उनके समकालीनों, हमउम्रों और उन्हें ज्यादा जानने का दावा करनेवाले लोगों के विचारों के समानान्तर मुझे नामवर जी में एक 'सूफियाना विराग' मिलता है। एक बार मेरे पूछने पर उन्होंने स्पष्ट रूप से कहा था कि 'चाहे निबन्ध हों या पुस्तक, मुझे उसका प्रकाशन तभी जरूरी लगता रहा है, जबकि वह मौजूदा परिदृश्य में हस्तक्षेप करे, उसके ठहराव को तोड़े और वाद-विवाद-संवाद की प्रक्रिया को आगे बढ़ाए। मेरी ज्यादातर पुस्तकें अपने समय की बहसों में भागीदार होकर लिखी गई हैं। इसीलिए संग्रह के लिए संग्रह निकालना मेरी प्राथमिकता नहीं रहा है'। इसी विचार के कारण पर्याप्त सामग्री के बावजूद उनके संग्रह सामने नहीं आ सके। मैंने देखा था कि 'वाद विवाद संवाद' के साथ ही आलोचना में उनकी एक अन्य पुस्तक का विज्ञापन छपा था : 'जब हिन्दी नई चाल में ढली'। वह पुस्तक नहीं आ सकी। शुरुआती दिनों में मैंने उनके आलोचनात्मक निबन्धों के पुस्तक रूप में प्रकाशन की जब भी बात की, उन्होंने ज्यादा रुचि नहीं ली।

इसके बावजूद यदि इन पुस्तकों का प्रकाशन हो रहा है, तो इसका आशय यह नहीं है कि नामवर जी का विचार बाद में बदला था। वस्तुत: अनेक मित्रों के निरन्तर दबाव और निरन्तर आग्रह के कारण उन्होंने इनके प्रकाशन की अनुमति दी थी। संकोच के साथ। मैं इसके लिए उनका आभारी हूँ। उम्मीद है कि इनके प्रकाशन से गत सत्तर वर्षों से अधिक में फैली उनकी यह रचनात्मकता अपने ज्यादा आयामों में उभर सकेगी। छह दशकों में प्रगतिशील आलोचना की प्रभावशाली एवं निर्णायक भूमिका का खुलासा भी उनसे हो सकेगा तथा नामवर जी की अपनी वैचारिक स्थिति अधिक स्पष्ट हो सकेगी।

इन पुस्तकों के संकलन-सम्पादन के पीछे प्रो. कमला प्रसाद की प्रेरणा रही है। इस श्रृंखला की पहली चार पुस्तकें देखकर वे खुश हुए थे। दूसरी चार पुस्तकों का सेट आने के पूर्व ही वे हमें छोड़कर चले गए। उनकी अनुपस्थिति में

उनकी उपस्थिति का महत्त्व ज़्यादा खुलकर प्रकट हुआ है। उनके साथ सक्रिय गतिशीलता का जो समय मैंने गुजारा है, वह मेरे भीतर सदैव जीवित रखेगा। इस अवसर पर उन्हें याद करना, ऐसे ही है, जैसे अपने भीतर झाँकना। बाहर वे नहीं हैं। भीतर एक स्मृति-फिल्म में वे मौजूद हैं—बोलते,चलते और कुछ करने के लिए उकसाते, आलस करने पर नाराजगी जताते। इस अवसर पर उन्हें याद करता हूँ।

इन पुस्तकों के प्रकाशन के पहले ही नामवर जी भी हमें छोड़कर चले गए। पुस्तकों की पांडुलिपियाँ देखकर वे खुश हुए थे। अगली किताबों के बारे में भी उन्होंने उत्साहपूर्ण प्रतिक्रिया दी थी। 1957-58 में उन्होंने हिन्दी कविता का एक प्रतिनिधि संचयन तैयार किया था। हमने उसकी पांडुलिपि उन्हें दिखाई तो वे बच्चों की तरह खुश हुए। बोले—इसे अप-टू-डेट करना चाहिए। हमने इस सम्बन्ध में बातें कीं। सकुचाते हुए जब मैंने उनसे उनकी रचनावली की अनुमति माँगी, तो न सिर्फ उन्होंने उसकी अनुमति दी बल्कि उसके खंडों की योजना पर भी पूछताछ की। पहली दस किताबों और 'रामचन्द्र शुक्ल रचनावली' के प्रकाशन के बाद उनमें अपनी पुस्तकों के प्रकाशन को लेकर एक उत्सुकता जागी थी। अस्वस्थता के बावजूद वे अगली पुस्तकों के बारे में लगातार पूछते, बात करते रहते थे। योजनाएँ बनने के बाद उनके क्रियान्वयन में होनेवाली देरी से वे नाराज और दुखी हो जाते थे। आज वे नहीं हैं। मेरे लिए यह निजी क्षति है जिसकी भरपाई सम्भव नहीं है। एक खालीपन, जो हमेशा एक शून्य की तरह जीवित रहेगा। अनिवार्य:। उनके न रहने पर उनके साथ बनी योजनाएँ जल्दी से जल्दी पूरा करने के लिए हम प्रतिबद्ध हैं।

नामवर जी की अनुपस्थिति में नामवर जी की वैचारिकता का महत्त्व बढ़ेगा, ऐसा मेरा विश्वास है। उनकी वैचारिकता, बेहतर भविष्य के लिए उनकी प्रतिबद्धता, उनका आलोचना संघर्ष—हमें निरन्तर विकसित करेगा। उनके विचारों का समग्र जल्द से जल्द प्रकाशित हो ताकि नामवर जी को सम्पूर्णता में देखा-पढ़ा-समझाा जा सके, ऐसी हमारी कामना है। उम्मीद है कि वर्ष 2020-2021 में हम उनका सम्पूर्ण शेष साहित्य आपके समक्ष रख सकेंगे। इस विश्वास के पीछे उनके सुपुत्र श्री विजय सिंह और राजकमल प्रकाशन के प्रबन्ध निदेशक श्री अशोक महेश्वरी का संबल है और विख्यात कथाकार काशीनाथ सिंह का संवेदनापूर्ण मार्गदर्शन। इन सबके रहते काम में कोई बाधा आने का प्रश्न ही नहीं उठता।

नामवर जी को सादर नमन के साथ यह पुस्तक उनकी स्मृति को समर्पित है।

—आशीष त्रिपाठी

अनुक्रम

खंड–1

खंड–2

खंड–3

खंड-4

खंड-1

अघोषित राष्ट्रीय नीति के तहत हिन्दी को गिराया गया है

धर्मेन्द्र त्रिपाठी

धर्मेन्द्र त्रिपाठी : आज हिन्दी समाज और हिन्दी क्षेत्र में एक वैचारिक शून्यता या वैचारिक दारिद्र्य की स्थिति है, ऐसा लोगों का मानना है। सोच-विचार में जो पैनापन होना चाहिए, वह नहीं दिखाई पड़ता। यह हिन्दी प्रदेश का स्वभाव है या तात्कालिक परिस्थितियों का प्रभाव, आप क्या सोचते हैं?
नामवर सिंह : मैं नहीं मानता कि हिन्दी प्रदेश में वैचारिक शून्यता या दरिद्रता है। विचारों से लोगों का क्या आशय है, यह तो मैं नहीं कह सकता, लेकिन मेरा खयाल है कि अब भी महत्त्वपूर्ण मुद्दों पर बहस हो रही है—चाहे वे साहित्यिक हों या राजनीतिक। जिस प्रकार की शून्यता लोग हिन्दी प्रदेश में देख रहे हैं, वह तो पूरे देश में है। अन्य भारतीय भाषाओं में भी आपको दिखाई पड़ेगा कि पहले से बनी-बनाई कुछ विचारधाराएँ थीं, उनमें स्पष्ट विभाजन दिखाई पड़ता था। उस तरह का, उतना साफ अब नहीं दिखाई पड़ता। इसीलिए कुछ लोग कहते हैं कि सारी दुनिया में विचारधाराओं का अन्त हो गया है। उस दृष्टि से आप देखें तो शायद यह हिन्दी प्रदेश के लिए भी हो सकता है। विचारधाराओं का अन्त विश्वव्यापी ढंग भी है। लेकिन लोगों के अपने विश्वास हैं, मान्यताएँ हैं।

धर्मेन्द्र त्रिपाठी : *हिन्दी का रचनाकार अपने परिवेश के सरोकारों से कितना सचमुच और कितना छद्म रूप से जुड़ा हुआ है? वह उससे कितना प्रभावित है और कितना प्रभावित करना चाहता है? उसकी संवेदनशीलता परिवेश के साथ किस हद तक है?*
नामवर सिंह : एक जमाना था जब लोगों में, लेखकों में मसीहाई अन्दाज था, जिसके तहत वे समझते थे कि कविता, कहानी या उपन्यास लिखेंगे तो परिवेश बदल जाएगा, दुनिया बदल जाएगी। अब वह मसीहाई अन्दाज तो रहा नहीं और साहित्य की औकात लोगों की समझ में आ गई है। किसी रचना से क्रान्ति हो जाए, ऐसा पहले भी नहीं होता था, आज भी नहीं होता। लेकिन उसका धीरे-धीरे तो असर पड़ता ही है, भले

देर से पड़े। उदाहरण के लिए, प्रेमचन्द ने जब लिखा था, तब उसका उतना असर नहीं हुआ जितना आज उनकी रचनाओं का असर दिखाई पड़ रहा है—चाहे उन्होंने किसानों की जिन्दगी के बारे में लिखा हो या दलितों तथा महिलाओं के बारे में लिखा हो।

आज वह अन्दाज तो नहीं है और अगर कोई ढूँढ़ता है तो गलत जगह ढूँढ़ता है। लेकिन हिन्दी लेखकों का सरोकार अपने समाज के प्रति न हो, यह मैं नहीं मानता। आप इधर की लिखी हुई कहानियाँ देखें, कविताएँ देखें, उपन्यास देखें तो उतना ही सामाजिक सरोकार उनमें मिलेगा, और यह नये से नये लेखक में मिलेगा। इसीलिए यह कहना गलत है कि आज के लेखक शुद्ध साहित्य की साधना कर रहे हैं और समाज में हस्तक्षेप नहीं कर रहे हैं। मेरी समझ से कर रहे हैं।

धर्मेन्द्र त्रिपाठी : आपकी प्रतिभा को देखते हुए बहुत लोगों को यह अपेक्षा थी और है कि आप स्पष्ट कोटियाँ निर्धारित करते हुए, कुछ निष्कर्ष निकालते हुए विशेष लिखेंगे। लेकिन ऐसा हुआ नहीं।

नामवर सिंह : यह सवाल अक्सर पूछा गया है। इसका अर्थ यह है कि लोग मुझसे इतना स्नेह करते हैं, इसीलिए इतनी ज्यादा अपेक्षाएँ लोगों को हैं। मैं उन्हें पूरा नहीं कर सका। इस पर शर्मिन्दा हो सकता हूँ, पश्चात्ताप कर सकता हूँ और संकल्प कर सकता हूँ कि जो कुछ जीवन के शेष दिन बचे हुए हैं, उनमें लोगों की अपेक्षाएँ पूरी कर सकूँ। इससे अधिक इस पर क्या टिप्पणी करूँ?

धर्मेन्द्र त्रिपाठी : इस समय हिन्दी में दो प्रमुख मार्क्सवादी विद्वान हैं—एक, रामविलास जी और दूसरे, आप। लेकिन आप दोनों के विचारों में बहुत विरोधाभास दिखाई देता है। इसका क्या कारण है?

नामवर सिंह : मार्क्सवाद की डेढ़ सौ साल से ज्यादा की लम्बी परम्परा है और उस परम्परा के अन्तर्गत मार्क्सवाद में बहुत-सी अन्तर्धाराएँ रही हैं। कोई ठोस एकाश्म वस्तु मार्क्सवाद नहीं है। इसलिए आज यदि मेरे और रामविलास जी के मार्क्सवाद में लोगों को अन्तर दिखाई देता है तो इसमें चौंकने की बात नहीं है। मार्क्स की जो स्थापनाएँ या निष्कर्ष हैं, केवल वही मार्क्सवाद नहीं है, बल्कि मार्क्सवाद एक वैज्ञानिक दृष्टि है। मार्क्स से एक प्रकार की दृष्टि हमें मिलती है। उस दृष्टि में विकास भी हुआ है, क्योंकि मार्क्सवाद का विकास वैचारिक शून्य में नहीं हुआ है। अपने समकालीन अन्य विचारों से टकराते हुए, उनकी महत्त्वपूर्ण मान्यताओं को ग्रहण करते हुए मार्क्सवाद विकसित हुआ है। कहीं-कहीं लोग इसमें अन्य विचारधाराओं को शामिल करके संशोधनवाद हुआ भी समझते हैं और मुझे कहते भी हैं। अब तो रामविलास जी को भी कहने लगे हैं कि उन्होंने मार्क्सवाद में बड़ा संशोधन कर दिया है, बल्कि उनको तो कुछ लोग हिन्दुत्ववादी भी कहने लगे हैं। कहनेवाले कहते रहेंगे, लेकिन उन्होंने

अपने ढंग से मार्क्सवाद को ग्रहण किया है और उसके अनुसार उन्होंने भारतीय इतिहास, परम्परा और संस्कृति की व्याख्या की है, जो महत्त्वपूर्ण है, मूल्यवान है। मैं अपने ढंग से करता हूँ। खास तौर से इसकी पहचान तब होती है, जब साहित्य या किसी लेखक की व्याख्या वे कैसे करते हैं और मैं कैसे करता हूँ। अब उस दृष्टि में भेद हो सकता है और मैं दावे के साथ यह नहीं कह सकता कि मैं सही हूँ और वे गलत हैं।

अभी निराला जन्मशती के उपलक्ष्य में कलकत्ता में गोष्ठी हुई थी। रामविलास जी भी उसमें आए थे। उन्होंने निराला जी की साहित्य-साधना पर अपने लम्बे अनुभव और निराला के साथ सम्पर्क के आधार पर महत्त्वपूर्ण ग्रंथ लिखा है, वह मूल्यवान है। लेकिन मैंने वहाँ जो व्याख्यान दिया था, उनसे थोड़ा भिन्न था। मैंने दूसरे ढंग से निराला को समझा है। इसलिए एक ही चीज को कोई एक ढंग से देखता है तो वह कुछ और दिखाई देती है, दूसरे ढंग से देखता है तो कुछ और। वास्तव में इसका स्वागत किया जाना चाहिए। कुछ लोग हैं, जो रामविलास जी की मान्यताओं को मंत्रजाप की तरह दुहराते रहते हैं और समझते हैं कि वही सत्य हैं। मैं समझता हूँ कि बेहतर यह होगा कि उसमें कुछ जोड़ने की कोशिश की जाए।

धर्मेन्द्र त्रिपाठी : ऐसा माना जाता है कि आप चूँकि बनारस के हैं, अत: भारतीय संस्कृति से भली भाँति परिचित हैं। लेकिन मार्क्सवाद से प्रभावित होने के कारण उसका प्रभाव आप पर ज्यादा है। आप शायद यह भी जानते हैं कि भारत के सन्दर्भ में मार्क्सवाद में कुछ खामियाँ हैं, जैसाकि रामविलास जी ने अपनी हाल ही में प्रकाशित पुस्तक में भी कहा है कि भारत के सन्दर्भ में मार्क्स की अवधारणा बहुत सही नहीं थी। और भारत ही क्यों, उन्होंने यह भी कहा है कि यूरोप की सभ्यता को केन्द्र में रखकर मार्क्सवाद की रचना हुई थी। इस दृष्टि से बाकी संसार के लिए भी मार्क्सवाद का कोई औचित्य नहीं है। इन सबके बावजूद आपने कोई ठोस निष्कर्ष नहीं दिया है। ऐसा लगता है कि एक तरह का अन्तर्द्वन्द्व आपके भीतर है। यह आपकी 'गुडनेस' भी है और 'वीकनेस' भी। इस पर आप क्या कहेंगे?

नामवर सिंह : स्वयं प्रेमचन्द अन्तिम दिनों में उससे प्रेरित हुए। इसी तरह नागार्जुन और केदारनाथ अग्रवाल सहित अनेक साहित्यकार हैं। और तो और, जो मार्क्सवादी नहीं हैं, वे भी उनसे प्रभावित हैं। दिनकर ने जिससे प्रेरणा ली। मुक्तिबोध, रघुवीर सहाय और शमशेर को समझने के लिए मार्क्सवाद को समझना पड़ेगा। मार्क्सवाद से प्रेरित साहित्य की लगभग 60 साल की लम्बी परम्परा है। उस साहित्य को समझने के लिए मार्क्सवाद को जानना जरूरी है।

दूसरा यह कि मार्क्सवाद एक क्रान्तिकारी ऐतिहासिक दृष्टि है और हिन्दी साहित्य का इतिहास लिखते समय आपके पास एक इतिहास की दृष्टि चाहिए। मार्क्सवाद कम-से-कम परिवर्तनों की व्याख्या करता है। हिन्दी साहित्य में समय-समय पर जो

परिवर्तन हुए, उनकी व्याख्या करने के लिए सामाजिक परिवर्तनों की व्याख्या जरूरी है और सामाजिक परिवर्तनों की व्याख्या करने के लिए इस समय हमारे भारत के जो इतिहासकार हैं, वे आज भी मार्क्सवाद को प्रासंगिक मानते हैं। मैं समझता हूँ कि हिन्दी साहित्य के इतिहास में आनेवाले परिवर्तनों की व्याख्या करने के लिए भी मार्क्सवाद उपयोगी सिद्ध हो सकता है।

धर्मेन्द्र त्रिपाठी : हिन्दी जाति की बात रामविलास जी ने कही है और 'साहित्य अमृत' के नये अंक के सम्पादकीय में विद्यानिवास जी ने भी इसकी विशिष्टताओं की ओर कुछ संकेत किया है। क्या हिन्दी क्षेत्र की कुछ ऐसी विशेषताएँ हैं, जो उसे शेष भारत से अलग करती हैं? क्या साहित्य की दृष्टि से भी उसका कुछ महत्त्व है?

नामवर सिंह : मैं मानता हूँ कि संस्कृति के निर्माण में भाषा की भूमिका नियामक नहीं तो बहुत महत्त्वपूर्ण होती है। प्रत्येक भाषा की एक संस्कृति होती है और हिन्दी यदि एक हजार साल की परम्परा के साथ एक भाषा है तो हिन्दी भाषा की भी एक संस्कृति है। हिन्दी भाषा की संस्कृति का अर्थ है—हिन्दी भाषा बोलने वालों की संस्कृति। अत: जिस प्रकार एक तमिल-संस्कृति है, बंगला-संस्कृति है, मराठी और गुजराती-संस्कृति है, उसी प्रकार हिन्दी-संस्कृति भी है। लेकिन इस हिन्दी-संस्कृति को परिभाषित करते समय केवल मानक हिन्दी को ही ध्यान में नहीं रखना चाहिए। हिन्दी की बहुत-सी जनपदीय बोलियाँ भी हैं। हिन्दी के अन्तर्गत एक ब्रज-संस्कृति है, एक भोजपुरी-संस्कृति है (भोजपुरी मेरी अपनी मातृभाषा है), जिसके आधार पर किसी व्यक्ति को पहचाना जा सकता है। इसीलिए लगता है, कोई व्यक्ति भारतीय से पहले भोजपुरी है, अवधी-संस्कृति का है, मैथिल-संस्कृति का है, क्योंकि इन सबका स्पष्ट चरित्र और विशेषता है। यह विशेषता कई रूपों में प्रकट होती है—उपन्यासों से कुछ चरित्र लें, राजनीतिक संघर्ष से कुछ चरित्र लें तो हम देखेंगे कि 1857 में यदि कुँवर सिंह लड़े थे तो वह केवल स्वतंत्रता-संग्राम के हीरो नहीं थे, बल्कि वह उस भोजपुरी-संस्कृति के अक्खड़पन के और उसकी स्वाधीन चेतना के भी हीरो थे। भोजपुरी का गायक भिखारी ठाकुर भी प्रतीक है भोजपुरी-संस्कृति का और साथ ही हिन्दी-संस्कृति का भी। तुलसीदास हिन्दी में ही हो सकते थे। रामकाव्य बहुतों ने लिखा, लेकिन 'रामचरितमानस' केवल हिन्दी में लिखी जा सकी। निर्गुनिया संत सारे भारत में हुए, लेकिन कबीर हिन्दी प्रदेश में पैदा हुए और सौभाग्य से भोजपुरी क्षेत्र में। सूफी संत मुसलमान थे, लेकिन उर्दू में सूफी काव्यधारा नहीं है, वह अकेले हिन्दी में है और सारा-का-सारा अवधी में लिखा हुआ है। इसी तरह प्रेमचन्द और निराला हिन्दी में ही हो सके। इन सबसे हिन्दी जाति की संस्कृति की विशिष्टता का पता चलता है। इसलिए यदि रामविलास जी कहते हैं या विद्यानिवास जी कहते हैं तो हम लोगों का यह अतिरिक्त अहंकार नहीं है, बल्कि अपनी जातीय संस्कृति का, जातीय विशिष्टता की पहचान का अहसास है और उस

पर उचित गर्व अपने साथी मित्रों की तरह मुझे भी है।

यहाँ मैं एक बात और कह दूँ। हिन्दी भाषाभाषी प्रदेश बहुत बड़ा है और एक लम्बे अरसे तक इस प्रदेश का राजनीतिक और प्रशासनिक विभाजन रहा है। इसीलिए बंगाल और महाराष्ट्र की तरह वह सुगठित और एकीकृत नहीं था—इस कारण उसके सांस्कृतिक विकास में बाधा भी पड़ी है। अगर यह एकीकृत हो तो इसका वैभव और देखने लायक हो। इस सिलसिले में मैं एक बात और जोड़ना चाहूँगा। आप देखेंगे कि इतना विशाल हिन्दी भाषाभाषी प्रदेश, जिसकी सचमुच एक संस्कृति है, उसमें वह संकीर्णता या प्रादेशिकता नहीं है जो कुछ अन्य भाषाओं में होती है। उदाहरण के लिए, बंगाल और तमिलनाडु का नाम मैं खास तौर से लेना चाहता हूँ। उनमें अपनी भाषायी संस्कृति के गर्व के साथ एक प्रकार की श्रेष्ठता का भाव है। हिन्दी प्रदेश इस मामले में अपेक्षाकृत विनम्र है और शायद हिन्दी प्रदेश के लोगों को इस बात को लेकर खुशफहमी भी है। अब देखना यह है कि हम आजादी के पचास वर्ष पर कितना अन्तरावलोकन करते हैं और उसी तरह से जब 2000 ईस्वी सन् समाप्त होता है, तब हम कैसा अनुभव करते हैं। मुझे साफ दिखाई पड़ रहा है कि जो सपना देखा था, वह तो पूरा नहीं हुआ। लेकिन इसके कारण मैं 'अतीत-मोह' (नॉस्टेल्जिया) में भी नहीं पड़ना चाहता, जो एक आम बीमारी है और अनेक स्वतंत्रता सेनानियों में आज भी दिखाई पड़ेगी, लेकिन मैं हाय-हाय भी नहीं करता।

यक्ष को युधिष्ठिर ने जवाब देते हुए कहा था कि रोज हम अपनी आँखों के सामने लोगों को मरते देखते हैं, फिर भी अजीब बात है कि यह देखते हुए भी आदमी मरना नहीं, जीना चाहता है। आश्चर्य मुझे यह है कि वे सपने अभी नहीं मरे हैं। मेरा विश्वास है कि इस देश की जनता के बीच से, जिसने आजादी लड़ाई लड़कर प्राप्त की है, इस पतन के, भ्रष्टाचार के, दिशाहीनता के और राजनीतिक पार्टियों की वादाखिलाफी के विरुद्ध एक नई शक्ति जरूर उभरेगी।

धर्मेन्द्र त्रिपाठी : साठ-सत्तर साल पहले तक हिन्दी और उर्दू के लोग एक साथ काम करते थे, लेकिन आज वे एक मंच पर नहीं हैं। यही नहीं, हिन्दी को भी छोटे-छोटे टुकड़ों में बाँटा जा रहा है—इसका क्या कारण है?

नामवर सिंह : पहली बात तो यह कि मैं संयोग से जवाहरलाल नेहरू विश्वविद्यालय में था और वहाँ मैंने हिन्दी और उर्दू विभाग अलग-अलग नहीं बनाया। मैं पहला अध्यक्ष था और मुझे सेंटर कायम करना था और हमने हिन्दी-उर्दू का एक सेंटर कायम किया। हिन्दी के विद्यार्थी हमारे यहाँ उर्दू अनिवार्य रूप से पढ़ते हैं और उर्दू वाले हिन्दी। कई कोर्स ऐसे हैं, जो दोनों में समान रूप से पढ़ाए जाते हैं। यह सही है कि आरम्भ में जो उत्साह था, वह धीरे-धीरे कम हुआ, लेकिन ऐसे अनेक साहित्यिक आयोजन और संस्थाएँ हैं, जहाँ हिन्दी-उर्दू के लोग साथ-साथ रहते हैं। इसलिए जहाँ तक साहित्यकारों और लेखकों का सवाल है, हम लोग उर्दू को अपने से अलग

नहीं मानते। उर्दू के लेखक भी, सारे सम्प्रदायवाद के बावजूद (जो हिन्दी–उर्दू दोनों में है) साहित्य की दुनिया में भेदभाव नहीं रखते।

धर्मेन्द्र त्रिपाठी : दिल्ली विश्वविद्यालय में जब हम अंग्रेजी का पाठ्यक्रम देखते हैं तो उसमें प्राचीन ग्रीक और रोमन साहित्य 'क्लासिक्स' के रूप में पढ़ाया जाता है। हिन्दी में ऐसा क्यों नहीं है?

नामवर सिंह : काशी हिन्दू विश्वविद्यालय में जब बाबू श्यामसुन्दर दास और आचार्य रामचन्द्र शुक्ल ने हिन्दी का पाठ्यक्रम बनाया था तो वहाँ 'आकर भाषा' नाम से हिन्दी एम.ए. में संस्कृत, पालि, प्राकृत और अपभ्रंश में से एक भाषा लेनी पड़ती थी। यह अन्य विश्वविद्यालयों में भी कमोबेश रहा है। इसलिए मैं समझता हूँ कि दिल्ली विश्वविद्यालय में अंग्रेजी विभाग कोई अजूबा काम नहीं करता है। लेकिन यह पाठ्यक्रम वहाँ लोकप्रिय नहीं हो रहा है। कोई ग्रीक और लैटिन नहीं पढ़ता है। और तो छोड़ दीजिए, अंग्रेजी का जो पुराना एंग्लो सेक्शन् काल का साहित्य है, उसी में विद्यार्थियों की रुचि नहीं है। चौसर तक में नहीं है। अंग्रेजी का पाठ्यक्रम बड़ी तेजी से बदल रहा है और यह माना जाने लगा है कि भारत में ब्रिटेन का ही पुराना साहित्य क्यों पढ़ाया जाए, राष्ट्रकुल (कॉमनवेल्थ) और भारत का अंग्रेजी साहित्य पढ़ाने की बात भी चल रही है। सुझाव अच्छा है, लेकिन अपना बनाएँ। जरूरी नहीं कि हिन्दी वाले अंग्रेजी के पाठ्यक्रम की नकल करें।

धर्मेन्द्र त्रिपाठी : आपने दीर्घकाल तक अध्यापन किया है। विश्वविद्यालयों में वर्तमान समय में हिन्दी साहित्य के अध्यापन की क्या स्थिति है?

नामवर सिंह : यदि मैं दयनीय कहूँ, तो सच होगा, लेकिन पहले के युगों को ज्यादा गौरवशाली मानने का मोह दिखाना पड़ेगा। लेकिन सचाई यह है कि विश्वविद्यालयों का सामान्य वातावरण ही इतना शिक्षाद्रोही हो गया है कि उसमें क्या अकेले हिन्दी विभाग? यह स्थिति समाज विज्ञान और विज्ञान में जैसी है, उसी के समानांतर हिन्दी विभागों की भी है। संस्कृत की भी उतना ही दयनीय स्थिति है और अंग्रेजी, इतिहास, राजनीतिशास्त्र, गणित, भौतिकी और रसायन की भी है। इसलिए उच्च शिक्षा की अवहेलना जितनी स्वाधीन भारत में हो रही है, वह चिन्ताजनक है। विश्वविद्यालयों को राजनीतिक नेताओं ने एक तरह की दुकान बना रखा है—अपने-अपने क्षेत्र में विश्वविद्यालय खोल करके। इसलिए अकेले हिन्दी विभाग को मैं दोष नहीं दूँगा। हिन्दी विभाग एक व्यापक गिरावट का अंग है और इसके लिए केवल अध्यापक या विद्यार्थी दोषी नहीं हैं, बल्कि वह शिक्षा का तंत्र दोषी है, जिसके कारण यह गिरावट आई है।

जहाँ एक जमाने में, आज से तीस साल पहले तक, यह विश्वास था कि हिन्दी पढ़कर हम एक राष्ट्रभाषा, राज्यभाषा और देश की सेवा करने जा रहे हैं, वहीं लोगों ने दिन-प्रतिदिन इस मनोबल को तोड़ा है। लोग कहते हैं, हिन्दी का कोई भविष्य ही

नहीं है। जब भविष्य ही नहीं है तो अच्छी प्रतिभाएँ हिन्दी पढ़ने आएँगी नहीं, फलस्वरूप हिन्दी के अच्छे अध्यापक भी नहीं होंगे। इसलिए इतने हिन्दी-विरोधी माहौल में जहाँ हिन्दी का भविष्य अन्धकारमय दिखाई दे रहा हो, यदि हिन्दी में गिरावट आती है तो यह समझा जा सकता है, किन्तु हिन्दी लेखकों का सरोकार अपने समाज के प्रति न हो, यह मैं नहीं मानता। आप इधर की लिखी हुई कहानियाँ देखें, कविताएँ देखें, उपन्यास देखें तो उतना ही सामाजिक सरोकार उनमें मिलेगा, और यह नये-से-नये लेखक में मिलेगा। इसलिए यह तो कहना गलत है कि आज के लेखक शुद्ध साहित्य की साधना कर रहे हैं और समाज में हस्तक्षेप नहीं कर रहे हैं। मेरी समझ से कर रहे हैं।

धर्मेन्द्र त्रिपाठी : क्या आज के हिन्दी लेखकों की कोई सामान्य संवेदना है?
नामवर सिंह : सामान्य संवेदना जैसी चीज एक युग के बीत जाने के बाद लोग ढूँढ़कर निकालते हैं। जैसे आजादी की लड़ाई के दौरान छायावाद की एक सामान्य संवेदना ढूँढ़ने की कोशिश की गई या प्रगतिशील आन्दोलन जब चला तो उस दौर में लोगों ने एक सामान्य संवेदना ढूँढ़ निकाली और लोगों का खयाल था, हर लेखक की दृष्टि वही थी। लेकिन यह पहले भी नहीं था और मैं मानता हूँ कि आज के दौर में भी लेखकों की संवेदनाएँ अलग-अलग हैं, और यह जो बहुलता है, वह हमारे साहित्य की समृद्धि की सूचक है। संवेदनाओं में अगर एकरूपता होगी तो एक साँचे में ढला हुआ साहित्य लिखा जाएगा। लोगों को तकलीफ आजकल इसी बात की है कि उनको एक साँचा नहीं दिखाई पड़ रहा है। इस बहुलता का स्वागत-सम्मान करने के लिए हम तैयार नहीं हैं। एक दौर में लिखने वाले रघुवीर सहाय की जो संवेदना थी, कोई जरूरी नहीं कि वही केदारनाथ सिंह की हो या कुँवर नारायण की हो, या जो संवेदना मनोहर श्याम जोशी के उपन्यासों की है, कोई जरूरी नहीं कि वही असगर वजाहत की हो। वास्तव में यह विविधता या बहुलता इस दौर की विशेषता है।

धर्मेन्द्र त्रिपाठी : आप एक प्रसिद्ध समीक्षक हैं और बहस तथा आलोचना शुरू करने के लिए प्रख्यात रहे हैं। प्राय: आपके वक्तव्यों में नई स्थापना करने का भाव रहता है। परन्तु वैचारिक स्तर पर बहुतों को ऐसा लगता है कि आप उत्सुकता बढ़ा देते हैं, लेकिन आगे कुछ नहीं होता। इस प्रसंग में हिन्दी समीक्षा और आलोचना की आधुनिक स्थिति पर आप क्या कहना चाहेंगे?
नामवर सिंह : मेरे बारे में जो कुछ कहा जाता रहा है, उस पर तो टिप्पणी नहीं करूँगा, यह लोगों की अपनी समझ है। लेकिन हिन्दी आलोचना की वर्तमान स्थिति के बारे में एक भ्रामक धारणा स्वयं रचनाकारों द्वारा प्रचारित की गई है या की जा रही है कि आलोचना में दरिद्रता है। हिन्दी में आलोचना नहीं है या उसका ह्रास हो गया है। मैं

नहीं जानता कि यह कहते समय उनके ध्यान में यह हो कि आज हिन्दी में रामचन्द्र शुक्ल और हजारी प्रसाद द्विवेदी नहीं हैं। बड़े-बड़े आलोचकों पर नजर रखकर आप देखने की कोशिश करेंगे तो लोग कहेंगे कि फिर हिन्दी में आज कोई प्रेमचन्द भी नहीं है। लेकिन यदि इस समय की पत्रिकाओं को आप देखें (यद्यपि हिन्दी में कम हो गई हैं) तो उनमें पुस्तकों के बारे में जो समीक्षाएँ छप रही हैं या निबन्ध छप रहे हैं, उनसे लगता है कि हिन्दी आलोचना की भाषा में काफी सूक्ष्मता आई है, बारीकी आई है। लोग तह में, गहराई में जाना चाहते हैं।

आलोचना को हम दो ही चीजों से जाँचते हैं। एक तो जो हमारी कालजयी कृतियाँ हैं, उनकी व्याख्या की जाए और दूसरा यह कि समकालीन लेखन में जो सार्थक है, महत्त्वपूर्ण है, मूल्यवान है—उसकी पहचान। मुझे नहीं लगता, इस दौर में ये दोनों काम नहीं हो रहे हैं—कालजयी कृतियों की नई व्याख्याएँ भी की जा रही हैं। ध्यान है उन पर लोगों का। अपनी परम्परा का पुनर्मूल्यांकन कर रहे हैं। एक परम्परा के स्थान पर उसमें जो दूसरी अन्तर्धाराएँ हैं, उनकी पहचान की जा रही है। उसमें उलट-फेर भी हुआ है। जो नये सिद्धान्त हैं, वे रोज तो बनते नहीं, लेकिन पश्चिमी दुनिया में प्रचलित साहित्य के जो सिद्धान्त हैं, उनसे हिन्दी के लोग भी अवगत हैं। आपने देखा होगा कि इधर उत्तर-आधुनिकता की काफी चर्चा है और हिन्दी के लोग कूपमंडूक नहीं हैं। पश्चिम के जो महत्त्वपूर्ण साहित्यिक विचारक हैं—चाहे वे उत्तर-संरचनावादी हों या मार्क्सवादी, उन विचारकों पर स्वतंत्र लेख और उनकी मान्यताओं के पक्ष-विपक्ष में उनका विश्लेषण भी हुआ है। 'पूर्वग्रह' में एक अरसे तक होता रहा है, 'साक्षात्कार' में आप देखेंगे। स्वयं 'हंस' में जो साहित्यिक या सांस्कृतिक चर्चा हुई है, उसमें आप देखेंगे। इसलिए मुझे नहीं लगता कि जीवंतता नहीं है। मुझे तो स्फूर्तिप्रद लगता है। 'पहल' में भी आप देखें तो कुछ इस प्रकार की आलोचनात्मक रचनाएँ छपती हैं।

धर्मेन्द्र त्रिपाठी : आपकी आलोचनात्मक दृष्टि की 'रासायनिक प्रक्रिया' क्या है? उसे किस रूप में आप देखते हैं?

नामवर सिंह : भाई! 'ज्यों आँखिन सब देखियत, आँख न देखिन जाए'। मेरी आँख खुद को नहीं देख सकती है, इसलिए दूसरे जो देखते हैं, हम उन्हीं की नजर को देखते हैं। हम देखने वालों की नजर देख रहे हैं। उस रासायनिक प्रक्रिया का विश्लेषण तो विस्तार की बात होगी। लेकिन कृतियों को पढ़ते-गुनते मेरे मन में जो भाव-विचार हैं, उन्हीं को आधार बनाकर कुछ लिखता हूँ। मैं अपने को एक अच्छा पाठक मानता हूँ—यह मेरी खुशफहमी भी हो सकती है, मेरा मुगालता भी हो सकता है—और फिर अवसर आने पर कुछ अपना विचार व्यक्त करता हूँ। कुल मिलाकर परिस्थितियों के दबाव में ही मेरा लेखन होता है (आजकल तो वैसे भी कम है, बोलता ज्यादा हूँ)।

कुल तीन तरह के दबाव हैं, जिनके तहत मेरा आलोचनात्मक लेखन हुआ है। एक अरसे तक विश्वविद्यालय में पढ़ाता रहा हूँ और पढ़ाने का क्रम पहले की बनी-बनाई बातों को दोहराना नहीं, बल्कि कक्षा में विद्यार्थियों के बीच एक संवाद के रूप में बहुत से हमारे नये विचार बनते हैं। कुछ लेखन तो इस अध्यापन के क्रम में हुआ है। दूसरे, मैंने 'आलोचना' नामक पत्रिका 25 साल तक निकाली है। साहित्यिक पत्रकारिता के तहत साहित्य में हस्तक्षेप करना—अपनी सम्पादकीय टिप्पणियों के माध्यम से तथा लेखों के रूप में भी कुछ लेखन हुआ। इकट्ठे कई बातें कह दी हैं। पहली बात यह कि मैं बनारस का हूँ, मेरे संस्कार बने हैं बनारस में। वहाँ रहते हुए अपने गुरुजनों और अनेक विद्वानों के सम्पर्क में अपनी प्राचीन भारतीय परम्परा, संस्कृति, शास्त्रों की, धर्म-दर्शन की थोड़ी जानकारी हुई है और उससे कुछ जानना और सीखना चाहा है। सौभाग्य से मुझे पहले आचार्य विश्वनाथ प्रसाद मिश्र मिले, जिनके कारण मैंने हिन्दी के रीतिकाव्य की बारीकियों को जाना। मेरे गुरुदेव आचार्य केशव प्रसाद मिश्र मिले, जिन्होंने अपभ्रंश की ओर मुझे उन्मुख किया। लेकिन उनके द्वारा भाषा-रहस्य और संस्कृत के कुछ चीजों की जानकारी हुई। और तीसरे गुरु हमारे आचार्य हजारी प्रसाद द्विवेदी हैं। उनसे बहुत कुछ सीखने को मिला, खास तौर से कालिदास तो अक्सर उनकी जबान पर रहते थे। अलावा इसके, 'दूसरी परम्परा की खोज' जो मैंने किताब लिखी है, वह दृष्टि मुझे गुरुदेव से मिली। तो काशी का एक संस्कार मिला। वहाँ के जो सामान्य जन हैं, जो एक मस्ती वहाँ है और एक स्वाभिमान है—बड़ा से बड़ा आदमी आ जाए, बनारस वाला किसी को कुछ समझता नहीं—तो बनारस से बहुत चीजें मिलीं।

लेकिन उसी बनारस में एक कम्यूनिस्ट पार्टी भी थी। मैं कम्यूनिस्ट पार्टी का मेम्बर बना, उसके टिकट पर चुनाव लड़ा और चुनाव में हार भले ही गया हूँ, लेकिन उसके दौरान गाँव-गाँव घूमते हुए जो लोगों के बीच गया, उनसे मिला, वह मेरे लिए एक अमूल्य अनुभव है। स्वयं एक स्कूल में पढ़ानेवाले अध्यापक का पुत्र होने के कारण गरीबी को मैंने निकट से जाना है। इसलिए समाज में जो आर्थिक या सामाजिक विषमता है—चाहे वह जाति-पाँति हो या अमीर-गरीब का भेद हो—इन तमाम चीजों के अनुभव के बीच मार्क्सवाद मुझे अस्त्र के रूप में मिला है। मुझे अपनी भारतीय परम्परा और मार्क्सवाद के बीच कोई अन्तर नहीं दिखाई पड़ता, बल्कि मैंने उसी बनारस में कई ऐसे लोगों को देखा है, जो संस्कृत के बहुत अच्छे पंडित हैं और साथ ही मार्क्स को ऋषि के रूप में मानते रहे हैं। इसलिए मेरे लिए दोनों में कोई विरोध नहीं है, क्योंकि हमारे धर्म, दर्शन और प्राचीन भारतीय परम्परा में समाज को बदलने की क्षमता है। आखिर बनारस में ही बुद्ध ने धर्म-प्रवर्तन किया था, जिन्होंने यहाँ की जाति-व्यवस्था पर कठोर आक्रमण किया। वह पहला क्रान्तिकारी आदमी था। राहुल जी ने भी अपनी यात्रा बुद्ध से प्रारम्भ करके मार्क्स को स्वीकार किया और कम्यूनिस्ट बने।

दूसरे, मार्क्स की मान्यताओं के आधार पर भारत या यूरोप के बारे में जो निष्कर्ष निकले होंगे, उनमें कुछ कमी या खामी रही होगी तो इसलिए कि उस समय भारत या यूरोप के बारे में जो तथ्य सुलभ थे, उन्हीं के आधार पर निकले होंगे। आखिर मार्क्स भारत में तो आए नहीं थे। उसमें खामियाँ हो सकती हैं और उसके आधार पर जो सिद्धान्त उन्होंने बनाया, जिसे आज 'द्वन्द्वात्मक भौतिकवाद' के नाम से जाना जाता है, तब से लेकर उसमें जहाँ-जहाँ कमी थी, उसको लोगों ने भरने की कोशिश की है। उस पर अब भी पुनर्विचार हो रहा है और ऐसा नहीं है कि दुनिया से मार्क्सवाद खत्म हो गया है। उदाहरण के लिए लोग समझते हैं कि रूस में समाजवाद खत्म हो गया, इसलिए मार्क्सवाद अप्रासंगिक हो गया। ऐसा नहीं होता। शंकराचार्य कभी हुए थे, लेकिन वेदान्त आज भी जीवन्त है। आप यह नहीं कह सकते कि शंकराचार्य का अद्वैत वेदान्त समाप्त हो गया। विचार इस तरह नहीं मरते हैं। अगर न्यूटन के बाद आइंस्टीन हुए तो लोग समझते हैं कि न्यूटन का सिद्धान्त एकदम गलत हो गया, लेकिन परिष्कार करके आइंस्टीन ने दूसरी चीज रखी। दोनों के विचार उतने ही मूल्यवान हैं। बिना न्यूटन को समझे आप आइंस्टीन को नहीं समझ सकते। आइंस्टीन के बाद भी भौतिकी में विकास हुआ है। इसलिए चिन्तन-पद्धतियों के बारे में ऐसा नहीं है और मेरा खयाल है कि मार्क्सवाद से पूँजीवाद को और थोड़ी आयु मिल गई है। इसलिए एक विचारधारा को ले करके, समाज के विभिन्न वर्ग उससे अपने लिए एक जीवनी शक्ति प्राप्त कर सकते हैं। मैं अब भी मार्क्स की रचनाओं को पढ़ता हूँ और उससे मुझे अन्तर्दृष्टि मिलती है।

निष्कर्ष के रूप में मैं यह कहना चाहता हूँ कि आज के जमाने में बुद्धिजीवियों का फैशन हो गया है कि वे मार्क्सवाद को मृत कहकर अपनी बौद्धिक जागरूकता का परिचय देते हैं। मैं उन लोगों में नहीं हूँ। लेकिन इसके साथ मैं यह भी कह दूँ कि मार्क्सवाद मेरे लिए कोई धार्मिक आस्था और धार्मिक शास्त्र नहीं है। वह मेरे लिए एक विज्ञान है, और विज्ञान को वैज्ञानिक दृष्टि के साथ ही स्वीकार किया जाता है। उसी रूप में मैंने उसे स्वीकार किया है और आज भी स्वीकार कर रहा हूँ।

धर्मेन्द्र त्रिपाठी : मार्क्सवाद की हिन्दी साहित्य के लिए क्या प्रासंगिकता है?

नामवर सिंह : पहली बात तो यह कि मार्क्सवाद से प्रेरित होकर हिन्दी के अनेक साहित्यकारों ने साहित्य रचा है। अभी मैंने राहुल सांकृत्यायन का नाम लिया, उसके बाद एक लम्बी परम्परा है। उन्होंने अपने प्रदेश को पूरे भारत के साथ तादात्म्य किया है। इसलिए हिन्दी प्रदेश वाला अपने को पूरा भारत समझता है। वह सारे भारत के लिए लड़ना चाहता है, केवल अपने प्रदेश के लिए नहीं लड़ता। यह परम्परा 1857 से तो साफ दिखाई पड़ती है।

धर्मेन्द्र त्रिपाठी : उत्कृष्ट साहित्य हिन्दी में किस हद तक है—रचनात्मक और

आलोचनात्मक, दोनों? बहुत से लोगों का ऐसा सोचना है कि बहुत अच्छा साहित्य और बहुत अच्छी आलोचना हिन्दी में नहीं है?
नामवर सिंह : छोड़ो इसे।

धर्मेन्द्र त्रिपाठी : आज विकास का जो नया दौर शुरू हुआ है, उसमें ग्लोबलाइजेशन और उदारीकरण की बात की जा रही है। क्या विकास की यह धारा सही है या आप इसमें कुछ परिवर्तन चाहेंगे?
नामवर सिंह : संसार के अन्य देशों की तरह भारत भी अपना पिछड़ापन दूर करने के लिए बहुराष्ट्रीय कम्पनियों को आमंत्रित कर रहा है और विचित्र विडम्बना है कि देश के सारे राजनीतिक दल इस बारे में एकमत हैं—चाहे वे वामपंथी हों, गैर-वामपंथी हों, चाहे भाजपा हो या कांग्रेस—सभी इनका स्वागत करने के लिए तैयार हैं। लेकिन मेरी अपनी समझ है कि बहुराष्ट्रीय कम्पनियों के अबाध प्रवेश पर कुछ न कुछ राज्य का अंकुश होना चाहिए और उनका निवेश किन क्षेत्रों में हो, यह हमारे देश की सरकार तय करे। सबसे बड़ी आवश्यकता इस बात की है कि यद्यपि सारा निवेश और समृद्धि आवश्यक है, लेकिन साधारण जन का जो हित है, उनकी पूर्ति हो तो हमें कोई आपत्ति नहीं। इसलिए हमारी अपनी जो प्राथमिकताएँ हैं—स्वास्थ्य, पर्यावरण, गरीबी, रोजमर्रा की बुनियादी जरूरतें—उनके अनुसार भूमंडलीकरण हो तो हमारा कोई सैद्धान्तिक विरोध नहीं है।

दूसरे, भूमंडलीकरण के साथ जुड़ी हुई जो अमरीकी दादागीरी है, उसका विरोध होना चाहिए। जब हमने अंग्रेजी गुलामी नहीं स्वीकार की तो आज के दौर में हम अमरीकी दादागीरी तो नहीं स्वीकार करेंगे, लेकिन भूमंडलीकरण 'विश्वबैंक' और 'अन्तरराष्ट्रीय मुद्राकोष' के नाम पर लगभग अमरीकी दादागीरी बनता जा रहा है। हमारी जनता इसे कभी स्वीकार नहीं करेगी। हम पाकिस्तान नहीं हैं।

तीसरी बात जो इस सिलसिले में कहनी है, वह यह कि अमरीका की उपभोग-संस्कृति को हम अपने देश में नहीं आने देंगे। हमारे यहाँ का सम्पन्न वर्ग, जो स्वयं अपनी परम्पराओं से एक अरसे से कटा हुआ है, वह भारतीय संस्कृति के मूल्य और महत्त्व को जानता ही नहीं और उसकी जो सड़ी-गली चीजें हैं, उनको संस्कृति के नाम पर देश-विदेश में भुनाता रहता है। हमारी संस्कृति की जो श्रेष्ठ परम्पराएँ हैं (वह हमारी ताकत हैं और उसी के कारण सारी दुनिया में हमारी पहचान बनी हुई है), उनको मिटाकर यदि हम बाजारू माल की तरह बाजार में बिकने लगे तो मैं समझता हूँ, यह प्रवृत्ति अत्यन्त घातक है। स्वयं दुनिया के दूसरे देशों में, अमरीका में भी, लोग इसको पसन्द नहीं करते हैं। उसका अहसास हमें होना चाहिए। इन सावधानियों के साथ यदि हम भूमंडलीकरण को स्वीकार करें तो कोई हर्ज नहीं है।

धर्मेन्द्र त्रिपाठी : पिछले पाँच वर्षों में वैभव को बढ़ाने या सम्पत्ति को लेकर जितने

विवाद (घोटाले) हुए हैं, वे अब तक के इतिहास में सर्वाधिक हैं और ये घटनाएँ ग्लोबलाइजेशन के साथ ही शुरू हुई हैं। आपको क्या लगता है, इनमें कोई सम्बन्ध है?
नामवर सिंह : अनेक अर्थशास्त्री और राजनीतिक स्तम्भकार कहते हैं कि इन दोनों में सम्बन्ध है और वह व्यवहार में सीबीआई की जाँच से सामने भी आ रहा है। चन्द्रास्वामी, अदनान खशोगी और सेंट किट्स से लगातार देखें तो कुल मिलाकर अन्तरराष्ट्रीय जालसाजियों का बहुराष्ट्रीय कम्पनियों से सम्बन्ध तो जुड़ता ही दिखाई पड़ता है। जैन हवाला कांड है, अमीर भाई का मामला है, जिनके सूत्र दुबई और जाने कहाँ-कहाँ जुड़े हुए हैं! जब से ग्लोबलाइजेशन की प्रवृत्ति बढ़ी है, तब से घोटाले भी बढ़ने लगे हैं और खास तरह के घोटाले हुए हैं। अत: सम्बन्ध है, लेकिन मैं नहीं मानता कि यह अनिवार्य सम्बन्ध है। वास्तव में, जहाँ पैसा होगा, वहाँ इस तरह का भ्रष्टाचार तो जुड़ा ही रहेगा। जो पैसा बिना परिश्रम के आता है, उसमें इस प्रकार के दोष रहते हैं। यह अनर्जित पूँजी है और यह जहाँ आएगी, उसके साथ इस तरह की कुछ विनाशलीला तो जुड़ी ही रहेगी। यह भी एक कारण है और इसमें सम्बन्ध देखना आपत्तिजनक नहीं है।

धर्मेन्द्र त्रिपाठी : 'स्वतंत्र भारत के पचास साल' और 'ईसाई शताब्दी का अन्त'—ये दो महत्त्वपूर्ण घटनाएँ होने जा रही हैं। एक नागरिक की दृष्टि से आप इसका मूल्यांकन किस प्रकार करेंगे? दूसरे शब्दों में कहें तो युवा नामवर के सपनों का भारत और प्रौढ़ नामवर के अनुभव का भारत—दोनों कहाँ अलग या एक हैं?
नामवर सिंह : जहाँ एक जमाने में, आज से 30 साल पहले तक, यह विश्वास था कि हिन्दी पढ़कर हम एक राष्ट्रभाषा, राज्यभाषा और देश की सेवा करने जा रहे हैं, वहीं लोगों ने दिन-प्रतिदिन इस मनोबल को तोड़ा है। लोग कहते हैं, हिन्दी का कोई भविष्य ही नहीं है। जब भविष्य ही नहीं है तो अच्छी प्रतिभाएँ हिन्दी पढ़ने आएँगी नहीं, फलस्वरूप हिन्दी के अच्छे अध्यापक भी नहीं होंगे। इसलिए इतने हिन्दी-विरोधी माहौल में, जहाँ हिन्दी का भविष्य अन्धकारमय दिखाई दे रहा हो, यदि हिन्दी में गिरावट आती है तो इसके कारणों में जाना चाहिए। इसके लिए मेरे इस वक्तव्य को कि 'हिन्दी की स्थिति दयनीय है', यदि लाठी बनाकर आप हिन्दी के विद्यार्थियों और अध्यापकों को पीटना चाहें तो मैं इससे इनकार करता हूँ। जान-बूझकर हिन्दी को गिराया गया है और एक राष्ट्रीय अघोषित नीति के तहत ऐसा किया गया है, इस पर विचार करना चाहिए। विश्वविद्यालयों में हिन्दी विभाग को शूद्र की तरह देखा जाता है, अत: जिन लोगों ने शूद्र बनाया, उन ब्राह्मणों को देखना चाहिए (मैं बौद्धिक ब्राह्मणों की बात कर रहा हूँ) जिन्होंने हिन्दी को सचमुच ऐसी स्थिति में पहुँचा दिया है।

धर्मेन्द्र त्रिपाठी : शासन में आप लोगों की बहुत पूछ रही है। समय-समय पर सलाह भी ली जाती है, फिर भी आप शासन से विद्रोह बनाए रखना चाहते हैं। क्या एक

समीक्षक या आलोचक के लिए यह अनिवार्य स्थिति है?

नामवर सिंह : शासनतंत्र में हम आलोचक के रूप में ही रहते हैं। खुद हम शासनतंत्र में घुसने नहीं गए। शासन ने यह जानते हुए कि हम इस तंत्र, साहित्य, भाषा और संस्कृति के आलोचक हैं, जब भी कार्यों के सिलसिले में मुझे याद किया, मैं वहाँ गया हूँ और वहाँ जाकर मैंने वही काम किया है, जो जनता से और अपनी परम्परा से जुड़े हुए एक आदमी को करना चाहिए। मैं शासन को अछूत नहीं समझता और यह गौरव नहीं लेना चाहता कि कोई सहयोग नहीं करेंगे।

आलोचना केवल विरोध के लिए नहीं होती, बल्कि रचनात्मक आलोचना के द्वारा भी हम रचना में मदद देते हैं। अत: जैसे साहित्य में, वैसे शासनतंत्र की उन योजनाओं में भी हम बराबर अपना सहयोग देते रहते हैं और देते रहेंगे। इससे हम व्यवस्था के कल–पुर्जे नहीं हो जाते। मुझे कोई शर्म नहीं है यह कहते हुए और कोई जरूरत नहीं है क्षमा माँगने की कि मैं वहाँ क्यों गया। बहुत से लोग एक अमूर्त व्यवस्था–विरोध की मुद्रा बनाए हुए शहीद बने घूमा करते हैं, मैं उन लोगों में नहीं हूँ।

धर्मेन्द्र त्रिपाठी : आप सभा–चतुर माने जाते हैं और अपने वक्तत्व–कौशल के लिए प्रख्यात हैं। लेकिन हाल ही में 'पहल सम्मान समारोह' के अवसर पर आपके वक्तव्य को लेकर ज्ञानरंजन जी ने कहा कि आपने 'होस्टाइल' भाषा का इस्तेमाल किया। आप क्या कहेंगे?

नामवर सिंह : क्या कहूँ? ज्ञान मेरे इतने प्रिय हैं, अब भी हैं, 'पहल' से मेरा लगाव है, लेकिन यह इंटरव्यू जब मैंने पढ़ा तो 'वह दर्द उठा फिराक कि मैं मुस्करा दिया'। लगता है, ज्ञान सचमुच सठिया गए हैं। विनोद–वृत्ति इतनी कम हो गई है उनमें कि उस मजाक को भी नहीं समझा उन्होंने। एक बात जरूर कहूँगा कि उन्होंने 'होस्टाइल' शब्द का प्रयोग सही नहीं किया, उन्होंने आगे 'आक्रामक' शब्द भी कहा है। जितनी अंग्रेजी मैं जानता हूँ, उसके आधार पर कह सकता हूँ कि उन्होंने सही शब्द नहीं चुना। 'होस्टाइल' का अर्थ होता है 'शत्रुतापूर्ण'। 'पहल' के साथ मेरा व्यवहार आज तक शत्रुतापूर्ण नहीं रहा है, न कभी रहेगा (इस इंटरव्यू के बाद भी नहीं)।

दूसरी बात यह कि यदि मेरा वक्तव्य, जो बड़ा भारी अखिल भारतीय संगठन वह बना रहे हैं, उसे तोड़ने वाला होगा, अगर ऐसा वह संगठन है, इतना कमजोर है तो उसे टूट ही जाना चाहिए। 'पहल' की मुद्रा धूमिल के शब्दों में कहूँ तो ऐसी तो नहीं होनी चाहिए कि काँख भी ढँकी रहे और मुट्ठी भी तनी रहे। आप साहित्य में लड़ाकू तेवर अपनाते हैं और दिल्ली पर हमला करने में संकोच करते हैं तो मैं यही कहूँगा कि भाई! नाचे तो घूँघट का?

'पहल' का जो सबसे ताजा अंक है (अंक 54), उसमें किन्हीं विनय सौरभ की आठ कविताएँ 'संस्कृति पुरुष के परिचय पर कुछ विनम्र कविताएँ' नाम से छपी हैं। विनय सौरभ कौन हैं, मैं जानता नहीं। जो 'पहल' 'संस्कृति पुरुष' पर ऐसी आक्रामक

कविताएँ छाप सकता है, उसके लिए मेरा यह वक्तव्य कि 'दिल्ली पर 'पहल' का यह दूसरा हमला है, डंडा गड़ चुका है और झंडा फहराना बाकी है'—आक्रामक कैसे हो सकता है?

धर्मेन्द्र त्रिपाठी : 21वीं शताब्दी के हिन्दी साहित्य का भविष्य आपको कैसा लगता है?

नामवर सिंह : मैं भविष्यवक्ता नहीं हूँ। भविष्यवाणियों में मेरा कोई विश्वास नहीं है। खास तौर से इसलिए भी कि आज जो भविष्यवाणी करूँगा, मुझे भय है कि उसका असर देखने के लिए शायद जीवित भी रहूँ और यदि सच न हुई तो शरमाना हो। लेकिन मैं स्वभाव से आशावादी हूँ और उस आशा का ठोस आधार है।

इस समय हिन्दी में जो नई पीढ़ी आई है—गाँवों से, कस्बों से जो युवक आए हैं, छोटे तबके से आए हैं, उस उम्र में जैसा हम लिखा करते थे, उससे बहुत अच्छा लिख रहे हैं। इसलिए मुझे उम्मीद है कि यह पीढ़ी जब प्रौढ़ होगी, जवान होगी और अनुकूल वातावरण इसे मिलेगा तो हिन्दी की जो गौरवशाली परम्परा है, उसे आगे बढ़ाएगी, मुझे पूरा विश्वास है।

[जे. वी. जी. टाइम्स, नई दिल्ली, 27 जनवरी, 1997]

अमरीका की ग्लोबल दादागीरी के समर्थन और इसलाम-विरोध का इनाम है नायपॉल को नोबेल

वीरेन्द्र सेंगर

वीरेन्द्र सेंगर : वीएस नायपॉल भारतीय मूल के ब्रिटिश लेखक हैं। दो दिन पहले ही उन्हें साहित्य के लिए नोबेल पुरस्कार देने का ऐलान हुआ है। भारत के तमाम लोग खुश हैं कि रवीन्द्रनाथ टैगोर के बाद नायपॉल ऐसे दूसरे भारतीय मूल के शख्स हैं जिन्हें यह सम्मान मिला है। लेकिन आपकी प्रतिक्रिया तो काफी तल्ख है! आखिर इसकी मूल वजह क्या समझी जाए?

नामवर सिंह : मेरी तल्खी की वजह यही है कि नायपॉल को यह पुरस्कार राजनीतिक वजहों से दिया गया है। पहले भी साहित्य व शान्ति के लिए नोबेल पुरस्कार राजनीतिक कारणों से दिये गए हैं। इन मामलों में विवाद भी उठे हैं। चर्चिल को साहित्य का नोबेल मिल चुका है। यद्यपि वे अच्छी अंग्रेजी लिखते थे, लेकिन साहित्य के लिए उनका कोई बड़ा योगदान नहीं था।

वीरेन्द्र सेंगर : स्वीडिश अकादमी द्वारा दिये जानेवाले नोबेल पुरस्कारों की विश्वसनीयता तो सारी दुनिया में है। हो सकता है, कुछ अपवाद रहे हों?

नामवर सिंह : अपवादों की बात नहीं है। ऐसे तमाम मामले हैं। सोवियत संघ के कवि बोरिस पास्तरनाक को उनके एक उपन्यास 'डॉ. जिवागो' (जिसे साम्यवादी सत्ता ने प्रतिबन्धित कर दिया था) पर नोबेल मिला था। दरअसल, यह उपन्यास मार्क्सवाद और साम्यवाद के विरोध में लिखा गया है। सोवियत संघ को धर्मसंकट में डालने के लिए यह पुरस्कार दिया गया था। वह भी एक कवि को उपन्यासकार के रूप में। इसकी सिर्फ एक ही वजह थी कि यह विचारधारा पुरस्कार देनेवालों को अपने माफिक लग रही थी। यही वजह है कि फ्रांस के मशहूर अस्तित्ववादी व दार्शनिक ज्याँ पॉल सार्त्र, जो उपन्यासकार व कहानीकार भी थे, को काफी देर से नोबेल पुरस्कार दिया गया। सार्त्र का प्रभाव यूरोप में ही नहीं, पूरी दुनिया में रहा है। वे तीसरी दुनिया के देशों के संघर्षों के साथ थे। वियतनाम युद्ध में उन्होंने अमरीका का विरोध किया

था। बहरहाल, उन्होंने यह कहकर यह पुरस्कार लेने से इनकार कर दिया कि 'यह पुरस्कार तो आलू का बोरा है'। पिछले वर्ष भी साहित्य के लिए जो पुरस्कार दिया था, उसको लेकर विवाद रहा है। यह पुरस्कार एक ऐसे चीनी लेखक को दिया गया था, जो पेरिस में रहता है। तीसरी दुनिया के बहुत कम लोगों को नोबेल दिया गया हैं। यह पुरस्कार समय-समय पर बहस के दायरे में आता रहा है। हालाँकि कुछ श्रेष्ठ लेखकों को भी नोबेल पुरस्कार दिया गया लेकिन काफी देर से। भारत में रवीन्द्रनाथ टैगोर के बाद तो किसी को यह सौभाग्य नहीं मिला, जबकि यहाँ कई लोग इसके पात्र रहे हैं और आज भी हैं।

वीरेन्द्र सेंगर : नायपॉल को मिले नोबेल में आप खास राजनीति कैसे देख रहे हैं?
नामवर सिंह : 11 सितम्बर को अमरीका में हुए आतंकी हादसे के बाद जो घटनाक्रम चल रहा है, वह महत्त्वपूर्ण है। अमरीका अफगानिस्तान, तालिबान और ओसामा बिन लादेन के खिलाफ युद्ध लड़ रहा है। ऐसे में नायपॉल को पुरस्कार दिये जाने का एक खास सन्दर्भ हो सकता है।

वीरेन्द्र सेंगर : किस तरह का?
नामवर सिंह : दरअसल, उन्होंने दो किताबें लिखी हैं इसलाम के विरोध में। पहली किताब तो यात्रा-वृत्तांत है। ईरान, पाकिस्तान, मलेशिया और इंडोनेशिया जैसे इसलामी देशों की यात्रा करके उन्होंने 'अमंग दि बिलीवर्स' लिखी। इसके बाद उन्होंने दूसरी किताब लिखी : 'बियॉन्ड बिलीव'। इन किताबों में लगभग वही स्थापनाएँ हैं जो कि 1990 के आसपास के 'फॉरेन अफेयर्स जनरल' में अमरीका के सैम्युअल पी. हटिंग्टन के प्रकाशित लेख में हैं। हटिंग्टन ने 'सभ्यताओं का संघर्ष' नाम से वह लेख लिखा था जो बाद में किताब के रूप में भी आया। दरअसल, आज अमरीका जो कर रहा है, वह उसका एक घोषणापत्र जैसा था। इसमें सैम्युअल ने कहा था कि सोवियत संघ के बिखरने के बाद दुनिया में विचारधाराओं का संघर्ष खत्म हो गया है। इसलिए अब दुनिया में बड़ी सभ्यताओं के बीच संघर्ष होगा। पश्चिमी देशों को उन्होंने ईसाई सभ्यता माना और एशिया की तीन बड़ी सभ्यताओं में उन्होंने इसलाम को ऐसी सभ्यता के रूप में चिह्नित किया जिसका ईसाइयत से टकराव तय है। इसलाम को उन्होंने पश्चिम का सबसे खतरनाक दुश्मन करार दिया। हटिंग्टन की इस अवधारणा के बाद इराक से अमरीका का टकराव और बढ़ा। अब अफगानिस्तान से नया सिलसिला शुरू हुआ है। नायपॉल भी इसी पृष्ठभूमि से जुड़े हैं।

वीरेन्द्र सेंगर : सीधे तौर पर नायपॉल ने तो ऐसा कुछ नहीं लिखा?
नामवर सिंह : जब 1992 में अयोध्या में बाबरी मस्जिद गिराई गई थी तो इसे उन्होंने हिन्दू गर्व का प्रतीक माना था। बाद के यात्रा-वृत्तान्तों में इसलाम के खतरे बताने में उनकी कुशलता को काफी महत्त्व दिया गया। इसलिए 11 सितम्बर के बाद के

घटनाक्रम को देखते हुए नायपॉल को पुरस्कार दिया जाना कुछ सवाल तो उठाता ही है।

वीरेन्द्र सेंगर : नोबेल पुरस्कार देनेवाली स्वीडिश अकादमी इतनी जल्दी अमरीकी दबाव से प्रभावित हो भी सकती है?
नामवर सिंह : पुरस्कार देने का निर्णय करनेवाला निर्णायक मंडल तो बदलता रहता है। ऐसे राजनीतिक दबाव से ये पुरस्कार प्रभावित होते रहे हैं। इसलिए इस बार भी शक है। क्योंकि नायपॉल को इस बार ही क्यों चुना? उनका नाम तो 8-10 वर्षों से चल रहा था। लेकिन इस मौके पर नायपॉल को पुरस्कृत करके दुनिया को एक खास राजनीतिक संदेश देने की कोशिश जरूर लगती है।

वीरेन्द्र सेंगर : उनके लेखन के प्रति आपकी कसौटी क्या है?
नामवर सिंह : नायपॉल के पुरखे भारत के थे। इनका जन्म तो त्रिनिदाद में हुआ था। यह भी पहले एक उपनिवेश रहा है। अब ये ब्रिटेन में रहते हैं। वहाँ उन्हें 'सर' की उपाधि दी गई है तो इसका कोई कारण होना चाहिए। एक 'उपनिवेश' में पैदा होने के बावजूद नायपॉल का रुख 'उपनिवेशी' के बारे में बहुत ही नकारात्मक है। दरअसल, वे 'उपनिवेश' को भी एक गुण मानते हैं। उदाहरण के लिए इनकी दो किताबों का जिक्र कर रहा हूँ। भारत-चीन युद्ध के बाद ये 1964 में भारत आए थे। भारत का दौरा करने के बाद इन्होंने 'एरिया ऑफ डार्कनेस' किताब लिखी थी।

उस समय भी भारत की 'मीडिया' ने इस किताब पर काफी रोष व्यक्त किया था। आजादी मिलने के 16 वर्ष बाद भी उन्हें यह मुल्क अन्धकार का क्षेत्र ही लगा था। दूसरी पुस्तक 'इंडिया-अ-वुंडेड सिविलाइजेशन' यानी 'भारत की घायल सभ्यता'। इसमें भी कड़ा प्रहार है भारत के पिछड़ेपन पर। तीसरी पुस्तक उन्होंने 'इंडिया-अ-मिलियन म्यूटिनीज' कश्मीर की यात्रा के बाद लिखी। इसमें उन्होंने लिखा कि भारत में एक कश्मीर का ही संघर्ष नहीं है। ऐसे दस लाख विद्रोह हैं। इस किताब में हिन्दुस्तान के टुकड़े-टुकड़े होने पर जश्न जैसा मनाया गया है। यहाँ नक्सलवादी हैं, पूर्वोत्तर में विद्रोही, पंजाब में आंदोलन है। इन सबका विवरण ऐसा दिया गया है कि टुकड़ों में टूटना भारत की नियति है। भारत के सन्दर्भ में लिखी गई इन तीनों पुस्तकों को मैंने अच्छी तरह पढ़ा है। मुझे लगा कि नायपॉल के पुरखे भले भारत में रहे हों, लेकिन उन्होंने जिस नजर से भारत को देखा है, वह वास्तविक भारत नहीं है। उन्होंने तो भारत की गरीबी-बेहाली को ही बेचने का काम किया है। इसलिए मुझे नहीं लगता कि उनका लेखन दुनिया को भारत की आत्मा का परिचय कराने वाला है, सो हम गर्व करें कि एक भारतीय मूल के लेखक को नोबेल मिला है तो चलो, हम खुश हो लें। मुझे तो इसमें जरा भी गर्व नहीं है।

वीरेन्द्र सेंगर : लेकिन भारत में नायपॉल के पुरस्कार मिलने पर तो लोग खुश हैं। खास तौर पर 'हिन्दुत्ववादी' तो कुछ ज्यादा ही प्रसन्न हैं?

नामवर सिंह : लेकिन ये हिन्दुत्ववादी भी समझ लें कि नायपॉल का हिन्दुत्व भी जरा अलग है। उनके जैसा नहीं है। दरअसल, नायपॉल अमरीका जैसे साम्राज्यवादी और उपनिवेशवादी देशों की मानसिकता को खाद-पानी पहुँचाते हैं।

वीरेन्द्र सेंगर : एक तरफ अपने लेखन में नायपॉल ने भारत के नकारात्मक पक्षों को ही उजागर किया है, तमाम भारतीय परम्पराओं पर तीखे कटाक्ष किए हैं, लेकिन हमारे प्रधानमंत्री वाजपेयी ने बधाई संदेश में कहा है कि उनके लेखन में भारतीय परम्पराओं के मूल्य प्रतिबिम्बित होते हैं। इसे क्या कहेंगे ?

नामवर सिंह : मैं यही कहूँगा कि 'दिल बहलाने को गालिब खयाल अच्छा है'। ये खुद अपनी पीठ ठोंक लें कि 'हिन्दुत्व' को अन्तरराष्ट्रीय स्तर पर पहचान मिली है, लेकिन यह हकीकत नहीं है। मुझे शक है कि यह टिप्पणी करनेवाले प्रधानमंत्री ने नायपॉल की कोई किताब पढ़ी भी है।

वीरेन्द्र सेंगर : तमाम समीक्षाओं में तो यह कहा जा रहा है कि नायपॉल बहुत अच्छा अंग्रेजी का गद्य लिखते हैं। आप क्या कहते हैं ?

नामवर सिंह : इसमें कोई शक नहीं है, उनकी अंग्रेजी बहुत अच्छी है। वे अच्छे गद्यकार हैं। बहुत पठनीय गद्य लिखते हैं। उनकी जैसी अंग्रेजी लिखने वाले बहुत कम लेखक हैं। यह सच है। 'बुकर' पुरस्कार उन्हें उनके उपन्यास पर मिला है, यात्रा-वृत्तान्त पर नहीं मिला है। शुरुआती दौर में उन्होंने कुछ अच्छे उपन्यास लिखे हैं। इसमें एक है : 'अ हाउस फॉर मिस्टर बिस्वास'। बहुत अच्छा है। फिर भी इनका साहित्य नोबेल की कोटि का नहीं कहा जा सकता। यदि यह नायपॉल को इस साहित्य पर मिलता है तो ऐसे तमाम लेखक भारत में आज भी हैं, जिन्हें यह मिलना चाहिए। क्योंकि इनका लेखन नायपॉल से कुछ अच्छा ही बैठेगा।

वीरेन्द्र सेंगर : ऐसे भारतीय लेखक आपकी नजर में कौन हैं ?

नामवर सिंह : तीन-चार लेखक तो हैं ही। सबके नाम बताने की जरूरत नहीं है। इनमें कुछ के नाम छूट जाएँगे तो लोग नाराज हो जाएँगे।

वीरेन्द्र सेंगर : फिर भी एक-दो नाम तो लीजिए ?

नामवर सिंह : नायपॉल ने कन्नड़ लेखक यू.आर. अनन्तमूर्ति की सराहना में अपनी एक किताब में लम्बा लेख लिखा है। प्रसिद्ध उपन्यासकार अनन्तमूर्ति का उपन्यास 'संस्कार' किसी मायने में नायपॉल के उपन्यासों से ज्यादा श्रेष्ठ बैठेगा। उन्हीं को नोबेल मिल जाना चाहिए। उत्कृष्टता की कसौटी पर तो नायपॉल के उपन्यास खरे नहीं हैं। केवल अच्छी अंग्रेजी के लिए साहित्य का नोबेल दिया जाए, यह गले के नीचे नहीं उतरता।

वीरेन्द्र सेंगर : नायपॉल के विचारों को तो आधुनिक माना जाता है?

नामवर सिंह : यह सब कैसे कहा जा सकता है? मेरे खयाल से उनके विचार घनघोर प्रतिक्रियावादी हैं। उनके विचार विश्व में विद्वेष फैलाने वाले हैं। सारे इसलाम को खारिज कर देना और हिंसक मानना कहाँ की आधुनिकता है? इसलामी देशों में कुछ अरब लेखक, कुछ ईरानी लेखक बहुत अच्छे हैं। कुछ उर्दू लेखक बहुत अच्छे हैं। इसलामी देशों में कई तरह की अच्छी संस्कृतियाँ हैं, लेकिन इन्हें नायपॉल जैसे लोग खारिज कर डालते हैं।

वीरेन्द्र सेंगर : स्वीडिश अकादमी बोर्ड के एक सदस्य पेट वेस्टबर्ग ने तो कहा है कि नायपॉल सभी धर्मों के प्रति धुर आलोचनात्मक दृष्टि रखते हैं। वे धर्म को ऐसा रोग मानते हैं जो आदमी के सोचने, समझने और जोखिम उठाने की सहज ललक को कम करता है। इस टिप्पणी के बारे में क्या कहेंगे?

नामवर सिंह : कोई शख्स सभी धर्मों के प्रति आलोचना का भाव रखता हो तो इसी वजह से वह 'सेक्यूलर' नहीं हो जाता। नायपॉल इसीलिए प्रगतिशील नहीं हो जाएँगे कि वे सभी धर्मों का विरोध करते हैं। जो लोग किसी पर विश्वास नहीं करते, वे खूँखार और खतरनाक भी हो सकते हैं। एक बात और है कि यदि नायपॉल के लेखन में मानवतावाद की झलक होती और दलितों व शोषितों के प्रति नाइंसाफी के खिलाफ संघर्ष की गूँज होती तो भी एक बात होती। लेकिन उनके लेखन में ऐसा कुछ भी नहीं है।

वीरेन्द्र सेंगर : आखिर वे 'हिन्दुत्व' से कैसे प्रभावित हुए होंगे?

नामवर सिंह : उनके पूर्वज भले हिन्दू रहे हों लेकिन उनमें सच्चे हिन्दू वाला हिन्दुत्व भी नहीं है। वे तो केवल 'हिन्दुत्व' को भुनाकर हिन्दुस्तान की भावनाओं का दोहन भले कर लें लेकिन मुझे उनमें कहीं से 'हिन्दुत्व' नहीं लगता।

वीरेन्द्र सेंगर : गृहमंत्री आडवाणी ने तो कुछ भावुक होकर नायपॉल को भारत में स्थायी रूप से रहने का निमंत्रण दे डाला है। इसकी वजह क्या हो सकती है?

नामवर सिंह : नायपॉल का भला भारत के लिए क्या संदेश हो सकता है? उनकी नजर में तो भारत ऐसी जगह है जहाँ दस लाख विद्रोह हैं, अन्धकार की दुनिया है और क्षत-विक्षत सभ्यताओं का अखाड़ा है। ऐसे में वे यहाँ आकर क्या रोशनी देंगे? वह तो आडवाणी और वाजपेयी ही जानें! हाँ, इतना हो सकता है कि नायपॉल के यहाँ आने से अन्ध राष्ट्रवाद को बल जरूर मिलेगा। वे पाकिस्तान के खिलाफ एक 'राष्ट्रवादी' उन्माद को बढ़ाने में जरूर मददगार हो सकते हैं।

वीरेन्द्र सेंगर : आपने नायपॉल के नोबेल को सीधे अफगानिस्तान के हमलों से जोड़ दिया है। इस तरह आप इसका श्रेय आतंकी हादसों को ही देते हैं?

नामवर सिंह : दरअसल, मैं समझता हूँ कि नायपॉल को नोबेल तो ओसामा बिन लादेन और तालिबान ने ही दिला दिया है। यदि अफगानिस्तान के प्रति अमरीका ने खार नहीं खाई होती तो नायपॉल अभी भी नोबेल के इन्तजार में बने रहते। चूँकि वे इसलाम के विरोध में लिखते हैं, इसलिए ऐसा शक है और गहरा शक तो है ही।

[14 अक्टूबर, 2001 के वाराणसी/इलाहाबाद से निकलने वाले किसी अखबार में प्रकाशित]

पुनरुत्थानवाद हमेशा बुरा नहीं होता

अवधेश कुमार सिंह

अवधेश कुमार सिंह : आप हिन्दी और अन्य भारतीय भाषाओं पर...पश्चिमी साहित्य जगत में रचनात्मकता और आलोचना के क्षेत्र में हो रहे कार्यों को बड़ी बारीकी से देखते-समझते रहे हैं, पर अनेक वर्षों से आपके लेखन, भाषणों और साक्षात्कारों में इस बात पर बल है कि भारतीय परिप्रेक्ष्य को विशेष महत्त्व दिया जाना चाहिए। इस महत्त्वपूर्ण एवं सकारात्मक परिवर्तन का कारण क्या है?

नामवर सिंह : सच तो यह है कि मैंने मुख्यत: अपने जीवन के प्रारंभिक काल में हिन्दी साहित्य और उसमें भी कविता तक अपने को केन्द्रित किया। यद्यपि भारतीय कविता हमेशा मेरे विवेचन में कहीं थी। पिछले दो दशकों से मैंने भारतीय उपन्यास के उदय के विषय में सोचना शुरू किया। तब मुझे लगा कि सिर्फ हिन्दी उपन्यासों के सहारे हम न तो हिन्दी उपन्यास की अवधारणा को सही ढंग से समझ सकते हैं, न ही भारतीय उपन्यास की अवधारणा की कल्पना कर सकते हैं। उस दौरान मेरा ध्यान 19वीं शताब्दी के हिन्दी, बांग्ला, गुजराती, उड़िया तथा उर्दू उपन्यासों की ओर गया। तब मुझे लगा कि यदि हिन्दी या भारतीय भाषा का कोई आलोचक अपनी भाषा में कोई सार्थक काम करना चाहता है तो उसका परिप्रेक्ष्य और दृष्टिकोण अखिल भारतीय होना चाहिए। यह धारणा मुझे अपने गुरु हजारी प्रसाद द्विवेदी से विरासत में मिली। भक्ति साहित्य के सन्दर्भ में उन्होंने देखा कि हिन्दी भक्ति आंदोलन को सही ढंग से समझने के लिए विभिन्न भारतीय भाषाओं में लिखे गए साहित्य को भी ध्यान में रखना होगा। इसके सूत्र सभी भारतीय भाषाओं में मिलते हैं। हिन्दी भक्ति कविता के सूत्र भी उनकी भाषाओं की रचनात्मकता से जुड़ते हैं। यह असम से जुड़ती है तो तमिलनाडु, गुजरात और हिन्दी से भी जुड़ती है। द्विवेदी जी ने यह बताने की कोशिश की, जो उनकी पुस्तक 'हिन्दी साहित्य की भूमिका' के कुछ लेखों में दिखाई देती है। मैंने महसूस किया कि यह बात प्राचीन साहित्य, मध्यकालीन साहित्य और आधुनिक भारतीय साहित्य के बारे में भी सच है क्योंकि औपनिवेशिक शासन या अंग्रेजी राज में भारत विभिन्न राज्यों या प्रान्तों का देश नहीं रह गया था अपितु उसकी एक भारतीय

पहचान बन गई थी या बन रही थी और एक समग्र राष्ट्र के रूप में वह उभर रहा था। ऐसी दशा में हमारे साहित्य का भविष्य अन्य भाषाओं के भविष्य के साथ जुड़ा था। इसका प्रमाण यह है कि हमारे विवेचन और विमर्श में 'अखिल भारत' शब्द-युग्म बहुत लोकप्रिय हो गया है। हम अपनी राष्ट्रीय संस्थाओं और अन्य निगमों को देखें तो समझ जाएँगे। हमारी रेडियो सेवा में 'ऑल इंडिया' शब्द जुड़ गया और उसे 'ऑल इंडिया रेडियो' कहा जाने लगा। 'इंडिया' के पहले 'ऑल' शब्द मेरे लिए बहुत सार्थक है। इसके पहले 'ऑल इंडिया' या 'होल इंडिया' के सन्दर्भ में हम नहीं सोचते थे। आगे चलकर 'अखिल' या 'निखिल' शब्द का प्रयोग व्यापक अर्थ में होने लगा। यहाँ तक कि हमारे बच्चों के नाम 'अखिल' या 'निखिल' रखे जाने लगे। अंग्रेजी के हमारे अध्यापकों और विद्वानों का एक अखिल भारतीय दृष्टिकोण होता है और आप अंग्रेजी के प्रोफेसर हैं तो आप भी अखिल भारतीय परिप्रेक्ष्य में सोचते हैं और अखिल भारतीय दृष्टिकोण रखते हैं क्योंकि आपका सवाल ही इससे जुड़ा है।

इसलिए हमारा दृष्टिकोण भारतीय होना चाहिए जिसमें विभिन्न भाषाओं में लिखे साहित्य को शामिल करने की सदिच्छा हो। इस बात को ध्यान में रखते हुए मैंने स्वयं को पिछले दशकों में सजग और सचेत रूप से बदला। खास तौर से जब मैं जवाहरलाल नेहरू विश्वविद्यालय आया और हिन्दी विभाग से जुड़ा, जिसका नाम भारतीय भाषा केन्द्र था। यह अलग बात है कि तब उसमें केवल हिन्दी और उर्दू, दो भाषाएँ ही थीं और हमारे सारे प्रयासों के बावजूद तमिल, बांग्ला, मराठी जैसी भाषाएँ नहीं जुड़ पाईं। (अब उनमें से तमिल और बांग्ला जुड़ी हैं।) लेकिन मेरा दृष्टिकोण वहाँ हिन्दी और उर्दू तक सीमित नहीं रहा। यह अलग बात है कि हिन्दी और उर्दू किसी क्षेत्र विशेष की भाषाएँ नहीं हैं और एक अर्थ में वे अखिल भारतीय भाषाएँ हैं। उर्दू पूरे देश में बोली जाती है। आप अगर कर्नाटक जाएँ तो वहाँ भी उर्दू बोली जाती है। आप इलाहाबाद जाएँ, तमिलनाडु या कश्मीर जाएँ, आपको उर्दू बोलने वाले मिलेंगे और हिन्दी की उन जगहों पर मौजूदगी है। इसलिए एक अखिल भारतीय दृष्टिकोण का विकास करना जरूरी है।

इस संदर्भ में मुझे भी एक अखिल भारतीय दृष्टिकोण विकसित करना पड़ा और इसके प्रति सजग, सचेत होना पड़ा। जैसा मैंने पहले कहा, इसकी शुरुआत उपन्यास से हुई। यह उस दबाव या विवशता की उपज थी जिसे आजकल हम उत्तर-औपनिवेशिक काल कहते हैं। इसकी माँग थी कि हम अपने साहित्य में एक अलग अस्मिता या पहचान कायम करें—विश्व में भारतीय अस्मिता या भारतीय पहचान को कायम करना। इस दौर का ही यह दबाव था कि हमने भारतीय उपन्यास या भारतीय कविता की अवधारणा विकसित की। विश्व साहित्य में हम इंग्लिश नॉवेल (ब्रिटिश नॉवेल) या अमरीकन नॉवेल की बात सुनते हैं। यद्यपि सब अंग्रेजी में ही है किन्तु अमरीकी उपन्यास की अलग कोटि है और आस्ट्रेलियाई या अफ्रीकी उपन्यासों

की अलग। तो कहने का मतलब यही है कि चाहे वह हिन्दी में हो या मलयालम, बांग्ला, गुजराती या किसी अन्य भारतीय भाषा में हो, इसलिए एक भारतीय दृष्टिकोण का विकास करना जरूरी है। दूसरे लोगों की तरह मैं भी उस समय की माँग या दबाव से प्रेरित हुआ जो उत्तर-औपनिवेशिक काल में सामने आई। मुझे लगा कि हमारी रचनाओं में जो भारतीय छाया, परिप्रेक्ष्य और परिवेश है, उस पर विचार करना चाहिए और उसे रेखांकित करना चाहिए। इसी तरह दूसरे सवालों की तरह एक और सवाल था : 'क्या भारतीय आलोचना जैसी कोई चीज है?' या 'भारतीय आलोचना की कोई अवधारणा बन सकती है?' उदाहरण के लिए एक पुस्तक है : 'Empire Writes back' जिसे तीन लेखकों ने लिखा है। इसमें भारतीय काव्यशास्त्र पर एक अध्याय है। मुझे यह जानकर आश्चर्य हुआ था कि इसमें लेखकों ने भारतीय काव्यशास्त्र के नाम पर केवल संस्कृत काव्यशास्त्र की चर्चा की है। इसका अर्थ है कि भारतीय आलोचना या साहित्य-सिद्धान्त के नाम पर हमारे पास केवल 1000 साल पुराना संस्कृत काव्यशास्त्र है। यूरोपीय आलोचना में प्राचीन यूनानी काव्यशास्त्र, रोमन रेटारिक या आधुनिक फ्रांसीसी, अंग्रेजी या अमरीकी आलोचना है। और हमारे समग्र देश में केवल प्राचीन संस्कृत काव्यशास्त्र है, जैसे हमने पिछले 800 सालों में कुछ किया ही नहीं! बस, यही दिमाग में था और अभी भी है कि मुझे इस पर एक अखिल भारतीय परिप्रेक्ष्य में विचार करना चाहिए, लिखना चाहिए। लेकिन मैं इसे तुलनात्मक साहित्य जैसे भ्रामक पद से सम्बोधित नहीं करना चाहूँगा। जैसा आपने अपने सवाल में पहले कहा, कि यह मेरे दिमाग में पिछले अनेक वर्षों से एक अखिल भारतीय अवधारणा के रूप में पनप रहा है, विकसित हो रहा है।

अवधेश कुमार सिंह : इस प्रश्न का एक हिस्सा पिछली शताब्दी के अन्त में भारतीय सृजनधर्मिता और विभिन्न भारतीय भाषाओं में लिखे जा रहे साहित्य और उनकी प्रवृत्तियों से सम्बन्धित था। समकालीन भारतीय रचनात्मकता के विषय में आपकी क्या राय है?

नामवर सिंह : देखिए, मेरे लिए यह सम्भव नहीं है कि मैं भारतीय रचनात्मकता के विषय में सामान्य तरीके से टिप्पणी करूँ। इसलिए मैं अपनी बात कुछ उदाहरणों के माध्यम से रखना चाहूँगा। पिछले कुछ दशकों में कुछ उपन्यास लिखे गए, कुछ कहानियों की रचना हुई और कुछ कविताएँ भी सामने आईं। इनमें से कइयों का अंग्रेजी में अनुवाद हुआ। इस अर्थ में स्थिति थोड़ी बेहतर है। दूसरी बात यह है कि जो कुछ भी लिखा जा रहा है, वह केवल पश्चिमी साहित्य का दुहराव या उसका रूपान्तरण नहीं है। यदि मैं कुछ नाटकों के उदाहरण दूँ तो विजय तेंदुलकर का 'घासीराम कोतवाल' या गिरीश कारनाड का 'तुगलक' या 'हयवदन'—ये रचनाएँ किसी पश्चिमी शैली या नाटक के अनुकरण नहीं हैं। 'घासीराम कोतवाल' में जो समस्याएँ व्यक्त हुई हैं या 'तुगलक' या बादल सरकार के 'शेष इतिहास' के द्वारा जिन समस्याओं को उठाया

गया है, वे भारतीय जनता की समस्याएँ हैं। मैंने साहित्यिक विधाओं में से जान-बूझकर नाटक को चुना क्योंकि नाटक या रंग-आंदोलन हमारे देश में बहुत कमजोर है। इसके बावजूद हमने नाटक के क्षेत्र में कुछ नया एवं महत्त्वपूर्ण कार्य किया है। इसी तरह उपन्यास की बात करें तो कुछ अत्यन्त उल्लेखनीय रचनाएँ सामने आई हैं। फणीश्वरनाथ रेणु का 'मैला आँचल', श्रीलाल शुक्ल का 'राग दरबारी', मराठी के भालचन्द्र नेमाड़े के 'कोसला' या ओड़िया में गोपीनाथ मोहन्ती के 'पारिजात' का उल्लेख किया जा सकता है। ये उपन्यास सिर्फ क्षेत्रीय उपन्यास नहीं हैं बल्कि इन उपन्यासों के माध्यम से भारत की वास्तविक रचनात्मकता अभिव्यक्त हुई है। इन पर यदि गम्भीरता से विचार किया जाए तो ये ब्रिटिश या अमरीकी उपन्यास से अलग दिखाई देंगे जिनमें उनका अपना यथार्थ है और अलग यथार्थवादी शैली है। कविता के विषय में भी यही बात सही है। विश्व-कविता ने आम तौर पर पिछले तीन दशकों में एक खास रूप अख्तियार कर लिया है।

इसी प्रकार का मुहावरा विश्व कविता में भी इस्तेमाल होता दिखाई दे रहा है। कविता की भाषा साहित्य की अन्य विधाओं की तुलना में ज्यादा सार्वभौमिक और विश्वव्यापी है। लेकिन यदि मैं हिन्दी कविता में मुक्तिबोध के बाद की पीढ़ी को देखता हूँ और कुछ कवियों के नाम लेना चाहूँ तो हिन्दी में रघुवीर सहाय, बांग्ला में शंख घोष, उर्दू में अख्तर-उल-इमाम आदि की कविताओं की विशिष्ट पहचान है। इनकी कविताओं के यथार्थ का स्रोत गाँवों, शहरों और कस्बों के जीवन और उनकी समस्याओं में है। इस कविता की अपनी विशिष्ट पहचान है। इसकी भाषा विभिन्न है। मुझे लगता है कि इस मामले में भारतीय जनमानस उससे ज्यादा परिपक्व है जितना वह समझा जाता है। भारतीय जनता ने अपना मन बना लिया है कि इसे अपना रास्ता खुद बनाना होगा—पूरी विनम्रता के साथ, बिना किसी दर्प के। मैं यह बात पूरे विश्वास के साथ यह कहना चाहूँगा, क्योंकि हममें से कुछ लोग अंग्रेजी के माध्यम से विश्व साहित्य में रचित कविताओं और उपन्यासों को पढ़ते रहते हैं। अंग्रेजी ही नहीं, दूसरी भाषाओं के माध्यम से भी हम जान पाते हैं और पश्चिमी विचारक भी यह मानते हैं कि तथाकथित तीसरी दुनिया का लेखन पश्चिमी जगत से बेहतर है जिनमें एशिया, अफ्रीका, लैटिन अमरीका आदि शामिल हैं। इसे डब्ल्यू.टी. मिशेल जैसे अमरीकी आलोचकों ने स्वीकार किया है जोकि सम्पादक हैं। उन्होंने कहा कि हम साहित्य सिद्धान्त में चाहे जितना भी आगे हों किन्तु विकासशील तीसरी दुनिया का रचनात्मक साहित्य विकसित देशों के साहित्य से बेहतर है। तीसरी दुनिया के साहित्य में वैविध्य एवं जीवन्तता है। पश्चिम में लोग बनी-बनाई लीक पर चल रहे हैं और यदि मिशेल को यह मानना पड़ा है तो यह कहना होगा कि विकासशील देशों की रचनात्मकता में कुछ तो महत्त्वपूर्ण बात है। और इस तीसरी दुनिया में भारत और भारतीय साहित्य का विशिष्ट स्थान है क्योंकि हमारे भारतीय साहित्य में 15-16 भाषाओं में विकसित

साहित्य है, समृद्ध साहित्य है जिनकी 1000 वर्षों से ज्यादा पुरानी साहित्यिक परम्परा है जो अपने-आपमें कोई साधारण बात नहीं है।

अवधेश कुमार सिंह : आपने मिशेल के साक्ष्य पर सही कहा कि हमारा रचनात्मक लेखन बहुत समृद्ध है लेकिन जहाँ तक आलोचना का सवाल है, हमारा सैद्धान्तिक पक्ष बहुत कमजोर है। यदि मैं सामान्यीकरण के स्तर पर बात करूँ तो भारतीय आलोचना अनुकरण और पुनरुत्थान के बीच झूल रही है। दूसरी ओर हमारे यहाँ लोक और शास्त्र की एक सुदृढ़ परम्परा है। पूर्वी और पश्चिमी विचारों के समन्वय से हमारी भाषाओं में एक तीसरी आलोचना परम्परा का भी रूप सामने आया है जिसके प्रबल प्रमाण स्वयं आप हैं, इसके प्रवर्तक भी और प्रतिपादक भी। आपकी पुस्तक 'दूसरी परम्परा की खोज' पढ़ते हुए मैंने प्राय: महसूस किया कि आपकी दूसरी परम्परा की अवधारणा में, 'अन्य' में वास्तव में तीसरी परम्परा के बीज-तत्त्व निहित हैं और यह परम्परा शुक्ल की परम्परा, द्विवेदी की परम्परा तथा आपकी अवधारणा से निर्मित है जिसमें शुक्ल और द्विवेदी, दोनों की परम्परा के तत्त्व मौजूद हैं। समकालीन भारतीय आलोचना के विषय में आपकी क्या राय है? इसका सैद्धान्तिक पक्ष कमजोर क्यों है? इन समस्याओं और सम्भावनाओं के बारे में आप क्या सोचते हैं?

नामवर सिंह : पहली बात तो यह कि मैं कोई प्रवर्तक या प्रतिपादक नहीं हूँ। मैं तो अपने-आपको मानता हूँ 'हों पंडितन को पछलग्गू' तो मैं तो पंडितों का पिछलग्गू ही अपने को मानता हूँ। फिर भी जब मैंने कहा कि भारतीय रचनात्मकता स्वस्थ, समृद्ध है और उसकी तुलना में भारतीय आलोचना कमजोर है तो उसका तात्पर्य यह है कि इसे स्वीकार करने में मुझे कोई संकोच नहीं है। सच तो यह है कि आलोचना वही सशक्त होती है जहाँ विचार और दर्शन की आधारशिला मजबूत होती है और जहाँ विचार और दर्शन विकसित होता है। जब प्राचीन काल में संस्कृत काव्यशास्त्र का विकास 15000 वर्षों में हुआ तब भारतीय दर्शन, भारतीय तर्कशास्त्र और भाषाविज्ञान अपने शीर्ष पर थे।

हमारे यहाँ भामह, आनन्दवर्धन, अभिनव गुप्त और मम्मट जैसे महान आचार्य और सिद्धान्तकार हुए हैं जिनकी तुलना का विश्व में अभी तक कोई आचार्य और सिद्धान्तकार नहीं हुआ है। उनका इतना उत्कर्ष इसलिए हो सका क्योंकि तब तक उपनिषदों की रचना हो चुकी थी। पाणिनि जैसे वैयाकरण तब थे जिनके सामने दुनिया के सारे वैयाकरण श्रद्धा से नतमस्तक होते हैं। बौद्ध दार्शनिक पिन्नार्क, धर्मबुद्ध, धर्मकीर्ति तथा नागार्जुन तब तक हो चुके थे। महान वेदान्त दार्शनिक और विचारक शंकराचार्य पहले ही मौजूद थे। इस प्रकार हमारे यहाँ तब तक दर्शन, व्याकरण और न्याय की व्यापक पृष्ठभूमि मौजूद थी। इसीलिए काव्यशास्त्र को व्याकरण की 'पूँछ' कहा जाता है—व्याकरणमस्य पुच्छम्। अब वह बकरा कहाँ है जिसकी पूँछ हम पकड़ें? हमारे पास दुनिया के सामने पेश करने के लिए दर्शन के नाम पर आखिर आज क्या

है ? हम राधाकृष्णन् को महान दार्शनिक मानते हैं लेकिन आखिर डॉ. राधाकृष्णन् का योगदान क्या है ? उन्होंने शंकराचार्य और अन्य भारतीय दर्शनों का सरलीकृत रूप पेश किया और उसका अंग्रेजी में अनुवाद कर पश्चिमी जगत को बताया कि भारत में हमारे पास यह सब भी है। इस सन्दर्भ में अरविन्दो को भी याद किया जाता है कि उन्होंने 'योग' की ओर हमारा ध्यान आकृष्ट किया, रवीन्द्रनाथ टैगोर ने उपनिषदों की चर्चा की। इस प्रकार ये सब योग और आध्यात्मिकता के पुनरुत्थान की समय-समय पर उठने वाली लहरें थीं। इन सभी ने हमारे दर्शन, प्रत्यक्षवाद और भाषिक दर्शन की शिक्षा-दीक्षा से ही दार्शनिक बनने का प्रयास किया। इस प्रकार हमारे देश में समूचे औपनिवेशिक काल में भारतीय दर्शन जैसी कोई चीज विकसित नहीं हो सकी। औपनिवेशिक काल के आरम्भ से पहले ही दर्शन की परम्पराएँ खत्म हो चुकी थीं। इसलिए जब स्वदेशी दर्शन की कोई पृष्ठभूमि नहीं है, तब स्वदेशी आलोचना कैसे हो सकती है ? क्योंकि दर्शन में पुनरुत्थानवाद है। जिस शब्द का प्रयोग आपने हमारी आलोचना के सन्दर्भ में बहुत सही अर्थ में किया तो आलोचना में भी पुनरुत्थान तो होगा ही। हमने स्वतंत्र भारत में पिछले पचास वर्षों में आखिर क्या किया ? हमने भामह, अभिनव गुप्त, भरतमुनि के नाट्यशास्त्र और मम्मट आदि का अनुवाद किया। टीका, भाष्य, संस्मरण—ये चीजें लिखी गईं इसलिए काफी हद तक पुनरुत्थान तो हुआ है।

यह कहने के बावजूद मैं कहना चाहूँगा कि औपनिवेशिक काल में और खास तौर से 20वीं शताब्दी के आरम्भिक दशकों में स्वतंत्रता-संघर्ष के दौरान लगभग सभी भारतीय भाषाओं में कुछ बहुत ही महत्त्वपूर्ण विचारक-चिन्तक हुए, जैसे—रामचन्द्र शुक्ल और हजारी प्रसाद द्विवेदी हिन्दी में, मराठी में डी.के. विजयकर विश्व-विचार के लेखक, मलयालम में कृष्णकुट्टी और कृष्णमरार तथा बांग्ला में गुरुदेव रवीन्द्रनाथ टैगोर जैसे लोग हुए। इन लोगों ने प्राचीन संस्कृत काव्यशास्त्र तथा अंग्रेजी आलोचना से श्रेष्ठ तत्त्वों को ग्रहण किया जिसे मैं पूर्व और पश्चिम का संघात कहना चाहूँगा। इस घात-प्रतिघात से उन्होंने अपने लिए उपयोगी चीज पश्चिमी चिन्तन से ग्रहण कर एक देशज भारतीय आलोचना का विकास किया। ऐसा अंग्रेजी में लिखी पुस्तकों में नहीं देखा गया। वास्तव में अधिकांश अंग्रेजी विद्वान और अध्यापक इन स्वदेशी परम्पराओं से परिचित नहीं हैं। अंग्रेजी वाले और संस्कृत के पंडित अंग्रेजी में किताबें लिखते रहे। उदाहरण के लिए पी.वी.काणे तथा एस.के.डे ने संस्कृत काव्यशास्त्र पर किताबें लिखीं जरूर, पर अंग्रेजी में। यदि डे ने बांग्ला में और काणे ने मराठी में अपनी पुस्तकें लिखी होतीं तो इससे भारतीय भाषाओं को लाभ हुआ होता लेकिन इन लोगों ने अंग्रेजी में लिखी और अंग्रेजी वाले और अंग्रेजी के अध्यापक अरस्तू आई.ए.रिचर्ड्स तथा इलियट के सम्मोहन से मुक्त नहीं हो सके थे। शुक्र है कि कुछ लोग देसी भारतीय भाषाओं में ऐसे थे जो अपनी भाषा में नई कलम और

पौधे लगाने की कोशिश कर रहे थे। इसके साथ ही एक और अच्छी बात हुई जिसकी चर्चा प्रायः नहीं की जाती लेकिन मैं इसका उल्लेख करना चाहूँगा। हमारे कुछ रचनाकार खास तौर से कवि और कुछ उपन्यासकार तथा कहानीकारों ने कुछ आलोचनात्मक और साहित्य-सिद्धान्तों को अपनी रचनात्मकता और रचनात्मक अनुभवों के माध्यम से प्रस्तुत किया। इस प्रकार इन रचनाकारों की रचनात्मक कार्यशाला से जो सिद्धान्त हमें मिले, वे हमारी आलोचना के लिए अत्यन्त महत्त्वपूर्ण साबित हुए। मैं व्यक्तिगत रूप से मानता हूँ कि अनेक तथाकथित आलोचकों की तुलना में जयशंकर प्रसाद, हजारी प्रसाद द्विवेदी, अज्ञेय तथा मुक्तिबोध जैसे रचनाकारों और सृजनात्मक लेखकों का योगदान आलोचना में ज्यादा सार्थक और महत्त्वपूर्ण है। इसके बाद की पीढ़ी में निर्मल वर्मा ने भी सर्जनात्मक लेखक-कथाकार के अपने अनुभवों के माध्यम से वैसा ही कार्य किया। बांग्ला में बुद्धदेव वासु ने भी यही किया। इसलिए मेरे लिए इन रचनाकारों-सृजनात्मक लेखकों की आलोचना ज्यादा महत्त्वपूर्ण है। यूरोपीय साहित्यकारों के बारे में भी यही बात कही जा सकती है। सृजनात्मक लेखकों ने पश्चिमी आलोचना में भी नये सिद्धान्तों का विकास किया। इलियट, पाउंड, जॉन क्रोरैंसम, एलन टेट—ये सभी कवि थे। यही बात विश्व की दूसरी भाषाओं के बारे में भी सच है। इसलिए इतिहास में बहुत कम ऐसा होता है जब मानव-विवेक दर्शन की चिन्ता नहीं करता या दर्शन के लिए अवकाश नहीं निकाल पाता है। ऐसी हर अवधि में रचनात्मक लेखन के रचनात्मक अनुभवों से जो सिद्धान्त-सूत्र या विचार उपजते हैं, वे एक नये साहित्य-सिद्धान्त को जन्म देते हैं। श्रेष्ठ आलोचक अपने आलोचनात्मक उपकरणों और पद्धतियों के माध्यम से आगे चलकर इन बिन्दुओं को स्वतंत्र और पूर्ण सिद्धान्त के रूप में विकसित कर देता है। मैंने भी ऐसा ही कुछ करने का प्रयास किया है। मैंने अपने पारम्परिक काव्यशास्त्र की जड़ों तक जाने की कोशिश की है और पश्चिमी साहित्य सिद्धान्तों से जो भी सम्भव हुआ, मैंने पढ़कर और अपने ढंग से विचार कर उन्हें ग्रहण किया। इसके अलावा हमारी परम्परा में आचार्य रामचन्द्र शुक्ल, हजारी प्रसाद द्विवेदी, रवीन्द्रनाथ टैगोर, बुद्धदेव वासु और विभिन्न भारतीय भाषाओं में हमारे अनेक आलोचकों और रचनाकारों ने लिखा है और मैंने इन सबको ध्यान में रखने की कोशिश की है। इसकी कुछ झलक आपको मेरी पुस्तक 'कविता के नए प्रतिमान' तथा 'दूसरी परम्परा की खोज' में खास तौर से मिलेगी। इन कृतियों में मैंने इन सभी परम्पराओं को ध्यान में रखते हुए एक साहित्य सिद्धान्त निर्मित करने का प्रयास किया है। मेरी चिन्ता यह नहीं रही कि यह सिद्धान्त नया हो, विशिष्ट या अन्य सिद्धान्तों से अलग हो। मेरी चिन्ता यह थी कि क्या यह हमारे सामाजिक जीवन, राष्ट्रीय जीवन और साहित्य-सृजन के लिए सार्थक है? और क्या यह किसी हद तक इन समस्याओं को सुलझाने में सहायक हो सकता है? अभी तो मैं यही कह सकता हूँ।

और हाँ, जिस 'पुनरुत्थानवाद' शब्द का आपने इस्तेमाल किया, वह पूरी तरह से कोई बुरा शब्द नहीं है। हमारा आधुनिक साहित्य 19वीं शताब्दी के पुनरुत्थान का परिणाम है। रवीन्द्रनाथ टैगोर जैसा महान कवि भी पुनरुत्थानवादी कवि हैं। निराला पुनरुत्थानवादी हैं। यदि हम पश्चिमी लेखन की बात करें तो अमरीका में रेटारिक को पुनर्जीवित किया गया और आप जानते हैं कि रेटारिक प्राचीन रोम से उपजा है। आजकल वे पूरी आलोचना को रेटारिक मानते हैं—चाहे वह नई समीक्षा हो या विखंडनवाद। रूपक काव्य को भी पुनर्जीवित किया गया था। क्या यह पुनरुत्थानवाद नहीं है? उन्होंने आखिर क्या किया? क्या वे अपनी जड़ों की ओर नहीं लौटे? दर्शन की भी यही कहानी है। दर्शनशास्त्र या तत्त्व मीमांसा में हेडेगर प्राचीन ग्रीक यूनानियों की तरफ देखते हैं। आधुनिक आलोचक अलंकार का प्रयोग करते हुए यह भूल जाते हैं कि रेटारिक की तरह अलंकार भी एक शास्त्र है और रेटारिक के दोनों ही अर्थ हैं। आप तो अंग्रेजी के हैं इसलिए यह अच्छी तरह जानते हैं कि आग्रह की भाषा ही रेटारिक नहीं होती। हमारे यहाँ अलंकार की समृद्ध परम्परा रही है। क्या वहाँ रेटारिक का पुनरुत्थान कोई दोष नहीं है? इसलिए पुनरुत्थान अपने-आपमें कोई बुरी चीज नहीं है, किन्तु बिना पहचान के पुनरुत्थान खतरनाक हो सकता है। तुलसीदास ने कहा है : 'संग्रह त्यागु न बिनु पहिचाने'। (ग्रहण या त्याग बिना पहचान के नहीं करना चाहिए।) यदि आप किसी अन्धे व्यक्ति के सामने फल को फेंक दें और पत्थर रख दें, तो यह सम्भव है कि वह पत्थर को उठा ले और फल को फेंक दे।

बिना विवेक, बिना दृष्टि के हम क्या करेंगे? सूर्यकान्त त्रिपाठी निराला ने भी कहा : 'भ्रम में जो लिया, ज्ञान में लो तुम गिन-गिन; भ्रम में जो दिया, अपने में दो तुम गिन-गिन'। जो कुछ तुमने अज्ञानता में स्वीकार किया, उसे ज्ञानपूर्वक स्वीकार करो। जो कुछ तुमने अज्ञानता में अस्वीकार किया, उसे तुम्हें सविवेक करना चाहिए। इसलिए हमें अज्ञानता और ज्ञान के बीच फर्क को समझना होगा। जैसे अन्धे व्यक्ति ने मूल्यवान सोने और हीरे फेंक दिये और पत्थरों को सँभालकर रखा—यह कहावत कही जाती है। उसी तरह हमने अपने प्राचीन काव्यशास्त्र और अलंकारशास्त्र को फेंक दिया है। इसके विपरीत देखिए, पश्चिमी लोगों ने अपनी परम्परा से सोने लिये और उसके आधार पर दीर्घकाल से सिद्धान्तों का विकास कर रहे हैं। हमें भी ऐसा ही करना चाहिए। इस अर्थ में पुनरुत्थानवाद बुरा नहीं है। यदि विवेक से और सुविचारित ढंग से सही-गलत की पहचान की जाए तो हम अपने प्राचीन काव्यशास्त्र में स्वदेशी काव्यशास्त्र के बीज खोज सकते हैं। यही नहीं, मैं तो मानता हूँ कि हमारे आत्म की खोज का मार्ग इतना छोटा नहीं है, जैसा वह प्रतीत होता है। कभी-कभी आदमी अपने घर लम्बी यात्रा के बाद बहुत दूरी तय करके पहुँचता है। यह बात हमारे भारतीय बुद्धिजीवियों के बारे में ज्यादा लागू होती है। वे पूरे विश्व की यात्रा करने के बाद जाकर भारत पहुँचते हैं। वे भारत से चलते हैं और सैनफ्रांसिस्को, टोकियो होते हुए

दिल्ली पहुँचते हैं। कभी-कभी आदमी अपने घर, पूरी दुनिया की यात्रा करने के बाद पहुँचता है। लेकिन जब वह लौटता है तो वह घर, वह जगह वैसी ही नहीं रहती। यात्रा पर जाने से पहले जो जगह थी, वह लौटने पर अलग और नई लगने लगती है। इसीलिए जब हम पूरे पाश्चात्य साहित्य और काव्यशास्त्र के अवगाहन और उसकी यात्रा के बाद अपने आचार्यों को देखते हैं, उन्हें फिर से पढ़ते हैं तो हमें लगता था कि जिस रूप में हम पहले उन्हें समझते-जानते थे, वे उनसे भिन्न हैं। उदाहरण के लिए फर्डीनेंड दा सास्यूर ने भाषा के विषय में जो विवेचन और चिन्तन सामने रखा है, उसे क्रान्ति कहा जाता है। जिस तरह से कॉपरनिकस ने विज्ञान में क्रान्तिकारी परिवर्तन किया, उसी तरह सास्यूर ने साहित्य और साहित्य-सिद्धान्त के क्षेत्र में क्रान्तिकारी परिवर्तन किए। द्वितीय विश्वयुद्ध के बाद के सारे साहित्य-सिद्धान्त किसी-न-किसी रूप में उनके विचारों पर आधारित हैं। किन्तु यदि हम पश्चिमी चिन्तन से भारतीय चिन्तन की ओर लौटें तो हमको पता चलेगा कि भर्तृहरि ने भी यही बात 'वाक्यपदीयम्' में बड़ी दृढ़ता और स्पष्टता से कही थी। कहावत है : 'घर में वस्तु धरी न सूझति, बाहर खोजना आवे'। जब हम बाहर से कोई चीज ढूँढ़ने के बाद घर लौटते हैं तो हमको पता चलता है कि वह तो घर में ही पड़ी है। यही बात पुनरुत्थानवाद के सन्दर्भ में भी सही है। मुझे यकीन है कि जब मैं पुनरुत्थानवाद की बात कर रहा हूँ तो कुछ मित्रों को यह मेरा नया शौक या पैंतरा लगेगा। वे यह भी कहेंगे कि जैसे विश्व हिन्दू परिषद् हिन्दुत्व की खोज कर रही है और भारतीय जनता पार्टी भारतीयता की तलाश कर रही है, नामवर सिंह भी नये आधुनिक काव्यशास्त्र को गढ़ने के लिए प्राचीन काव्यशास्त्र की ओर रुख कर रहे हैं, इसलिए वे भी पुनरुत्थानवादी हैं। उनको जो जी में आए, कहें और सोचें। लेकिन मैं मानता हूँ कि आज के समय में हमें कुछ अनमोल चीजों पर रोशनी डालनी चाहिए। हमारी प्राचीन धरोहर से कुछ हीरे, मोती, जवाहरात जरूर मिलेंगे। मैं अपनी तरह से विनम्र प्रयास कर रहा हूँ। यदि मुझे इसमें कुछ मिलता है तो इस उत्खनन की कुछ सार्थकता होगी अन्यथा मैं मान लूँगा कि यह एक और यात्रा थी।

अवधेश कुमार सिंह : हमारे अकादमिक जगत में पश्चिमी आलोचनात्मक सिद्धान्तों का अन्धानुकरण हो रहा है—ऐसा मुझे प्रतीत होता है। हमारे आलोचक पश्चिमी सिद्धान्तों को बिना परीक्षण, प्रतिरोध या उनको अपने अनुभव और परिस्थितियों के साथ जोड़कर देखे बगैर अपनाते जा रहे हैं। इसलिए ग्रहण क्या-क्या किया जाए और कैसे? किसका अनुकरण किया जाए? क्या आप इन अनुकर्ताओं को कुछ दिशा-निर्देश देंगे?

नामवर सिंह : अवधेश, आप भाषा के व्यक्ति हैं—भाषा में काम करते हैं। आप जानते हैं कि अनुकरण नकल नहीं है। एक तरह से तो समूचा साहित्य ही अनुकरण है। जिस कवि ने अपने समय के भारत का अनुवाद किया, वह अपने-आपमें एक

भारत है किन्तु 'महाभारत' में वर्णित भारत वह भारत नहीं है, जैसे वास्तव में वह रहा होगा। इसलिए यदि हम पश्चिम का अनुकरण करना भी चाहें तो एक अर्थ में ऐसी कल्पना सम्भव ही नहीं है। यदि कोई व्यक्ति किसी अच्छे गायक का अनुकरण करता है तब भी वह कुछ नया कर जाता है क्योंकि कोई भी अनुकरण सोलह आना या सौ फीसदी हो ही नहीं सकता। कार्बन कॉपी भी हू-ब-हू मूल प्रति के समान नहीं होती। हम कहते हैं—सत्य प्रतिलिपि—ट्रू कॉपी, लेकिन प्रमाणित प्रतिलिपि सत्य प्रतिलिपि नहीं होती। मशीन भी सही तरीके से कापी नहीं कर सकती। इस समय मेरी आवाज टेप हो रही है, बाद में इसे आप सुनेंगे, जब इसे लिपिबद्ध करेंगे तब आपको यह अलग लगेगी। यदि मशीन कॉपी नहीं कर सकती तो एक सजीव व्यक्ति और मस्तिष्क कैसे किसी चीज का अनुकरण कर सकता है? वह इसमें जरूर कुछ न कुछ जोड़ेगा। आप कश्मीर से कोई पौधा उठाएँ और उसे गुजरात में लगा दें तो पौधा वही नहीं रहेगा। यदि आप भारतीय आम इंग्लैंड में ले जाकर लगाएँ तो उसका फल भारतीय आम जैसा नहीं होगा। इसलिए कोई भी अनुकरण सही मायने में अनुकरण नहीं होता। हाँ, यह जरूर है कि हमें अनुकरण और नकल के बीच अन्तर को ध्यान में रखना होगा। फिर भी जो लोग पश्चिमी आलोचकों का अनुकरण करते हैं, वे भी कुछ नया रचते हैं। इसके बावजूद कि वे अनुकरण करते हैं। इस तरह से अनुकरण ने उनके काव्यशास्त्र के अन्य रूपों की नींव रखी। हमारे भरतमुनि ने भी कहा : 'अवस्थानुकृतिनाटकम्' (नाटक किसी मनोदशा का अनुकरण है)। उन्होंने नाटक को विश्व की प्रतिध्वनि कहा। नाटक तीनों लोकों की प्रतिध्वनि है। वे इस बात को बड़े सम्मान के साथ रेखांकित करते हैं। हिन्दी और उर्दू में इसे नकल कहा जाता है लेकिन क्या वैसी ही नकल है, जैसी कुछ परीक्षार्थी परीक्षा के दौरान या नकल-नवीस अदालतों में करते हैं? साहित्य में यह एक रचनात्मक कार्य-व्यापार है। मैं तो यही मानता हूँ। इसलिए यह चलते रहना चाहिए।

अवधेश कुमार सिंह : आपने भारतीय काव्यशास्त्र की स्वदेशी आधारशिला की बात की। आप इस काव्यशास्त्र का निर्माण किस रूप में करना चाहेंगे? उन समस्याओं और सम्भावनाओं को भी समझाइए, जो आपने इस निर्माण-प्रक्रिया में अनुभव कीं?

नामवर सिंह : मैंने पहले ही भारतीय काव्यशास्त्र की कुछ समस्याओं और सम्भावनाओं का उल्लेख किया है। इसलिए मैं उन्हें दोहराना नहीं चाहता। जब लोग मेरे पास ऑटोग्राफ के लिए आते हैं तो मैं लिखता हूँ—'क्रिया केवल उत्तरम्'—कार्य ही एकमात्र उत्तर है। मैं सिर्फ बोलकर अपनी ऊर्जा नहीं नष्ट करना चाहता। मैं आपके प्रश्न का उत्तर कुछ ठोस कार्य करके दूँगा। अन्यथा सब तो अनुमान है। जब तक मेरे अनुमान लिखित रूप में न आ जाएँ तब तक उन पर सिर्फ बोलने का कोई मतलब नहीं।

अवधेश कुमार सिंह : आपने जो कुछ पहले कहा, उसके अलावा क्या आप उन

बिन्दुओं को रेखांकित करना चाहेंगे जिनके आधार पर हमारे काव्यशास्त्र या आलोचना की नींव रखी जानी चाहिए?

नामवर सिंह : देखिए, हमें अपने शास्त्र, आलोचना या सिद्धान्त को अपने रचनात्मक अनुभव से जोड़ना होगा। शास्त्र से मेरा अभिप्राय भारत की भाषिक परम्परा से है, जिसका मुख्य आधार भर्तृहरि का 'वाक्यपदीयम्' है। इन दिनों मैं इसे पढ़ रहा हूँ। नया काव्यशास्त्र भाषिक दर्शन से उपजेगा। दूसरा है हमारा लोक-जीवन और लोक-अनुभव, जिसे हम 'कॉमनसेंस' के रूप में जानते हैं। हमारे लोक-जीवन में अनेक कहावतें प्रचलित हैं। शताब्दियों का हमारा जो सामान्य बोध है, वह हमारी लोककथाओं और लोकगाथाओं में मौजूद है और वहाँ से हमें ऐसे मुहावरे और पद मिलते हैं जिनसे साहित्यिक कृतियों के विश्लेषण-मूल्यांकन तथा अपनी आलोचनात्मक शब्दावली को समृद्ध करने में मदद मिल सकती है। उदाहरण के लिए आज सुबह हम लोग एक शब्द के लिए किसी उपयुक्त शब्द की तलाश कर रहे थे। यह स्कॉटमान के एक कथन की चर्चा के दौरान आया। (कविता को सुनना नहीं अपितु ध्यान से सुनना चाहिए)। हमने एक संस्कृत शब्द 'अतिश्रवण' चुना 'Over heard' के समानार्थक रूप में। तब चौहान साहब (डॉ. महावीर सिंह चौहान) और आपने भी एक लोकशब्द 'कनसुआ' कहा जो पश्चिमी उत्तर प्रदेश के ब्रज क्षेत्र में बोला जाता है। इसलिए कविता कानों के लिए नहीं है, 'कनसुआ' के लिए है। अब आप देखिए, जहाँ शास्त्र हमारी मदद नहीं कर सका, वहाँ लोक ने ऐसा कर दिया। आप देखिए, हमें एक आलोचनात्मक शब्द (पद) मिल गया जिससे हम कविता को परिभाषित कर सकें। यह हमें अपनी बोली से मिला, हमें उधार माँगने की जरूरत नहीं है। यह तो एक उदाहरण है। इसी तरह हम अपने आम लोगों से ऐसी बहुत-सी चीजें सीख सकते हैं जो साहित्य को समझने में सहायक होंगी। इसे ही मैं 'कॉमनसेंस' कहता हूँ। यह आश्चर्यजनक लगेगा, किन्तु सत्य है कि 'कॉमनसेंस' शब्द साम्राज्यवादी चिन्तकों को बहुत प्रिय था। डॉ. जॉन्सन यद्यपि उनके बड़े कठोर आलोचक थे। आप उनको कुछ भी कहें, वे उनके विचारों के विरुद्ध थे। हमारा देश इस कॉमनसेंस का विस्तृत भंडार है। आप बुद्ध की जातक कथाओं को पढ़ें और आपको अलग विशिष्ट कॉमनसेंस मिलेगा। यह कॉमनसेंस शताब्दियों के अनुभव से संचित और संगृहीत है। यह वास्तव में व्यावहारिक कॉमनसेंस है। यह व्यवहार का नतीजा है। हम शिक्षित लोग शास्त्रों और पुस्तकों में जीते हैं और विशाल और समृद्ध अक्षय स्रोत को भूल जाते हैं जिनसे रचनात्मक साहित्य निर्मित हुआ है। मुझे लगता है कि हमें उस समृद्ध भंडार का उपयोग अपने साहित्य-सिद्धान्तों और काव्यशास्त्र के निर्माण में करना चाहिए। ईश्वर चाहेगा तो मैं इस सम्बन्ध में कुछ करूँगा और मैं पूरी तरह इसी कॉमनसेंस पर भरोसा करूँगा।

[आलोचना, अक्टूबर-दिसम्बर, 2013]

समालोचना के नाम पर आजकल विमर्श हो रहे हैं

विनोद कुमार श्रीवास्तव

विनोद कुमार श्रीवास्तव : आप आज हिन्दी साहित्य के परिदृश्य में एक निर्विवाद शलाका पुरुष हैं और अपने समय के शलाका पुरुष की बात हमारे मन में उठ रही है, सो आपके कि 'हमने अपने मन में ठानी और है', भावी सरोकार क्या हैं?

नामवर सिंह : इस सवाल का जवाब देने से पहले विनोद जी, अपने समय के उसी शलाका पुरुष मिर्जा ग़ालिब का सहारा लेकर कहूँ कि 'बात करनी मुझे मुश्किल कभी ऐसी तो न थी'। मुश्किल इसलिए कि आपके साथ बात कर रहा हूँ और आपको जितना मैं जानता हूँ और आपके-हमारे जैसे सम्बन्ध हैं, यह पहला विधिवत् इंटरव्यू है आपके साथ। यह तो कहता ही रहा हूँ कि बहुत से लोगों ने इंटरव्यू लिया है और उसको बड़े रस्मी तौर पर जैसे होता रहा है, करता रहा हूँ। इसकी अहमियत मेरे लिए कुछ और है। इस भूमिका के साथ मैं पहली बात तो यह कहूँगा कि एक तो मैं निर्विवाद नहीं हूँ। अत्यन्त विवादास्पद आदमी हूँ मैं। फिर भी इतने वर्षों में आपने देखा होगा कि कई लोगों का ऐसा खयाल है कि जानबूझकर विवादों में रहने का शौक है मुझे। बहुत-सी चीजें अनचाही हो जाती हैं। आप नहीं चाहते हो, तो भी हो जाती हैं।

विनोद कुमार श्रीवास्तव : आप जिस विवाद की बात कर रहे हैं, वह अलग हो सकता है लेकिन आप शलाका पुरुष हैं, आज यह निर्विवाद है।

नामवर सिंह : इस पर भी मैं कहना चाहता हूँ कि अब तो एक 'शलाका सम्मान' भी मिलने लगा है। तो अब बहुत शलाका पुरुष हो गए शलाका सम्मान पाकर। किसी समय शब्द की बड़ी गरिमा हमारी भारतीय परम्परा में रही है, जैसे शलाका शब्द की। प्रसंगवश कह दूँ कि बहुत से लोग हमारी परम्पराओं को नहीं जानते। काशी के संस्कृत विश्वविद्यालय में जब तक मैं रहा, तब तक एक शलाका परीक्षा होती थी। जैसे मान लीजिए, शलाका परीक्षा व्याकरण पर है तो व्याकरण की पोथी साक्षात्कार लेनेवाले पंडित कहीं एक पतली शलाका डालकर रख देते थे और कहते थे—खोलो उसे और जैसे ही खोला और देखा कि वह पंक्ति क्या है, फिर बन्द कर देते थे और कहते थे—बोलिए। हमारे यहाँ सारे ग्रंथ लोगों को कंठस्थ रहते थे। मुद्रण की, लेखन

की परम्परा तो बाद में चली। वेदों तक को लोगों ने कंठस्थ कर लिया था। तो इस तरह यह परीक्षा हो जाती थी कि यह शास्त्र को जानता है कि नहीं। यह शलाका परीक्षा कहलाती थी और इसमें उत्तीर्ण होने पर उन्हें प्रोफेसर नियुक्त किया जाता था। यह मालवीय जी महाराज के संस्कृत महाविद्यालय में पचास के दशक के आसपास 47 से 52 तक चलती रही। इंटरव्यू संस्कृत में ऐसे ही होते थे। इसे शलाका परीक्षा कहते थे। इसी परीक्षा से निकला व्यक्ति शलाका पुरुष कहा जाता था। आज तो सहज ही शलाका सम्मान जिसे मिल जाता है, वह शलाका पुरुष कहलाता है।

विनोद कुमार श्रीवास्तव : मुझे ज्ञान नहीं था। हमारा आशय यह है कि आपका जो स्थान है।

नामवर सिंह : सुनिए, यह पढ़कर संकोच होता है कि लोग इस शब्द का अर्थ नहीं जानते और एक लीक पीट रहे हैं। वे या तो जानते नहीं हैं, या तो विनोद कर रहे हैं या फिर लोगों ने इसे ऐसे ही चालू कर लिया है। कभी अवसर ही नहीं मिला कि इस पर बात की जाए। ऐसी बातचीत आपके सामने ही हो सकती है कि ऐसा देखकर मैं उपहासास्पद महसूस करता हूँ। इसका अर्थ जाने बिना लोग प्रयोग करते जा रहे हैं।

इस भूमिका के साथ यदि बात करूँ कि हमारे भावी सरोकार क्या हैं, तो भावी सरोकार तो लगभग वही तो नहीं, लेकिन वैसे ही हैं, जब से आलोचना लिखना मैंने शुरू किया। उदाहरण के लिए आलोचना के कर्म को मैं जिस रूप में देखता हूँ, तो वह साहित्यिक कृतियों की मीमांसा है। आस्वाद, मुख्य कर्म, यही है, यही रहा है। कई लोग सैद्धान्तिक व व्यावहारिक आलोचना में भेद करते हैं। मैं भेद नहीं करता। यह हमारी पहले भी परम्परा थी, पुरानी परम्परा। या तो लोगों ने शास्त्र लिखा, जैसे 'ध्वन्यालोक' या 'काव्य प्रकाश' वगैरह। देखें, निरूपण करें तो संस्कृत काव्य भरा पड़ा है। कोई संकलन तैयार करे तो 'ध्वन्यालोक' से तैयार कर सकता है और यही बात 'काव्य प्रकाश' के बारे में भी है। श्रेष्ठ कौन सी पंक्तियाँ हैं, इस पर कोई विवाद नहीं है। विरोधी मत वाला भी पोषित करता है। तो मेरा सरोकार, जैसा मैंने कहा कि अच्छी रचनाएँ जो पढ़ने को मिलें, कहानी हो, उपन्यास हो, कविता हो जो अपनी महत्ता दिखाता हो। उनमें से कुछ खास मिलें तो उनके आधार पर कोई सामान्य धारणा भी प्रस्तावित की जा सकती है। मुख्य उद्देश्य है कि इस दौर में कौन लोग हैं जो मुझे दिखाई पड़ रहे हैं यानी वे, जो और लोगों से जरा ऊपर हैं। कुछ हट के हैं, मौलिक हैं। इसकी पहचान जरूरी है। आज वह लुप्त हो रही है। हमारे संगठन, हमारे दल किन्हीं खास तरह के विचारों से लोगों को प्रोत्साहित करते हैं, बाकी को छोड़ देते हैं। इसके अलावा यह भी होता है कि कुछ लोग उपेक्षा भी करते हैं। मैं एक बात और कह दूँ कि समालोचना के नाम पर आजकल विमर्श हो रहे हैं—दलित-विमर्श, स्त्री-विमर्श। जो राजनीति में बहस हो रही है, आलोचक भी वही कर रहा है। जैसे वहाँ आरक्षण देने की बात चल रही है, यहाँ भी वही चर्चा चल रही है। साहित्य में आरक्षण

नहीं होता। साहित्य आपकी रचना-शक्ति और प्रतिभा की पहचान करता है। केवल इसी नाते कि आप स्त्री हैं और स्त्री के बारे में कहानी लिख रही हैं इसलिए साहित्य में आपकी जगह तो होनी चाहिए और इतना प्रतिशत तो होना ही चाहिए। जब लोग इस तरह की माँग करते हैं तो यह देखकर मुझे दुख होता है कि समालोचना जिस काव्य-विवेक, साहित्य-विवेक के लिए है, उसके स्थान पर आप विमर्श कर रहे हैं। विमर्श तो होते नहीं, उसके गैर-साहित्यिक उद्देश्य होते हैं। यह देखकर मुझे दुख होता है। इसलिए मैं कोई विमर्श नहीं करना चाहता। मेरी रुचि इस बारे में है कि अच्छी रचनाएँ पढ़ने को मिलें। कोई कहानी, कोई उपन्यास। उपन्यास अब कम-कम आ रहे हैं। हमारी हिन्दी की स्थिति पर भी यह तीखी टिप्पणी है। हमारे कथा-साहित्य का आरम्भ उपन्यास से हुआ, कहानी से भी हुआ। कई लोग केवल कहानी लिखते गए, उपन्यास उन्होंने लिखा ही नहीं और अमर हो गए। कुछ ने दोनों लिखा। इसका मतलब है कि जो आ रहे हैं, कम उल्लेखनीय नहीं हैं। कहानी की मात्रा ज़्यादा है। पत्रिकाएँ बहुत ज़्यादा हैं। हाँ, इसमें कोई शक नहीं कि कविताओं के मामले में बहुत अच्छी प्रतिभाएँ आई हैं इधर। हिन्दी के इस दौर में कविता की अपनी जो शानदार परम्परा है, उस परम्परा को देखकर मन उत्साह का अनुभव करता है, तो जैसा आपने कहा कि भावी सरोकार क्या हैं, तो एक पाठक के नाते मैं यही कर सकता हूँ कि अच्छी कृतियों के नीचे निशान लगा दूँ। मुझे जैसा लग रहा हो, जिस बात के लिए वह कृति अच्छी लगी, उसे रेखांकित कर दूँ। इसी को मैं आलोचना मानता हूँ। इसीलिए मेरे सरोकार साहित्यिक वादों, सिद्धान्तों से निर्देशित नहीं होते हैं।

विनोद कुमार श्रीवास्तव : डॉक्टर साहब, मैं आपको नायक की भूमिका में पाता हूँ। थोड़ा इस सन्दर्भ में जानना चाहता हूँ।

नामवर सिंह : मैं न नायक हूँ, न खलनायक हूँ और न ही विनायक हूँ, लेकिन मैं जैसाकि आप जानते हैं कि पेशे से अध्यापक रहा हूँ, इसलिए मैं अपने को एक व्याख्याकार के रूप में पाता हूँ। साहित्य को मैं नाटक के रूप में नहीं देखता जिसमें एक नायक होता है, एक खलनायक होता है और एक विदूषक होता है। मेरे लिए एक गोष्ठी, कक्षा, मित्र मंडली के बीच जहाँ हमारे सहचर हों, उन सहचरों के बीच साथ में चलने वाला एक मैं भी हूँ, ऐसा मानता हूँ। मैं नायक या हीरो के रूप में सोच भी नहीं सकता, जैसे नाटक का कोई नायक या खलनायक होता है।

विनोद कुमार श्रीवास्तव : डॉक्टर साहब, सन्दर्भ यह है कि आपको लोगों को लेकर चलना है और आप जिस स्थान पर हैं, आपके अलावा यह काम कोई और नहीं कर पाएगा। इसलिए आप लेके चलेंगे ?

नामवर सिंह : मैं एक बात कह दूँ, एक नवयुवक, युवा पीढ़ी के बहुत अच्छे आलोचक हैं जिनका नाम नहीं ले रहा हूँ तो हिन्दी पुस्तकों की बहुत अच्छी समीक्षा हो रही है।

मेहनत करके लोग लिखते हैं। यह भी देखकर अच्छा लगता है कि समीक्षा लिखने वालों में आपकी तरह के जो कवि, कहानीकार, उपन्यासकार हैं, वे अच्छे समीक्षक भी हैं। जो अच्छे कवि हैं, उनमें कई हैं जो अच्छी कविता के पारखी भी हैं। यह पहले वाली पीढ़ी के हैं। युवा पीढ़ी में तो कई हैं। कहानी, कविता, और तो और, नाटकों की भी समीक्षा करते हैं। इधर नाटकों का मंचन कम हो रहा है। लेकिन पुराने नाटकों की समीक्षा अवश्य हो रही है। कुछ लोग ऐसे भी हैं, जो फिल्म समीक्षा भी करते हैं। ऐसे लोगों में रवीन्द्र त्रिपाठी हैं। तो इस दृष्टि से समीक्षा या आलोचना विश्वविद्यालयी आलोचना से मुक्त है। विश्वविद्यालयों का स्तर निरन्तर गिर रहा है। सभी लोग शोध कर रहे हैं। बिना शोध के नौकरी नहीं मिलती तो शोधों की भरमार के बावजूद गैर-अकादमिक समीक्षा की स्थिति बहुत अच्छी है, और बहुत-सी पत्रिकाएँ निकलती हैं।

विनोद कुमार श्रीवास्तव : एक बहुत महत्त्वपूर्ण बात डॉक्टर साहब, आपने इस सन्दर्भ में कही। कवियों ने कविता की समीक्षा और कहानीकारों ने कहानी की समीक्षा सँभाली है। यहाँ एक प्रश्न मन में आ रहा है। इधर हमको देखने को मिला कि कई किताबों में कहा गया कि अमुक कविता में यह नहीं है, यह नहीं है। कुछ महत्त्वपूर्ण समीक्षक हैं जो कवि भी हैं और कविता के समीक्षक भी हैं, कथाकार हैं, कथा की समीक्षा करते हैं और समीक्षा करते हुए बताते हैं कि यह है, यह नहीं है। प्रश्न उठता है कि जो है, उसके बारे में नहीं और जो नहीं है, उसके बारे में लिस्ट बनने लगती है। तो जो आदमी जिस चीज को नहीं कह रहा है, उसके बारे में बात होने लगती है। दूसरी बात यह है कि हमने कई बार देखा कि लोग कहते हुए पाए जाते हैं कि अच्छी कविता कुछ ऐसी होनी चाहिए। अच्छी कविता की शुरुआत कुछ इस ढंग से होनी चाहिए। इस ढंग से समीक्षाएँ बहुत सारी आ रही हैं। मैंने बहुत छोटा लेख लिखा था। लेख क्या था, भाषण था, जिसे छापा गया था। उसमें यही प्रश्न था कि क्या आजकल के कवि-समीक्षक अपनी वे कविताएँ तो नहीं लिखवाना चाहते जो वे नहीं लिख पाए या वे 'ऐसी होनी चाहिए' कहकर कविता की मॉडलिंग करने लगे हैं? और कुछ लोगों ने अपना एक सम्प्रदाय ऐसा बनाया जिसमें वे जज भी हैं, मुजरिम भी हैं और गवाह भी हैं और एक तरह से मुझे लगा, मुशर्रफ की शक्ल क्या होगी, साहित्य में जो उनकी बनती जा रही है। तो नैतिकता का एक प्रश्न जरूर उठा कि जब हम कविता में कवि बनने का अहम या भ्रम पालते हैं और जब इस तरह समीक्षा करने बैठते हैं तो क्या हम कविता की समझ पैदा करते हैं या अपनी न लिखी हुई कविता लिखवाते हैं? यह दिमाग में आया तो लगा, आपके सामने रखूँ।

नामवर सिंह : आप जो कह रहे हैं, वह हर समय में होता रहा है। कुछ कवियों के अपने गुट बन जाते हैं, ऐसा पहले भी होता रहा है। पहली बार नहीं हो रहा है। ऐसे लोगों का दायरा उन्हीं तक सीमित होता रहा है। वे बाकी लोगों को खारिज करते रहते हैं। लेकिन हिन्दी की जो दुनिया है, वह इतनी विवेकहीन नहीं है। लोग समझ

जाते हैं कि किसकी तारीफ की जा रही है, तो क्यों की जा रही है। यह बात छुपी नहीं होती। तो ऐसी चीजों को लेकर बहुत चिन्तित होने की जरूरत नहीं है।

विनोद कुमार श्रीवास्तव : डॉक्टर साहब, हिन्दी के पूरे परिदृश्य को देखकर लगता है कि बहुत कुछ जो नहीं होना था, हुआ और जो होना चाहिए था, नहीं हुआ। ऐसा क्यों है?

नामवर सिंह : फिर ग़ालिब की बात याद आती है :

हुई मुद्दत कि ग़ालिब मर गया
पर याद आता है
वो हर एक बात पर कहना कि
ये होता तो क्या होता!

तो यह कि ऐसा क्या-क्या हुआ, जो नहीं होना चाहिए था और क्या-क्या नहीं हुआ, जो होना चाहिए था? ये दोनों जुड़े हुए हैं। पुराने जमाने के बारे में केवल किंवदन्ती सुनते हैं कि कुछ लोग थे जो साहित्य के होल टाइमर थे। वे साहित्य पढ़ते-लिखते थे। उसी के बारे में सोते-जागते, उठते-बैठते, सोचते रहते थे। साहित्य उनके जीने का हिस्सा था। अभी भी कुछ लोग हैं, पर ज्यादातर लोग साहित्येतर धन्धों में ज्यादा फँसे हैं। साहित्य के लिए कम समय निकाल पाते हैं।

यह उन्हीं लोगों की बात नहीं कर रहा हूँ जो नौकरी नहीं करते हैं। जो नौकरी करते हैं, वे भी यह नहीं कह सकते हैं कि समय नहीं मिलता। साहित्य में होल टाइमर होने का मतलब यही है कि वे साहित्य ही खाते, ओढ़ते-बिछाते हों और चौबीस घंटे कवि हों, जैसे किसी जमाने में निराला हुआ करते थे। तो यह बहाना नहीं हो सकता कि नौकरी के कारण लिखने का टाइम नहीं मिलता, ऑफिस में जाने में देर हो जाती है। तो ऐसे लोग कम होते जा रहे हैं। ऐसा नहीं है कि नहीं हैं, पर कम हैं। साहित्य के प्रति वह प्रतिबद्धता, अपनी रचना के प्रति वह प्रतिबद्धता कम दिखाई पड़ती है। मैं पूरी दुनिया को नहीं जानता, इसलिए हो सकता है कि मेरी यह जानकारी उसके बारे में अधूरी हो, पर ऐसा लगता है मुझे। साहित्य में अपनी रचना के प्रति प्रतिबद्धता एक पीढ़ी पहले के लोगों में थी, जो केवल यही करते थे। कृष्णा सोबती लिखती ही रहीं या नौकरी करते हुए भीष्म साहनी लिखते ही रहे। उन्होंने लिखा भी काफी। मनोहर श्याम जोशी फिल्म करते थे, सब करते थे, पर लिखते भी काफी थे। उस प्रकार की प्रतिबद्धता कम दिखाई पड़ती है। इसमें थोड़ी कमी आ रही है। यह तो नहीं कि गायब हो गई है।

एक जो बड़ा परिवर्तन आया इस बीच में कि पहले पत्रिकाएँ बहुत कम होती थीं, आज बहुत हैं। आज हर आदमी जो मिलता है, वह कहता है कि एक पत्रिका निकाल रहा हूँ। लिखने वाले हर जगह वही हैं। इन चीजों के साथ यदि सांस्थानिक स्तर पर बात करें तो एक-दो साहित्यिक गोष्ठियों का नाम लिया जा सकता है,

जैसे—'परिमल'। 'परिमल' न होता तो इलाहाबाद के जो बहुत से लेखक हैं उस दौर के, न होते। आज भी इस तरह की गोष्ठियाँ बनाकर जहाँ भी लोग लिख रहे हैं जिनमें दस-बारह ऐसे लोग हैं जो ऐसी गोष्ठियाँ करते हैं तो यह अनौपचारिक साहित्यिकों के बीच का जो साहित्यिक भाईचारा है, वह बहुत ताकत देता है। यह कम हो गया है। यह महानगरों का जो अभिशाप है कि इस तरह की गोष्ठियाँ अब अस्तित्व में नहीं हैं, इसकी तुलना में मुझे लगता है कि शायद छोटे शहरों में भी अच्छा साहित्य हो रहा है। ये उतने बड़े शहर नहीं हैं, पर इन शहरों से आनेवाले लड़के जो लिखते हैं तो लगता है कि शायद वहाँ इस तरह का माहौल अभी बचा हुआ है। वह महानगरों में नहीं है।

सारा हिन्दी साहित्य, मैं तो इसे दुर्भाग्य ही समझूँगा कि दिल्ली में समा गया है। आप जैसे लोग तो अवकाश प्राप्त करके भी आ गए हैं। जो कुछ पहले से ही रह रहे हैं, और जो कुछ लोग आ रहे हैं, इतनी बड़ी मंडली के होते हुए भी अलगाव इतना ज्यादा है। किसी जमाने में सब लोग कनाट पैलेस में, कॉफी हाउस में, टी हाउस में मिलते थे या कहीं भी मिलते थे। उन दिनों का जो वातावरण था, वह अब नहीं है। इस पर किसी का बस भी नहीं है। लेकिन मैं समझता हूँ कि उस अपनी संस्कृति को जो हिन्दी की संस्कृति है, मैं नहीं जानता कि उर्दू वाले करते हैं कि नहीं। यह होना चाहिए। इसको फिर से स्थापित करना चाहिए और जहाँ हो रहा हो तो उसका स्वागत किया जाना चाहिए।

विनोद कुमार श्रीवास्तव : इसके लिए मुख्य जरूरत जो लग रही है, वह यह कि अच्छे रचनाकारों का आगे आना और साहित्य का जो समाज है, इसमें मदद करे। कभी-कभी यह भी देखा गया कि ओढ़ते-बिछाते, साहित्य चर्चा करते वे साहित्यकार खुद अपने मूल सोर्सेज से कट गए। रिजल्ट यह हुआ कि कविता के ऊपर कविता लिखने लगे। कविता के व्याकरण पर कविता लिखने लगे। कवियों पर लिखने लगे और ले-दे के पूरे समाज से कटते गए जबकि उन्हें पूरे समाज से जुड़ना था। इधर के जो नये होल टाइमर्स हैं, उन्होंने एक नया काम करना शुरू कर दिया कि वे अपने को दूसरों से काटते चले गए। दूसरी चीज यह देखी गई कि जो वरिष्ठ हो गए हैं, वे भी प्रोत्साहन देने की जगह पर कुछ इस ढंग से खड़े होते हैं कि उन्हें देखकर लगता है कि अभी तो इनका ही पेट नहीं भरा है, ये दूसरों को कहाँ आगे बढ़ाएँगे? तो यह सारी समस्या नोटिस होना शुरू हुई। इस सन्दर्भ में हमारी इच्छा यह थी कि आपसे कुछ ऐसा दिशा-निर्देश मिलता, संकेत मिलता, जैसे आपने कहा, छोटी-छोटी गोष्ठियाँ की जाए, कुछ इसी तर्ज पर आप बताते कि संस्थागत स्तर पर कैसे क्या करें?

नामवर सिंह : एक जगह है जहाँ सुरेश सलिल रहते हैं। पहले विष्णुचन्द्र शर्मा रहते थे, नागार्जुन भी वहीं रहते थे। नागार्जुन नगर उसका नाम है। कृषक जी वहीं रहते हैं। एक पत्रिका भी 'अलाव' नाम की निकालते हैं। तो वहाँ एक मंडली है। वे लोग एक

साहित्यिक समारोह करने जा रहे हैं, मुझे अभी सूचना मिली है। शायद नागार्जुन के बारे में करने जा रहे हैं। जो कुछ इस तरह के लोग हैं, एक खास तरह के जो साहित्यकार हैं, मध्यवर्गीय दुनिया से अलग उनके सामाजिक-राजनीतिक कन्सर्न हैं। वे केवल शुद्ध साहित्यकार नहीं हैं। वे अपने को नागार्जुन की परम्परा का कहते हैं। नागार्जुन की जो साहित्यिक, सामाजिक, राजनीतिक चिन्ता थी, उससे अपने को जोड़ते हैं।

विनोद कुमार श्रीवास्तव : इसी सन्दर्भ में अगली बात डॉक्टर साहब। आपका जो भावी कार्यक्रम है, उसमें इन चीजों के लिए आपने स्थान जरूर निकाला होगा?
नामवर सिंह : देखिए, कोई योजना बना करके मैंने कभी कोई काम तो किया नहीं। जो तत्काल चुनौती बनकर आई उस समय, उसके लिए किया। फिलहाल तो अब इस उम्र में कौन-सी पंचवर्षीय योजना बनाएँ, क्या बनाएँ? कुछ तो बिखरी चीजें थीं, उन्हें इकट्ठा कर, हमारे शिष्य आशीष त्रिपाठी ने चार वाल्यूम में छाप दी है। इसके अलावा कुछ और चीजें हैं जो उन्होंने तैयार की हैं, जिन्हें संग्रह करने की बात चल रही है। कुछ लोगों ने कहा कि साहित्य का इतिहास क्यों नहीं लिखते? वह तो लिखने जा नहीं रहा हूँ, लेकिन बहुत दिनों से संकल्प कर रहा था कि रामचन्द्र शुक्ल की ग्रंथावली और उसके बहाने रामचन्द्र शुक्ल और आलोचना के बारे में लिखूँ तो वह पांडुलिपि, बहुत दिनों से उसका प्रूफ तैयार रखा है। बहुधन्धी होने के नाते समय नहीं मिल रहा है। उसे पूरा करना है। उसमें एक लम्बी भूमिका मैंने लिखी है। इसके अलावा भी काफी सामग्री है। उधर जो व्याख्यान दिये थे, वह लिखित रूप में पड़ा हुआ था, उसे इकट्ठा किया जा रहा है। जाल समेटने की स्थिति है। जो बिखरा है, उसे समेट रहे हैं। मोटे तौर पर यही है।

विनोद कुमार श्रीवास्तव : साहित्य-जगत में अक्सर बात उठती है कि कुछ लोग ऐसे हैं, जो न संस्थाओं में हैं, न किसी गुट में हैं। उनके सामने कैसी परिस्थितियाँ हैं, क्या उन्हें सर्वाइव करना आसान है? ऐसे में उन्हें क्या करना चाहिए?
नामवर सिंह : यह तो चुनौती भरा काम है और मैं समझता हूँ कि यह लेखक को ही निर्णय करना पड़ेगा। इसमें दूसरा कोई मदद नहीं कर सकता है। जैसी परिस्थितियाँ हैं, वे बहुत ही साहित्य-विरोधी हैं। जिस बाजारवाद की बात करते हैं तो वह इतनी दूर तक प्रवेश कर गया है आपकी बैठक में, आपके किचन तक, आपके बिस्तरा तक तो उन चीजों के बीच यदि कहें—'सागर बीच मीन पियासी', तो ऐसी स्थिति साहित्यकार की है। वह जो पियासी मीन है, उस स्थिति में अपने सन्तुलन को बचाए रखें। बिखर न जाएँ, टूट न जाएँ क्योंकि अतिसंवेदनशील आदमी पर इसका असर पड़ेगा। बाकी लोग तो चिकने घड़े हैं, उन पर कोई असर नहीं होता। जो संवेदनशील साहित्यकार हैं, अपने को टूटने, बिखरने से बचाए रखें। और इसका एक ही तरीका है—लेखन। लिख करके ही वे अपने को बचाए रख सकते हैं। केवल वह सोचता

रह जाएगा, गुनता रह जाएगा तो बिखर जाएगा। इसलिए आज की चुनौती में आप कितना अपने को बाँधे रख सकते हैं, अन्दर से यह चुनौती है और वह शब्द की शक्ति से ही किया जा सकता है, जिसको आप 'साहित्य' कहते हैं।

विनोद कुमार श्रीवास्तव : आज साहित्य के सन्दर्भ में सबसे बड़ा निर्णायक तत्त्व क्या लगता है? बाजार ने गुणवत्ता को कितना प्रभावित किया है?
नामवर सिंह : देखिए, यूँ बाजार में चूँकि होड़ है, तो बाजार की यह होड़ बाकी गुणवत्ता के लिए चुनौती है। सामन्ती व्यवस्था से पूँजीवादी व्यवस्था इसीलिए आगे बढ़ी मानी जाती है क्योंकि उसमें होड़ है, कम्पटीशन है और कम्पटीशन गुणवत्ता का है। तो अगर साहित्य-कला से भिन्न आर्थिक स्थिति में बाजार की होड़ गुणवत्ता को बढ़ाने वाली है तो साहित्य-कला में क्यों नहीं हो? लेकिन सवाल यह भी है कि साहित्य बाजार नहीं है।

विनोद कुमार श्रीवास्तव : वही प्रश्न है। संवेदनशीलता ही अच्छे साहित्यकार को रोकती है उसे बाजार जैसी परिस्थितियों में खड़े होने से?
नामवर सिंह : बाजार के प्रतिरोध में है साहित्य। इसलिए हमारे यहाँ निराला की एक पंक्ति है : 'आराधन का दृढ़ आराधन से दो उत्तर'। यह 'राम की शक्ति-पूजा' में है। रावण पर जब राम बार-बार तीर छोड़ते थे और वह बेकार चला जाता था तब शक्ति राम से कहती हैं कि 'आराधन का दृढ़ आराधन से दो उत्तर'।
आराधन का उत्तर धाँधलेबाजी नहीं है। साधना का उत्तर साधना से है। यह निराला जी कहते हैं। मैं समझता हूँ कि यह आदर्श वाक्य है आज के साहित्य के लिए। आराधन का उत्तर दृढ़ आराधन है। उसकी आराधना से हमारी आराधना मजबूत हो, यही है रास्ता और कोई नहीं।

विनोद कुमार श्रीवास्तव : क्योंकि बाजार के सन्दर्भ में देखा यह गया है कि बात जब चलती है समाज के अच्छे साहित्यकारों को प्रस्तुत करने की या यह कि हिन्दी समाज के एक विशिष्ट साहित्यकार को पड़ोसी देश भेजा जा रहा है तो चाहे वह पाकिस्तान की यात्रा हो और चाहे ओबामा अमेरिका से आएँ, साहित्य के नाम पर हमारे पास बस आज़मी और अख़्तर लोग ही बचते हैं। तो बाजार गुणवत्ता को कितना प्रभावित करता है? बार-बार लगता है कि वही आदर्श होता जा रहा है?
नामवर सिंह : आपने देखा होगा, ओबामा के डिनर में कौन-कौन से लोग थे और किस दृष्टि से चुने गए थे? बाजार की माँग है, ऐसी जगहों पर उसके अनुसार वैसे ही लोग दिखाई पड़ेंगे। ऐसी जगहों पर न दिखाई पड़ना ज़्यादा सम्मान की बात है।

विनोद कुमार श्रीवास्तव : हिन्दी समाज में जो नये लोग हैं या जिनकी तरफ हमें देखना है—जब वे लोग देखते हैं कि ये हमारे समाज के लीडर हैं तो वे वैसा ही बनने

की सोचते हैं। तो दायित्व गम्भीर साहित्यिकों का है कि कुछ तो रिप्रेजेंटेशन ऐसा हो कि सही चीजें आदर्श के रूप में प्रस्तुत की जा सकें। कहने का मतलब यह है कि बाजार की जो होड़ है, उसमें गुणवत्ता को आगे आना था?

नामवर सिंह : असल में बिकाऊ होना बाजार का गुण है। लेकिन कभी-कभी बाजार में जो चीज दुर्लभ होती है, वह ज़्यादा कीमती होती है। इसीलिए दुर्लभ होना भी एक मूल्य है—बिकाऊ होने की अपेक्षा। जो चीज कम मिलती है, वह ज़्यादा महँगी होती है। तो यह गुण मैं साहित्य के लिए भी मानता हूँ। बहरहाल बाजार से एक सीख तो ले ही सकते हैं कि जो चीज कम मिलती है तो ज़्यादा महँगी होती है। तो यह गुण मैं साहित्य के लिए भी मानता हूँ।

इसीलिए हमारे यहाँ कन्या के वर को 'दूल्ह' कहते थे। 'दूल्ह' शब्द दुर्लभ से बना हुआ है—जो दुर्लभ हो, सुलभ न हो। सुलभ शौचालय नहीं है साहित्य।

विनोद कुमार श्रीवास्तव : प्रसिद्धि और गुणवत्ता में कितना सन्तुलन पाते हैं?

नामवर सिंह : देखिए, प्रसिद्धि यश की कसौटी है। प्रसिद्धि को मापने का पैमाना तो यह है कि आप मीडिया में कितने पहचाने जाते हैं? कितने ऊँचे पदों पर हैं आप? अधिकार आपके पास कितना है? आप किसी साहित्य अकादमी के प्रेसीडेंट या सेक्रेटरी हैं या किसी विश्वविद्यालय के वाइस चांसलर हैं या किसी सर्विस में किस पद पर हैं, इसी को प्रसिद्धि मानते हैं। साहित्य की दुनिया में कुछ लोग ऐसे ही पदों पर पहुँचे हुए हैं। मापने की यही शैली है। प्रसिद्धि को संस्कृत में कहा गया है : 'प्रतिष्ठा शूकरी विष्ठा'। प्रसिद्धि सुअर का गू है। न लीप लायक, न पोत लायक। प्रसिद्धि अच्छी लगती है, लेकिन वह उसे ही खा जाती है। वह घुन है जो धीरे-धीरे, उसे पता तो नहीं चलता, पर अन्दर से खोखला कर देता है। यह सही है कि अच्छा लगता है। आदमी जब पब्लिक फीगर हो जाता है तो उसका एकान्त छिन जाता है। वह अपने आपके लिए भी गैर हो जाता है। उसे सिर झुकाकर अन्दर देखने का मौका नहीं मिलता। साहित्य के लिए यह घातक है। असल चीज गुणवत्ता है। गुणवत्ता का पैमाना है जो देर तक टिका रहे। प्रसिद्धि के बिना मान्यता मिलना मुश्किल होता है। अकबर इलाहाबादी ने कहा था कि 'कमी नहीं कद्रदाँ की अकबर, करे तो कोई कमाल पैदा'। आप कमाल तो पैदा कीजिए, कद्रदाँ की कमी नहीं है यानी आज नहीं पहचाना गया तो कल पहचाना जाएगा। परसों पहचाना जाएगा। निराला को देर से पहचाना गया, पर पहचाना तो गया। प्रसिद्धि और गुणवत्ता को इसी रूप में मैं देखता हूँ।

विनोद कुमार श्रीवास्तव : एक व्यावहारिक प्रश्न कि समाज किस तरह प्रसिद्ध साहित्यकारों को सँभालता है और किस तरह अच्छे साहित्यकारों को सँभालता है?

नामवर सिंह : विनोद जी, यह निर्भर है समाज पर। जैसा समाज होता है, साहित्यकारों को उसी तरह का सम्मान देता है। अन्य भारतीय भाषाओं को देखता हूँ, जैसे बंगाल,

तमिलनाडु को देखता हूँ, केरल को देखता हूँ, जो छोटे हैं, गढ़े हुए हैं और इसलिए उनकी अपनी एक परम्परा है। उस समाज की अपनी पहचान उसका साहित्य है। मलयालम का औसत शिक्षित भी अपने सभी बड़े साहित्यकारों को जानता है, उनका सेट उसके घर में मिलेगा। कुरूप हमारे मित्र हैं। ज्ञानपीठ का पुरस्कार मिला है। वे हर परिवार में जाने जाते हैं। लगभग वही स्थिति बंगाल में बहुत पहले रही है। अब भी कितनी है, तो अब की बात नहीं कह सकता। उस तरह से यह बात तमिलनाडु, कर्नाटक में भी है। हिन्दी प्रदेश में उस पैमाने पर यह संस्कृति नहीं है। क्यों नहीं है, यह समाजशास्त्रियों की चिन्ता होनी चाहिए। यह केवल साहित्य के साथ ही नहीं है। काशी में शहनाईवादक उस्ताद बिस्मिल्ला खाँ हुए। उसी बनारस में उनके सुनने वाले, जानने वाले बहुत कम हैं। वही हैं, जो गंगा पुजइयाँ पर शहनाई बजाया करते थे। तो बनारसी रंग एक हुआ। इलाहाबाद का भी नाम है। असल में बनारस, इलाहाबाद, लखनऊ, दिल्ली की एक कल्चर रही है। आज भी उर्दू वालों को देखें। आप तो भारत आ गए हैं लेकिन अपने उस लाहौर को याद करते हैं जहाँ मंटो थे और शायर भी हुआ करते थे। वह कल्चर शहर से बनी है। मेरा खयाल है कि कुछ शहरों में हमारे यहाँ बची रह गई है। इलाहाबाद में अब भी है। महसूस कर सकते हैं कि वही इलाहाबाद है और उसी रूप में फिराक साहब को याद करेंगे, पंत जी को, निराला को भी। कुछ यह बनारस में भी है, तो कुछ और शहरों में भी है, लेकिन जो आपने कहा कि पूरा हिन्दी समाज इस मामले में विषम स्थिति में है।

राजस्थान में भी अपनी-अपनी बोलियों को लोग ज़्यादा याद करते हैं। अब आप चले जाएँ राजस्थान में तो राजस्थानी में लिखने वाले विज्जी को प्यार करने वालों की बड़ी संख्या है। कोई उर्दू का शायर है, तो उसको प्यार करने वाले लोग हैं। तो अलग-अलग क्षेत्रों में क्षेत्रीय धरातल पर तो यह संस्कृति मिल जाएगी, पर जो हमारा व्यापक हिन्दी समाज है, उसके बारे में यह स्थिति विश्वास के साथ नहीं कही जा सकती। ऐसा मुझे लगता है या हमारी जानकारी कम है।

विनोद कुमार श्रीवास्तव : समाज में श्रेष्ठ साबित होनेवाले साहित्यिकों के भविष्य पर नजर डाल रहा था; जैसे शमशेर का नाम लीजिए तो लोग पूछते हैं, कौन हैं भाई? और हमारा खयाल है कि अगर उनका बेटा इतने लायक न होते तो, बच्चन को भी लोग नहीं जानते।

नामवर सिंह : आपने सँभालने वाली बात कही तो स्थिति यह है कि समाज में चुनी हुई सरकार भी कितना सँभालती है? अगर कोई मृत्यु-शैया पर पड़ा हो तो भी हस्ताक्षर करके शिक्षामंत्री से मिलना पड़ता है। हर जगह यही स्थिति है। यह स्वत: होना चाहिए कि बहस की जरूरत न पड़े। समाज तो अपनी प्रतिनिधि संस्थाएँ सौ रुपये चन्दा जमा करके खड़ा करता है इसलिए यह सम्भव नहीं कि ऐसी संस्थाएँ खयाल रख सकें, लेकिन जो चुनी हुई सरकार है, उसके माध्यम से साहित्यकारों का ध्यान रख

सकते हैं। समाज जब आप कहते हैं कि आपके ध्यान में हमारा लोकतंत्र ही है। वह लोकतंत्र इस मामले में थोड़ा उदासीन है, इसमें कोई शक नहीं। बहरहाल उत्तर वाले कह सकते हैं कि हमने एक संस्था बना दी है। उसमें साहित्यकार लोग हैं। पुरस्कार वगैरह देते हैं। आर्थिक मदद भी देते हैं लेकिन फिर भी यह नाकाफी है।

विनोद कुमार श्रीवास्तव : हिन्दी साहित्य के क्षेत्र में जो क्रिया-कलाप चल रहे हैं, उसके कारक तत्त्व साहित्यिक ज़्यादा हैं या गैर-साहित्यिक ?
नामवर सिंह : ज्यादा तो हैं साहित्येतर ही।

विनोद कुमार श्रीवास्तव : उन्हें चिह्नित करना जरूरी लगता है। यदि आप जैसे लोग चिह्नित करेंगे तो लोग देखना चाहेंगे!
नामवर सिंह : यह सवाल ऐसा है कि जिसमें बहुत सारे लोग नाराज होंगे। जो यथार्थ स्थिति है, उस यथार्थ को स्वीकार तो करना पड़ेगा, चाहे जितना कटु हो। हिन्दी साहित्य के क्षेत्र में आज जो भी क्रिया-कलाप हैं, जो भी साहित्यिक आयोजन हैं, ये सारे काम संस्थाओं द्वारा होते हैं और संस्थाओं की कमी नहीं है। कुछ सरकारी हैं, कुछ अर्द्धसरकारी, कुछ गैर-सरकारी। इन्हीं का दायित्व है और इस दौर में ऐसी संस्थाएँ काफी हैं। स्वाधीनता के पहले कम थीं, अब तो बहुत ज्यादा हैं। उन्हें अनुदान भी मिलता है, लेकिन असल मुद्दा अब यह है कि उनके कार्य-कलाप अब साहित्यिक ही नहीं हैं।

विनोद कुमार श्रीवास्तव : क्या ऐसा नहीं लगता कि साहित्येतर कारण ज़्यादा हावी हो रहे हैं ?
नामवर सिंह : सच पूछें तो ज़्यादातर साहित्येतर हैं। संस्थाएँ राजनेता का सम्मान करती हैं, यह साहित्यिक नहीं है। साहित्यकार का सम्मान हो तो कोई बात नहीं, पर ऐसा नहीं होता। गैर-साहित्यिक गतिविधियाँ होती रहती हैं, इसमें कोई शक नहीं।

विनोद कुमार श्रीवास्तव : यह जो इतर है, उसका राष्ट्रीय जीवन के तमाम क्षेत्रों में मूल उद्देश्यों के बरअक्स आप कितनी घुसपैठ पाते हैं ?
नामवर सिंह : थोड़ा इतर को स्पष्ट कर दीजिए।

विनोद कुमार श्रीवास्तव : जो साहित्यिक हैं, जो भी राष्ट्रीय स्तर की संस्थाएँ हैं, जो कार्य-कलाप चल रहे हैं, उनको साहित्य के बाहर निकल के सम्पूर्ण समाज को देखना था। तब क्या मूल उद्देश्य था, यह ध्यान में रहता है ?
नामवर सिंह : दोनों इतने घुले-मिले हैं कि विवेक के आधार पर भी निकालना मुश्किल है। बाह्य रूप से भ्रम पैदा करते हैं। साहित्यिक हैं पर अन्दर वह साहित्येतर ही हैं। मुखौटा साहित्यिक रूप ही होगा, उसे पहचानना जरूरी है। अन्तर्वस्तु की पहचान विवेक से की जा सकती है। पहचानना जरूरी है। इस दौर में ऐसा बहुत हो रहा है। होता रहा है। फर्क करके पहचानना जरूरी है।

विनोद कुमार श्रीवास्तव : रचनाओं में, साहित्य में ज्ञान या सूचना या अनुभूति का क्या अनुपात आपको अच्छा लगता है?

नामवर सिंह : सवाल अनुपात का नहीं, प्रक्रिया का है। सूचना आधार होती है ज्ञान की। वह ज्ञान अन्त:संवेदना में प्रकट होता है। अनुभूति काव्य का रूप धारण करती है। इसलिए एक क्रम है। हमको सूचना मिली कि किसी की हत्या हुई है। यह हत्या क्यों हुई, किसने की, कैसे हुई, यह सूचना के बाद आगे की स्थिति होगी। हममें प्रतिक्रिया होगी कि हमें कुछ करना चाहिए। कुल मिलाकर जैसा वाल्मीकि ने कहा : 'मा निषाद प्रतिष्ठां त्वमगमः शाश्वति समाः। यत्क्रौंचमिथुनादेकमवधी काममोहितम्'॥ तो देखा उन्होंने कि निषाद ने क्रौंच का वध किया। यह देखना ज्ञान है, न कि सूचना। जब संवेदना हुई तब काव्य हुआ। शाप जो निकला, वही शोक श्लोक बनता है : 'शोकः श्लोकत्व भागतम्', तो आपके सवाल का जवाब आदि कवि दे चुके हैं।

विनोद कुमार श्रीवास्तव : आज देखने में मिलता है कि नेम ड्रापिंग हो रही है। लेख पढ़ने में कोई बात उठेगी। दूर की कौड़ी आएगी। इवैलुएशन में यह होता है कि कितने लोगों का नाम लिया गया, कितनों का नहीं। कुछ जो नायक हैं, आज के, वे चौंकाते ही रहते हैं। देशी-विदेशी लोगों का नाम लेकर। जब किसी के लिखे की बात आती है तब उसमें भी वही ढर्रा अपनाते हैं। दूर-दूर के साहित्यिकों के नाम लिये जाते हैं। फिर मानक बन जाते हैं। इसमें सन्तुलन की स्थिति क्या है? खास तौर से यह इवैलुएशन का प्रश्न है।

नामवर सिंह : आपने सही शब्द 'अनुपात' का प्रयोग किया है। केमिस्ट जब दवाई बनाता है तो किस अनुपात में तत्त्वों को मिलाना है? जितने भी कारीगर होते हैं सोना बनाने वाले, धातुओं का काम करने वाले होते हैं। यह वह जानता है या उन्हें अनुपात का ठीक-ठीक अन्दाजा होता है। तो अनुपात बहुत महत्त्वपूर्ण होता है। जरा-से 'एक मात्रा के प्रमाद से मेरा क्षीर सिन्धु सखे क्षार सिन्धु हो गया'। सिर्फ एक मात्रा के प्रमाद से। ये मैथिलीशरण गुप्त हैं कि एक मात्रा के प्रमाद से मेरा क्षीर सिन्धु सखे क्षार सिन्धु हो गया। यह आपका जो प्रश्न है, इस पर यही सूझ रहा है।

विनोद कुमार श्रीवास्तव : डॉक्टर साहब, साहित्य पढ़ते समय साहित्यकार और उसके साहित्य के बीच में कितनी दूरी बरती जानी चाहिए?

नामवर सिंह : यह तो एक स्तर है रचना-प्रक्रिया का। साहित्यकार के लिए लिखते समय और लिख लेने के बाद की ये दो स्थितियाँ होती हैं। इस बारे में एक पद प्रचलित रहा है : नाति दूरी यानी वाजिब दूरी से देखना क्योंकि कोई दृश्य बहुत दूर होगा तो धुँधला हो जाएगा और आँख के बहुत निकट ले आएँगे तब भी धुँधला हो जाएगा। रचना-प्रक्रिया में जो कुछ भोगा हुआ, जिसे आम तौर से लोग स्मृति कहते हैं—जैसे बचपन, तो बचपन जो बहुत दूर का अनुभव होता है, उसकी स्मृतियाँ कभी-

कभी बहुत साफ होती हैं। लेकिन वही इस समय का यानी तत्काल का जो अनुभव है, वह आप पूरी तरह से नहीं देख सकते। इसलिए रचना-प्रक्रिया के बारे में कहा जाता है कि 'स्मरामि-स्मरामि', स्मरण करता हूँ, याद करता हूँ। 'याद आते हैं मुझे वो'—नागार्जुन की कविता है, तो यादों में रची हुई जो दुनिया होती है, उसका रूप बहुत यथार्थपरक होता है और तत्काल वाले, लेकिन वहीं तटस्थता कम होती है, ब्यौरे इतने होते हैं कि ब्यौरे में ही सत्त्वरूप जो अनुभव होते हैं, वे भूल जाते हैं। छन करके कुछ जो अनुभव आते हैं, वही बचते हैं। तो रचना के धरातल पर तो नहीं, लेकिन पढ़ते समय के लिए कहा जाता है कि 'ज्यों-ज्यों धँसे जात दूरि-दूरि प्रिय प्राण मोरि, त्यों-त्यों बसे जात मन मुकुर हमारे'। दर्पण की उपमा उन्होंने दी, आम तौर से इसमें दूरी बहुत काम की होती है। पहले की पढ़ी हुई कविता, कहानी, उपन्यासों के सन्दर्भ एक फ्लैश की तरह से कौंधते हैं इस प्रक्रिया में जो एक महत्त्वपूर्ण बात होती है कि साहित्यकार भुला जाता है, केवल साहित्य दिखता है उसका। यह अनुभव कहता है।

अज्ञेय जब थे तब उनके बारे में लोग राग-द्वेष की बातें करते थे। अब वह नहीं हैं तब उनके बारे में वही लोग तटस्थ होकर मूल्यांकन करते हैं इस सन्दर्भ में और रचनाकारों को भी आप देख सकते हैं, जैसे मुक्तिबोध या प्रेमचन्द के बारे में—वे जब थे, तब और अब लोगों के नजरिये में फर्क आया है। इसलिए मुझे लगता है कि जो समय की दूरी है, वह ज्यादा काम करती है।

जिसे दूर से निकट, निकट से दूरी कह सकते हैं, तो अनुभव से लगता है कि ज्यादा सच है।

विनोद कुमार श्रीवास्तव : इधर मीडिया ने कुछ इस रंग से साहित्य की प्रस्तुति कर दी है कि जब रचनाओं की बात होती है तब कहा जाता है कि फलाने कवि अच्छे हैं, कथाकार अच्छे हैं। उनकी रचना अच्छी है, ऐसा नहीं कहा जाता। यही नहीं, कुछ लोगों की रचनाएँ सिर पर खड़े होकर पढ़ते हैं। साहित्यकार का आतंक जिसे मीडिया ने खड़ा किया है, उन्हीं के गाइड करने पर बच्चे उसे पढ़ते हैं। उसे पढ़ने पर वैसा उन्हें कुछ नहीं मिलता। लोग नाम से पढ़ते हैं। इसने बहुत नुकसान किया है। उनकी दुनिया वैसे ही होती जाती है। आपका क्या विचार है, साहित्य को दिखाने का?

नामवर सिंह : मेरा खयाल है, चाहे माध्यम प्रेस हो या इलेक्ट्रॉनिक मीडिया, हर हाल में अपने-आपसे अनात्म भाव बहुत जरूरी है। हमें सावधान होना जरूरी है। अपने राग-द्वेष से मुक्त होना जरूरी है। रचना हो और आप हों, एक पाठक के नाते अपने-आपसे दूरी आवश्यक है। पाठ की भी एक पाठ-प्रक्रिया होनी चाहिए। यह साधना की चीज है। तभी रचना के साथ सच्चा सम्बन्ध स्थापित कर सकते हैं।

विनोद कुमार श्रीवास्तव : और उचित दूरी क्या हो?

नामवर सिंह : यह उचित बहुत कठिन लगता है।

विनोद कुमार श्रीवास्तव : आज की हिन्दी आलोचना साहित्य को कितना प्रभावित कर रही है?

नामवर सिंह : इसकी जाँच तो मैंने भी नहीं की है। यह चुनौती-भरा सवाल है। मुखर रूप में कुछ नहीं कह सकता। सामान्यत: आलोचना साहित्य-सृजन को प्रभावित करे, यह दुर्भाग्यपूर्ण है। आज के सन्दर्भ में कह रहा हूँ, क्योंकि जो लिखा जा रहा है, उसमें कुछ बहुत महत्त्वपूर्ण अलक्षित, उपेक्षित रह जाता है। जान-पहचान वालों की चर्चा ज्यादा होती है। मैं एक कार्यक्रम करता हूँ टीवी पर। वहाँ जो अच्छी रचना होती है, जिसकी चर्चा नहीं होती है या जो अलक्षित रह जा रही है, उसी पर चर्चा करता हूँ। अच्छी बात यह है कि आलोचना सिद्धान्तत: साहित्य को प्रभावित करे पर कई मायनों में यह साहित्य को प्रभावित नहीं कर रहा है। कुछ मामलों में यह अच्छा है।

विनोद कुमार श्रीवास्तव : आज आलोचना में जो प्रतिमान दिये जा रहे हैं कि ऐसा होना चाहिए, यह होना चाहिए तो ऐसा नहीं लगता कि पुराने वरिष्ठ लोग हावी हो रहे हैं? नये रचनाकारों को प्रभावित कर रहे हैं? इस दृष्टि से क्या आलोचना प्रभावित नहीं कर रही है?

नामवर सिंह : कुछ लोग हैं जो इसे पेट्रोनाइज करते हैं, पर यह आलोचना नहीं है। उत्साहवर्धन के लिए युवाओं पर लिखना एक बात है और रागद्वेष से मुक्त लिखना यह कसौटी की बात है। सिद्धान्तत: किसी रचना को उपेक्षित छोड़ना या अच्छी रचना को तिरस्कृत करना यह गुनाह है साहित्य के लिए। एक-दूसरे के गुनाहों में हम भी शामिल हैं। इससे बचा जाए तो अच्छा है।

विनोद कुमार श्रीवास्तव : इसका मतलब है कि आलोचना पर आलोचकों की दृष्टि होनी चाहिए और आपसे बेहतर कौन हो सकता है?

नामवर सिंह : बिलकुल, आत्म-समीक्षा भी समीक्षा का गुण है। यह आत्म-समीक्षा का विषय है। आलोचक फतवा जारी करने से बचकर आत्म-समीक्षा करते हुए चलें, ऐसा मैं समझता हूँ।

विनोद कुमार श्रीवास्तव : कई आलोचकों ने मुझे सलाह दी कि तुम्हें ऐसे लिखना चाहिए और एक बार तो हमें लिस्ट भी दी विषयों की। मैंने सोचा, रजिस्ट्रेशन करवा लें। क्या इस पर रोक लगनी चाहिए?

नामवर सिंह : बेहतर तो होगा, ऐसी चीजों से प्रभावित न हों। जो सच्चे रचनाकार होते हैं, वे इस तरह की चीजों से दुखी होते हैं और इसका उत्तर है कि अपने ढंग से ही जो सोचते हैं, वही लिखें। आलोचना और रचना-कर्म को समानधर्मा मानना चाहिए। आलोचक के लिए रचनाकार समानधर्मा है, इसका ध्यान रखना चाहिए।

विनोद कुमार श्रीवास्तव : सम्पादकों ने लिखना छोड़ दिया है, लेकिन सम्पादक के नाते रचनाकारों में शामिल है। आलोचकों ने अपना संसार खड़ा कर लिया है, जहाँ से वे आतंक पैदा करते हैं। पर वे शामिल हैं लेखकों में। क्या कोई ऐसा विवेक है जो इन्हें छानता चले ?

नामवर सिंह : मैं नहीं समझता कि कोई सम्पादक सारी रचनाओं को, जिस श्रम से लिखी गई है, उसी श्रम से पढ़कर निर्णय करके छापता है। यह बात अलग है कि आज बिना पढ़े भी रचनाएँ छपती हैं। पहले जो दायित्व था सम्पादक का, महावीर प्रसाद द्विवेदी 'सरस्वती' में जैसे छापते थे, वह दायित्व आज कम हो गया है। भागमभाग की वजह से कोई सम्पादक, जिसका सिर्फ नाम जाता है, ईमानदारी से उससे पूछिए और कहिए कि ईमानदारी से बताए, तो वह बता देगा कि नहीं पढ़ा है।

विनोद कुमार श्रीवास्तव : हिन्दी आलोचना में आज के सन्दर्भ में आपकी क्या चिन्ताएँ हैं ?

नामवर सिंह : मैं स्वयं आलोचक हूँ इसीलिए मोटे तौर से मैं कह सकता हूँ, आज की जो रचनाओं की दुनिया है कविता, कहानी, उपन्यास—उसके समानान्तर आलोचना की नहीं है। कुछ तो विश्वविद्यालय में नौकरी के लिए जो शोध लिखे जा रहे हैं, उसमें ढंग की चीजें बहुत कम हैं। बहुत कम। 90 प्रतिशत वह केवल डिग्री लेने के लिए है। शायद और जगह आलोचना के नाम पर वही चीजें हैं। कुछ आलोचना के नाम पर, एक विषय पर दस लोगों से चीजें जुटाकर संकलन कर डालते हैं। वह भी आलोचना है। स्वतंत्र और सुपात्र आलोचना कम लिखी जा रही है। गुणवत्ता के हिसाब से कहूँ तो रचना एक तरफ और आलोचना एक तरफ। रचना का पलड़ा भारी है। सामान्यतः कोई अहंकार कहे, अलग बात है। कुछ अच्छे लेख अवश्य लिखे जा रहे हैं। जब छपकर पुस्तक रूप में आते हैं तो बहुत ही अच्छे होते हैं।

एक विषय को लेकर कोई ऐसी पुस्तक नहीं, ऐसी आलोचना नहीं लिखी जा रही है। ऐसा एक पाठक के नाते मुझे लगता है।

विनोद कुमार श्रीवास्तव : लेकिन जो साहित्यिक समाज है, उसका जो कार्य-व्यापार है, उसमें उनका बड़ा व्यापक हाथ है!

नामवर सिंह : हाँ, लेकिन क्या कीजिएगा! उसके लिए हिन्दी साहित्य पढ़ा व पढ़ाया भी जाता है। एक बड़ा कारखाना है शिक्षा संस्थानों का। वह जो दुनिया है शिक्षा संस्थानों की, उस पर असर पड़ा है। पढ़ने को जो आलोचनाएँ मिल रही हैं, स्वयं पढ़ाने वाला अध्यापक भी उन्हें नहीं पढ़ता। सुना है कि लोग पुराना पढ़ाते चले जा रहे हैं। बहुत जगहों के पाठ्यक्रम बदले नहीं गए हैं। वे मानकर चलते हैं कि उन्हीं चीजों को पढ़ाना चाहिए। समकालीन साहित्य से शिक्षा संस्थाएँ वंचित हैं। जब तक वह पुरानी न हो जाएँ तब तक पढ़ाने के योग्य नहीं मानी जाती हैं। लोग तरह-तरह के

तर्क देते हैं। मेरी समझ से शिक्षा संस्थानों व विश्वविद्यालयों की इसमें बड़ी भूमिका है। उनको ध्यान देना चाहिए। आलोचना का कारखाना विश्वविद्यालय ही है। एम.ए. करने के दौरान या कम-से-कम पी.एच.डी. करते हुए आलोचना तो लिखना ही होगा। यह काम सही ढंग से नहीं हो रहा है।

विनोद कुमार श्रीवास्तव : आप उस मुहाने पर हैं। विश्वविद्यालयी आलोचना और दूसरी आलोचना दोनों आपसे मिलती हैं। आप इस सन्दर्भ में कुछ बताएँ?
नामवर सिंह : मुझे इससे बहुत असन्तोष ही नहीं, दुख भी है। विचित्र बात है कि विदेशों में अंग्रेजी आलोचना का विकास एक तरह से संस्थानों का है। जितने बड़े आलोचक होते थे, इलियट को छोड़कर और सब संस्थानों, विश्वविद्यालयों के ही थे। तो विदेशी विश्वविद्यालयों और हिन्दी के विश्वविद्यालयों में कोई मेल नहीं है। बेहतरीन समीक्षा और स्तरीय समीक्षा इसी से पैदा होती है, मैं यह मानता हूँ। हिन्दी के सबसे बड़े आलोचक आचार्य रामचन्द्र शुक्ल हैं। उन्होंने विश्वविद्यालय में रहते हुए समीक्षा लिखी। हजारी प्रसाद द्विवेदी ऐसे ही और लोगों का नाम लिया जा सकता है। हिन्दी में समीक्षा का जन्म ही विश्वविद्यालय से हुआ और परवान चढ़ा। आज इतने विश्वविद्यालय हैं, पर यह नहीं कहा जा सकता कि हिन्दी समीक्षा विश्वविद्यालय में लिखी जा रही है। अच्छी समालोचना जो विश्वविद्यालय में नहीं है, वे लिखते हैं। कई लोगों को मैं जानता हूँ। मैं वीरेन्द्र यादव को पढ़ रहा था, लखनऊ के हैं। 'तद्भव' में छपे हैं और कुछ अन्य पत्रिकाओं में भी। वे विश्वविद्यालय में नहीं हैं। उपन्यासों पर अभी हाल में एक पत्रिका में उनका लेख पढ़ा। वीरेन्द्र यादव का वह लेख अच्छा लगा। अच्छी समीक्षा विश्वविद्यालय के बाहर लिखी जा रही है। विश्वविद्यालयों में तो मैगजीन भी कायदे से नहीं निकलती। दूसरे विषयों में विश्वविद्यालयों में अच्छा काम हो रहा है, जैसे—इकोनॉमिक्स में, इतिहास आदि में। विश्वविद्यालयों में ही लिखे जा सकते हैं इन विषयों के बारे में, बाहर नहीं। तो जहाँ अर्थशास्त्र, राजनीति, इतिहास आदि विषयों में जहाँ बाहर कुछ नहीं कर सकते इसलिए वह काम विश्वविद्यालयों में हो रहा है। अंग्रेजी में जो विश्वविद्यालय में पढ़ा रहे हैं, रचनाएँ भी अच्छी लिख रहे हैं और आलोचनाएँ भी। यह और बात है कि वह अन्तरराष्ट्रीय स्तर का नहीं होगा, लेकिन कम-से-कम तो लिखा जा रहा है, यह तो है।

विनोद कुमार श्रीवास्तव : डॉक्टर साहब, उम्मीद तो करें कि आप सोटा उठाएँगे इस विषय में? अभी आलोचना-विमर्शों पर बात चल रही थी तो साहित्यिक सोच में कुतर्कों ने कितनी जगह घेर ली है?
नामवर सिंह : आपके प्रश्न में ही उत्तर छुपा है। देखिए, तर्क एक शास्त्र है। शास्त्र के नियम होते हैं। ये आलोचना लिखने वाले अपने नियम बना लिये। इसलिए अपनी बात को तर्क के साथ कहना चाहिए। जो बात कहें, उसके प्रमाण दें। जैसे उदाहरण

के लिए उतना ही दें जितना अपनी बात के लिए पक्ष में हो, ज़्यादा न दें। एक उक्ति है, उसके लिए तथ्य होना चाहिए और देने से पहले तथ्य को जाँच लेना चाहिए। तब तर्क दें। बहुत से लोग तर्क में परस्पर-विरोधी बातें कहते हैं तो तर्क में संगति भी होनी चाहिए। तो तार्किक दृष्टि से बहुत-सी चीजें खारिज की जा सकती हैं। विसंगतियाँ और संगतियाँ तर्कों में ही हैं। तर्कों का सहारा लेकर चाहे तो कोई धज्जियाँ उड़ा सकता है। यह भी हो सकता है कि आप उदाहरण दे रहे हैं और उदाहरण अपना राग अलाप रहे हैं, रचना कुछ और बोल रही है। तो सारा तर्क गलत हो सकता है। यह दोष चिन्तन-प्रक्रिया का है। आपकी उक्ति के विरुद्ध आपका तर्क जा रहा है, तो तर्क सही दिशा में होने चाहिए।

विनोद कुमार श्रीवास्तव : विमर्शों में देखा गया है कि विमर्श जब निकले हैं और अपने-आपमें मूल रूप में कुतर्क ही हैं, पर वे ऐसे चल रहे हैं, जैसे वही सच हैं?
नामवर सिंह : ऐसा है विनोद जी! अमर्श से ज़्यादा लिखा जाता है, विमर्श से कम। उसे विमर्श नहीं कहा जाना चाहिए। जो अमर्श है, वह पहचान में आ जाता है। दिखाई पड़ता है।

विनोद कुमार श्रीवास्तव : जहाँ-जहाँ पुरुषों ने स्त्रियों की बात की, वहाँ उनसे पूछा गया कि तुम कौन हो भाई? तो ऐसा लगता कि कोई ऐसा तर्क नहीं दुनिया में जो इस अन्तर्विरोध से अछूता हो।
नामवर सिंह : यह उक्ति गलत तर्क पर आधारित है। स्त्री पर लिखने की अधिकारी केवल स्त्री है, ऐसा नहीं होता। यह कब से बना है कि दलित पर लिखने का अधिकारी केवल दलित है? ऐसा होता तो कालिदास 'अभिज्ञान शाकुंतलम्' नहीं लिखते। गैर-दलित दलित के बारे में नहीं लिख सकता। मैं इसे नहीं मानता कि राजनीतिक रूप से भी संसद में दलितों के बारे में केवल दलित सदस्य बोल सकता है। यह लोकतंत्र है, कोई नहीं मानेगा। जो दलित चुनाव-क्षेत्र से जीतकर गया है, वही बात करेगा—राजनीति में धीरे-धीरे यह चीज आ रही है। साहित्य का एक लोकतंत्र है। उस लोकतंत्र में सबको अधिकार है कि पुरुष सभी के बारे में लिख सकता है, जैसे स्त्री पुरुष के बारे में लिख सकती है। क्योंकि स्त्री-पुरुष के बीच जो सम्बन्ध हैं, उसके बारे में कौन लिखेगा? क्या हिजड़ा लिखेगा? कौन लिखेगा? तो यह कुतर्क है कि दलित, दलित के बारे में लिखे, पुरुष स्त्री के बारे में न लिखे। ब्राह्मण के बारे में ब्राह्मण, कायस्थ के बारे में कायस्थ ही लिखे। तो विमर्शों के साथ आज ये दिक्कतें हैं कि आप अधिकारी ही नहीं हैं।

विनोद कुमार श्रीवास्तव : यह वही है बात जैसे एप्रोप्रिएशन ऑफ इसूज। लोगों ने इसूज बाँट लिये हैं कि यह हमीं लिखेंगे। लोग बोलने से पहले सोचते हैं कि बोलें या न बोलें। कुतर्क भारी पड़ रहे हैं। अब कोई जगह दिखाई नहीं देती, जहाँ हमें न

लगे कि हम संदिग्ध तो नहीं ?

नामवर सिंह : यह जो विमर्शों के बारे में चला है कि एक आलोचक हैं जो प्रेमचन्द की इसलिए आलोचना करते हैं क्योंकि प्रेमचन्द दलित नहीं थे। सवाल है कि वैसी कहानी कोई लिखे तो! ये राजनीति से आई चीजें हैं, साहित्य में प्रवेश कर गई हैं। इसके कारण यह बात उठ रही है।

विनोद कुमार श्रीवास्तव : हिन्दी में पुरस्कार आजकल बहुत मिल रहे हैं। संख्या बहुत है। पुरस्कारों ने हिन्दी साहित्य का भला कितना किया है ?

नामवर सिंह : देखिए, पुरस्कारों से किसी व्यक्ति की सामाजिक स्वीकृति, सामाजिक सम्मान होता है। पहले 'मंगला प्रसाद पारितोषिक' हुआ करता था। आजकल 'अखिल भारतीय ज्ञानपीठ' है। तो अगर पुरस्कार सही लोगों को दिये जाते हैं तो उस पुरस्कार की प्रतिष्ठा होती है और साहित्य पर उसका प्रभाव पड़ता है। जैसे ज्ञानपीठ के पुरस्कार अधिकांश सही लोगों को दिया गया है। उसने अपनी जगह बना ली है। उससे लोगों का भला होता है क्योंकि हर साहित्यिक चाहता है कि मूल्यांकन तो होना चाहिए। पुरस्कार एक तरह का मूल्यांकन है। पुरस्कार का महत्त्व राशि से नहीं होता है। एक जमाने में 'मंगला प्रसाद पारितोषिक' बड़ा पुरस्कार माना जाता था। आज पुरस्कार पाँच-पाँच, दस-दस लाख के हो गए हैं। पहले कम होते थे। पहले लाख ही बड़ी चीज थी। वही बड़ी मानी जाती थी। तो धन-राशि से नहीं, बल्कि पुरस्कार से सम्मान व गौरव होता है। पुरस्कृत साहित्यकारों से उस पुरस्कार का नाम, मान, सम्मान बढ़ता है। यदि एक घटिया को दिया गया तो उसका सम्मान कम हो जाता है। तो प्रेरणा प्रदान करता है पुरस्कार। पुरस्कार पाने से एक धारणा बनती है साहित्यकारों में कि ऐसा लिखा जा रहा है, जो कि बड़ा पुरस्कार प्राप्त कर सकता है। प्रेरणास्रोत तो नहीं कहेंगे, एक इनसेंटिव का काम पुरस्कार करता है। लोगों में यह लालसा तो होती ही है कि उन्हें भी पुरस्कार मिले। पुरस्कारों की संख्या बढ़कर इतनी हो गई है कि लगता है कि कोई आदमी अपुरस्कृत नहीं रह सकता। ऐसी आम धारणा बन रही है। धारणा यह भी बनती है कि जोड़-तोड़ करके ले लिया है। जिसकी पहुँच है, उसे मिल जाता है; जिसकी नहीं है, उसे नहीं मिलता। यह धारणा बनती जा रही है यानी कि इतने पुरस्कार हो गए हैं। उदाहरण के लिए, दिल्ली की हिन्दी अकादमी है, जो दिल्ली सरकार की है। कृष्ण बलदेव वैद को उसका पुरस्कार नहीं दिया गया, इससे पुरस्कार की गरिमा घटी, कृष्ण बलदेव वैद की नहीं। सरकार के निर्णयों में ऐसा होता है। बलदेव अपनी जगह हैं। वे जो भी, जैसे हैं, वहीं हैं। उन पर कोई आँच नहीं आई। तो लोग समझदार हो गए हैं। इससे साहित्य कितना प्रभावित होता है, आपने पूछा तो पुरस्कारों ने साहित्यकारों का भला नहीं किया है। पुरस्कारों ने अपना भला किया है। वे अपनी पहचान बनाते हैं, साहित्यकारों की नहीं।

पुरस्कार पाकर कोई साहित्यकार साहित्य के इतिहास में अमर नहीं हो सकता है। आपका मूल्यांकन आपके साहित्य के आधार पर ही होगा। हमारा विवेक-सम्पन्न समाज इसे समझता है। साहित्यकारों की दुनिया में इसे लोग समझते हैं। लोग जानते हैं कि लोग क्या हैं।

विनोद कुमार श्रीवास्तव : हिन्दी की वस्तुस्थिति कैसी है? आप इसे कैसे समझते हैं?

नामवर सिंह : हिन्दी में बहुत कम लोग बचे हैं, कोई न कोई पुरस्कार तो अधिकांश लोगों को मिल गया है। कोई बचा नहीं है बल्कि जिनको नहीं मिला है, वे भाग्यशाली हैं। उन्हें इसके लिए पहचाना जाता है कि इन्हें नहीं मिल पाया। और लोग यह मानते हैं कि इन्हें मिलना चाहिए था। जब तक यह भावना हिन्दी समाज में बनी है कि इनको नहीं मिला, पर इन्हें मिलना चाहिए था, उसकी विवेकशीलता पर कोई शक नहीं किया जा सकता। यह विवेक यदि समाज में है तो यह अच्छा संकेत है।

विनोद कुमार श्रीवास्तव : साहित्य अकादमी ने एक पुरस्कार शुरू किया है एक मल्टी नेशनल के सहयोग से। अब यह सवाल है कि जितने साहित्य अकादमी से सम्मानित लोग हैं, उनका एक क्लब है। तो क्या ये पुरस्कार क्लासेज क्रिएट कर रहे हैं?

नामवर सिंह : बिलकुल। इसीलिए इधर पुरस्कारों का महत्त्व घट रहा है। इतने पुरस्कार हो गए हैं और कई जगह ऐसे ढंग से दिये जा रहे हैं इसलिए इनका महत्त्व घट गया है। किसी जमाने में पुरस्कार एक महत्त्वपूर्ण घटना मानी जाती थी। लेकिन अब लोग सोचते हैं कि ठीक है, ऐसा ही चल रहा है।

विनोद कुमार श्रीवास्तव : और पुरस्कार मैनेजमेंट की चीज है, इस पर आपका क्या कहना है?

नामवर सिंह : निश्चित रूप से हाँ। बाकायदे मैनेज किया जाता है। लगता है कि मैनेज किया जाता है। कई दफे मैनेज करने की समझ के अनुसार पुरस्कार दिया जाता है। मैं तो रहा हूँ समितियों में। लगता है कि सब कुछ मैनेज करने की समझ के अनुसार हो रहा है।

विनोद कुमार श्रीवास्तव : विश्वविद्यालय में पाठ्यक्रम कैसे हैं और कैसे होने चाहिए, यह प्रश्न पूछने के पीछे आशय यह है कि क्या कोई ऐसी मशीनरी है जो इसकी जाँच करे कि कैसे पाठ्यक्रम निर्धारित किए जाएँ या खुली छूट दे दी गई है? क्या कोई प्रक्रिया बनी कि कोई अवरोध न हो?

नामवर सिंह : देखिए, मुख्य रूप से मैंने दो विश्वविद्यालयों के पाठ्यक्रम बनवाए। जब मैं जोधपुर गया था, तब मेरी एक दृष्टि थी कि हिन्दी-उर्दू, दोनों को साथ रखें।

तो मैंने नागरी लिपि में उर्दू के लेखकों की कहानियाँ शामिल कीं। जे.एन.यू में 'आधा गाँव' को इनक्लूड किया गया। जोधपुर में तो पहले से था। जे.एन.यू में नया विभाग शुरू किया। तो मैंने नये ढंग का पाठ्यक्रम तैयार किया। अन्य विश्वविद्यालयों से भिन्न ही ढाँचा तैयार किया। कुछ बदला, कुछ और नई चीजें जोड़ीं। अभी दिल्ली विश्वविद्यालय का नया पाठ्यक्रम बनाया। पुराने जमाने से चला आ रहा था। डॉ. नगेन्द्र के जमाने से। उसमें काव्यशास्त्र बहुत था। उसे कम किया। इलाहाबाद विश्वविद्यालय में एक डॉ. सी.एल. वर्मा का बनवाया हुआ चलता था, जहाँ भाषाविज्ञान पढ़ाया जाता था। आचार्य रामचन्द्र शुक्ल, श्याम सुन्दरदास—इन सबका बनाया था। अब इसे सोचकर तय किया जाए कि विश्वविद्यालय के पाठ्यक्रम में कब तक का साहित्य लिया जाए? आप 1960 तक की रचनाएँ लेंगे या 70 तक, 80 तक या 2000 तक या नये तक? तब लड़ते थे कि छायावाद पढ़ाया जाए या नहीं? क्यों पढ़ाया जाए? निराला जी की जो कविताएँ ली थीं, उन्हें धीरे-धीरे रखा था। यह दृष्टि आज नहीं मिलती। हमारे पाठ्यक्रम अब भी वहीं टिके हैं। बीस साल के पहले तक का लेकर नये लोगों की पहचान कर रहे हैं। यह एक तरह की पुरोहिती होती है। विश्वविद्यालय के नये अध्यापकों में यह दृष्टि नहीं होती है। वे समझ रहे हैं कि वे लेखकों पर कृपा कर रहे हैं। वे भूल जाते हैं कि नये लेखकों को तुम्हारे विद्यार्थी तो पढ़ते हैं पर तुम्हीं नहीं पढ़ते। यह पाठ्यक्रम वाली समस्या काफी लम्बी और पेचीदा है। मुझे दुख के साथ कहना पड़ता है कि नई सोच, 2010 की दुनिया और ज्ञान की सारी दिशाएँ कहाँ-कहाँ तक पहुँच गई हैं, लेकिन अध्यापकों की दृष्टि वहाँ तक नहीं है इसलिए पाठ्यक्रम हमारे वर्तमान समकालीन हिन्दी साहित्य से अलग हैं। लगता ही नहीं है कि समकालीन साहित्य से उनका कोई सम्बन्ध है। अध्यापक समझते हैं कि वे लेखकों पर एहसान करते हैं। 2010 में बड़े पैमाने पर जो समस्या हिन्दी के सामने है, उन चुनौतियों को ध्यान में रखकर पाठ्यक्रम बनाया जाना चाहिए। इस मामले में अधिकांश लोगों को इस दौर में पढ़नेवालों का ध्यान नहीं है। इस दौर में विद्यार्थियों को जैसा बनाना चाहिए, उसका ध्यान रखना चाहिए। यह ध्यान रखना चाहिए कि जो विद्यार्थी पढ़कर निकलेगा, 21वीं शताब्दी की चुनौतियों को समझ सके। इतिहास, राजनीति, समाजशास्त्र की उसे समझ हो। यह दृष्टि हमारे अध्यापकों की नहीं है। वे तो हिन्दी साहित्य के प्रति भी न्याय नहीं करते, बाकी के लिए क्या करेंगे? अफसोस यह है।

विनोद कुमार श्रीवास्तव : विश्वविद्यालय जो स्रोत हैं, हिन्दी साहित्य के यदि स्रोत ही सूख गए तो उम्मीद कम बैठती है। क्या आनेवाले समय में आप कोई संस्थागत काम करेंगे कि यह विषय अर्जेंटली अटेंड किया जाए?

नामवर सिंह : देखिए, इस बारे में जितनी चिन्ता आप व्यक्त कर रहे हैं, अगर उतनी ही चिन्ता कम-से-कम केन्द्रीय विश्वविद्यालयों की होती, जिनकी संख्या बहुत है,

तो इस सन्दर्भ में बहुत कुछ किया जा सकता है। इन विश्वविद्यालयों के प्रतिनिधियों का कोई सम्मेलन इस सन्दर्भ में होना चाहिए। दिल्ली विश्वविद्यालय में हो या जे.एन.यू. से शुरुआत हो, जामिया मिल्लिया से लोग मिलकर 21वीं शताब्दी की चुनौतियों को देखते हुए स्थानीय बैठक करें, हम सहयोग करेंगे। इसमें कोई दो राय नहीं है। दिल्ली विश्वविद्यालय ने दो साल पहले कुछ किया है। सेमेस्टर प्रणाली हो गई है। वह काफी लचीली है। लेकिन मोटे तौर पर यह सिद्धान्त पहले तय कर लें कि क्या चुनौती है। यह नहीं कि यह किताब हटाकर दूसरी लगा दें। बाकायदे बहस होनी चाहिए। एक ऐसा कोर्स होना चाहिए जो विद्यार्थियों के लिए उपयोगी हो। मेरा खयाल है कि कई विकल्प हों। अनुवाद की बहुत जरूरत है। अनुवाद का अलग सेक्शन होना चाहिए। हिन्दी का विद्यार्थी अंग्रेजी जानता ही नहीं। इसलिए एक तो अनुवाद का अलग सेक्शन हो और एक तुलनात्मक साहित्य का अलग, जिससे लोगों को सुविधा हो। पढ़ाई के बाद कौन साहित्य में, कौन सरकारी महकमों में जाता है? यूपीएससी का पाठ्यक्रम देखें जिसे मैंने जे.एन.यू में रहते हुए बनाया था। हमारे काफी विद्यार्थी आगे जाएँगे। भारत सरकार में, विदेशों में नौकरी मिल सकती है। तो उपयोगिता की दृष्टि से आधा साहित्यिक हो और आधा विकल्पों के साथ पाठ्यक्रम रहे, तो आम चुनाव की आजादी रहेगी और जो जिस दिशा में जाना चाहता है, उस दिशा में जाएगा। अब अध्यापक काफी मिल रहे हैं। उसी हिसाब से अध्यापकों का चयन करें। आपने यह सवाल पूछा। मुझे खुशी भी हो रही है, आश्चर्य भी हो रहा है। वे नहीं पूछते जो स्वयं अध्यापक हैं। उन्हें सिर्फ नौकरी की चिन्ता है, नौकरी लग जाए। बड़े पैमाने पर सोचें तो विश्वविद्यालय में तमाम समितियाँ होती हैं, तो एक पाठ्यक्रम समिति भी हो। कई विश्वविद्यालयों में तो कब से वही पाठ्यक्रम चले आ रहे हैं। यदाकदा नई किताब जोड़ देते हैं, ढाँचा वही रहता है। नई चुनौतियों के लिए ढाँचा नये ढंग का बनाना चाहिए।

विनोद कुमार श्रीवास्तव : डॉ. साहब, हिन्दी साहित्य से लोग विमुख न हों इसलिए और क्या-क्या किया जाए?

नामवर सिंह : दो चीजें हैं। एक तो उपयोगितावाद और दूसरा, रचनात्मक कार्य है। जो युवा पीढ़ी है, उस युवा पीढ़ी की जो अपेक्षाएँ हैं, जिज्ञासाएँ हैं, उनकी रुचि का ध्यान रखते हुए पाठ्यक्रम बनाया जाए। एक तो उपयोगिता के बारे में इस तरह का दृष्टिकोण हो कि हर आदमी चाहता है कि पढ़कर जॉब मिले। उस जॉब का भी ध्यान रखें। दूसरा यह कि पाठ्यक्रम में जॉब के अलावा संस्कार भी हो। मुझे देखकर आश्चर्य होता है कि हिन्दी के साहित्यकारों को भारतीय इतिहास, संस्कृति की भी समझ कम होती है। आम तौर से हिन्दी के लेखक कम पैदा हुए हैं, तथाकथित मास्टर या हिन्दी अफसर ज्यादा पैदा हुए हैं। हिन्दी साहित्यकार तो वे हुए हैं जो अंग्रेजी पढ़े हुए हैं, इतिहास या अर्थशास्त्र पढ़े हुए हैं। एक सूची बनाएँ हिन्दी साहित्यकारों की और सूची के अनुसार देखें कि इनमें कितने हिन्दी के हैं? तब अन्दाजा लगेगा कि क्या

कमी रह गई है। तो उस चुनौती के सम्मुख तैयार रहें ताकि लोग कहें कि प्रतिभाशाली प्रबुद्ध छात्र हिन्दी में भी है। यह गर्व से कह सकें। यह तब होगा जब हमारा पाठ्यक्रम सही होगा। पुराने पाठ्यक्रम के आधार पर कुछ नहीं होगा। ऐसा हो जिससे विश्वविद्यालय की भी प्रतिष्ठा हो। केवल इंग्लिश के ही नहीं, दूसरे विषयों के पाठ्यक्रमों को भी देखना चाहिए और यह 21वीं शताब्दी के अनुरूप हो। लोगों की आवश्यकताओं, जरूरतों की पूर्ति हो। रुचियों को, संस्कार को, उनके स्वाभिमान को बनाए रखने के योग्य हो।

विनोद कुमार श्रीवास्तव : आम तौर से लोग कह देते हैं कि हिन्दी साहित्य ऐसा होता जा रहा है, कौन पढ़ेगा? विशेष तौर पर उनका इशारा तुकों, अतुकान्त कविताओं या कुछ कहानियों की ओर होता है। सारा बोझ लिखने वालों पर डालकर लोग मुक्त हो जाते हैं। तो क्या पाठकों की रुचि का ही लिखा जाए, तब पढ़ेंगे या उनकी अलग छवि डेवलप होगी?

नामवर सिंह : यानी हिन्दी का पाठ्यक्रम पिछले दस वर्षों या 15 वर्षों के आधार पर नहीं हो सकता। हिन्दी में विश्व साहित्य बहुत कुछ आ गया है। आज आप दावा कर सकते हैं कि विश्व के जितने बड़े कवियों को पुरस्कार मिलता है, प्रायः सबकी रचनाएँ हिन्दी में आ जाती हैं। तो यदि हिन्दी में विश्व का श्रेष्ठ साहित्य उपलब्ध है तो वह पाठ्यक्रम में भी होना चाहिए। हम केवल यह नहीं कहते हैं कि केवल दस साल में जो लिखा गया है, उसे ही लिया जाना चाहिए। आज तुलसी को भी पढ़ा जाना चाहिए।

विनोद कुमार श्रीवास्तव : जो नये लोग लिख रहे हैं, केवल उनके खाते में डाल देना होगा कि जो अरुचि बढ़ रही है, ये उनके कारण हैं?

नामवर सिंह : नहीं, नहीं, ऐसे लोग वे हैं जो पुराना भी नहीं जानते। ऐसा वही करता है, जो अपने साहित्य का पुराना श्रेष्ठ जो है, उसे भी नहीं जानता। वह अपनी असमर्थता, सीमा, अक्षमता को पहचानने की बजाय सारा दोष साहित्य पर डाल देता है।

विनोद कुमार श्रीवास्तव : डॉक्टर साहब, क्या अंग्रेजी भारत की मुख्य भाषा बनती जा रही है? भारतीय मूल सांस्कृतिक चेतना अंग्रेजी में किस तरह अनूदित होगी?

नामवर सिंह : पहली बात तो यह कि चूँकि विश्व-बाजार की मुख्य भाषा तो अंग्रेजी है। क्यों है, इसके कारणों में जाने की जरूरत नहीं। इसका प्रमाण यह है कि इसका वर्चस्व पिछले 20 वर्षों में हुआ है। ऐसा वर्चस्व पहले तो नहीं था। उसका कारण विश्व-बाजार है। इसलिए अंग्रेजी का वर्चस्व तो है। उर्दू को भी एक जमाने में बाजार की भाषा बननी पड़ी। आज अंग्रेजी बाजार की भाषा बन गई है। बाजार की भाषा जनता की भाषा हो जाती है। फिर भी अभी ऐसा नहीं है कि अधिसंख्य लोग इसे बोल रहे हैं। बोलने वालों की संख्या कम ही है, तो आज के जमाने में अल्पमत ही

बहुमत हो जाता है। प्रभाव की दृष्टि से, संख्या की दृष्टि से नहीं। तो उसका वर्चस्व तो है, मुख्य नहीं कहूँगा और जहाँ तक भारतीय मूल सांस्कृतिक चेतना की बात है, एक दौर में उसका अनुवाद अंग्रेज ही करते थे। रामायण का, वेद का, कालिदास का—अनुवादों की एक लम्बी परम्परा उन्नीसवीं शताब्दी से चली आ रही है। पहले अंग्रेज करते थे, फिर भारतीय भी करने लगे। और आम तौर से यह अनुवाद इम्पोर्ट के लिए नहीं बल्कि एक्सपोर्ट के लिए किया गया था। एक्सपोर्ट के लिए आप भी करते हैं। वेद का अनुवाद हुआ है, निराला का अनुवाद हुआ है। राजेश जोशी का हो जाएगा। उपन्यासों का अनुवाद हो रहा है। वे हमारे यहाँ का कर रहे हैं। हमारे यहाँ के लोग भी चाहें तो दुनिया के साहित्य का करें। इससे भाषा बड़ी समृद्धि होती है, जैसे रूसी साहित्य ने हिन्दी साहित्य को बढ़ाया। चीनी, जापानी का अनुवाद होना चाहिए। अंग्रेजी में अनुवाद करने से हम छोटे नहीं होंगे। विश्व बाजार में हिन्दी साहित्य का मान बढ़ेगा। विदेशी करेगा तो भी ठीक है। देश-विदेश में, आम तौर से साहित्य के क्षेत्र में, काम करनेवाले तीन-चार भाषाएँ जानते हैं। हिन्दी प्रदेश ही ऐसा है जो यूनिलिंग्वल है। तमिलनाडु अपने क्लासिक की वजह से जिन्दा है। बंगाल के लोग भी इस मामले में यूनिलिंग्वल हैं। मैं केरल को, मराठी को बहुभाषा-भाषी होने के लिए सम्मान देता हूँ। हिन्दी वाले इस मामले में एक भाषा-भाषी हैं। मैं अनुभव करता हूँ कि इस मिथक को तोड़ना चाहिए। हिन्दी प्रदेश में पढ़े-लिखे लोग बहुभाषी हों और हिन्दी का अन्य भाषाओं में अनुवाद करें। और उनको ऐसी स्थिति का विरोध न करते हुए दूसरी भाषा के रूप में अंग्रेजी पढ़ाना चाहिए, जिससे आगे हिन्दी का नुकसान न हो। अगर अच्छी अंग्रेजी आती है तो हिन्दी भी आपकी अच्छी होगी। यह एक तरह की आम धारणा हिन्दी वाले बनाएँ। नई पीढ़ी को यह बताना चाहिए कि तुम सिर्फ़ एक भाषा-भाषी न रहो बल्कि अन्य भाषाओं को पढ़ो। कम-से-कम अंग्रेजी और एक अन्य भारतीय भाषा।

आपको जिसमें सुविधा हो, उसे पढ़ें। यह भाषा का फर्क बुरा नहीं है। बच्चों को छोटी उम्र से पढ़ाएँ। क्योंकि सुना है कि कच्ची उम्र में भाषा जल्दी सीखी जाती है, बड़ी उम्र में नहीं।

विनोद कुमार श्रीवास्तव : डॉक्टर साहब, देखने में यह आ रहा है कि आजकल हिन्दी की नई पीढ़ी से बात करिए और उनके सामने हिन्दी का कुछ भी रखिए, उन्हें ज्ञात नहीं है। कंटीन्यूटी खत्म हो जाने की वजह से लोग अंग्रेजी में शिफ्ट हो गए हैं। और जो मूल संस्कृति है, वह तो भाषा के माध्यम से है। तो समस्या है कि नई पीढ़ी तक उस चेतना को कैसे पहुँचाएँ? जैसे हमारे घर के बच्चों को कुछ भी कहें, सांस्कृतिक सन्दर्भ को वे पकड़ ही नहीं पाते। उनको कैसे दिया जाए? गाँव के लोकगीतों को अंग्रेजी में समझा पाऊँ, यह सम्भव नहीं होता। तो यह चेतना कैसे पहुँचाएँ? वे सिर्फ़ अंग्रेजी पढ़ रहे हैं।

नामवर सिंह : अगर सिर्फ़ अंग्रेजी पढ़ रहे हैं तो समस्या है। हिन्दी में ग्रामीण लोग अपनी बोली से खड़ी बोली में आते हैं। यह दूसरी भाषा है। हमारे यहाँ भोजपुरी बोली जाती है। क्लास में आकर हम खड़ी बोली में आते हैं। बोली से भाषा में ट्रांसफर प्राथमिक कक्षा में करना जरूरी है। दूसरी भाषा लागू करें पाँचवीं से जिसमें सातवीं तक आठवीं शामिल कर लें। नौ-दस में एक और भाषा लगाएँ। अन्य भारतीय भाषाओं में से एक और साथ ही अंग्रेजी लगाएँ। हिन्दी के साथ यदि अन्य भाषाओं की अच्छी पढ़ाई होगी तो बच्चे कम-से-कम एक और भाषा जान जाएँगे।

तो दसवीं तक अंग्रेजी आएगी। आगे चलकर बच्चे दो भाषा जान जाएँगे। आगे ग्यारहवीं-बारहवीं में बच्चे, उसी में बी.ए. शामिल करें तो बी.ए. तक तो भाषा का ज्ञान हो जाएगा। ऐसा पाठ्यक्रम यदि बनाएँ तो बात बनेगी। अनुवाद वाली प्रक्रिया शुरू करें जिससे कि अंग्रेजी और हिन्दी, दोनों को समान अधिकार से हिन्दी के लोग जान सकें। श्यामसुन्दर दास को बी.ए. पास कहा जाता था। तो वह जो पुराना था कि असली डिग्री तो बी.ए. है। तो बी.ए. तक की डिग्री में दो भाषाओं का चयन तो होना ही चाहिए, यदि तीसरी को छोड़ भी दें तो।

विनोद कुमार श्रीवास्तव : क्या ऐसा नहीं सोचा जाना चाहिए कि अंग्रेजी जब भारत की कार्य-भाषा, कार्य-व्यापार की भाषा बन ही गई है तो स्वीकार न कर लें? हिन्दी के राजभाषा का चक्कर छोड़ दें। हिन्दी जो झेल रही है, राजभाषा बनकर तो उसमें एक स्पर्धा या ऐसी भावना नहीं दिखलाई पड़ती है?

नामवर सिंह : इसमें कठिनाई है। आपकी भावना मैं समझता हूँ लेकिन हुआ यह है कि इसमें स्वयं अंग्रेजी वाले भी नहीं चाहेंगे कि ऐसा हो। इस बहाने एक तंत्र बना हुआ है। सारे मंत्रालयों में हैं। कम-से-कम दस हजार आदमियों को जॉब मिला हुआ है। वह चाहेगा, कम-से-कम दिखाने के लिए ही सही, उन पर अंग्रेजी की अहंमन्यता लगती रहे। उनकी अन्तरात्मा में खरोंच नहीं लगनी चाहिए। हिन्दी उनके नीचे वाला जानता है, पर हम नहीं जानते, यह घबराहट-बोध होता रहे।

विनोद कुमार श्रीवास्तव : मेरा मंतव्य यह था कि हिन्दी को खामखा द्वेष झेलना पड़ता है। इसे राजभाषा बना दिया गया है, तो इसे क्यों पढ़ें? इसलिए लोगों को ईर्ष्या होती है या टकराहट पैदा होती है। इससे तो मुक्ति मिलती है।

नामवर सिंह : नहीं, द्वेष तो है, पर इस द्वेष के बाद हीनता में उनकी भावना आती रहे, इसे वे महसूस करते रहें। उस मंत्री को या उस चीफ सेक्रेटरी को महसूस होता रहे कि और मामलों में वह बहुत है, पर इस मामले में कम है, क्योंकि हिन्दी नहीं आती।

विनोद कुमार श्रीवास्तव : जब आप अपनी पहले कही बातों से अलग होते हुए उस सन्दर्भ में दूसरी बात कहते हैं, इसे आप समझ या चेतना का परिवर्तन मानते हैं या विकास-यात्रा का क्रम?

नामवर सिंह : परिवर्तन या विकास के रूप में नहीं देखता। मैं उसे बौद्धिक ईमानदारी के रूप में देखता हूँ। कोई ऐसा तो नहीं है कि एक बात बन गई है तो वही सही है। यदि मालूम हो कि गलत है तो कह देना चाहिए कि गलत है। शिकायत करना चाहिए क्योंकि यह ईमानदारी का तकाजा है। किसी चीज को इसी बात के लिए पकड़े रहना, क्योंकि मैंने कभी कहा था, सही नहीं है। मैं कहता हूँ कि 'आई कॉन्ट्रैडिक्ट अगेन, आई से दैट आई कॉन्ट्रैडिक्ट', इसको पकड़ सकते हैं। बराबर सोचता रहता हूँ कि कोई बात जड़ तो नहीं हो गई मुझसे ? यह बौद्धिक ईमानदारी का तकाजा है कि हम जो बात कल कह रहे थे, आज अगर मालूम हो गया कि गलत था तो उसे ईमानदारी से मानना चाहिए। वैसे आदमी में विचार बदलता है तो बदलना चाहिए। इसलिए कोई प्रतिष्ठा का प्रश्न नहीं है कि कल भी यही कहा था, तो आज भी यही कहूँगा। गांधी तक ने अपनी गलतियाँ स्वीकार की थीं।

विनोद कुमार श्रीवास्तव : कुछ व्यक्तिगत सवाल। बीता हुआ आपका अपना समय एक कठिन यात्रा लगती है या सामान्य या बाजीचा-ए-अतफाल ?

नामवर सिंह : बाजीचा-ए-अतफाल तो नहीं। यह बच्चों का खेल नहीं है। और जो बीता हुआ समय है, वह घड़ियों में उपस्थित रहता है। भवभूति ने लिखा है कि राम ने कहा दंडक वन में—मैंने जो दुख प्राप्त किये थे, आज वही मुझे सुख मालूम होते हैं। तो बीते हुए समय में जो संघर्ष था, कठिनाइयाँ थीं, आज वही सुख का अनुभव कराते हैं कि मैंने उन्हें पार तो कर लिया। और इसलिए उसके लिए कोई पछतावा नहीं है। उन परिस्थितियों से तो आदमी को गुजरना ही पड़ता है। बीसों बार गुजरा हूँ। मुझे उसके लिए पछतावा भी नहीं। अफसोस भी नहीं। वह शायद नियति थी, उसे तो बदल भी नहीं सकता। शायद उसकी सबसे बड़ी देन थी कि उसने मुझे संघर्ष की शक्ति दी। अगर रास्ता बहुत सुखद रहता, सीधा सपाट होता तो शायद लल्लू-पप्पू रहता। संघर्षों ने मुझे तपाया। यह उन अनुभूतियों की देन है। अगर आसान रास्ता होता तो शायद मैं कुछ और आदमी होता।

विनोद कुमार श्रीवास्तव : कुछ कठिन मोड़ों के बारे में, यात्राओं के बारे में जिक्र करें ?

नामवर सिंह : कठिन मोड़ों में से यह था कि मैं पढ़ने-लिखने में ठीक-ठाक होते हुए भी प्रथम श्रेणी में सब स्थान, सब कुछ पाने के बाद पाँच साल बेकार रहा, लेकिन उसी शहर में और स्वाभिमान के साथ। पूरे परिवार में कोई और काम करने-वाला नहीं था। छोटे भाई सब पढ़ रहे थे। तो पाँच साल तक बेकार रहा, सारी शिक्षा के बाद भी, पी-एच.डी. की उपाधि मेरे पास थी। मुझे यूनिवर्सिटी से निकाल दिया गया। तो मैं 1960 से लेकर 1965 तक उसी काशी में बेकार था। इसके बारे में 'घर का जोगी जोगड़ा' में काशी ने लिखा है। किसी के सामने हाथ नहीं फैलाया। शायद

भगवान परीक्षा ले रहे थे। वह समय मेरा बेकार चला गया। तो वे दिन मुझे याद हैं। वह भूलता नहीं। इसलिए किसी दुखी आदमी का दर्द मैं समझ सकता हूँ। उसकी मदद करता हूँ कि शायद कल यह मुझसे बड़ा आदमी हो सकता है। तो एक सबक सीखा। और सन्तुष्ट हूँ कि जो कर सकता, वह मुझे मिला। कोई शिकायत न जिन्दगी से है, न दुनिया से। 'मैं मरूँगा सुखी, मैंने जीवन की धज्जियाँ उड़ाई थीं', किसी की कविता है। मुझे कोई पश्चात्ताप नहीं है और कोई शिकायत भी नहीं है—न अपने परिवेश से, न किसी से। कई लोग ऐसे भी हैं जो सब कुछ पा लेने के बाद भी जिन्दगी भर शिकायत करते रहते हैं। मैं कोई शिकायत नहीं करता। एक भरा-पूरा जीवन है मेरा।

विनोद कुमार श्रीवास्तव : अपने जीवन का शिखर आप कहाँ देखते हैं?
नामवर सिंह : कोई ऐसी किताब लिखूँ, शायद वही मेरे लिए शिखर हो।

विनोद कुमार श्रीवास्तव : अभी तक नहीं आई न?
नामवर सिंह : लगा तो हूँ, हो जाए जब पूरी।

विनोद कुमार श्रीवास्तव : इसी उम्मीद से प्रश्न पूछा गया।
नामवर सिंह : अपनी समझ से कुछ इस तरह का लिखूँ कि सार्थक हो लिखना।

विनोद कुमार श्रीवास्तव : आप दिल्ली आए। जब जे.एन.यू. में आए तो बनारस छोड़ने का दुख हुआ?
नामवर सिंह : मुझे छोड़ने का दुख तो नहीं, जहाँ रहा, जिस लायक रहा, वैसा कार्य किया। लोग आज भी याद करते हैं। एक अवसर था। चुनौती थी। जे.एन.यू. को मैंने बनाया। जिस तरह के विद्वानों का साथ-सहयोग मिला, वातावरण मिला, काम करने की छूट मिली, वह शायद बनारस में नहीं मिलती। वह जोधपुर में नहीं मिलती, आगरा में भी नहीं मिलती। इसलिए सही समय पर सही जगह मिली। बनारस में सही समय पर रहा और सही समय पर छोड़ा। दिल्ली में भी सही समय पर था। इसे संयोग कहें या माँ-बाप का आशीर्वाद, यह मानता हूँ कि उन्हीं लोगों के पुण्य का फल है। मैं यह इसलिए मानता हूँ कि मेरे मन में जो संस्कार हैं, उन्हीं लोगों की देन है। उस वजह से मैं माँ-बाप का सबसे ज्यादा ऋणी हूँ। उन्हीं का दिया हुआ है ये सब कुछ।

विनोद कुमार श्रीवास्तव : आप जैसा शलाका पुरुष, हम तो मानने को तैयार नहीं कि है कोई हिन्दी में। पुरस्कार भी तमाम मिलते रहे। अगर आज आपका मन अपनी शलाका सौंपने का करे तो आप किसे सौंपना चाहेंगे?
नामवर सिंह : वो कहते हैं न, हाथ बढ़ाकर जो उठा ले, उसी का पैमाना होता है।

विनोद कुमार श्रीवास्तव : यानी कि मैखाना ही बना रहेगा?

नामवर सिंह : क्योंकि मैं अपने को इस योग्य नहीं समझता। मुझमें यह अहंकार नहीं है कि मैं दाता हूँ कि चुनूँ, जैसे राजनीति में होता है। जवाहरलाल नेहरू जैसे उत्तराधिकारी चुनने का अधिकार मुझे नहीं है।

मैं समझता हूँ कि जो आनेवाला होगा—अपने-आप शलाका ले लेगा। यह चुनौती भी है कि कौन है शलाका पुरुष, जो इस लायक समझता है? उठा ले जो बढ़ाकर हाथ, पैमाना उसी का होता है।

['चिन्तनदिशा' में प्रकाशित]

स्वाधीनता संग्राम आजादी मिलते ही खत्म नहीं हो गया था

शम्भुदत्त पांडेय

शम्भुदत्त पांडेय : आपने अपनी 'इतिहास और आलोचना' नाम की पुस्तक में एक स्थान पर साहित्यकार के सन्दर्भ में व्यक्ति-स्वातंत्र्य बनाम सामूहिक स्वातंत्र्य की चर्चा करते हुए कहा था कि 'पारस्परिक सहयोग की पराकाष्ठा की प्राप्ति ही स्वतंत्रता है'। आज जबकि पारस्परिक सहयोग की पराकाष्ठ का सत्तालोलुप-रूप साझा सरकारों के रूप में सामने आ चुका है, क्या आप आज भी स्वतंत्रता को उस रूप में परिभाषित करना पर्याप्त मानते हैं?

नामवर सिंह : उस वक्त किस सन्दर्भ विशेष को लेकर यह मैंने लिखा था, अब मुझे ठीक-ठाक याद तो नहीं, परन्तु यह मेरी धारणा है कि व्यक्ति-स्वातंत्र्य यदि समाज के अलगाव के रूप में प्रकट होता है तो उसकी वरण परिणति व्यक्तिवाद के रूप में होती है और दूसरी ओर यदि उस व्यक्ति को समाज के अन्दर उसके मूल्यों-मान्यताओं के, उसके सपनों के अनुसार कोई जनसमुदाय मिल जाता है, जिससे कि वह शक्ति ग्रहण करना चाहता है तो इसे परस्पर सहयोग के रूप में देखा जाना चाहिए। ऐसा सम्भव होते ही उस व्यक्ति के व्यक्तित्व में एक नई करवट आ जाती है जिसे मुक्तिबोध ने व्यक्तित्वान्तरण कहा है। जब वह सामाजिक व्यक्तित्व बनता है, अनेक प्रकार की विकृतियों से मुक्त हो जाता है—मसलन, अहंवाद या आत्मघाती वृत्ति इत्यादि से और यदि वह रचनाकार है तो ऐसी विकृतियों से मुक्ति होने पर वह अपेक्षाकृत अधिक सार्थक रचना-कर्म कर पाता है। इसीलिए अकेले की मुक्ति की कामना की परिणति सदैव नकारात्मक होती है। मुक्तिबोध और निराला इसीलिए अकेले की मुक्ति को अधूरा और सामूहिक मुक्ति को ही सच्ची मुक्ति मानते थे। उपनिवेशवादी दौर के समाप्त हो जाने के बाद भी हमारे देश की विशाल जनता में वह हिस्सा जो पिछड़ा हुआ है, दलित है; आज भी, बुनियादी सुविधाओं तक से वंचित है। यही नहीं, समाज का एक महत्त्वपूर्ण आधा हिस्सा जो कि स्त्री समाज है, पुरुषप्रधान समाज में उसकी स्थिति पर भी विचार कीजिए। तो सवाल इन सबकी मुक्ति में समाज के सहयोग का है। इसी सन्दर्भ में मैंने कहा था कि मुक्ति व्यक्ति की नहीं होती, बल्कि सामाजिक

सहयोग की प्राप्ति में ही सम्भव होती है। सामाजिकता की यह मुक्ति ही किसी साहित्यकार-रचनाकार के लिए सर्वाधिक महत्त्वपूर्ण होती है।

शम्भुदत्त पांडेय : लेकिन सामाजिकता की इसी मुक्ति के बहाने देश में जो गठजोड़ की सरकारें बन-बिगड़ रही हैं, क्या यह अपने मूल में एक नकारात्मक एकता नहीं है?

नामवर सिंह : पर यह उस बात या प्रश्न का दूसरा पहलू है। देखिए, इस गठजोड़ की कुल निष्ठा या लालसा सत्तालोलुपता है। राजसत्ता पर कब्जा करने के लिए भारतीय जनता पार्टी ने अपने उन उसूलों को भी छोड़ दिया जिसके अब तक वह अपना एजेंडा घोषित करती रही है—चाहे वह राम मन्दिर का मुद्दा हो, चाहे हिन्दुत्व का मुद्दा हो या चाहे वह कश्मीर के बारे में धारा 370 का मुद्दा हो। उसने अपने घोषित सांस्कृतिक राष्ट्रवाद या हिन्दू राष्ट्रवाद का मुद्दा तब त्याग दिया जबकि सत्ता उसको हाथ लगती दिखी और उसने इस लोभ या लक्ष्य के लिए स्पष्ट कहा कि उसके लिए आज कोई भी राजनीतिक दल अछूत नहीं है, भले ही उससे उसकी राजनीतिक विचारधारा मेल न भी खाती हो। ऐसे योग को तुच्छ स्वार्थों-भरा अवसरवादी गठजोड़ ही कहा जाएगा। इसकी बनिस्बत कुछ अन्य दलों ने भी एकता दिखाई किन्तु वह भी असफल रही। कारण कि कुछ निश्चित आदर्शों, संकल्पों, मूल्य-मान्यताओं की जैसी वास्तविक सामाजिक एकता की आज जरूरत है, वह कहीं दिखाई नहीं दे रही है। जैसीकि गांधी जी ने स्वाधीनता के आन्दोलन में एकजुटता की कोशिश की कि अंग्रेजी राज खत्म करने के लिए कांग्रेस एक विशाल राष्ट्रीय मंच बने और बना भी। इसमें गांधी जी ने तत्कालीन अनेक उद्योगपतियों को भी शामिल किया। जमींदारों को भी जोड़ा। बड़े किसानों का साथ लिया। क्योंकि ये वर्ग भी अपने स्तर पर गुलामी की मार झेल रहे थे। गांधी जी ने तब दलितों-अछूतों को भी साथ लिया, हरिजनों का आन्दोलन चलाया। स्त्रियों को भी साथ लिया। हिन्दुओं के साथ मुसलमानों और ईसाइयों को भी जोड़ा। क्योंकि उनका लक्ष्य एक था और साफ था कि राष्ट्र को आजादी मिलेगी तो उसके सभी अंगों को लाभ मिलेगा और इस पर जब परस्पर हितों के टकराव की बात आएगी भी, तो जो सर्वाधिक दलित-उत्पीड़ित होगा, उसके हित को सर्वोपरि प्राथमिकता दी जाएगी। इस आधार पर एक राष्ट्रीय एकता कायम की गई थी।

आज के दौर में जबकि राष्ट्र अंग्रेजी गुलामी से मुक्त हो चुका है, ऐसे समय में हमें यह देखना पड़ेगा कि आज भी धर्म के नाम पर, भाषा या क्षेत्रीय विषमता या जाति-पाँति के नाम पर जहाँ असन्तुलन है, हमें उसे दूर करना ही होगा, ताकि हम कुछ बुनियादी जरूरतों को पूरा करने के प्रयास में ही सही, सच्ची राष्ट्रीय एकता कायम कर सकें। हमें अपनी निगाहें सतर्क रखनी होंगी, क्योंकि भाजपा या ऐसी किसी भी सत्तालोलुप पार्टी के राष्ट्रवाद का मतलब हिन्दुओं का और उसमें भी एकदम

सवर्णों का राष्ट्रवाद ही है, सवर्णों का उत्थान ही उनका परम लक्ष्य है, इसलिए उन्हें पोखरण विस्फोट में राष्ट्रहित दिखाई पड़ता है। भाजपा अग्नि-2 के परीक्षण को राष्ट्रीय गौरव घोषित करती है, उसके लिए यही कुल राष्ट्रवाद है, जबकि राष्ट्रवाद के बाकी रूप या अंग, मसलन—आदिवासी या देश में आजादी के बाद रह गए गरीब मुसलमान जो कि दंगों में ही पीड़ित नहीं होते बल्कि सामाजिक भेदभाव से भी पीड़ित हैं, वे सब भी तो आखिर इसी राष्ट्र के अंग हैं। ईसाइयों के साथ बर्बरता बरती जा रही है। स्त्रियाँ उत्पीड़ित हैं। ये सभी इसी राष्ट्र के हिस्से हैं। अब इन्हें दबाया जाता रहेगा तो एक रोज भयावह संत्रास छा जाएगा। दमन भी एक प्रतिक्रियावादी आतंक लेकर आएगा। लेकिन मेरा कहना है कि कभी-कभी एक ही समय में, एक ही राष्ट्र में एक से भी अधिक राष्ट्र होते या दिखाई पड़ते हैं। लेनिन ने तो समान समय में दो राष्ट्रों की बात सविस्तार कही ही है। यह मुद्दा आजादी की लड़ाई के समय में भी था और आज तो और भी प्रबल हो गया है। विदेशी शक्ति हट जाने पर भीतरी विघटन या चेहरे खुलकर दिखने लगे। इसलिए गठजोड़ में भी अन्तर होता है। विडम्बना यह है कि भाजपा के वर्ग चरित्र को जानते हुए भी उसका गठजोड़ यहाँ सफल हो जा रहा है। यह सचमुच घातक है। मैं इसे राष्ट्रवाद के नाम से हिन्दू फासीवाद के आसन्न संकट के रूप में देखता हूँ। इसके विरोध में सक्रिय पार्टियाँ जो कि खंड-खंड पाखंड की शिकार हैं, उनमें बिखराव ज्यादा है, टूट ज्यादा है।

एक जमाने में वामपंथी दल किसानों और मजदूरों की एकता के प्रयास और दावे करते थे परन्तु आज किसानों-मजदूरों की वह एकता कहाँ चली गई है जिससे समाजवाद सम्भव होता है? इसलिए गठबंधन या गठजोड़ जिन दलों के बीच होना चाहिए, आज बस वही नहीं हो रहा है। विरोधी पक्ष विघटित है। निराला ने 'राम की शक्ति-पूजा' में कहा है कि 'है शक्ति उधर अन्याय जिधर' यानी न्यायकारी ताकतें बिखरी हुई हैं। इसलिए यही आज का सबसे बड़ा संकट है।

शम्भुदत्त पांडेय : स्वतंत्रता या स्वाधीनता की चेतना का रचनात्मक प्रतिफलन साहित्य में किस प्रकार सम्भव होता है, इसकी उत्कृष्टतम मिसाल के तौर पर विदेशी रचनाकारों में ब्रेख्त और भारतीय रचनाकारों में निराला का नाम एक साथ लिया जाए, तो इस पर आपकी क्या टिप्पणी होगी?

नामवर सिंह : देखिए, जहाँ तक ब्रेख्त का सवाल है तो उनके सामने जर्मन व्यवस्था का पूरा प्रभाव मौजूद था जो कि उनकी कविताओं-नाटकों में साफ झलकता है। फासीवाद के विरुद्ध उन्होंने कोई समझौता नहीं किया। संयोग से फासीवाद के विरुद्ध तब साम्यवाद सक्रिय था। तब के समाजवाद का नेतृत्व स्टालिन कर रहे थे परन्तु स्टालिन के उस समाजवाद में भी एक खास तरह की तानाशाही मौजूद थी। ब्रेख्त के कई मित्र शक के कारण साइबेरिया भेजे गए या सत्ता द्वारा उनकी हत्या करवा दी गई। ब्रेख्त ने स्वाधीनता का दो टूक पक्ष लिया और यह जानते हुए भी कि फासीवाद

बड़ा खतरा है और समाजवाद उससे बेहतर है लेकिन अगर समाजवाद में लोगों को न्याय नहीं मिल पाता है तो उसके विरुद्ध भी उन्होंने कविताएँ लिखीं। उस दौर की उनकी कविताएँ अपेक्षाकृत ज्यादा प्रसिद्ध भी हुई हैं। स्वयं जर्मनी में दूसरे महायुद्ध के खत्म होने के बाद सन् 1953 में जब मजदूरों के विद्रोह के बाद कम्यूनिस्ट पार्टी सत्ता में आई तो भी ब्रेख्त ने जोरदार कविताएँ लिखीं, मसलन उनकी प्रसिद्ध कविता : 'लेखक-संघ के सचिव ने खबर दी है कि जनता ने सरकार का विश्वास खो दिया है/तो क्यों न सरकार इस जनता को भंग कर दे/दूसरी जनता चुन ले ?' समाजवाद के बारे में ढेरों कविताएँ लिखी हैं कि 'रोटी जरूरी है/लेकिन न्याय भी जरूरी है/रोटी की तरह ही न्याय भी हर रोज मिलना चाहिए/सुबह-सवेरे मिलना चाहिए/यह नहीं कि न्याय कभी मिलेगा/आज तो रोटी ले लो'।

शम्भुदत्त पांडेय : ब्रेख्त की तत्कालीन सामाजिक संत्रास पर छोटी मगर बेबाक मर्मभरी कविता है कि 'जवान जोड़े बिस्तरों पर हैं/औरतें/अब अनाथों को जन्म देंगी ?' तो क्या भारतीय परिप्रेक्ष्य में भी ऐसी स्थितियाँ व अभिव्यक्तियाँ दिखाई देती हैं ? खास तौर पर निराला के सन्दर्भ से ?

नामवर सिंह : देखिए, जहाँ तक ब्रेख्त का सवाल था तो ब्रेख्त मार्क्सवाद के डायलेक्टिक्स यानी द्वन्द्ववाद के तहत सच के अन्तर्विरोधों पर भी निगाह रखते हुए, उस सच के दोनों पहलुओं का चित्रण करते थे। इसीलिए उनकी स्वाधीन चेतना का यह प्रतीक था जिसे हम अलगाव या कि निर्लिप्त तटस्थता कहते हैं, यानी पृथक्करण यानी स्वयं को अलग कर लेना, यानी कि एक सतत आलोचनात्मक दृष्टि जिसमें सतत जागृति भी हो—वही सच्ची व सक्रिय स्वाधीन चेतना का वास्तविक लक्षण है जो कहीं भी समझौता न करे यानी अपने प्रिय में कोई फाँक दिखाई दे तो उसकी ओर भी इशारा करे। ब्रेख्त में यह स्वाधीन चेतना गहरे मौजूद थी। इसके बारे में हम निराला को देखें—निराला की प्रसिद्ध कविता है : 'वनबेला'। 1936 में जवाहरलाल नेहरू कांग्रेस के अन्दर समाजवाद के सबसे बड़े प्रचारक थे। उसके प्रतीक और प्रतिनिधि माने जाते थे। लखनऊ में हुई कांग्रेस के मंच से उन्होंने समाजवाद को अपना लक्ष्य घोषित किया था। नेहरू उस दौरान की प्रगतिशील चेतना से जुड़े हुए थे। ज्ञातव्य है कि प्रगतिशील लेखक संघ की स्थापना भी 1936 में ही हुई थी। नेहरू प्रगतिशील चेतना के उन्नायक संवाहक थे। बावजूद इसके निराला ने उस दौरान लिखी कविता 'वनबेला' में कहा कि 'मैं भी यदि राज-पुत्र होता तो विदेश में जाकर शिक्षा प्राप्त करके वायुयान से उतरता और तब तमाम अखबर वाले और फोटो वाले तैयार रहते ही। और मैं यों फोटो खिंचवाता और वक्तव्य देता कि साम्यवाद कितना उदार है! कितना महान है!' यानी उस समय जबकि तमाम लोग नेहरू का एक स्वर में जयगान कर रहे थे, निराला का आलोचनात्मक विवेक जागा हुआ था। यानी मैं कहूँगा कि वह जो बैसवाड़े का एक गरीब ब्राह्मण परिवार और किसानों के बीच

'कुल्लीभाट', 'बिल्लेसुर बकरिहा' के साथ जुड़ा जो आदमी था, उस नजर से वह देख रहा था। निराला की मशहूर कविता है : 'महँगू महँगा रहा', जो 1946 के आसपास लिखी गई थी जबकि तब तय था कि नेहरू ही भावी प्रधानमंत्री होंगे। 'पंडित जी आजकल देश में बिराजते हैं' और 'लेडी जमींदारी को आँखों तले रखे हुए हैं' और 'गले का बुर्ज्वाजी चढ़ाव नहीं गया' और कहते हैं कि 'आजकल इस मिल के मालिक के हितैषी भी हैं कि जिस मालिक ने यहाँ गोली चलवाई थी'। उस दौर में ऐसा मुखर निराला के अतिरिक्त दूसरा कोई आदमी नहीं था। मैं कहता हूँ कि स्वतंत्रता संघर्ष के दौर में भी निराला में यह स्वाधीन चेतना थी, मानो निराला भारतीय जनता की अन्तरात्मा बनकर बोल रहे थे! सच को सच कहना उनकी विशेषता थी।

यही निराला की वास्तविक स्वाधीन चेतना का वास्तविक प्रमाण है। क्योंकि आजादी के बाद भी 'नए पत्ते', 'आराधना', 'अर्चना', 'गीत गुंज', 'सान्ध्य काकली' जैसी इन सारी कविताओं को देखने पर लगता है कि मानो स्वाधीन भारत में भी निराला एक नरक से गुजर रहे हैं। आह्लाद की नहीं हैं ये कविताएँ। मैं यहाँ सुमित्रानन्द पंत सरीखों की तुलना नहीं करना चाहता किन्तु सच यही है कि स्वाधीन भारत की सही छानबीन निराला ही कर रहे थे। 'गहन, है यह अन्धकार/स्वार्थ के अवगुंठनों से हुआ है लुंठन हमारा' और इसी तरह : 'खड़ी है दीवाल जड़ को घेरकर/बोलते हैं लोग ज्यों मुँह फेरकर/इस गगन में नहीं दिनकर नहीं निशिकर नहीं तारा/गहन है यह अन्धकार' जैसी कविता बताती है कि उस दौर में निराला की गहन दृष्टि स्वाधीन भारत की खूब सही पहचान रही थी। कहने का मतलब यह कि स्वाधीन हुए भारत के कहीं भीतर या नीचे जो आम आदमी का नारकीय जीवन बना हुआ था, निराला अपनी समूची संवेदना के साथ खुद भी उस नरक की यात्रा कर रहे थे। इसलिए स्वाधीन भारत में जहाँ अनेक अन्य कवि नई सरकार का गुणगान चारणभाट बनकर कर रहे थे, निराला आम भारतीय जन की वेदना को व्यक्त कर रहे थे। 'मरा हूँ हजार मरण'—उस दौर में यह निराला ही कह सकते थे। यह 'हजार मरण' वस्तुतः स्वाधीन भारत में भी दलित-उत्पीड़ित आमजन का वेदनासिक्त स्वर था जिसे निराला ने तीक्ष्ण वाणी दी यानी निराला इस व्यापक जनवेदना के माध्यम से मानो एक नई 'विनय-पत्रिका' ही लिख रहे थे। ताज्जुब यह कि अन्य लोग व रचनाकार इस दौर को स्वर्ण-युग मानते थे यानी निराला ने सच्चाई को फटकारते हुए अभिव्यक्त किया। जैसाकि ब्रेख्त ने अपने दौर की सच्चाई को जबान दी यानी जिस समाजवाद के लिए ब्रेख्त जी रहे थे, संघर्ष कर रहे थे, वक्त आने पर वे उसकी आलोचना करने से भी नहीं चूके। इसी तरह निराला भी जिस स्वाधीनता के लिए जिए, लड़े, उसकी भी जब कमियाँ दिखीं तो उन्होंने उस तरफ भी खुलकर उँगली उठाई। तो यह है एक संवेदनशील व जागरूक रचनाकार की स्वाधीन चेतना।

शम्भुदत्त पांडेय : लेकिन एक फर्क तो है। जहाँ तक मुझे ध्यान आ रहा है, ब्रेख्त एक प्रतिबद्ध, समर्पित, ठोस संस्कृतिकर्मी सिद्ध हुए हैं। वे नाटकों के माध्यम से तत्कालीन सामाजिक-राजनीतिक आन्दोलनों में बराबर शामिल रहे हैं, बल्कि साहित्य को राजनीति के आगे चलनेवाली मशाल का तर्क उन्होंने व्यवहारतः सिद्ध किया, प्रमाणित किया; जबकि निराला का सामाजिक-राजनीतिक मुद्दों पर इतना गहरा, सीधा और व्यापक सरोकार अपेक्षाकृत बहुत ही न्यून मात्रा में दिखाई देता है। आप इस अन्तर के कारणों पर क्या कहेंगे?

नामवर सिंह : हाँ, यह बात तो सही है। देखिए, जैसाकि मैंने पहले भी कहा है कि परस्पर सहयोग की प्राप्ति। इस दृष्टि से तब जर्मनी में एक बड़ी और मजबूत कम्यूनिस्ट पार्टी थी और पड़ोसी रूस में ही एक समाजवादी दुनिया बन चुकी थी, जहाँ से प्रेरणा मिलती थी फासीवाद मोर्चे का बदस्तूर मुकाबला करने के लिए। रूस ने इस लड़ाई में बराबर सहयोग दिया था। ब्रेख्त भी गाँव से शहर में आए थे। ब्रेख्त की जिन्दगी का एक दौर ऐसा भी था जब वे एक बोहेमियन जिन्दगी जी रहे थे और 'पूअर बीवी' नाम की उनकी कविता में अपने बारे में, अपनी बीवी के बारे में बहुत कुछ तिक्त यथार्थ दर्ज है। लेकिन धीरे-धीरे ब्रेख्त जैसे-जैसे राजनीतिक संगठनों-आन्दोलनों से जुड़े, जैसाकि एक समाजवादी दुनिया उनके नजदीक थी और वे एक रंगकर्मी थे, इसलिए उन्हें अपेक्षित मित्रमंडल भी सहज ही मिल गया था, जिससे उनके सरोकार और व्यापक हुए। इधर, निराला तो कवि थे और तिस पर भी उस दौरान इस देश में कम्यूनिस्ट पार्टी बहुत ही छोटी थी। इसके अलावा डॉ. रामविलास शर्मा जैसे कुछ ही लोग थे जो कि निराला के समर्थक थे। साथ थे। अधिकांश तो निराला के शत्रु ही थे। इन तमाम कारणों से उनका राजनीतिक संगठनों से सीधा सम्बन्ध नहीं था। निराला विक्षिप्त हो गए और प्रायः अकेले रहने लगे। विशेषता यह कि इस संत्रासभरे अकेलेपन में भी निराला ने अपने समय के सच को कतई छोड़ा नहीं, वरना ऐसे अकेलेपन की मार आदमी या कि रचनाकार को तोड़ भी दे सकती थी।

शम्भुदत्त पांडेय : नामवर जी, एक जगह आपने, पराधीनता के युग में भी जिन साहित्यकारों ने साहित्य को पराधीनता का शिकार नहीं होने दिया, उनमें निराला का विशेष उल्लेख किया है। आपने यह भी लिखा है कि इसके पीछे उनका व्यक्तित्व ही नहीं, जनता का महान जागरण भी था, जिसके अभाव में पचास वर्ष पहले के भारतेन्दु जैसे प्रतिभाशाली साहित्यकार भी यथेष्ट कार्य न कर सके। जानना चाहूँगा कि जनता के जागरण का वह कौन-सा रूप निराला के साथ काम करता आप देख रहे हैं जो भारतेन्दु के साथ, या भारतेन्दु के समय में काम नहीं कर रहा था?

नामवर सिंह : भारतेन्दु और निराला के लेखन के बीच में लगभग पचास-साठ साल से ज्यादा का अन्तर है। उन्नीसवीं शताब्दी के उत्तरार्द्ध में हरिश्चन्द्र थे। हमें यह नहीं

भूलना चाहिए भारतेन्दु हरिश्चन्द्र ने 1857 के गदर के बाद लिखना शुरू किया था। इस गदर का दमन कर दिया गया था यानी हरिश्चन्द्र की कविताएँ दमन के बाद की रचनाएँ हैं। इस पहले स्वाधीनता संग्राम के दमन का जिक्र करते हुए उन्होंने कहा था, 'निर्भय सिर न हिलाय सकत कहुँ भारतवासी'। यह सही है कि उस समय में कुछ छिटपुट किसान विद्रोह हुए थे, पर अवध में ऐसा नहीं हुआ था यानी उत्तर प्रदेश से बाहर अन्यत्र कुछ जगहों पर आदिवासियों ने विद्रोह किए थे, लेकिन उन्नीसवीं शताब्दी के उत्तरार्द्ध तक स्वाधीनता आन्दोलन का कोई संगठित रूप मौजूद नहीं था। इंडियन नेशनल कांग्रेस की स्थापना मिस्टर ह्यूम ने की थी, जो साल में एकाध बार सरकार को मिलकर पिटीशन और अर्जी भर देती थी और आन्दोलन तक नहीं करती थी। तो भारतेन्दु का काल यह था यानी काल-सापेक्षता के कारण ही भारतेन्दु में राजभक्ति और देशभक्ति, दोनों दिखाई पड़ती हैं। लेकिन निराला ने जब लेखन शुरू किया, तब तक गंगा में पानी बहुत बह चुका था। यह नहीं कि खुद अवध में बाबा रामचन्दर के नेतृत्व में 1921 में जमींदारों के खिलाफ किसानों का आन्दोलन हुआ था—अवध का आन्दोलन। गांधी जी ने भारत के स्वतंत्रता संग्राम के इतिहास में पहला आन्दोलन असहयोग आन्दोलन किया था, जिसमें चौरी-चौरा कांड हुआ था और किसानों ने थाना जला दिया था। किसानों का इतना बड़ा आन्दोलन एशिया भर में कोई नहीं हुआ था। यह पृष्ठभूमि निराला के लिए एक प्रेरणास्रोत थी। मैंने उनकी रचनावली देखी तो आश्चर्य व भावविभोर हो उठा। आश्चर्य यों कि इस पर भारतेन्दु की कोई कविता नहीं, जबकि निराला की 1924 में 'मतवाला' में 'स्वाधीनता' नाम से दो कविताएँ छपी हैं। इन कविताओं में उन्होंने सवाल उठाया है कि 'स्वाधीन/स्वाधीन है यह विश्व/अथवा है पराधीन' और जवाब देते हैं कि 'पल्लव जब आए थे/आए स्वाधीन/जाते अपनी ही इच्छा से/मुक्त-स्वाधीन मर्मर में रोते हैं कौन फिर/हैं वे स्वाधीन तो क्यों फिर सुनाते हैं करुण राग ?' और बाद में पूछते हैं कि 'माया क्या है ? माया नहीं जानता मैं/जानता हूँ एक बस स्वाधीन शब्द/भूधर महान और क्षुद्र कण-कण में एक स्वाधीनता का गूँजता है विपुल हर्ष'।

स्वाधीनता के इस परिप्रेक्ष्य में यहाँ रूसो को याद किया जा सकता है कि मनुष्य जन्मना स्वाधीन है किन्तु परिस्थितियों की जंजीरों से वह आजन्म जकड़ा या बँधा रहता है; अर्थात् प्रकृति अपनी नैसर्गिकता में पूर्णतया स्वाधीन है। इसीलिए रचनाकार स्वाधीनता के उदाहरण के लिए प्रतीक, बिम्ब इत्यादि प्रकृति से ही लेते हैं। हवा, पल्लव, झरना, भ्रमर, गुंजार, सूर्य-चन्द्र इत्यादि सब स्वाधीन हैं। निराला कहते हैं कि 'इस तरह मेरे साथ मेरे विचार, मेरी जाति, मेरे पददलित मौन हैं/निद्रित हैं/स्वप्न में भी पराधीन हैं'।—यह कितनी बड़ी दुर्बलता है! यही नहीं, निराला इसी कविता के अन्त में कहते हैं कि 'भय ही व्यवस्था का जनक है/निर्भय अपने को और दुर्बल समाज को करके दिखाना है/स्वाधीन का ही एक और अर्थ निर्भय है'। यह निर्भयता

नाम की चीज भारतेन्दु में उस रूप में नहीं आ सकी थी। देश को निर्भयता का विचार निराला देते हैं। गांधी जी ने कहा था कि 'आज से हर भारतीय स्वयं को, स्वाधीन समझे तो हम एक साल में स्वराज पा सकते हैं।' अब निराला को यह निर्भयता उस महान जनान्दोलन से मिली थी जिसमें करोड़ों लोग एकजुट खड़े थे। जिस अंग्रेजी राज का खात्मा एक कठिन कल्पना थी, लगने लगा था कि अब तो इनका जाना लगभग तय-सा ही हो रहा है। इसलिए निराला के भीतर अपनी यह स्वाधीन चेतना वस्तुतः उस जनान्दोलन की ही प्रतिध्वनि थी। प्रभाव थी।

शम्भुदत्त पांडेय : निराला की इस स्वाधीन चेतना के बरअक्स ही यदि हम समूचे छायावादी युग की कविता को देखें तो उसमें एक तरह की गहरी निराशा है, वेदना आदि के तत्त्व हैं, जिनका जिक्र आपने भी तत्कालीन पराधीनता के रूप में ही किया है। निराला में इस प्रभाव को, या इस प्रभाव से मुक्ति को आप किस रूप में रेखांकित करते हैं?

नामवर सिंह : एकदम सही कहा है आपने। मन से आदमी अपने को स्वाधीन समझे और स्वाधीनता का उद्घोष करे लेकिन जैसा कि निराला ने बाद में भी कहा कि लोग अब भी पराधीन हैं। इसका तात्पर्य यही है कि राजनीतिक स्वाधीनता ही बड़ी नहीं है। क्योंकि अभी तो जनसमुदाय को सामाजिक रूढ़ियों व विसंगतियों से मुक्ति पाना बाकी होती है। इसलिए उन्होंने कहा कि अभी समाज सामन्ती है जिसमें धार्मिक रूढ़ियाँ हैं। आर्थिक व्यवस्था की खामियाँ या जातिगत रूढ़ियों से मुक्ति का आन्दोलन तो अभी अनवरत जरूरी है। हाँ, राजनीतिक स्वाधीनता एक अनिवार्य प्लेटफॉर्म का काम अवश्य करती है। इसलिए इन सामाजिक-धार्मिक रूढ़ियों से रोजाना दो-चार हाथ करने पर जाहिर है कि चोट तो लगेगी ही और वेदना भी होगी। बल्कि हमें यह नहीं भूलना चाहिए कि इतने बड़े स्वाधीनता आन्दोलन का नेतृत्व करनेवाले गांधी जी स्वयं भी अनेक प्रकार की गहरी वेदना से गुजरे हैं। निराशा से भरे रहे हैं। पग-पग पर उन्हें भी एक कदम से आगे घना अन्धकार महसूस होता था यानी राजनीतिक स्वाधीनता तो स्पष्ट थी परन्तु स्वाधीन भारत का रूप क्या होगा, यह एकदम अस्पष्ट था। इसीलिए निराला की कविता में या कि छायावादी कविता में गहरी वेदना दिखाई पड़ती है। 'राम की शक्ति-पूजा' जिसका कि अन्त विजय से होता है, लेकिन उस पूरे संघर्ष में राम के आँसू गिरते हैं। वे युद्ध के दौरान गहरे निराशाबोध से घिरे रहते हैं। 'सरोज-स्मृति' में निराला की वेदना बड़ी गहनता से व्यक्त हुई है : 'हारता रहा मैं स्वार्थ समर'। इसी तरह 'गीतिका' के कई गीतों में यह वेदना छलकती दिखाई पड़ती है। यह वेदना यथार्थ है। इसलिए जब स्वाधीन-चेता लोग भी इस तिक्त यथार्थ से टकराते हैं, निराशा-हताशा के क्षण भी आते ही हैं। 'राम की शक्ति-पूजा' में इस निराशा की गहनता और इस गहरी पीड़ा या नैराश्य से जद्दोजहद भी साथ-साथ दिखाई देती है : 'वह एक और मन रहा राम का जो न थका'। यही वह दुर्धर्ष भावबोध

है जहाँ यह साफ-साफ दिखाई देता है कि अन्य छायावादी कवियों में जहाँ वेदना का आधिक्य है, वहीं निराला में इस वेदना और नैराश्य से लड़ता हुआ एक अपराजेय भाव भी है। छायावादियों में सुमित्रानन्दन पंत में स्वप्नवाद गहरा है। जयशंकर प्रसाद में दुःखवाद आरम्भिक था, बाद में इसे छोड़ते हुए उन्होंने आनन्दवाद का दर्शन स्थापित किया था यानी स्वप्नलोक ही स्थापित किया। निराला की स्वाधीन चेतना की यही शक्ति और विशेषता है कि वे इस स्वप्नलोक में खोए नहीं, यथार्थ से टकराहट लेते रहे। यह उन्होंने आरम्भ में ही 'जागो फिर एक बार' या 'बादलराग' जैसी कविताओं के माध्यम से शुरू कर दिया था। यह निराला की अपराजेयता है।

विजय के प्रति इस अतिरिक्त विश्वास में हताशाएँ भी आई हैं। खास कर जब स्वतंत्रता संग्राम में पेचीदगियाँ-जटिलताएँ आने लगीं। हिन्दू-मुस्लिम दंगे होने लगे थे जिससे राष्ट्रीय एकता को खतरा पैदा हो गया था और धीरे-धीरे पाकिस्तान की माँग जोर पकड़ने लगी थी। इसी दौरान अम्बेडकर ने दलितों का सवाल उठाते हुए गांधी जी से मतभेद पैदा कर लिया था। स्वतंत्रता संग्राम आन्दोलन में आई इन पेचीदगियों का यथार्थ से जुड़े हुए महाकवि निराला पर गहरा असर पड़ा। वे निराशा और वेदना से भर उठे। गांधी जी स्वयं काफी हताशा से भर गए थे। उन्होंने बाद में कांग्रेस से इस्तीफा भी दे दिया। आगे चलकर उन्होंने व्यक्तिगत सत्याग्रह आन्दोलन चलाया। इस परिप्रेक्ष्य में अगर हम छायावादी कविता को देखें तो प्रसाद जी ने तो आनन्दवाद के दर्शन का तर्क देते हुए पलायन का या कि हिमालय का रास्ता ढूँढ़ लिया था। ऐसे समाधान से कविता कमजोर ही होती है। पंत अभी भी स्वप्नलोक में ही विचर रहे थे। निराला में यह तत्त्व कण-भर, वह भी झलक भर दिखाई देता है। यथार्थ तो उस दुख और वेदना का है। इसीलिए निराला को करुणा का, वेदना का, भवभूति का और ट्रेजिक विजन का कवि मुख्यतः माना जाता है।

शम्भूदत्त पांडेय : अनुभूति और अभिव्यक्ति की दिशा और दशा की बात चल ही रही है तो इस दृष्टि से यदि हम निराला और पंत की मूल दृष्टियों पर तुलनात्मक नजर डालें तो जैसाकि आपने ही एक जगह ('इतिहास और आलोचना' में ही) यह मत व्यक्त किया है कि 'निराला में पंत की अपेक्षा यथार्थ की अनुभूति अधिक निजी और तीखी रही लेकिन संयत और व्यवस्थित कम थी।' आपने लिखा है : 'जिन निराला ने कविता को 'बहुजीवन की छवि' कहा था, उन्होंने इस युग में जीवन की विविध अर्थभूमियों तथा मानव और प्रकृति सम्बन्धी अर्थछवियों की समृद्धि का परिचय नहीं दिया, जो पंत की 'ग्राम्या' में कुछ हद तक मिलता है।' क्या आपको यह नहीं लगता कि पंत की तुलना में निराला में जो कम पड़ता दीखता है, दरअसल वह भी निराला की स्वाधीन चेतना के प्रवाहमयी आवेग की विशेषता का ही पता देती है?

नामवर सिंह : इस उम्दा सवाल को स्वीकारते हुए मैं कहना चाहूँगा कि मैं आज अपने उस वक्तव्य को सही नहीं मानता हूँ। मैं आज उसमें सुधार करना चाहूँगा।

लगता है कि यह लिखते समय मेरे मन में जो काव्य विवेक और काव्य प्रतिमान था, वह ठीक-ठीक अपने पूरे रूप में बन नहीं पाया था। इस कमी की ही झलक इसमें मिलती है। मैं उसे सुधारते हुए आज यह कहना चाहूँगा कि—उदाहरण के लिए बहुजीवन की छवि का जहाँ तक सवाल है तो 'ग्राम्या' के साथ अगर हम 'नए पत्ते' को रखकर देखें, यही नहीं बल्कि निराला की तीनों लम्बी कविताओं—'राम की शक्ति-पूजा', 'तुलसीदास' और 'सरोज-स्मृति'—के साथ 'कुकुरमुत्ता', 'देवी सरस्वती' और चित्रकूट प्रसंग पर लिखी 'स्फटिक शिला' कविता को भी देखें तो इन कविताओं में कितने जीते-जागते विविध चरित्र यहाँ आते हैं। प्रसंगवश 'अणिमा' को देखें—वह धौलाबक्श घोड़े की पीठ ठोकता हुआ और किसान वाह पर वाह करता चला जा रहा है। 'खजोहरा' में भी लाजवाब चरित्र-चित्रण है। तात्पर्य यह है कि बहुजीवन की छवि निराला में कहीं अधिक व्यापक मात्रा में ही नहीं, बल्कि कहीं अधिक सघन-गहन अनुभूति से रची-बसी है। हाँ, प्रकृति का जहाँ तक सवाल है, मैं कहूँगा कि पंत की 'ग्राम्या' निश्चय ही व्यापक है। अतीव सुन्दर है। पहाड़ी जीवन पर केन्द्रित कविता है। पंत थे ही मूलतः प्रकृति के कवि। प्रकृति पर अनेक कविताएँ लिखीं और बहुत खूब लिखीं। निराला प्रकृति-चित्रण के मामले में संख्या-दृष्टि से पंत से काफी पीछे हैं, लेकिन जीवन और प्रकृति के सन्दर्भ से देखें तो निराला में प्रकृति पार्श्व छवि रूप में आती है। सामने उनके मुख्यतः तो जीवन ही रहता है। लेकिन यह भी सत्य है, स्पष्ट है कि प्रकृति के चित्र होने का और साथ ही बहुजीवन की छवि होने का निराला की कविता बेमिसाल उदाहरण हैं। यों निराला ने प्रकृति के दुर्लभ चित्र दिये हैं—भले ही वह घोषित रूप से पहाड़ या ग्राम जीवन का न हो। मसलन समुद्र का जैसा वर्णन 'राम की शक्ति-पूजा' में है, हिन्दी कविता में अन्यत्र दुर्लभ है। रात के अन्धकार का जैसा निराला ने वर्णन किया है, अन्यत्र मिलेगा नहीं। तो यह भी प्रकृति चित्र है। केवल पौधे, फूल-पत्तियाँ ही तो प्रकृति नहीं। वैसे निराला ने अनेक फूलों को भी कविता में लिया। नरगिस पर कविता लिखी है। बल्कि निराला ने तो उपेक्षित को अधिक आश्रय दिया है। 'कुकुरमुत्ता' इसका ठोस उदाहरण है। हाँ, एक बात जरूर कहूँगा कि कला-संयोजन तो पंत में ही अधिक है। मेरे खयाल में यह था कि शायद निराला में आई विक्षिप्तता के कारण ही कला-पक्ष के मामले में निराला में बिखराव है। 'राम की शक्ति-पूजा' और 'सरोज-स्मृति' और 'तुलसीदास' जैसी सुगठित क्लासिकीय कविता और 'गीतिका' के गीतों में विलक्षण काव्य सौष्ठव है। किन्तु उनके बाद निराला में बदलाव दिखता है, जिसमें उत्कृष्टता के साथ कहीं-कहीं काफी शिथिलता भी दिखती है। शायद तब निराला अपने को कविता में ढाल रहे थे। निराला के इस बदलाव को आगे चलकर प्रयोगवादियों ने अपनाया। निराला ने बिना अंग्रेजियत का सहारा लिये ज्यादा सहज ढंग से 'नए पत्ते' की कविताएँ लिखीं। गजल लिखने लगे, जिसमें उन्हें ज्यादा कामयाबी नहीं मिली। निराला की इन दिनों लिखी कविताओं

को देखकर मुझे लगा था कि निराला की क्लासिकीयता में शिथिलता आ रही है, बल्कि वह बिखराव आने लगा था, जिसके लिए मैं उनकी मानसिकता में आई विक्षिप्तता को ही दोषी या कारण मानता था। परन्तु बाद में उनके 'अर्चना' और 'आराधना' या 'गीत गुंज' के गीतों को देखें, बल्कि उनकी अन्तिम कविता 'पत्रोत्कंठित जीवन का विष बुझा हुआ है'—इस अठारह पंक्तियों के सानेट में निराला ने जैसे एक पूरा महाकाव्य भर दिया है।

शम्भुदत्त पांडेय : यहाँ, मेरी समझ से, एक और महत्त्वपूर्ण बात निराला के पक्ष में है कि उनकी सतत जागरूकता व अदम्य जिजीविषा उनकी विक्षिप्तता पर हावी या कि विजयी रही है। बल्कि अवसाद से मुठभेड़ करते इस महाकवि के बारे में मुझे आपका ही एक कथन याद आ रहा है कि 'निराला की विशेषता यह है कि छायावादोत्तर काल में जहाँ उनके अधिकांश समवर्तियों का क्रमशः स्पष्ट ह्रास हुआ, वहीं निराला ने अपनी सृजनशीलता-जागरूकता बराबर कायम रखी', तो शिल्पगत शिथिलता के बावजूद उनके केन्द्रीय कथ्य में यह संवेदनशील और सतत जागरूकता भी उनकी स्वाधीन चेतना से ही जुड़ती है?

नामवर सिंह : जी हाँ, बिलकुल ठीक कहा आपने। इसे उनकी स्वाधीन चेतना से जोड़कर ही देखना चाहिए। साथ ही स्वाधीन चेतना का यह अर्थ भी लिया जाए कि जीवन-जगत और वास्तविकताओं से वह स्वाधीन चेतना कितनी जुड़ी रहती है। मसलन अपने यथार्थ से कटकर अगर कोई व्यक्ति स्वाधीन हो जाएगा तो वह अति उत्साह-भरा अतिरेक ही होगा, जैसाकि 'उसने कहा था' के नायक लहना सिंह ने कह दिया था कि 'कप्तान साहब ने रोक दिया वरना मैं तो अकेले ही बर्लिन तक पहुँच जाता।' यानी सेना बिना कप्तान होना भी घातक ही है। ऐसा कप्तान शहीद तो हो जाएगा पर लक्ष्य-प्राप्ति से पूर्व उसकी जिन्दगी भी तो खत्म हो जाएगी। जाहिर है कि इसका कुल प्रभाव अन्तिम लक्ष्य पर भी नकारात्मक ही पड़ेगा। इसलिए स्वाधीन चेतना का यह भी अर्थ है कि कहीं न कहीं वह बँधा भी रहे। आत्मनियंत्रित रहे। अगर जमीन से पाँव उखड़ गए तो अन्ततः औंधे मुँह गिर पड़ेंगे। आपका हाल आइकेरस की तरह होगा कि 'चले तो सूर्य को छूने पर पंख जले तो धरती पर आ गिरे।' बल्कि सुमित्रानन्दन पंत ने सम्भवतः 'रूपाभ' की भूमिका में कहा भी है कि 'कितनी चिड़िया उड़े आकाश/दाना है धरती के पास', तो चिड़िया अगाध अनुभव के लिए और अनुभव के साथ आकाश में उड़े, पर दाना यानी मूल जड़ें—ठीया तो धरती पर मिलना है। कवि को भी इसी तरह अपनी भाषा, बिम्बों-प्रतीकों के लिए इस सामाजिक जमीन पर ही आना होगा। यही वास्तविक स्वाधीनता है, यही उसकी शर्त भी है। इस शर्त का निर्वाह निराला अपने छोटे-छोटे गीतों में भी करते रहे। एक गीत में निराला कहते भी हैं कि 'बाहर मैं कर दिया गया हूँ, भीतर पर भर दिया गया हूँ'। निराला अकेले हो गए थे। एक तरह से समाज ने भी उन्हें बाहर कर दिया था लेकिन भीतर से निराला

अपनी स्वाधीन चेतना से जुड़े रहे। भरे रहे। यह शक्ति थी उनकी स्वाधीनता की और उनकी यथार्थपरक जीवन-दृष्टि की।

शम्भुदत्त पांडेय : एक सवाल रचनाकारों के साथ-साथ, सामाजिकों की जागरूकता और चेतना के स्तर को लेकर भी। 'कविता के नए प्रतिमान' में आपने स्वातंत्र्योत्तर हिन्दी कविता (खास तौर से प्रयोगवादियों के प्रभाव से निर्मित कविता) के सन्दर्भ में एक स्थल पर यथार्थ दर्शन से उत्पन्न होनेवाली कुंठा का जिक्र किया है और बताया है कि यथार्थ दर्शन से उत्पन्न होनेवाली कुंठा किस प्रकार रोमांटिक ढंग की सौन्दर्याभिरुचि में मुँह छिपाने की कोशिश कर रही थी! इस सिलसिले में आपने बताया है कि 'नई कविता के अन्तर्गत मुक्तिबोध की स्थिति बहुत कुछ वही है जो कि छायावाद के अन्तर्गत निराला की थी। छायावाद में सबसे पहले विरोध पंत का हुआ और वही सबसे पहले स्वीकृत भी हुए। फिर प्रसाद और अन्त में महादेवी। बल्कि छायावाद के समाप्त होने तक निराला स्वीकृत नहीं हो पाए थे।' क्या इससे यह निष्कर्ष नहीं निकलता कि न केवल हिन्दी साहित्यकार बल्कि व्यापक रूप में हिन्दी समाज में भी स्वाधीन चेतना के विकास के गतिरोध कायम रहे हैं?

नामवर सिंह : ठीक कहा आपने। दरअसल 'तिक्त यथार्थ से कुंठा उत्पन्न होती है, उसके कारण लोग सौन्दर्यवादी बनते हैं। इसलिए एक विशेष प्रकार का सौन्दर्य विकसित हुआ। विडम्बना यह है कि अज्ञेय सबसे ज्यादा व्यक्ति-स्वातंत्र्य के हिमायती थे। बल्कि दूसरे महायुद्ध के बाद स्वाधीन भारत में जब शीतयुद्ध की विचारधारा चली थी, अमरीका के प्रभाव से, तो व्यक्ति-स्वातंत्र्य का अर्थ मार्क्सवाद का विरोध, रूसी समाजवाद और कम्यूनिज्म का विरोध करार दिया गया। क्योंकि अमरीका का कहना था कि अमरीका में व्यक्ति की स्वतंत्रता है और रूस में रेजीमेंटेशन है। व्यक्ति की स्वतंत्रता वहाँ नहीं है तो व्यक्ति-स्वातंत्र्य के तहत यह यथार्थजनित कुंठा और सौन्दर्यवाद की सृष्टि हुई। इसलिए गांधी जी के दौर की स्वतंत्रता की जो परिकल्पना थी, उसमें व्यक्ति विशेषण नहीं लगा हुआ था। देश की स्वतंत्रता, सामूहिक जनसमुदाय की स्वतंत्रता की बात थी और लोग समझते थे कि देश स्वतंत्र होगा तो हम भी स्वतंत्र होंगे। किन्तु जब स्वाधीनता मिल गई तो तब भारतीय जन के बीच जो मध्यवर्ग है, वह अपने लिए विशेष और ज्यादा स्वाधीनता की माँग करने लगा। सुविधाएँ माँगने लगा। अभी हाल ही में पवन वर्मा की एक अंग्रेजी किताब 'दि ग्रेट इंडियन मिडिल क्लास' आई है (इसका हिन्दी अनुवाद भी हो चुका है)। उसमें जिक्र है कि स्वाधीन भारत में जिस समुदाय या वर्ग का विकास सबसे ज्यादा हुआ है और जो वर्ग सम्पन्न हुआ है, वह है मध्यवर्ग। स्वाधीनता के पहले मध्यवर्ग बहुत छोटा था। यह हमने पढ़ा। यानी व्यक्ति-स्वातंत्र्य की परिणति मध्यवर्ग के उत्थान में हुई है। उस अनुपात में दलित उतना तो स्वाधीन नहीं हुआ है। पिछड़े वर्ग के लोग तो उतने स्वाधीन नहीं हुए। आदिवासी उतने स्वाधीन नहीं हुए। स्त्री उतनी स्वाधीन तो नहीं

हुई। इसलिए जब स्वाधीन चेतना में रुकावटें इस हद तक हुईं कि ये लोग जो व्यक्ति स्वातंत्र्य के हिमायती थे, इनकी स्वाधीन चेतना का नतीजा यह निकला कि नेहरू अभिनन्दन ग्रंथ इनके द्वारा लिखे गए, जबकि निराला ने तब, यानी 1936 से 46 के दौरान नेहरू के खिलाफ खुलकर लिखा था और अज्ञेय ने नेहरू की षष्टिपूर्ति पर अभिनन्दन ग्रंथ निकाला था। अपने अंग्रेजी कविता-संग्रह की भूमिका भी उन्होंने नेहरू से लिखवाई थी। जवाहरलाल नेहरू के विरुद्ध जैसा धारदार रुख निराला ने अपनाया था, अज्ञेय ने कभी नहीं अपनाया। इस पूरे दौर में अज्ञेय जिस व्यक्ति का दुख-दर्द विभिन्न पत्र-पत्रिकाओं के माध्यम से बयान करते रहे, वह है कौन? इसे आप 'नदी के द्वीप', 'अपने-अपने अजनबी', 'असाध्य वीणा' को देखकर समझ सकते हैं। गौरतलब है कि उस दौर में लेखक पर ऐसी कोई विशेष पाबन्दी तो नहीं थी। फिर इनकी कोई किताब जब्त भी नहीं हुई थी; बल्कि किताब तो जब्त हुई मुक्तिबोध की। मुक्तिबोध ने 'चाँद का मुँह टेढ़ा है' जैसी कविताएँ लिखीं। 'लकड़ी का रावण' लिखा। यही नहीं, उन्होंने 'अँधेरे में' जैसी कविताएँ लिखीं। इस स्वाधीन भारत में हमारी स्वाधीनता अधूरी है। अपूर्ण है। पर यह अँधेरा कहाँ है, इसका जिक्र अज्ञेय ने तो किया नहीं।

बात अज्ञेय की ही नहीं, इस दौर के और पहले के कवियों को देखें तो पंत जी की 'स्वर्णधूलि', 'स्वर्ण किरण' यानी इस दौर का उनका समूचा साहित्य स्वर्णमयी ही दिखाई देता है। उसमें दुःख, निराशा बहुत ही कम है। यानी उनको सामाजिक परिवेश में, समाज में, राजनीति में कोई त्रुटि दिखाई ही नहीं पड़ी थी। यही नहीं, बल्कि प्रगतिशील आन्दोलन का विरोध करने के झोंक में यह जो यथार्थजनित कुंठा जिस सौन्दर्यवाद में परिणत होती है, उसे तो मुक्तिबोध ने जड़ीभूत सौन्दर्याभिरुचि कहा। हालाँकि इस दौर में इस वर्ग के कुछ साहित्यकारों ने कटुता के कारण नेहरू का थोड़ा-बहुत विरोध भी किया था, क्योंकि इनके अनुसार नेहरू तानाशाही फैला रहे थे। उस दौर में राज्याश्रय यानी राज्य द्वारा निर्मित अकादमियाँ भी थीं, जिसके सदस्य व सर्वेसर्वा प्रायः यही लोग हुआ करते थे और पुरस्कृत भी हो रहे थे और साथ ही सेठों की बड़ी पत्रिकाओं और अखबारों के सम्पादक भी यही लोग थे। अज्ञेय भी प्रधान सम्पादक बने थे। अब यों राज्य तो सार्वजनिक क्षेत्र का प्रतीक है। जनता का पैसा उसमें लगा होता है और जो निजी क्षेत्र अर्थात सेठों की दुनिया है, इन्होंने आश्रयों, उपादानों व संसाधनों के लिए इसे चुना। इन्होंने सार्वजनिक क्षेत्र को नहीं चुना। चतुराई यही है। मैं इन सब बातों का जिक्र इसीलिए कर रहा था कि स्वाधीनता संग्राम अपने पूरे सन्दर्भों समेत 1947 में ही खत्म नहीं हो गया था। दरअसल स्वाधीनता एक लम्बी प्रक्रिया है। कोई समाज एकाएक ही गुलाम या आजाद नहीं हो जाता। यह एक मैराथन रेस ही है। इसलिए हमारा स्वाधीनता संग्राम स्वाधीन भारत का निर्माण है। विकास की प्रक्रिया है। जैसा ब्रेख्त ने 'गैलीलियो'

नाटक में एक जगह लिखा है कि गैलीलियो कहता है कि विघ्न-बाधाओं को ध्यान में रखें तो दो बिन्दुओं के बीच की रेखा टेढ़ी भी हो सकती है। स्वाधीनता यही टेढ़ी रेखा है। जीवन या समाज या व्यवस्था का यह टेढ़ापन ही कवि या सर्जक की नजर को खींचता है। वैसे भी सीधा-सपाट कुछ हो, पर वह कला-कविता की सामग्री नहीं बन पाता है। जहाँ रेखा में बाँकपन आता है, वहाँ सर्जनात्मक प्रतिभा के लिए चुनौती बनती है।

यही तर्क निराला के जीवन व रचना-संग्राम में दिखाई पड़ता है। वे अपने स्तर पर अपने ढंग से सन् '61 तक लड़ते रहे। और उनके समानान्तर मुक्तिबोध हैं जो अपनी कहानियों, उपन्यास और लम्बी कविताओं के द्वारा निराला की चेतना यानी स्वाधीन चेतना की प्रासंगिकता का औचित्य ठहराते हैं और दो कदम और आगे बढ़ने-बढ़ाने का परिचय देते हैं और वे एक आलोचनात्मक रुख अपनाते हुए स्वाधीन भारत के भीतर की वास्तविक सच्चाई को अभिव्यक्ति देते हैं, जोखिमों के बावजूद यह कोशिश जारी रखते हैं। इसलिए मैंने कहा कि छायावादी कविता या कहें कि स्वाधीनता संग्राम के पूर्व के छायावादियों में जो स्थान प्रारम्भ में निराला का था—अपने समकालीन कवियों में, स्वाधीनता के बाद वाले कवियों में, वही स्थान मुक्तिबोध का है। ध्यान दें कि इस दौर में नई कविता, सौन्दर्यवादी कविता और प्रयोगशीलता का बोलबाला था और मुक्तिबोध की घोर उपेक्षा होती थी। उस दौर में कोई मुक्तिबोध का उचित जिक्र तक नहीं करता था। उनकी कोई किताब तक नहीं छप पाई, जबकि अन्य, यानी प्रयोगवादियों-सौन्दर्यवादियों की दनादन किताबें छप रही थीं। वे पुरस्कृत हो रहे थे। एकदम जिस तरह निराला अकेले दारागंज में पड़े हुए थे, नरक-यात्रा के चित्र अंकित कर रहे थे, उसी तरह मुक्तिबोध भी दूर-दराज के राजनांदगाँव में अपनी तमाम उपेक्षाओं और संघर्षों के साथ रचनाकर्म जारी रखे हुए थे।

शम्भुदत्त पांडेय : देश में आज सामाजिक, सांस्कृतिक, आर्थिक व राजनीतिक जीवन-मूल्यों का क्षरण हो रहा है। एक तरह से हतप्रभ कर देनेवाले भयावह संत्रास के चौराहे पर देश मुँह बाए खड़ा है। ऐसे में क्या आज के रचनाकार भी निराला की स्वाधीन चेतना के भावबोध या कि अर्थ-गाम्भीर्य के साथ रचनात्मक संघर्ष कर रहे हैं? यानी निराला की दृष्टि से मौजूदा साहित्य की उम्मीदी-नाउम्मीदी पर आपकी टिप्पणी?

नामवर सिंह : देखिए, सच्चाई यह है कि निराला के महत्त्व को अज्ञेय के प्रभाव से मुक्त होने पर, मुक्त होनेवाले कवियों ने ही सँभाला। उस समय भी उनके दौर के कवियों में नागार्जुन, त्रिलोचन, मुक्तिबोध, शमशेर, केदारनाथ अग्रवाल आदि कवि लोग थे जो निराला का नाम उस समय में भी पूरे तर्क व ताकत के साथ लेते थे जबकि नई कविता वाले निराला का जिक्र केवल छूने भर को करते थे। मात्र प्रयोगशीलता भर के लिए। यह नहीं भूलना चाहिए, डॉ. रामविलास शर्मा ने निराला पर अत्यन्त महत्त्वपूर्ण पुस्तक 'निराला की साहित्य-साधना' 1968 में लिख दी थी।

उन्होंने सन् '48 में पहली पुस्तक भाग-1 लिखी थी। यह इतनी महत्त्वपूर्ण और बड़ी पुस्तक है जिसमें निराला की कला दिखाई गई, भावबोध-विचारधारा पर तर्क सहित व सविस्तार विचार किया गया है। केवल उनकी राजनीति का ही उल्लेख नहीं है इसमें। समग्र निराला अंकित हैं। तब से अब तक निराला पर कितनी पुस्तकें आ चुकी हैं, सभी जानते हैं। मैं यह भी इशारा करना चाहता हूँ कि उसके बाद यानी मुक्तिबोध के बाद की नई पीढ़ी में रघुवीर सहाय, सर्वेश्वर, केदारनाथ सिंह, धूमिल हैं। उसके बाद फिर मंगलेश, राजेश जोशी, इधर के कवियों में अरुण कमल, उदय प्रकाश, ऋतुराज इत्यादि हैं। इस पूरी की पूरी पीढ़ी से अगर बात करें तो छायावाद के कवियों में वे अकेले निराला का ही नाम लेंगे। अज्ञेय का नाम लेनेवाले भी हैं आज—अशोक वाजपेयी, रमेश चन्द्र शाह आदि हैं। कभी-कभी ये मुक्तिबोध का नाम भी ले लेंगे। मुँह छू लेने भर को, बस। इसलिए यह आकस्मिक नहीं है कि निराला के इस महत्त्व को लोगों ने स्वीकारा। यह पीढ़ी अपने को निराला और मुक्तिबोध से ही जोड़ती है तो आकस्मिक तो नहीं। इससे आज के इन कवियों की उस स्वाधीन चेतना का पता चलता है जो अपनी परम्परा में भी सही पक्षधरता का द्योतक है। सबको श्रद्धा का जल चढ़ाना उचित भी नहीं होता है। इसलिए जो अपना है और जिससे सर्जना की शक्ति व प्रेरणा मिलती है, चुनना सदैव उसे ही चाहिए। यहाँ मैं एक बात और जोड़ना चाहूँगा—इन कवियों की स्वाधीन चेतना और निराला के सन्दर्भ में। सर्जक के लिए अपनी सर्जना, अपनी रचना भी किसी लता का जंजीर बन जाना जैसा ही होता है। सच्ची सर्जनात्मक स्वाधीनता तो दूसरों की या कि बाहरी जंजीरों को तोड़ने में नहीं होती, बल्कि अपने सृजन कर्म से जो जंजीरें, जो रूढ़ियाँ बनती जाती हैं, उसमें ही निहित होती हैं। निराला की स्वाधीनता या स्वाधीन चेतना का यह बहुत बड़ा प्रतीक है कि वे स्वयं निर्मित रूढ़ियों को स्वयं ही तोड़ते चलते थे। मुक्त छन्द रचा तो फिर उससे मुक्त होकर गीत भी लिखे, जबकि निराला की अधिकांश गीत रचनाएँ छन्दबद्ध हैं। गीतों के अलावा तीनों बड़ी कविताएँ भी छन्दोबद्ध हैं। खूबी देखिए, निराला ने छन्दोबद्धता से मुक्त छन्द और फिर मुक्त छन्द से भी कविता को मुक्त किया। छन्द लिखा तो उसमें अपनी भाषा से मुक्त हुए। छायावादी भाषा यानी 'गीतिका', 'अनामिका' या 'तुलसीदास' की भाषा से मुक्त होकर निराला 'कुकुरमुत्ता' और 'नए पत्ते' की नई भाषा रचते हैं। 'अणिमा' के गीतों की भाषा के बाद के गीतों की भाषा में फिर-फिर नयापन मिलता है। इसलिए सच्चे सर्जक स्वाधीनचेता कवि की पहचान तब होती है जब वह स्वयं अपनी बनाई हुई सृजन की जंजीरों को तोड़-तोड़कर अपनी रचनात्मकता-सर्जनात्मकता का विकास करता चले। क्रमशः इसलिए निराला की सर्जनात्मक या स्वाधीन चेतना आज के कवि को यह प्रेरणा देती है और इशारा करती है कि स्वयं तुम जहाँ हो, आगे बढ़ो। वैसे आजकल ज्यादा कविता मुक्त छन्द में ही हो रही है, लेकिन इधर स्वयं रघुवीर

सहाय, मंगलेश, अरुण कमल आदि छन्दों में भी कविताएँ लिख रहे हैं यानी नये कवि छन्द-मुक्त व छन्द में, दोनों तरह कविताएँ लिख रहे हैं। गद्य में अपनी भाषा को तोड़ने के प्रयास हो रहे हैं। इस सबकी प्रेरणा के अजस्र स्रोत निराला ही हैं। यही निराला की शक्ति है। प्रेरणा है। उधर व्यक्ति-स्वातंत्र्यवादियों में यों तो स्वतंत्रता और सर्जनात्मकता जैसा शब्द तकियाकलाम की तरह हरदम उनकी जबान पर चढ़ा रहता है, लेकिन पूछा जाए कि अज्ञेय ने 'हरी घास पर क्षण भर' से लेकर अपने अन्तिम रचना 'क्या आपने ऐसा घर देखा है' तक की यात्रा में भाषा को कितना बदला है? मैं यह नहीं कहता कि इस परिप्रेक्ष्य में उन्होंने कुछ किया ही नहीं। कुल मिलाकर अज्ञेय अपने सर्जनात्मक दौर (1949 से लेकर 1984 तक) में अपनी भाषागत जंजीरों से मुक्त नहीं हो सके। मैं यह भी स्वीकारूँगा कि मुक्तिबोध बहुत हद तक अपनी भाषा से मुक्त नहीं हो पाए थे। हिन्दी हालाँकि उनकी मातृभाषा थी नहीं, वैसे भी मुक्तिबोध का सर्जनात्मक दौर कुल था ही कितना? फिर भी 'अँधेरे में' कविता में भाषा के कई स्तर आते हैं। 'राम की शक्ति-पूजा' में भी भाषा के कई स्तर हैं। इधर 'भूल गलती' जैसी कविताओं में दूसरी भाषा दिखाई पड़ती है। 'सहर्ष स्वीकारा है' में भी भाषागत प्रयोग मिलता है। कुल मिलाकर देखा जाए तो हिन्दी की समूची कविता में कविता की भाषा को निराला के बराबर किसी अन्य कवि ने नहीं तोड़ा है।

शम्भुदत्त पांडेय : डॉ. साहब, यहाँ एक महत्त्वपूर्ण सवाल कविता की भाषागत रूढ़ियों या कहें कि रचनात्मक सरोकर, जिसमें कि कथ्य और शिल्प के स्तर पर रूढ़ियों को तोड़ते जाने और देश-काल सापेक्ष नवीन संस्कार और मूल्य स्थापित करने का है, तो हर बार बात कुल मिलाकर रचनाकार के सर्जनात्मक दृष्टिबोध पर आकर ठहरती है, गोर्की के 'पार्टनर की पॉलिटिक्स' का सवाल हर कदम पर उठाया जाता है। अब जैसा कि अभी आपने कहा कि कविता के इतिहास में कुछ लोग सीधे 'अज्ञेय' का ही नाम लेंगे और कुछ लोग निराला व मुक्तिबोध का नाम लेंगे यानी साहित्य को 'आभिजात्य' और 'जनधर्मी' के रूप में विभाजित कर दिया जाता है। मेरी जिज्ञासा यह है कि क्या 'जनधर्मिता' या 'सर्वहारा साहित्य' के बहाने 'अभिजात' कोटि के साहित्य को सीधे नकार ही दिया जाना चाहिए (जैसाकि प्रायः होता आ रहा है), या कि उसमें जन या मानवीय संवेदना के कुछ गहरे तन्तु, कुछ गहरी अनुभूतियाँ-अभिव्यक्तियाँ खोजकर उसकी भी कुछ अर्थवत्ता स्वीकार कर लेनी चाहिए?

नामवर सिंह : एक बात सपष्ट है कि अभिजात वर्ग और आभिजात्य यानी क्लासिकीय साहित्य अलग-अलग हैं। मैं यहाँ पूर्व में कही गई भाषा की बात को पुनः सन्दर्भित करना चाहूँगा कि नागार्जुन को देखिए : 'अमल-धवल गिरि के शिखरों पर बादल को घिरते देखा है', 'कालिदास सच-सच बतलाना' में कविता की भाषा एक है और साथ ही उनके व्यंग्य की भाषा भी देखें कि 'आए दिन बहार के, श्वेत श्याम रतनार

अँखियाँ निहार के, दिल्ली से आए हैं एक टिकट मार के' और कई गीत हैं 'जूतियों के कोरस' की भाँति, जिनमें नागार्जुन ने निराला की तरह रचना के समान्तर भाषागत परिमार्जन–बदलाव किया है, विलक्षण प्रयोग किए हैं।

जहाँ तक आपका नया सवाल है तो हमारी हिन्दी कविता की पूरी विरासत आज के कवि के सामने है। केवल कबीर ही नहीं, जायसी, सूर, तुलसी भी; रीतिकाल के बिहारी, देव, पद्‌माकर भी हमारी विरासत ही हैं। हम इनको नकारेंगे नहीं। उसी तरह से हमारी आधुनिक हिन्दी कविता की विरासत केवल निराला से ही नहीं है। पंत, प्रसाद, महादेवी का भी समुचित स्थान है। उसी तरह से बाद की कविता में यदि मुक्तिबोध हैं तो अज्ञेय भी हैं। ये हिन्दी कविता के अनिवार्य अभिन्न अंग हैं। इन्हें रबर से मिटाया नहीं जा सकता। लेकिन जैसाकि अंग्रेजी मुहावरा है कि इतिहास को 'अगेंस्ट द ग्रेन' पढ़ा जाता है, तो हम साहित्य के इतिहास को भी 'अंगेस्ट द ग्रेन' ही देखते हैं। पहले ही कह दिया गया है कि सभ्यता का कोई ऐसा दस्तावेज नहीं है जो साथ ही बर्बरता का भी दस्तावेज न हो। तो यही डायलेक्टिक्स है, ध्वंस–सृजन का समन्वय है। इसलिए आक्रामकता की भी जरूरत या कीमत है। इसलिए सवाल आलोचनात्मक दृष्टि बनाए रखने का है। इसीलिए मूल्यांकन करते समय हम सभी रचनाओं या साहित्यकारों को समान मूल्य या समान स्थान नहीं दे सकते। तुलसीदास अगर वर्ण–व्यवस्था का समर्थन करते हैं और कबीर जात–पात का विरोध करते हैं तो जहाँ तक इस बिन्दु का सवाल है, हम कबीर और तुलसी को एक ही मंच पर नहीं बिठा सकते। कबीर 'न हिन्दू, न मुसलमान' कहते हैं, पर तुलसीदास में इस तरह के नकार का जिक्र नहीं है। इसीलिए अनेक मुद्‌दे हैं और हमें उन्हें गड्‌ड–मड्‌ड कतई नहीं करना चाहिए। हमें विवेकसम्मत रचनात्मक दृष्टि के साथ अपने अतीत की उस विरासत को देखना चाहिए। स्वस्थ आलोचनात्मक दृष्टि से हम उसे नष्ट नहीं होने देंगे बल्कि उसके मूल्य और सीमाओं को बराबर ध्यान में रखेंगे ताकि जहाँ बड़ा कवि भी चूक कर गया या अपर्याप्त रह गया, उसकी पड़ताल विवेक से कर रचनाधर्मिता का नया चरण रखेंगे। इसलिए निराला में भी अगर कुछ कमजोरी आई है तो हम उसे भी जरूर याद रखेंगे।

चाँदनी की रोमानियत के बावजूद चन्द्रमा के विश्लेषण में हम उस दाग को भुला नहीं देते जो उसमें दिखता है। दाग तो दाग है, उसे भुलाया भी कैसे जा सकेगा? उसे हर जगह उचित नहीं ठहराने लगेंगे और बड़ी बात यह कि विश्लेषण या विवेक भी हमें निराला से ही मिलता है या इन्हीं सभी कवियों से मिलता है जोकि हमारी विरासत के गौरव हैं। ये कवि हमें अपने सकारात्मक तत्त्वों से तो सिखाते ही हैं, अपने नकारात्मक तत्त्वों से भी बहुत कुछ सिखाते हैं। यही इनका बड़प्पन है। मानो वे कहते हों कि देखो, मुझसे यहाँ चूक हुई है, तुमसे नहीं होनी चाहिए। स्वाधीनता की यह चेतना निराला में थी। वे बार–बार हमें यही सिखाते भी हैं। इसलिए मैं समझता

हूँ कि आज के दौर में निराला की जन्मशती पर उन्हें याद करते हुए हमें निराला को पूरी तरह, यानी समग्रता में आत्मसात् करना चाहिए। उनके अन्तर्विरोधों से भी हम आँख नहीं मूँद लेना चाहते हैं, क्योंकि ऐसे अन्तर्विरोधों से स्वयं निराला भी कभी आँख नहीं मूँदते थे।

[पुस्तक : 'स्वाधीनता की अवधारणा और निराला'; सम्पादक : राजेन्द्र कुमार, अभिप्राय, इलाहाबाद, प्रथम संस्करण 2000 ई. में 'स्वतंत्रता संग्राम सन् '47 में ही खत्म नहीं हो गया था' शीर्षक से प्रकाशित]

परम्परा के मूल्यांकन का आधार वस्तुनिष्ठ एवं वैज्ञानिक दृष्टि

नन्द भारद्वाज

नन्द भारद्वाज : डॉक्टर साहब, साहित्य की प्रगतिशील परम्परा की खोज और उसके मूल्यांकन का प्रश्न आपके आलोचना-कर्म का एक तरह से केन्द्रबिन्दु रहा है जबकि भारतीय साहित्य के आचार्यों से लेकर आचार्य रामचन्द्र शुक्ल तक साहित्यालोचन की जो सुदीर्घ परम्परा बनती है, बल्कि आगे भी व्याख्या-विवेचन की उसी परम्परा का जो विस्तार दिखाई देता है, एक आलोचक के रूप में आप इस परम्परा के विकास और विस्तार को किस तरह से देखते हैं?

नामवर सिंह : नन्द जी, हिन्दी आलोचना की जो परम्परा विरासत के रूप में मुझे मिली है, उसमें आचार्य रामचन्द्र शुक्ल से चलकर आचार्य हजारी प्रसाद द्विवेदी और डॉक्टर रामविलास शर्मा मुख्य रूप से उसमें आते हैं। इन लोगों से एक सुदीर्घ ही नहीं बल्कि कहूँ कि व्यवस्थित और अधिक लोकोन्मुख परम्परा मिली है; इस परम्परा का एक महत्त्वपूर्ण भाग रहा है—अपने हिन्दी साहित्य और हिन्दी भाषा की जो जातीय विरासत है, उसका हर बार नये सिरे से मूल्यांकन करना और आज के पाठकों और लेखकों को उसकी याद दिलाते रहना। मेरा खयाल है कि आज के साहित्यिक वातावरण में इस बात की बहुत जरूरत है कि अपनी उस पुरानी विरासत की याद दिलाई जाए क्योंकि जीवन की आपाधापी में लोग इतने नितान्त समकालीन हो चले हैं कि उनकी स्मृति यदि समाप्त नहीं हुई है, तो कहा जाए कि बहुत कुछ क्षीण अवश्य हो गई है। अतीत में पिछले दस-पन्द्रह-बीस वर्षों तक उनकी दृष्टि जाती है, उससे पहले के साहित्य की याद भी उन्हें नहीं आती है। इसलिए एक तो हिन्दी के पाठकों को अपनी लम्बी परम्परा की याद दिलाते रहना चाहिए और लेखकों के लिए भी जरूरी है कि उनके सृजन-कर्म में उनका अतीत कितनी दूर तक सहायक होता है, उससे कोई प्रेरणा मिलती है, कोई शक्ति मिलती है या नहीं मिलती है, इसलिए भी उस परम्परा की याद सर्जकों को भी दिलाई जानी चाहिए। इसलिए आलोचना-कर्म के वैसे तो अनेक पहलू हैं और मैं मानता हूँ कि मुख्य जिम्मेदारी हर आलोचक की अपने समकालीन सर्जन-कर्म के

प्रति होती है। आज जो साहित्य लिखा जा रहा है, सही ढंग से और वस्तुनिष्ठ ढंग से उसका विश्लेषण किया जाए, मूल्यांकन किया जाए और पाठक और सर्जक के बीच एक सही संवाद कायम किया जाए। उस संवाद में आलोचना-कर्म द्वारा हम योग दें, मुख्य-कर्म तो मैं यही मानता हूँ, लेकिन इस कर्म में निश्चित रूप से जो सहायक और उपयोगी होता है, वह है अपने इतिहास का पुनरावलोकन। इसी दृष्टि से मैंने अब तक जो कुछ लिखा है, अपने पूर्ववर्तियों के समान ही, समकालीन साहित्य के साथ ही अपने अतीत के साहित्य के बारे में भी लिखा है।

आप जानते ही हैं कि आरम्भ में मैंने छायावाद के बारे में लिखा, आधुनिक साहित्य की प्रवृत्तियों पर लिखा। इस क्रम में यदि आपको स्मरण हो तो दसवीं-ग्यारहवीं शताब्दी के साहित्य अपभ्रंश से मैंने लिखना शुरू किया। 'पृथ्वीराज रासो' पर लिखा। इसलिए हिन्दी साहित्य के आरम्भ से लेकर निकट अतीत की परम्पराओं के विवेचन-मूल्यांकन में प्रवृत्त होने का मुख्य कारण यही था। यही काम रामचन्द्र शुक्ल ने अपने 'इतिहास' के द्वारा किया। यही काम आचार्य हजारी प्रसाद द्विवेदी ने 'हिन्दी साहित्य की भूमिका' के द्वारा किया और डॉक्टर रामविलास शर्मा ने अपने निबन्ध-संग्रहों और उसके अलावा भारतेन्दु से लेकर निराला तक के प्रमुख साहित्यकारों के बारे में लिखकर किया। इसमें उल्लेखनीय बात सिर्फ इतनी ही है कि समूची परम्परा की चर्चा करनी है, लेकिन उस परम्परा में ऐसे कई तत्त्व हैं जो हर समय हमारे सामान्य जन की आशाओं-आकांक्षाओं को व्यक्त नहीं करते हैं। ऐसा भी हुआ है कि साहित्य भटककर केवल शिष्ट जनों, बड़े लोगों, राज-दरबारों तक सिमटकर रह गया था, इसलिए मुख्य कर्तव्य हमारा यही है कि हम उस साहित्य को रेखांकित करें और उभारकर रखें जो साधारण जन की आशाओं-आकांक्षाओं की वाणी बने और उसी को हम मोटे तौर पर प्रगतिशील परम्परा कहते हैं, जिसकी ओर आपने संकेत किया है। इसलिए आचार्य शुक्ल, आचार्य हजारी प्रसाद द्विवेदी और डॉ. रामविलास शर्मा के क्रम में ही मैंने भी अपनी ओर से विनम्र ढंग से उसी प्रगतिशील परम्परा को रेखांकित किया है और उसकी व्याख्या में कुछ नये तत्त्व जोड़ने का प्रयत्न किया है।

नन्द भारद्वाज : आचार्य हजारी प्रसाद द्विवेदी के आलोचना-कर्म पर जो आपने इधर एक किताब लिखी थी 'दूसरी परम्परा की खोज', उसमें आपने जो दूसरी परम्परा के बारे में चर्चा की है, वैसे तो किताब पढ़ते हैं तो उसमें बहुत सारी चीजें स्पष्ट होती हैं, लेकिन थोड़ा बताएँगे कि छायावाद से लेकर आधुनिक साहित्य की जो प्रवृत्तियाँ हैं, उनका विश्लेषण करते हुए या 'कविता के नए प्रतिमान' में आपने नई कविता और परम्परा को जिस तरह से व्याख्यायित किया है, उस परम्परा या उस क्रम से क्या परम्परा के बारे में आपकी जो बुनियादी सोच है, उसमें कोई बदलाव आया है, या उसी का विस्तार है?

नामवर सिंह : आचार्य हजारी प्रसाद द्विवेदी पर जो मैंने पुस्तक 'दूसरी परम्परा की खोज' नाम से लिखी, वह एक तरह से अपने गुरु के प्रति श्रद्धांजलि है और उनके देहावसान के बाद मुझे लगा कि उनके माध्यम से उनके आधार पर कुछ ऐसा कहा जा सकता है; जो केवल एक व्यक्ति के प्रति नहीं होगा, बल्कि हिन्दी आलोचना के लिए भी जो आवश्यक है और तात्कालिक रूप से प्रासंगिक भी, किन्तु उसकी कड़ी यह है कि बहुत पहले मैंने 1952 में एक लेख लिखा था जो 'आलोचना' के इतिहास अंक में उस समय प्रकाशित हुआ था : 'इतिहास के प्रति नया दृष्टिकोण' और बहुत दिनों से मेरी यह इच्छा रही है और अभी तक वह पूरी नहीं हो सकी है कि 'हिन्दी साहित्य : एक इतिहास' मुझे लिखना ही है। अब हिन्दी साहित्य के इतिहास-लेखन की दिशा में मैंने उसका कुछ सिद्धान्त-सम्बन्धी और पद्धति-सम्बन्धी भी समय-समय पर विवेचन किया है, इसलिए 'दूसरी परम्परा की खोज' में आपको उस इतिहास-दर्शन की झलक मिलेगी। जिसे मैंने दूसरी परम्परा कहा है, वह यह है कि इतिहास में कोई एक परम्परा नहीं होती, साहित्य के इतिहास में, बल्कि संस्कृति के इतिहास में एक से अधिक परम्पराएँ होती हैं। होता यह है कि आम तौर पर जिसे प्रतिष्ठान या व्यवस्था मुख्य धारा के रूप में स्वीकार करती है, वह मुख्यधारा होती नहीं है, बल्कि कुछ आलोचकों द्वारा वह बनाई जाती है और वह परम्परा आम तौर से उन साहित्यकारों की होती है जो साहित्यकार किसी व्यवस्था के लिए अनुकूल होते हैं, जो उनके प्रतिष्ठानों के मूल्यों का समर्थन करते हैं। इस कारण होता यह है कि कुछ वे साहित्यकार जो प्रतिष्ठित मूल्यों को और व्यवस्था की मान्यताओं को चुनौती देते हैं, जो एक तरह से प्रतिपक्ष में होते हैं, सामान्यत: उन साहित्यकारों की उपेक्षा होती है, उनके मूल्यों की उपेक्षा होती है। इसलिए कभी-कभी अंग्रेजी में उस दूसरी परम्परा को 'लिटिल ट्रेडिशन' भी कहते हैं। मुझे ऐसा लगा कि आचार्य रामचन्द्र शुक्ल के इतिहास के साथ भी ऐसा ही हुआ। उन्होंने तुलसीदास को आधार बनाकर साहित्य की जिस मूल धारा या मुख्यधारा को प्रतिष्ठित किया, उसके विपरीत एक दूसरी और परम्परा हिन्दी में ही थी, जिस परम्परा के अग्रदूत कबीर हैं, और ये वे लोग हैं जो हमारी वर्ण-व्यवस्था को चुनौती देते हैं, शास्त्रों को चुनौती देते हैं, जो मुख्य रूप से द्विजों की या सवर्ण हिन्दुओं की परम्परा के मुख्य आधार रहे हैं। आचार्य हजारी प्रसाद द्विवेदी का लेखन, उनकी 'कबीर' नाम की पुस्तक और 'हिन्दी साहित्य की भूमिका' से मुझे यह दृष्टि मिली। द्विवेदी जी ने 'कबीर' नाम की पुस्तक लिखकर या 'हिन्दी साहित्य की भूमिका' के द्वारा सम्भवत: उस दूसरी परम्परा की ओर लोगों का ध्यान आकृष्ट किया है जो सवर्ण हिन्दू समाज के मूल्यों के विरुद्ध जाती है। यही नहीं, बल्कि वह आज की भाषा में सेक्यूलर कहे जानेवाले या धर्म-निरपेक्ष कहे जानेवाले मूल्यों का भी साहित्य है, जो हिन्दू और मुसलमानों की एकता की बात नहीं करता, बल्कि वह इन दोनों धर्मों की कट्टरता से मुक्त होकर सामान्य मनुष्यता

की भूमिका पर आम जनता को एकजुट करने की बात करता है यानी वह पांडे और मौलवी दोनों को फटकार कर इनसे अलग साधारण जनों की एकता की बात ही करता है। वह मन्दिर और मस्जिद को मिलाने की बात नहीं करता, बल्कि मन्दिर से भी अलग, मस्जिद से भी अलग, जो खेत में काम करते हैं, कारखाने में काम करते हैं, ऐसे लोग जो सामान्य भाईचारे के आधार पर मिलते हैं, इस भूमि पर कबीर मिलाते हैं। यही काम द्विवेदी जी ने 'कबीर' नाम की पुस्तक में किया था। मुझे लगा कि प्रगतिशील आन्दोलन और प्रगतिशील जीवन-दृष्टि के लिए यह दूसरी परम्परा बहुत महत्त्वपूर्ण है। इसकी जरूरत इसलिए भी पड़ी कि आचार्य शुक्ल ने और उनके मानने वालों ने कबीर को तो कवि ही नहीं माना। यह जरूर माना कि कबीर में प्रतिभा बड़ी प्रखर थी। उन्होंने छोटी जातियों में आत्मगौरव का भाव भरा। लेकिन कबीर कवि भी हैं और अच्छे कवि हैं और किसी भी मामले में सूर या तुलसी की कोटि से घटकर नहीं हैं। द्विवेदी जी ने कबीर के उस कवित्व को उजागर किया। मैंने 'दूसरी परम्परा की खोज' पुस्तक के द्वारा उस एक तरह की, कहना चाहिए कि जनवादी, विद्रोही और व्यवस्था-विरोधी साहित्यिक-परम्परा को रेखांकित करने का प्रयत्न किया है।

नन्द भारद्वाज : एक छोटी-सी जिज्ञासा और है। जैसे आचार्य रामचन्द्र शुक्ल ने सूर, तुलसी और जायसी के साहित्य को आधार बनाकर उस परम्परा पर काफी विस्तार से चर्चा की और उसी के समान्तर द्विवेदी जी ने कबीर को मुख्य आधार बनाकर उस दूसरी परम्परा की पहचान की और उस पर विस्तार से लिखा—क्या इन दोनों परम्पराओं को हम एक-दूसरे की पूरक के रूप में लें? लेकिन कहीं ये एक-दूसरे के विरुद्ध खड़ी दिखाई देती हैं?

नामवर सिंह : देखिए, आचार्य हजारी प्रसाद द्विवेदी ने 'हिन्दी साहित्य की भूमिका' में एक अध्याय लिखा है : 'संतों का विश्वास' और उस अध्याय में उन्होंने निर्गुण और सगुण, राम-भक्त और कृष्ण-भक्त—सभी संतों के बीच एक जो सामान्य भक्ति की भावना है, मानव-प्रेम की भावना है, उसको रेखांकित किया है। निश्चित रूप से उनमें एक समान भूमि भी है और थी! बावजूद इसके, उस सामान्य भूमि के अतिरिक्त, यह भी निश्चित है कि दो भिन्न मूल्यों का टकराव भी वहाँ था। यदि द्वन्द्ववाद का सहारा लें तो उनमें एकता भी है और विरोध भी है। इसीलिए आप देखेंगे कि उनमें एक स्तर पर तुलसीदास इस वर्ण-व्यवस्था का समर्थन करते हैं, कबीर आदि से अन्त तक समूची वर्ण-व्यवस्था को चुनौती देते हैं। इसलिए एकता के बावजूद निश्चित रूप से जैसाकि मुक्तिबोध ने भी कहा है कि सगुण भक्त वर्ण-सहयोग या आज की भाषा में वर्ग-सहयोग पर बल देते हैं, जबकि निर्गुण भक्त यह मानते थे कि उनमें सहयोग सम्भव ही नहीं है। जैसे शेर और बकरी में कोई सहयोग नहीं हो सकता है, ब्राह्मण और शूद्र में सहयोग की भूमिका क्या बन सकती है जब तक कि वर्ण की

दीवारें टूट न जाएँ? इसलिए दोनों में अन्तर भी है। द्विवेदी जी ने यह दिखाने की कोशिश की है। जैसे समाज के वर्गों में अन्तर था, उसी तरह साहित्य में भी इन दो धाराओं में अन्तर है।

नन्द भारद्वाज : अच्छा, देखिए, परम्परा के मूल्यांकन को लेकर, रामविलास शर्मा ने एक जातीय परम्परा के विकास पर काफी विस्तार से अपने ग्रंथों में चर्चा की है। आपका दृष्टिकोण उनसे मोटे तौर पर तो मेल खाता है, लेकिन उसमें आपकी बहुत-सी आशंकाएँ भी हैं। कुछ आपके दृष्टिकोण में भिन्नता भी है। थोड़ा उसे आप स्पष्ट करेंगे?

नामवर सिंह : नन्द जी, इस पर काफी लिख चुका हूँ मैं, और उन बातों को यहाँ दोहराना भी ठीक नहीं है। आजकल हिन्दी जगत में कुछ लोगों ने, और वे रामविलास जी के भक्त और पुजारी बनकर सामने आ रहे हैं, इस मतभेद को बढ़ा-चढ़ाकर पेश किया है।

मैं लिख चुका हूँ कि रामविलास जी के प्रति मेरे हृदय में भी श्रद्धा है, लेकिन अंध-श्रद्धा नहीं है और जो प्रगतिशील दृष्टि हमें मिली है और जिसके वे भी कायल हैं, उसमें आत्म-समीक्षा उतनी ही महत्त्वपूर्ण है जितनी कि पर-समीक्षा। इसलिए डॉ. रामविलास शर्मा ने मुख्य रूप से आधुनिक साहित्य का मूल्यांकन, भारतेन्दु का, महावीर प्रसाद द्विवेदी, रामचन्द्र शुक्ल का, प्रेमचन्द का, निराला का किया है और इसी कड़ी में इधर उन्होंने मुक्तिबोध पर भी लिखा है। उसमें मुझे एक बात दिखाई पड़ी कि निराला तक के साहित्यकारों में वे जब प्रगतिशील मूल्य दिखाते हैं, तो ऐसा दिखाते हैं, जैसे इन दोनों आदमियों में अन्तर्विरोध था ही नहीं, वे आद्यन्त प्रगतिशील थे, इतनी दूर तक थे कि उन्होंने यहाँ तक कह दिया है कि महावीर प्रसाद द्विवेदी ने जो 'सम्पत्तिशास्त्र' पुस्तक लिखी है, आज के मार्क्सवादियों और कम्यूनिस्टों को मार्क्सवाद महावीर प्रसाद द्विवेदी से सीखना चाहिए। भारतेन्दु को किसी जमाने में इन्होंने इतना प्रगतिशील माना कि शेक्सपियर से बड़ा नाटककार उन्हें बता दिया था, शुक्र है कि उन्होंने बाद में वह वाक्य निकाल दिया। इसी प्रकार निराला की प्रगतिशीलता की जब चर्चा करते हैं तो निराला के उस पक्ष को, जो रहस्यवाद के प्रभाव में है और परवर्ती कविताएँ जो एक विशेष प्रकार की भक्ति और अध्यात्मवाद से ग्रस्त हैं, उन तमाम चीजों को छोड़कर ऐसा दिखाते हैं कि वे तो बड़े क्रान्तिकारी हैं। यही बात उन्होंने आचार्य रामचन्द्र शुक्ल के बारे में भी कही कि उनकी दृष्टि इतनी वैज्ञानिक है कि जैसे उनमें और एक मार्क्सवादी आलोचक में कोई फर्क नहीं है। मैंने कहा कि यह प्रासंगिकता का प्रमाद है। अपनी परम्परा के महत्त्व को जरूर रेखांकित करना चाहिए लेकिन उस परम्परा के प्रति वस्तुनिष्ठ और वैज्ञानिक दृष्टि अपनाते हुए, उसके प्रगतिशील पक्ष को रेखांकित करने के साथ ही उन पक्षों को जरूर प्रकाश में लाना चाहिए, जो इसके विरुद्ध जाते हैं। भारतेन्दु की देशभक्ति की प्रशंसा सही है, लेकिन

भारतेन्दु में राजभक्ति थी और गहरी थी, आदि से अन्त तक थी, इसकी चर्चा की जानी चाहिए। महावीर प्रसाद द्विवेदी किसानों के प्रति सहानुभूति रखते थे, यही नहीं, बल्कि अपने जमाने में उनका दृष्टिकोण काफी आगे बढ़ा हुआ था—स्वयं स्वाधीनता संग्राम के अन्य नेताओं की अपेक्षा, लेकिन महावीर प्रसाद द्विवेदी में ऐसा भी दृष्टिकोण था, जो अनेक सामन्ती मूल्यों से जुड़ा हुआ था और उनमें स्वयं साम्राज्यवाद विरोध उतना उग्र नहीं था, जितना उन्हीं के जमाने में लिखने वाले प्रतापनारायण मिश्र में था, या बालमुकुन्द गुप्त में था। तो जहाँ मैंने उनसे अपना मतभेद प्रकट किया है और वह यह कि परम्परा के मूल्यांकन में अतीत के लेखकों की प्रगतिशीलता को उजागर करते हुए उन्होंने अन्तर्विरोधों को कम करके आँका है और उनमें वे पक्ष जो प्रगतिशील मूल्यों के विरुद्ध जाते हैं, आड़े आते हैं, उनको एक तरह से छिपा करके उन पर चुप्पी साधी है। मुझे लगा कि यही नहीं कि यह अवैज्ञानिक है बल्कि हानिकारक भी है। इस कारण उनके विवेचन में असंगति दिखाई पड़ती है। यही काम उन्होंने मुक्तिबोध के बारे में नहीं किया। वहाँ तो बहुत वैज्ञानिक दृष्टि अपनाते हैं और कभी-कभी अति वैज्ञानिकता में उलटा रुख अपनाते हैं। मुक्तिबोध में उन्हें अस्तित्ववाद ज्यादा दिखाई पड़ता है, मार्क्सवाद कम। निराला में उनको वेदान्त नहीं दिखाई पड़ता और मार्क्सवाद खूब दिखाई पड़ता है।

भारतेन्दु से लेकर मुक्तिबोध तक किसमें अन्तर्विरोध नहीं है, मुझमें भी है। इसलिए मुक्तिबोध के बारे में भी वही रुख अपनाना चाहिए कि यदि उनमें कुछ अस्तित्ववादी प्रभाव हों, यदि उनमें आत्मग्रस्तता हो तो देखना यह है कि उनमें कौन प्रधान है, कौन गौण है और इस द्वन्द्व तथा संघर्ष का निरूपण चूँकि रामविलास जी नहीं करते, वे एकांगी हो जाते हैं, अति-सरलीकरण करते हैं, इसलिए प्रगतिशील जीवन-दृष्टि के तकाजे से ही मैंने उस अति-सरलीकरण और एकांगीपन की आलोचना करते हुए उसे सन्तुलित रूप में रखने और कहने का प्रस्ताव किया है।

नन्द भारद्वाज : हिन्दी कथा-साहित्य में जैसे प्रेमचन्द से जो परम्परा विकसित होती है, या कविता में जैसे मुक्तिबोध तक जो यथार्थवादी और प्रगतिशील परम्परा आई है, उसी क्रम में थोड़ा समकालीन लेखन पर भी विचार करें और आप बताएँ कि समकालीन लेखन में इस परम्परा का किस तरह विकास हुआ है? वह पुष्ट हुई है या कहीं कमजोर हुई है?

नामवर सिंह : वर्तमान हमारे इतना निकट होता है कि आम तौर पर हम उसके प्रति बहुत सख्त आलोचनात्मक रुख अपनाते हैं। वही जब बीत जाता है और इतिहास का अंग बन जाता है, तब हमें अधिक गौरवपूर्ण मालूम होता है। आज प्रेमचन्द युग का साहित्य हमें बहुत प्रगतिशील दिखाई पड़ता है और उसकी तुलना में विशेष रूप से स्वाधीनता के बाद का साहित्य, लगता है, वैसे उतना प्रगतिशील नहीं है, उतना लोकोन्मुख या समाजोन्मुख नहीं है, क्योंकि हमारे बहुत निकट है। इसलिए हम अपने

युग से असन्तुष्ट दिखाई पड़ते हैं और कभी-कभी समझा जाता है कि यह असन्तोष स्वास्थ्य का लक्षण है वरना यदि इसे हम बहुत महत्त्वपूर्ण मानेंगे तो आत्मतुष्ट हो जाएँगे और नया सृजन नहीं करेंगे। इसी कारण हमारा समकालीन साहित्य कम प्रगतिशील लगता है, लेकिन मैं ऐसा नहीं मानता।

प्रेमचन्द के बाद जिस साहित्य में यशपाल हुए हों, हरिशंकर परसाई का लगातार लिखा जाने वाला गद्य हो, जिसमें अमरकान्त, ज्ञानरंजन लिख रहे हों, जिस साहित्य में कवियों की एक अच्छी परम्परा हो—नागार्जुन, केदारनाथ अग्रवाल, त्रिलोचन, मुक्तिबोध और उसके बाद और भी अनेक कवि हैं और चूँकि सारी बातचीत मैं सूचीपत्र में नहीं बदलना चाहता, तो मैं यह कहना चाहता हूँ कि 1947 के बाद की—चाहे कहानियाँ हों, उपन्यास हों, या कविता हों, हम देखें तो ऐसा लगता है कि आज की सामाजिक परिस्थितियों के प्रति इनका दृष्टिकोण यही नहीं कि अधिक यथार्थवादी है, बल्कि आज की व्यवस्था की जितनी कड़ी आलोचना हमारे वर्तमान साहित्य में मिलती है, शायद उतनी कड़ी आलोचना इससे पहले के साहित्य में प्रेमचन्द-युग में उतनी न मिले। चूँकि वह बीत गया है इसलिए हमें अधिक गौरवपूर्ण और प्रगतिशील लगता है। शायद यह भी बीते तो कल के लेखकों को यह भी अधिक महत्त्वपूर्ण लगे।

नन्द भारद्वाज : डॉक्टर साहब, थोड़ी-सी चर्चा मैं राजस्थान के हिन्दी लेखन के सम्बन्ध में भी आपसे करना चाहूँगा। जब आप समकालीन हिन्दी लेखन की चर्चा करते हैं तो राजस्थान में जो हिन्दी लेखन हो रहा है या पहले जो हुआ है, उसके बारे में भी आपकी क्या राय बनती है, क्या-कुछ उल्लेखनीय बनती है, उसके सम्बन्ध में भी अपनी बात कहें ?

नामवर सिंह : देखो भाई, हम साहित्य के बारे में लिखते हुए यह भूल ही जाते हैं कि लेखक राजस्थान का है कि बिहार का, यू.पी. का है कि मध्य प्रदेश का। यह ध्यान में कभी आता नहीं है। तो, इस दृष्टि से तो कभी सोचा नहीं हमने। वैसे जानते हो कि राजस्थान में तो मैं चार बरस रह चुका हूँ, अनेक साहित्यकारों को निकट से भी जानता हूँ, बावजूद इसके, ऐसा नहीं है कि राजस्थान में इस बीच महत्त्वपूर्ण लेखन नहीं हुआ है। तुलना उचित नहीं है। अभीष्ट भी नहीं है कि मैं तुलना करूँ कि बिहार, उत्तर प्रदेश या मध्य प्रदेश में लिखने वालों की तुलना में यहाँ के लोग कैसे हैं! इसके अनेक ऐतिहासिक कारण हैं। कुल मिलाकर देखा जाए तो, चूँकि साहित्य के केन्द्र मुख्यत: काशी, प्रयाग, दिल्ली, लखनऊ, पटना जैसे बड़े केन्द्र बहुत दिनों से राजस्थान से बाहर रहे हैं, जो किसी प्रतिष्ठित साहित्यिक-सांस्कृतिक केन्द्र के लेखकों को पैदा होते ही मिल जाती है तो उसका प्रभाव तो पड़ा है।

इसके बावजूद अगर आप इधर के समकालीन लेखकों में देखें तो ऋतुराज और विजेन्द्र, कम-से-कम दो आदमियों की कविताओं की समूचे हिन्दी जगत में प्रशंसा

भी हुई है, मुझे भी अच्छी लगती रही हैं और मैंने चर्चा भी की है। तुम्हारी चर्चा नहीं करूँगा, क्योंकि तुम बातचीत ही कर रहे हो और उन कविताओं के बारे में अन्यत्र राय भी दी है। अलावा इसके, कहानीकारों में जब मैंने स्वयं प्रकाश के बारे में लिखा तो मुझे यह पता नहीं था कि राजस्थान के रहनेवाले हैं। लेकिन इधर के लेखकों में, ज्ञानरंजन, काशीनाथ के बाद की पीढ़ी के लेखकों में, मुझे सबसे प्रतिभाशाली कहानीकार स्वयं प्रकाश लगे थे। हबीब कैफी को जोधपुर के दिनों से जानता था। उनका एक उपन्यास उतना अच्छा नहीं था, लेकिन हबीब कैफी ने अच्छी कहानियाँ लिखी हैं। ऐसा नहीं है कि यहाँ कविता या कहानियाँ अच्छी नहीं लिखी गई हैं, अच्छी कहानियाँ लिखी गई हैं। विजयदान देथा को राजस्थान का लेखक मानते हो तुम लोग। चूँकि उन्होंने राजस्थानी के साथ हिन्दी में भी प्रकाशित किया है और मैं एक तरह से विजयदान देथा की कहानियों का प्रशंसक रहा हूँ, और मैं हिन्दी के आधुनिक युग के, स्वाधीनता युग के बहुत महत्त्वपूर्ण कहानीकारों में विजयदान देथा को मानता हूँ। हालाँकि कम हैं लेखक लेकिन जो हैं, वे बहुत अच्छे, समर्थ और प्रतिभावान हैं और इन्होंने समकालीन कविता, कहानी, उपन्यास और यही नहीं बल्कि नाटकों के क्षेत्र में भी अपनी पहचान बनाई है। मणि मधुकर का 'रस गन्धर्व' बहुत अच्छा नाटक था, खेला गया था। तो रंगमंच के क्षेत्र में बहुत अच्छा काम हुआ है। अब इन्हें राजस्थान का कहकर अलग से इन्हें देखें तो विचार कर सकते हैं, लेकिन ये हिन्दी साहित्य के अंग हैं, और इनका उल्लेख होना चाहिए।

नन्द भारद्वाज : एक प्रगतिशील आलोचक के रूप में जब आप किसी कृति का मूल्यांकन करते हैं, तो थोड़ा बताएँगे कि मूल्यांकन के मानदंड क्या अभी भी, जैसे अपने 'कविता के नए प्रतिमान' में जिस तरह से प्रतिमानों की चर्चा की, उन्हीं को आधार मानकर हमें कृति का मूल्यांकन करना चाहिए या वह केवल तत्कालीन कविता के ही प्रसंग की बात थी ? और साहित्य की अन्य विधाओं या समकालीन लेखन के मूल्यांकन के लिए आप भिन्न तरह के मानदंड अपनाने की आवश्यकता अनुभव करते हैं ?

नामवर सिंह : देखिए, साहित्य में मैं पहले से बने-बनाए प्रतिमान लेकर साहित्य को जाँचने-परखने के पक्ष में कभी नहीं रहा, आज भी नहीं हूँ। मानदंड पूर्ववर्ती साहित्य से लिये जाते हैं और सर्जना अपने धर्म से ही नई होती है, उसमें कुछ नया जोड़ती है। तो पहले से बने-बनाए मानदंडों को लेकर चलने के पक्ष में तो मैं नहीं हूँ और इसके कोई नुस्खे भी नहीं हैं कि इन फार्मूलों के आधार पर प्रगतिशीलता को जाँचना चाहिए। यद्यपि यह भी हुआ है कि अनेक प्रगतिशील आलोचकों ने कुछ नुस्खे बना रखे थे और वे साहित्य में ढूँढ़ते थे कि इसमें मजदूर है कि नहीं, इसमें भूख का वर्णन है कि नहीं, आर्थिक पीड़ा का वर्णन है कि नहीं। अगर है तो कविता श्रेष्ठ है। नहीं है, तो नहीं है! यह चीज गलत साबित हुई और छोड़ भी दी गई, इसलिए मैं इसके

पक्ष में तो नहीं हूँ। लेकिन एक और बात है और वह यह है कि कुछ लोगों का मानना है कि हर रचना का अपना मानदंड होता है। उससे एक सापेक्षतावाद का जन्म होगा। कोई एक मानदंड नहीं होगा। फिर हर रचना अगर अपनी शर्तों पर जाँची जाएगी तो हर रचना अपने में महान है, फिर उत्तम-मध्यम, अच्छे-बुरे, भले-बुरे का भेद मिट जाएगा।

सच पूछिए तो समूची साहित्यिक परम्परा मानदंड का काम करती है और नई से नई रचना अपने नये मूल्यों के साथ जुड़कर उस परम्परा में एक मानदंड का काम करती है। यह असम्भव है कि आज की कहानी को पढ़ते हुए हम प्रेमचन्द, यशपाल या जैनेन्द्र को भूलकर कहानी को नहीं जाँचेंगे। हमारे दिमाग में, हम चाहें न चाहें, प्रेमचन्द भी रहेंगे, जैनेन्द्र भी रहेंगे, यशपाल भी रहेंगे और एकदम नये लेखक को देखते हुए हमारे जेहन में अमरकान्त भी होंगे, परसाई होंगे, इसलिए कोई न कोई एक अलिखित मानदंड रहता है। जो श्रेष्ठ प्रगतिशील लेखक हैं और अच्छे लेखक हैं, उनका नाम गिना सकना या नुस्खे या सूत्रों में उतार सकना तो कठिन है, लेकिन रहता जरूर है, मैं यह कहना चाहूँगा।

दूसरी बात यह है कि जो नई सर्जना हो रही है, उसमें एक बात हम अवश्य देखते हैं। पहले तो हम यही देखते हैं कि वह स्वयं एक साहित्यिक कृति के रूप में अच्छी है कि नहीं है और मन को छूती है या नहीं, कुछ सार्थक है कि नहीं, इसके बाद तुरन्त हम यह देखते हैं कि जिस भावबोध को या उसके जो सरोकार हैं, वे सरोकार किस हद तक लोक के जनजीवन के साथ हमें जोड़ते हैं अथवा कहना चाहिए कि हमको एक सामाजिक चेतना देने में मदद करते हैं या नहीं, उदाहरण के लिए इसी दृष्टि से मैंने निर्मल वर्मा की आलोचना की थी। उनकी भाषा बहुत अच्छी है, संवेदनशील हैं, लेकिन बावजूद इसके, कुल मिलाकर वह कहानी हमें अपने आसपास की जिन्दगी और आज की दुनिया की कोई नई समझ देती है या नहीं, वह मानवीय बनाती है कि नहीं, या ऐसी रचनाएँ हैं जो भाषा वगैरह की खूबी के साथ अमानुषिक बनाती हैं। ऐसी भी हैं जो आज की जिन्दगी के बारे में धुन्ध फैलाती हैं। ऐसी भी हैं जो सस्ती और गहरी निराशा फैलाती हैं, निरुपाय बनाती हैं, जिनसे यही लगता है कि मनुष्य परिस्थितियों का इस हद तक गुलाम है कि अपने आस-पास की जिन्दगी को बदल नहीं सकता है। तब उस रचना के सामने एक प्रश्नचिन्ह लगाना ही पड़ता है। मैंने उदाहरण देकर बताने की कोशिश की है।

नन्द भारद्वाज : आलोचक और रचनाकार के रिश्ते को लेकर इधर काफी चर्चा हुई है। काफी विवाद भी उत्पन्न हुए हैं। थोड़ा आप अपने अनुभव से बताएँगे कि एक रचनाकार और आलोचक के रिश्ते को आप किस तरह से लेते हैं और यह रिंश्ता साहित्य के विकास में कहाँ तक मददगार होता है?

नामवर सिंह : रचनाकार और आलोचक का जो रिश्ता है, वह तो प्रणय-कलह का

रिश्ता है और आज से नहीं, बहुत पहले से। हिन्दी में ही नहीं, हिन्दी के बाहर भी। कुछ लोग इसको 'केर-बेर का संग' कहते हैं, तो यह नोक-झोंक तो चलती ही रहेगी और बावजूद इसके एक-दूसरे के बिना रह भी नहीं सकते हैं। सच्चाई यह है कि आलोचना कर्म प्रत्येक अच्छी रचना में अन्तर्निहित होता है, इसलिए हर रचनाकार वस्तुतः एक बहुत अच्छा आलोचक भी होता है। आलोचना लिखे, न लिखे, यह दूसरी बात है। लेकिन हम बहुत अच्छी तरह जानते हैं, मुक्तिबोध इसके बहुत अच्छे उदाहरण हैं कि वे कविता के बहुत अच्छे आलोचक हैं और बहुत अच्छे कवि भी हैं। अब आलोचक यदि समानधर्मा के रूप में रचनाकार के साथ अपना धर्म निभाता है, तो वह कटु आलोचना करते हुए भी, विरोध करते हुए भी, मेरा खयाल है कि रचनाकार के स्नेह का भाजन बनेगा, उसकी शत्रुता का नहीं बनेगा।

कठिनाई यह है कि आज के समाज में पाठक और लेखक के बीच वही रिश्ता नहीं रह गया है जो कि किसी समय ऐसे समाज में था—जो समाज, जिसे अंग्रेजी में 'ऑर्गेनिक सोसाइटी' कहते हैं। आज समाज इतना विखंडित हो गया है कि रचनाकार से निकलकर कोई रचना सीधे पाठक तक नहीं पहुँचती। पाठक और रचनाकार के बीच भी बहुत सारी दीवारें हैं, खाइयाँ हैं। ऐसे समय में ऐसे लोगों की, ऐसे प्रबुद्ध व्यक्तियों की आवश्यकता बढ़ गई है, जो आलोचना-कर्म करते रचना की व्याख्या, विश्लेषण करते हैं। लेकिन इससे साहित्य का अहित हो रहा है, मैं यह नहीं मानता। जैसेकि शब्द से साहित्य का कोई अहित नहीं हुआ तो उस साहित्य को यदि दृश्य बनाया जाए, तो उससे कोई अहित कैसे सम्भव है? कठिनाई यह है कि इस नये मीडियम के उपयुक्त, प्रशिक्षित लोग तैयार नहीं हो रहे हैं। दूरदर्शन पर जो साहित्यिक कार्यक्रम आते हैं, वे न साहित्य के साथ न्याय करते हैं और न दूरदर्शन के साथ। इसलिए इस मीडिया का यदि सही इस्तेमाल किया जाए, सर्जनात्मक उपयोग किया जाए और आप देख सकते हैं कि कुछ एक जो धारावाहिक, ज्यादातर तो बहुत गड़बड़ आए हैं, लेकिन कुछ एक धारावाहिक इतने अच्छे आए हैं कि उनको देखकर यह लगता है कि मीडिया का सही इस्तेमाल करके हम साहित्य में अनेक उन नई विधाओं को जन्म दे सकते हैं जिनका अभी तक हमें पता नहीं।

नन्द भारद्वाज : अच्छा, देखिए कि पाठक, श्रोता और दर्शक की रुचियों को आज जिस तरह से प्रचार-प्रसार के माध्यम और आज का बदला हुआ जीवन-व्यवहार प्रभावित कर रहा है, उसमें साहित्यकार की क्या भूमिका बनती है, थोड़ा खुलासा करेंगे?

नामवर सिंह : ऐसा है कि यह माध्यम तो बड़ा लोकतांत्रिक है और साहित्यकार जो है, वह अपने को बड़ा विशिष्ट प्राणी और सरस्वती का वरद-पुत्र समझता है, तो जब तक वह अपने को हाथी-दाँत की मीनार में बन्द एक जीनियस जैसा प्राणी समझेगा,

तो जाहिर है कि मीडिया से उसका एक विरोध का भाव होगा। साहित्यकार की भूमिका बहुत महत्त्वपूर्ण है और हो सकती है, यदि मुक्तिबोध के शब्द लूँ—'वह अपना व्यक्तित्वान्तरण करे, अपने व्यक्तित्व का लोकतंत्रीकरण करे', बल्कि और चीजों के अलावा मैं तो एक सीधी बात कहता हूँ नन्दजी, कि जैसी वह हिन्दी लिखता है, अगर उस हिन्दी को ठीक से बदल दे, और उसका लोकतंत्रीकरण कर दे तो कोई कठिनाई नहीं होगी। इस मीडिया के साथ वह सीधे जनता से जुड़ेगा। इसलिए मैं तो मीडिया को साहित्यकार के व्यक्तित्वान्तरण का एक बहुत बड़ा अवसर और माध्यम मानता हूँ। यद्यपि सच्चाई यह है कि इस मीडिया से मैं बहुत दूर रहा हूँ—किसी अहंकार के कारण नहीं, इसलिए कि मैं आलोचना लिखता हूँ और मीडिया पर आलोचना तो आप जानते हैं कि बहुत कम चलती है, और इसलिए भी कि मौजूदा हालत तो इतनी खराब है कि लगता है, उससे सहयोग करना, एक सस्ते व्यवसायीकरण की बढ़ती हुई प्रवृत्ति में योग देना है। इसलिए उससे अलग रहना ही बेहतर मैं समझता हूँ अपने को और मेरा खयाल है कि मेरे जैसे कुछ लोग, जो इसके महत्त्व को तो जानते हैं, लेकिन वे मौजूदा स्थिति में इसके साथ सहयोग करने में हिचक का अनुभव करते हैं।

नन्द भारद्वाज : इस स्थिति को बदलने के लिए किस तरह के प्रयत्न किए जाने चाहिए, कुछ सुझाव भी देंगे?

नामवर सिंह : निश्चित रूप से प्रयास करना चाहिए और इसमें दो कठिनाइयां हैं और मैं नहीं कहता कि यह लड़ाई केवल बाहर से ही लड़ी जाए। दो चीजें हैं : शासन-तंत्र, यह शासन-तंत्र जितना अधिक लोकोन्मुख होगा और अपने तंत्र में अन्तर्निहित जड़ता से मुक्त होगा, यह स्वयं उसके लिए बहुत अच्छा है। वह स्वयं को बहुत 'रिलैक्स' महसूस करेगा और उसे अपने वजूद की सार्थकता मालूम होगी। तो एक तो यह है कि यह तंत्र थोड़ा शिथिल-बन्द हो और दूसरा यह है कि जो 'सॉफ्टवेयर' है, उस 'प्रोग्राम' पक्ष का भी लोकतंत्रीकरण होना चाहिए। मैं इसके स्वामित्व के लोकतंत्रीकरण की बात नहीं कह रहा हूँ। मैं सिर्फ यह कह रहा हूँ कि इसके कार्यक्रमों के निर्माण में या बाकी चीजों में हम लोग कुछ ऐसा करें, यद्यपि रेडियो में कुछ सलाहकार वगैरह होते हैं, लेकिन जीवन के कई तरह के पक्ष हैं, उन सभी से जुड़े लोगों का परामर्श, उन लोगों के सुझाव लिये जाएँ। और एक आखिरी बात मैं और कहूँगा कि 'इन्नोवेशन' के लिए, नये प्रयोगों को प्रोत्साहन देना चाहिए—इस तंत्र से जुड़े हुए नवयुवकों और नये कलाकारों को, जो कुछ नया कर दिखाना चाहते हैं। उस नये 'एक्सपेरिमेंट' को या उन्मेष को जितना अधिक प्रोत्साहन दिया जाएगा, हम बेहतरी की तरफ बढ़ेंगे क्योंकि यह साहस और जोखिम का काम है। इसमें कुछ चूक भी होगी, गलती भी होगी तो उस चूक और गलती को प्रशासनिक गज से न नापकर, उसकी हत्या न की जाए, दंड न दिया जाए, बल्कि कहा जाए कि

चूक होती है। इसलिए 'ट्रायल एंड एरर मैथड' से चलेंगे तब तो ठीक है वरना यह यंत्र खा जाएगा मुनष्य को और सारे साहित्यिक कार्यक्रम को मेरा खयाल है कि एक समय यह उस तंत्र को भी खा जाएगा, इस बात को अभी यह तंत्र नहीं समझता है।

[मधुमती : मई, 1987 में 'परम्परा के प्रति वस्तुनिष्ठ और वैज्ञानिक दृष्टि·अपनाएँ' शीर्षक से प्रकाशित]

नेताओं ने हिन्दी पट्टी से धोखा किया

तारानन्द और **अविनाश**

तारानन्द : देश के दूसरे हिस्सों की अपेक्षा हिन्दीवाला हिस्सा पिछड़ेपन का शिकार है। इसकी मूल वजह क्या हो सकती है नामवर जी?
नामवर सिंह : सबसे पहले तो यह बताइए कि यह पिछड़ापन आपको कब से लगता है?

तारानन्द : हिन्दी इलाके का जो पिछड़ापन है, यह माना जाता है कि ये सारी चीजें आजादी के बाद डेवलप हुईं, लेकिन बहुत सारे जो आर्थिक आँकड़े हैं, आजादी के वक्त भी वैसे ही मिलते हैं, जैसे आज मिलते हैं। अलग से कहें, तो हिन्दी इलाके में उद्यमिता के विकसित नहीं होने का भी मामला है!
नामवर सिंह : इस दृष्टि से तो पूरा देश ही पिछड़ा हुआ माना जाता रहा है। अगर इतिहास की दृष्टि से देखें, तो रामविलास जी ने साबित करने की कोशिश की है कि यह तो सोने की चिड़िया कहलाती थी। उसी से आकृष्ट होकर मध्यकाल में अंग्रेज यहाँ आए। रामविलास जी का कहना है कि अंग्रेजों के आने के पहले तक यह पिछड़ा हुआ नहीं था। अकबर के समय में क्या, शाहजहाँ और औरंगजेब के जमाने तक औद्योगिक दृष्टि से या व्यावसायिक दृष्टि से पिछड़ा हुआ नहीं था। और उन्होंने एक पूरी किताब यही दिखाने की कोशिश में लिखी है कि यहाँ व्यापारिक पूँजीवाद बहुत विकसित था; अर्थात् भारत का व्यापार एशिया के अन्य देशों तक फैला हुआ था। यूरोप में यहाँ का माल जाता था, पर मुझे लगता है कि बिलकुल ऐसा नहीं था। अंग्रेज जब आए तो उन्होंने औद्योगिक दृष्टि से अपने देश का विकास किया। यहाँ से कच्चा माल ले जाते थे और वहाँ से तैयार माल भेजते थे। खास तौर से जिसके बारे में कहा जाता है कि सूती उद्योग, वह हमारे यहाँ काफी विकसित था। इसको अंग्रेजों ने खत्म किया। एक तरह से यहाँ मैनचेस्टर का माल बिकता था। इसलिए गांधी जी ने चरखा, खादी, स्वदेशी पर आजादी के आन्दोलन के वक्त जोर दिया था। दादाभाई नौरोजी ने उन्नीसवीं सदी के ब्रिटिश पार्लियामेंट में यह सवाल भी उठाया था। तो जिसे औद्योगिक विकास कहते हैं—तो स्वाधीनता के बाद जैसा आप कह

रहे हैं—जो औद्योगिक विकास हिन्दी प्रदेश में होना चाहिए, वह और देशों की तुलना में कम हुआ। देखा जाए कि औद्योगिक कल-कारखाने कितने हैं हमारे देश में? हिन्दीभाषी प्रदेश उत्तर प्रदेश, मध्य प्रदेश, बिहार, राजस्थान, हरियाणा में? तो यह सही है कि औद्योगिक विकास जितना होना चाहिए, उतना नहीं हुआ है। जनसंख्या बहुत अधिक है। चूँकि उद्योग-धन्धों का विकास नहीं हुआ इसलिए रोजगार के अवसर नहीं हैं। उसके साथ एक और चीज यह है कि साक्षरता का भी विकास नहीं हुआ। केरल से आप तुलना कीजिए, जहाँ साक्षरता नब्बे फीसदी से भी ज्यादा है, तो हिन्दी इलाके के पिछड़ेपन में साक्षरता, शिक्षा का विकास न होना महत्त्वपूर्ण है। इन चीजों के बावजूद आप देखें तो हमारे यहाँ के लोग, हमारे ही यहाँ के मजदूर कलकत्ता में और बम्बई में काम के लिए दौड़ते रहते हैं। यही नहीं बल्कि खेतों पर काम करने के लिए पंजाब में बिहार के लोग जाते हैं। तो कहने का मतलब यह कि ये लोग मेहनत कर सकते हैं, करते हैं और उस मेहनत का नतीजा दूसरे प्रदेशों में दिखाई पड़ता है। लेकिन स्वयं अपने यहाँ उनके पास काम ही नहीं है। हिन्दी प्रदेश में उद्योग-धन्धों का विकास नहीं हुआ, वाणिज्य के केन्द्र भी बड़े नहीं हैं। हमारे यहाँ एक जमाने में कानपुर में उद्योग का बोलबाला था। वह वाणिज्य का बहुत बड़ा केन्द्र था। सबसे पहले कानपुर में ही मजदूरों की यूनियन बनी थी। कम्यूनिस्ट पार्टी की स्थापना भी कानपुर में ही हुई थी। सोशलिस्ट पार्टी की स्थापना भी हिन्दी प्रदेश में ही हुई। बिहार में सहजानन्द सरस्वती का किसान-आन्दोलन और असहयोग के जमाने में अवध का किसान-आन्दोलन 1918 में हुआ था। जहाँ तक प्रतिरोध की राजनीति का सवाल है, तो इस मामले में तो पिछड़ापन नहीं है—स्वाधीनता के बाद भी और स्वाधीनता के पहले भी। गांधी जी ने तो चम्पारण से ही अपना आन्दोलन शुरू किया था। तो मैं सिर्फ यह कहना चाहता हूँ कि औद्योगिक दृष्टि से विकास न होना अलग बात है। उसके लिए कौन जिम्मेदार है? बहुत दिनों तक कांग्रेस का गढ़ माना जाता रहा है हिन्दीभाषी प्रदेश, और इसी प्रदेश से कई प्रधानमंत्री, राष्ट्रपति हुए और उनकी दृष्टि इतनी अखिल भारतीय थी कि उन लोगों ने अपने क्षेत्र के विकास पर ध्यान ही नहीं दिया। तो आज हम केवल दोष दे सकते हैं तो अपनों को ही दे सकते हैं।

तारानन्द : हिन्दी पट्टी में सांस्कृतिक नवजागरण की कोई सम्भावना है क्या?
नामवर सिंह : सम्भावना तो है ही।

तारानन्द : उसके पदचाप या उसकी आहट जैसा कुछ मामला बनता हो तो बताइए?
नामवर सिंह : देखिए, 'हंस' में राजेन्द्र यादव ने इस विषय पर एक लम्बी चर्चा छापी थी। इस विषय पर दिल्ली में एक गोष्ठी भी की थी और अभी प्रभाष जोशी ने हमारी पचहत्तरवीं वर्षगाँठ के निमित्त गोष्ठियों का सिलसिला शुरू किया है। उसमें 'हिन्दी प्रदेश और 'दूसरी परम्परा की खोज' नाम से कुछ बात-बहस हुई थी। इसके

अलग-अलग पहलू पर सबने चर्चा की। लोगों ने कहा कि हिन्दी प्रदेश पिछड़ा हुआ है। बीमारू है। कुछ लोग काऊ बेल्ट और गोबरपट्टी कहते हैं इसको। रामविलास शर्मा की पुस्तकें आप देखेंगे तो इस पिछड़ेपन की प्रतिक्रिया में हिन्दी प्रदेश के गौरव को याद करने की कोशिश हुई है। उन्होंने लिखा है कि इस प्रदेश की बड़ी शानदार परम्परा है, गौरवशाली इतिहास है। समूचे देश का यह हृदय रहा है। मस्तिष्क रहा है। वेद यहाँ लिखा गया, वाल्मीकि रामायण यहाँ लिखी गई, महाभारत यहीं लिखा गया, कालिदास यहीं हुए, कबीर यहीं हुए, तुलसी यहीं हुए। यही नहीं, बल्कि राजनीतिक संघर्षों को याद दिलाते हुए वे कहते हैं कि पहला स्वाधीनता संग्राम 1857 में यहीं हुआ। सन् '42 की अगस्त क्रान्ति भी हिन्दी प्रदेश में ही हुई। असहयोग आन्दोलन का सबसे गहरा असर यहीं हुआ। गांधी जी यहीं आए। एक लम्बी परम्परा वह गिनाते हैं कि बौद्धिक दृष्टि से, राजनीतिक चेतना की दृष्टि से इमरजेंसी का सबसे जबरदस्त विरोध यहीं हुआ। यह सब याद दिलाते हुए वह कहते हैं कि हम अपने गौरवपूर्ण अतीत के साथ चलें। लेकिन जब लोग हमको पिछड़ा हुआ कहते हैं तो हमें चाहिए कि हम अपने अन्दर झाँककर देखें। स्वीकार करें कि हाँ, हम पिछड़े हुए हैं। दूसरों को दोष देने से पहले स्वयं अपनी आलोचना करनी चाहिए। राजनीतिक नेतृत्वों ने हिन्दी प्रदेश के साथ धोखा किया। कांग्रेस को हिन्दी प्रदेश ने बार-बार जिताया और उसने विकास नहीं किया, इसलिए दोषी कांग्रेस सरकार है। गैर-कांग्रेसी सरकारें भी इसी प्रदेश से बनी हैं। जे.पी. के आन्दोलन के फलस्वरूप जनता सरकार बनी, तो उसमें यहीं के लोग थे। सामाजिक न्याय दिलानेवाली जो सरकार बनी, तो विश्वनाथ प्रताप जी भी यहीं के थे। फिर उसके बाद चन्द्रशेखर का भी थोड़े दिनों तक राज रहा और राजीव गांधी भी तो इसी प्रदेश के थे और अब यह भाजपा के साथ बाकी लोगों की जो सरकार है, जिसमें राष्ट्रीय गठबंधन हुआ है, उसके मुखिया भी तो यहीं के लोग हैं। वित्तमंत्री यहीं के हैं। रेलमंत्री, सुरक्षामंत्री, गृहमंत्री, प्रधानमंत्री जितने बड़े विभाग हैं, वह यहीं के लोगों के हाथ में है। तो एक तरीका यह है कि इस पिछड़ेपन का दोष कुछ राजनीतिक दलों, पार्टियों और नेताओं को देकर हम छुट्टी पा सकते हैं। अलग से अगर पिछड़ेपन के कारणों का पता लगाएँ, तब देखें कि हमारे सामाजिक ढाँचे में कुछ ऐसी चीज है जिसकी वजह से स्वाधीनता के 50 वर्ष निकल गए और हम लोग उस विकास की प्रक्रिया का, योजना का लाभ नहीं उठा सके। यह लाभ क्यों महाराष्ट्र ने, पंजाब ने, गुजरात ने; और तो और, हरियाणा ने उठा लिया? उसी योजना के तहत रुपया बिहार को भी मिलता होगा, मध्य प्रदेश को भी मिलता होगा तो ये क्यों नहीं उठा सके? विकास का एक रूप यह भी है कि इस चीज की पड़ताल करें कि समाज के किस स्तर को इस पूरी प्रक्रिया में अधिक लाभ हुआ? यह देखना चाहिए कि इतने सारे पिछड़ेपन के बावजूद इस प्रदेश में भी एक सम्पन्न वर्ग विकसित हुआ कि नहीं हुआ? और वह कौन वर्ग है, जो विकसित हुआ?

बंगाल में भूमि-सुधार हुआ और किसानों को जमीन मिली। बिहार में भूमि-सुधार हुआ ही नहीं। पूरे हिन्दीभाषी प्रदेश में भूमि-सुधार नहीं के बराबर हुआ। आज भी सैकड़ों एकड़ जमीन पर जमींदारों का कब्जा है और उस जमीन को लेकर लड़ाई हो रही है। सेनाओं के द्वारा उस जमीन की रक्षा की जा रही है—जैसे निजी सेना, रणवीर सेना वगैरह-वगैरह। इस मुद्दे पर 'निजी सेना' नाम की एक कहानी जयनन्दन की है। हम लोग कहते हैं न कि राजनीति में सबसे ज्यादा माफिया राज और माफिया के पीछे काम करनेवाली जो शक्तियाँ हैं, वे कौन हैं? वे बड़े-बड़े जमीन के मालिक लोग हैं, पैसेवाले लोग हैं। तो एक हमारे सामाजिक ढाँचे में जो परिवर्तन होना चाहिए था, वह नहीं हुआ। यहाँ सबसे अधिक अगड़ा-पिछड़ा वाली समस्या है। तमिलनाडु ने, आन्ध्र प्रदेश ने, कर्नाटक ने बहुत पहले ही इसको हल कर लिया। डीएमके वाला जो आन्दोलन चला, तो वहाँ ब्राह्मणवाद के विरुद्ध संघर्ष महाराष्ट्र में मराठा आन्दोलन के रूप में सामने आया। सारे मराठे जो हैं, वे तो पिछड़े वर्ग के लोग हैं। कर्नाटक में यही हुआ। लिंगायत और द्रविड़ मुनेत्र कषगम वाले जो लोग हैं, वे तो तमिलनाडु में हैं। केरल की स्थिति भी आप देखें। इसलिए हमारे यहाँ जब तक सामाजिक परिवर्तन नहीं होगा, तब तक विकास के बारे में सोचना बहुत मुनासिब नहीं है। और सामाजिक परिवर्तन का मतलब है कि समाज में जो यह वर्गभेद है, वह समाप्त हो। यह इन पचास वर्षों में कहाँ खत्म हुआ है? मंडल के लागू होने के बाद भी आप देखें, तो कुल मिलाकर वहाँ भी कहना पड़ा कि इस मंडल को लागू करने में उसकी मलाईदार परत वालों को छोड़कर किसी भी अन्य लोगों को कोई लाभ नहीं हुआ। पिछड़े वर्ग में भी यही हुआ। दलितों में अनुसूचित जाति, अनुसूचित जनजातियों को आप देखें, तो उसमें भी एक निश्चित समुदाय है, जो सम्पन्न होता जा रहा है। बाकी तो ज्यों का त्यों है। सामाजिक ढाँचे में बदलाव के लिए साक्षरता बड़ी चीज है। विश्वविद्यालय बहुत खुले लेकिन साक्षर बनाने वाला अभियान जो होना चाहिए और स्कूल की शिक्षा के दौरान जो होना चाहिए, वह क्यों नहीं हुआ—इसकी गहराई से जाँच की जानी चाहिए।

इसके अलावा हमें यह भी देखना चाहिए कि बाबरी मस्जिद यहीं गिराई गई है, हिन्दू-हिन्दुत्व का प्रचार-प्रसार सबसे ज्यादा हिन्दी प्रदेश में ही हुआ है। जिसको हम सम्प्रदायवाद कहते हैं, तो ये सम्प्रदायवाद और धार्मिक कट्टरता सबसे अधिक यहीं है। सबसे ज्यादा दलितों की हत्या यहीं होती है। हम जिस सांस्कृतिक और सामाजिक क्रान्ति की बात करते हैं, वह इन सब समस्याओं से जूझने के बाद ही सम्भव है। फिर विचित्र बात यह है कि राजनीतिक पार्टियों की दिलचस्पी सिर्फ चुनाव और वोट की राजनीति में रह गई है। मौजूदा सामाजिक ढाँचे को बदल करके ही क्रान्तिकारी परिवर्तन सम्भव है। जब तक आप यह नहीं करेंगे, वोट की राजनीति से वे पुरानी चीजें ज्यों की त्यों मजबूत होंगी। अब आप चाहेंगे, साम्प्रदायिक विद्वेष के आधार पर ही हम

जीतें! आप अगड़े या पिछड़े में विद्वेष बढ़ा करके इसी आधार पर जीतेंगे! आप दलित और जनजाति के नाम पर केवल वोट लेंगे और उनकी स्थिति को अपने ढंग से परिभाषित करेंगे और उसके लिए जरूरी है कि उनको बराबर दलित बनाए रखें। उनको पिछड़े बनाए रखेंगे, तभी तो वोट मिलेगा। इसलिए किसी राजनीतिक पार्टी के पास आज कोई कार्यक्रम नहीं है—सांस्कृतिक और सामाजिक परिवर्तन का। यदि कोई आदमी इसके बारे में सोचने का दावा करता हो और इसका जवाब यह होता हो कि हमको केन्द्र से पैसा नहीं मिलता है, तो यह सरासर बेईमानी है। अंग्रेजी राज से पैसा माँग करके तो गांधी जी ने सामाजिक आन्दोलन नहीं किया था न! आर्यसमाज, प्रार्थना-समाज या उन्नीसवीं शताब्दी के दूसरे धर्म-सुधार आन्दोलन पैसे से तो नहीं हुए थे! न अंग्रेजों ने पैसा दिया था, न सेठों ने दिया था और न राजाओं ने पैसा दिया था। इतना बड़ा राष्ट्रीय आन्दोलन जो हुआ, आजादी की लड़ाई लड़ी गई, उसके लिए कहीं से फंडिंग नहीं हुई, वह जनता के बूते लड़ी गई। मुझे अच्छी तरह मालूम है कि इसी देश में कम्यूनिस्ट पार्टी और समाजवादी पार्टियों ने एक जमाने में अपनी ताकत बनाई थी। नुक्कड़ सभाएँ होती थीं। मैं भी रहा हूँ उसमें। मुझे वह दिन याद है। चन्दा बटोरकर पार्टियाँ खड़ी हुई थीं। गली-गली में पार्टी मेम्बर हुआ करते थे। पार्टी मेम्बर का कर्तव्य होता था कि वह समाज के लिए हर काम नि:स्वार्थ भावना से करे। इसलिए यह समझना कि केन्द्र ने पैसे नहीं दिये, इसलिए हिन्दी प्रदेश पिछड़ गए, इसका औद्योगिक विकास नहीं हो पाया—गलत है। सामाजिक विकास के कार्य में एक जमाने में युवक लगे थे, बुद्धिजीवी थे, अध्यापक थे, विद्यार्थी थे। आज हमारे देश में राजनीतिज्ञों के पास कोई प्रोग्राम नहीं रह गया है। मैं सिर्फ यह कह रहा हूँ कि कोई आदर्श, कोई सिद्धान्त, कोई विचारधारा हो, जिसके बल पर लोगों को लामबन्द किया जा सकता है और कोई प्रोग्राम हो जिस प्रोग्राम के आधार पर आप चलें और इस समाज को बदलने का काम करें। यह नहीं कि सत्ता पर कब्जा करो। सत्ता पर कब्जा करने के पीछे सत्ता का चरित्र बदलने का उद्देश्य निहित होना चाहिए। सत्ता पर कब्जा करके आप वही काम कर रहे हैं, जो आपके पहले सत्ता में थे, और जिनका आप विरोध करते थे। ये मोटे तौर से मान लिया है हम लोगों ने कि सत्ता का चरित्र ही है कि जो सत्ता में रहेगा, वह वही करेगा जो दूसरा करता है। अगर हम यह मानकर चलते हैं तब तो इसका मतलब है कि सत्ता बदलने की जरूरत नहीं है। सत्ता बदलने की जरूरत है और जनता की सीधी भागीदारी उसमें सुनिश्चित करने की जरूरत है। हालाँकि यह लड़ाई लम्बी है, दीर्घकालीन है। यह हजार साल की जो बीमारी है, वह पाँच साल में नहीं बदल जाएगी। थोड़ा-बहुत बदलाव जो आज हम देख रहे हैं, यह सौ सालों की लड़ाई का ही परिणाम है।

जाति-व्यवस्था को तोड़ने की दिशा में 19वीं सदी में आर्यसमाज ने कुछ काम किया था। आर्यसमाज का रूप शुरू में बड़ा विद्रोही था। देशभक्ति की भावना थी।

बाद में वे सरकार–परस्त लोग हो गए। फिर उसमें सम्प्रदायी घुस गए। आर.एस.एस. वाले। आर.एस.एस. में बहुत से लोग हैं जो आर्यसमाज से ही आए हुए हैं। जितने समाज–सुधार आन्दोलन हुए, उनमें भी यही चीज हुई। इसीलिए एक जमाने में नारा दिया गया था—परमानेंट रिवोल्यूशन। इसका मतलब यह नहीं कि एक बार क्रान्ति आपने कर दी तो हो गया। क्रान्ति लगातार और बार–बार करने की चीज होती है। क्योंकि सामाजिक ढाँचा ही ऐसा है कि यहाँ जो यथास्थितिवादी हैं, वे अपना कब्जा बार–बार जमाने की कोशिश करते हैं। इसलिए विचारों में जब तक हम बदलाव नहीं लाएँगे, सामाजिक क्रान्ति और सांस्कृतिक क्रान्ति सम्भव नहीं है। इस बारे में दो राय नहीं है कि सांस्कृतिक क्रान्ति की आवश्यकता है और स्वीकार करना चाहिए कि पिछड़ापन है। पिछड़ापन कैसे दूर हो सकता है, इस पर गम्भीरता से विचार किया जाना चाहिए और विचार करने का मतलब है—पहले विचारों के स्तर पर विचार। क्योंकि तभी अन्दर प्रेरणा मिलती है काम करने की। जब तक दिमाग नहीं बदलेगा, दिल नहीं बदलेगा, लड़ने के लिए जज्बा पैदा ही नहीं होगा।

तारानन्द : अभी पिछले कुछ दशकों में जो एन.जी.ओ. के आन्दोलन उभरे हैं, इसको कैसे देखते हैं आप ? अगर कुछ साफ–सुथरे उदाहरण लेकर कहें, तो राजस्थान में राजेन्द्र सिंह का पानी आन्दोलन, अरुणा राय का सूचना के अधिकार का आन्दोलन और मेधा पाटकर का आन्दोलन क्या है ? ऐसे आन्दोलनों को किस विचारधारा की कसौटी पर रखकर देखा जाए ?

नामवर सिंह : कोई देखने की बात नहीं है। बहुराष्ट्रीय कम्पनियों की तरह अन्तरराष्ट्रीय स्तर पर एजेंसियाँ एक बहुत बड़ी पूँजी का केन्द्र हैं। जैसे बहुराष्ट्रीय कम्पनी है, बहुत पैसा इनके पास है, और जहाँ तक एन.जी.ओ. का काम है, उनके यहाँ मुद्दे नहीं हैं, प्रोजेक्ट हैं यानी हर समस्या उनके लिए परियोजना है और उस परियोजना का एक बना–बनाया ड्राफ्ट है और फिर पैसा है और आप उस पैसे के जरिये पैसा बनाइए। मुझे बहुत पहले अखबार में एक सूचना मिली थी। करीब दो साल पहले की बात है। एक सज्जन इसी तरह उत्तरांचल में कुछ काम करते थे। धुन थी उनमें। उनके सामने मुख्य समस्या यह थी कि उत्तरांचल के गढ़वाल में तो पानी बहुत ज्यादा है, कुमायूँ में बहुत कम है। एक ही नदी है कोसी और पानी की बेहद कमी वहाँ होती है, तो उन्होंने सोचा कि वहाँ किस तरह पानी की कमी को खत्म किया जाए। लगन के साथ वह काम करते थे। किसी ने कहा कि तुम नाहक जान दे रहे हो। एक प्रोजेक्ट बनाओ। हम तुमको एन.जी.ओ. के जरिये पैसा दिलवा देते हैं। उसके अनुसार चलने पर उन्हें करोड़ों रुपये मिले। उनके पास कई गाड़ियाँ हो गईं और उनके आसपास नौजवानों की एक अच्छी टीम तैयार हो गई। उस परियोजना के तहत पहाड़ों का वही पानी जो मुफ्त मिलने की वस्तु है, प्रकृति ने दी है—अब वह तैयारी कर रहे हैं कि वही पानी लोग खरीदकर बोतलों में पीया करेंगे। अधिकांश लोग अब बोतलबन्द

पानी पीने लगे हैं। पानी साफ नहीं है, इसीलिए बहुत जगहों, घरों में अकबकाहट होने लगी है। बोतलबन्द पानी की खूब बिक्री हो रही है। मैं कहना चाहता हूँ कि इसलिए एन.जी.ओ. समाजसेवी संस्था के रूप में दिखाई पड़ते हुए भी एक ढंग की बहुराष्ट्रीय कम्पनी है। इसके बारे में मेरे मन में कोई दुविधा नहीं है।

तारानन्द : अशोक वाजपेयी ने पटना में कबीर पर अपनी व्याख्यान शृंखला में कई जगहों पर कहा कि लेखक भाषा के भीतर लड़ाई लड़ता है। उससे अपेक्षा नहीं की जानी चाहिए कि वह सीधे-सीधे जनान्दोलनों में जुट जाए। हिन्दी में इस तरह की सोचवाले सृजनधर्मियों का आधिक्य है, जबकि अंग्रेजी में अरुंधती राय नाम की कोई नौजवान लड़की मेधा पाटकर के आन्दोलन के साथ दस कदम चलने का साहस भी कर पाती है!

नामवर सिंह : देखिए, अशोक वाजपेयी के बारे में मैं कोई टिप्पणी नहीं करूँगा। ऐसा है कि जो भी सिविल सरवेंट हैं, सिविल सरवेंट के काम करने का क्षेत्र, दायरा, रूप जैसा होता है, वैसा उनका है। यह मानकर चलिए कि जो शासन की मशीन है, सामाजिक बदलाव लाना उसका काम नहीं है। उसका काम कानून व्यवस्था है। तो सारी सद्भावना के होते हुए भी वह जनान्दोलनों से नहीं जुड़ सकते। आज तक मैंने सुना नहीं कि कोई आई.ए.एस. कुर्सी पर रहते हुए ऐसा काम करता हो। वह कुर्सी को लात मारकर ही ऐसा काम कर सकता है। इसलिए आजादी की लड़ाई में जिन लोगों ने सामने आकर काम किया था, वे पेशे से वकील थे, वकालत करते थे। तो रोजी का अपना इन्तजाम मुकदमा लड़के कर लिया करते थे और बाकी आन्दोलन में जुटे रहते थे। मास्टरों ने भी काफी काम किया, लेकिन आज तक मैंने नहीं देखा कि कोई थानेदार या पुलिस सुपरिंटेंडेंट या डी.आई.जी. या आई.जी. ऐसा काम करता हो। उसका काम ही यह नहीं है, वह क्यों करेगा भाई ? कैसे करेगा ? अशोक वाजपेयी पर यह प्रश्न है। इसके बाद वह वाइस चांसलर हैं तो एक यूनिवर्सिटी उनके पास है। उसको बनाएँ और चलाएँ यूनिवर्सिटी। पाँच साल पूरे हो गए इसके, मगर अभी तक वर्धा में उन्होंने यूनिवर्सिटी नहीं बनाई। जमीन मिली हुई है। चहारदीवारी ही नहीं बनी है। एक मकान नहीं बना है। उसकी पढ़ाई पाँच साल में शुरू नहीं हो सकी है। उर्दू नेशनल यूनिवर्सिटी हैदराबाद में बन रहा है। वहाँ काम शुरू हो गया है। भवन-निर्माण का काम शुरू हो गया है। एक विज्ञान का आदमी वहाँ गया है। वह अलीगढ़ मुस्लिम यूनिवर्सिटी में प्रोफेसर थे और इन्हीं की उम्र के होंगे। अरे, आप इतने समर्थ आदमी हैं। आपने भारत भवन वगैरह-वगैरह दुनिया भर की चीजें बनाई हैं और आप घूम-घूमकर सेमिनार कर रहे हैं! अरे, तुम्हारा काम तो यूनिवर्सिटी चालू करना है! अगर आप यह कहते हैं कि आम जनता के आम सवालों से गैर-साहित्यिक जूझते हैं, तो यह बकवास बात है। दरअसल वह ऐसे जमाने के कवि हैं, जो अखबार तक पढ़ना समझते हैं कि गैर-साहित्यिक काम है। यह और बात है कि अखबार में

एक कॉलम नियमित लिखते हैं। लेकिन आप अखबार में क्या पढ़ते हैं और वे क्या पढ़ते हैं—दोनों को जरा पूछ के देख लीजिए, तो पता चल जाएगा। युवा पीढ़ी हमारी बहुत जागरूक है। वह कलावाद और साहित्यवाद के चक्कर में नहीं है। खास तौर से बिहार के नये लोगों को जो देखता हूँ, तो सामाजिक समस्याओं को लेकर उनकी आँखें खुली हुई हैं। उनका खून ठंडा नहीं हुआ है। गुस्सा भी उनमें है और समझ भी है। उनको किताबों से पढ़कर जिन्दगी नहीं समझनी है। वे जिन्दगी से चोट खाए हुए लोग हैं। साहित्य लिखा जा रहा है और उस लिखे हुए साहित्य में इतनी ताकत है कि सांस्कृतिक क्रान्ति कर सके। हमें राजनीतिज्ञों का मुँह नहीं देखना है कि वे हमको बताएँगे रास्ता। आप कहानियाँ, उपन्यास, कविताएँ पढ़िए इस बीच की जो लिखी जा रही हैं, तो आपको लगेगा कि वे पूरे होशो-हवास में हैं। लेकिन उनके पास वे साधन नहीं हैं कि वह टेलीविजन और रेडियो पर अपनी बातें कह सकें। अखबारों में उनकी सारी बातें पहुँच सकें। वे एकजुट होकर इसका रास्ता निकालते हैं। लघु पत्रिका निकालते हैं। मगर वह नहीं बिकती है। कहीं पहुँचती नहीं है। बेच नहीं सकते हैं। जो बहुत तेज-तर्रार लोग हैं, वे भी माकूल परिस्थिति के अभाव में कुछ कर नहीं पा रहे हैं। हमारे एक मित्र रामजी राय हैं। विनोद मिश्रा वाली पार्टी में हैं। 'जनमत' निकालते थे तो पार्टी ने उनको राजनीतिक कामों के लिए खींच लिया, 'जनमत' बन्द हो गया। अब सुना है कि फिर से निकालने जा रहे हैं। हमने उनसे कहा कि तुम्हारा काम जो है, वह करो। तुम पार्टी में जाकर कौन-सा तीर मार लोगे भाई! तुम पढ़े-लिखे विद्वान आदमी हो, तुम लेखक हो, सांस्कृतिक क्रान्ति करो। वह काम तुम कर सकते हो भाई! जो काम जो आदमी कर सकता है, उसे वही काम करने दिया जाना चाहिए न! बन्दूक तो रामजी राय नहीं चला सकते हैं न! बन्दूक चलानेवाले कोई और आदमी हैं और इनसे अच्छा चलाएँगे। इनकी बन्दूक तो इन्हीं को लग जाएगी, तो वह काम करो, जो तुम्हारा काम है। इतने लेखक हैं। मैंने कई बार लोगों से कहा कि भइया, तीन-तीन संगठन हैं। एक प्रगतिशील लेखक संघ है। एक जनवादी लेखक संघ है। एक जनसंस्कृति मंच है। सबको मिला करके काम करो न! तुम लोगों की अपनी अलग पॉलिटिक्स हो, लेकिन जो मुख्य काम है, जो सबका है, वह एक साथ क्यों नहीं करते हो ? कई ऐसे मुद्दे हैं, जिसमें एक रणनीति बना करके हम लोग एक साथ संघर्ष कर सकते हैं। लड़ सकते हैं। यह काम युवा लोग करेंगे।

[प्रभात खबर, दीपावली, 2001]

खंड-2

तुलसी के आदर्श राज्य में जाति-पाँति और स्त्री-पुरुष का भेद नहीं है

लक्ष्मण यादव

लक्ष्मण यादव : क्या तुलसी की कोई रचना आपको प्रिय है? यदि है, तो उसके क्या आधार हैं और यदि नहीं है तो क्यों?

नामवर सिंह : देखिए, तुलसीदास की रचनाओं को देखने से, उनकी भाषा को देखने से यह मालूम होता है कि उनकी प्रमुख रचना है 'रामचरितमानस', जो प्रौढ़ काल में उन्होंने लिखी है। बाकी फुटकर हैं। फुटकर का काल-सम्बन्धी निर्णय करना कठिन है। मुझे ऐसा लगता है कि 'विनय-पत्रिका' उनकी अन्तिम रचना है और 'रामचरितमानस' सबसे प्रौढ़ काल की है। इसके बाद 'कवितावली'। ये तीन उनकी सबसे प्रमुख और प्रौढ़ रचनाएँ हैं, जिनसे उनकी ख्याति है। सबसे ज्यादा लोकप्रिय है : 'रामचरितमानस' और यह बात सभी लोग मानते हैं, मैं भी मानता हूँ कि उनकी सर्वश्रेष्ठ रचना 'रामचरितमानस' है। तुलसी इसी से जाने जाते हैं। बाकी रचनाओं में 'विनय-पत्रिका' का दूसरा नम्बर होगा और तीसरा नम्बर होगा 'कवितावली' का। ये दोनों रचनाएँ समय-समय पर लिखी गई हैं व संकलित हैं। तुलसी की रचनाओं में सर्वश्रेष्ठता का यह क्रम होगा : 'रामचरितमानस', 'विनय-पत्रिका' और 'कवितावली'। 'विनय-पत्रिका' को छोड़कर देखें तो 'कवितावली' भी रामकथा है, अलग-अलग कांडों में है। 'विनय-पत्रिका' भी इकट्ठे तो नहीं लिखी है, लेकिन उनकी प्रौढ़तम कृति है। गान की दृष्टि से भी। ये तीन रचनाएँ हैं, बाकी तो ठीक है। यह मेरी धारणा है। सर्वश्रेष्ठ, सबसे लोकप्रिय कविता, जिस पर तुलसीदास टिके हुए हैं, वह 'रामचरितमानस' है। 'रामचरितमानस' लोक में सबसे ज्यादा गाया, पढ़ा जाता है। यह मुकम्मल रचना है। तुलसी 'मानस' से ही जाने जाते हैं।

लक्ष्मण यादव : क्या आप यह मानते हैं कि तुलसी की आरम्भिक रचनाओं से उत्तरवर्ती रचनाओं में या तुलसी के विचारों में तुलनात्मक रूप से कोई परिवर्तन हुआ है?

नामवर सिंह : जहाँ तक उनके विचारों का सवाल है, उसमें कोई परिवर्तन नहीं हुआ। जो उनकी जीवन-दृष्टि है, उसका 'रामचरितमानस' के ही आधार पर निर्णय होगा। तुलसी की प्रतिष्ठा 'रामचरितमानस' से ही है। इसके बारे में कोई दो राय नहीं है। यहाँ तक कि कोई अगर तुलना करके देखना चाहे तो 'रामचरितमानस' में अलग-अलग प्रसंगों में कथा का वर्णन है। 'रामचरितमानस' का दर्शन पक्ष है—उत्तरकांड। 'सोपान' कहा है तुलसी ने, लोक 'कांड' लिखते हैं। एक लोक-उक्ति आपको सुनाता हूँ : 'बाल क आदि उत्तर कै अन्ता; बीच अयोध्या गावहि सन्ता'। बालकांड का आदि, यानी जो भूमिका बाँधी है उन्होंने, वह। कथा तो राम के जन्म से शुरू होती है, लेकिन पहले उसकी भूमिका। उत्तरकांड के अन्त का और बीच अयोध्या यानी अयोध्याकांड का जो बीच का हिस्सा है। उत्तरकांड में सिद्धान्त है, ज्ञान और भक्ति पर दार्शनिक विवेचन है। बालकांड के आरम्भ में जो भमिका उन्होंने बाँधी है, सबको स्मरण करते हुए, इनको प्रणाम-उनको प्रणाम करता हूँ। प्रश्न-उत्तर वाली शैली है। यह मैंने लोक में कभी सुनी थी, आज भी याद है। काव्य की दृष्टि से ये तीनों ही स्थल अपनी प्रौढ़ता को पहुँचे हुए हैं—आदि, मध्य, अवसान। अयोध्याकांड में रस है, भाव है। उत्तरकांड में पांडित्य है और बालकांड में कथा कहने से पहले भूमिका बाँधी है। लोक में मान्य यही है। हमारे गुरु थे, जो रामचन्द्र शुक्ल के साथ के थे, पं. केशवप्रसाद मिश्र। संस्कृत के पंडित थे। उन्होंने जो पाठ्यक्रम बनाया था, बी.ए. में जो पढ़ाया जाता था, उसमें भरत चरित्र था। उसमें भक्ति भी है, ज्ञान भी है। तो अयोध्याकांड द्वितीय सोपान है। मैंने कहा न कि सोपान कहा है, कांड नहीं। अगर मानस का सरोवर है, तो ये सीढ़ियाँ बनी हुई हैं। सोपान से आप अन्त तक पहुँचते हैं। अपने गुरुजनों से जो पढ़ा व सीखा है, उससे हमारा यह संस्कार बना है। विश्वनाथ त्रिपाठी जी ने तो तुलसीदास पर लिखा है, मैंने तुलसीदास पर लिखा नहीं, कुछ लेख मैंने लिखे हैं, बस। इच्छा मन में बराबर रहती है कि लिखूँ। इससे तुलसीदास पर बहुत अधिकार से मैं क्या बोलूँ। त्रिपाठी जी ने तुलसीदास पर लिखा है। आपके दिल्ली विश्वविद्यालय में पढ़ाते थे न उदयभानु सिंह, उन्होंने भी इस पर बड़ा काम किया है। ये लोग इसके अधिकारी लोग हैं। विश्वनाथ जी तो अवध के हैं, अवधी पर उनका अधिकार है। हम बनारस वालों को अवधी कहाँ प्राप्त हुई! हमने तो गुरुजनों से जो सुना है, उसका संस्कार है। द्विवेदी जी तुलसीदास पर लिखना चाहते थे। उनके बस कुछ लेख हैं तुलसीदास पर। अन्तिम पुस्तक तुलसीदास पर लिखना चाहते थे लेकिन वह काम पूरा नहीं हो सका। हमसे जो बातचीत हुई थी, वे मानते थे कि कबीर पर लिखा तो, लेकिन एक कवि के रूप में तुलसीदास हर तरह से बड़े थे। तुलसीदास बहुत बड़े विद्वान भी थे, जो कबीर नहीं थे। कबीर तो अनपढ़ आदमी थे।

लक्ष्मण यादव : तुलसी की रचनाओं के इसी सन्दर्भ में एक-दो बातों पर चर्चा

करना चाहता हूँ कि 'रामचरितमानस' एक प्रबन्ध काव्य है और आपने भी बताया कि वह उनकी प्रौढ़ व सबसे प्रमुख रचना है। 'कवितावली' फुटकर है, यद्यपि उसमें भी एक कथा है। मैं यहाँ 'रामचरितमानस' और 'कवितावली', दोनों के उत्तरकांड की तुलना करते हुए सवाल करता हूँ। आपने कहा कि उनकी विचारधारा में कोई परिवर्तन नहीं हुआ, लेकिन तुलसी का रामराज्य वर्णाश्रम व्यवस्था की संरचना में ही बना है, जबकि 'कवितावली' के तुलसीदास तो जाति-पाँति, मन्दिर-मस्जिद के भेद को तोड़ते हैं। वहाँ उनके लिए भूख, गरीबी, रोग आदि प्रश्न केन्द्र में हैं। इसे आप कैसे देखते हैं?

नामवर सिंह : तुलसीदास यह मानते थे कि जो आदर्श राज्य है, उसमें कोई जाति-पाँति नहीं है। जो राम का भक्ति वाला आदर्श राज्य है। ऐसा है कि समाज के बीच एक व्यवस्था लोक के लिए है, वह अलग है। लेकिन राम के आदर्श राज्य में इस तरह की कोई जाति-पाँति की बात नहीं है। एक ही आदर्श है : भक्ति। भक्ति की भूमि पर किसी जाति या स्त्री-पुरुष का भी कोई भेद नहीं है। तुलसी जिस रामराज्य-रूपी आदर्श की परिकल्पना करते हैं, उस आदर्श परिकल्पना में लोग अपना-अपना कर्म करेंगे। कर्म तो अलग-अलग बने हुए हैं। हर आदमी हर काम तो करेगा नहीं। समाज को चलाने के लिए जो काम बँटे हुए हैं, वह काम लोग करेंगे, लेकिन जो भाव-लोक है, जो भक्ति की दुनिया है यानी जब यह कहते हों कि 'मेरी जाति-पाँति न चहीं काहू की जाति पाँति'—तो उस भूमि पर जो आदर्श राज्य है, उसमें कोई जाति-पाँति का भेद नहीं है। 'नाते सबै राम के मनियत, सुहृद सुरोध्य जहाँ लौं'—वहाँ राम एक आदर्श के रूप में है, उस राम को जो मानने वाला है, उसके यहाँ जाति-पाँति का कोई फर्क नहीं है। चित्रकूट सभा में केवट भी वैसे ही बैठता है, जैसे सब लोग बैठते हैं। जिसको कहें कि चित्रकूट सभा ही उनका आदर्श लोक है। उस चित्रकूट सभा में किसी में फर्क नहीं है। एक नाता है कि अगर वह राम को मानता है, उस आदर्श को मानता है तो उसकी न कोई जाति-पाँति है, न लिंग-भेद है, वहाँ सब समान है। इसीलिए तुलसी बड़े हैं।

लक्ष्मण यादव : यह सवाल बार-बार उठाया गया कि क्या यह सम्पूर्ण भक्तिकाल की सीमा है, जो रामानन्द में भी है, तुलसी में भी है, कि उनके यहाँ भक्ति के धरातल पर सब बराबर, लेकिन समाज में जाति-व्यवस्था मानते हैं?

नामवर सिंह : मैंने यही तो बताया कि कर्म के आधार पर यह बात है। एक ही व्यक्ति हर काम नहीं कर सकता। यह बात लोक के लिए है। भाई, इन सबका मूल भक्ति है और वहाँ सब बराबर हैं। तुलसी का जीवन आप देखिए, जो मिलता है : 'बारे ते ललात बिललात द्वार-द्वार दी'। ब्राह्मण होते हुए भी घोर दरिद्रता उन्होंने देखी थी। उस समय जो समाज उनका था, वह उनको पसन्द नहीं था। वे उस 'रामराज्य' की परिकल्पना करते हैं, सपना देखते हैं, उस दृष्टि से देखिए, चूँकि उनका सम्पूर्ण

जीवन-दर्शन और सब कुछ लोकप्रिय है। 'विनय-पत्रिका' कुछ लोग गाते हैं, 'गीतावली' कुछ लोग पढ़ते हैं, 'कवितावली' थोड़े से लोग पढ़ते हैं। लेकिन 'रामचरितमानस' अगर लोकप्रिय है, पढ़ा जाता है तो तुलसी का मतलब 'रामचरितमानस' ही समझा जाता है। उनका पूरा जीवन दर्शन है। यही उनकी भक्ति का दर्शन है। उत्तरकांड का जो उनका पूरा शास्त्रार्थ है, उसमें ज्ञान और भक्ति को उन्होंने अलग नहीं माना है : 'भगतिहि ग्यानहिं नहिं कुछ भेदा। उभय हरहिं भय सम्भव खेदा'॥ लेकिन वहाँ कागभुसुंडि और गरुड़ का संवाद होता है। कहाँ गरुड़ जैसा पक्षी और कहाँ कउआ! फिर भी वह कागभुसुंडि बड़ा है और गरुड़ उसके सामने झुकते हैं। तुलसी यही बताते हैं कि जो भक्त है, वह बड़ा है। ज्ञान तो कोई भी पढ़कर हासिल कर सकता है। एक बात पर और आप ध्यान दीजिए, जिसे आज लोग 'दलित' कहते हैं, तो पक्षियों में कागभुसुंडि दलित है, गरुड़ तो उच्च कोटि के मालूम होते हैं। इसलिए सम्पूर्ण तुलसी के बारे में भ्रम नहीं होना चाहिए। जिस भूमि पर वे पहुँच गए थे, उस पर उन्होंने रचनाएँ कीं। वही आदर्श रामराज्य स्थापित करना चाहते थे। बाकी ये पंडितों की बाल की खाल निकालना बेकार की बातें हैं। सीधा तत्त्व यही है, जितना मैंने पढ़ा है। मैं तो 'रामचरितमानस' का पाठ करता हूँ और करता चला आ रहा हूँ। थोड़ा-थोड़ा 'रामचरितमानस' पढ़ता रहता हूँ।

लक्ष्मण यादव : आपने भी बताया कि तुलसीदास बहुत लोकप्रिय कवि हैं। मैं इसी लोकप्रियता पर अपना अगला सवाल करना चाहता हूँ कि तुलसीदास भक्ति-काल के ऐसे कवि हैं, जिनको लेकर खूब चर्चा होती रही है, अलग-अलग सन्दर्भों में और दृष्टिकोणों से तुलसी देखे जाते रहे हैं। उनका महिमामंडन भी किया गया है, तो उनकी आलोचना भी खूब हुई। यदि इन दोनों बातों को एक साथ रखकर तुलसी को बहुत सामान्य अर्थों में बहुचर्चित कवि मान लें तो आपकी नजर में इसके पीछे सर्वप्रमुख बुनियादी कारण क्या है—तुलसी की स्वयं की ताकत या अन्य प्रचार तंत्र ?

नामवर सिंह : भाई, ऐसा हर भाषा में होता है। अंग्रेजी में आप शेक्सपियर को लो, तो अंग्रेज-भाषियों के लिए जैसे शेक्सपियर, वैसे हमारे लिए तुलसीदास। उनसे बड़ा कोई कवि नहीं है। स्वयं द्विवेदी जी ने कबीर पर पुस्तक लिखी और अन्तिम पुस्तक वे तुलसीदास पर लिखना चाहते थे। वह भी मानते थे कि अगर कोई हिन्दीभाषी समाज का राष्ट्रकवि है तो तुलसीदास हैं, कबीर नहीं हैं। कबीर कवि के रूप में भी छोटे हैं, उनसे हर तरह से छोटे हैं। बड़े क्रान्तिकारी थे, सब थे, लेकिन जहाँ तक कवि का सवाल है, तुलसीदास के सामने कबीर कहीं ठहरते नहीं हैं। यह द्विवेदी जी भी मानते थे, तो इसमें कोई दो राय थोड़े ही है। भाई, तुलसीदास ने यों ही नहीं लिख दिया है : 'नानापुराणनिगमागम सम्मतं यद् रामायणे निगदितं क्वचिदन्यतोऽपि'। शुरू में ही कह दिया है। तो तुलसीदास पढ़े-लिखे थे। नाना पुराण, आगम यानी वेद,

निगम यानी उपनिषद्। उसके बाद वाल्मीकि की रामायण और उनके बाद कुछ और भी हैं, सबको। तो फिर बचा क्या अब? वन्दना में तुलसीदास ने जब यह कह दिया है, तो इसका कुछ मतलब होता है। इसलिए वे सबसे बड़े कवि हैं। बहुत पठित आदमी थे। निरक्षर नहीं थे। भूमिका जो बाँधी है, तो दावा यूँ ही नहीं ठोंक दिया है।

लक्ष्मण यादव : यह बात स्थापित है कि तुलसी विद्वान कवि थे। मैं तुलसी की लोकप्रियता के पीछे प्रचार तंत्र की भूमिका की पड़ताल करना चाह रहा हूँ। आज तक की स्थिति में रामलीलाओं के मंचन और अखंड रामायण का पाठ जो होता रहा है, संघ ने भी राम का उपयोग किया, इसकी कितनी भूमिका है? 'मुरदहिया' में तुलसीराम जी बताते हैं कि उनके मुहल्ले में भी शाम को गाँव के लोग 'रामचरितमानस' का पाठ करते थे, तो वे हर वर्ग में लोकप्रिय हैं! इस लोकप्रियता के पीछे कितनी तुलसी की ताकत है, आपने यह बताया। इन प्रचार तंत्रों की भूमिका को आप किस रूप में देखते हैं?

नामवर सिंह : देखो, होता यह है कि हर आदमी अपने लिए एक हथियार चाहता है। यूरोप में भी यह बात है, यहाँ भी है। एक ही बाइबल है। उस बाइबल को जो गरीब ईसाई है, वह भी इस्तेमाल करता है और उसको बड़े लोग भी इस्तेमाल करते हैं। धर्मग्रंथों का यह है कि वेद तो उनकी समझ में नहीं आता, बाइबल आती है। ईसाई जब यहाँ आए तो लोगों ने यही कहा न कि 'रामचरितमानस' जो है, वह बाइबल है। जैसे बाइबल वहाँ सबके लिए सुलभ है, वैसे ही मानस यहाँ सबके लिए सुलभ है। तब ग्रियर्सन ने इसको बाइबल कहा। उन्होंने जो देखा, वह सच कहा, क्योंकि 'गीता' का पाठ हर आदमी नहीं कर सकता। 'रामचरितमानस' और 'गीता', ये दो ही चीजें हैं, जो लोकप्रिय हैं। संस्कृत लोगों को आती नहीं और 'गीता' का दर्शन भी दूसरा है। इसलिए 'रामचरितमानस' की जो हैसियत है, उसी की वजह से ग्रियर्सन ने ऐसा लिखा। मोटे तौर पर यही है और पढ़ाने वाले लोग अपनी-अपनी साहित्यिक दृष्टि से देखते हैं, उस पर कोई टिप्पणी मुझे करनी नहीं है।

लक्ष्मण यादव : क्या ऐसा आपको नहीं लगता कि तुलसी की लोकप्रियता का उपयोग भी अपने स्वार्थ में किया गया है? मैं अपना प्रश्न इसी बात से जोड़ता हूँ। आज के समय में सामान्यतः तुलसी का अध्ययन अपने-अपने 'आग्रह' से होता है, अपने अनुकूल या प्रतिकूल चीजों को खोजकर तुलसी के लिए एक सामान्य समझ बना ली जाती है और उनका मूल्यांकन किया जाता है, इस पर आपका क्या विचार है? क्या तुलसी में कुछ ऐसे तत्त्व भी हैं, जिन्हें समान रूप से स्वीकार्य माना जा सके?

नामवर सिंह : उपयोग करनेवाले लोग तो उपयोगितावादी दृष्टि से, जो उनके काम का लगता है, उसी को इस्तेमाल करते हैं। एक टुकड़ा जो अपने काम दिखा, ले

लिया, उसी का उपयोग कर लिया। किसी भी चीज को कुल मिलाकर समग्रता में देखना चाहिए। अपने काम का टुकड़ा उठाने से तो काम नहीं बनता है। तुम ठीक कह रहे हो, ऐसा है। लेकिन एक बात और है—हिन्दीभाषी समाज में तुलसी का स्थान तो कोई ले नहीं सका। गाँव-गाँव में हर जगह, हर मौके पर गाए जाते हैं तुलसी, 'रामचरितमानस' ही गाया जाता है। यह है तुलसी की लोकप्रियता।

लक्ष्मण यादव : आपने अभी लोकप्रियता की बात की। एक सवाल मैं यह करना चाहता हूँ कि इतनी लोकप्रियता के बरअक्स आरम्भिक दौर की मार्क्सवादी आलोचना, जिनमें रांगेय राघव, यशपाल, राहुल सांकृत्यायन को लें और आगे चलकर मुक्तिबोध भी इसी धारा से जुड़ते हैं। ये तुलसी पर यह आरोप लगाते हैं कि जनभाषा के माध्यम से इन्होंने पौराणिक मतवाद व ब्राह्मणवाद को ही फैलाया है। आपने 'रामचरितमानस' व 'गीता' की महत्ता बताई, राजेन्द्र यादव तो उत्तर भारत की जड़ता के दो प्रमुख कारणों में गंगा के साथ मानस ही को बताते हैं।

नामवर सिंह : देखिए, राजेन्द्र यादव ने तो मुझे नहीं लगता कि पढ़ा होगा मानस। उनसे कह दीजिए कि 'रामचरितमानस' की कोई एक चौपाई सुनाए द्यो। तो जिन्होंने पढ़ा नहीं, उनसे क्या बात करना! यह भ्रान्त धारणा लोगों में है कि तुलसीदास वर्ण-व्यवस्था मानते थे। असल में तुलसीदास की समझ में आ गया था कि सारे समाज को तो बदल नहीं सकते हैं। कोशिश करें, समाज बदले धीरे-धीरे। वह कोई समाज-सुधार तो करने आए नहीं थे, वह कवि थे। अपनी बात कहना चाहते थे भाई, तुम मानो या न मानो। पार्टी तो कोई उनकी थी नहीं। तो तुलसीदास को न पढ़ा था उन्होंने, न समझा था। अधिकांश लोग जो जातिवादी समाज के हैं, तुलसीदास को अपने ढंग से इस्तेमाल कर लेते हैं। जो उनके काम की चीज लगी, उसे कह दिया उन्होंने। तो जो इस्तेमाल करने की बात कर रहे हो, ठीक कह रहे हो तुम। इस्तेमाल करने वाले तो बाइबल और वेद को भी इस्तेमाल कर लेते हैं। इस्तेमाल करने वाले करेंगे ही, क्योंकि अभी समाज ऐसा है। समाज अभी बदला तो है नहीं। एक भक्त का जो आदर्श था, उसको उन्होंने रखा। बहुत से लोगों को तो यह भ्रम है कि तुलसीदास चूँकि ब्राह्मण थे इसलिए ब्राह्मणवादी तो हइये हैं। वे यह मानकर चलते हैं कि अगर उनकी जाति ब्राह्मण है तो वे ब्राह्मणवादी होंगे ही। इसका क्या किया जा सकता है!

लक्ष्मण यादव : यदि हम एक आधुनिक टर्मिनोलॉजी का प्रयोग करें, तो क्या हम तुलसी की रचनाओं का आज 'सबाल्टर्न' दृष्टि से पाठ कर सकते हैं या नहीं ? यदि ऐसा हो तो इस 'पाठ' के हमारे आधार, मापदंड और निष्कर्ष क्या होंगे ?

नामवर सिंह : देखिए, सबाल्टर्न नाम की चीज तो खत्म हो गई। यह चली थी सोशियोलॉजी में। सबाल्टर्न किताब छापते थे वे लोग। ग्राम्शी ने यह टर्म दे दिया था,

लोग इस्तेमाल करते थे। वह बन्द हो गया। अब तो सबाल्टर्न लोग दूसरा काम करने लगे। एक दौर था, एक लहर थी। अमरीका ओरिएंटेड आइडियोलॉजी थी, जो अब खत्म हो गई। काव्य और साहित्य टिकाऊ होता है। आजकल मार्क्सवाद का नाम कम लेते हैं लोग। रूस में था, तब तक ठीक था, अब कोई नाम ही नहीं लेता, लेकिन मार्क्स थोड़े ही खत्म हो जाएँगे। मार्क्स का जो एक खास तरह का वाद था, वह खत्म हो गया, लेकिन मार्क्स का जो अपना सपना था, वह अभी खत्म नहीं हुआ। मार्क्स का वाद और सोवियत छाप लगाया हुआ जो मार्क्सवाद था, वह तो खत्म हो गया, इसमें कोई शक नहीं। लेकिन मार्क्स अब भी स्टैंड करता है। एक जो सपना उसने देखा था समाज का, वह है और रहेगा। वह सपना मर नहीं सकता है। इन कवियों का भी एक सपना है। तुलसी का भी एक सपना है, रामराज्य का। लेकिन यह जो ये लोगों ने 'रामराज्य परिषद्' बनाई थी, कार्टून है वह एक। भभूत लगाए हुए, पीले रंग का कपड़ा ठप्पा मारकर पहनने वाले ये अब कहाँ दिखाई पड़ते हैं ? इसलिए जैसे प्लेटो का एक यूटोपिया था; तो यूटोपिया तो है और रहेगा। वह सपना था, उसकी जो ताकत थी, वह तो रहेगी ही।

लक्ष्मण यादव : आपने अभी सपने की बात की, रामराज्य-रूपी एक यूटोपिया तुलसी का भी था। वहीं भक्तिकाल के एक दूसरे महत्त्वपूर्ण कवि कबीर सीधे-सीधे कोई विकल्प नहीं देते। वह सवाल उठाते हैं।

नामवर सिंह : तुलसीदास ने एक चौपाई लिखा है : 'एक जुलाहे सो मैं हारा'। उत्तरकांड में जहाँ कागभुसुंडि-गरुड़ संवाद आता है, वहाँ है यह कि किस जुलाहे से मैं हारा। उसी काशी के कबीर थे, तो कबीर तुलसी की स्मृति में कहीं न कहीं थे। तो 'एक जुलाहे सो मैं हारा' क्योंकि वह भी राम को मानता था। राम का एक सम्बन्ध था। कबीर के लिए वह निर्गुण राम थे, तुलसीदास के लिए सगुण राम थे, लेकिन निर्गुण-सगुण में कोई भेद नहीं है, यह भी तुलसीदास कहते हैं : 'सगुनहि अगुनहि नहिं कुछ भेदा'। इसलिए कहते हैं कि 'एक जुलाहे सो मैं हारा,' क्योंकि वह भी राम को मानता था। निर्गुण कठिन होता है, सगुण को तो हम जानते हैं। तो तुलसी के मन में कहीं कबीर थे, चुनौती के रूप में। उससे वे हार मानते हैं। यह तुलसीदास का बड़प्पन है। वह भी संत थे, यह भी संत थे और उस परम्परा को अगर इस रूप में देखा जाए तो मैं समझता हूँ, ज्यादा अच्छा होगा। साहित्य को एक निरन्तरता में देखना चाहिए। कबीर ने जब लिखा, तब तो भाषा भी ठीक से नहीं थी, बोलचाल की भाषा में लिखा और उन्होंने तो लिखा भी नहीं। इसलिए उनका पाठ भी ठीक से नहीं मिलता, बाद के लोगों ने इकट्ठा किया। तुलसीदास ने तो लिखा था, कलमबद्ध किया था। उसे कोई कैसे बदल सकता था ? इसीलिए कवि के रूप में तुलसीदास बड़े कवि हैं, जैसी उनकी दृष्टि थी। कबीर भी बड़े कवि हैं, लेकिन कवि के रूप में निश्चित रूप से तुलसी बड़े हैं।

लक्ष्मण यादव : कुछ आलोचक यह भी मानते हैं कि निर्गुण पंथ में कोई कथा नहीं है, कोई हीरो नहीं है, क्या आप ऐसा मानते हैं और इसका कोई प्रभाव उनकी दृष्टि पर पड़ा है ?

नामवर सिंह : हीरो है क्यों नहीं ? कबीर के हीरो राम हैं। वह भले ही केवल नाम हो, लेकिन हीरो तो हैं! वह दशरथ पुत्र नहीं हैं, लेकिन राम हैं और राम के अलावा दूसरा कोई नाम नहीं लिया। उन्होंने मुसलमान होते हुए 'राम' नाम लिखा, यह बड़ी बात है। उन्होंने अल्लाह-खुदा नहीं कहा, राम कहा; क्योंकि वे मुसलमान होते हुए यह जानते थे कि लोकमानस में, वह भी हिन्दीभाषी लोक का हीरो तो राम ही हैं। 'श्याम सो हमारी राम-राम कहि दीजिए'—गोपियाँ भी राम-राम कहती हैं। एक ईश्वर है, उनका खुदा है, उधर गॉड है—ये सब एक नहीं हैं। गॉड, खुदा, ईश्वर—ये तीन अलग-अलग शब्द ही नहीं हैं, तीनों की परिभाषाएँ भी अलग-अलग हैं। क्राइस्ट का गॉड वही नहीं है, जो मुसलमान का खुदा है। ये शब्द ही अलग-अलग नहीं हैं, बल्कि उनकी परिकल्पनाएँ भी अलग-अलग हैं। हमारे दर्शनशास्त्रों में ईश्वर की परिकल्पना गॉड और खुदा से अलग है और जो आप प्रभाव वाली बात कह रहे हैं, तो देखिए, वह पूरी धारा ही अलग है।

लक्ष्मण यादव : मैं फिर से अपने उसी सवाल पर लौटता हूँ, क्योंकि आपने कहा कि तुलसी कवि के रूप में बड़े हैं कबीर से। रांगेय राघव, मुक्तिबोध से लेकर आज के अस्मितावादी विमर्श तक सभी तुलसी की तुलना में कबीर को ज्यादा महत्त्व देते हैं। आपकी दृष्टि में इसका क्या आधार व कारण हो सकता है ? मुक्तिबोध तो यहाँ तक लिखते हैं कि न जाने क्यों निर्गुण पंथ के सामने तुलसी कम आधुनिक लगते हैं ?

नामवर सिंह : देखिए, मुक्तिबोध कम्यूनिस्ट पार्टी के आन्दोलन और मार्क्सवाद जब आरम्भिक दौर में था, तब के थे। मुक्तिबोध मराठी परम्परा से आए थे और मराठी में कोई तुलसीदास नहीं हुआ था। मराठी में ज्यादा निर्गुण पंथ का था। निर्गुण पंथ के बड़े कवि हुए मराठी में। इसलिए मुक्तिबोध को मराठी का और मराठी के संत परम्परा का संस्कार मिला था। मराठी में तो कोई सगुण परम्परा हुई ही नहीं। उस संस्कार के कारण यह मुक्तिबोध की सीमा है। मराठी संत साहित्य की परम्परा उनको मिली थी। तुलसी की परम्परा उनको मिली ही नहीं। इसलिए उनके जीवन की जो सीमा थी, उसके कारण मुक्तिबोध को यह कहना पड़ा।

लक्ष्मण यादव : अपने उसी लेख में मुक्तिबोध जब आगे कहते हैं कि जिन सामन्त-विरोधी मूल्यों के साथ भक्ति-आन्दोलन खड़ा हुआ, तुलसी तक आते-आते यही सामन्ती मूल्य भक्ति-आन्दोलन में आ गए। रामकाव्य-परम्परा में कोई मुसलमान व नीची जाति का कवि नहीं मिलता। भक्ति-आन्दोलन के आखिरी बड़े कवि तुलसीदास

ही हैं, फिर यह आन्दोलन समाप्त हो गया, रीतिकाल आ गया?

नामवर सिंह : देखिए, ऐसा है न कि यह दो संस्कृतियों का फर्क है, क्योंकि सब होते हुए भी ब्रज में कृष्ण के अलावा कोई हुआ नहीं। अवध के राम थे। लेकिन मराठी में समझ में नहीं आता है। महाराष्ट्र में ब्राह्मणवाद जितना मजबूत रहा और आज भी है, उत्तर प्रदेश में उतना मजबूत नहीं है। मराठी का संत साहित्य निर्गुण साहित्य है, सगुण नहीं है। यह अलग-अलग संस्कृतियों की बात है। जैसे बंगाल में नहीं है। बंगाल में वैष्णव सम्प्रदाय था, इसलिए ये निर्गुण-सगुण विवाद बंगाल में समझ ही नहीं सकते आप। वहाँ ब्राह्मो समाज जब आया निर्गुण वाला, तो यह रहस्यवाद आया, जिसमें रवीन्द्रनाथ टैगोर हुए। वहाँ संतों की परम्परा दूसरी है, महाराष्ट्र की दूसरी है, तमिलनाडु की दूसरी है। ये अलग-अलग संस्कृतियाँ रही हैं। यह तो हिन्दी प्रदेश की और खास तौर से अवध की बात है, क्योंकि राम तो अवध के थे और कृष्ण ब्रज के थे। ये जो अपनी प्रादेशिक संस्कृतियाँ हैं, उनका एक लम्बा इतिहास है। उस कारण ब्रज में कृष्ण-भक्ति चली, अवध में राम-भक्ति चली। इसी तरह से महाराष्ट्र, तमिलनाडु में देखो। बंगाल में चैतन्य सम्प्रदाय के कारण कृष्ण रहे, जिनसे रवीन्द्रनाथ तक प्रभावित थे। रवीन्द्रनाथ के यहाँ राम मिलेंगे ही नहीं। यह प्रादेशिक संस्कृतियों की अपनी लम्बी ऐतिहासिक परम्परा है। जहाँ कृष्ण-भक्ति चली, चैतन्य चले, वहाँ रामभक्ति हुई ही नहीं। तो अलग-अलग परम्परा है। इस्लामिक परम्परा में जो सूफी आए, चूँकि इस्लाम में पैगम्बर थे और वे ईश्वर के रूप थे। इसलिए उर्दू-फारसी में देखोगे, तो दूसरी परम्परा चली। अलग-अलग संस्कृतियों के अनुसार भक्ति के अलग-अलग रूप मिले। क्राइस्ट को मानने वालों की एक दूसरी परम्परा है, वहाँ भी प्रोटेस्टेंट चला। कृष्ण-भक्ति भी है, राम-भक्ति भी है, क्राइस्ट की भक्ति भी है, सेंट पोएट वहाँ भी हुए। वहाँ संत अलग हैं, वे बाइबल और क्राइस्ट से चलते हैं। वहाँ क्रूसीफिकेशन प्रमुख होता है। हमारे यहाँ तो कोई क्रूसिफाई हुआ ही नहीं, हम लोग सोच ही नहीं सकते। तो यह संस्कृतियों के भेद के अनुसार चलता है। हिन्दी प्रदेश ब्रज और अवध में बँटा हुआ है। भाषाएँ बँटी हैं, संस्कृतियाँ अलग हैं। राम वाली परम्परा में काशी-कन्नौज आता है। इस कारण यह अन्तर दिखाई देता है।

लक्ष्मण यादव : अपने समय के दलितों और स्त्रियों के प्रति तुलसी के दृष्टिकोण का उनके अपने समय-समाज में दलितों और स्त्रियों को लेकर बने 'कॉमनसेंस' से कैसा सम्बन्ध है? क्या तुलसी की रचनाएँ उस 'कॉमनसेंस' को ही व्यक्त करती हैं, या उसे तोड़ती हैं, या उसके पीछे हैं? इस बारे में आपका क्या मत है?

नामवर सिंह : देखिए, कागभुसुंडि-गरुड़ संवाद जो है, भक्ति जब आ गई, तब जाति नहीं है। यह वर्णाश्रम वाली बात उनके लिए लागू होती है, जो गृहस्थ हैं। आदर्श लोकभक्ति है, उसमें यह नहीं है। अयोध्याकांड में जो समागम होता है, केवट और

अन्य में कोई भेद नहीं है। इसलिए इसी दुनिया में तुलसी की जो अपनी वांछनीय भक्ति की दुनिया है, उस दुनिया में कोई जाति-पाँति नहीं, स्त्री-पुरुष का कोई भेद नहीं। वहाँ केवट भी सबकी तरह ही बैठता है। इस आदर्श को जो मानता है, वहाँ जाति-पाँति नहीं है।

लक्ष्मण यादव : आपकी बात ठीक है, लेकिन हम तुलसी की दलितों व स्त्रियों के प्रति दृष्टि का मूल्यांकन कैसे करेंगे? एक तरफ 'सबसे कठिन जाति अवमाना', तो दूसरी ओर वर्णाश्रम पर आधारित रामराज्य की कल्पना; एक तरफ 'ढोल गँवार शूद्र पशु नारी', तो दूसरी तरफ 'कत विधि सृजी नारि जग माही, पराधीन सपनेहु सुख नाहीं', तो एक समग्र मूल्यांकन का क्या रास्ता हो सकता है?

नामवर सिंह : यह किसके द्वारा कहा गया है? पात्रों में अन्तर है। पात्र तो अपनी ही भाषा बोलेगा, तुलसी की भाषा थोड़े ही बोलेगा! पात्रों की बातों के आधार पर तुलसी पर आरोप लगाना गलत है।

लक्ष्मण यादव : लेकिन यह भी कहा जाता है कि पात्रों को रचता रचनाकार ही है, और कई प्रसंग ऐसे भी हैं, जहाँ कोई पात्र नहीं है, जैसे किष्किन्धाकांड का प्रकृति वर्णन : 'जिमि स्वतंत्र भए बिगरिहि नारी'। तो तुलसी की प्रतिनिधि बात कौन सी होगी?

नामवर सिंह : एक बात ध्यान रखिए कि तुलसी की प्रतिनिधि बातें आप इनको बिलकुल नहीं मानें। तुलसी की प्रतिनिधि बातें वही हैं, जो मैंने कहा न कि उनके आदर्श भक्ति के सन्दर्भ में आए हैं। जैसे, देखिए, नाटक में कौन-सा चरित्र नाटककार की बात बोलता है, कौन दुनिया की बात बोलता है, दोनों में फर्क तो करना ही पड़ेगा न! यथार्थ की बात तो यही है कि दुनिया में जैसा है, नाटककार उसे वैसा ही दिखाएगा, वरना तो वह झूठ हो जाएगा। हर आदमी एक ही बात कैसे बोल सकता है?

लक्ष्मण यादव : अन्तिम प्रश्न तुलसी विषयक आलोचना पर। रामचन्द्र शुक्ल के पूर्व तुलसीदास की छवि कमोबेश महात्मा वाली ही बनाई गई थी। रामचन्द्र शुक्ल ने तुलसी को मूलतः महाकवि बनाया, लेकिन तुलसी के अन्तर्विरोधों पर जल्दी कोई बात कहने से बचते गए। बाद के समय में आरम्भिक दौर की मार्क्सवादी आलोचना ने कुछ महत्त्वपूर्ण सवाल उठाए, यद्यपि उनका भी अपनी तरह का एक अतिवाद रहा। रामविलास शर्मा मार्क्सवादी आलोचकों के उठाए उस सवाल पर तुलसी का एक नया जनवादी रूप गढ़ते हुए तुलसी का एक प्रकार से बचाव करते हैं?

नामवर सिंह : नहीं, बचाव नहीं। सीधी बात है कि आचार्य रामचन्द्र शुक्ल के मन में तुलसी के प्रति सम्मान था, इसमें कोई शक नहीं है, लेकिन व्यावहारिक रूप में, स्वयं उनके अपने जो संस्कार थे, वह लोक के अनुसार चलने वाले थे। वह भक्त तो थे नहीं। इसलिए अगर वे शादी-विवाह करने के मामले में अपनी जाति-पाँति को

मानते हों, तो इस रूप में मानते हैं, लेकिन भाव लोक में जो उनका रूप है, वह तो वही है। यथार्थ और स्वप्न में फर्क होता है। इसलिए वे तुलसीदास को सबसे बड़ा कवि बताते हैं। यह बड़ी विडम्बना ही है, कि तुलसीदास पर वे कोई पुस्तक नहीं लिख सके, यद्यपि कि चाहते थे। फिर भी नहीं लिख सके। इसलिए कि धीरे-धीरे आदमी बदलता है न। हम लोग आम तौर से द्विधा-विभक्त होते हैं। दो हिस्से होते हैं आदमी के। अपने लोक-जीवन की एक सीमा होती है और आदर्श जो सोचते हैं, जो भाव लोक है, जिसमें हम मुक्त होना चाहते हैं, वह बिलकुल दूसरा होता है। इसीलिए रामचन्द्र शुक्ल तुलसीदास पर कोई पुस्तक नहीं लिख सके। लिखना चाहते थे। द्विवेदी जी को मैंने बताया ही कि चाहते वे भी थे।

लक्ष्मण यादव : दिल्ली विश्वविद्यालय में रामविलास जी पर हुए एक सेमिनार में आपने यह कहा था कि रामविलास जी तुलसी पर लिखें। इसके लिए आपने कई बार उनसे कहा।

नामवर सिंह : बिलकुल आप ठीक कह रहे हैं, कहा था हमने रामविलास जी से। लेकिन वे नहीं लिख सके। मैं बार-बार उनसे यही कहता कि सौ काम छोड़कर आप एक यही काम कीजिए और वे कहते थे कि हाँ, मैं चाहता हूँ लिखना। लेकिन मैं कहता था कि स्वास्थ्य को देखकर लगता नहीं कि आप कर पाएँगे, नहीं लिख पाए। अच्छा, तुलसी पर एक किताब नन्दकिशोर नवल ने लिखी है, तुमने देखी है?

लक्ष्मण यादव : हाँ, पढ़ी है मैंने वह किताब। लेकिन उसकी भूमिका में वे यह लिखते हैं कि आजकल हिन्दी लेखकों व पाठकों की नई पीढ़ी कबीर पर फिदा है, तुलसी के प्रति घोर उपेक्षा का भाव रखती है। फिर अपनी इस आपत्ति के कारण गिनाने के क्रम में वे कबीर-तुलसी में तुलना करते हुए तुलसी को बड़ा सिद्ध करने का प्रयास करते हैं। तो हिन्दी आलोचना में भक्तिकालीन कवियों की बात करते हुए कबीर वर्सेज तुलसी वाली बात ज्यादा प्रचलन में रही।

नामवर सिंह : उन्होंने अन्त में चलकर यह किताब लिखी। मैंने उनसे कहा था कि आप तुलसी पर लिखिए। लेकिन वह आस्था उनमें नहीं थी। भक्ति का जो भाव होता है, वह उनमें था नहीं। यद्यपि किताब उन्होंने लिखी, अच्छी किताब है। अब तक तुलसी पर लिखी किताबों में सबसे अच्छी किताब नवल जी की ही है। उन्होंने बरवै रामायण से लेकर सभी रचनाओं पर बात की है और जो तुम यह बात कह रहे हो, कबीर-तुलसी को एक दूसरे के सामने खड़ा करने की, ठीक कह रहे हो, ऐसा है। लेकिन नाहक ऐसा किया गया है।

लक्ष्मण यादव : तुलसीदास को समग्रता में देखने की बात पर देखें, तो क्या तुलसीदास में यह अन्तर्विरोध नहीं है, कि भक्ति की दुनिया और व्यावहारिक दुनिया में अलग-अलग दृष्टि है उनकी, दो विचार हैं?

नामवर सिंह : हाँ, ठीक है। अन्तर्विरोध तुलसीदास में भी दिखाई पड़ते हैं। जहाँ एक कल्पलोक की सृष्टि करते हैं, वहाँ तो कोई भेदभाव नहीं है और लोक-जगत के व्यवहार में यह भेदभाव है। वह है न कि 'हर आदमी में होते हैं दस बीस आदमी, जिसको भी देखना हो कई बार देखना'।

[पुस्तक : 'तुलसीदास—आज के आलोचकों की नजर में', सम्पादक : लक्ष्मण यादव, 'यह भ्रांत धारणा लोगों में है कि तुलसीदास वर्ण-व्यवस्था मानते थे' शीर्षक से प्रकाशित]

बीसवीं शताब्दी के समूचे अनुभव के कवि हैं निराला

सुधीर रंजन सिंह

सुधीर रंजन सिंह : यहाँ सबसे पहले हम आपके साथ यादों की दुनिया में यात्रा करना चाहते हैं। निराला से सम्बन्धित कुछ यादें मैं समझता हूँ, आपके पास भी होंगी। मैं नहीं जानता यानी हममें से बहुत से लोग शायद नहीं जानते होंगे कि निराला से आपका मिलना हुआ था या नहीं। हमारी जिज्ञासा यहाँ यह भी है कि आपकी किताब 'छायावाद' से निराला परिचित थे या नहीं?

नामवर सिंह : जिसे मिलना कहते हैं, वह कभी नहीं हुआ। 1947 में काशी में बसन्त पंचमी के अवसर पर निराला जी की स्वर्ण जयन्ती जो मनाई जा रही थी, तब मैंने पहली बार उनके दर्शन किए थे। वह तीन-चार दिन का समारोह था। जहाँ लोग ठहरते थे, मैं लगातार कई लोगों के साथ था और निराला जी के हाथ से मुझे एक पुरस्कार भी मिला था। उन्हें कुछ रुपये मिले थे तो उन्होंने कुछ साहित्यकारों को पुरस्कृत भी किया था। एक हजार रुपये मिले होंगे तो सौ रुपये के पुरस्कार उन्होंने बाँटकर दिये होंगे कई लोगों को। फिर उसके बाद निराला जी काशी में ठहरे थे और महीनों रहे। वे गायघाट पर रहते थे—गंगाधर शास्त्री के यहाँ। वहाँ एक-दो लेखकों के साथ युवा लेखक भी जाते थे। यह बात भी लगभग उसी के बाद की है। तो वहाँ जा करके मैं कुछ लोगों के साथ बैठा रहता था। वे कहते रहते थे, हम सुनते रहते थे। मैंने उनसे कुछ पूछने की गुस्ताखी कभी नहीं की।

सुधीर रंजन सिंह : यानी आपने कभी उनसे सम्बोधित होने की चेष्टा नहीं की?

नामवर सिंह : नहीं की। और जैसी उनकी मन:स्थिति थी, उस मन:स्थिति में दूसरों का भी लगभग यही हाल था। उन्हें देखने के लिए एक-दो मित्रों के साथ मैं उनके पास बैठा था। वे मुझे पहचानते हों, ऐसी कोई स्मृति मेरे मन में है नहीं; और इसका कोई दावा भी मैं नहीं करता। इस तरह के दावे बहुत-से लोगों ने किए हैं। उसमें कितना सच है, कहना कठिन है, तो मोटे तौर पर निराला जी के साथ मेरी यही स्थिति रही। 'छायावाद' वाली मेरी पुस्तक छप चुकी थी, तो भी मैंने कभी जानने की कोशिश नहीं की कि निराला जी ने उसे देखा कि नहीं।

उस किताब को पंत जी ने, उस समय देखी ही नहीं, पूरी किताब पढ़ी थी। जब मैं पहली बार उनसे मिला तो उन्होंने चर्चा की थी। पंत जी ने और चीजों के अलावा इस बात की ओर संकेत दिया कि 'आप मुझसे ज्यादा निराला को मानते हैं। आप प्रसाद जी से भी ज्यादा उनको मानते हैं। यह थोड़ा आश्चर्य है।' उन्होंने कुछ मुस्कुराते हुए कहा, 'आप काशी के होते हुए प्रसाद जी से ज्यादा उनको मानते हैं जबकि काशी वाले तो प्रसाद जी को सबसे बड़ा मानते हैं।' प्रसाद जी सच में बड़े और वरिष्ठ लेखक थे भी। पंत ने कहा कि 'फिर भी आप उन्हें (निराला को) बड़ा मानते हैं तो लगता है कि आप भी प्रगतिशील आलोचकों की परम्परा में हैं। प्रगतिशील लेखक संघ से जुड़े होने के कारण आप भी इस धारणा के अधीन हैं कि निराला ही बड़े हैं।' यह पंतजी ने कहा था।

सुधीर रंजन सिंह : अपने जीवनकाल में ही निराला मिथक बन चुके थे। दूसरों ने तो किया ही है, वे खुद भी इस तरह का प्रयत्न करते थे। आज लोग निराला के जन्म को लेकर एकमत नहीं हैं। उसमें खुद उनका हाथ रहा है। जो हो, निराला की जन्मतिथि के बारे में जो अलग-अलग अनुमान हैं, उसमें हम आपके विचार जानना चाहेंगे। उनकी एक जन्मतिथि 29 फरवरी, 1899 बताई जाती है। एक दूसरी जन्मतिथि 1896 के वर्ष में निर्धारित की जाती है। निराला की एक कविता है : 'जवाहरलाल'। उसमें वे नेहरू और अपना परिचय इस प्रकार देते हैं :

वह था किशोरकाल
दैव के चक्र से वक्रगति आ मिले
मैं था सत्रह का, चौबीस के
जवाहरलाल!

इससे उनका जन्मवर्ष 1896 ही निर्धारित होता है। आप क्या सोचते हैं?

नामवर सिंह : निराला के जन्मवर्ष या जन्मतिथि को लेकर मैंने कोई शोध नहीं किया। इसलिए दावे के साथ मैं इस बारे में कुछ भी नहीं कह सकता। सारे विवाद से एक बात तो झलकती ही है कि 1899 वाली तिथि गलत हो सकती है। इस पर सबसे गम्भीर काम डॉ. रामविलास शर्मा ने किया है और छानबीन भी उन्होंने की है। वे निराला जी के निकट रहे हैं। इसलिए उनकी बातों को स्वीकार करने में मुझे कोई कठिनाई नहीं है। लेकिन एक बात जो आप कह रहे हैं, उससे स्पष्ट है कि '96 हो सकती है। स्वर्ण जयन्ती जब निराला जी की मनाई गई थी काशी में, नन्ददुलारे वाजपेयी ने मनाई थी, रामविलास जी भी उसमें आए थे। वह तो '46 के अन्त में और '47 के प्रारम्भ में मनाई गई थी। अगर रामविलास जी को यह लगता था कि यह पहले ही मनाई जा रही है तो उस समय भी कहना चाहिए था। उस समय किसी आदमी ने नहीं कहा—उनकी पचास वर्ष की स्वर्ण जयन्ती मनाई गई थी तो किसी ने एतराज नहीं किया। सन् '47 में यह विवाद नहीं था और यह विवाद इस समय पचास साल बाद

निराला जन्मशती के अवसर पर उठाया जा रहा है, यह विचित्र बात मुझे लगती है। जहाँ तक उस कविता का सवाल है, वह बहुत पहले की लिखी हुई कविता है।

रामविलास जी ने जो जन्मतिथि निर्धारित की, उसमें मुझे यह भी याद है कि 'साहित्य साधना' का पहला खंड जब पहली बार छपा था तो उसमें कुछ बातें निराला के हाईस्कूल प्रमाणपत्र के आधार पर कही गई थीं। उस पर विष्णुकान्त शास्त्री ने समीक्षा करते हुए लिखा था कि रामविलास जी को भ्रम हो गया है। बंगाल में जो कक्षाओं के नाम हुआ करते थे, वही क्रम नहीं था जो उत्तर प्रदेश में हुआ करता था और उसके कारण उन्होंने कुछ गलत वर्ष निर्धारण किया है—ऐसा कुछ मुझे याद पड़ता है। दूसरे संस्करण में रामविलास जी ने उसका जवाब देते हुए कुछ ठीक भी किया, तो यह विवाद तो रहेगा ही, लेकिन मैं तो मानता हूँ कि अगर सन् '47 में स्वर्ण जयन्ती मनाई गई थी तो '96 को मान करके जन्मशती मनाने में कोई हर्ज नहीं है और एक बात तो निश्चित है कि वे पंत जी से बड़े थे उम्र में, और उनसे एक ही साल नहीं, कुछ ज्यादा बड़े लगते थे। इससे ज्यादा मैं इसके बारे में कुछ नहीं कहूँगा।

सुधीर रंजन सिंह : जैसे निराला के महत्त्व को आलोचना के बड़े फलक पर स्थापित करने का श्रेय रामविलास जी का है, मुक्तिबोध के महत्त्व को स्थापित करने का आपका। दोनों ही बड़े कवि हैं। बड़े कवि अज्ञेय भी हैं, फिर भी, इन सबमें आप सबसे अधिक महत्त्व किसे देते हैं और क्यों ?

नामवर सिंह : निराला और मुक्तिबोध में कौन बड़ा है, इसके बारे में कोई दो राय नहीं हो सकती। निराला निश्चित रूप से मुक्तिबोध से बड़े थे और बहुत बड़े थे। जहाँ तक नये कवियों के सन्दर्भ में तुलना का सवाल है तो लगभग सन् '40 के दशक से लेकर आज तक अधिकांश कवियों ने निराला से बहुत-कुछ सीखा है। चाहे वे शमशेर हों, चाहे वे त्रिलोचन हों, चाहे रघुवीर सहाय हों, और इनके बाद के कवियों में भी आप यह देखेंगे।

मुक्तिबोध ने निराला से कुछ सीखा नहीं है। यह सच है, उन्होंने निराला पर कम लिखा है। इसके कारणों की खोज की जानी चाहिए। लेकिन किसी भी कवि का बड़कपन इस आधार पर निर्भर नहीं होता कि कितने कवि उसे बड़ा मानते हैं और उससे प्रेरणा लेते हैं या उसे अपना आदर्श मानते हैं। सच्चाई यह है कि जैसाकि कहीं नागार्जुन ने कहा है कि निराला तो ताड़ के पेड़ के समान थे और ताड़ के वृक्ष का बगीचा नहीं होता। तो निराला का अनुकरण कोई नहीं कर सका। अपने जमाने में पंत का अनुकरण बहुत हुआ। कुछ लोगों ने प्रसाद जी का भी अनुकरण किया। वे लोग अनुकरण की दृष्टि से ज्यादा सरल-सुगम थे। निराला का कोई अनुकरण नहीं कर सकता था। काव्य की विषयवस्तु और रूप में जितनी विविधता और फैलाव और जितनी गहराई निराला में है, मेरी समझ से तुलसीदास के बाद जितनी गहराई निराला में है और किसी में नहीं। भारतीय कविता के सन्दर्भ में यह कहते हुए मेरे

ध्यान में रवीन्द्रनाथ हैं। अन्य भाषाओं के कवि भी मिलेंगे। शायद कठिन होगा कहना—कठिन तो होगा लेकिन सम्भव है कि बीसवीं सदी के बड़े और सार्थक दृष्टि से महत्त्वपूर्ण कवियों में निराला का नाम सर्वोपरि है। कवि रूप में रवीन्द्रनाथ को ध्यान में रखकर मैंने यह कहा है। सम्भव है, निराला सबसे बड़े कवि साबित होंगे। यद्यपि यह विवाद तो हमेशा ही रहेगा। मुक्तिबोध की बात है तो मैंने नई कविता के सन्दर्भ में उनको सबसे महत्त्वपूर्ण कवि माना है। मैंने मुक्तिबोध पर जो लिखा है, उससे कहीं नहीं लगता कि मैं उन्हें निराला से बड़ा कवि मानता हूँ। कभी नहीं माना मैंने, आज भी नहीं मानता।

सुधीर रंजन सिंह : लोगों को लगता है कि मुक्तिबोध एक जटिल कवि हैं। लेकिन असल में देखें तो निराला भावबोध, विचार और कला—तीनों स्तर पर जटिल हैं। जटिलता से यहाँ मेरा आशय दुर्बोधता नहीं है। मुक्तिबोध पाठ-अनुभव कमजोर होने के कारण जटिल मान लिये गए हैं; वे उतने जटिल हैं नहीं। उसका एक बड़ा कारण उनकी कविता का प्रदीर्घ और फैंटेसीपरक होना है; जबकि निराला की कविता में एक जटिल भावबोध, जटिल कला और विचार की सम्भावना ज्यादा दिखाई पड़ती है।

नामवर सिंह : मैं निराला और मुक्तिबोध को तुलनीय भी नहीं मानता। निराला हिन्दी में किसी कवि से तुलनीय हैं तो केवल तुलसीदास से। कवि के रूप में वे कबीर से भी तुलनीय नहीं हैं। निराला, जिसे लिरिकिस्ट और रोमांटिक कविता कही जाती है, उसके साथ ही तुलसीदास के समान महाकाव्यात्मक परिकल्पना के भी कवि थे। उसके साथ वे गीत के कवि थे। ये दो दुर्लभ चीजें हिन्दी में अगर किसी एक अकेले कवि में मिलती हैं तो वह पुराने जमाने के तुलसीदास में और आधुनिक काल के निराला में। मुक्तिबोध ने लम्बी कविताएँ लिखीं। वे लिरिक के कवि थे ही नहीं। इस दृष्टि से उनके यहाँ बहुत बड़ा हिस्सा सूना था, जबकि मैं नई कविता के मामले में मानता हूँ, वह बुनियादी रूप से लिरिक की कविता रही है। निराला के सन्दर्भ में और चीजों को छोड़ भी दें तो वे तुलसीदास के समान एक ओर 'रामचरितमानस' और दूसरी ओर 'विनय-पत्रिका' लिखते रहे यानी जो गीतों के रूप में है। 'परिमल' से लेकर 'सांध्य काकली' के गीत तक एक बहुत बड़ा हिस्सा निराला की कविताओं में गीतों का है और गीतों में बड़ी विविधता है। उनकी लम्बी कविताओं को मैं महाकाव्यात्मक कविता के नाम से मानता हूँ। उस पर लिखा भी है—मुख्य रूप से 'सरोज-स्मृति' और 'राम की शक्ति-पूजा' पर।

अगर नाटकीयता देखें तो यही एक गुण ऐसा है जो निराला में है और मुक्तिबोध में भी है। लम्बी कविता में नाट्य कविता मुक्तिबोध जो रचते हैं, यह क्षमता उन्हें निराला के निकट ले जाती है। बाकी भावबोध और दूसरी दृष्टियों से देखें तो बहुत अन्तर है। स्वाधीन भारत की निराला की लिखी हुई कविताओं को और स्वाधीन

भारत में मुक्तिबोध की कविताओं को मिला करके देखें तो दोनों के भावबोध में बुनियादी अन्तर दिखाई पड़ता है। जो मुझे अन्तर दिखाई पड़ता है, इसकी कुंजी है मुक्तिबोध की 'भूल गलती' कविता। मध्यवर्ग का पढ़ा-लिखा प्रबुद्ध व्यक्ति एक तरह की भूल गलती या अपराध-बोध से ग्रस्त है कि जो हमें करना चाहिए, वह हम नहीं कर रहे हैं या हमने नहीं किया। यह आत्मसंघर्ष या जिसको आत्मभर्त्सना कहते हैं, मुक्तिबोध का बुनियादी भाव है। इसी पर वे अपने से संघर्ष करते हैं और बाहर जो संघर्ष दिखाई पड़ता है, उसका चित्र उपस्थित करते हैं। आप देखेंगे कि इस दौर के निराला के किसी गीत में आत्मभर्त्सना और अपराध-बोध नहीं है। यह चिन्ता ही निराला की नहीं थी। इसलिए जरूरी नहीं कि मुक्तिबोध के सन्दर्भ के साथ उन पर विचार किया जाए। निराला पर अलग से विचार किया जाना चाहिए।

सुधीर रंजन सिंह : निराला का प्रभाव शमशेर पर था, नागार्जुन और त्रिलोचन पर था। क्या निराला का प्रभाव किसी छोर से अज्ञेय पर नहीं रहा?

नामवर सिंह : इस ओर मेरा ध्यान ही नहीं गया। शायद अज्ञेय की कविताओं ने कभी मुझे सोचने के लिए मजबूर ही नहीं किया कि निराला से उनका कोई सम्बन्ध है।

छायावाद के दौर की कविताओं को देखें तो अज्ञेय निराला के बारे में लिख चुके थे। 'विश्वभारती' में अंग्रेजी में जो उनका लेख छपा था, उसकी ओर लोगों का मैंने ही ध्यान आकृष्ट किया था। अज्ञेय छायावाद में पंत को उनकी भाषा की दृष्टि से, उनके योगदान को ज्यादा महत्त्वपूर्ण मानते रहे हैं, निराला को नहीं। कभी-कभी ऐसा भी लगता है कि वे प्रसाद के योगदान को अधिक महत्त्वपूर्ण मानते थे। उस दृष्टि से तो अज्ञेय के लेखन में निराला के सन्दर्भ में कुछ भी नहीं है। जिस तरह का अज्ञेय का व्यक्तित्व, उनका भावबोध, उनके संस्कार थे और जो भाषा वे लिखते रहे हैं, उसमें इस तरह की तुलना की कोई गुंजाइश भी नहीं दिखाई पड़ती। मैं तुलना के लिए एक ही बात बोलूँगा। 'इत्यलम' की कविताओं में अज्ञेय भी एक नूतन रहस्यवाद का संकेत करते हैं। आगे चल करके वे बुद्धिज्म की ओर आकृष्ट होते हैं और रहस्यात्मक कविताएँ 'असाध्य वीणा' जैसी लिखते हैं। इनके इस रहस्यवाद की निराला जी के छायावादयुगीन रहस्यवाद से तुलना हो ही नहीं सकती। दोनों की दार्शनिक पृष्ठभूमियाँ अलग-अलग थीं।

स्वाधीनता के बाद जो निराला ने 'अर्चना', 'अराधना' के गीत लिखे, जिसे लोग भक्ति कहते हैं, मैं उन्हें 'अर्चना-अराधना' ही कहना पसन्द करूँगा। उस अर्चना-अराधना और अज्ञेय जी के रहस्यवाद में कोई सम्बन्ध नहीं है—न दार्शनिक स्तर पर, न भावबोध के स्तर पर, न उन दिनों में निहित पीड़ा के स्तर पर। निराला की 'अर्चना' और 'अराधना' में पीड़ा है, व्यथा है, वेदना है। यही नहीं, उसमें जो आनन्द का उत्सव दिखाई पड़ता है; उस भक्ति में कहीं रहस्य या आकांक्षा दिखाई पड़ती है,

उनका अज्ञेय की कविताओं से दूर-दूर तक तार मिलता हुआ दिखाई नहीं पड़ता है। बाकी बातें तो छोड़ दीजिए।

सुधीर रंजन सिंह : यह तो नई कविता तक के लोगों की बात थी। नौवें दशक के कवियों और बिलकुल आज के कवियों को देखें तो वे मुक्तिबोध के प्रति ज्यादा आकर्षित दिखाई पड़ते हैं। आज कोई उस तरह से लम्बी कविता नहीं लिख रहा है। कोई फैंटेसी कविता भी उस स्तर पर नहीं लिखी जा रही है लेकिन कवियों के दिलो-दिमाग पर हावी मुक्तिबोध रहते हैं।

नामवर सिंह : मैं फिर कहूँ कि कवियों का मुक्तिबोध के लिए आदर या सम्मान एक बात है, लेकिन मुक्तिबोध की कविता से लेना या सीखना बिलकुल दूसरी बात है। मेरा खयाल है कि मुक्तिबोध का अनुकरणकर्ता कोई कवि नहीं है। निराला से कहीं ज्यादा मुक्तिबोध अनुकरणीय कवि हैं। न मुक्तिबोध जैसी कोई भाषा लिखता है, न लिखना चाहता है, न उनकी तरह क्रान्ति का कोई सपना देखता है, न उनकी तरह कोई बहुत गहरा आत्मसंघर्ष किसी में दिखाई पड़ता है।

सुधीर रंजन सिंह : सिर्फ कवियों की बात नहीं है, आलोचना में भी मॉडल मुक्तिबोध बनकर आते हैं। वे ही नवोदित आलोचकों के प्रस्थान-बिन्दु बनते हैं। आज के किसी कवि पर विचार की बात आती है—चाहे मंगलेश पर, चाहे कुमार विकास पर, चाहे राजेश जोशी पर या गोरख पांडेय पर—मॉडल मुक्तिबोध को बनाया जाता है, जबकि हमारी समझ से हिन्दी कविता के सन्दर्भ में वास्तविक प्रस्थान-बिन्दु निराला ही हो सकते हैं।

नामवर सिंह : मुक्तिबोध की बुनियादी रूप में जो जीवन-दृष्टि है और जीवन के जिन अनुभवों को लेकर वे कविता बनाते हैं, यह चीज उन्हें आकर्षित करती है; वे मुक्तिबोध उस पर जो कविता बनाते हैं, उस तरह की कविताएँ लोगों का ध्यान आकर्षित नहीं करती हैं; उसी तरह से जैसे इस दौर के कवियों में कबीर बहुत अच्छे लगने लगे। वह कबीर का केवल हिन्दू-मुसलमान वाली बात या साम्प्रदायिकता के विरुद्ध वाली बात के कारण नहीं है, बल्कि फटकार के सच कहने वाला, दो टूक कहने वाला उनका जो साहस है, उसके कारण लोग आकृष्ट होते हैं। भाई, एक हीरो तो होना ही चाहिए। तो कबीर हैं, निराला हैं, मुक्तिबोध हैं, दूसरे कवि हैं। शमशेर हैं जो मंगलेश को पसन्द आते हैं और कहिए कि अशोक वाजपेयी को भी पसन्द आते हैं। लेकिन मंगलेश शमशेर में क्या देखते हैं और अशोक वाजपेयी क्या देखते हैं, दोनों अलग-अलग चीजें हैं।

सुधीर रंजन सिंह : अब बातचीत को निराला जी पर ही केन्द्रित करें। जब लोग निराला की कविताओं की चर्चा करते हैं तो सामान्यत: उनकी कुछ लम्बी कविताओं का उल्लेख करते हैं, विश्लेषण के लिए भी मुख्य रूप से उन्हें ही छूते हैं। 'तोड़ती

पत्थर', 'जूही की कली' जैसी कुछ ही कविताएँ अपवाद में देखी जा सकती हैं। गीतों पर तो सबसे कम विचार होता है। तो पहली बात तो यह कि लम्बी कविताओं के अतिरिक्त वे कौन-सी कविताएँ हो सकती हैं पाँच-दस, या कुछ गीत जो लम्बी कविताओं की 'रेंज' रखती हैं? दूसरी बात, निराला की कविताओं की आलोचना में आप किन कठिनाइयों का अनुभव करते हैं?

नामवर सिंह : निराला पर जो आलोचनाएँ लिखी गई हैं और खास तौर से रामविलास जी ने लिखी हैं, उसमें कुछ चुनी हुई श्रेष्ठ कविताओं के आधार पर बार-बार चर्चा करते हैं। अक्सर हर कवि के साथ यही होता है। निराला के साथ भी यह है। लम्बी कविताओं में लोग 'राम की शक्ति-पूजा', 'तुलसीदास', 'सरोज-स्मृति'—मुख्य रूप से तीन का नाम लेते हैं। उसके बाद उनके कुछ गीत हैं, कुछ 'परिमल' की कविताएँ हैं, तो कुछ 'अनामिका' की कविताएँ लेते हैं। तो यह क्रम होता है और चाहें तो इसमें और जोड़ सकते हैं। अगर लम्बी कविताओं का जिक्र करना चाहें तो कहूँगा कि 'बादल राग' एक कविता-गुच्छ है, छह कविताओं का वह रागमाला है, उसको शामिल करना चाहिए। मुझे कभी लगता है कि 'पंचवटी प्रसंग' नाम की लम्बी कविता की उपेक्षा हुई थी। जो नाटकीयता है उसमें, वह एक नया प्रयोग उस दौर में निराला ने किया था। उनकी 'रेखा' नाम की कविता है। इन कविताओं के क्रम में 'प्रियदर्शनी', 'सम्राट अष्टम के प्रति', 'वनबेला', 'नर्गिस' और 'कुकुरमुत्ता' को निश्चित रूप से रखा जाना चाहिए। 'सरस्वती' शीर्षक जो कविता है, जो सम्भवत: 'नये पत्ते' की कविता है, 'महँगू महँगा रहा' उसे लेना चाहिए। बल्कि अन्य गुणों के कारण, चाहे जैसी हो, 'महाराज शिवाजी का पत्र' को भी शामिल करना चाहिए। उनके गीतों में तो इतनी विविधता है कि कुछ गीत गीत न होते हुए नज़्म के समान हैं, जैसे : 'अणिमा' में 'जलाशय के किनारे कुहरी थी'। कुछ छोटी गद्यात्मक-सी कविताएँ हैं। कुछ हलकी और कमजोर कविताएँ भी हैं।

मुझे अब भी लगता है कि निराला का जो 'अपरा' नाम से चयन हुआ है या 'रागविराग' नाम से रामविलास जी ने किया, दोनों चयन बहुत अच्छे हैं। लेकिन सम्भव है कि नये कवि जब चयन करेंगे तो शायद दूसरे ढंग का चयन करेंगे। निराला में बराबर एक नये से नये चयन और सन्तुलन की आवश्यकता है। जहाँ तक निराला की कविताओं की अर्थ-मीमांसा का सवाल है तो त्रिलोचन जी सबसे समर्थ आदमी हैं। और मैंने सुना है कि वे इस तरह का एक काम कर रहे हैं या करवा रहे हैं सागर में। मुझे मालूम है, उनकी जो प्रसिद्ध कविताएँ हैं, उन्हीं कविताओं में अनेक ऐसे प्रसंग हैं जिनके अर्थ को लेकर विवाद भी हैं। रामविलास जी से भिन्न अर्थ त्रिलोचन जी करते हैं। इस बारे में मैं एक बात कहना चाहूँगा। जो क्लासिक कवि हैं कबीर, तुलसी या सूर, उनकी टीका लिखने का काम हुआ है; आधुनिक कविता की टीका नहीं लिखी जा सकती है। इधर 'कामायनी' की टीका लिखी गई है, 'आँसू' की लिखी

गई है। निराला की भी कोई टीका लिखी जाएगी। निराला के सन्दर्भ में कोई महत्त्वपूर्ण टीका नहीं है। निराला शब्दों से खेलते हैं। अर्थ से ज्यादा शब्दों की ध्वनि और गूँज और उनके संगीत पर उनका ध्यान जाता है। अब सबको खींच-तान करके आप जिसको कहें संगति लगाना या अर्थ बैठाना कहते हैं, तो अर्थ पर इतना ज़्यादा जोर देकर निराला के साथ अन्याय करेंगे। 'स्नेह निर्झर बह गया है/रेत ज्यों तन रह गया है'—इस छोटे से गीत का अर्थ बता देने से तो बात नहीं बनेगी। 'बाहर मैं कर दिया गया हूँ/भीतर पर, भर दिया गया हूँ'। मुझे याद है, इलाहाबाद में ऑल इंडिया रेडियो पर पंत जी उस समय सलाहकार थे। यह पंक्ति मैंने कही तो उन्हें आश्चर्य हुआ कि क्या निराला ने यह लिखा है? देखिए, दो पंक्तियों पर ध्यान दें : 'सुख का दिन डूबे डूब जाए/तुमसे शायद मन ऊब जाए'। बाकी कविता पर ध्यान लोगों का नहीं जाता है। मैं इस बात के उल्लेख का कारण बताऊँ। रामविलास जी ने 'निराला की साहित्य-साधना', भाग-2, में 'राम की शक्ति-पूजा' का विश्लेषण कई जगह अलग-अलग प्रसंग में किया है। उदात्त-अनुदात्त और नाटकीय विन्यास को उन्होंने समझाया है। बहुत अच्छा काम किया है। लेकिन एक बड़ी भ्रान्त धारणा उनकी उसे आलोचना शीर्षक बनाती है—अघोष-सघोष, वर्ण-चमत्कार, अल्पप्राण-महाप्राण, वक्तृत्व। इन पर अधिक जोर देने से अनेक कविताओं के अंग-भंग किए हैं। अनेक उप-शीर्षक में कविताओं की दो-दो लाइन, तीन-तीन लाइन उद्धृत करने से कुल मिला करके निराला की कला के कुछ गुणों का विवेचन तो हो जाता है, लेकिन समग्रता में एक कविता का पूरा विवेचन नहीं मिलेगा। यह आलोचना नहीं है। रामविलास जी जिस बात का विरोध करते हैं, वही इसमें हुआ है। लक्षण ग्रंथ की तरह उन्होंने आलोचना की है। उन्होंने आधुनिक कविता में मध्यकालीन रीतिवाद का विरोध किया, लेकिन स्वयं रीतिकालीन लक्षण ग्रंथ की तरह आलोचनाएँ लिखीं। इसके कारण निराला की कविताओं के अलग-अलग कुछ लक्षण, कुछ नुक़्ते तो मिल गए हैं, लेकिन कविताएँ इतनी खंडित हो गई हैं कि कुल मिला करके एक पूरी कविता को अपनी समग्रता में पढ़ने का प्रयास नहीं हो सका। इस दृष्टि से मुझे दूधनाथ सिंह की किताब ज्यादा महत्त्वपूर्ण लगती है।

आपको याद होगा जानकी वल्लभ शास्त्री को निराला का वह पत्र, जिसे मैंने अपनी पुस्तक 'कविता के नए प्रतिमान' में उद्धृत किया है। उसमें उन्होंने कहा कि पंत जी की कविता तो ऐसी है कि आप उसमें से एक टुकड़ा, दो पंक्तियाँ, चार पंक्तियाँ उद्धृत करके आप सौन्दर्य बता सकते हैं, क्योंकि उनकी रचना-प्रक्रिया ही ऐसी है। मेरी कविताएँ ऐसी नहीं होतीं कि आप उसमें से एक पंक्ति, दो पंक्ति, चार पंक्ति या एक बंध निकालकर उसका सौन्दर्य बता दें। वह समग्रता-सम्पूर्णता में होती है और संरचना जिसे कहते हैं, वह महत्त्वपूर्ण होती है। उसी में पूरा भावबोध खिलता है। निराला जी इस बात पर जोर देते थे। डॉ. रामविलास शर्मा इससे भली

भाँति परिचित थे। बावजूद इसके, उनकी कला पर विचार करते हुए सुविधा के लिए उन्होंने विचार को एक जगह माना, भावबोध के लिए दूसरा अंश और तीसरा कला के लिए लिया—यह जानते हुए भी कि विचार, भाव और कला अलग-अलग चीजें नहीं हैं।

सुधीर रंजन सिंह : इसमें मैं यह जोड़ने की इजाजत चाहूँगा कि विचार, भाव और कला तो अलग-अलग चीजें नहीं हैं; उसके साथ कवि का जीवन भी जोड़कर देखना चाहिए। वह भी साहित्य के सन्दर्भ में अलग चीज नहीं है। रामविलास जी हिन्दी के सबसे बड़े मार्क्सवादी आलोचक हैं, लेकिन उनकी आलोचना-पद्धति विग्रहवादी है। जीवन का खंड अलग किया और फिर रचना का खंड अलग तैयार किया। आलोचना का एक दूसरा मॉडल मुक्तिबोध की 'कामायनी' पर किताब है। वह किताब कितनी सफल है, यह अलग सवाल है। अभी आपने निराला की गीतों की जिन पंक्तियों का उल्लेख किया था : 'स्नेह निर्झर बह गया है' या 'बाहर मैं कर दिया गया हूँ...' उसकी व्याख्या के लिए शब्द का अर्थ कर देने से या उसके सौन्दर्य की व्याख्या से बात नहीं बनेगी; उसमें कवि के जीवन-बोध, उसके जीवन-संघर्ष को भी टटोलना होगा, और ठीक वहीं, जहाँ आप व्याख्या कर रहे होते हैं।

नामवर सिंह : सही है। सुधीर जी, मैं सिर्फ एक उदाहरण देता हूँ। उनका एक गीत है जहाँ वे कहते हैं : 'बन्दीगृह वरण किया, जनता के हृदय जिया'। एक और कविता है उनकी : 'गहन है यह अन्धकारा/स्वार्थ के अवगुंठनों से/हुआ है लुंठन हमारा'। निराला में बार-बार 'कारा', 'बन्दीगृह' शब्द आता है। विचित्र बात है कि निराला कभी जेल नहीं गए और ये सारी कविताएँ लगभग आजादी मिलने के बाद की कविताएँ हैं। निराला महसूस करें कि मैं बन्दीगृह में हूँ : यह 'कैद-ए-हयात' जो है, इसकी व्याख्या होनी चाहिए। निराला की पूरी जीवनी पढ़ने के बाद मुझे रामविलास जी में कहीं नहीं मिलता निराला का अहसास कि मैं कारागृह में हूँ, मैं बन्दीगृह में हूँ। 'बन्दीगृह वरण किया'—और यह कि 'तोड़ो तोड़ो तोड़ो कारा...'। आजादी की लड़ाई के दौरान तो कारागार जेल का प्रतीक हो गया था, आजादी मिलने के बाद भी कारागार प्रतीक बने—इन चीजों की अनुभूति का, निराला के इस अहसास का, अध्ययन होना चाहिए। 'बन्दीगृह वरण किया, जनता के हृदय जिया'। बन्दीगृह में जो आदमी होगा, वह जनता से मिलने तो आएगा नहीं, तो जिसको 'डायलेक्टिस' कहूँ, निराला में मिलता है। घोर एकाकीपन। वह आदमी तन्हा रहा। लोग आते रहे, मिलते रहे; नहीं भी मिलते थे। यह उनकी एक तरह की जो तन्हाई थी, वही बन्दीगृह था। किसी ने उनको कैद नहीं किया था। उस कारा में रहते हुए भी एक आदमी में बाकी जनता के हृदय जीने का अहसास हो—यह जो 'डायलेक्टिस' है, इसके कई प्रतीक मिलेंगे और उन्हें ढूँढ़ना चाहिए। इसलिए निराला की कविताओं के बारे में जब आप कह रहे थे तो यह ठीक है कि अपने ढंग से निराला का दूसरा चयन होना चाहिए। घिसी-

पिटी उन पंक्तियों से हटकर निराला में कुछ और खोज होनी चाहिए।

सुधीर रंजन सिंह : निराला के गीतों को पढ़ते हुए अक्सर हमें लगा कि वे रवीन्द्र संगीत की तरह सुगम नहीं हैं। पढ़ते हुए भी अटकना पड़ता है।

नामवर सिंह : यह सही है कि निराला के गीत रवीन्द्र-संगीत की तरह नहीं हैं। रवीन्द्र ने जब गीत लिखा तो शुद्ध गाने के लिए लिखा। रवीन्द्रनाथ के काव्यात्मक गीत यानी 'लिरिक' के 'सांग' अलग हैं। 'सांग' रवीन्द्रनाथ ने अलग लिखा है, 'लिरिक' अलग लिखा है। निराला के गीतों में भी दिखाई पड़ेगी यह बात। 'गीतिका' के गीत सिर्फ गाए जा सकते हैं। ये थोड़े से गीत हैं, ज़्यादा नहीं हैं। बाद वाले गीतों में भी यह स्थिति है, यद्यपि आप जिसे कहें कि यह गाने वालों पर भी निर्भर है। आप देखेंगे कि खुद कबीर के गीत भी गायकों ने ठोक-पीटकर गाए। तुलसीदास की 'विनय-पत्रिका' सारी नहीं गायी जाती। उसके कुछ ही गीत गाए जाते हैं। सचमुच जो कठिन हैं, नहीं गाए जाते। 'विनय-पत्रिका' के पन्द्रह-बीस गीतों से ज्यादा मैंने गायकों को गाते नहीं सुना है। उस तरह से ढूँढ़ें तो निराला में भी मिल जाएँगे। 'अणिमा' के गीत गाए जा सकते हैं, 'अर्चना' के भी कुछ गीत गाए जा सकते हैं। कुछ गीत लोकगीतों की धुन पर बने हुए हैं। वे गाए जा सकते हैं और गाने पर ही उनका अर्थ खुलता है। लेकिन इसके अलावा काफी गीत उन्होंने लिखे हैं जो यदि गाए न जाएँ तो वे 'लिरिक' हैं और उनका भी महत्त्व है। दोनों तरह के गीत मिलेंगे। जो 'लिरिक' हैं, उनमें कभी-कभी एकाध पंक्ति ऐसी है, जो अपने भावों और विचारों की गहराई में एक महाकाव्य छिपाए हुए हैं। ऐसी पंक्तियाँ भी आपको उनके गीतों में मिलेंगी। उन गीतों का महत्त्व है। उन्हें केवल भक्ति कहकर खारिज नहीं किया जा सकता।

सुधीर रंजन सिंह : एक प्रश्न 'छायावाद' किताब की उस स्थापना को लेकर है, जिसमें आप कहते हैं कि 'यमुना के प्रति', 'राम की शक्ति-पूजा', 'सरोज-स्मृति' और 'तुलसीदास' जैसे बिखरे प्रयत्नों को एकत्र कर दिया जाए तो वे 'कामायनी' से श्रेष्ठ सिद्ध होंगी। इस स्थापना अथवा इस तरह की आलोचना-पद्धति को आज आप कितना महत्त्व देते हैं?

नामवर सिंह : पद्धति उसमें है कोई, यह तो मैं मानता नहीं हूँ। जोड़ने की बात नहीं, कहने का केवल यही प्रयोजन था। जयशंकर प्रसाद की 'कामायनी' महाकाव्य समझी जाती है।

उसके पीछे परिकल्पना है—मनुष्यता का पूरा विकास मनु के माध्यम से दिखाना। देव-सभ्यता का अन्त, मानव-सभ्यता का आरम्भ, अन्त में औद्योगिक विकास और बुद्धिवाद के कारण जो चुनौती पैदा होती है, उसमें श्रद्धा की स्थापना करना, एक महाकाव्यात्मक कल्पना है—कथा के धीमे तार के बावजूद। उसे लेकर मैं आचार्य शुक्ल से भिन्न स्थापना करता हूँ। शुक्ल जी यह मानते थे कि 'कामायनी' की पूरी योजना

को ध्यान में न रखकर अलग-अलग खंडों में देखें तो बड़ी 'लिरिक' कल्पना लगती है। योजना उन्हें अस्वीकृत है। लज्जा का चित्र बहुत अच्छा है, वाम का चित्र बहुत अच्छा है, थोड़ा इड़ा का चित्र अच्छा है। लेकिन पूरी 'कामायनी' को वे तिरस्कृत करते हैं। मेरा कहना उलटा है। खंडों में अच्छी होगी वह, इसमें कोई दो राय नहीं है। लेकिन 'कामायनी' आकृष्ट करती है, क्योंकि वह मानवता का रसात्मक इतिहास नहीं कहता, अपने-आपमें वह सभ्यता के बारे में एक पूरी दृष्टि है, लगभग जैसे 'हिन्द-स्वराज' में गांधी की थी। उसे ध्यान में रखें तो मैं यह कहना चाहता हूँ कि निराला ने अलग-अलग कविताओं के माध्यम से एक युग का जो रास्ता हो सकता था, उसका एक समग्र चित्र प्रस्तुत करने की कोशिश की है। 'यमुना के प्रति' में एक 'नॉस्टेल्जिया' है। कहाँ वह वृन्दावन है। वह चला गया। ये 'नॉस्टेल्जिया' अच्छा नहीं है। उस कविता का आज कोई नाम नहीं लेता। मैंने स्वयं लिखा है कि जिस भाषा में निराला ने कविता लिखी है, वह पंत जैसी है। सभी कविताओं को मिलाकर देखने की बात आज मैं नहीं कहूँगा। मैं कहूँगा कि उन कविताओं में—'सरोज-स्मृति' या 'राम की शक्ति-पूजा' में—'कुकुरमुत्ता' को भी शामिल करना चाहिए, और मैं उस 'देवी सरस्वती' का भी नाम लेना चाहूँगा जिसके माध्यम से सभ्यता का पूरा इतिहास कह देने की एक ऐतिहासिक कल्पना है—एक पूरे युग को एक झलक में देख लेना है, जिसको मैं 'एपिक इमेजिनेशन' कहूँगा। निराला और जयशंकर प्रसाद की इस 'एपिक इमेजिनेशन' की तुलना करनी चाहिए। इस तुलना में मुझे दिखाई पड़ता है कि निराला की यह कल्पना, यह दृष्टि कहीं ज्यादा बड़ी और सघन है और उसमें कविता की सम्भावना ज्यादा दिखाई पड़ती है। 'सरोज-स्मृति' एक तरह की आत्मकथा है निराला की। उस आत्मकथा में कितने ही उतार-चढ़ाव, द्वन्द्व और पीड़ा हैं। सुख-दुख, दोनों हैं, यह बात आपको 'राम की शक्ति-पूजा' में दिखाई देगी।

सुधीर रंजन सिंह : रामविलास शर्मा आधुनिक हिन्दी कविता को, छायावाद को रीति-विरोधी अभियान के रूप में देखते हैं और इसे हिन्दी नवजागरण के बड़े मूल्य के रूप में प्रस्तुत करते हैं। वे उस हिन्दी नवजागरण की क्रान्तिकारी चेतना का कलात्मक स्तर पर विकास निराला के यहाँ देखते हैं। प्रश्न है कि क्या निराला की कविता रीतिकालीन प्रवृत्तियों से मुक्त है?

नामवर सिंह : देखिए, ऐसा है कि रीतिकालीन कविता का जो अर्थ महावीर प्रसाद द्विवेदी करते हैं, उससे छायावाद का कोई सम्बन्ध नहीं है। महावीर प्रसाद द्विवेदी का दृष्टिकोण नैतिकतावादी था। रीतिकाल में जो रीतिवादिता है, उसका विरोध तो ठीक है, होना चाहिए था। पंत जी 'पल्लव' की भूमिका में रीतिकाल को ब्रजभाषा की कविता कहते हैं : 'ढाई हाथ का संसार'। लेकिन 'मदनराय के वीर बहादुर पावस के उड़ते फणिधर' में वे 'मदनराय के वीर बहादुर' जो इस्तेमाल करते हैं, यह कहाँ से लिये हैं? 'धूम धुँआरे काजर कारे' पदावली कहाँ से ली है उन्होंने? अलावा इसके

जहाँ तक शृंगार का सवाल था, 'ग्रन्थि' को आप पढ़ें तो भले ही नायक-नायिका भेद न हो, लेकिन उसमें किशोर-प्रेम का जो वर्णन किया गया है, उसे देखें। जयशंकर प्रसाद के सम्बन्ध में पंत जी स्वयं कहते थे कि हम लोग जो जरा अमूर्त और अशरीरी प्रेम का वर्णन करते थे, प्रसाद जी तो बनारस के रईस थे और रईस की रसिकता प्रसाद जी में मिलती है। वह 'कामायनी' में दिखाई पड़ती है, 'आँसू' में है। उसी तरह निराला को लें। निराला लिखते हैं : 'नैनल के गुलाल भरे खेली होरी रे/भर तेरी झोली में श्रमसुख की हर होली'। यह क्या है?

छायावाद के कवि का रीतिकाल के प्रति दृष्टिकोण वही नहीं है जो महावीर प्रसाद द्विवेदी या रामविलास शर्मा का है। रीतिकाल के तिरस्कार के मामले में मार्क्सवादी आलोचकों ने मार्क्सवाद कम, आर्यसमाज का ज्यादा प्रभाव स्वीकार किया है। छायावाद के कवि रीतिकाल के शृंगार को समझते थे। अजीब बात है कि भौतिकवाद का नाम लेनेवाले इस मामले में रोमांटिक हो जाते हैं कि प्रेम जब तक अशरीरी है तो बड़ा अच्छा, शरीरी हो जाए तो बड़ा गड़बड़ है। माने खाली प्रेम करो, शुद्ध, रोमांटिक की तरह से, सन्तान पैदा न करो। स्त्री गर्भवती हो जाए तो कुरूप हो जाएगी। यह कहाँ तक ठीक है? इसलिए यह दृष्टिकोण रामविलास जी का मार्क्सवादी कम, आर्यसमाजी संस्था का ज्यादा सूचक है।

दूसरी बात, शुक्ल जी ने रीतिवाद का, कलावाद का विरोध किया है, शृंगार या प्रेम का विरोध नहीं किया है। वे बिहारी की प्रशंसा करते हैं, देव की प्रशंसा करते हैं। इन कवियों पर रस लेकर उन्होंने लिखा है। कायदे से लक्षण-ग्रंथों का उन्होंने विरोध किया है, लेकिन रीतिकाल के प्रमुख आठ-दस कवियों ने जो कविताएँ लिखी हैं, उन कवियों के आचार्य शुक्ल प्रशंसक थे। उनमें उनको कलावाद दिखाई नहीं पड़ा।

सुधीर रंजन सिंह : अगर शुक्ल जी प्रेम और शृंगार के विरोधी होते तो उस काल को शृंगारकाल कहकर उसकी आलोचना करते... ?

नामवर सिंह : जी हाँ, आपने सही कहा। वे रीतिकाल के लिए एक नाम और भी प्रस्तावित करते हैं—शृंगारकाल। अगर शृंगारकाल नाम रख करके रीतिकाल का विरोध किया होता तो वह शृंगारिकता की भावना या शृंगार रस का विरोध होता। यह विरोध नहीं दिखाई पड़ता। 'रीतिकाल' नाम रखकर प्रवृत्ति के आधार पर वे विरोध कर रहे थे तो 'रीतिकाव्य की आत्मा है' धारणा का विरोध कर रहे थे। उस दौर के छन्दों का विरोध नहीं कर रहे थे। आप निराला के यहाँ देखें। कवित्त छन्द बहुत लोकप्रिय हुआ। उस दौर में गाँव-गाँव में जो छन्द सबसे लोकप्रिय हुए, उनमें कवित्त है। स्वयं निराला स्वीकार करते हैं कि उनके मुक्त छन्दों का आधार कवित्त रहा है।

सुधीर रंजन सिंह : एक बात और मुझे लगती है। रीतिकाल की शृंगारिकता में छायावाद के कवि रस लेते हैं। जिन कविताओं की पंक्तियाँ आपने अभी कहीं, उनमें भी यह

देखा जा सकता है। तो वे रीतिकाल की विशेष प्रकार की शृंगारिकता में रस लेते थे। सम्भव है, उसके प्रति थोड़ा व्यंग्य-भाव भी रहा हो... ?

नामवर सिंह : नहीं, उसका उन्होंने विकास किया। शृंगार या रति जीवन का एक अभिन्न अनिवार्य अंग है। प्रेम के कई रूप होते हैं। निराला के दो प्रिय कवि थे—बिहारी और विद्यापति। रवीन्द्रनाथ की तुलना वे बिहारी से करते थे। लेख लिखा उन्होंने। अब बिहारी से रवीन्द्रनाथ की तुलना करते हुए निराला को कभी ध्यान नहीं रहता था कि बिहारी मध्यकाल के हैं, सामन्तकाल के कवि हैं। विद्यापति दरबारी कवि थे।

त्रिलोचन जी से कल बात हो रही थी। मैंने कहा कि नाद संगीत पर तो एक तो आचार्य शुक्ल कह चुके हैं कि नाद कविता की आयु है। निराला अनुप्रास पर बहुत जोर देते थे। 'दिवसावसान का समय/मेघमय आसमान से उतर रही है/वह सन्ध्या-सुन्दरी परी-सी...'। निराला के यहाँ अनुप्रास बहुत है। 'सन्ध्या सुन्दरी' में 'अ-अ, ई-ई—अय—अय' की ध्वनियों की निराला आवृत्ति करते हैं। यह अनुप्रास 'राम की शक्ति-पूजा' में है, 'सरोज-स्मृति' में है, 'तुलसीदास' में है, 'वनबेला' में है। ये आवृत्तियाँ निराला ही क्यों, तुलसीदास में भरी हुई हैं : 'कंकन किंकिन—नूपुर धुनि सुनि...'। कविता केवल अर्थ में नहीं होती है, बल्कि कविता नाद में भी होती है, वरना गद्य में और कविता में फर्क क्या रह गया ? यह निराला में मिलता है। निराला जी, जिसे कलापक्ष कहते हैं और शुक्ल जी छायावाद में उसे कलावाद कहते थे, उस पर बहुत जोर देते थे।

रामविलास जी यह करते हैं कि एक चीज को स्थापित करने के लिए एक शत्रु-पक्ष की कल्पना कर लेते हैं। महावीर प्रसाद द्विवेदी की महानता साबित करने के लिए उन्होंने शत्रु-रूप में रीतिकाल चुन लिया, जबकि यह ऐतिहासिक तथ्य नहीं है, स्वयं छायावादी कवियों को पढ़ने से कहीं नहीं लगता है। निराला ने तो उस तरह से रीतिकाल के खिलाफ कभी कुछ लिखा ही नहीं है। पंत के 'पल्लव' की भूमिका कुछ और कहती है और 'पल्लव' की कविताएँ कुछ और कहती हैं। जयशंकर प्रसाद ने कहीं नहीं लिखा है 'रीतिकाल' के विरुद्ध। महादेवी जी ने नहीं लिखा है जबकि स्त्री होने के नाते सबसे ज्यादा उनको विरोध करना चाहिए था। रीतिकाल के विरुद्ध भारतेन्दु-काल के लोग नहीं थे। भारतेन्दु ने तो कवित्त लिखे हैं, सवैये लिखे हैं। क्या भारतेन्दु वैष्णव होने के नाते सारा-का-सारा भक्ति की परम्परा से जुड़े थे ? मुझे तो कभी लगता है कि निराला में बिहारी हैं, कबीर भी हैं, विद्यापति भी हैं, सूर भी हैं, तुलसीदास भी हैं; पद्माकर, मतिराम, भारतेन्दु भी हैं। निराला हिन्दी के उन कवियों में हैं जिनमें हिन्दी कविता की समूची परम्परा बोलती है। उनकी कविता में समूची हिन्दी कविता की परम्परा की गूँज तो सुनाई पड़ेगी ही, उसमें उर्दू परम्परा भी मिलेगी, संस्कृत परम्परा मिलेगी। जैसे इलियट ने कहा था कि एक बड़ा कवि अपनी हड्डी

और मज्जा में पूरी परम्परा को वर्जिल और होमर से लेकर लिखता है। उसी तरह निराला हैं। हिन्दी कविता से आगे निकलकर भारतीय कविता की परम्पराओं की गूँज इधर उर्दू की, उधर संस्कृत की परम्पराओं की गूँज, और साथ ही रवीन्द्रनाथ हैं, सबकी निराला की कविता में गूँज है। वे उसको लेकर कविता बनाते हैं, जो ठेठ अपना है, लेकिन परम्परा के सर्वोत्तम सार को प्राप्त करने की भी चेष्टा करते हैं। इसलिए उनको पहले वाली परम्पराओं के विरुद्ध रखकर देखना कि बड़े क्रान्तिकारी कवि थे, सारी परम्पराओं को तोड़कर काम किया था, इस दृष्टि से मैं असहमत हूँ। रचना के स्तर पर कवि ऐसा विद्रोह करता नहीं है, निराला ने भी नहीं किया था। विद्रोह करने वाला कवि, जैसा बताया, इस तरह से परम्परा से लेता है।

सुधीर रंजन सिंह : रामविलास जी जिसे हिन्दी नवजागरण कहते हैं, उसका सबसे विकसित रूप 'निराला' में चिह्नित करते हैं। प्रश्न है कि निराला क्या खाली नवजागरण के मूल्यों के कवि हैं? या इसे मैं दूसरे रूप में पूछता हूँ कि अगर उनमें नवजागरण के श्रेष्ठ मूल्य दिखाई पड़ते हैं तो क्या वही उनकी श्रेष्ठता के सबसे अच्छे आधार हैं? असल में मेरा प्रश्न इस बात को लेकर है कि जो आधुनिक साहित्य है निराला, प्रसाद, पंत और प्रेमचन्द का—यानी स्वाधीनता से पहले का बीसवीं शताब्दी का साहित्य, वह अपने मूल्यांकन के लिए रामविलास जी की नवजागरण की अवधारणा के आज कितना अधीन है?

नामवर सिंह : ऐसा है, वह जरूरी है। निराला का सम्बन्ध रामकृष्ण मिशन और विवेकानन्द से था। 'समन्वय' पत्रिका में काम करते वक्त कुछ कविताएँ ऐसी लिखी हैं। इसलिए रामविलास जी ने निराला के जीवन-दर्शन में नव-वेदान्त देखा है। वह नव-वेदान्त बंगाल के नवजागरण और हिन्दी नवजागरण की रीढ़ रहा है। हिन्दी नवजागरण की अपनी प्रवृत्तियाँ कुछ भिन्न रही हों, किन्तु उस नव-वेदान्त का प्रभाव निराला में 'परिमल' से लेकर, बल्कि कहना चाहिए कि पहली 'अनामिका' से लेकर 'सान्ध्य काकली' तक है।

निराला की पचासवीं स्वर्ण जयन्ती पर रामकृष्ण मिशन वाले भगवा वस्त्र धारण करके और विवेकानन्द वाली पगड़ी बाँधकर आए थे। मेरा खयाल है कि रामविलास जी ने सम्भवत: उसी के आस-पास महावीर प्रसाद द्विवेदी और हिन्दी नवजागरण वाला काम किया होगा। तो जनजागरण एक अरसे तक छाया रहा उनकी चिन्ता में। लेकिन मैं समझता हूँ कि निराला के साथ यह एक छोटी-सी घटना को तूल देने के समान है। 'कौन तम के पार रे कह', 'छूटता है अधिवास मेरा'—इस थीम को लेकर बाद की जो माँ वाली शक्ति है, सबको रामकृष्ण मिशन से बाँध देना, जोड़ देना आज के सन्दर्भ में तो और खतरनाक है। विवेकानन्द का झंडा आज भारतीय जनता पार्टी और आर.एस.एस. ने उठा लिया है। निराला को रामकृष्ण-विवेकानन्द के साथ बाँधकर आप किनके हवाले कर रहे हैं? मुझे चिन्ता इस बात की है। और मैं समझता हूँ कि

निराला का सुसंगत जीवन-दर्शन जिसे कहते हैं, वह कोई था नहीं। न उन्होंने पूरा मार्क्सवाद कभी अपनाया, न उन्होंने रामकृष्ण और विवेकानन्द को पूरा का पूरा अपनाया। इस मामले में मुझे दूधनाथ सिंह का मत, अराजकतावादी होते हुए भी, सही लगता है। कुछ कविताओं में सम्भव है कि नव-वेदान्त की झलक मिले, लेकिन मूलतः उनकी कविता अपने जीवन-जगत के अनुभवों, भावबोध पर निर्भर कविता है। वे कभी नहीं किसी से बँधे। बँधे-बँधाए जीवन-दर्शन से वे कभी नहीं बँधे। उस दौर में भी नहीं, जब रामकृष्ण मिशन से उनका सम्बन्ध था। उस दौर में भी नहीं, जब उस तरह की पोशाक पहनने लगे थे। मैं उनकी 'जननी' और 'माँ' को रामकृष्ण मिशन की माँ काली के रूप में नहीं देखता; 'राम की शक्ति-पूजा' को भी मैं बंगाल की शक्ति-पूजा से जोड़कर नहीं देखता। यह निराला के जीवन-अनुभव में क्यों न ढूँढ़ा जाए? उनकी माँ के साथ जैसी दुर्घटना हुई थी, उसका उल्लेख रामविलास जी ने हलका-सा किया है, जिसे महादेव शाहा से मैंने बिलकुल दूसरे रूप में सुना है। उनके पिता ने अपनी पत्नी यानी निराला की माँ की जैसे हत्या की थी और जिस सन्देह के कारण, वह एक भयंकर घटना थी, जिसे दरवाजे के छेद से झाँककर निराला ने देखा था।

चूँकि रामविलास शर्मा ने खुद निराला की विक्षिप्ति या अर्द्धविक्षिप्ति की फ्रायडीय व्याख्या की है तो इसकी भी फ्रायडीय व्याख्या क्यों नहीं करते? यह एक पक्ष है। निराला वस्तुतः नवजागरण के कवि नहीं हैं। 19वीं शताब्दी के नवजागरण के बाद का विकास राष्ट्रीय नवजागरण में हुआ। उनमें राष्ट्रीय उद्‌बोधन था। उसके बाद तीस के दशक में जब किसान आन्दोलन हुए, उस किसान आन्दोलन के कारण जो चेतना पैदा हुई, उसकी झलक 'अनामिका' में दिखाई पड़ती है। वह 'नये पत्ते' में सबसे ज्यादा मुखर है। 'महँगू महँगा रहा' या किसानों को लेकर जो कविताएँ लिखी हैं, उनमें नवजागरण तो पीछे छूट गया है। वे गढ़कोला में रहते हुए 'कुल्लीभाट में', 'बिल्लेसुर बकरिहा' में किसानों के बीच आते हैं। उस जीवन से आगे बढ़ते हुए आजाद भारत में आते हैं। विकास की प्रक्रिया में जो विषमताएँ आने लगीं, उसकी कहानी 'अर्चना', 'अराधना' की पृष्ठभूमि में है। इन तमाम चित्रों के बीच वे नववेदान्त की व्याख्या कैसे करते हैं, इसे देखें। निराला के गीतों में आद्यात आप कहें कि कैसे बसन्त खिलता है? जीवन का जो रस-रंग है, उसमें वे रस लेते दिखाई पड़ते हैं। दुःख और विषाद के साथ यह अजीब बात दिखाई पड़ती है कि निराला कभी विरक्त नहीं हुए। वे भक्त थे। जब बादल खिलते हैं, तो जैसे वे नाचने लगते हैं; जैसे नागार्जुन नाचते हैं। वे चीजें बताती हैं कि यह आदमी माया की नई व्याख्या करनेवाला नहीं हो सकता। माया को उन्होंने कबीर की माया के रूप में भी देखा है और माया को रूप-रंग-वासना के रूप में भी देखा है। जीवन को दुःख और कष्ट में भी जी के देखा यानी जगत में जो अमृत है, उसका स्वाद चखना और विष को भी पीना। इसलिए

मैं कहता हूँ कि निराला को न केवल नवजागरण के साथ देखा जा सकता, न केवल राष्ट्रीय जागरण के साथ, न केवल किसान आन्दोलन के साथ और न ही आजादी के बाद के संघर्षों के साथ, बल्कि इन सबके बीच आम जनता जीवन कैसे जीती है, इस धारा की ओर देखने से ही हम निराला को ठीक-ठीक देख पाएँगे।

सुधीर रंजन सिंह : यानी निष्कर्ष रूप में निराला इस पूरे बीसवीं शताब्दी के समूचे अनुभव के कवि हैं?

नामवर सिंह : निश्चित रूप से बीसवीं शताब्दी के समूचे अनुभव के कवि। 'सगुण क्षर अवगुण जलताता, मिले रचै चै परपंच विधाता'। यह जो जीवन-प्रपंच है, जो अगुण-सगुण है, सब मिला करके विष और अमृत भरा जीवन है, वह निराला की कविताओं में मिलेगा। हर जगह मिलेगा।

सुधीर रंजन सिंह : निराला की कविताओं में दमित इच्छाओं और काम- विकृतियों को भी आने का अवकाश मिला है। उसका कुछ संकेत अभी तक की आपकी बातों में भी है। निराला में नीति-धर्म-प्रतिकूल भी आप देख सकते हैं। जो राम उनकी शक्ति-साधना के प्रतीक बने हैं, वही राम और सीता के सम्बन्धों को अन्य स्त्री के माध्यम से 'स्फटिक शिला' में दूसरे रूप में अपने ऊपर घटित करते हैं। इसमें 'इरोटिक' है। कह सकते हैं कि जैसे 'प्रेम संगीत की पनहारिन', वैसे ही 'स्फटिक शिला' की वह युवती, जिसे निराला सीता के रूप में देखते हैं।

नामवर सिंह : आपने जो बातें कही हैं, वे फ्रायडीय मनोविश्लेषण वाली आलोचना का आभास देती हैं। डॉ. रामविलास शर्मा ने 'निराला की साहित्य-साधना' के प्रथम भाग में निराला के अर्द्ध-विक्षेप को 'सायकोसिस' मानते हुए, उनकी दमित वासनाओं और पागलपन की व्याख्या करने की कोशिश की है और इसका सम्बन्ध उन्होंने उन पर 'सिफलिस' के असर से जोड़ा है। जहाँ तक मुझे याद पड़ता है, ये चीजें दिलचस्प हो सकती हैं, लेकिन मैं इस तरह की आलोचना का कायल ही नहीं हूँ। कविता का मनोविश्लेषणात्मक अध्ययन नहीं हो सकता है यह चीर-फाड़, मनोचिकित्सा का ही विषय हो सकता है, लेकिन साहित्यिक आलोचना या काव्यालोचना का नहीं। हाँ, जाक लाकाँ जिस रूप में मनोविश्लेषण का प्रयोग करते हुए भाषा की संरचना से इसको जोड़कर देखने की कोशिश करते हैं और जिसके माध्यम से लिंग-सम्बन्धी पूर्वग्रह, जिसे 'जेंडर-वायस' कहते हैं; जिससे आज नारीवादी आलोचना चली है; कोई आदमी उस दृष्टि से अगर व्याख्या करने की कोशिश करे तो सम्भव है, निराला की कविताओं और कुछ गीतों के नये अर्थ उद्‌घाटित हों!

यह मैं जरूर कहूँगा, जो आपने 'इरोटिक' कहा, निराला में इरोटिक बिम्ब बहुत मिलते हैं। 'वनबेला' का जो आरम्भ होता है, वह इरोटिक है। यह इरोटिक रूप एक अच्छी कलाकृति या कला-चेतना का अनिवार्य अंग है। यह बीमारी नहीं है। यह

निराला में भरा हुआ है। इसलिए मैं कहूँगा, ये इरोटिक इमेजेज हैं और अगर कलाकार या लेखक विद्रोही-क्रान्तिकारी होते हैं, उनकी कविताओं में आम तौर पर इरोटिक बिम्ब आते हैं। ब्रेख्त की कविताएँ भरी हुई हैं इरोटिसिज्म से; नेरुदा में है, ब्लाख में है...। इसलिए ये निराला में मिलते हैं तो इसमें कोई आश्चर्य की बात नहीं है। शास्त्रीय शृंगार रस और रति भाव से यह अलग है। मैं समझता हूँ कि पंत जी में यह एक सिरे से गायब है। जो बाद में है भी, वह तो फूहड़ है। निराला का इरोटिक दिलचस्प है जिसकी व्याख्या भाषा और कविता के स्तर पर होनी चाहिए। इसके लिए फ्रायड के पास जाने की कोई जरूरत नहीं है।

सुधीर रंजन सिंह : यहाँ अब तक की बातचीत में बहुत से बिन्दु आए और यह कि निराला की कविताओं में कठोर जीवन-संघर्ष, क्रान्तिकारी चेतना और रहस्यवाद, दोनों हैं। शुरू के रचनाकाल से अन्त तक। मेरी समझ से यह जो रहस्यवाद का पक्ष है, वह भी कोई कम बड़ा नहीं है। कबीर के बारे में यह प्रश्न किया जाता है कि उनकी क्रान्तिकारिता और रहस्यवाद में क्या सम्बन्ध है। हमारा मानना है कि कबीर का रहस्यवाद भी उनकी क्रान्तिकारिता का अंग था। वैसे समय में जब समाज के एक बड़े वर्ग के लिए देवालय के दरवाजे बन्द थे, तब कबीर ने कहा था : 'बागों न जा रे न जा, तेरी काया में गुलज़ार...' इसी तरह का बहुत कुछ। उस रहस्यवाद में अछूत देह को भी देवालय से बड़ा महत्त्व प्राप्त हुआ था। पानी उस गुह्य साधना में भी 'रिवोल्ट' है।

शुरू से अब तक आपने जैसा कहा कि कबीर और तुलसी के बाद हिन्दी कविता की सबसे बड़ी वाणी निराला हुए, प्रश्न है कि उनके इस अन्तर्विरोध की व्याख्या कैसे की जाए?

नामवर सिंह : सुधीर जी, आपने सवाल ही नहीं पूछा, जवाब ही दे दिया है। इससे मेरा काम आसान ही नहीं हुआ, बल्कि जो कुछ कहूँगा, वह शायद अनावश्यक होगा। लेकिन जिसे लोग रहस्यवाद कहते हैं, यह कविता के सन्दर्भ में दुर्भाग्यपूर्ण शब्द है। यह साधु-संतों, धार्मिक चिन्तकों वगैरह की भाषा है। बहुत से लोग तो गांधी को भी रहस्यवादी कहते हैं।

आपने कहा कि क्रान्ति के साथ कुछ रहस्यवाद दिखाई पड़ता है। यह तार्किकता और अतार्किकता का सवाल है। आम तौर से जो तर्कवादी होते हैं, रेशनलिस्ट जिन्हें कहते हैं, वे प्राय: 'कंजरवेटिव' पाए गए हैं। इसका मतलब यह नहीं है कि तार्किकता आदमी को कंजरवेटिव या दकियानूस ही बनाती है, लेकिन ऐसा भी होता है। इसका सबसे बड़ा उदाहरण है कानून, संविधान और कचहरी। वह हर चीज का प्रमाण माँगा करते हैं। कचहरी यही देखती है कि इसकी नजीर है कि नहीं है। पहले अगर ऐसा किया गया है तो आज किया जा सकता है। यह चीज तर्क की दृष्टि से अगर सुसंगत लगती है तो भले ही उसकी तार्किक परिणति एब्सर्ड हो, लेकिन उनको उसमें

बहुत अच्छा लगेगा। क्रान्तिकारी इस तर्क-शृंखला में पलीता लगाता है और उसे तोड़कर जो बात अतार्किक लगती है और जिसमें कभी-कभी सच छिपा होता है, उसे खोजने की कोशिश करता है। वह जिस भाषा में बोलता है, वह कभी-कभी उलटी भाषा होती है, कूट की भाषा होती है। इसलिए जब वह समझ में लोगों को नहीं आता तो उसे रहस्यवाद कहते हैं।

निराला की 'गीतिका' के गीतों में कुछ लोगों ने रहस्यवाद बताया है। 'परिमल' में रहस्याद देखते हैं, 'छूटता है अधिवास मेरा' आदि में; क्योंकि उन दिनों समझा जाता था कि छायावाद में रहस्यवाद है। रवीन्द्रनाथ की 'गीतांजलि' का यह परिणाम हुआ था। जहाँ कोई अमूर्त प्रियतम आ जाए तो लोग कहते थे कि भाई, लौकिक न मालूम हो, तो अलौकिक कहो। इश्केमजाजी नहीं है यह, इश्केहकीकी है यह। लेकिन निराला की भक्ति की कविताओं को रहस्यवादी कोई नहीं कहता। और यह जो भक्ति है, मुझे ऐसा लगता है कि वह निराला की भक्ति की भाषा है, शब्दावली है, बिम्ब और प्रतीक है, भक्ति नहीं है। उदाहरण के लिए निराला कहते हैं कि 'हार गया जब मैं उस पार गया'। बच्चन ने कहा, 'इस पार के लिए मधुमय तुम हो/उस पार न जाने क्या होगा?' तो इस पार और उस पार की शब्दावली में निराला जो कहते हैं, वह मृत्युबोध से सम्बन्धित है। उन कविताओं में मृत्यु से साक्षात्कार का साहस है, मौत से आँख से आँख मिलाकर देखता है; और उसमें अपनी ही नहीं, पूरे भारतीय मानस की वेदना को कहता है। यह वैसे ही है, जैसे आखिरी दिनों में 'कवितावली' में मृत्यु की वेदना और मृत्यु का साक्षात्कार तुलसीदास ने किया है। 'कहाँ जाईं का करी?' 'विनयपत्रिका' में लिखा है : 'कहा न कियो न, कहाँ न गयो...मूड़ मारि, हिय हारिकै...' मानो कुछ नहीं किया तो मरना ही रह गया है। उन कविताओं के सन्दर्भ में मैं कहूँगा कि यह मृत्यु का खुली आँखों से साक्षात्कार है, उससे मुठभेड़ मैं कहूँगा : मृत्यु का स्वीकार नहीं कहूँगा।

अक्सर आप देखेंगे कि निराला में जहाँ रहस्यवाद लोग कहते हैं, वहाँ निराला में मृत्यु का गहरा अहसास है। उस मृत्यु के साक्षात्कार से जीवन की प्यास जागती है, जीने की लालसा जागती है। जीने की पीड़ा है उन कविताओं में। उसे रहस्यवाद, भक्ति आदि के द्वारा ढँकने की कोशिश न करो, मुझे यही कहना है।

['नया पथ', निराला अंक, 1994]

नागार्जुन की परम्परा ब्रेख्तवादी है

लीलाधर मंडलोई

लीलाधर मंडलोई : नागार्जुन को पढ़ते हुए कबीर, कालिदास, विद्यापति, जयदेव, दिनकर, निराला, मैथिलीशरण गुप्त और प्रताप नारायण मिश्र सहज याद आते हैं। तो अगर नागार्जुन को परम्परा में रखना हो तो नामवर जी, वह क्या होगा?

नामवर सिंह : हिन्दी की परम्परा का जो नाम लिया, वह तो ठीक है और वह सारी परम्परा नागार्जुन में जीवित और विकसित मिलेगी। लेकिन यह नहीं भूलना चाहिए कि नागार्जुन की शिक्षा संस्कृत में हुई थी और कालिदास पर कविताएँ भी लिखी हैं उन्होंने और उनमें कालिदास की गूँज भी है। उसके साथ ही बौद्ध संस्कार की भी, जो राहुल जी के माध्यम से हुई है। नागार्जुन मूलत: मैथिल थे, यह नहीं भूलना चाहिए। और मिथिला में संस्कृत की पुरानी परम्परा भी थी। विद्यापति की परम्परा थी। काशी में उनकी शिक्षा हुई। बचपन बीता और बहुत दिनों तक वे इलाहाबाद रहे। बल्कि अपनी भाषा के बारे में जैसा उन्होंने कहा है, 'वैसे तमाम बोलियों के शब्द मैंने लिये हैं।' पछाँह के लिए, यानी विशाल भाषा-भाषी प्रदेश में सभी क्षेत्रों के शब्द जो उनको अच्छे लगे, वो लिये। जो अर्थपूर्ण लगे, लिये, लेकिन भाषा के मामले में उन्होंने अपनी बातचीत में कहीं कहा है कि मैं तो इलाहाबाद की भाषा बोलता हूँ। तो ये सारे संस्कार मिथिला, काशी, इलाहाबाद—इन शहरों के सांस्कृतिक जीवन के, इन शहरों से जुड़ी हुई शताब्दियों की परम्परा है। मिथिला की एक परम्परा है, काशी की एक दूसरी परम्परा है। और नागार्जुन इलाहाबाद में, उस दौर में थे जब वह प्रगतिशील आन्दोलन का भी केन्द्र था और नई प्रयोगशीलता, आधुनिकता, नई कविता आदि का भी। इलाहाबाद इस मामले में भी महत्त्वपूर्ण था कि उस समय निराला वहाँ इत्तफाक से दारागंज में रहते थे। उनके साथ ही नागार्जुन, पंत, महादेवी आदि भी वहीं रहते थे और मैथिलीशरण गुप्त अक्सर आया करते थे वहाँ। तो पूरा जमावड़ा था। 'परिमल' के लोग भी थे। प्रगतिशील लोग भी थे। इसलिए यह पूरी परम्परा संस्कृत से चलकर एक हजार साल के हिन्दी साहित्य की थी, अलावा इसके नागार्जुन कलकत्ता बहुत रहे थे। अनेक कविताएँ कलकत्ता में ही लिखी थीं। बांग्ला बहुत अच्छी जानते थे वे।

और आजीवन बांग्ला की पत्रिकाएँ और साहित्य पढ़ते रहे थे।

लीलाधर मंडलोई : नागार्जुन में गहरी बहुभाषी संस्कृति के दर्शन होते हैं। मैथिली के अलावा संस्कृत के दर्शन होते हैं। मैथिली के अलावा उन्होंने संस्कृत में भी कविताएँ लिखीं, साथ में नेपाली, गुजराती, उड़िया सहित प्राचीन भाषाओं का ज्ञान, तो भाषा की परम्परा में नागार्जुन के बारे में कुछ कहें?

नामवर सिंह : बिलकुल। इसलिए वे हिन्दी के थोड़े से लेखकों में थे। भाषायी और साहित्यिक परम्परा की दृष्टि से उनकी दृष्टि, जो बहुभाषा और बहुसंस्कृतियों वाला पूरा देश है, उससे गहरा लगाव था। यह बृहद परम्परा मैं नहीं जानता कि हमारे हिन्दी में किसी दूसरे साहित्यकार को मिली हो।

लीलाधर मंडलोई : इसमें एक चीज और दिखाई देती है कि भारतीय भाषाओं के प्रति जो उनका उत्कृष्ट लगाव और प्रेम था और अनुवाद भी उन्होंने संस्कृत से किए, बंगला से किए और प्राकृत और पालि से बहुत सारी चीजें सदैव उनकी बातचीत से निकलकर आती रहती थीं। अंग्रेजी आदि की जानकारी होने के बावजूद उतना प्रेम शायद उन भाषाओं के प्रति नहीं दिखाई देता, जितना लगातार भारतीय भाषाओं को लेकर।

नामवर सिंह : निश्चित। और यही नहीं, बल्कि उन्होंने तो चार भाषाओं में कविताएँ लिखी हैं। संस्कृत में कविताएँ लिखीं, कई कविताएँ हैं और बहुत अच्छी कविताएँ हैं। क्लासिकीय परम्परा में। हमारी डायरी में कुछ कविताएँ उनके हाथ की लिखी हुई हैं। कश्मीर में जब वे थे तो बर्फ से ढँकी हुई घाटियों को देखकर उनको पार्वती की याद आती है और शिव पर उन्होंने इस तरह बहुत-सी कविताएँ लिखी हैं। मैथिली, संस्कृत, हिन्दी और बांग्ला—इन चार भाषाओं में उन्होंने कविताएँ लिखी हैं। इससे उनका जो भाषायी संस्कार और क्षेत्र है, इतना व्यापक तो हिन्दी में किसी दूसरे साहित्यकार का मुझे दिखाई नहीं देता।

लीलाधर मंडलोई : लोक की जो अद्वितीय समझ नागार्जुन की थी, मिथिला के अलावा भी जैसे कि मध्य प्रदेश या उत्तर प्रदेश की यात्रा करते थे तो वहाँ की लोकभाषाओं के शब्दों की परख के बारे में भी बोला करते थे।

नामवर सिंह : हाँ! वह कविता 'खिचड़ी, विप्लव देखा हमने', उसमें है। इसे इस तरह समझें, मानो सवेरे-सवेरे घर से निकल करके वे जैसे तरह-तरह की बोली अपने कानों के कटोरे में डालते हों और सब इकट्ठा करके बोलते हों! अकेले वे कवि हैं जो बस्तर के आदिवासियों के प्रति बड़े संवेदनशील थे। उन्होंने साल वनों पर भी लिखा है कि वह जो सबर युवक मिला था। तो गए होंगे बस्तर, और वहाँ आदिवासियों के बीच। इसलिए उनकी दृष्टि का विस्तार जहाँ तक था, उस पर कविताएँ लिखी थीं।

लीलाधर मंडलोई : एक बात नामवर जी, कि हम सभी लोग जानते हैं कि चार नामों से वे हिन्दी समाज में परिचित रहे हैं—वैद्यनाथ मिश्र जी, यात्री जी, नागार्जुन और बाबा। उनके अवसान के बाद खास तौर पर हमने इस बात को अनुभव किया है कि बाबा के लोगों से बहुत आत्मीय सम्बन्ध थे, पारिवारिक सम्बन्ध थे, तो बाबा की उस आत्मीय घरेलू छवि के बारे में इतनी बातचीत हुई है पिछले दिनों कि उनके दूसरे रूप कहीं छुप गए हैं। कहीं यह डर भी है कि अन्य रूप तिरोहित न हो जाएँ। अगर बाबा का समग्र मूल्यांकन करना हो तो इन चार रूपों को सामने रखकर वह कौन-सी कुंजी है या वह कौन-सा सूत्र है, जहाँ से बात शुरू करनी चाहिए?

नामवर सिंह : इन तमाम नामों से उनके व्यक्तित्व का विस्तार मालूम होता है। उनकी जटिलता और पेचीदगी मालूम होती है। एक बात और, जिस पर ध्यान जाना चाहिए कि कुल मिलाकर चाहे उनको वैद्यनाथ मिश्र या यात्री या बाबा कहें, स्वयं अपनी कविताओं में उन्होंने अपने नाम का सन्धि-विच्छेद करके अर्जुन नागा कहा है। एक नागा रूप उनका है। तमाम चीजों में एक चीज कि अपनी कविताओं में छद्म आधुनिकता के विरुद्ध उनका एक विद्रोही रूप दिखाई पड़ता है। इन तमाम चीजों के बावजूद वे बहुत आधुनिक आदमी हैं, यह हमें नहीं भूलना चाहिए। अपने दिमाग में, अपने दिल में, अपने खयालों में यह बिठा लेनी चाहिए। अनेक तथाकथित छद्म आधुनिक लोगों की अपेक्षा वह आदमी महत्त्वपूर्ण है अपनी जीवनदृष्टि में। बाबा कहने से वह चीज छिप जाती है। इसीलिए उन्होंने मजाक भी उड़ाया है कि यह बुढ़भस केशवदास वाली दृष्टि है। लोग मुझे बाबा कहते हैं लेकिन मैं वो बाबा नहीं हूँ। ये चीजें धोखा देनेवाली हैं। उनके तरह-तरह के नाम के पीछे छिपा हुआ है एक अति जागरूक, सतर्क, एक अतिआधुनिक आदमी। मसलन, मैं एक उदाहरण दूँ। औरतों के बारे में एक दृष्टिकोण नागार्जुन का आप देखें। 'रतिनाथ की चाची' उपन्यास में नारी के प्रति स्वयं अपने पिता का किया हुआ अत्याचार। बचपन की याद यह है कि कुल्हाड़ी से रेतते हुए पिता उसकी माँ की छाती पर बैठे हुए थे, यह चित्र था और फिर उसकी चाची को गर्भ रहा। वह पिता का था और वे उसको असहाय स्थिति में छोड़के भाग खड़े हुए, और वह मर गई तो अन्तिम संस्कार करने के लिए खबर सुनने के बाद भी आए नहीं। एक स्त्री के प्रति इस दृष्टिकोण को मैं कसौटी मानता हूँ उस समाज में, जहाँ अनेक आधुनिक कहे जानेवाले लोग और अनेक पुरुष कवियों और साहित्यकारों का दृष्टिकोण पुरुषवादी है। वे दिखावे के लिए नारी के प्रति करुणा, सहानुभूति प्रकट कर रहे हैं। लेकिन नागार्जुन में स्त्री के अस्तित्व को और उसकी अपनी अलग पहचान और उसके व्यक्तित्व को लेकर जो चिन्ता थी, उनके उपन्यासों में वह सर्वत्र दिखाई पड़ती है और एक कविता उनकी है। उसका भाव है। याद होगा तुम्हें। वह एक तिरसठ साल का आदमी है और साठ साल की उसकी पत्नी जब मरी तो उसकी चिता में वह कूद गया। नागार्जुन ने इस पर लिखा है कि वह सती हो गया। पुरुष के

साथ मरने वाली स्त्री पर कविता तो लोग लिखते हैं लेकिन स्त्री के मरने पर उसकी चिता में जल जानेवाले पुरुष को गौरवान्वित करते हुए पूरी कविता उन्होंने लिखी है और ऐसा करके एक उदाहरण उन्होंने प्रस्तुत किया है। कहने के लिए राजनीतिक रूप से तो बहुत से लोग प्रगतिशील हो जाते हैं, जनवादी हो जाते हैं किन्तु सामाजिक जीवन में कोई आदमी यह दृष्टि अपनाए, मुझे हिन्दी में दूसरा आदमी दिखाई नहीं पड़ता। जाति–पाँति के मामले में ब्राह्मण कुल में जन्म लेनेवाले बाबा ने लिखा है कि हिन्दू समाज और धर्म को तो मैं जैन धर्म के रूप में देखता हूँ। यदि इसमें से दो चीज निकाल दी जाएँ तो एक सामन्तवादी दृष्टि और दूसरी ब्राह्मणवादी दृष्टि। यह बात उन्होंने 'आइने के सामने' नामक एक लेख में लिखी थी। मोहन राकेश जो सम्पादक थे 'सारिका' के तो उन्होंने उसमें लिखवाया था। उनकी जान–पहचान के लोगों में छत्तीसों जाति के लोग थे और इस मामले में वे पूरे कबीरपंथी थे : अपने जीवन–व्यवहार में और साहित्य–सृजन में। ऐसे आदमी को हम आज का आधुनिक मनुष्य कहेंगे और यदि न कहें तो उनका यह आधुनिक व्यक्तित्व बाबा में, मिश्र जी में और यात्री आदि में छिप–छिप जाता है।

लीलाधर मंडलोई : इधर–उधर बहुत घूमने के बाद जब वे लौटे तो मार्क्सवादी विचारधारा से जुड़े और अन्त तक उसी से जुड़े रहे। वहाँ पर भी उनके राजनीतिक अन्तर्विरोधों की बात होती है। उनके अन्तर्विरोधों के कुहासों को साफ करना बहुत जरूरी है। वे जयप्रकाश जी से भी जुड़े थे, फिर उसके बाद उनके खिलाफ भी लिखा। मार्क्सवाद के बारे में बातचीत करते हुए, माओ के बारे में भी साफ बात की। वे किसी के भी साथ रहते हुए, किसी की कमी या विसंगति को देखकर उसके खिलाफ खड़े हो जाया करते थे। इसको लोगों ने उनके राजनीतिक अन्तर्विरोध के रूप में लेना शुरू किया तो उससे भी ऐसा लगता है कि बाबा को समझने में कहीं भूल हुई है। उनके अन्तर्विरोधों की चर्चा हिन्दी साहित्य में लगातार होती रहती है, उसके बारे में कुछ कहें?

नामवर सिंह : इस पर बाबा ने स्वयं लिखा है और उनके व्यवहार से भी मालूम होता है। माचवे ने नागार्जुन को एक बार अराजकतावादी कहा था और यह प्रशंसा थी। गांधी को कुछ लोग अराजकतावादी कहते हैं, अर्थात् उनका कोई राजनीतिक कमिटमेंट नहीं था। कोई निश्चित विचारधारा नहीं थी। मार्क्सवाद में अन्तर्विरोध शब्द बहुत चलता है। वे समझते हैं कि यह मार्क्सवाद का बीज शब्द है। हर चीज में अन्तर्विरोध होता है। माओ ने तो एक किताब ही लिखी है। अन्तर्विरोध सबमें होता है, सर्वत्र होता है, लेकिन अन्तर्विरोध में फर्क भी होता है। इस सिललिले में मुझे नागार्जुन के व्यक्तित्व में मशहूर मार्क्सवादी कवि, नाटककार बर्तोल्त ब्रेख्त याद आते हैं। बर्तोल्त ब्रेख्त पर उनकी एक कविता है। पहले उस कविता का शीर्षक नहीं था। उस कविता पर कम ध्यान दिया गयां। नागार्जुन मुझे हिन्दी में बर्तोल्त ब्रेख्त मालूम होते हैं। 'क्या

नहीं है इन घुरची आँखों में, इन शातिर निगाहों में! मुझे तो बहुत कुछ प्रतिफलित लग रहा है। नफरत की धधकती भट्ठियाँ, प्यार का अनूठा रसायन, अपूर्व बिछोह, जिज्ञासा की बालसुलभ ताजगी, ठगे जाने की प्रायोगिक सीधाई, वंचितों के प्रति अथाह ममता, क्या नहीं छलक रहा इन घुरची आँखों से! हाय, हमें कोई बतलाए तो, क्या नहीं है इन घुरची आँखों में?' यह 1984 की कविता है। नागार्जुन की कविता पढ़ते हुए मुझे उनकी खुद की घुरची आँखें याद आती हैं। उन घुरची आँखों को पूरे चेहरे में जैसे अलग से पढ़ा जा सकता है। याद करो नागार्जुन को तो उनकी छवि एक तेज-तर्रार, शातिर व्यक्ति की छवि है लेकिन हँसते समय बच्चों की अबोधता भी है उनमें। उन आँखों का क्रोध मैंने देखा है। उन आँखों में घृणा भी मैंने देखी है। उन आँखों में छलकता हुआ प्यार मैंने देखा है। इसलिए मैं कहना चाहता हूँ कि उस बड़े सर्जनात्मक कवि ब्रेख्त को जिस तरह पार्टी का दायरा, संगठन बहुत तंग मालूम होता था, वे उसे तोड़ के निकल जाते थे तो इस तालीम के विरुद्ध उन्होंने कविता लिखी थी कि पार्टी अनुशासन कहाँ बाधक होता है सर्जनात्मकता में! अक्सर उन्होंने कहा है कि किसी साहित्यकार के लिए कम्यूनिस्ट पार्टी सही जगह नहीं है। वहाँ रहकर वह सृजन नहीं कर सकता। उन्होंने उसी 'आइने के सामने' में यह कहा था। बासठ तक बाकायदे वे कम्यूनिस्ट रहे। जीवन-पर्यन्त वामपंथ के प्रति एकजुटता को वे अनुभव करते थे। लेकिन पार्टी राजनीतिक पार्टी है और उसको राजनीति में समझौते भी करने पड़ते हैं। उसकी वह टैक्टिस भी है। साहित्य में तो स्ट्रेटेजी और टैक्टिस में फर्क होता है, राजनीति में भी होता है लेकिन साहित्यकार तो टैक्टिस नहीं दिखा सकता है रचना में। इसीलिए नागार्जुन ने कहा है कि जेपी को मैंने कभी पसन्द नहीं किया। लेकिन जिस समय आम जनता में और शासन में मैं देख रहा था कि तानाशाही की प्रवृत्ति बढ़ती चली जा रही है, पटना में लोग सड़कों पर निकल रहे हैं तो उन्होंने अनशन भी किए। सभाओं में कविताएँ सुनाते थे। जेल गए उसके लिए। जेल में जब देखा कि सारे प्रतिक्रियावादी लोग और आर. एस. एस. वाले लोग दिखाई पड़ रहे हैं और ये भी आन्दोलन के साथ थे तो तुरन्त झटक के अलग हो गए। उन्होंने कहा कि मैं कितना नीच हो गया था और किन लोगों के साथ मुझे रहना पड़ा! यह सच्चाई और ईमानदारी, अगर आगे बढ़के वामपंथी पार्टियों ने पहल की होती तो नागार्जुन जेपी आन्दोलन के साथ न जाते। इसलिए ऐसे कई मौके आए। चीन वाले मामले पर भारत-चीन के जिस सीमा संघर्ष में उन्होंने चीन के खिलाफ लिखा, तो पार्टी बाद में वहीं आई, जहाँ नागार्जुन थे। शुरू में लोगों ने नागार्जुन को प्रतिक्रियावादी और कम्यूनिस्ट-विरोधी कहा। बहुत-से कम्यूनिस्ट-विरोधी खुश थे। इसलिए मैं कहना चाहता हूँ कि यह एक सच्चा ईमानदार आदमी जो आम किसानों, आम मजदूरों...और सच्चे अर्थों में नागार्जुन भारतीय जनता की धड़कनों से जुड़े हुए थे। वह उनकी अन्तरात्मा की आवाज थी। भले ही किसी पार्टी, किसी विचारधारा से वे अलग समय-समय

पर जुड़े दिखाई पड़ते हों, लेकिन कुल-मिलाकर उनका बुनियादी सरोकार और उनकी प्रतिबद्धता, भारत की जो आम जनता है भूखी, नंगी, प्रवंचित और संघर्ष करने वाली, उसके प्रति थी। उसको कभी दगा नहीं दिया नागार्जुन ने।

लीलाधर मंडलोई : एक सवाल यह आता है कि अगर नागार्जुन में यथार्थ और इतिहास का जो विवेक है, वह तात्कालिक होते हुए भी बहुत ऐतिहासिक दिखाई देता है। ऐतिहासिक होते हुए किन्हीं अर्थों में तात्कालिक है। खास तौर पर जितनी भी राजनीतिक कविताएँ हैं, उसको देखने की सुलझी हुई दृष्टि अभी हमारे यहाँ नहीं बनी है। हम लोग बहुत तात्कालिक प्रयोग में उनको सिर्फ राजनीतिक कविताएँ कहकर रिड्यूस या विलोपित कर देते हैं। इस प्रवृत्ति के बारे में कुछ बताएँ?

नामवर सिंह : यह सही सवाल तुमने उठाया। आजकल किसी कवि को गिराना हो तो कहें कि वह तो राजनीतिक कविताएँ लिखता है। तात्कालिक कविताएँ लिखता है, और उसके पीछे समझ होती है कि राजनीतिक कविताएँ एकांगी होती हैं। महत्त्वपूर्ण कविताएँ तो जीवन के गहरे सत्य, अनुभूतियों और संवेदनाओं की हुआ करती हैं, राजनीति तो बड़ी सतही होती है। तात्कालिक कविता कहकर वे कहना चाहते हैं कि यह साहित्य नहीं है। भूल जाते हैं कि इतिहास केवल शताब्दियों में नहीं हुआ करता है बल्कि हर क्षण में भी इतिहास होता है। नागार्जुन की एक बड़ी नाटकीय कविता है : 'पुरानी जूतियों का कोरस'। नागार्जुन ही लिख सकते थे और पुरानी जूतियों के कोरस में गाने भी हैं, पाठ भी हैं और सर्वोदयी लोग हैं, गांधीवादी लोग हैं। जितनी तरह की भी जूतियाँ हैं, सबका उन्होंने कोरस कराया है। कवि लोग कहेंगे कि उस कविता पर ध्यान नहीं जाता लेकिन पुरानी जूतियों के कोरस में सारी विचारधाराओं का नक्शा है, आइना है, संघर्ष है और समूचे भारतीय समाज का सत्त्व प्रकट हुआ है उन कविताओं में। मैं उस कविता को तात्कालिक नहीं मानता। मैं उस कविता को कोरी राजनीतिक कविता नहीं मानता। कोई एक कविता उठाएँ और देखें, जैसे 'पाँच पूत भारत माता के'। तो इन पाँच पूतों के जरिये एक दिन की, एक क्षण की नहीं, आजादी के बाद समूची भारतीय राजनीति का परिदृश्य है इस कविता में। एक पूत कुर्सी पर बैठ गया और आखिर में एक कंधे पर झंडा लिये ढो रहा है और बाकी बचता है अंडा। सारी विचारधारा उसमें है—पाँचों पूतों में। मैं कहना चाहता हूँ कि राजनीतिक यानी आठ पंक्ति की कविता में एक आदमी पूरे परिदृश्य पर रोशनी फेंकता है, सर्च लाइट डालता है। इससे उसके व्यापक इतिहास-बोध का पता चलता है, जीवन की गहरी समझ का पता चलता है। यह भ्रम है लोगों का कि नागार्जुन की राजनीतिक कविताएँ राजनीतिक कह के टालते हैं। ऐसे लोगों को यह देखना चाहिए कि नागार्जुन ने किन-किन विषयों को लेकर लिखा है। कोई चीज छूटने नहीं पाई है। एक कविता उनकी है 'मास्टर'। 'घुन खाए शहतीरों पर भी बारहखड़ी बाँचें। छत भीगी है, फटी भीत है, छत चूती है, आले पर बिस्तुइया नाचे। मिनट-मिनट में बेबस

बच्चों पर बरसा करके अमुक तमाचे। इसी तरह से दुखरन मास्टर गढ़ता है आदम के साँचे'। और अन्त में नेता जी आते हैं। वे अपना ज्ञापन भी देते हैं। अब यह राजनीतिक कविता तो नहीं है। प्राइमरी के दुखरन मास्टर के माध्यम से, स्कूल के माध्यम से पूरी शिक्षा-व्यवस्था पर वे बहुत कुछ बात कर रहे हैं। उच्चकोटि की आज की नई कविता लिखने वाले लोग प्राइमरी स्कूल के मास्टर को कविता का विषय ही नहीं समझते हैं। नागार्जुन की जिन कविताओं को मोटे तौर से तात्कालिक या राजनीतिक कहते हैं, उसकी पूरी सूची बनाई जानी चाहिए। लगभग एक महाकाव्य है वह। यह विषय नहीं है बल्कि उन विषयों के माध्यम से आजकल की जो सच्चाई है, यथार्थ है, उसके अलग-अलग पहलू व्यक्त होते हैं। उनको आज के जीवन के सच का कवि कहना चाहिए।

लीलाधर मंडलोई : इसके साथ यह बात भी कही जाती है कि प्रयोगवाद के बाद अज्ञेय ने, मुक्तिबोध ने और रघुवीर सहाय ने यहाँ तक कि नये कवियों ने अपनी कविता को परिभाषित करने के लिए कहीं न कहीं, कुछ न कुछ लिखा है आलोचनात्मक। नागार्जुन अकेले ऐसे कवि हैं जिन्होंने इस रास्ते पर उस तरह से चलना मंजूर नहीं किया कभी। जिस तरह वे खुद अपनी कविता में कहीं नहीं दिखाई देते हैं, उसी तरह से अपनी कविता को परिभाषित करने के लिए उन्होंने कहीं भी स्वतंत्र रूप से नहीं लिखा जिस तरह से बाकी लोगों ने लिखा। जो सूत्र उनके खुद के लिखने से, उनकी कविता को स्पष्ट करने के लिए मिल सकते थे, वे कहीं छूट गए। तो यह जो उन्होंने नहीं लिखा है, यह उनकी किस सोच की तरफ इशारा है?

नामवर सिंह : इस मामले में वे अपनी पुरानी परम्परा का निर्वाह करते रहे। तुलसीदास ने, कबीर ने, विद्यापति ने तो अपने बारे में लिखा नहीं है। अपने बारे में लिखने का चलन तो छायावादी कविता से शुरू हुआ। पंत जी ने लिखा है और निराला ने एक लेख सिर्फ लिखा है : 'मेरे गीत और कला'। बाकी ज्यादातर आधुनिकतावादी और नई कवितावादी जितनी कविता लिखते हैं, उससे ज्यादा उन्होंने अपने बारे में, अपनी कविता के बारे में लिखा है। मेरा खयाल है, अकेले दो कवि हैं हिन्दी में—त्रिलोचन और नागार्जुन—जिन्होंने अपनी कविता की सफाई नहीं दी है। इस मामले में जो अपनी भारतीय परम्परा रही है, उसका पालन ये दोनों करते दिखाई पड़ते हैं। इस मामले में वे आधुनिकवादी नहीं हैं। इनका निर्माण और विकास ही तथाकथित आधुनिकतावादी धारा से अलग है। उसकी उपेक्षा करते हुए अपनी हिन्दी की जो परम्परा चली आ रही है, उस परम्परा से जुड़े रहे। मैं समझता हूँ कि जो मुख्य धारा चलती है, वह निराला से चलकर कायदे से नागार्जुन, त्रिलोचन; एक हद तक केदारनाथ अग्रवाल तथा कुछ और कवियों में आती हुई दिखाई पड़ेगी। आधुनिकतावादी धारा से आनेवाले कवियों में तो मुक्तिबोध ही थे जो उस आधुनिक परम्परा को अपनाते हुए भी उसके भीतर तोड़-फोड़ करके, विद्रोह करके एक नये ढंग की रचना कर रहे

थे यानी यूरोप की आधुनिकतावादी कविता पढ़ने वाले। मैं नागार्जुन के उसी 'आइने के सामने' को जब पढ़ रहा था या उन्होंने दूसरी बातचीत में कहीं लुई अरांगों और पाल एलुआर का, फ्रांस के ये दो मार्क्सवादी कवि हुए हैं, नाम लेते हुए कहा है कि जब फ्रांस पर हिटलर ने हमला किया, देश जब संकट में पड़ा और उसके विरुद्ध लड़ने के लिए मजदूरों की पार्टी, राजनीतिक चेतना से लैस संघर्षशील लोग आगे बढ़े तो कविता की अपनी पूरी धारा ही इन लोगों ने बदल दी, जबकि इन लोगों का सम्बन्ध तो सुर्रियलिज्म से था। वे फ्रांस के मजदूरों के साथ आए, इस ढंग की कविता लिखी, यह नागार्जुन कहते हैं। इसका मतलब कि नागार्जुन पश्चिम की आधुनिक कविता को और कवियों को जानते थे। नागार्जुन ने वह रास्ता शुरू से छोड़ा है। मुक्तिबोध ने उसके अंदर रहते हुए वह रास्ता यानी उनकी परम्परा या शमशेर की परम्परा, जो अरांगों-एलुआरवादी है, को पकड़े रहे। नागार्जुन की परम्परा उससे अलग है। वे ब्रेख्तवादी हैं। वे कभी उस चक्कर में नहीं थे।

लीलाधर मंडलोई : यह जो परम्परा की बात हम कर रहे हैं तो एक परम्परा के बारे में चूँकि बात भी काफी हो रही है और खास तौर पर जो इधर कविता के ऊपर हाल ही में जितनी बातचीत छपी है, उसमें छन्द की परम्परा की बात एक बार फिर से होने लगी है। मेरे खयाल से नागार्जुन जी को सामने रखकर जिन्होंने अपने खुद के छन्द निर्मित किए, इस तरह के छन्द कहीं और नहीं हैं। उनका छन्द परम्परा में जो अगाध विश्वास था, उसके बारे में बात करें तो कैसा रहे ?

नामवर सिंह : नागार्जुन ने तो इस बारे में लिखा भी है कई जगहों पर कि उन्होंने यह तुलसीदास से लिया है या कि तुलसीदास से यह कला सीखी है। बराबर यह उनके ध्यान में रहा कि क्यों तुलसीदास इतने लोकप्रिय और कंठ में बसे हुए हैं। असल चीज है कवि के लिए आसपास सुनाई पड़ने वाले गीत। उन्होंने कहा है कि जहाँ नौटंकी होती थी, मैं जरूर जाता था। रामलीला में जाता था। लोक-कंठ में छन्द के कारण तुलसीदास बसे हुए हैं। विद्यापति बसे हुए हैं। वे कहते हैं कि मैं विद्यापति के देश का कवि हूँ, छन्दों को तो छोड़ नहीं सकता था। कोई भी कविता मेरे मन में पहले छन्द की तरह आती है। कोई कविताएँ छन्द से बाहर आती हैं, उनको मैं ज्यों का त्यों लिख देता हूँ। थीम बाद में आती है। पहले छन्द ही आता है हमारे ध्यान में। इस मामले में मुझे अजीब बात लगती है कि निराला मुक्त छन्द के जनक और प्रवर्तक हैं हिन्दी में, लेकिन उनकी श्रेष्ठ कविताएँ जो हैं, सब छन्दोबद्ध हैं। 'राम की शक्ति-पूजा' छन्दों में है। 'तुलसीदास' छन्दों में है, 'सरोज-स्मृति' छन्दों में है और आजाद भारत में तो उन्होंने केवल गीत ही लिखे हैं। छन्दों में लिखे हैं। उस परम्परा को त्रिलोचन और नागार्जुन, दोनों निभाते हैं। त्रिलोचन ने छन्दों में बहुत लिखा है। मुक्त छन्द भी लिखा है। नागार्जुन ने छन्दों में लिखा है, मुक्त छन्द में भी लिखा है। इस छन्दमयता की शक्ति को वे जानते हैं क्योंकि लोक-जीवन ने उनको यह दृष्टि दी

कि छन्द ही कंठ में बसा रहेगा, याद रहेगा और वे चूँकि जनता के कवि हैं, इसलिए जनकवि के रूप में लोक-हृदय में निवास करना चाहते हैं, लोक-कंठ में निवास करना चाहते हैं। नागार्जुन की कविताओं को देखें तो जो मुक्त छन्द में दिखाई पड़ती हैं, छन्द में कविता कैसे घुमड़ के आती है! एक उनकी कविता है : 'तीन दिन तीन रात'। एक पूर्णिमा में जब गोले गिरे थे : 'तीन दिन तीन रात'। 'तीन दिन तीन रात' अगर सुना हो तुमने नागार्जुन को सुनाते हुए, तो नाचते हुए गाते थे। उसी तरह उन्होंने ही 'बादल को घिरते देखा है' लिखी है। नई कविता के अनेक कवि नागार्जुन की देखा-देखी इस बीच मुक्त छन्द की दौड़ में हैं। दौड़ में नहीं कहना चाहिए, बाढ़ में हैं। रघुवीर सहाय छन्दों की ओर आते हैं। अभी अरुण कमल जिनको साहित्य अकादेमी का पुरस्कार मिलने के कारण और भी विवाद और चर्चा के विषय बन गए हैं, अनेक कविताएँ छन्दों में लिखी हैं और निश्चित रूप से नागार्जुन के कारण कई कवि इस बीच छन्दों की ओर लौटे हैं। इससे मालूम होता है कि नागार्जुन सही थे। और सही रास्ता उन्होंने पकड़ा था। कविता मुक्त छन्द का पर्याय बन जाए, यह न निराला ने चाहा था औन न नागार्जुन ने कभी चाहा।

लीलाधर मंडलोई : उनके गद्य का रूप, उसके बारे में भी बात होनी चाहिए। कोई बारह उपन्यास थे। गद्य उन्होंने इतना ज्यादा और इतना विविध लिखा है पर इस बारे में चर्चा कम होती है। इस पर प्रकाश डालें।

नामवर सिंह : नागार्जुन की कविता की ताकत नागार्जुन की गद्य-चेतना से आई है। नागार्जुन के उपन्यासों पर बात करने से पहले मैं उठाना चाहता हूँ नागार्जुन की 'अन्नहीन क्रिया' और 'बम भोलेनाथ' जिसमें निबन्ध है, यात्रा-वृत्तान्त है, संस्मरण हैं। उस गद्य को देखो—'अन्नहीन क्रिया' और 'बम भोलेनाथ' में तो कई-कई जगह हरिशंकर परसाई याद आते हैं। मैं तो यह मानता हूँ कि जो काम आजादी के चार-पाँच दशकों में हरिशंकर परसाई ने किया, नागार्जुन ने वही काम मुख्य रूप से कविता में किया, लेकिन उतना ही गद्य में भी किया। नागार्जुन को बोलते हुए या कभी बातचीत करते हुए सुनें तो नागार्जुन सूत्रों में बोलते थे। किसी गोष्ठी में नागार्जुन को दो-तीन मिनट से ज्यादा बोलते नहीं पाया गया। दो-तीन सूत्र वाक्य बोल देंगे, भाषण नहीं देंगे वे। उनके गद्य में वह सूत्रात्मकता दिखाई पड़ती है। संस्कृत पढ़ा हुआ पंडित, पाणिनि के जो सूत्रों से परिचित है, वह आदमी छोटे-छोटे वाक्यों में सूत्रों में बोलेगा। यह शैली, उनका एक खास अपना गद्य है, जो निबन्धों, यात्रा-वृत्तान्तों के अलावा उनके उपन्यासों में भी है। सच पूछो तो मैंने बहुत पहले 'रतिनाथ की चाची', इक्यावन-बावन के आसपास, शायद और भी पहले का लिखा हुआ होगा, पढ़ा था। वह उपन्यास संयोग से मैंने इसलिए पढ़ा था कि किसी आदमी ने मुझसे कहा कि देखो, नागार्जुन ने तो उसमें होम्योसेक्सुअलिटी के बारे में लिखा है तो क्या अश्लील लिखते हैं नागार्जुन? बड़े प्रगतिशील बनते हैं, और वो लिख रहे हैं। तो इस जिज्ञासावश मैंने पढ़ा। आज

भी मेरे मन में बहुत ही स्थायी रूप से पहला उपन्यास उनके उपन्यासों में 'बलचनमा' के बाद दूसरे नम्बर में वही श्रेष्ठ उपन्यास है। उसकी भाषा देखो गद्य में 'रतिनाथ की चाची' की। और 'बलचनमा' में आंचलिक भाषा का असर ज्यादा है। 'बालचंद्र' का नाम मिथिला में 'बलचनमा' हो जाएगा। भोजपुरी में 'बलचनवा' होता है। जिस चीज के लिए रेणु जी के 'मैला आँचल' की इतनी प्रशंसा की गई यानी आंचलिकता के लिए, उससे पहले 'बलचनमा' में नागार्जुन यह काम कर चुके थे।

लीलाधर मंडलोई : यह आपने हाल में कहा भी है एक गोष्ठी में।

नामवर सिंह : जी! उसके बाद देखो उनका 'नई पौध' नाम से छपा उपन्यास। मिथिला में सामूहिक विवाह का जो एक मेला लगता है, उस पर है। नई पीढ़ी ने कैसे उस पूरी परम्परा को तोड़ करके 'नई पौध' उसका नाम दे दिया है। इसी तरह 'वरुण के बेटे' उपन्यास को अश्क जी 'संकेत' में छापना चाहते थे। नागार्जुन जी से हड़बड़ी में उस उपन्यास का अन्त करवा दिया, उसका अन्त थोड़ा गड़बड़ है, ढीला है लेकिन जो उठान है 'वरुण के बेटे' की और जो थीम उन्होंने चुना, हम लोग उसकी बड़ी चर्चा करते हैं। उस थीम को लेकर लिखा हुआ हिन्दी में वह पहला उपन्यास है। उसकी उठान देखो, नई थी। फिर 'जमुनिया के बाबा' है। औपन्यासिक प्रतिभा थी उनमें। लेकिन ऐसा लगा कि उनके उपन्यासों पर लोगों का ध्यान कम गया है। कुछ लोगों का खयाल है कि नागार्जुन पैसे के लिए उपन्यास लिखने लगे थे। मूलत: वे कवि थे। अनेक मिथक गढ़े गए हैं नागार्जुन को लेकर। उनमें से एक मिथक यह भी है कि नागार्जुन ने उपन्यास प्रकाशकों से एडवांस में पैसा लेने के लिए लिखे, वरना उपन्यासकार तो वो हैं नहीं। मैं समझता हूँ कि नये सिरे से फिर नागार्जुन के उपन्यासों पर दृष्टि डालनी चाहिए। वे महत्त्वपूर्ण उपन्यास थे। कुछ दबाव के कारण कुछ छोटे उपन्यास भी लिखे, लेकिन वे हिन्दी में माने जानेवाले तथाकथित उपन्यासकारों से बेहतर उपन्यासकार तो हैं ही। नाम तो किसी का नहीं लेना चाहिए नागार्जुन को बढ़ाने के लिए, पर कहता हूँ कि गिरिराज किशोर ने दुनिया भर का कूड़े का ढेर लगा दिया है। एकाध अच्छे उपन्यासों को छोड़कर सिर्फ इतना लिखने के कारण लोग गिरिराज किशोर को उपन्यासकार मानें, मात्रा या संख्या के कारण तो नागार्जुन की बाकायदे अच्छे उपन्यासकारों में गिनती होनी चाहिए। यह मेरी धारणा है, जो नहीं होती है। एक गद्य लेखक के रूप में नागार्जुन बहुतों से ज्यादा अच्छा गद्य लिखते हैं।

लीलाधर मंडलोई : उनका एक अनुवाद वाला रूप भी था। श्रेष्ठ अनुवाद हैं उनके। लेकिन दृष्टि-विशेष के तहत सिर्फ भारतीय भाषाओं के।

नामवर सिंह : ऐसा है। जवाहरलाल नेहरू यूनिवर्सिटी में हमने विद्यापति उन्हीं का सम्पादित किया हुआ रखा था, उनके अनुवादों सहित। पाठ्य-पुस्तकों के लिए विद्यापति के कई संकलन हैं। हमने नागार्जुन का ही रखा था कोर्स में। मूल छन्दों का चयन तो

बहुत अच्छा था ही। 'मेघदूत' का अनुवाद इन्होंने किया है, 'गीत गोविन्द' का अनुवाद इन्होंने किया है। सोचिए, 'गीतगोविन्द' और 'मेघदूत' का अनुवाद कितना कठिन है। 'गीतगोविन्द' तो इतना ललित है कि कोई क्या अनुवाद करेगा! उसी प्रकार कालिदास का 'मेघदूत' तो चुनौती है अनुवादकों के लिए। नागार्जुन ने इन दोनों अनुवादों में एक चीज की सावधानी बरती है कि छन्द नहीं चुना है क्योंकि जानते थे कि उन छन्दों का छन्दों में अनुवाद करने पर काव्य नष्ट हो जाएगा और उनकी लय वह नहीं रहेगी। इस समझदारी की दाद देनी चाहिए। मैं नहीं जानता कि 'मेघदूत' के और अनुवादों में नागार्जुन के अनुवाद को क्या स्थान लोग देंगे, लेकिन 'मेघदूत' के अनुवाद का एक महत्त्वपूर्ण और सराहनीय प्रयास तो किया है उन्होंने। मोहन उप्रेती को जानते हो? अनेक नाटकों और संगीत नाटकों का प्रदर्शन किया है उन्होंने। 'मेघदूत' का उनका प्रदर्शन मैंने देखा है। वे मूल संस्कृत के साथ नागार्जुन के अनुवाद भी लाते हैं संगीत नाटक में। तब नागार्जुन के उस अनुवाद की जो सुन्दरता है और उसका जो मर्म है, वह समझ में आता है। यों आप पढ़ें तो लगेगा कि जिन लोगों ने छन्दोबद्ध अनुवाद किया है, वे ज्यादा अच्छे हैं। नागार्जुन के इन अनुवादों द्वारा कालिदास के 'मेघदूत' और खास तौर से जयदेव के 'गीतगोविन्द' से यह पता चलता है कि वे सर्जनात्मक अनुवाद हैं, और वह नागार्जुन का 'मेघदूत' है, वह नागार्जुन का 'गीतगोविन्द' है। वह केवल जयदेव का नहीं रह जाता है, और न ही कालिदास का।

लीलाधर मंडलोई : हिन्दी समाज में उनके एक रूप के बारे में चर्चा शायद उस तरह की नहीं हुई है। हिन्दी का जितना भी लिखने-पढ़ने वालों का समाज है, उसमें जो जिजीविषा नागार्जुन में दिखाई देती है—एक तो उनकी यायावरी का वह रूप यानी घर को छोड़ना, फिर उसके बाद नेपाल, श्रीलंका और पहाड़ों में जिस तरह से वे जाते थे, इसलिए जो उनका अनुभव-संसार था, वह बहुत विराट था। बहुत बहुविध था। एक साहित्यकार की जिजीविषा का यह बिन्दु इधर तो छूट ही गया है लगभग? अब तो सारे लोग अपने घरों में ही कैद हैं। घर से बाहर तो कोई निकलता नहीं है। आप बताइए कि यह जिजीविषा एकदम से ही खत्म होती जा रही है, बहुत सीमित संसार हो गया है, जबकि वहीं नागार्जुन का व्यक्तित्व इस मामले में दुर्लभ रहा है?

नामवर सिंह : बहुत अच्छी बात तुमने उठाई। मैं भी चकित हूँ। इसलिए कि नागार्जुन जी दमा के मरीज थे, और दमा में उनकी पीड़ा को भी मैंने देखा है। निकट से देखा है। यह पुश्तैनी भी था। उनकी माँ दमा की मरीज थीं। ऐसा दमा का मरीज, डेढ़ पसली का आदमी, जीभ से बहुत चटोर, बढ़िया मछली मिल जाए तो क्या कहने! लेकिन इतने खानपान में संयमी भी बहुत थे नागार्जुन यानी कभी-कभी उस कड़ी को तोड़ते थे, लेकिन सामान्य था उनका जीवन। खानपान ठीक समय पर, ठीक मात्रा में। बाद के दिनों में वे खाना लगभग नहीं खाते थे, तरल पदार्थ लेते थे, थोड़ा दूध ले लिया। तीस-चालीस साल से तो उन्होंने स्नान ही नहीं किया था। बहुत कम

लोग जानते हैं, नागार्जुन स्नान नहीं करते थे, बदन पोंछ लेते थे, ऐसे ही भिंगो के। ऐसा दमा का मरीज स्नान न करे, जिभचटोर लेकिन अत्यधिक संयमी, फिर भी इतनी लम्बी उम्र, हमारे अनेक साहित्यकार जो हैं, वे साठ तक भी नहीं पहुँचे और मर गए और नागार्जुन इतनी लम्बी उम्र तक जीवित रहे। इसका मतलब है कि उनके भीतर की, अंदर की कोई जिजीविषा थी। जिसे कह रहे हो जिजीविषा, वह जीवनीशक्ति थी जो नागार्जुन को बचाए रखे थी। स्वयं उन्होंने एक जगह लिखा है कि कभी मैंने अपने को निराश नहीं पाया। हताश नहीं पाया। व्यक्तिगत जीवन के अपने संघर्ष, पारिवारिक जिम्मेदारियाँ, बेटे-बेटियाँ, किसी को नौकरी नहीं, काम नहीं, घर चलाना और रहने का ठिकाना नहीं लेकिन इन सारे अभावों के बीच वह आस्था जो उन्हें जिलाए रखती थी और वह आस्था उनको मिलती थी घुमक्कड़ी में। वे कहते थे कि आम जनता इतने अभावों के बीच अगर जी सकता है, दुखी होते हुए भी जीना चाहता है, मुझे लगता है कि वह गहरी आस्था उनमें थी आम जनों के प्रति। कोई जुड़ाव जो था, अपनी जमीन से जुड़ाव था। बार-बार कहते थे कि हमारी सबसे बड़ी ताकत है हमारी जमीन। वही आस्था इतने साल तक जिलाए रख सकी। उसके साथ ही उनकी सर्जनात्मकता। कभी उनको खाली बैठे नहीं देखा। हमेशा पढ़ते-लिखते रहते थे। आँखें कमजोर हो गई थीं लेकिन फिर भी वे दुनिया भर की पत्रिकाएँ पढ़ते रहते थे, हमेशा लिखते रहते। अंदर घुटते न रहना। बहुत से लोग जो हैं, बाहर प्रकट नहीं होते हैं। एक खुलापन था उनमें। उनका जीवन जैसे पूरी एक खुली किताब थी—बच्चों के लिए और तमाम उन लोगों के लिए, जो बैठ करके, खुल करके बात करते थे। अन्तर्मुखी वृत्ति के वे आदमी नहीं लगते, घनघोर बहिर्मुखी। लोगों में, अपने को, पेड़-पौधों से लेकर खेती-बाड़ी और दूसरे आदमी जो मिलने वाले हैं, उनमें अपने को ढाल लेते थे। उनको जीते देख करके वे जीते थे।

लीलाधर मंडलोई : शायद यह उनकी कविता में खास तौर पर जो प्रकृति है, जो वनस्पतियाँ हैं, जो चरित हैं, और रूप, रस, गंध और स्पर्श हैं, ये जो अविस्मरणीय छवियाँ वहाँ हैं, वे बहुत प्रामाणिक और जीवन्त हैं। मुझे लगता है, कहीं और उस तरह से नहीं दिखाई देती।

नामवर सिंह : सही बात है और वे अकेले कवि थे जो नये से नये कवि और लेखक को लिखते देखकर उनको लगता था, जैसे यह हमारा ही अंकुर फूट रहा है उसमें। और यही वह सोता है, जहाँ से उन्हें जीने की शक्ति मिलती थी और बिलकुल सही कहा कि रूप, रस, गंध, स्पर्श और बाकी तमाम चीजों को इस धरती, इस पृथ्वी को लहलहाते हुए जो आदमी देखना चाहता हो, देखता हो और उसके साथ लहलहाता हो, वह अगर इतनी लम्बी उम्र पाता है, जीता रहा है और सार्थक ढंग से जीता रहा है, कभी बुड्ढा हुआ नहीं तो कोई आश्चर्य नहीं। उनके बाल सफेद हो गए, लेकिन बुढ़ापे के शिकार नहीं हुए कभी। एक उम्र पर आ करके अच्छे खासे लोग सिनिक

हो जाते हैं, बुढ़भस आ जाता है उनमें, नागार्जुन में बुढ़भस नहीं आया। बहुतों में पचास साल की उम्र में सेमिलिटी आ जाती है। अस्सी, चौरासी, पचासी की उम्र हो गई, लेकिन सेनाइल नहीं हुए नागार्जुन।

लीलाधर मंडलोई : नामवर जी, आज जो बातें हुईं, उनसे मेरे खयाल से नागार्जुन की जो भविष्य में होनेवाली व्याख्याएँ हैं, जो मूल्यांकन हैं, उसके बहुत सारे सूत्र हम लोगों ने आज की बातचीत में समेट लिये हैं। धन्यवाद।

नामवर सिंह : तुमको बहुत-बहुत धन्यवाद।

[वसुधा : अंक-43-44 में 'नागार्जुन प्रसंग' शीर्षक से प्रकाशित]

लोक-परम्परा के सार्थक प्रयोग में अग्रणी हैं हबीब तनवीर

महावीर अग्रवाल

महावीर अग्रवाल : हबीब तनवीर का कौन-सा नाटक आपने सबसे पहले देखा? यह भी बताइए कि वह नाटक आपने कब देखा और उनसे आपकी पहली भेंट कहाँ और कैसे हुई?

नामवर सिंह : दिसम्बर की सर्दियों के दिन थे वे। कनाट प्लेस में हलकी-हलकी बारिश हो रही थी। यह 1959 की बात है। सुरेश अवस्थी ने बताया, ये हबीब तनवीर हैं। मैंने देखा, सिर पर एक टिपिकल टोपी के साथ वे रेनकोट पहने हुए थे। पहली मुलाकात इस तरह हुई। कुछ समय पहले ही वे इंग्लैंड से वापस आए थे। उस समय मोहन राकेश भी साथ थे। फिर तो गोष्ठियों में नेमि जी, सुरेश अवस्थी, मोहन राकेश, कमलेश्वर, राजेन्द्र यादव, प्रयाग शुक्ल के साथ हबीब जी से अक्सर भेंट होने लगी। जोधपुर में इप्टा का सम्मेलन 1970 में हुआ था। उसमें हम तीन दिन साथ-साथ रहे। उनको बहुत नजदीक से जानने और समझने का अवसर मिला। जोधपुर में उन्होंने ठेठ छत्तीसगढ़ी गीत सुनाए। बहुत अच्छा गाते हैं हबीब तनवीर। मैंने 'आगरा बाजार' नाटक सबसे पहले दिल्ली में देखा था। उसी समय 1960 में अल्काजी आए थे। अल्काजी का थियेटर और हबीब जी का थियेटर, दोनों साथ-साथ निकले थे। एक ओर अल्काजी शेक्सपियर से और इंग्लैंड से परम्परा लेकर आए थे, दूसरी ओर हबीब तनवीर ने इप्टा की परम्परा को आगे बढ़ाया।

महावीर अग्रवाल : पहला नाटक देखने के बाद पिछले 30-40 वर्षों में उनके और कौन-कौन से नाटक आपने देखे हैं? उन नाटकों में जो नाटक आपको अधिक प्रभावशाली लगे हैं, उनके बारे में विस्तार से बताइए?

नामवर सिंह : 'आगरा बाजार' के माध्यम से उन्होंने नजीर अकबराबादी की ताकत का परिचय कराया। जोधपुर में अध्यापन करते हुए मैंने हिन्दी पाठ्यक्रम में नजीर अकबराबादी की दो रचनाओं का समावेश किया था। नजीर अकबराबादी की रचनाएँ पढ़कर और समझकर ही जाना जा सकता है कि लोक-परम्परा में बोली का चटक रंग किस तरह खिला हुआ है। इसे आप 'आगरा बाजार' नाटक देखते हुए पूरी तरह

महसूस कर सकते हैं। यही कारण है कि 'आगरा बाजार' की चमक आधी शताब्दी के बाद भी फीकी नहीं पड़ी है। उसका वैभव आज भी बरकरार है। हबीर तनवीर, दिल्ली के बेरसराय मोहल्ले में रहते थे जो जे.एन.यू. कैम्पस के पास ही है। उस समय केदारनाथ सिंह और मैनेजर पांडेय भी बेरसराय में ही रहते थे। सन् 1974 में जे.एन.यू. पहुँचने के बाद मैं अक्सर वहाँ जाता था। इमरजेंसी के समय की ही बात है, हबीब जी ने जे.एन.यू. में पहाड़ियों के बीच ओपन एयर थियेटर में 'मिट्टी की गाड़ी' नाटक खेला था। हवाई जहाज ऊपर से जा रहा था और 'मिट्टी की गाड़ी' नाटक वहाँ हो रहा था। उसके बाद उस स्थान पर कोई नाटक दोबारा नहीं खेला गया। जे.एन.यू. में हम उन्हें नाट्य-प्रस्तुति के लिए लगातार आमंत्रित करते रहे हैं। इसी क्रम में दिल्ली, भोपाल, नागपुर, लखनऊ, जबलपुर, कलकत्ता सहित अनेक शहरों में उनके अधिकांश नाटक देखे हैं। उनके नाटकों में 'चरनदास चोर' बेहद गतिशील और प्रभावी है। भरत मुनि का हास्य रस, कालिदास का विदूषक और ब्रेख्त का कार्निवाल इस नाटक में एक साथ समाहित है। 'चरनदास चोर' लोक में प्रचलित विजयदान देथा की कहानी पर आधारित नाटक है लेकिन हबीब तनवीर की दृष्टि आधुनिक है। नाटक के एक गीत 'एक चोर ने रंग जमाया जी सच बोल के' में गुँथे हुए नाटक का रिद्म मन मोह लेता है। नाटक का कम्पोजीशन लाजवाब है। उसकी संरचना में जो सहजता और सरलता है, पानी जैसी तरलता है। वह प्रत्येक दर्शक को मंत्रमुग्ध कर देती है। चरनदास चोर वास्तव में चोर नहीं है। वह तो चोरी किया हुआ माल गरीबों में बाँट देता है। चरनदास के अलावा बहुत सारे चोर समाज में मौजूद हैं, उनकी ओर संकेत करता हुआ यह कन्ट्राडिक्शन गजब का है। यह कथा जितनी प्राचीन है, उतनी ही आधुनिक भी है। हबीब जी का कोई भी नाटक आप देखिए। नाटक में जो गीत और संगीत होता है, उसमें गजब की मिठास होती है।

महावीर अग्रवाल : हबीब तनवीर के नाटकों में सामाजिक यथार्थ और इतिहास-बोध को आप किस तरह देखते हैं?

नामवर सिंह : कोई-सा भी नाटक आप देखिए, उनकी समझ की आपको दाद देनी होगी। सातवीं-आठवीं शताब्दी के शूद्रक को 'मिट्टी की गाड़ी' में आज की दृष्टि से प्रस्तुत किया। संस्कृत के ही एक नाटक 'भगवदज्जुकम' से शुरू करके असगर वजाहत के नाटक 'जिस लाहौर नइ देख्या ओ जम्याइ नई' तक की यात्रा करते हैं। यही उनका इतिहास-बोध है। लोककथाएँ शताब्दियों से चली आ रही हैं। हबीब उन्हें अपनी पूरी जातीय परम्परा से जोड़ते हैं। आस-पास के समाज को समझने की शक्ति हमें इतिहास-बोध द्वारा ही मिलती है। लेनिन ने कहा है, लीडर को जनता के पीछे नहीं होना चाहिए। लीडर जब 100 कदम आगे होता है तो अति क्रान्तिकारी हो जाता है। लीडर को जनता के साथ और एक कदम आगे होना चाहिए। हबीब तनवीर ऐसे ही हैं। उनके नाटक हमें बताते हैं कि हमारी लोक-परम्परा, हमारे लोक-नाट्य

और हमारे रीति-रिवाज के साथ अनेक तत्त्वों से हमारी संस्कृति का निर्माण हुआ है। आधुनिकता और संस्कृति में यदि हम एक की भी अनदेखी करेंगे तो विकास का मार्ग अवरुद्ध हो जाएगा। परम्परा के विकासवान तत्त्वों को नया रूप देने की बहुत बड़ी चुनौती उनके सामने रही है, जिसको उन्होंने स्वीकार किया और अपने नाटकों में उसे पूरा भी करके दिखाया। नाटकों में समकालीनता के साथ ही सामाजिक दृष्टि का विस्तार बहुत साफ और पारदर्शी ढंग से दिखाई देता है। लोक-नाट्य की समृद्ध परम्परा उनके नाटकों में है, लेकिन आज के सामाजिक यथार्थ के साथ है। अपनी जड़ों से, अपनी परम्परा से गहरे जुड़े रहने के बाद भी उनके नाटक आधुनिक हैं। इसे मैं बहुत बड़ी विशेषता मानता हूँ। उनकी अपनी चेतना में आधुनिकता है, जो परम्परा के सार तत्त्व को ग्रहण करके थोथे को उड़ा देती है। भीतर के अँधेरे को उजाले м ले जाने का काम करती है।

महावीर अग्रवाल : समग्र रूप से हबीब तनवीर के नाटकों की कोई ऐसी विशेषता बतलाइए जो हमारे समय और समाज को दिशा दे रही हो, जिससे हम कुछ नया सीख सकें ?

नामवर सिंह : देखिए, कायदे से हमारे यहाँ तीन परम्पराएँ थीं : पहली, पारसी थियेटर की; दूसरी, इप्टा की और तीसरी, शेक्सपीयरन थियेटर की। हबीब इन सारी परम्पराओं से केवल परिचित ही नहीं थे वरन् इन परम्पराओं में दक्ष भी थे। बचपन में उन्होंने पारसी रंगमंच देखा और उसमें अभिनय भी किया। जवानी के दिनों में यूरोप में घूम-घूमकर नाटक देखे। 1955 में उन्होंने लंदन की 'रॉयल अकादमी ऑफ ड्रामेटिक आर्ट्स' में प्रवेश लिया। ट्रेनिंग के बाद छुट्टियों में लंदन में ही 'एसोशियेट ऑफ द ड्रामा बोर्ड' (ए.डी.बी.) से भी नाट्य-प्रशिक्षण की एक डिग्री प्राप्त की। यूरोप में अल्जीरिया, ट्रीस्ट, बेलग्रड, जैगरेव, टुब्रोबनिक और यूगोस्लाविया में नाटक देखे तथा हंगरी और बुडापोस्ट होते हुए 1957 में दिल्ली वापस आ गए। ऐसा उन्होंने बाद की चर्चाओं में बताया था। वे डंकन रास को अपना गुरु मानते हैं लेकिन उनकी बुनियाद थी 'इप्टा'। 'इप्टा' नाम से पीपुल्स थियेटर जरूर था लेकिन उस समय 'इप्टा' पर बम्बई और कलकत्ता की गहरी छाप थी। हबीब ने इसके साथ लोक रंगमंच को जोड़ा। ब्रेख्त की थ्योरी का भी प्रयोग किया। अपनी मिट्टी के साथ जुड़कर काम किया। उन्होंने अपने थियेटर का नाम रखा—'नया थियेटर'। केवल नाम ही नहीं रखा, नाम के अनुरूप ही नया और सार्थक काम भी करके दिखाया। दूसरी विशेषता उनके नाटकों में यह है कि पारसी रंगमंच की तड़क-भड़क और शेक्सपीयरन थियेटर की चमक-दमक के साथ परम्परागत ढाँचे को छोड़ दिया। पर्दा उठाने और गिराने के काम को छोड़कर वे आगे बढ़ गए। संस्कृत के गीत-प्रधान नाटकों की परम्परा को अपनाया। उसके साथ ही लोक-परम्परा का, लोक-संगीत का खूब इस्तेमाल किया। उनके नाटकों के टाइटिल सांग मन को छूने वाले होते हैं।

बेहद मारक और प्रभावी। संगीत उनके नाटकों की आत्मा है। लोक-परम्परा का सार्थक प्रयोग करने में हबीर तनवीर अग्रणी हैं।

महावीर अग्रवाल : हबीब तनवीर ने कहा है : 'संस्कृति के क्षेत्र में महात्मा गांधी जैसी साफ और गहरी दृष्टि किसी की नहीं है। बोलियों के महत्त्व को स्वीकार करते हुए गांधी की तरह हमें अपनी विश्वदृष्टि विकसित करनी होगी। तुलसी, कबीर, मीरा और विद्यापति ने बोलियों में ही महान रचनाएँ लिखीं'। इस सम्बन्ध में आपका क्या विचार है?

नामवर सिंह : भाषा अपने-आपमें तभी पूर्ण होती है जब वह बोलियों को अपने भीतर समाहित कर ले। इक्कीसवीं सदी में बोलियों के शब्दों का प्रयोग और प्रचलन बढ़ा है। हिन्दी में छत्तीसगढ़ी, मालवी, भोजपुरी अथवा दूसरी बोलियों का प्रयोग किया जाए तो भाषा अपने-आपमें खूबसूरत हो जाती है। शान्ता गांधी ने ठेठ गुजराती में 'जस्मा ओडन' किया। ब.व. कारंत द्वारा किए गए 'यक्षगान' (कर्नाटक) के सुन्दर प्रयोग मैंने देखे हैं। रतन थियेम इम्फाल के लोक-नाट्य का परिष्कार करते हुए लगातार काम कर रहे हैं। आदमी से आदमी का संवाद और सम्बन्ध का विकसित होना बहुत जरूरी है। इसके लिए भाषा के शुद्धतावादी दृष्टिकोण से हमें बचना होगा।

महावीर अग्रवाल : मैंने हबीब जी के लगभग सभी नाटक देखे हैं। बार-बार देखे हैं। अनेक नाटकों की समीक्षा लिखी है। नाटक देखने के बाद चर्चा में अनेक दर्शकों से मैंने यह सुना है कि 'छत्तीसगढ़ की लोक-संस्कृति का, छत्तीसगढ़ की लोक-धुनों का प्रयोग ही उनके नाटक को समृद्ध बनाता है। छत्तीसगढ़ के नाचा कलाकारों के बिना उनकी यह विलक्षणता अधूरी है'—इस टिप्पणी पर आपकी क्या राय है?

नामवर सिंह : मुझे ऐसा लगता है महावीर जी, जो भी ऐसा कहते हैं, वे हबीब तनवीर के अवदान को समझ ही नहीं पाए हैं। अन्तरराष्ट्रीय मंचों पर धाक जमाने वाले उनके नाटकों ने गाँवों से लेकर महानगरों तक वाहवाही लूटी है। बित्ते भर का आदमी जब बाँस के कद को छोटा बताता है और उसकी आलोचना से जो ध्वनि निकलती है, कुछ ऐसा ही भाव इस टिप्पणी में है। रंगकर्मी के रूप में पूरा जीवन खपा देनेवाले हबीब तनवीर के लिए ऐसी टिप्पणी करना उनकी अवमानना है। दर्शक जब निर्देशक की क्षमताओं और उसके योगदान को समझ ही नहीं पाता या फिर समझते हुए भी निर्देशक के महत्त्व को पूरी तरह नकारता है, तभी ऐसी टिप्पणी करता है। हबीब तनवीर ने छत्तीसगढ़ के नाचा कलाकारों की सुगन्ध से समूचे विश्व को परिचित कराया है। यह सही है कि उनके लोक-कलाकारों में अभिनय की विलक्षण क्षमता है, लेकिन माटी की खूबसूरत मूरतों में जान डालकर उनकी प्राण-प्रतिष्ठा करने का काम हबीब तनवीर ने किया है। यह हमेशा याद रखा जाना चाहिए। आप ही बताइए महावीर जी, एक मन लकड़ी हो और आग न हो तो लकड़ी क्या खाक जलेगी? तो

हबीब तनवीर वह चिंगारी हैं जो 'नया थियेटर' के कलाकारों के भीतर आग को जलाए रखती है। हबीब जी ऐसे बिरले निर्देशक हैं जो दक्ष अभिनेता होने के साथ-साथ बहुत अच्छे गायक भी हैं। आप जानते हैं, अपने अधिकांश नाटकों की 'स्क्रिप्ट' उन्होंने स्वयं लिखी है। हबीब के नाटकों में लोक की स्थानीयता का बहुत विराट स्वरूप है, लेकिन उनके नाटक लोक नाटक नहीं हैं, वैज्ञानिक सोच के साथ परिमार्जित आधुनिक नाटक हैं।

['हबीर तनवीर का रंग-संसार', सम्पादक : महावीर अग्रवाल, श्री प्रकाशन, दुर्ग, प्रथम संस्करण, 2007 तथा सापेक्ष-47 : जनवरी, 2004—दिसम्बर, 2006 में 'सार्थक प्रयोग में अग्रणी हबीब तनवीर' शीर्षक से प्रकाशित]

कथा-कोलाज है 'काशी का अस्सी'

पल्लव

पल्लव : बात क्यों न आपके और काशीनाथ सिंह, जो आपके भाई हैं, के सम्बन्धों की स्मृतियों से शुरू की जाए? एक भाई के रूप में काशीनाथ जी में क्या खूबियाँ देखते हैं आप?

नामवर सिंह : हम दोनों भाइयों के जो सम्बन्ध हैं बल्कि तीनों भाइयों के सम्बन्ध कहिए, उन पर इतना लिख चुके हैं काशी कि उसमें अपनी ओर से मैं क्या जोड़ूँ? यह तो याद करना पड़ेगा, लेकिन उनकी जबरदस्त याददाश्त है। उनकी किताबों—कहानियों और संस्मरणों को पढ़ने से पता चल जाता है कि उन्हें छोटे से छोटे बारीक ब्यौरे तक कैसे याद रहते हैं। मैं केवल यही कह सकता हूँ कि दस साल का फासला हम दोनों भाइयों के बीच में है लेकिन हमारे गाँव में मिसाल दी जाती है तीनों भाइयों की कि ऐसी राम-लक्ष्मण जैसी जोड़ियाँ बहुत कम देखने में आती हैं। छात्रावास जीवन से मुक्त होकर मैंने नौकरी शुरू की। मेरा खयाल है कि वह 1952 के आस-पास की बात है। अस्सी पर रहने के लिए मकान लिया था तब। काशी के हाईस्कूल पास करने के बाद इंटरमीडिएट में पढ़ने के लिए मैं उनको अपने साथ ले आया। तब से बराबर हम लोग 1952 से लेकर 1965 तक एक ही घर में रहे और चौबीस घंटे का साथ था। सबसे बड़ा अफसोस और दुख मुझे यह सोचकर होता है कि घर की सारी जिम्मेदारियों से काशी ने मुझे मुक्त कर दिया था। एक तरह से यह उनका शोषण भी था। यह अपराध-बोध मेरे मन में बराबर रहा है कि सारी घर-गृहस्थी उन्होंने सँभाली। मैं तो जानता ही नहीं था, बाजार से क्या आता है और कैसे खाना बनता है, कैसे हम लोग खाते हैं। घर-गृहस्थी की सारी जिम्मेदारी इतनी कम उम्र में उन्होंने निभाई। और तो और, जब मैं दिल्ली चला आया तो काफी दिनों तक मेरे माँ-बाप, मेरी बेटी, पत्नी बहुत बाद में आईं, मेरा बेटा—इन सभी की जिम्मेदारियाँ उन्होंने सँभालीं। मुझे जैसे मुक्त छोड़ दिया था। घर की पूरी गृहस्थी की जिम्मेदारी काशी ने उठाई। एक तरह से यह काशी का शोषण था। मेरी बेटी 'पापा' उन्हीं को कहती है। तो इतनी बड़ी जिम्मेदारी निभाकर उन्होंने मुझे मुक्त किया और इसीलिए

यदि मैं कुछ लिख–पढ़ सका तो उसका सारा श्रेय काशी को है। यह ऐसा कर्ज है जो अदा नहीं किया जा सकता। एक तो उनके प्रति यह भाव मेरे मन में है जिसका अहसास उन्होंने मुझे कभी न करने दिया और न यह महसूस होने दिया कि काशी हमारे ऊपर अहसान कर रहे हैं, कर्तव्य निभा रहे हैं। कच्ची उम्र में अपना पूरा परिवार, मेरा परिवार, माँ–बाप का परिवार और अन्तिम दिनों में पिताजी उन्हीं के यहाँ रहे तो ये सब जिम्मेदारियाँ उन्होंने निभाईं। मैंने तो माँ–बाप की सेवा भी नहीं की, काशी ने ही की। मँझले भाई के परिवार के लोगों की भी देखभाल करते रहे। तो एक अद्‌भुत किस्म का सम्बन्ध था हम लोगों के बीच। इसका अधिकांश खामियाजा भुगतना पड़ा काशी को। इसके बावजूद वे अपना लेखन करते रहे। एक यही भाव मेरे मन में आता है काशी के प्रति।

पल्लव : यह बात आरोप के स्वर में कही जाती रही है कि काशीनाथ जी के लेखन की प्रसिद्धि में आपका बड़ा योगदान रहा है, जबकि काशीनाथ जी के प्रारम्भ के सारे कहानी संग्रह नामालूम प्रकाशकों के यहाँ से छपे हैं, जो मिलते नहीं हैं। इसी तरह से 'अपना मोर्चा' भी किसी छोटे प्रकाशक के यहाँ से छपा था, बहुत बाद में राजकमल ने पेपरबैक्स में लिया।

नामवर सिंह : पत्रिकाओं में अगर उनकी कहानियाँ छपीं तो उनके अपने प्रयास से ही छपीं। उनके अपने सम्बन्ध बने। उनकी अपनी मित्र–मंडली रही—ज्ञानरंजन, दूधनाथ सिंह, कालिया और काशी। 'किस्सा साढ़े चार यार' जो कहलाते थे। तो उनकी दोस्ती अलग थी। उनके सम्बन्धों के कारण ही मेरे इन लोगों से सम्बन्ध बने। सहज सम्बन्ध इन लोगों से थे। पहले दूधनाथ से बना, कालिया से मेरा अलग से भी सम्बन्ध था काशी के बिना, लेकिन यह समानान्तर चलता रहा।...बनारस रहते हुए और बनारस छोड़ने के बाद भी उनकी अधिकांश रचनाओं का पहला पाठक मैं ही रहा—छपने से पहले, सब नहीं तो अधिकांश। कभी वे भेज देते थे, कभी मैं जाता था तो वहाँ उन पर बात भी होती थी और मुझे जो लगता था, मैं वैसी प्रतिक्रिया व्यक्त कर देता था। कभी परिवर्तन भी उसके अनुसार उन्होंने किया तो बहुत सारा नहीं भी किया। यह उनके ऊपर था। मैं अपनी बेलाग राय दे दिया करता था। काशी के बारे में लिखने को लेकर कठिनाई यह थी कि लोग क्या सोचेंगे! इसी संकोच के मारे कि अपने भाई के बारे में लिख रहा हूँ, मैंने कभी काशी के बारे में कुछ लिखा नहीं है। कभी हुआ कि नये लोगों के नाम ले रहा हूँ, उनमें एक नाम उनका भी है। पहली बार, जब 'कहन' का एक अंक उन पर निकला था, उनकी एक कहानी पर मैंने लिखा था। सचमुच अच्छी लगी थी वह कहानी और आग्रह यह था कि उन पर नहीं तो उनकी एक कहानी पर तो लिख दें। हम लोगों में पत्र–व्यवहार निरन्तर होता रहा है। मेरे लिखे हुए पत्रों को तो काशी ने प्रकाशित कर दिया है। 'कहन' में भी उनके कुछ पत्र छपे हैं। मैं चाहता था कि 'काशी के नाम' जो किताब है, उसमें दोनों भाइयों के पत्र

साथ-साथ छपें। उन्होंने कहा कि नहीं। आग्रह करके मना किया। मैं ले आया था पत्र और कहा कि देने जा रहा हूँ। तो रोक लिया। 'कहन' में कुछ पत्र उनके छपे हुए हैं, मैं चाहता हूँ कि काशी के वे पत्र अलग छपें। मैं रहूँ न रहूँ, मेरे बाद वे छपवाएँ। उन पत्रों से काशी का व्यक्तित्व बहुत कुछ खुलेगा।

तो मैंने लिखा नहीं, अपनी टिप्पणियाँ मैं बराबर मौखिक रूप से उनकी हर रचना पढ़ने के बाद देता रहा हूँ। लिखा कुछ नहीं इसलिए इस संकोच के कारण कि लोग कहेंगे कि अपने भाई की तारीफ कर रहा है। एक और कारण भी था कि यूँ भी दुश्मन मैंने काफी बनाए हैं, दोस्त कम। काशी पर लिखने से उनके भी दुश्मन हो जाएँगे। फिर भी दुश्मन तो कुछ हुए, उनकी झलक मिलती रहती है। 'रेहन पर रग्घू' पर 'हंस' में टिप्पणी छपी है जिससे अन्दाजा लगेगा। तो काशी को अहसास है कि मेरे भाई होने का फायदा तो उनको मिला नहीं, नुकसान ही ज्यादा हुआ है। उनके अपने विरोधी जो हों सो हों, मेरे विरोधी उनके विरोधी हो गए। उसके कारण यही हुआ कि उनकी उपेक्षा बहुत हुई। आप कुल मिलाकर देखें तो दूधनाथ, कालिया, ज्ञान और काशी—इन चारों में ज्ञान कहानी लिखना बन्द कर चुके हैं, बहुत थोड़ी-सी कहानियाँ उन्होंने लिखीं। एक अरसे से कालिया भी कहानी लिखना बन्द कर चुके हैं। दूधनाथ लिखते हैं और बहुमुखी प्रतिभा के धनी हैं, इसमें कोई संदेह नहीं। आलोचना, उपन्यास, कविता और कहानी—सभी विधाओं में लिखा है उन्होंने। तो काशी और दूधनाथ ही सक्रिय हैं। यह इत्तफाक ही था कि ज्ञान के बेटे के साथ काशी की बेटी की शादी होते-होते रुक गई। काशी चाहते थे, लेकिन बेटी ही नहीं चाहती थी। जैसे दूधनाथ के यहाँ उन्होंने रिश्ता रखा तो सोचा कि ज्ञान से भी बने तो अच्छा है। वह नहीं बन सका। इसमें काशी का बस नहीं था। खैर! हुआ यह कि उपेक्षा के शिकार हुए काशी। उनके अपने कुछ दोस्त-मित्र, युवा पीढ़ी के लोगों ने इस उपेक्षा की कुंठा उनमें नहीं होने दी। कुंठा काशी में बिलकुल नहीं है। उन्होंने लिखने के लिए कभी नहीं लिखा और वह भी दुनिया भर की जिम्मेदारियाँ निभाते हुए। मैं जितना ही घुमक्कड़ी करता हूँ, काशी उतना ही यात्रा-भीरु हैं। वे तो कहीं जाते ही नहीं। मुझे अचम्भा हुआ कि तुमने उनको कम-से-कम चित्तौड़ बुला लिया, नहीं तो जाते ही नहीं कहीं। हमारे यहाँ एक कहावत है : 'मथुरा क बेटी, गोकुल क गाय, करम फूटै ते ससुरे जाय'। मथुरा की बेटी और गोकुल की गाय करम फूटने पर ही कहीं जाती हैं, नहीं तो नहीं जाती हैं। तो काशी बनारस के उन लोगों में से हैं, जिन्हें बनारस के बाहर कहीं कुछ अच्छा लगता ही नहीं। वे बनारस में इतने रमे हुए हैं। उस बनारस में वे अब भी नियमित रूप से एक चक्कर अस्सी का लगा आते हैं। उनका मन रमता है, उनका जीवन रमता है। मीरा ने कहा था कि 'सन्तन ढिंग बैठ बैठ लोक लाज खोई, मेरे तो गिरधर गोपाल दूसरो न कोई'। काशी को साहित्यकारों से मिलने की इतनी रुचि नहीं है जितनी आम-मामूली लोगों और अस्सी मुहल्ले के

गैर-साहित्यिक लोगों से। वे उनके साथ ज्यादा रमते हैं जो आम आदमी हैं, मामूली लोग हैं। इस मामले में उनका स्वभाव बहुत कुछ प्रेमचन्द जैसा है। प्रेमचन्द लमही से इस तरह जुड़े हुए थे कि शहर में सब कुछ होते हुए भी वहाँ प्रेस हो गया था, 'हंस' निकलता था, इक्के पर चढ़कर शहर आया-जाया करते थे, लेकिन लमही वाले अपने मकान में ही रहना पसन्द करते थे। काशी के लिए अस्सी उनकी दुनिया है और ज्यादातर उनकी कहानियाँ गाँव के लोगों को लेकर लिखी गई हैं, अस्सी को लेकर लिखी गई हैं।

उनके लेखक का मूल्यांकन-पुनर्मूल्यांकन कब कैसे होगा, कौन लोग करेंगे, नई पीढ़ी के लोग करेंगे या नहीं! मेरी तबीयत होती है कि काशी की जिन कृतियों को मैंने पढ़ा, उन कृतियों पर जमकर लिखूँ। अब कब समय मिलेगा, कैसे मिलेगा, यह देखूँगा। जो अच्छे काम हैं, जरूरी काम हैं, उनके लिए तो समय नहीं मिलता। इसके अलावा उन्होंने एक आलोचना पुस्तक भी लिखी है। आलोचना भी रचना है जो उनकी आलोचनात्मक क्षमता का उदाहरण है। धूमिल पर उन्होंने लिखा है, 'गोदान' पर लिखा है। अच्छे अध्यापक भी थे काशी, जैसा मैंने सुना है। पालि पर उन्होंने शोध किया है। मुझे कहीं लगता है कि उनके मन के ज्यादा अनुकूल थी पालि-जातकों की कथा। जातक शैली का उन पर असर पड़ा है। 'जंगलजातकम्' उनकी अच्छी कहानी है। इस रचनात्मक प्रतिभा की अभिव्यक्ति जितने रूपों में हुई है, उन तमाम चीजों को ध्यान में रखकर नई पीढ़ी के लोगों को काशी के लेखन को रेखांकित करना चाहिए। करेंगे, मेरा खयाल है। हर विधा में काशी ने अपनी अलग पहचान बनाई है।

पल्लव : कुछ लोग उन्हें उपन्यासकार से ज्यादा कहानीकार मानते हैं?

नामवर सिंह : काशी की उस समय धूमिल के साथ रहते हुए अपनी खास तरह की नक्सलवादी राजनीति थी तो उस सन्दर्भ में 'अपना मोर्चा' लिखा। फिर 'काशी का अस्सी' और 'रेहन पर रग्घू'। कायदे से उनके तीन उपन्यास हैं जो लघु उपन्यास हैं, छोटे हैं। बड़े उपन्यास जैसे कि दूधनाथ सिंह ने एक बड़ा उपन्यास लिखा चार सौ पृष्ठों का, तो काशी ने बड़े उपन्यास नहीं लिखे। उन्होंने लघु उपन्यास लिखे— वैसे ही, जैसे जैनेन्द्र ने 'परख', 'त्यागपत्र', 'सुनीता' आदि लिखे। ये छोटे-छोटे उपन्यास थे। फिर भी उपन्यासकार वे माने जाते हैं। मुझे लगता है कि लोगों के जेहन में भरा हुआ है कि काशी तो कहानीकार हैं, उपन्यासकार नहीं। उनके उपन्यासों को लोग उपन्यास मानने के लिए तैयार नहीं। मैं नहीं समझ पाता कि यदि 'परख' उपन्यास है, 'त्यागपत्र' उपन्यास है, तो 'रेहन पर रग्घू' या 'काशी का अस्सी' या 'अपना मोर्चा' को उपन्यास क्यों नहीं माना जाए? कोई जरूरी नहीं कि उपन्यास महाकाव्य के रूप में विस्तार वाला हो। हर उपन्यास 'गोदान' हो या 'प्रेमाश्रम' हो, ऐसा जरूरी नहीं है। प्रेमचन्द ने 'निर्मला' लिखा था अपना सबसे छोटा उपन्यास। 'ओल्ड मैन एंड द सी', जो दुनिया का सबसे छोटा उपन्यास है। कितनी अजीब बात है कि लोग समझते हैं

कि जब तक चार-पाँच सौ पेज नहीं हों तब तक उपन्यास नहीं है। वृहत्तर जीवन होना चाहिए। लोग भूल जाते हैं कि एक छोटी-सी रचना 'ओल्ड मैन एंड द सी' जब उपन्यास हो सकता है तो उपन्यास के आकार को मुद्दा नहीं बनाना चाहिए। और काशी की कहानियों में जो नाटकीयता है, उसे रंगमंच पर उतारकर उषा गांगुली ने दिखा दिया।

जो सामान्य बात मैं कहना चाहता हूँ, वह काशी की भाषा पर है। जो गद्य काशी लिखते हैं, किसी के लिए भी ईर्ष्या की वस्तु हो सकती है। एक भोजपुरी-भाषी आदमी खड़ी बोली के गद्य में भोजपुरी का छौंक देते हैं। ऐसा गद्य बहुत कम मिलता है। मेरे लिए यह स्पर्धा की चीज है कि मैं वैसा गद्य 'आलोचना' में लिख सकूँ। एक जानदार भाषा है उनकी, जो उनके समकालीनों में भी वैसा गद्य लिखने वाला मुझे कोई नहीं दिखाई देता। जिन लोगों का गद्य मुझे पसन्द है, उनमें जैनेन्द्र का गद्य है। 'परख' का गद्य पढ़ें आप। छोटे-छोटे वाक्यों वाला। लखोरी ईंटों से बनी हुई इमारत हुआ करती है—बड़ी नहीं, छोटी-छोटी पतली ईंटों वाली। यह दीवार अद्‌भुत दृश्य देती है। मेरी भाषा किताबी हो जाती है। मुझे अच्छी तरह याद है कि काशी ने 'दूसरी परम्परा की खोज' पढ़कर जो चिट्ठी लिखी थी, उसमें इसकी भाषा उन्हें बहुत पसन्द आई थी। काशी की उपस्थिति मेरे लिए प्रेरणा रही है। यही वजह है कि जब शहर दिल्ली की जिन्दगी से और वातावरण से जी घबराता है तो बहाना ढूँढ़ता रहता हूँ कि बनारस चला जाऊँ—काशी से मिलने का बहाना। वे तो बहुत कम आते हैं। जब उनसे मुलाकात होती है तो तरोताजा हो जाता हूँ। काशी ने मुझे कई तरह से जिन्दगी दी है।

पल्लव : अच्छा, तो अब जीवन से रचना की ओर बढ़ें यानी 'काशी का अस्सी' की बात की जाए।

नामवर सिंह : इस उपन्यास में उनकी पाँच कहानियाँ हैं या पाँच खंड हैं। ये उपन्यास के रूप में नहीं लिखे गए थे। वे उपन्यास कहकर छपा रहे हैं तो स्वीकार कर लेना चाहिए कि उपन्यास का ढाँचा काफी ढीला-ढाला भी होता है। और ढीले-ढाले ढाँचे वाले काफी उपन्यास लिखे गए हैं। 'डॉन क्विग्जोट' लगभग इसी तरह लिखा गया है। तो उपन्यास एक ऐसी विधा है जिसमें कथानक सधा-बँधा हो और जिसका आदि हो, अन्त हो, मध्य हो। किन्तु 'काशी का अस्सी' के कथानक का ढाँचा ढीला-ढाला है। हम कह सकते हैं इसको, चाहें तो उपन्यास। लेकिन मैं इसे कथा-कोलाज कहना पसन्द करूँगा। यह पाँच कथाओं का कोलाज है। और कोलाज भी एक कृति होती है। इसकी टेक्निक फिल्म टेक्निक है। जैसे फिल्म को शॉट करते चले जाते हैं और अन्त में उसका सम्पादन करते हैं। ऐसा लगता है कि एक उपन्यास लिखने की परिकल्पना से ये चीजें तैयार की गई थीं। इसका एक प्रमाण तो यही है कि 'याद हो कि न याद हो' में 'देख तमाशा लकड़ी का' का छपा हुआ संस्मरण मिलता है। लगता

है कि 1990–92 के आसपास बाबरी मस्जिद के ध्वंस के समय उन्होंने कहानी लिखी थी 'देख तमाशा लकड़ी का' और अगर मैं भूलता नहीं तो 1991 के आसपास काशी अस्सी वाले मकान में नहीं थे, यूनिवर्सिटी से आ चुके थे। अस्सी छूट चुका था। बाद में वे चाहे जहाँ रहे, एक बार घूमकर अस्सी जरूर पहुँचते थे। पान खाने के बहाने, लोगों से मिलने, पप्पू की दुकान पर जाते थे। अस्सी के छूट जाने के बाद अस्सी से ज्यादा ममता हो गई। दूर जाने पर अस्सी के जीवन की स्मृतियाँ और बाकी चीजें उनके ध्यान में आती रहीं। इसलिए वे अस्सी से जुड़ी हुई चीजों को धीरे–धीरे एक कहानी के रूप में लिखते गए।

अगर मैं भूलता नहीं तो यह 'काशी का अस्सी' मेरा ही दिया हुआ नाम है और मेरे मन में था कि इसमें एक श्लेष है। काशी शहर भी है और काशीनाथ सिंह भी है। काशी का अपना देखा हुआ अस्सी और काशी का एक हिस्सा अस्सी। उन चीजों को ध्यान में रखते हुए जो पहली ही कहानी है, 'देख तमाशा लकड़ी का', इसमें लिखा है उन्होंने कि भारतीय भूगोल की एक भयानक भूल ठीक कर लें। अस्सी बनारस का मुहल्ला नहीं है। अस्सी 'अष्टाध्यायी' है और बनारस उसका 'भाष्य'। पिछले तीस–पैंतीस वर्षों से 'पूँजीवाद' के पगलाए अमरीकी यहाँ आते हैं और चाहते हैं कि दुनिया इसकी 'टीका' हो जाए मगर चाहने से क्या होता है? तो अस्सी बनारस का अंश होते हुए भी स्वयं अस्सी क्या है? अस्सी को 'अष्टाध्यायी' कहना, पूरे बनारस को उस 'अष्टाध्यायी' का भाष्य कहना और अन्त में यह कहना कि तमाम विदेशी आकर अस्सी पर ठहरते हैं, क्योंकि वहाँ से बनारस का एक सिरा है। हम लोग रहा करते थे, छोटी–सी बात मुझे याद आती है—जब मैं अस्सी पर रहा करता था, तब एक बार विद्यासागर नौटियाल आए तो उन्होंने कहा कि डॉक्टर साहब, अस्सी का महत्त्व इसलिए है कि तुलसीदास सारा शहर छोड़कर रहने के लिए अन्तिम दिनों में अस्सी पर आ गए थे। इसलिए तुलसीदास बड़े नहीं हैं कि वे बनारस के थे बल्कि इसलिए बड़े हैं कि वे अस्सी पर रहते हुए सरवाइव कर गए। यह अस्सी के माहौल पर टिप्पणी भी है। मैं कहना चाहूँगा कि अस्सी पर रहते हुए काशी सरवाइव कर गए। जो उस मुहल्ले का नक्शा है, जिस तरह के लोग हैं, ये सारी चीजें काशी की कहानियों से ही मालूम होती हैं। उससे लगता है कि अस्सी से जाने के बाद उस अस्सी का एक नॉस्टेल्जिया उनके दिमाग में रहा और उन लोगों को लेकर, जो किसी एक कहानी में नहीं आ सकते थे। उन्होंने सबके बारे में अलग–अलग लिखा। खास तौर पर जब धूमिल जिन्दा थे तो काशी, नागानन्द और ये लोग अस्सी होकर निकलते थे। इस अस्सी का बार–बार जिक्र किया है। जो मिलने का एक केन्द्र था, चाय की दुकान, जहाँ मैं सारे लोगों को लेकर बैठा करता था। तो वह जो केन्द्र था, उसको आधार बनाकर अलग–अलग समय पर लिखी कहानियाँ और सारी कहानियों को अन्त में जोड़कर यह उपन्यास बना है। मुझे लगता है कि शायद अब भी कुछ बचा रह गया हो अस्सी का,

जिस पर वे अभी एकाध कहानी और लिख सकते हैं।

पल्लव : 'हंस' में एक प्रसंग और आया था जिसमें बीएचयू का जिक्र है।
नामवर सिंह : क्या नाम था उसका?

पल्लव : 'लंका बाँके चारि दुआरा'।
नामवर सिंह : तो अभी अस्सी खत्म नहीं हुआ है। मेरा खयाल है कि और कहानियाँ अस्सी को लेकर लिखेंगे। कई लोग अभी छूट गए हैं और मैं जाऊँगा तो पूछूँगा कि वे लोग कहाँ हैं अस्सी के, जो बिलकुल हमारे पड़ोसी थे? शान्तिप्रिय द्विवेदी का तो जिक्र आ गया है लेकिन उनके अलावा ऐसे कई अद्‌भुत चरित्र हैं जिन चरित्रों को लेकर भी अलग आयाम, अलग कोण हैं। यह कहानी (देख तमाशा लकड़ी का) जब लिखी तो बाबरी मस्जिद के ध्वंस का समय था। बाबरी मस्जिद के ध्वंस पर दूधनाथ सिंह ने लगभग चार सौ पृष्ठों का बड़ा उपन्यास लिखा है और काशी ने केवल यह एक कहानी लिखी। उस पूरी कहानी में जिन लोगों ने उसे तोड़ा था, उन पर बगैर अयोध्या गए हुए, अस्सी से बाबरी मस्जिद के ध्वंस पर लिखा जा रहा है। इस कहानी को दूधनाथ सिंह के उपन्यास से मिलाकर देखें—एक चार सौ पृष्ठों का उपन्यास है और दूसरी पच्चीस-तीस पृष्ठों की कहानी। तो ध्वंस की जो राजनीति है, ध्वंस का जो दृश्य है, कोई भी पढ़कर देख सकता है कि यह कहानी ज्यादा गहरा प्रहार करती है, तीखे ढंग से प्रहार करती है। और उसमें यही नहीं है बल्कि जो छूट गया है, वह भी है। क्योंकि बाबरी मस्जिद का ध्वंस अपने-आपमें एक घटना नहीं है, बल्कि भारतीय लोकतंत्र की एक घटना है। वह, जो पूरी राजनीति है, वह परिप्रेक्ष्य में कैसे आई है, यह उपन्यास में नहीं आया है। मखौल ज्यादा है उसमें। इसलिए मैं कहता हूँ कि जो एक अस्सी को केन्द्र बनाकर मध्यवर्ग, निम्न मध्यवर्ग, निम्नवर्ग के लोगों की दृष्टि से जो लोकदृष्टि है, उस दृष्टि से लिखी गई कहानी है यह। आम आदमी कैसे देखता है, अवसरवाद क्या होता है? साथ ही विदेशी भी आते हैं इस कहानी में, उन विदेशियों की दृष्टि में अस्सी क्या है? तो वह घटना भारतीय लोकतंत्र के परिप्रेक्ष्य में रखी गई है। केवल एक छोटी-सी साम्प्रदायिक घटना मानना, मन्दिर-मस्जिद का मामला मानना तंग-नजरी होगी, बल्कि मन्दिर-मस्जिद उसका एक मोहरा है। कोई राजनीतिक विचारधारा बची नहीं है इसमें। कांग्रेस भी आती है, समाजवादी भी आते हैं, उन तमाम लोगों को मामूली आदमी कैसे देखता है, सबसे बड़ी विशेषता यही है इस कहानी की। सबसे बड़ी बात है, इस पूरी कहानी की शैली में वाग्वैदग्ध्य। उस आम आदमी की जबान में कितना ज्यादा वाग्वैदग्ध्य है? एक-एक संवाद, एक-एक वक्तव्य, एक-एक टिप्पणी में यह बात है। कोई भी डल मोमेंट नहीं आता। यह पहली कहानी से मालूम हो जाता है। आम लोगों का जो कॉमनसेंस है, कामनसेंस से एक बड़ी समस्या की ओर इशारा कर देना, यह ताकत इसमें मिलती है। कहीं कोई

व्याख्यान नहीं। लेखक की जीवन-दृष्टि क्या है, उसकी विचारधारा क्या है, कहीं अपनी ओर से नहीं कहा गया है। और बीच-बीच में क्षेपक के रूप में अपने लोगों की कहानी भी आ जाती है, मेरा भी जिक्र कहीं आ जाता है। पहले यहाँ ऐसा हुआ था, एक कवि सम्मेलन हुआ था साठवें वर्ष पर। पप्पू की दुकान की खूबी यह है कि खुद कवि और साहित्यकार कैसी भूमिका निभाते थे, एक तरह का भरा पूरा समुदाय इकट्ठा रहता है। वहाँ सारी राजनीतिक पार्टियों के लोग और स्वयं लेखक हैं। वे केवल कैमरा लेकर सारी चीजों की छवि उतारते जा रहे हैं, अपनी ओर से एक भी टिप्पणी कहीं नहीं है। वे सारी चीजें ध्वनित होती हैं, व्यंजित होती हैं एक-दूसरे की काट से, बिना किसी टिप्पणी के। लेखक जो कहना चाहता है, कह देता है। यह निर्वैयक्तिकता, निष्पक्षता, तटस्थता है एक लेखक की। इसलिए एक छोटी-सी कहानी पूरे इतिहास के दौर को चित्रित करती है। और अस्सी अस्सी नहीं रह जाता। बाकी और कहानियों को भी इसी रोशनी में देखें। जो आखिरी कहानी है, वहाँ तक जाते-जाते पूरे दशक, जिसको नब्बे का दशक कहेंगे, 2000 तक यानी सदी के अन्तिम दशक पर यह पुस्तक टिप्पणी करती है। उसके लिए जरूरी है कि मैं दुबारा ध्यान से पूरी पुस्तक पढ़ूँ।

'काशी का अस्सी', सच पूछिए तो, अस्सी के दशक के बाद नब्बे से शुरू होता है। यह सहस्राब्दी के अन्तिम दशक की कहानी है। एक छोटे से मुहल्ले में कथानक सिमटा हुआ है इसका लेकिन मैं कहूँगा कि जैसे कभी अमृतलाल नागर जी ने 'बूँद और समुद्र' लिखा था, उसी तर्ज पर काशी बूँद में समुद्र दिखाना चाहते हैं। बूँद और समुद्र नहीं है, बूँद में ही समुद्र है, जिसको ग़ालिब ने कहा था—'क़तरे में दरिया देखना'। त्रिलोचन जी ने अपने सॉनेट में कहा है कि 'आगरे के किले में एक छोटी-सी नग जड़ी, जिसमें पूरा ताज दिखाई पड़ता है'। तो क़तरे में दरिया देखना, एक नग में पूरी कायनात देखना, उसी तरह से अस्सी नाम का छोटा-सा चौराहा है। उस चौराहे में काशी पूरे भारत को, पूरे भारत के साथ ही भूमंडलीकरण को भी देखते हैं। वह जो कहानी है 'पांडे कौन कुमति तोहें लागी', जिस पर उषा जी ने नाटक बनाया है 'काशीनामा', उसमें वैश्वीकरण, भूमंडलीकरण, ग्लोबलाइजेशन, ग्लोबल मार्केट—इन सभी की बात करते हैं। इसमें यह दिखाने की कोशिश की है कि नितान्त पंडिताऊ संस्कारों वाले, पूजा-पाठ करनेवाले पंडित जी कैसे घर में रखे शिवजी के लिंग को हटाकर टॉयलेट बना देते हैं। यह विडम्बना कि जितने पुराने विचारों वाले रामभक्त लोग हैं, वे और उनका हिन्दुत्व किस तरह बाजारवाद का शिकार होता है! शिकार ही नहीं होता बल्कि स्वागत करता है। 1991 के बाद हमारा ग्लोबलाइजेशन शुरू हुआ—इस दशक की सबसे महत्त्वपूर्ण घटना, जिस पर सबसे ज्यादा लिखा जा रहा है और उसकी चपेट में कैसे स्वयं धर्म आ जाता है—धर्म में भी हिन्दू धर्म? एक पंडित जी किस तरह से बदल कर आते हैं और अपने घर में बने मन्दिर को टॉयलेट

में बदल देते हैं! अब आप देखिए, बाबरी मस्जिद के ध्वंस से लेकर भूमंडलीकरण में बाजार किस तरह हावी होता है, एक छोटा परिवार भी उसमें ग्रस्त होता है, उसकी दुनिया बदल जाती है। यहाँ तक की यह लम्बी यात्रा की गई है। इसलिए 'काशी का अस्सी' केवल एक मुहल्ले की दास्तान नहीं है बल्कि सहस्राब्दी के अन्तिम दशक में भारत कहाँ पहुँचा है और भारतीय जीवन में क्या परिवर्तन हुए हैं, इसे देखता है। काशी सबसे पुरानी नगरी है, जिसकी हजारों साल की संस्कृति है। वह संस्कृति कैसे टूटकर बाजार का शिकार बनती है, इस पर यह किताब इशारा करती है। इस चीज पर अखबारों में न जाने कितने लोग लेख लिख रहे हैं, लेकिन जिसे मूल बिन्दु पर चोट करना कहते हैं, उसको नहीं छुआ। इस दृष्टि से इसका महत्त्व है। जहाँ तक रूप की बात है, मैंने कहा, यह कथा-कोलाज है इसलिए कि अस्सी तो एक क़तरा है, लेकिन उस क़तरे में भरा-पूरा दरिया दिखाई पड़ता है। शायद इसलिए उन्होंने इसे उपन्यास कहा है क्योंकि उपन्यास की कोई बँधी-बँधाई परिभाषा है नहीं। उपन्यास 'डॉन क्विग्जोट' जैसा बड़ा ढीला-ढाला हो सकता है और छोटा भी हो सकता है। इसकी संरचना के कई रूप हो सकते हैं। आकार से या अध्यायों से, एक सधे-बँधे, इकहरे कथानक से उपन्यास नहीं बनता है बल्कि टुकड़े-टुकड़े दास्तान में जो एक सूत्र है, उस सूत्र से उपन्यास बनता है। इसलिए उपन्यास के रूप-विधान की दृष्टि से यह एक नये ढंग का उपन्यास है। जो क्लासिकल ढाँचा होता है, उस संरचना से यह अलग है। नई बात इस दृष्टि से नहीं है क्योंकि एक शहर, एक कस्बा, एक मुहल्ले को लेकर पहले भी लिखा गया है। मैं यह मानता हूँ कि उपन्यास आम तौर से काल से ज्यादा स्थान की कला है। जेम्स ज्वायस लिखता है, फॉकनर ने एक इलाके के बारे में लिखा है, रूसी उपन्यास बहुत हैं। प्रेमचन्द को देखें तो सारे उपन्यास लमही और पांडेपुर के इर्द-गिर्द घूमते हैं। 'रंगभूमि' तो बिलकुल पांडेपुर की कहानी है। नाम 'रंगभूमि' रखा गया है लेकिन रंगभूमि कौन है, तो पांडेपुर है। सारी घटनाएँ वहीं घटित होती हैं। प्रेमचन्द अगर 'पांडेपुर की कहानी' न कहकर 'रंगभूमि' कहें तो उपन्यास होता है और 'काशी का अस्सी' के नाम पर काशी लिखें तो कह दिया जाए कि नहीं, यह तो उपन्यास नहीं है, बल्कि अलग-अलग कहानियाँ लिख दी गई हैं? अन्तर्वस्तु रूप-विधान का निर्धारण करती है। रूप-विधान का बना-बनाया साँचा लेकर कोई उपन्यास लिखे, वह उपन्यास की खानापूरी होगी। इस दृष्टि से काशी कथा-कोलाज को जुटाकर एक साथ एक परिघटना के आधार पर उपन्यास कहते हैं तो इसमें कोई आपत्तिजनक बात नहीं दिखाई पड़ती है। कहा जा सकता है कि उपन्यास की अनेक संरचनाओं में से एक यह है। देखिए, कहानी तो एक खयाल पर होती है, स्थान पर नहीं होती, लेकिन आम तौर पर कथाकृति देशबद्ध अधिक होती है। काल की कला यह नहीं है, काल की कला तो संगीत है। द्रुत से विलम्बित होकर संगीत रूप धारण करता है। कथाकृति की एक जमीन होती है और वह जमीन निश्चित

ही स्थिर होती है। वहीं घूमती है कथा वरना वह दर्शन हो जाएगी। जमीन से हटा दें तो फिर वह कथाकृति नहीं बन सकती। संगीत अमूर्त हो सकता है लेकिन कथाकृति नहीं। इसलिए स्थान के आधार पर उपन्यास के नये ढाँचे की दृष्टि से भी इस कथाकृति पर विचार किया जा सकता है।

पल्लव : एक समस्या है, वह यह है कि इतना बढ़िया उपन्यास और इसे भली महिलाएँ और सज्जन नहीं पढ़ सकते क्योंकि इसमें एल.के.डी. और तमाम गालियाँ हैं।

नामवर सिंह : दुनिया में बहुत सारी ऐसी कृतियाँ हैं जिनको लोगों ने अश्लील माना है। अश्लीलता के आरोप की शिकार अनेक महत्त्वपूर्ण कृतियाँ हुई हैं। 'जेम्स ज्वायस' में भरा हुआ है। अनेक लोगों में है। कायदे से देखा जाए तो जो पहला उपन्यास 'डॉन क्विग्जोट' है, उसमें बहुत सारी ऐसी चीजें हैं। तथाकथित जो भद्रलोक होता है, जो खुद को सुरुचिसम्पन्न समझता है, वही इस तरह की चीजों से नाक-भौंह सिकोड़ता है। इस सुरुचि के विरुद्ध रघुवीर सहाय लिखते रहे हैं। सुरुचि भद्रलोक की दृष्टि है। शिष्टता के नाम पर बहुत सारी चीजें लोग छिपा जाना चाहते हैं। गाँव के जीवन में गालियाँ, गालियाँ नहीं होतीं। हर बात में गाँव वाला गाली में बात करता है। और वहाँ गालियाँ एक तरह से तकियाकलाम हैं। उनकी अश्लीलता पर लोगों का ध्यान नहीं जाता। गाँव के लोगों के लिए, मजदूरों के लिए अश्लीलता का प्रश्न ही नहीं है। सुरुचिसम्पन्न तथाकथित भद्रलोक जो हैं, उनकी भद्र बातें ज्यादा अश्लील होती हैं अपनी अन्तर्वस्तु में। भाषा सभ्य-संस्कृत हो लेकिन अन्दर से अधिक अश्लील होती है। संकेत में बताई हुई अश्लीलता से ज्यादा ठीक है, आप खुलकर कह दें। इससे अश्लीलता की ओर ध्यान ही नहीं जाता। शरीर के जिन अंगों को लेकर गाली देते हैं, अनेक उपन्यासों में रति-प्रसंग का वर्णन होता है। किसी जमाने में अश्लील समझा जाता था, आजकल सहजीवन हो गया है। समलैंगिक सम्बन्धों को किसी जमाने में निहायत आपत्तिजनक समझा जाता था, आज वही पश्चिमी बुर्जुआ समाज कानून बनाकर उसको स्वीकृति दे रहा है। कल को यहाँ भी हो सकता है। जहाँ सख्त जिन्दगी होगी यानी जेलों में, आर्मी में, रनिवासों में, वहाँ ऐसा होगा। श्लील और अश्लील पर विचार करें कि वह काम क्या करता है, प्रभाव क्या पड़ता है? जिस तरह 'देख तमाशा लकड़ी का' ऐसे प्रसंगों से भरा हुआ है, गाली के बिना पात्र बात ही नहीं करते लेकिन कठिनाई यह है कि इसमें किसी को कोई आपत्ति नहीं है क्योंकि इस ओर ध्यान ही नहीं जाता। ध्यान जाता है उस अर्थ पर, जिसके लिए किताब में इनका प्रयोग हुआ है। ध्वनित-व्यंजित अश्लीलता की ओर ध्यान नहीं जाता बल्कि चोट लगती है। नौजवानों का चरित्र बिगाड़ने और बनाने के लिए कहानियाँ नहीं लिखी गई हैं। इनको पढ़कर किसी आदमी का चरित्र नष्ट हो जाए, ऐसा नहीं है।

पल्लव : लेकिन एक आरोप तो लगाया ही गया है कि वैचारिक रूप से यह बड़ा

अराजक उपन्यास है? उपन्यास की राजनीतिक विचारधारा तो यही निकलती है—माँ चुदाए दुनिया, हम बजाएँ हरमुनिया। कोई दर्शन नहीं है।

नामवर सिंह : देखिए, ऐसा है कि था एक जमाना प्रगतिशील लेखन का, प्रतिबद्ध लेखन भी जिसे कहा गया है। तमाम चीजों का खंडन करने के बाद यह कहें कि यही सही रास्ता है। हम लोग जिस दौर से गुजर रहे हैं, उस दौर की सारी राजनीतिक पार्टियों पर यह एक टिप्पणी है। वामपंथी पार्टियों पर भी। हम लोग जिस संक्रमण काल से गुजर रहे हैं, उस दौर में कोई सीधी लकीर दिखाई नहीं पड़ती कि यही रास्ता है। ऐसा न हो तो लेखक से क्या उम्मीद करें कि वह आसमान से उतारकर रास्ता दिखा देगा? जैसा प्रेमचन्द अपने उपन्यासों का अन्त करते थे या रास्ता बताते थे यानी विधेयात्मक होना चाहिए, एक सन्देश जाना चाहिए, तो निष्कर्षवादी लेखन होता था, जिसकी सीमाएँ अब मालूम हुई हैं। प्रेमचन्द के जिस उपन्यास में कोई दिशा नहीं है, वही सबसे अच्छा है 'गोदान'। इस उपन्यास में कोई समाधान नहीं है। जहाँ समाधान दिया है उन्होंने, जैसे 'रंगभूमि' में देने की कोशिश की है, 'प्रेमाश्रम' में देने की कोशिश की है, तो वह उसका सबसे कमजोर पहलू माना गया है। काशी ने भी अगर नहीं दिया है तो लगभग उसी रास्ते पर हैं जिस पर 'गोदान' है। कोई रास्ता तो नहीं दिखाई पड़ता। मैं समझता हूँ कि चेखव की अधिकांश कहानियों में ऐसा ही है। टॉल्स्टॉय ने निष्कर्ष देने की यह कोशिश की है, तो 'वार एंड पीस' में या 'अन्ना कैरेनिना' में ईसाइयत को डालने की कोशिश की है। अगर काशीनाथ, जिन्होंने 'सुधीर घोषाल' नामक कहानी लिखी थी, अगर उसी 'सुधीर घोषाल' वाले अन्दाज में लिखें तो मैं समझता हूँ कि जसम के लोगों को बहुत अच्छा लगेगा। यह छोड़ दिया तो इसका कारण यही है कि कलाकृति के कुछ अपने तर्क भी होते हैं, अपने नियम भी होते हैं, वह उसी नियम से चलेगी। कोई जरूरी नहीं है कि अन्त में कोई चीज निकले। उदाहरण के लिए 'देख तमाशा लकड़ी का' में बाबरी मस्जिद के ध्वंस और बाकी चीजों के बाद कहीं उन्होंने नहीं बताया कि निकलता क्या है। यह तो नहीं निकलता कि मन्दिर वहीं बनाएँगे? यह भी दिखा दिया है कि यह कहना भी गलत है कि मस्जिद वहीं बनाएँगे। एक जगह डायलॉग आता है कि मस्जिद वहीं बनाएँगे, यह उतना ही गलत है जितना मन्दिर वहीं बनाएँगे कहना। जो हो चुका सो हो चुका, आगे देखिए। क्योंकि हर आदमी जानता है कि सवाल मन्दिर और मस्जिद का नहीं है, सवाल कुछ और है। यह तो एक साधन है, एक निमित्त है। इसलिए हल कहीं नहीं बताया गया है, लेकिन एक जगह कह दिया गया है कि वे लोग कहते हैं, मन्दिर वहीं बनाएँगे, तो दूसरे कहते हैं कि मस्जिद वहीं बनाएँगे। यह भी है। दोनों का मखौल उड़ा दिया गया है। इसका मतलब यह है कि यह मुद्दा नहीं है क्योंकि यह एक तरह का साधन है नेताओं के लिए जिसके बहाने वे करना कुछ और चाहते हैं। उन्हें राजनीतिक सत्ता चाहिए। उन लोगों को न मन्दिर से मतलब है, न मस्जिद से।

अगर राम मन्दिर से उनको मतलब होता तो अब तक मन्दिर बन जाना चाहिए था। उनकी सरकार तो थी, क्यों नहीं बनवा लिया? उधर, दूसरे आदमियों ने उस पर मस्जिद क्यों नहीं बनवा दी? दोनों ही समान हैं। आज तक मामला कोर्ट में लम्बित है। इससे मालूम होता है कि यह केवल एक बहाना था। यह कहानी यही सन्देश देती है तो निष्कर्षवादी कहानी का हश्र आप देख चुके हैं। और अगर कोई सावधान-सतर्क लेखक है तो उसका काम अलग-अलग दावों की कलई खोल देना है। यह कोई राजनीतिक या चुनावी घोषणा-पत्र नहीं है कि जिसके आधार पर हम वादा करें कि यह करने के लिए लिख रहे हैं। काशी ने नहीं किया तो अच्छा काम किया है क्योंकि कलाकृति यह काम नहीं करती।

[बनास : अंक-2 ('काशी का अस्सी' पर केन्द्रित), 2010 तथा
पुस्तक : 'अस्सी का काशी—गल्पेतर गल्प का ठाठ',
सम्पादक : पल्लव, साहित्य भंडार, इलाहाबाद,
प्रथम संस्करण, 2015 में प्रकाशित]

काशीनाथ सिंह के संस्मरण मूलत: कहानी ही हैं

रोहिताश्व और **संदीप लोटलीकर**

संदीप : काशीनाथ सिंह ने जो संस्मरण लिखे हैं, उनमें कौन-सा संस्मरण आपको विशेष प्रिय है?

नामवर सिंह : सच तो यह है कि मेरे बारे में काशी ने जो लिखा है, वही सबसे अच्छा लगा मुझे। लेकिन 'देख तमाशा लकड़ी का' में जो अस्सी के बारे में लिखा है, वह कला की दृष्टि से सबसे अच्छा संस्मरण है। दरअसल यह संस्मरण नहीं है, 'याद हो कि न याद हो' एक तरह से कहानियाँ हैं। मेरा खयाल है, काशी अपनी कहानियों का एक चक्र पूरा करने के बाद सोच रहे थे कि कोई ऐसा रूप ढूँढ़ा जाए अपनी बात कहने का, कि लगे, संस्मरण है लेकिन हो वह मूलत: कहानी ही। इसीलिए इन्हें विधा की दृष्टि से भले ही लोग संस्मरण के अन्तर्गत रखें लेकिन मैं व्यापक रूप में, जिसे आख्यान कहते हैं, अंग्रेजी में 'नैरेटिव' कहते हैं, फिक्शन कहते हैं, मैं उस रूप में देखता हूँ। इसमें तथ्य और कल्पना का मेलजोल है। इस तरह से ये कहानियाँ मानी जानी चाहिए। ये लगभग उसी तरह की कहानियाँ हैं, जैसे 'बहती गंगा' नाम से रुद्र काशिकेय ने काशी के बारे में—कुछ इतिहास का सहारा लेते हुए, कुछ किंवदन्तियों का सहारा लेते हुए—एक पुस्तक लिखी थी, जो क्रमबद्ध होने के कारण एक तरह से उपन्यास भी था और अलग-अलग ढंग से कहानियाँ भी थीं। एक कथाक्रम था। काशी अस्सी पर रहते हैं, जहाँ पर हमारा घर है। हम लोग भी पहले रहते थे, उस अस्सी चौराहे से इतने जुड़े हुए थे, नजदीक से देखा था वहाँ के आम आदमी को, इसीलिए सच पूछो तो वे संस्मरण 'बहती गंगा' की तरह से काशी के एक हिस्से की कहानियाँ हैं। काशी ने उसी मुहल्ले 'अस्सी' को ध्यान में रखकर उसके चरित्रों द्वारा कथाक्रम लिखा है। उस कथाक्रम में ही धूमिल हैं, नागानन्द मुक्तिकंठ हैं। उसी अस्सी के हिस्से में त्रिलोचन भी हैं, मैं भी उसी अस्सी पर रहनेवाला एक चरित्र हूँ। इस तरह से अस्सी इन संस्मरणों के केन्द्र में है। काशी का यह वह हिस्सा है जो तुलसीदास से जुड़ा हुआ है। अपने विरोध के कारण शहर से बाहर पड़ता है। वह अस्सी मुहल्ला, जो काशी का केन्द्रीय भाग है, और दूसरी ओर काशी का दूसरा छोर है—काशी हिन्दू

विश्वविद्यालय। विश्वविद्यालय और शहर के बीच की वह जगह है जहाँ विश्वविद्यालय के बहुत से अध्यापक रहते हैं, विद्यार्थी भी रहते हैं, आम आदमी भी रहते हैं। बगल में ही गंगा बहती है। यह काशी, काशीनाथ सिंह के दिमाग में थी, हृदय में थी और कल्पना में भी थी। उस काशी की कहानियाँ उन्हें लिखनी थी। आज भी लिखनी है। इसीलिए उन्होंने उसके बाद वह संस्मरण जो बहस का विषय बना, 'सन्तों घर में झगरा भारी' लिखा। 'याद हो कि न याद हो' में राजनीति कहीं नहीं थी, व्यक्ति और आम आदमी थे। लेकिन 'सन्तों घर में झगरा भारी' में राजनीतिक दलों के लोग हैं। काशी का यह हिस्सा अब बदला है, उसमें परिवर्तन हुआ है। हम सन् तिरपन के जमाने में इस इलाके में रहने आए थे। इसलिए उन्नीस सौ तिरपन से लेकर लगभग चालीस-पैंतालीस सालों के बीच जो बदलाव आया है, उस बदलते हुए अस्सी की कथा है यह। इन संस्मरणों को इसी रूप में देखना चाहिए। शायद इसे इस रूप में न देखने के कारण ही 'याद हो कि न याद हो' पुस्तक की चर्चा हिन्दी में लगभग नहीं हुई। कोई विशेष समीक्षा भी नहीं निकली। अगर मेरी पत्रिका 'आलोचना' निकलती होती तो मैं उसमें एक क्या, एक से अधिक समीक्षाएँ छापता। यद्यपि आरोप यह लगाया जाता कि अपने भाई की किताब की समीक्षा की है और मैं इस मामले में बहुत सतर्क रहा हूँ, ऐसा न लगे कि यह भाई-भतीजावाद है। अपनी पत्रिका 'आलोचना' में मैंने अपने बारे में भी बहुत कुछ नहीं छापा और काशी के बारे में भी नहीं छापा। लेकिन दूसरे पत्र-पत्रिकाओं के लेखकों को देखना चाहिए कि यह संस्मरणों की पुस्तक नहीं है बल्कि कथाकृति है, कथाचक्र है, कथाक्रम है। इस रूप में मैं इस पुस्तक को देखता हूँ। और इसी रूप में इसकी समीक्षा होनी चाहिए, इसका मूल्यांकन होना चाहिए।

रोहिताश्व : जो रचनाकार अपने-आपमें 'लीजेंड' बन गए हैं, मिथक बन गए हैं, उनके बारे में थोड़े से वर्णन, थोड़ी-सी चुटकी, थोड़ा-सा व्यंग्य की छौंक के साथ उनके कृतित्व को रेखांकित करनेवाली जो विधा काशीनाथ सिंह के पास है, त्रिलोचन को सामान्य कविताओं के माध्यम से जितना नहीं जाना जा सकता, जितने इन संस्मरणों, आलेखों, या रिपोर्ताजों या फिर कैरी-कैचर के माध्यम से जान पाते हैं। निःसन्देह 'बहती गंगा' के बाद इस कृति को देखा जाए तो काशी का पूरा इतिवृत्त बनता है, परिवेश बनता है। लेकिन इसका शिल्प तो बिलकुल अलग है। 'बहती गंगा' से अलग इन संस्मरणों का शिल्प है।

संदीप : इसमें दृश्य-परम्परा है। संस्मरण पढ़ते समय बनारस शहर आँखों के सामने दृश्यमान हो जाता है, जैसे आप सड़कों से गुजर रहे हैं : हजारी प्रसाद द्विवेदी होल्कर हाउस में बैठे हैं, काशीनाथ सिंह धूमिल के साथ घूम रहे हैं तथा अन्य मित्र, जिनका काशीनाथ जी ने वर्णन किया है। आप पर लिखे गए संस्मरण में एक प्रसंग आता है

और वह है एक रुपये का सिक्का जो उन्होंने आपकी जेब में डाला था—वह प्रसंग। यह प्रसंग काशीनाथ जी को तो बहुत अच्छी तरह याद है। क्या ऐसा कोई प्रसंग है जो आपको याद है?

नामवर सिंह : देखो, ऐसा है, यूँ तो मेरी याददाश्त अच्छी मानी जाती है, पहले ज्यादा अच्छी थी, उम्र के साथ-साथ वह उतनी अच्छी नहीं रही। क्योंकि दिमाग में इतना कूड़ा-करकट भर गया है कि अच्छी चीजों के लिए जगह नहीं रही, वह विस्थापित हो गई है। लेकिन अपने बारे में मुझसे जुड़ी जितनी बातें हैं, वे काशी को ज्यादा याद हैं। वह प्रकरण पढ़ने के बाद याद आया, इस रूप में वह एक 'सिग्निफिकंट' प्रसंग इस संस्मरण में है, वरना मैंने इस प्रसंग को सहज रूप में लिया था। इसका सबूत यह है कि 'तद्भव' के सम्पादक अखिलेश के आग्रह पर मेरे जीवन की कुछ घटनाएँ इसी तरह टेप कराई गई थीं, लिखी नहीं थीं। उन्होंने जो पूछा और उस समय तत्काल जो मोटी-मोटी चीजें याद आती गईं, कह गया। उसमें इस घटना का जिक्र नहीं है और कुछ तो इसलिए भी कि जो चीजें काशी ने लिख दी हैं, उसे मैं दुबारा खराब ढंग से कहूँ, यह ज्यादा बुरा है। इसलिए अगर मुझे मालूम होता कि मुझे लिखना है तो मैं उस घटना का जिक्र ही नहीं करता। क्यों नहीं करता, यह समझने वाले चाहे जैसा समझें, एक आत्मश्लाघा जैसी चीज हो जाती है। काशी इस बात को कह सकते थे। ऐसी बहुत-सी बातें हैं जिनमें काशी के पर्यवेक्षण की दाद देनी चाहिए। पर्यवेक्षण इस अर्थ में कि मैं मानता हूँ कि वास्तविक कला, फिर वह कवि की हो या कथाकार की हो, किसी भी रचनाकार की हो—वह ब्यौरे में होती है, डिटेल्स में होती है। मोटी-मोटी चीजें कहनेवालों से कला नहीं बनती, कला बनती है बारीक छोटे-छोटे ब्यौरों से। वही कला को बनाते हैं और वह दृष्टि काशी के पास है।

संदीप : काशीनाथ जी का उपन्यास 'अपना मोर्चा' पर टिप्पणी देते हुए आपने कहा था कि वे इस उपन्यास को जरा विस्तृत रूप में लिखते। क्या काशीनाथ जी को यह उपन्यास अधिक विस्तृत रूप में लिखना चाहिए था? क्या यह उपन्यास बारीकी से नहीं लिखा गया?

रोहिताश्व : क्या इस उपन्यास की विषयवस्तु में कुछ ज्यादा व्यापकता, डिटेल्स, ब्यौरे आने चाहिए थे?

नामवर सिंह : मुझे याद नहीं है कि मैंने यह कहा था और कहा भी तो कब कहा था! देखिए, शायद मेरे मन में कुछ पूर्वग्रह भी हो। यह तब का उपन्यास है जब नक्सलवादी आन्दोलन चल रहा था। 'अपना मोर्चा' के रचनाकार का जहाँ तक सवाल है, मुझे ऐसा जान पड़ता है कि मैं उन दिनों दिल्ली से जोधपुर जानेवाला था, सत्तर में गया हूँ मैं। पृष्ठभूमि उन्नीस सौ सत्तर की हो सकती है, उन्नीस सौ उनहत्तर, सत्तर, इकहत्तर—घटना तो तब की ही है। छपने पर ही इस उपन्यास को मैंने देखा था। कभी बनारस

जाता, अपनी कुछ रचनाएँ प्रकाशन के पूर्व वे मुझे दिखाते थे, पढ़ने के लिए दे देते थे। कभी-कभी मैं स्वयं भी उलट-पुलटकर देखता था और बिना बताए मैं उनकी रचनाएँ पढ़ जाया करता था। लेकिन यह उपन्यास छपने से पहले मैंने पढ़ा नहीं था। उसका एक कारण था। एक तो मैं दूर जोधपुर में था, दूसरा कारण यह था कि काशी उन दिनों जिन लोगों के साथ थे, उनके कई विद्यार्थी, महेश्वर उनके विद्यार्थी थे, गोरख पांडेय भी वहीं रहते थे। धूमिल और एक जी.डी.सी. नाम के आदमी थे—नक्सलवादी संगठन के विचारक। उनके यहाँ ऐसे बहुत से लोग गुपचुप आते थे। यह उसी दौर का लेखन है जब 'सुधीर घोषाल' नामक कहानी लिखी थी उन्होंने। यह कहानी मुझे बिलकुल पसन्द नहीं आई थी। एक उग्र वामपंथ की विचारधारा से काशी जुड़े हुए थे या नहीं, मैं नहीं कह सकता, लेकिन उस दल के लोगों के साथ उनका उठना-बैठना, मिलना-जुलना, साहित्य पढ़ना था। नक्सलवादी आन्दोलन के बाद अन्तरराष्ट्रीय छात्र-आन्दोलन हुआ था; अमेरिका में हुआ था, फ्रांस में हुआ था, जर्मनी में भी हुआ था। और आपको याद होगा कि फ्रांस में तो क्रान्ति ही हो गई थी—मई में। लोग कहते थे कि यह सेकेंड फ्रेंच रिवोल्यूशन है। वही मेनदेन उसका नेता था। फ्रांस की कम्यूनिस्ट पार्टी ने उसमें हिस्सा नहीं लिया था। एक युवा पीढ़ी जो अपने को बहुत उग्र क्रान्तिकारी समझती थी, जिसका एक रूप नक्सलवादी आन्दोलन था और दूसरा रूप विश्वविद्यालयों एवं शिक्षा संस्थाओं में छात्रों का। इस रूप को मैंने जवाहरलाल विश्वविद्यालय में बाद में देखा। विश्वविद्यालय उन्नीस सौ उनहत्तर में बना था, गया तो मैं वहाँ बाद में। तो युवा-आन्दोलन, युवा-शक्ति की जो क्रान्तिकारी चेतना थी, असन्तोष था—उस पृष्ठभूमि का यह उपन्यास है। काशी हिन्दू विश्वविद्यालय में पुलिस ने जो अत्याचार किए थे, उस पृष्ठभूमि में लिखा गया है। उसका एक जो हीरो है, वह जवान पुलिस वाला जवान नहीं है बल्कि वह जवान राजनीतिक जवान है। राजनीतिक चेतना-सम्पन्न है, लीडर है वह। उस जवान की झलक मिलेगी उस दौर के युवा क्रान्तिकारियों के बीच, जो एक नया नेतृत्व उभरा था। उसका एक आकर्षण था और काशी उस दौर में उससे प्रभावित थे और अक्सर मुझसे छिपाते थे। क्योंकि मैं तो भारतीय कम्यूनिस्ट पार्टी का सदस्य रह चुका था, जुड़ा हुआ था। शायद उन्हें लगा कि मुझे यह चीज अच्छी नहीं लगेगी, मुझसे यह चीज बराबर छिपाए रखते थे। जब मैं दिल्ली से आने को होता था तो उस तरह के पैम्पलेट, अखबार और सारा लिट्रेचर जो उनका होता था, वह सारा कहीं अंदर छिपाके रखते थे कि कहीं मेरी नजर न पड़े। भाँप तो जाता ही था मैं, लेकिन मैं उसमें दखल नहीं देता था। वह उनका रास्ता है। अपने ढंग से ही सोच-विचारकर काशी सही चीज चुनेंगे और सही चीज की ओर पहुँचेंगे। इस उपन्यास में कमजोरी जो मुझे लगी, उसमें और 'सुधीर घोषाल' में वही चीज थी। जो सच नहीं है, जिसकी आप मात्र कल्पना करते हैं, वह काल्पनिक सत्य प्रधान और प्रबल हो गया था। यथार्थ

वह नहीं था—जिन्दगी का। और अगर ऐसा हुआ होता तो हिन्दुस्तान में क्रान्ति हो गई होती, विश्वविद्यालय बदल गया होता। इसलिए यह जो गुप्त संगठनों के द्वारा मुट्ठीभर लोग समाज में कटे हुए, गोरिल्ला वार की तैयारी कर रहे थे, तो दुनिया के पैमाने पर यह सपना टूट गया। आप चेग्वेरा को देखिए, उस जमाने का हीरो तो चेग्वेरा थे और मैंने आम तौर पर देखा है दिल्ली विश्वविद्यालय में सेंट स्टीफेंस कॉलेज, जहाँ आभिजात्य वर्ग और सम्पन्न वर्ग के लड़के पढ़ते हैं, अंग्रेजी वाले, वे लड़के चेग्वेरा टाइप टोपी लगाए और वही पोशाक पहने घूमा करते थे। ये लोग कल्पनालोक में निवास करते थे। सत्तर का जो दशक था, उसके पूर्वार्द्ध की स्थिति है यह, जिसकी परिणति क्रान्तिकारिता के बीच हुई थी और ये लोग कुछ नहीं कर सके। आर.एस.एस. के लोगों ने जयप्रकाश को समर्थन देकर इन्दिरा गांधी को उखाड़ फेंका और जनता-राज कायम हुआ था। ये लोग जमीनी सच्चाई से इतनी दूर थे और क्रान्ति का सपना देखते रहते थे कि अगले दिन क्रान्ति होगी।

काशी उन दिनों उस राजनीति से प्रभावित थे। उस दौर में धूमिल उनके साथ थे। बाद में धूमिल का भी मोहभंग हो गया। काशीनाथ सिंह का भी मोहभंग हो गया लेकिन जो कहानियाँ लिख दी गई हैं, जो उपन्यास लिख दिया गया है, वह तो लिख दिया, हाथ तो अब कट ही गया है। 'सुधीर घोषाल' में इसी तरह की क्रान्तिकारिता है और 'अपना मोर्चा' में भी है। इस दृष्टि से वह ऐतिहासिक दस्तावेज है। क्योंकि यह सच है कि ऐसे युवा थे—उस जमाने में। लेकिन इतने ही सच से उपन्यास के रूप में महत्त्वपूर्ण दस्तावेज नहीं बनता, यह मात्र सतह की सच्चाई थी। लेकिन सतह के नीचे का समाज कहाँ था? क्या था? उन दोनों के बीच क्या रिश्ता था?—सतह की नीचे की सच्चाई में न पहुँचकर ऊपरी क्रान्तिकारिता के कारण वह नाकामयाब हुआ। एक दूरदर्शी लेखक को यह देख लेना चाहिए था। मसलन प्रेमचंद ने जब 'प्रेमाश्रम' लिखा, असहयोग के दौर में, तो 'प्रेमाश्रम' में किसान मनोहर और बलराज हत्या कर देते हैं—अपने सताने वाले की। वे क्रान्ति का नाम लेते हैं। अन्त में वहाँ एक आश्रम स्थापित हो जाता है। इसमें कोई दो राय नहीं है कि उस दौर की सच्चाई को बताने के लिए वह एक महत्त्वपूर्ण उपन्यास है। 'गोदान' में होरी जैसा एक दब्बू किसान आता है। यह उपन्यास सन् 1936 में लिखा गया है, जब किसान-सभा बन गई थी। सहजानन्द सरस्वती और कम्यूनिस्ट पार्टी, कांग्रेस सोशलिस्ट पार्टी तथा स्वयं कांग्रेस के संगठित आन्दोलन में राहुल जी के सिर पर लाठी लगी थी। उस दौर में प्रेमचंद सतह की सच्चाई की तह में उतरते हैं। इस उपन्यास में एक दबा हुआ, दब्बू, क्रान्ति न करनेवाला होरी जैसा चरित्र आता है। और कहने की आवश्यकता नहीं कि 'गोदान' 'प्रेमाश्रम' से अच्छा उपन्यास है। नीचे की तह की सच्चाई बारीकी से देखते हैं तब मालूम होता है कि ऊपर का आन्दोलन ठीक है या नहीं। 'अपना मोर्चा' में काशी ऊपर की सच्चाई का चित्रण करते हैं। भीतर की, अंदर की सच्चाई

क्या है? ब्यौरे से हमारा मतलब है कि वे अगर ब्यौरा दे रहे हैं कि वहाँ अगर छात्र थे तो दूसरे भी तो छात्र थे—विश्वविद्यालय में। तब वे अगर लिखते तो उसका कैनवास बड़ा होता। और उस छात्र आन्दोलन से, जो आम जनता थी, वह कितनी प्रभावित हुई? उसकी क्या राय थी? वहीं अस्सी-चौराहा है जिसके बारे में वे बाद में लिखते हैं, वही अस्सी-चौराहा इस उपन्यास से गायब है। अस्सी का वह चौराहा जो काशी का ज्यादा जाना-पहचाना था, वह तक गायब है इसमें। सतह की क्रान्तिकारिता के साथ-साथ जो आम जनता है, वह कितना हिस्सा लेती है? उसका रवैया क्या है? उपन्यास में सघन यथार्थ होता है, घनत्व होता है लेकिन इस उपन्यास में घनत्व की कमी है, फिकरेबाजी है। उत्साह बढ़ाने वाली जो चीजें हैं, यथार्थ का जो ब्यौरा है, जो उनके 'देख तमाशा लकड़ी का' या बाद में 'सन्तों घर में झगरा भारी' में देखा जा सकता है, वह इसमें नहीं है। और उन दिनों मैंने इसीलिए यह कहना मुनासिब नहीं समझा। रचना में दखल नहीं देना चाहिए। रचनाकार स्वयं अपने अनुभव से सीखे, आगे बढ़े, मैं इसकी पूरी छूट देना चाहता था। मुझे याद है, जवाहरलाल नेहरू यूनिवर्सिटी में सन् '74-75 के आस-पास या उसके बाद कोई मीटिंग हुई थी—छात्र संगठनों की ओर से। उस वक्त 'सुधीर घोषाल' की बड़ी प्रशंसा हुई थी। मैंने उस गोष्ठी में आलोचना भी की थी। विवरण कहीं छपा या नहीं छपा किसी अखबार में, मुझे याद नहीं। और 'अपना मोर्चा' के सम्बन्ध में कोई गोष्ठी हुई हो और उसमें मैंने हिस्सा लिया है, शायद नहीं, मुझे याद भी नहीं है। लेकिन एक बात है कि युवा लोगों को पसन्द आया था यह उपन्यास।

रोहिताश्व : उस्मानिया विश्वविद्यालय में पढ़ते समय हम लोगों में भी इस उपन्यास को लेकर क्रेज थी और उस दौर का यह एक चर्चित उपन्यास था।

संदीप : इस उपन्यास को लेकर वे जापान भी जाकर आए थे।
नामवर सिंह : हाँ, हाँ, गए थे।

रोहिताश्व : सातवें-आठवें दशक में जब हम लोग छात्र थे, रिसर्च कर रहे थे, तब हमने पढ़ा था और उस वक्त बड़ी धूम थी 'अपना मोर्चा' की।
नामवर सिंह : बात यह है कि उस समय विश्वव्यापी छात्र-आन्दोलन हुआ था। उस छात्र-आन्दोलन को इस उपन्यास में मुखर रूप में वाणी दी गई थी। हमारे यहाँ ज्यादातर बोलचाल में जवान नहीं कहते, 'ज्वान' कहते हैं। वह जो हीरो है, एक अर्थ में नया हीरो आया था, इसमें कोई शक नहीं। इसी कारण यह उपन्यास लोकप्रिय हुआ था। लेकिन आप सोचिए, उस छात्र-आन्दोलन के जो नेता थे, जैसे कि फ्रांस में कोयमबेंती नाम का नौजवान लड़का था—लाल बालों वाला, दस साल भी नहीं बीते और वह गायब हो गया। आज उसे कोई याद भी नहीं करता। उस छात्र-आन्दोलन में अमरीका में अनेक लेखक पैदा हुए थे, उभरे थे। 'एंग्री यंग मैन' उस समय का बड़ा मशहूर

शब्द था। 'एंग्री यंग मैन' जिसे क्रुद्ध युवा नौजवान कहते थे और उनको नायक बना के काफी साहित्य अंग्रेजी में लिखा गया, फ्रेंच में लिखा गया, जर्मनी में लिखा गया, भारत में, बांग्ला में, हिन्दी में, तेलगू में—कई भाषाओं में लिखा गया। उसके बाद आज कोई याद भी नहीं करता। मात्र इतिहास की वस्तु बनकर रह गए वह। कोयमबेंती जब उबरा था तब ज्याँ पाल सार्त्र जैसा प्रतिष्ठित लेखक उस लड़के से इंटरव्यू ले रहा है और छपा था इंटरव्यू, हीरो हो गया था। उस परिप्रेक्ष्य में काशीनाथ सिंह के 'अपना मोर्चा' उपन्यास को देखना चाहिए।

संदीप : काशीनाथ जी एक बात कहते हैं कि जब तक आप बनारस में थे तब तक उनकी प्रतिभा को उभरने का मौका नहीं मिला था। मैं आपके भाई रामजी सिंह से भी मिला तो उन्होंने भी प्रतीकात्मक रूप में एक बात मुझे बताई कि किसी वटवृक्ष के नीचे कोई दूसरा वृक्ष नहीं उगता, उसी तरह काशीनाथ जी की भी स्थिति हो गई थी। उनका कहना है कि लेखन-कर्म से आपको खुश करना बेहद मुश्किल होता है। उन्होंने यह भी बताया कि सन् 1965 तक उनकी प्रतिभा उभर न सकी, आपके बनारस से जाने के बाद ही वे कुछ सकारात्मक लेखन कर सके।

रोहिताश्व : डॉ. साहब! मुझे ऐसा लगता है कि आपकी निगाह बहुत सतर्क रही है। क्या शुरुआत में आपको लगता था कि काशीनाथ जी एक लेखक बन पाएँगे? काशीनाथ सिंह में लिखने की सम्भावना का पता आपको कब चला?

नामवर सिंह : देखिए, ऐसा है कि काशी को जो कहना था, वह तो वे कह गए। बनारस में जब तक मैं था, आखिरी दिनों में ही उनकी कहानियाँ छपने लगी थीं। जब मैं बनारस में था तब शादी के बाद 'सुख' नाम की कहानी उन्हीं दिनों उन्होंने लिखी थी। उसके पहले 'कृति' पत्रिका में 'संकट' नाम की उनकी कहानी छपी थी। मेरे बनारस में रहते ही काशी का कहानीकार के रूप में जन्म हो चुका था। लिख भी रहे थे चुपके-चुपके। तब उनकी उम्र पच्चीस साल से कम थी। यही उम्र होती है बीस के आस-पास की, जब कोई व्यक्ति लेखक बनता है। इसलिए कह सकता हूँ कि उगते हुए उस अंकुर को स्वयं अपनी आँखों से मैंने देखा था। अब यह कहना कि मेरे व्यक्तित्व के कारण प्रभावित हुए हों, विकास में बाधा पड़ी हो, इसका जवाब स्वयं काशी दे सकते हैं। मेरी उपस्थिति से कितना लाभ हुआ और क्या हानि हुई, इसका सही जवाब तो स्वयं काशी ही दे सकते हैं। मैं निष्पक्ष होकर इस पर कोई राय नहीं दे सकता। भाई के रूप में कोई उस तरह दुराव नहीं था, लेकिन हम दोनों की उम्र में दस साल का फासला तो था ही। हमारे साहित्यिक मित्र आते थे, हमारे साथ बैठते थे, सब कुछ करते थे। आम तौर पर काशी उन बैठकों में हिस्सा नहीं लेते थे। बाद के दिनों में जब उनकी कहानियाँ छपने लगीं तो कहानियों पर बातचीत होती, हम कहानियाँ पढ़ते थे। जैसे कि आप लोग जानते हैं—जब मेरी चिट्ठियाँ 'कहन' में

छपेंगी तो आपको लगेगा कि इस मामले में एक निर्मम आलोचक मैं हूँ। अपने और अपने लोगों के प्रति कुछ ज्यादा निर्मम होता हूँ, सख्ती बरतता हूँ। इसलिए कि मैं कमजोरी की दाद नहीं दे सकता। मैं पीठ नहीं ठोक सकता और यह मान के चलता हूँ कि कोई आदमी अगर इतना कमजोर है कि आलोचनाओं से टूट जाएगा, खतम हो जाएगा तो फिर उसे लेखक होना ही नहीं चाहिए, यह मानकर मैं चलता हूँ। इन चीजों से उनकी बाढ़ रुकी हो, यह मैं नहीं मानता। यह सच है कि काशी की कहानियों के प्रकाशन में मैंने कोई योगदान नहीं दिया। 'कृति' में अगर उनकी कहानी छपी तो मेरी सिफारिश से नहीं छपी, अपने-आप बिना मुझे बताए उन्होंने कहानी भेज दी। जहाँ-जहाँ उन्होंने कहानियाँ प्रकाशित कीं, वहाँ मेरी कोई सहायता उन्होंने नहीं ली। यह काशी के स्वाभिमान का प्रमाण है। पुस्तकें छपाने में मैंने कोई सहायता नहीं की। जब राजकमल से मैं जुड़ा हुआ था, जितनी किताबें मैं चाहता, छाप सकता था। लेकिन राजकमल से उनका कहानी संग्रह नहीं छपा। अन्त में 'नई तारीख' नाम का कहानी संग्रह, मेरा खयाल है कि '78-79 में छपा है। उस वक्त शीला सन्धु ने सीधे उनको पत्र लिखा और बार-बार मुझसे कहती रहती थीं कि काशीनाथ सिंह कहानीकार हो गए हैं, साहित्य जगत् में उनकी चर्चा है, बाहर से उनकी पुस्तकें छपती हैं, राजकमल से कोई नहीं छपी, जबकि मैंने राजकमल छोड़ दिया था। उसके बाद भी पूछती रहती थीं। मैंने कहा था कि आप पूछकर देखिए, वे देंगे कि नहीं देना चाहते, मैं नहीं जानता। 'कल की फटेहाल कहानियाँ' तथा बाकी संग्रहों को दूसरे लोगों ने छापा है। शीला जी ने काशीनाथ को आग्रह किया था कि पांडुलिपि लेकर आना, मैं आपकी पुस्तक छापना चाहती हूँ। इस प्रकार उनके प्रकाशन में मैंने कोई योगदान नहीं दिया और न तो उन्होंने लिया। मैं यह कभी नहीं चाहता था कि मेरे सहारे से या मेरी उँगली पकड़कर वे साहित्य में आएँ। अपने बल पर आए और आज वे जो कुछ भी हैं, अपने बल पर हैं।

रोहिताश्व : जिस तरह से नीलकान्त हमेशा मार्कंडेय से थोड़ा अन्तर रखकर चलते हैं। दूधनाथ सिंह और काशीनाथ जी ने एक बार कहा था कि वे लोग आपसे इतना संकोच करते थे कि आपसे मुखर होकर बातचीत नहीं करते थे। मुझे जहाँ तक याद है कि काशी जी ने कोई कहानी टेबल पर रख दी और आपकी प्रतिक्रिया जाननी चाही तो उसी दिन आपने उनको चेखव और काफ्का को पढ़ने की सलाह दी। मेरी जिज्ञासा यह है कि काशी जी में लिखने की सम्भावना के बारे में आपको कब पता चला? उसी घर में एक-साथ रहते हुए या... ?

नामवर सिंह : हाँ! बिलकुल, लगभग उन्नीस सौ साठ के आस-पास वे लिखने लगे थे और तब मुझे लग गया था कि काशी कहानियाँ लिखेंगे। संयोग से यह बात तब की है जब मैं कहानियों पर लेख लिख रहा था। उन दिनों की एक विनोदपूर्ण बात मैं आपको बताऊँ। काशी की आरम्भिक कहानियों की भाषा और जो आज की कहानियों की भाषा है, आज जो गद्य काशी लिख रहे हैं, इस आधार पर कह सकता

हूँ कि आज अच्छे गद्यकारों में हैं—काशी। उन दिनों मैं 'हाशिए पर' लिख रहा था, तब मजाक में मैंने एक दिन काशी से कहा कि अमरीकी साहित्य में दो भाई लेखक हुए—हेनरी जेम्स और विलियम जेम्स। दोनों भाई थे। विलियम जेम्स फिलॉसफर थे और हेनरी जेम्स कथाकार थे। किसी पुस्तक में लिखा था कि फिलॉसफर विलियम जेम्स ऐसा गद्य लिखता था कि कहानी की तरह पढ़ा जा सके और कथाकार हेनरी जेम्स ऐसा गद्य लिखता था, लम्बे-लम्बे वाक्यों वाला, उलझा हुआ कि सिरदर्द होने लगता था। तो मैंने कहा कि मैं आलोचक होते हुए 'हाशिए पर' लेख लिख रहा हूँ और तुम कहानीकार होते हुए 'संकट' जैसी कहानियाँ लिख रहे हो। यह बिडम्बना दुहराई नहीं जानी चाहिए—हिन्दी में। शायद यह बात कहीं लगी होगी उनको और तब काशी अपनी भाषा और गद्य के प्रति बेहद सतर्क हो गए। यह नहीं कि मेरा अनुकरण किया बल्कि सीखा उन्होंने।

[पुस्तक : 'काशीनाथ सिंह का संस्मरण साहित्य'—संदीप लोटलीकर, विद्या प्रकाशन, कानपुर, प्रथम संस्करण, 2005 में प्रकाशित]

स्वयं प्रकाश की रचनाशीलता का आधार है वर्ग-चेतना

पल्लव और **मिहिर**

पल्लव : सर, आज हम लोग स्वयं प्रकाश जी की कहानियों पर आपसे बात करने आए हैं। आपको याद होगा, 'कहना न होगा', जो आपके साक्षात्कारों का संचयन है, उसमें जब आपसे अपने प्रिय कहानीकार का नाम पूछा गया था तब आपने नाम लिया था—स्वयं प्रकाश। क्या मैं जान सकता हूँ कि स्वयं प्रकाश में ऐसी कौन सी विशेषताएँ हैं? हिन्दी में और भी कई बड़े कहानीकारों के होने पर भी आपने उनका नाम लिया?

नामवर सिंह : मुझे याद नहीं है कि वह बातचीत कब हुई थी। लेकिन सम्भव है कि उस समय स्वयं प्रकाश की कोई ताजा कहानी मैंने पढ़ी हो और पहले की यादें ताजा हो गई हों, क्योंकि जहाँ तक मुझे याद है, 'पार्टीशन' कहानी उनकी पहली कहानी थी जो मैंने पढ़ी थी और उस पर टिप्पणी भी की थी और मुझे वह एक बहुत ही महीन कहानी लगी थी। कहानी कहने की जो कला थी, वह मुझे पसन्द आई थी। उसके बाद उनकी कहानियाँ मैं लगातार पढ़ता रहा हूँ और मुझे लगा कि ज्ञानरंजन की पीढ़ी के कहानीकारों के बाद जो कहानी के क्षेत्र में नई प्रतिभाएँ आई थीं, उनमें सबसे अधिक ध्यान आकृष्ट किया स्वयं प्रकाश ने। जिन्दगी को देखने की एक पैनी नजर और उसके साथ ही कहानी कहने का एक अलग अन्दाज, जिसको कहते हैं कि गम की कहानी मजे ले-ले के कहना। तो वह कहानी कहने में रस लेते हैं :

...तो एक जमाने में बहुत-सी कहानियाँ पार्टीशन पर लिखी गई थीं—हिन्दी में और उर्दू में भी। इतिहास की किताबों में कहा गया है कि पार्टीशन हो गया। लेकिन हकीकत यह है कि पार्टीशन तो अब भी है। लोग यह समझते हैं कि अब पार्टीशन बन्द हो गया, लेकिन वह समाज में अब भी है। इस कहानी में ही आप देख सकते हैं कि किस तरह से कुर्बान भाई में इतना बदलाव आया। एक छोटी-सी घटना कि दुकान पर बैलगाड़ी टिका दी और कोई आदमी कुर्बान भाई के साथ नहीं आया, दिखाई नहीं पड़ा। आखिर में वही कुर्बान भाई यह नहीं कि सेकुलर हो गए थे बल्कि वे नमाज पढ़ने जाने लगे शुक्रवार के दिन। जब कहानी खत्म होती है, उस दिन भी

शुक्रवार था। टोपी पहनकर जाते हुए दिखाई पड़े हैं, जवाब नहीं दिया उन्होंने और गुमसुम हो गए। अपने अन्दर बन्द हो गए। जो खास बात है, वह यह कि खुद हमारे समाज में, विभाजन के साठ बरस बाद भी, आज भी खुलकर बातचीत दोनों के बीच लगभग नहीं हो पाती है। हम यह नहीं जानते कि जो अल्पसंख्यक हैं, मुसलमान हैं जब उनके बीच कोई हिन्दू नहीं होता, तो वे आपस में क्या बात करते हैं। बिलकुल नहीं जानते। खुलते नहीं वे। आज भी यह स्थिति है। यह जो पार्टीशन हो गया है, एक बार जो हुआ, ऐसा समझा गया कि वह खत्म हो गया, लेकिन वह खत्म नहीं हुआ है। आज के जीवन की इस गहरी सच्चाई को बताना इस कहानी की खासियत है कि वह आज भी मौजूद है। यद्यपि कहानी पन्द्रह-बीस साल पहले लिखी गई है, लेकिन मैं देखता हूँ कि उसके बाद यह समस्या आज भी कायम है।...हमारे एक दोस्त हैं मुजीब भाई। जामिया में हिन्दी के प्रोफेसर रहे हैं। बहुत खुले दिमाग के हैं। पंडित सुन्दरलाल के साथ इलाहाबाद में रह चुके हैं। बड़े रौशन खयाल वाले आदमी हैं वह। उन्होंने कहा कि 'आप नहीं जानते कि जब हम लोग होते हैं, कोई हिन्दू उसमें नहीं होता तो हम क्या बातें करते हैं। आपको अन्दाजा नहीं है।' यह बात उन्होंने उस समय कही थी जब मैंने एक लेख लिखा था उर्दू के बारे में : 'बासी भात में खुदा का साझा'। तो बोले कि 'हमको बहुत पीड़ा हुई कि आपने यह लिखा।' तो बात यह हो रही थी कि हम अब भी नहीं जानते कि समाज में एक़ अलग घेटो है, हमें यह अन्दाजा नहीं है। जैसे ही कोई मुसलमान बीच में आ जाता है तो किसी विषय पर कैसी बातें होती हैं...और जब नहीं होता है मुसलमान, तो आप लोग खुद कैसी बातें करते हैं, यह आइडिया नहीं है। चले तो गए कुर्बान भाई! उनमें कैसे परिवर्तन हुआ? लेकिन जहाँ कहानी का अन्त हुआ, वह मैं सुनाना चाहता हूँ : वह घुट रहे थे और घुल रहे थे, पर खुल नहीं रहे थे। हम उन्हें नहीं खोल पाए। एक दिन जब मैं पहुँचा, मेरी तरफ उनकी पीठ थी, किसी से कह रहे थे : 'आप क्या खाक हिस्ट्री पढ़ाते हैं? कह रहे हैं पार्टीशन हुआ था! हुआ नहीं था, हो रहा है, जारी है...' और मुझे देखते ही चुप होकर काम में लग गए। इस कहानी का अन्त अच्छा नहीं है। मैं चाहता हूँ कि आप उसे नहीं पढ़ें। और पढ़ें तो यह जरूर सोचें कि क्या इसका कोई और अन्त हो सकता था? अच्छा अन्त? अगर हाँ, तो कैसे?

बात बस यह बची है कि कई दिन बाद जब एक दोपहर मैं आज़ाद चौक से गुजर रहा था—जिसका नाम अब संजय चौक कर दिया गया था—और वह शुक्रवार का दिन था—मैंने देखा कि कुर्बान भाई की दुकान के सामने लतीफ भाई खड़े हैं...। और कुर्बान भाई दुकान में ताला लगा रहे हैं।...और उन्होंने टोपी पहन रखी है...और फिर दोनों मस्जिद की तरफ चल दिये।

अब बिना कहे हुए, एक छोटा-सा वाक्य कि आजाद चौक 'संजय चौक' में बदल गया है। यह कहानी उस दौर की है जब भारतीय जनता पार्टी सत्ता में नहीं आई

थी। तब ऐसा आभास भी नहीं था। जब राजस्थान में उनकी सरकार बनी, मध्य प्रदेश में बनी, केन्द्र में ये सत्ता में आए, यह कहानी इसके पहले की लिखी हुई है। कहानीकार जिन्दगी की उस सच्चाई को पेश कर रहा है जो अन्दर–अन्दर समाज में पनप रही है, फैल रही है और लोगों का ध्यान नहीं है। लोग समझ रहे हैं कि हम लोग उन तमाम बातों को भूलकर, पार्टीशन की बातों को भूलकर सेकुलर हो गए हैं। सच जो छिपा हुआ है, जिसे कोई कहता नहीं है, उस सच्चाई को सामने रखना स्वयं प्रकाश की ही दृष्टि है—इस टिप्पणी के साथ कि इस कहानी का अन्त अच्छा नहीं है। कुर्बान भाई जैसा आदमी बदल गया। उसको लौटकर वहीं जाना पड़ा, जहाँ की सोहबत उसने छोड़ दी थी। तो यह स्थिति पैदा कर दी जाती है कि जो आदमी सचमुच साम्प्रदायिक नहीं है, उस कुर्बान भाई को लगा कि अन्ततः हमारी जगह तो वहीं है। हमको सहारा अगर कहीं मिल सकता है तो वहीं मिल सकता है। इतना सब करने के बाद भी हमको सहारा नहीं मिला। वह आदमी कितनी ठोकर खाकर आया था—किन–किन जगहों से एक लम्बा सफर तय करते हुए! जिन जगहों का नाम लिया है, वे बड़ी सार्थक जगहें हैं। बँटवारे पर बहुत–सी कहानियाँ लिखी गई हैं। सन् '47–48 के जमाने में मंटो ने लिखी थी। कृश्न चन्दर ने लिखी थी। पंजाब से आए तमाम लोगों ने लिखी। लेकिन अब नॉस्टेल्जिया का रूप ले लिया है बँटवारे ने। उसका असर कितना गहरा हुआ है, उस सच को पेश करने वाली पहली कहानी है यह, इसलिए मेरा ध्यान इसने आकृष्ट किया था। मुकम्मल कहानी है यह। इशारे में बहुत सारी बातें कही गई हैं यानी सारी चीजें बयान नहीं की गई हैं। कुर्बान भाई साहित्यकार भी हो गए थे। एक कविता भी कोट की है कहानी में :

फ़क़त पासे–वफादारी है, वरना कुछ नहीं मुश्किल,
बुझा सकता हूँ अंगारे, अभी आँखों में पानी है।

कुर्बान भाई शायर हैं, लेकिन वे लिखते हैं और फेंक देते हैं यानी पेशेवर शायर नहीं बन सके। लेकिन उनमें इल्म है, हुनर है। वे जबान जानते हैं। तो अभी हौसला है कि आँखों में पानी है। पानी में श्लेष है। आँसू ही नहीं है, वह पानीदार आदमी है। तो अभी पानी बाकी है, इसलिए, इनसानियत बाकी है। उस इनसानियत की बदौलत हम अंगारे बुझा सकते हैं। यह शेर लिखने वाला आदमी आखिर में फिर मस्जिद की ओर जाने के लिए क्यों मजबूर हो जाता है ? जैसे हम उसको धक्का देकर मस्जिद में फेंकते हैं, क्योंकि उसके पास और कोई जगह नहीं है। जिस आदमी ने सोचा था कि एक छोटी–सी दुकान खोलकर गुजारा करूँगा। लोगों के पास पैसा भी है, तो भी उनको सामान दे देने वाले, ईमानदारी से दुकान चलाने वाले आदमी थे वे। हर आदमी के लिए उनके भीतर जगह थी। यह सब कुछ था लेकिन वही आदमी आखिर में देखता है कि उसे आसरा तो नहीं मिलेगा। ताकत वहीं से मिलने वाली है क्योंकि कोई आदमी मदद करनेवाला उसको नहीं मिला, जब उसके साथ दुर्व्यवहार हुआ।

एक भी आदमी नहीं था, यह एक सच्चाई थी। इस कहानी को बड़े इत्मीनान से लिखा गया है। जहाँ से शुरू होती है कहानी, जैसे, 'आप कुर्बान भाई को नहीं जानते ?' इस तरह परिचय देते हैं स्वयं प्रकाश। कहानी कहने की जो कला और जबान है इनकी, वह देखें। प्रेमचन्द की परम्परा में अगर इसे रखकर देखें तो हम पाएँगे कि उस दौर में भी प्रेमचन्द ने शायद ही ऐसी कोई कहानी लिखी हो, मुझे याद नहीं आता। प्रेमचन्द की 'मन्दिर और मस्जिद' बड़ी मशहूर कहानी है। उसमें उन्होंने हृदय-परिवर्तन दिखा दिया है। लेकिन ऐसा परिवर्तन होता नहीं है जिन्दगी में।

पल्लव : इस कहानी का एक और पाठ हो सकता है—प्रगतिशील ताकतों की विफलता। इस कहानी में जो वाचक है, वे कुर्बान भाई के दोस्त भी हैं। और भी ऐसे दोस्त हैं। वे सब कुर्बान भाई की दुकान पर अड्डा लगाने लगे हैं। वहाँ पढ़ाई-लिखाई की बातें होने लगी हैं। एक वातावरण बन रहा है। वे सारे लोग भी कुछ कर नहीं पाए। कहानी में ही एक पंक्ति आती है : 'लेकिन यह सब बहानेबाजी थी। सच यह है कि कुर्बान भाई को एकदम अकेला छोड़ दिया गया था। शायद हम उनकी तकलीफ को शेयर कर ही नहीं सकते थे। पर हमें कोशिश जरूर करनी चाहिए थी।'

नामवर सिंह : हाँ। यह कह सकते हैं कि एक तरह से प्रगतिशील ताकतों की भी कमजोरी है। क्योंकि आखिर में एक जगह लिखा गया है : 'एक अपराध-बोध के तहत हम भी कुर्बान भाई से कटे-कटे रहने लगे।' यह अपराध-बोध क्या है ? महत्त्वपूर्ण यही अपराध-बोध है। लेकिन यह सक्रियता का रूप नहीं लेता। अहसास यह है कि जब तक अपनी राजनीतिक शक्ति नहीं बढ़ेगी, तब तक हम कुछ कर पाने की स्थिति में नहीं होंगे। प्रगतिशील ताकतें तो हैं, लेकिन आप पाँच से पचास नहीं होते हैं, इक्के-दुक्के आदमी रहकर सहानुभूति होने के कारण आप दुखी हो सकते हैं, लेकिन समस्या का हल यह नहीं है। इसलिए यह पूरी कहानी चुनौती देती है कि तुम अपनी तादाद बढ़ाओ। असफलता की ओर इशारा नहीं करती। समस्या का हल राजनीतिक स्तर पर ही हो सकता है, व्यक्तिगत सम्बन्धों से समस्या हल नहीं हो सकती। वे लिखते हैं : 'हमें लग रहा था, हमारे दोस्त पर हमला हुआ और हम कुछ नहीं कर सके। किसी काम नहीं आ सके। यह भी लग रहा था कि ज़्यादा उत्साह दिखाया तो कुर्बान भाई के लिए और मुसीबतें खड़ी हो जाएँगी, हम कुछ नहीं कर पाएँगे। यह भी लग रहा था कि जो हुआ, उसमें पुलिस से हस्तक्षेप और सहायता की उम्मीद बेकार है, इसका मुकाबला राजनीतिक स्तर पर ही किया जा सकता है, जिसके लिए जल्दी से जल्दी अपनी शक्ति बढ़ानी चाहिए। पाँच से पचास हो जाना चाहिए।' अन्त में कहते हैं : 'लेकिन यह सब बहानेबाजी थी। सच यह है कि कुर्बान भाई को एकदम अकेला छोड़ दिया गया था। शायद हम उनकी तकलीफ को शेयर कर ही नहीं सकते थे। पर हमें कोशिश जरूर करनी चाहिए थी।' यह कहानी बहुत फैसला नहीं देती है। उस असमंजस का, उस दुविधा का, उस दर्द का, उस शर्म का पूरा अहसास कराती

है—कुल मिलाकर कि हमसे कुर्बान भाई को जो मिलना चाहिए था, वह हम नहीं दे सके। यह तथ्य है। पूरी कहानी पढ़ने के बाद हमें अपनी अक्षमता का अहसास करवाती यह कहानी है। राजनीतिक दृष्टि से बहुत चौकस आदमी की उस दृष्टि से लिखी हुई कहानी है यह। यह केवल अनुभव के आधार पर लिखी हुई कहानी नहीं है। वह अनुभववाद का विरोध भी करते हैं। अपने लेखों में किया है उन्होंने। सच्चाई को साफ कहना, न कि उसका एक सस्ता-सा हल निकालकर परदा डालना, यह इस कहानी में नहीं है।

पल्लव : मैं एक कहानी की और याद दिलाऊँ : 'चौथा हादसा'! आपने एक इंटरव्यू में कहा था : 'चौथा हादसा' में भी इस उलझन का एक और संकेत है कि कैसे एक हिन्दू मुसलमान समझ लिया जाता है। और कहानी के अन्त में हबीब कैफी की ओर से टिप्पणी करवाई गई है जो इस स्थिति से ज्यादा नाजुक पहलू की ओर संकेत करती है। अब यहाँ दो-टूक स्टैंड लेने से या हिन्दू-मुस्लिम का सपाट हल दिखाने पर यह कहानी चौपट हो जाती। आज की सच्चाई पर परदा पड़ जाता। वह सपाट-बयानी की कहानी नहीं है, लेकिन कहानी में उलझन कहीं नहीं है। बहुत साफ लिखी गई है। जो सामने आनेवाला यथार्थ है, उसकी जटिलता का अहसास वह कराती है।
नामवर जी : वह कहानी अभी मेरे सामने है नहीं : 'चौथा हादसा'। देखिए, हर पार्टी दावा करती है सेकुलर होने का और बड़ा आसान हल दिखाई पड़ता है हमें। लेकिन यह इतना आसान नहीं है, पेचीदा है। इस पर उनकी और कहानियाँ देखें हम। जैसे : 'रशीद का पाजामा'।

कहानी में आया है कि स्कूल से आठ लड़के चुने गए थे। स्काउट का कैम्प होने वाला था नैनीताल में, उसमें रशीद चुन लिया गया था। रशीद बहुत खुश था। तो यह गरीब लड़का गया। फिर कहानीकार ने इत्मीनान से नैनीताल का वर्णन किया है। तो रशीद निहायत गरीब है, उसकी गरीबी का पूरा अहसास कहानी में हो जाता है। घर के लोगों ने उसे भेज दिया। आखिरी घटना में पाजामे का वर्णन है। जब वे लौट रहे थे और उन्हें गाड़ी वगैरह बदलनी थी। वहाँ से तमाम लोगों ने खरीद-फरोख्त की। वह बेचारा क्या ले जाता? आपको प्रेमचन्द की वह कहानी याद होगी : 'ईदगाह'? रशीद ने कुछ खरीदा ही नहीं सिवाय एक बेंत के, जो सात रुपये में मिल गई थी, जिस पर सुन्दर पच्चीकारी थी। जिसे रशीद यह सोचकर ले आया था कि पापा सँभालकर रख लेंगे और बुढ़ापे में काम लेंगे। बिलकुल वैसे ही, जैसे बुढ़िया दादी के लिए हामिद चिमटा लाया था। तभी दिल्ली वाले सर खबर लाए कि अपनी गाड़ी एक घंटे बाद नहीं, पच्चीस मिनट बाद आ रही है। स्टेशन पर रशीद नहाने के लिए बाथरूम में घुस गया, तो हुआ यह कि लोग जल्दी निकलने का कह रहे थे और नेफे में नाड़ा फँस गया। उसके तौलिए की लम्बाई इतनी थी नहीं कि लपेटकर आ जाता।...और जब पतलून पहनकर आया तो सोफिया ने पूछा—क्या बात हो गई थी

रशीद ? अब उसे बताना पड़ा—पाजामे का नाड़ा नेफे के भीतर घुस गया था। बाकी सब लड़के एक साथ हँस पड़े। स्नेहलता भी। जो अब जरा भी सुन्दर नहीं लग रही थी। इशारे में बता दिया है कि कैसे गुजरे हैं दिन। नन्दकिशोर चिल्लाकर बोला—पाजामा! साले पाजामे, तू टॉवेल लपेटकर बाहर नहीं निकल सकता था ? फिर सब हँसे। नन्दकिशोर स्नेहलता से बोला—ये कटवे साले ऐसा ही करते हैं (जोर देकर—कटवे साले)। रशीद रुआँसा हो गया। उसे समझ में नहीं आया कि इसमें कटवे वाली बात कहाँ से आ गई! सोफिया को भी बुरा लगा। वह सारे रास्ते रशीद के पास ही बैठी रही गाड़ी में और बीच-बीच में कई बार चुपचाप रोती रही। पता नहीं, क्यों ? इस घटना को बहुत साल बीत चुके हैं। रशीद बड़ा हो गया है। वह इंजीनियर-विंजीनियर कुछ नहीं बन सका। स्नेहलता, सोफिया जाने कहाँ गईं! नन्दकिशोर छोटा-मोटा लीडर बन गया अपनी जाति का (जोर देकर—जाति का)। कभी-कभी उसका नाम और फोटो अखबार में छपता है। जब भी रशीद नन्दकिशोर का नाम या फोटो अखबार में देखता है, उसे यह घटना याद आ जाती है। लेकिन उसे आज तक समझ में नहीं आया कि पाजामे के नेफे में नाड़ा घुस जाने का उसके धर्म से क्या सम्बन्ध था ? लेखक अन्त में पूछता है—क्या आपको समझ में आया ? यह अन्दाज अपने-आपमें निराला है कि पाठक से रू-ब-रू होते हुए कोई टिप्पणी किए बिना, सवाल पूछते हुए, कि क्या आपको समझ में आया, विदा ली जाए ? अर्थात् फिर वही पार्टीशन वाली बात है कि तमाम चीजों के होते हुए यह जो फर्क है कि यह हमसे अलग है, दूसरा है, यह मुसलमान है, सब होते हुए अन्त में है तो कटवा ही। इसलिए खास तौर पर यह ध्यान रखने की बात है कि उनके बारे में कहा गया है जो वर्ग के हिसाब से गरीब हैं। यह लड़का तो पार्टीशन वाले कुर्बान भाई से भी ज्यादा गरीब लड़का है इसलिए यह जो मजहब के आधार पर अपने से अलग मानने, हिकारत की नजर से देखने वाली बात है, गरीबों के साथ ज्यादा होती है। यह कहानी साम्प्रदायिकता पर आधारित कहानी नहीं है। कहानी में रशीद नाम के उस बच्चे का वर्ग क्या है, यह बहुत महत्त्वपूर्ण है। इस सन्दर्भ में जैसा मैंने कहा कि हामिद को भी ध्यान में रखें, वह भी किस वर्ग का है। यह वर्ग-चेतना या वर्ग-बोध बहुत गहरा है स्वयं प्रकाश में। स्वयं प्रकाश मजहबी फर्क को उकेरने के लिए कहानी नहीं लिखते, बल्कि वे सचमुच जिस जगह से देखते हैं, वह वर्ग-चेतना की दृष्टि है, जो उस कहानी में भी दिखाई पड़ती है और इस कहानी में भी दिखाई पड़ती है।

तुम जो कहानी कह रहे थे, 'चौथा हादसा', उसे मैं फिर देखूँगा।

मिहिर : 'क्या तुमने कभी कोई सरदार भिखारी देखा ?' के आखिरी वाक्य की याद दिलाना चाहता हूँ, जो साम्प्रदायिकता की समस्या पर लिखी गई सबसे महत्त्वपूर्ण कहानी मानी जाती है। वह यह है कि 'लौटते में देखा कि तीनों सम्भ्रान्त सिगरेटें पी रहे हैं और ठाठ से ताश खेल रहे हैं; अर्थात् उन्हें पूरी घटना से कोई फर्क नहीं पड़ा।'

आखिर में कहानी जहाँ ले जाती है, छोड़ती है, वहीं से पूरी कहानी का असल अर्थ खुलता है। सर! मुझे यह भी याद आया कि जो सवाल है कि वर्ग का सवाल ज्यादा महत्त्वपूर्ण है, साम्प्रदायिकता का सवाल स्वयं प्रकाश के यहाँ महत्त्वपूर्ण नहीं होता।

नामवर सिंह : हकीकत यह है कि राजनीतिक पार्टियों में उच्च-मध्यवर्ग के सम्पन्न मुस्लिम नेता हैं, यहाँ तक कि बीजेपी में भी हैं जैसे समाजवादी पार्टी में आजम खाँ, मुलायम सिंह के साथ रहे हैं, तो जिस वर्ग के वे लोग हैं, वहाँ कोई भेदभाव नहीं है। उनका कहर हमेशा गरीबों पर बरपाता है। वहाँ एक तरह का आपस में तालमेल और सम्बन्ध है।

पल्लव : यही चीज हमने गुजरात में देखी थी जब अमीर हिन्दू महिलाएँ दुकानें लूट रही थीं।

नामवर सिंह : हाँ-हाँ, तो इसलिए यह वर्ग-दृष्टि महत्त्वपूर्ण है न।

मिहिर : गुजरात वाला जो ट्रेंड है, उसमें यह अन्तर दिखता है कि जिन मुसलमानों का आर्थिक-सामाजिक स्तर ठीक था, उनको भी जानबूझकर निशाना बनाया गया और आर्थिक हमला किया गया पूरी की पूरी कम्यूनिटी पर। पूरे बोहरा कम्यूनिटी पर जिस तरह कार्रवाई हुई है, मुझे लगता है, यहाँ थोड़ा अन्तर है—स्वयं प्रकाश की कहानी जो कहती है, उससे। एहसान जाफरी वाला केस ही देख लें।

नामवर सिंह : ऐसा है कि जर्मनी में जब फासिज्म आया तो केवल गरीबों पर नहीं, जो यहूदी बहुत सम्पन्न थे, उन पर भी हमला हुआ। उस रूप में तो होगा, लेकिन रोजमर्रा की पॉलिटिक्स जिस तरह चलती है, उस पॉलिटिक्स में यह तालमेल रहता है। अब आप देखें कि मोदी गुजरात में फिर मुसलमानों को पुरस्कार दे रहा है। अभी-अभी अखबारों में खबर आई थी कि वह कुछ मुसलमान लोगों को पुरस्कार भी दे रहा है यह बताने के लिए कि वह मुस्लिम-विरोधी यानी साम्प्रदायिक नहीं है। तो दोनों चीजें साथ-साथ चल सकती हैं—हत्या और पुरस्कार। मंत्रिमंडल में भी शरीक हो सकते हैं। बाकी जब मौका आएगा तो सामूहिक रूप से नरसंहार करेंगे ही।

एक कहानी 'क्या तुमने कभी कोई सरदार भिखारी देखा ?' की बात अभी की। जब इनका संग्रह आया था तब अगर मैं भूलता नहीं हूँ तो हमारे मित्र विश्वनाथ त्रिपाठी को यह कहानी बहुत अच्छी लगी थी। उन्होंने प्रशंसा की थी। उन्हें पसन्द है। मुझे भी यह कहानी पसन्द है और इसमें कहानी का जो अन्त है, वह खास चीज है कथानक में। कहानी का अन्त तो तब होता है जब वे उतरने लगते हैं, घायल हो जाते हैं और केवल चाय के पैसे माँगते हैं, वह भी लौटाने के लिए कि हम वापस कर देंगे। यह नहीं कि भीख माँग रहे हैं। उधार माँग रहे हैं। और कुछ नहीं माँगते। मैं नहीं जानता कि 1984 में हमारे यहाँ सिखों के विरुद्ध जो दंगे हुए थे, इस पर किसी ने इतनी सशक्त कहानी लिखी हो या कविता लिखी हो। नहीं लिखा है किसी ने। दिल्ली में

जो माहौल था, उसमें मैं यह जानता हूँ कि उस पूरे सिलसिले में केवल जवाहरलाल नेहरू विश्वविद्यालय के अध्यापकों और छात्रों ने आसपास के लोगों को अपने यहाँ लाकर सुरक्षा देने की कोशिश की, अन्यत्र पूरी तरह मिलीभगत थी। राजसत्ता बिलकुल चाहती थी, और सिखों की हत्या हुई। उसी तरह से गुजरात में इन लोगों ने किया। इस दौर में अकेली यह हिन्दी कहानी स्वयं प्रकाश ने लिखकर एक ऐतिहासिक काम किया है...।

पल्लव : क्षमा करें। मैं एक और कहानी की याद दिलाना चाहता हूँ। भीष्म साहनी जी की 'झुटपुटा'।
नामवर सिंह : हाँ, भीष्म जी की यह कहानी भी है।

पल्लव : आप सारा श्रेय स्वयं प्रकाश जी को ही न दें।
नामवर सिंह : सारा श्रेय नहीं दे रहे हैं। तुमने ठीक याद दिलाई, भीष्म साहनी की 'झुटपुटा' कहानी की। इस मुद्दे पर यह भी बहुत अच्छी कहानी लिखी गई है। स्वयं प्रकाश के बारे में लोग समझते हैं कि ये मध्यवर्ग के ही लेखक हैं। गाँव के लोगों के बारे में नहीं लिखते। महत्त्वपूर्ण यह नहीं कि गाँव के लोगों के बारे में लिखा जाए। महत्त्वपूर्ण है, उनको लेकर किसी की क्या दृष्टि है। इसलिए मध्यवर्ग की आलोचना स्वयं प्रकाश जिस दृष्टि से करते हैं, उसका सबसे अच्छा नमूना है 'बर्डे'। 'बर्डे' में ठेठ मध्यवर्ग यानी निम्न मध्यवर्ग जो उस तरह से खाता-कमाता वर्ग नहीं है, वह कैसे ऊपर के मध्यवर्ग का हिस्सा बनना चाहता है! उसका नमूना यह है कि वह बर्थ डे मनाकर साबित करना चाहता है कि हम मामूली नहीं हैं। हम उन लोगों में हैं, जो बर्थ डे मनाते हैं। कहानी का शीर्षक 'बर्थ डे' नहीं, 'बर्डे' है।

पल्लव : सम्भवतः विकृत मानसिकता की ओर इशारा करने के लिए।
नामवर सिंह : वही तो। वह भी बड़े विस्तार से। खास कर श्रीमती बैजल के चरित्र के माध्यम से, कि किस तरह बर्थ डे से पहले वे बनती-ठनती हैं। कभी यह पहनती हैं, वह पहनती हैं। बहुत विस्तार से वर्णन किया है। जबकि बच्चा कैसे रहे, उसकी चिन्ता नहीं। स्वयं माँ जो है, सिंगार-पटार दुनिया भर का कर रही है। यह देखकर उस सिंगार के खोखलेपन का आभास होता है और अन्त में देखिए कि कैसे सब कुछ कैसे बेकार चला जाता है। दूसरे, इसकी भाषा और मुहावरों के प्रयोग से पता लगता है कि गाँव की दृष्टि से कहानी लिखी गई है।

तो जो मुहावरे वे इस्तेमाल करते हैं, जब वह कहती है कि क्या मुसीबत है, एक ही नौकर, और वह भी चपरासी। न सुने, न समझे। न गाँठे। जरा-सा कुछ कह दो तो मुँह फुलाकर चल दे। और एक वो पटरानी सीता! कहो खेत की, सुने खलिहान की। कहो हरिद्वार, सुने फर्रुखाबाद। कोई काम उसके भरोसे छोड़ा नहीं जा सकता। औरतों की बोलचाल में मुहावरे ज्यादा आते हैं, कहावतें आती हैं। पुरुषों में कम।

औरतों में इस तरह की चीजें ज्यादा आती हैं। इससे मालूम होता है कि कुल मिलाकर निहायत निम्न मध्यवर्ग की महिला है और अभी उसके जेहन में मुहावरे हैं, चाहे वह सिंगार-पटार जितना कर ले।

पल्लव : यह जो है, उसकी नौकरानी का वर्णन है।

नामवर सिंह : हाँ, वह अपनी नौकरानी के बारे में कहती है लेकिन वह स्वयं यह सब सोचते हुए कहती है। बात-बात में जो लटका है उसका कि मरी यह नहीं करती, मरी वह नहीं करती है तो कुल मिलाकर इसके सोचने का जो तरीका है, उससे लेखक बताना चाहता है कि वह निहायत निम्न मध्यवर्ग की है। इनका वर्ग बदला नहीं है। ऊपर सिंगार-पटार जितना कर लें, मानसिकता वही है। इस कहानी की कला है, छोटी-छोटी चीजों के जो ब्यौरे दिये गए हैं—कल्पनालोक में खो गईं श्रीमती बैजल। मधुर यादों में। पार्टी खत्म हो चुकी है (हालाँकि हुई नहीं है)। सारे मेहमान उनके खाने और इन्तजाम की तारीफ करते हुए जा चुके हैं। बिखरे हुए ड्राइंगरूम में, गुब्बारों के टुकड़ों में, पिचकी हुई टोपियों में, इधर-उधर पड़ी रह गई किसी प्लेट में अधखाई मिठाई में, फूलों की कुचली हुई पँखुड़ियों में—हर चीज में बच्चों की मोहकता का असल बिम्ब सुगन्धित है। और वह मीठी-मीठी थकन और तृप्ति में डूबी उपहारों का एक-एक पैकेट खोलकर देख रही हैं। 'अच्छा, तो आहूजा साहब ने बैट्रीवाली ट्रेन दी है?...और यह लाल पैकेट किसका है? भार्गवाज़ का? क्या है? हाय, कित्ता प्यारा सूटपीस है! स्वीटू पर खूब फबेगा।...और ये शेख साहब इतना भारी क्या उठा लाए? जापान का स्लाइड प्रोजेक्टर? गजब करते हैं। और जरा वह बैंगनीवाला पैकिंग तो देखें! देखिए, क्या खूबसूरत एलबम है! यह तो इम्पोर्टेड है! लूथराज सचमुच बहुत फॉर्मेलिटिज करते हैं। लीजिए, जितना खर्च हुआ, इससे चार गुना तो वसूल हो गया।'

महत्त्वपूर्ण बच्चे का जन्मदिन नहीं है बल्कि बर्थ डे गिफ्ट लेने और गिफ्ट देने का ही एक उपक्रम है। बर्थ डे सेलिब्रेशन की सारी तैयारी इसीलिए की जाती है कि कितना गिफ्ट मिलता है। वह इन्हीं खयालों में डूबी है और आखिर में जब गिफ्ट्स मिल जाते हैं तो आगे का वर्णन यही कंट्रास्ट दिखाने के लिए करते हैं। जूठा गुलाब जामुन उसी के बच्चे स्वीटू को खाना पड़ता है, जो उस ताँगे वाले को दे रही थी। यह जो विडम्बना-बोध है, वह द्रष्टव्य है। बर्थ डे पार्टी में एक वर्ग की असलियत को दिखाना ही ध्येय लगता है लेकिन पूरी कहानी विडम्बना की कहानी है। मध्यवर्ग पर मैंने इधर अरसे से ऐसी कोई कहानी शायद ही देखी हो।

कहानी के केन्द्र में माँ है जबकि बर्थ डे बच्चे का है। उसे बच्चे की बिलकुल परवाह नहीं है। बच्चा कुछ नहीं चाहता। बच्चा, जो बर्थ डे का मुख्य आधार है, आलम्बन है, वही निर्लिप्त है। विडम्बना यह भी है कि स्वयं बच्चा, जिसका बर्थ डे मनाया जा रहा है, उसके साथ कैसा व्यवहार है? मनाने वाली माँ कितना सिंगार-

पटार करती है? बाप की क्या भूमिका है? लिखा है कि घंटे भर तक स्वीटू घर में इधर से उधर धमाचौकड़ी कर रहा था। पापा को चौथी बार बता रहा था कि उसने सुबह ही बन्ने भाय से कह दिया था कि 'शाम को जरूर-जरूर-जरूर आना, आज शाम को हमारी बर्डे होगी'। और उसकी गरदन में अब भी गेंदे के फूलों का बड़ा-सा हार पड़ा था जो बन्ने उसके लिए लाया था। तमाम लोगों ने तो दिया लेकिन वह जो गरीब आदमी है ताँगे वाला, वह गेंदे की फूल की माला लाया। प्यार और मोहब्बत उस आदमी में है। कहानी से अगर यह निकाल लिया जाए तो किस नजर से, किस दृष्टि से लिखी गई कहानी है, यह स्पष्ट नहीं हो पाएगा। इसीलिए मैं कहता हूँ कि स्वयं प्रकाश वर्ग-चेतना कभी नहीं भूलते। इस पूरे ड्रामा में ताँगे वाले की गेंदे की माला आने पर पता चलता है कि असली ममत्व, असली स्नेह कहाँ है। वह धन-दौलत, पैसे और बर्थ डे की सारी चीजों में बच्चे के लिए तो सबसे बड़ा गिफ्ट गेंदे की माला है, जो ताँगे वाला लेकर आया था। श्रीमती बैजल उसे जूठा ही दे रही थीं। विचित्र विडम्बना है कि ताँगे वाले ने बच्चे को ही वह खिला दिया। वह जूठा गुलाब जामुन बहुत कुछ कहता है इस पूरी कहानी में। यह कला है कहानी की, कि कैसे टचेज देते हैं, जैसे पेंटिंग में होता है। टचेज, जो कहानी में मार्ग बनानेवाले हैं। यह कला है इनके पास। इसलिए मैं स्वयं प्रकाश की कहानी-कला का मुरीद हूँ। वे जानते हैं कि एक अच्छे आर्टिस्ट को कहाँ कौन-सा टच देना है। वह देकर वे कहानी में सही जगह चोट करते हैं।

कहानी का अन्त देखिए—जूठे बरतनों के पहाड़ के सामने बैठी श्रीमती बैजल सोच रही थीं कि उनकी तो किस्मत ही खराब है। सारा दोष किस्मत को। कुल मिलाकर बर्थ डे एक तरह की जूठन है। निम्न मध्यवर्ग द्वारा ऊपर के वर्गों की यह नकल एक तरह से उनकी जूठन की तरह ही है। पूरी पार्टी—खिलाना-पिलाना—सब जूठन है। बर्थ डे एक प्रकार की सांस्कृतिक जूठन है। पूरा का पूरा व्यंग्य है इस कहानी में।

मिहिर : मध्यवर्ग की विडम्बना भी महिला के माध्यम से ही सामने आ रही है। इसमें पुरुष की भूमिका को कहीं सवाल के घेरे में नहीं लिया गया। यहाँ पुरुष पवित्र आसन पर बैठा है। देखिए, यह अंश : 'उन्हें तो अब भी शक है कि चिरंजीलाल-बद्रीप्रसाद वाले केस में सुधीर फँस गए थे। फँस ही गए होंगे, वरना इतनी अच्छी नौकरी छोड़कर ये फटीचरी करने कौन आता... ?'

नामवर सिंह : यही खास बात है। एक लाइन में ही बता दिया है कि यह इतना भ्रष्ट आदमी है। कभी अफसर था, अब लेक्चरर बना है।

मिहिर : अपनी मर्जी से नहीं आया है।

नामवर सिंह : यूँ नहीं आया है वह। इसलिए बाप बीच में नहीं आता है। बाप की सारी करतूत औरत में दिखाई पड़ती है—इतने गहने पहनना और बाकी की चीजें

करना। यह एक खास वाक्य है कि 'चिरंजीलाल वाले केस में फँस गए थे'।

मिहिर : और वह जो सपनों में बड़े-बड़े गिफ्ट आ रहे थे, क्यों आ रहे थे, यह भी पता चलता है।

नामवर सिंह : हाँ, वही है। पहले जो बर्थ डे मनाए थे, तो पहले जब उस तरह की नौकरी थी तो वे लोग आते थे यानी जब वह अफसर था तो भ्रष्टाचार की पूरी गुंजाइश थी। स्कूल के टीचर को कौन देगा? लेकिन यह बता दिया है इसीलिए बाप को अलग रखा है। अकेले माँ उस पूरी कहानी के केन्द्र में है, बाप को कहीं बीच में आने नहीं दिया है।

एक अन्तिम कहानी जिसका मैं जिक्र करना चाहता हूँ, वह है : 'एक खूबसूरत घर'। यह सब कहानियों से अलग कहानी है। इस कहानी के चरित्रों में से किसी का नाम नहीं है। कहानी घर की है और कहानी शुरू होती है मम्मी, पापा और दो बच्चों से। किसी का नाम नहीं है कहानी में। देखिए, कहानी किस तरह शुरू होती है :

'...और ताज्जुब की बात है कि वह था। वह घर। दिखने में बिलकुल आम घरों जैसा। घर में एक मम्मी थी (एक मम्मी याद रखिए), दो बच्चे थे और एक पापा थे। दो बच्चे इसलिए नहीं थे कि मम्मी-पापा को अपने देश से बहुत प्यार था या उनके भविष्य की उन्हें बड़ी चिन्ता थी, बल्कि इसलिए कि इससे ज्यादा वे अफोर्ड ही नहीं कर सकते थे। ऐसा और भी कई अच्छी बातों के साथ था। अच्छाई मजबूरी थी... ।'

यह जो टुकड़ा है, जहाँ व्यंग्य करते हैं स्वयं प्रकाश : 'अच्छाई मजबूरी थी', वे कहीं भी इनका नाम नहीं लेते। एक मम्मी, एक पापा और दो बच्चे। पापा क्या थे और मम्मी क्या थी? तो पापा की जो खूबियाँ बताई गई हैं कि पापा पुलिस थे, क्षमा दे सकते थे। आगे कहा है कि पापा डंडा थे, सेनापति भी थे। तो पापा नाम की एक अमूर्त चीज है, नाम कोई नहीं। पापा इतने योग्य थे कि सारे के सारे काम वे ही करते थे। पापा के और भी कई उपयोग थे। लोहे की अलमारी पापा ही सरका सकते थे। टूटे स्टूल की मरम्मत पापा ही कर सकते थे। खराब रेडियो पापा ही ठीक कर सकते थे। रसोई में घुस आया साँप या चूहा पापा ही मार सकते थे। गेहूँ पापा ही पिसवाकर ला सकते थे। राइट का पास्ट टेंस पापा को ही आता था। रिमेम्बर की स्पेलिंग पापा को ही आती थी। अच्छे-खासे कैलेंडर और डायरियाँ रद्दी कहकर पापा ही फेंक सकते थे। बच्चों को हवा में उछालकर पापा ही झेल सकते थे। यह जो पापा-पापा लगातार आया है, और ये पापा कितने दयनीय थे कि कहानी के अन्त में आधी रात को जब उनका इन्तजार किया जा रहा था और जब वे लौटे तो देखिए कि क्या होता है :

'इतनी देर कहाँ लग गई? मैं शर्मा जी के...' मम्मी बोली।

'पहले तो मीटिंग लम्बी चल गई, फिर स्कूटर खराब हो गया। रास्ते में। पहले तो करंट ही नहीं मिला रहा था, फिर साली किक ही टूट गई। ठेलता हुआ लाया हूँ। मेकैनिक की दुकान भी बन्द। बाप रे! थक गए यार! क्या हुआ?'

बिना नाम लिये हुए जो व्यंग्य है कि घर, सचमुच खूबसूरत है भी कि नहीं, यह बता रहे हैं स्वयं प्रकाश।

और मम्मी की खूबियाँ बताई गई थीं। खटना इनका काम था। हाँ, पापा मॉर्निंग वॉक, बी.बी.सी. और लौकी के घोर प्रशंसक हैं। इसमें लौकी जो बीच में जोड़ी गई है, यह होता है व्यंग्य। एक तरह का अलंकार होता है यह। उनके खुद के शब्दों में दिन भर खटती थीं। लेकिन उनका खटना दिखाई नहीं देता था। उनका परिश्रम टेकन फॉर ग्रांटेड था। घर के सब लोगों को अपने कपड़े धुले, प्रेस किये मिल जाते थे। दोनों वक्त खाना पका मिल जाता था। घर झड़ा-पुँछा, सजा हुआ मिल जाता था। इसलिए यह सब कैसे और किस मेहनत से हुआ, इस बेकार के सवाल पर कोई माथापच्ची नहीं करता था। हाँ, कोई कसर रह जाए किसी चीज में तो सब मम्मी को सुनाना नहीं भूलते थे। मम्मी चुपचाप सारा दोष स्वीकार कर लेती थी।

मम्मी को देखने के लिए दफ्तर जाते पापा, स्कूल से लौटते बच्चे और आजू-बाजू के मकानों की खिड़कियाँ थी (यह सारा पैसिव वॉइस में कहा गया है)। सुनने के लिए रेडियो और मनोरंजन के लिए टी.वी. सीरियल या चित्रहार। वह अखबार उठाती तो मैले कपड़े बुला लेते, पत्रिका उठाती तो महँगाई का झींकना झींकनेवाली और सारे मुहल्ले की महिलाओं की बुराइयाँ करने वाली पड़ोसन और सिलाई-कढ़ाई उठाती तो सब्जी वाला या ब्रेड वाला। मम्मी पैसिव वॉइस में है। खटने वाली औरत है यह। पापा जिनका दुनिया ऊपर ओजस्वी व्यक्तित्व रखा गया है। इन दो के बीच बच्चे हैं। हाँ, मम्मी को जरा और देखिए—मम्मी के पैरों में ढेरों बिवाइयाँ थीं, मन में अपार थकन और मस्तिष्क में अनन्त ऊब। मम्मी के बाल पूँछड़ी जैसे रह गए थे। लोग स्त्री-विमर्श की बहुत सारी चर्चा करते हैं, लेकिन यहाँ यह व्यंग्य कि यह खूबसूरत घर है, जिसमें, उस खूबसूरती में, सबसे ज्यादा शोषित, पीड़ित, दमित एक स्त्री है, जिसके कारण घर खूबसूरत बना हुआ है। इसलिए स्त्रियों पर अत्याचारों की लम्बी कहानी को कहे बगैर रोजमर्रा की जिन्दगी की जो रूटीन है, उसकी जो ऊब है, जो औरत के लिए सबसे बड़ी सजा है, न कि उसको मारना या हत्या करना। इन सब बातों को बहुत ही सहज ढंग से व्यंग्य की छौंक में कहा है स्वयं प्रकाश ने। अब आप खुद ही देखिए कि उसको कोई नहीं मारता, कोई नहीं पीटता, कोई अत्याचार नहीं करता है, कोई गाली नहीं देता है लेकिन ऐसा खूबसूरत घर है कि एक निर्जीव मशीन की तरह उसकी जिन्दगी हो जाती है। एक भारतीय स्त्री, निम्न मध्यवर्गीय परिवार की स्त्री के लिए कुल मिलाकर रोजमर्रा की जिन्दगी जीना ही एक मशीन की जिन्दगी में पिसना हो जाता है। नारी-विमर्श की बहुत चर्चा लोग करते हैं, ऊपरी बातों की बहुत चर्चा करते हैं कि सेक्सुअल हरेसमेंट होता है, और क्या-क्या होता है—सताया जाता है, मारा जाता है, पीटा जाता है, लेकिन यह नहीं देखते कि कुल मिलाकर एक मामूली गृहस्थ स्त्री किस तरह पिसती है। बिना कहे हुए वह दास है।

यह तो दासता है स्त्री की और दिलचस्प बात यह है कि उसका कोई नाम नहीं है। अनाम है वह। यह घर कोई भी घर हो सकता है, कहीं का भी हो सकता है। इसलिए यह दूसरे नये ढंग की कहानी है।

इन चार कहानियों के आधार पर स्वयं प्रकाश जी का पूरा मूल्यांकन तो उचित नहीं कहा जा सकता है लेकिन शायद ये कुछ संकेत हैं जिनके आधार पर मुझे लगता है कि स्वयं प्रकाश बहुत ही महत्त्वपूर्ण कहानीकारों में हैं। बिना प्रचार के, बिना महत्त्वाकांक्षा के, चुपचाप अपना काम करते रहे हैं। एक सच्चे कथाकार के रूप में रहने के कारण चर्चा भले कम हुई है लेकिन निश्चित रूप से पिछले बीस-पच्चीस साल में जिन लोगों ने कहानियाँ लिखी हैं, जो महत्त्वपूर्ण कथाकार हैं, उनमें स्वयं प्रकाश का नाम है। अब तो वरिष्ठ कथाकार हैं। वे साठ साल से ऊपर के हो चुके हैं। कोई बच्चा नहीं है। लगभग तीस साल का लेखन है उनका। इन तीस सालों में जो महत्त्वपूर्ण तीन-चार कथाकार हैं, उनमें निश्चित रूप से स्वयं प्रकाश का नाम लिया जाएगा।

['बनास' के प्रवेशांक, बसन्त, 2008 में 'वर्ग-चेतना को कभी नहीं भूलते स्वयं प्रकाश' शीर्षक से प्रकाशित]

खंड-3

चढ़िए हाथी ज्ञान को सहज दुलीचा डारि

रवीन्द्र कात्यायन

रवीन्द्र कात्यायन : सर! आपका शुरुआती जीवन, बचपन, घर का वातावरण कैसा रहा? साहित्य का पहला परिचय कैसा रहा? उस आकर्षण का कैसा असर रहा? सृजन के प्रति जो लगाव है, उसका आरम्भिक रुख कैसा था? मेरा प्रश्न है आपसे कि क्या साहित्य के प्रति आपका रुझान पारिवारिक पृष्ठभूमि के कारण हुआ? कोई ऐसा बैकग्राउंड था उसके पीछे? शुरू-शुरू में आप गीतों की तरफ थे। गीतों से ऐसा क्या हुआ जो आलोचना की तरफ आप आए? इस सन्दर्भ में थोड़ी-सी जानकारी दीजिए।

नामवर सिंह : मैं एक निहायत छोटे से गाँव का हूँ। मेरा परिवार एक संयुक्त परिवार था, जिसमें मेरे पिताजी तीन भाई थे—बड़े सागर सिंह, पिता नागर सिंह और बाबू नन्दन सिंह। बाबू नन्दन सिंह का शौक गाने-बजाने में था। खेती बिलकुल नहीं करते थे। पिताजी प्राइमरी स्कूल के अध्यापक थे। ताऊजी घर के मालिक थे, खेतीबारी करते थे। उनके तीन बेटे थे। हम तीन भाई थे। चाचाजी का एक बेटा। इसके अलावा बुआ जी थीं एक। एक हम लोगों की बहन, जो विधवा होकर हमारे घर में रहती थी। मैं इस संयुक्त परिवार में रहता था। उस परम्परा के अनुसार खेतीबारी का सारा काम बड़े बाबू और उनके तीन बेटे करते थे। सबसे बड़े बेटे बदरी भैया पहलवान थे। उनके लिए अलग गाय, भैंस थी। बहुत दिनों तक संयुक्त परिवार था। रात का खाना बनते-बनते देर हो जाती थी, बच्चे सो जाया करते थे। जब मैं एम.ए. में पहुँचा सन् '50 के बाद, तब मैंने ही बँटवारा करवाया। सबकी शादी हो चुकी थी। बच्चे थे। रामजी और मेरी भी शादी हो चुकी थी। सबके मेहमान आते थे, जगह की कमी हो गई थी। झगड़े, तनाव हो जाते थे। जाहिर है, खेतीबारी का काम पिताजी नहीं कर सकते थे। पिताजी तनख्वाह दे देते थे। उस पैसे से जगह-जमीन खरीदते थे। तीनों भाइयों में कोई झगड़ा नहीं होता था। पिताजी का लिहाज लोग करते थे। छोटे भाई नाच-गाना करते थे। विदेशिया का नाच उन्होंने हमारे गाँव में करवाया था। ये सब वे करते थे, पर घर में वे रहते नहीं थे। एक बेटा उनका था। यह परिवार था हमारा।

उस परिवार में रहते हुए पढ़ना-लिखना किसी तरह के काम जैसा था। जब मैं पैदा हुआ था तब ननिहाल गया था। ननिहाल में प्लेग फैल गया। सब मर गए परिवार में। ननिहाल बनारस से तीस किलोमीटर दूर था—महीस पड़ना के गाँव में। तो शिक्षा के क्षेत्र में पढ़े-लिखे मेरे पिताजी ही थे और एक अध्यापक थे। हमारे पुरखे एक दूसरे गाँव खड़ान से आए थे। यह जमीन उन्होंने ली थी या मिली थी। किसी तरह से ऊसर जमीन सस्ते में मिल गई थी। खड़ान में हम लोग आते-जाते रहते थे। हमारी बिरादरी के लोग वहीं थे। जब भी कोई मरा, शादी-ब्याह पर, उसमें जाना होता था। खड़ान ऊसर कहलाता था। मेरे बचपन के दिनों में दो बड़ी बावड़ी थीं। एक को बावड़ी कहते थे, दूसरे को पोखर कहते थे। बंसवार बहुत थी, जंगल था। घरों से लगा हुआ। गाँव के केन्द्र में बरगद का एक बड़ा पेड़ था, वहीं हम खेलते थे। सारी गर्मी 'होरा पाती' खेलते थे। नीम का पेड़ था, उसमें झूला झूलते थे। वहाँ नागफनी का जंगल था और नागफनी की दो चीजें मुझे याद हैं। एक तो पीले फूल होते थे, गन्ध बिलकुल नहीं आती और दूसरे फल थे उसके, जिसे तोड़ने पर उसमें से लाल-सा रस निकलता था, जिसका कोई स्वाद नहीं होता था और कुछ जंगल की एक लकड़ी ढेरा। उसका हम लोग गुल्ली-डंडा बनाकर खेलते थे, जो टूटती नहीं थी। ये सब इसलिए था क्योंकि ननिहाल था नहीं, माँ कहीं जा नहीं सकती थीं। वे बहुत अच्छा गाती थीं। सुर बहुत पक्के थे उनके। थीं वे गोरी-चिट्टी। माँ का रंग केवल मँझले भाई रामजी को मिला। हमारा और काशी का चेहरा पिताजी जैसा है। रामजी बहुत गोरे थे। पढ़ने-लिखने का शौक था। इस वातावरण में हमारे घर में तुलसीदास की पोथी होती थी। पिताजी शाम को हाथ पैर-धोकर वही पढ़ते थे। एकमात्र पोथी वही थी, दूर-दूर तक पुस्तक नहीं थी। सबसे अच्छी बात यह थी कि पिताजी के एक अत्यन्त घनिष्ठ मित्र कामता प्रसाद विद्यार्थी कायस्थ थे। उनकी जमींदारी बक्सर में थी। उनके छोटे भाई वकील थे। बक्सर में ही रहते थे। थोड़ी दूर में एक गाँव है हेतमपुर। कायस्थों का एक पुराना कोट अवशेष है। हेतमखाँ नाम के कोई रहे होंगे वहाँ। उस अवशेष को हम लोग भुतहा कहते थे।

उसी गाँव में गांधी जी के अनुयायी एक कांग्रेसी थे। वे होमियोपैथी की दवा किया करते थे। बी.ए. पहले साल की पढ़ाई उन्होंने असहयोग आन्दोलन में छोड़ दी थी। वे श्रीवास्तव थे। परन्तु गणेश शंकर विद्यार्थी के नाम (वजन) पर अपना नाम विद्यार्थी लिखते थे, श्रीवास्तव नहीं लिखते थे। वह कायस्थों का गाँव था। वहाँ सब पटवारी होते थे। पटवारियों का बड़ा मजाक उड़ाया करते थे कायस्थ। वे पिताजी के अत्यन्त घनिष्ठ मित्र थे। उनके यहाँ अखबार वगैरह आता था। पिताजी उनके घर जाते थे। उनकी पत्नी पढ़ी-लिखी थीं और बनारस की थीं। उन्होंने कहा कि अपने बेटे को ले आओ। मैं उनके साथ उन लोगों के आग्रह पर जाया करता था। पिताजी की छुट्टी नहीं होती थी, तो उनके यहाँ छोड़ देते थे दिनभर। वहाँ 'सैनिक' नाम का

साप्ताहिक आता था। उनके पास किताबें आती थीं—सस्ता साहित्य मंडल की, महात्मा गांधी की लिखी हुई। टॉल्स्टॉय की आत्मकथा वहीं पढ़ी। नेहरू जी की किताबें, उनकी आत्मकथा, विश्व इतिहास की झलक इत्यादि भी। उनकी एक लाइब्रेरी थी। सस्ता साहित्य मंडल और गांधी जी की किताबें उनके यहाँ रहा करती थीं। 'सैनिक' अखबार देखता तब स्कूल वगैरह जाता था। इसलिए मेरे लिए पुस्तकें विद्यार्थी जी के घर में सुलभ रहती थीं—उपन्यास, कविता, कहानी नहीं।

बाद में दूसरा गाँव हमारे बगल में आवाजापुरा था, जहाँ मैं पढ़ता था। आता-जाता था। वहाँ प्राइमरी स्कूल था। पिताजी वहीं पर अध्यापक थे। उस गाँव में एक भाट था—अकबर भाट। उनके पुत्र थे अमरीश भट्ट। वहाँ हमारे पिताजी के मित्र थे। हमारी बिरादरी के लोग थे। उनके बेटे थे जयचन्द्र सिंह, जो कुछ कविताएँ लिखते थे—उनके यहाँ लाइब्रेरी थी। पहले हिन्दी साहित्य की, साहित्यरत्न, विशारद परीक्षाएँ होती थीं, तो उन्होंने विशारद और रत्न किया था। साहित्य की कुछ पुस्तकें साहित्यालोचन, मतिराम ग्रंथावली, बिहारी रत्नाकर—ये किताबें रीतिकाल की वहाँ थीं। वहाँ एक और थे रामरति सिंह जी, वे कविताएँ लिखते थे। वे भाट थे। द्विजदेव का 'रसकुसुमाकर' मैंने वहाँ देखा था। तो इस तरह लोगों से जान-पहचान थी, आना-जाना था। उसमें एक साहब रहते थे दरिमल सिंह। वे हमें पढ़ाते थे। जब मैंने प्राइमरी दर्जा पास कर लिया तो थोड़ी-बहुत पाठ्य-पुस्तकों के जरिये कविताएँ करने लगा। मैं शाम को पास के गाँव चला जाया करता था। भोजन किया करता था। वहाँ कविताएँ, घनाक्षरी और सवैया—यही होता था। समस्यापूर्ति हुआ करती थी। मैं सुनता रहता। तो साहित्य का संस्कार मुझे आवाजापुरा गाँव व अमरीश भट्ट के साथ मिला। मुझे पढ़कर नहीं, बल्कि उन लोगों से सुनकर बिहारी के दोहे, रत्नाकर की कविताएँ आ गई थीं। गंगावतरण और उद्धवशतक—ये चीजें मुझको प्राप्त हुईं। जब मैं मिडिल में पहुँचा, तो मुझको अध्यापक अच्छे मिले—उपाध्याय जी थे। वे कविता लिखते थे, सवैया लिखते थे। साहित्य के अच्छे मर्मज्ञ थे। कक्षा पाँच में पढ़ाते थे। वहाँ की एक घटना है—सन् '36-37 के आसपास की। उस समय एक बहुत बड़ा बक्सा आया, उसमें नई किताबें शिक्षा विभाग ने भेजीं, जब पंडित श्रीनारायण चतुर्वेदी शिक्षा अधिकारी हो गए थे। शिक्षा प्रसार योजना में तमाम विद्यालयों को उन्होंने किताबें भेजीं। जो मुफ्त में किताबें आईं, उनमें सनेही, बालकृष्ण शर्मा नवीन की कविताएँ थीं—किरण को चीर, कभी आग बनी, कभी पानी बनी—बड़ी सुन्दर छपी थी। ऐसी बहुत-सी पुस्तकें आई थीं। वहाँ से लेकर पढ़ीं। उपाध्याय जी देखते थे कि कविता में कुछ रुचि है, खास तौर से मिडिल में पढ़ते हुए। युद्ध का जमाना था। मुझे जयचन्द जी ने कहा कि कविता लिखने के लिए नामवर नाम तो फिट नहीं बैठता तो 'पुनीत' नाम उन्होंने दे दिया। 'पुनीत' नाम से मैं लिखा करता था। उस समय विद्यालयों में अन्ताक्षरी होती थी, जिला टूर्नामेंट होते थे। मैं गया तो मुझे उस समय क्या मालूम थी राजनीतिक

समझ! हिटलर जीत रहा था, अंग्रेज हार रहे थे। हिटलर की प्रशंसा में कविता लिखी :

चढ़ो बरतानिया पर हिटलर
पुनीत वैसे,
जैसे गढ़लंक पर
पवन सुत कूदि गौ।

कविताएँ रीतिकाल की होती थीं। शृंगाररस की कविताएँ मैंने लिखीं। पंडित जी अचानक पढ़ लिये, बोले—अभी बताता हूँ। दो लाइनें इस प्रकार थीं :

आस दुई मास प्रिय मिलन अवधि की है,
उमगै उरोज रहैं, कंचुकि मसकि मसकि।

हेडमास्टर थे, तिवारी जी। अचानक कोई एप्लीकेशन लेकर मैं गया था। उन्होंने यूँ उलटा, देखा, कहा, 'तुमने लिखा है?' तो मैं समझा, मर गया, ऐसे उनकी नजर पड़ जाएगी? 'रहो! मास्टर से मैं कहता हूँ, इसकी शादी जल्दी कर दें'। मुझे कविता में प्रयोग किए गए शब्दों के अर्थ बहुत अच्छी तरह नहीं मालूम थे। मैंने बहुत हाथ जोड़े। हेडमास्टर साहब बोले, 'इंस्पेक्टर जी आनेवाले हैं, उनके शुभागमन पर एक कविता लिख दो, तो कहीं नहीं बोलेंगे, छोड़ देंगे'। उस दौर में मैं कविताएँ बना लेता था। कविताएँ क्या होती थीं, कवित्त, सवैया लिखता था! खड़ी बोली की कविता मैं जानता नहीं था और यह संस्कार मुझे मिडिल में, जो उपाध्याय जी थे, उनसे मिला था। 'अनरीति की रीति नई निकली है' जैसे विषयों पर समस्याएँ दी जाती थीं, और जिला भर के अध्यापक उस पर लिखते थे। उनकी प्रतियोगिता होती थी—उसमें लिखते थे वे। तो गाँव में समस्यापूर्ति की पूरी एक परम्परा चलती थी। पिछड़े हुए गाँवों में यह होता था। शहर के दर्शन मैंने मिडिल की परीक्षा के समय किए। जिला स्तर पर सारे मिडिल की परीक्षा वहीं पर होती थी। सारे लोग मिडिल की परीक्षा के लिए वहीं आते थे। इतिहास मेरा बहुत प्रिय विषय था, और उसी के कारण मैं फेल हुआ था—लोअर मिडिल में। शिवाजी पर प्रश्न आया था—वही मैं लिखने लगा। वह मेरा बड़ा प्रिय विषय था। तो मौलवी साहब की नजर पड़ी—डाँटा, जल्दी-जल्दी लिखो। अन्त में 27 नम्बर मिले। फर्स्ट क्लास था सारे के सारे विषयों में। इतिहास में तीस नम्बर मिलने चाहिए थे, तीन नम्बर नहीं मिले और मैं फेल हो गया। दोबारा मिडिल की परीक्षा देनी पड़ी। अंग्रेजी ज्यादातर दिलो-दिमाग पर थी, जुबान पर उर्दू। खेल-कूद हमारा ज्यादा होता था। जहाँ हमारा मिडिल स्कूल था, वहाँ बगल में एक तालाब था। आम तौर से तैराकी गाँव में सीखी जाती थी। खेल-कूद में दिलचस्पी थी ही। जहाँ तक साहित्य का सम्बन्ध है, हमारे गाँव में किताब नहीं थी। कुछ तो स्कूल में होती थी, लेकिन स्कूल में छुट्टियाँ हो जाती थीं। लेकिन जहाँ कोई किताब न हो, लोगों का अपना एक संग्रह होता था। गर्मी के दिनों में, छुट्टी लेकर जाना होता था, तो डेढ़-दो मील की दूरी पर जाता था पांडे जी की लाइब्रेरी में। दो किताबें

ले आता था। पढ़ता था, पढ़कर लौटा देता था। हमारे गाँव के दक्षिण में एक गाँव है—कादिराबाद। उस समय आस-पास के गाँवों में बी.ए. पास करनेवाले वहीं के थे—प्रसिद्ध नारायण सिंह। उन्होंने जब बी.ए. पास कर लिया तो हाथी पर बैठाकर घुमाया गया। वे बहुत बड़े जमींदार भी थे। उनके यहाँ मालूम हुआ, लाइब्रेरी बहुत अच्छी है। तमाम पुरानी किताबें हैं। यही साधन था, यही संस्कार कि कहाँ से, कैसे पाएँ? लेकिन पढ़ते समय एक भूख वहीं से पैदा हुई क्योंकि हमारे गाँव में किताब नहीं थी। कोई धन्धा नहीं था। तो खाली समय में पढ़ा करते थे। उपन्यास भी मिल जाते थे। जासूसी उपन्यास 'चन्द्रकान्ता' वगैरह गाँव में पढ़ा था। मिडिल में जब था, वहीं मैंने पढ़ा। इन चीजों के अलावा शायद आप लोगों की जानकारी का एक विषय है—विद्यार्थी जी चूँकि कांग्रेसी थे, गांधीवादी थे, जेल गए थे, खद्दर पहनते थे, पिताजी के मित्र थे। एक बार मैं कुछ पहनकर गया तो विद्यार्थी जी ने पूछा, 'क्या पहने हो?' उनकी पत्नी खद्दर पहनती थीं, वे पहनते थे। उन्होंने कहा, 'मास्टर तो सरकारी नौकरी करते हैं, तुमको क्यों रोक रखा है?' बोले, 'इसको खद्दर पहनाइए।' बहुत छोटी-सी उम्र में खद्दर पहनने लगा।

बचपन की जो एक घटना मुझे याद है—सन् '30 के आसपास 'नमक सत्याग्रह' आन्दोलन हुआ था। विद्यार्थी जी ने 'नमक तोड़ो' कानून तोड़ा था। मैं उस समय चार-पाँच साल का रहा होऊँगा और अपने ताऊजी के बेटे, चचेरे बड़े भाई के साथ वह दृश्य देखने गया था। वह दृश्य मेरी आँखों के सामने अब भी स्पष्ट है। वह कड़ा अपराध नमक बनाने का किया जा रहा था। घोड़े पर सवार पुलिस कांस्टेबल आए थे। विद्यार्थी जी को पकड़कर ले गए थे। एक पूरी सभा को सम्बोधित किया था उन्होंने। राजनीति की क्या समझ होती बचपन में! उनके कारण, उनके सम्बन्ध के कारण इसका प्रभाव पड़ा। सन् '42 में मैं शहर गया। आठवीं में पढ़ रहा था। स्कूल बन्द हो गया। बनारस से चलकर तीस मील तक—कुछ दूर तक पैदल तो कुछ दूर इक्का से आए थे, पानी और धान के खेतों के बीच से होकर। रेल लाइनें कटी-फटी पड़ी हुई थीं। वहाँ मैं पहुँचा सोलह अगस्त को। हमारा एक मिडिल का क्लासफेलो था महमूद सिंह। जब सन् '41 का आन्दोलन हुआ था, तो वह भी व्यक्तिगत सत्याग्रह आन्दोलन करते हुए जेल गया था और बचा मैं, चूँकि विद्यार्थी जी ने काम सौंप रखा था। गांधी जी का एक सन्देश था। गांधी जी की उन चार लाइनों को हम पढ़ते थे: 'इस अंग्रेजी लड़ाई में किसी तरह की मदद लेना पाप है'। मुझे यह वाक्य अच्छी तरह याद है। जो हमारे साथ में पढ़ता था, उसकी पढ़ाई नहीं हुई तो उसका कारण बताता हूँ। उसके लगाव के कारण महमूद को जेल जाना पड़ा। विद्यार्थी जी ने हमें अपना वालंटियर बनाकर अपना काम किया था। वे गाँव-गाँव सभा करते थे और सभाओं में मैं भी जाता था। हमारे चाचा जी राष्ट्रीय गीत गाया करते थे। जैसे: 'लन्दन को हिलावत हैं यहाँ के बनिया'। हारमोनियम पर वे गाया करते थे और मैं जाकर

पढ़ता था। वे हमारे गाँव से होते हुए धानापुर थाना—जो कि हमारे यहाँ से चार मील की दूरी पर है, गंगा के किनारे की ओर गए। हमारे गाँव से तमाम लोग गए थे। मैं भी गया था। आ गया था शहर से। वहाँ गोली चली। मशहूर धानापुर कांड हुआ। तीन आदमी मारे गए हमारी ओर से और थानेदार मारा गया। पुलिस कांस्टेबल, दीवान जी मिलाकर चार लोग मारे गए। मारा आम जनता के लोगों ने। गोली पुलिस ने चलाई जिसमें हमारा सहपाठी महमूद मारा गया और मैं और विद्यार्थी बच गए जो झंडा फहराने जा रहे थे। दीवार छोटी थी, नीची-सी। विद्यार्थी छलाँग मारकर उस पार चले गए। उनके साथ में एक आदमी था, प्रभुनाथ सिंह मारा गया। वे विद्यार्थी के साथ बराबर लगे रहते थे—अंगरक्षक के रूप में। विद्यार्थी जी के साथ चले, तो गोली जो आई तो उनको छूती चली गई। तो दूसरी गोली महमूद सिंह को लगी। बाद में हम लोगों ने लाश को जला दिया और उसके बाद महीने भर तक हम लोग रात को गाँव में नहीं सोते थे, खेतों में रात बिताते थे, क्योंकि पुलिस खोजती थी गाँव वालों को। बाद में पकड़े गए लोग हमारे यहाँ से। एक पड़ोस में हमारे एक चाचा थे, वे जेल गए। करीब ढाई सौ आदमी जेल गए थे।

आजादी के बाद विद्यार्थी जी ने अपनी जमीन पर झोपड़ी लगाई और 'एक अमर शहीद विद्यालय' जो अभी है—खोला। सन् '46 में मैंने इंटर पास किया। सन् '47 की जुलाई में उस विद्यालय का सेक्रेटरी पद ज्वाइन किया। विद्यार्थी जी संरक्षक थे। 15 अगस्त, सन् '47 का पहला स्वाधीनता दिवस हमने वहीं मनाया। विद्यार्थी जी उसी साल से कैम्पस के पास ही झोपड़ी बनाकर रहते थे। जब तक वे जीवित रहे, मैं वहाँ जाता रहा। उनके दो बेटे थे—सत्य प्रकाश और स्वराज्य प्रकाश। पहले बेटे की मृत्यु सन् '48 में हो गई। उनकी बेटी अब भी है, उनसे मिलने जाता हूँ। विद्यार्थी जी के साथ मेरे लगाव के प्रमुख कारण थे—राजनीतिक दिलचस्पी, उनका आदर्श—जैसे कि उनका खादी पहनना और अन्य चीजें। इसलिए एक ओर साहित्य की रुचि तो पैदा हुई उस गाँव में, दूसरी ओर इन चीजों के बारे में। जो राजनीतिक समझ है, वहीं की देन है।

रवीन्द्र कात्यायन : विद्यार्थी जी कांग्रेसी थे। उन पर सारी छाप कांग्रेस की है तो कम्यूनिस्ट पार्टी की ओर आपका झुकाव कैसे हुआ?

नामवर सिंह : मिडिल क्लास की पढ़ाई के दौरान मैं उदय प्रताप इंटर कॉलेज के छात्रावास में रहता था। सन् 1941 में संयोग से मेरी मुलाकात त्रिलोचन जी से हुई क्योंकि हमारा प्राचीन छात्र भवन था। उससे 'क्षत्रिय मित्र' नाम की एक पत्रिका निकलती थी जो कि बड़ी पुरानी थी। उसके सम्पादक शम्भूनाथ सिंह से मेरी मुलाकात हो गई। शम्भूनाथ सिंह का सम्बन्ध शिवदान सिंह चौहान से बना। हमारे प्राचीन छात्र, इंटर फाइनल के, सागर सिंह, जो अब भी वकील हैं, कैम्पस से ठीक बाहर सरसौली एक जगह है—वहीं रहते थे। शिवदान सिंह चौहान 'हंस' के सम्पादक होकर यहाँ

आए थे। सरस्वती प्रेस से त्रिलोचन जी जुड़े हुए थे। शम्भूनाथ सिंह बाद में बाहर झारखंड चले गए तो त्रिलोचन जी को अपनी पत्रिका की जिम्मेदारी देकर गए कि तुम 'क्षत्रिय मित्र' का सम्पादन करो। उनके सम्बन्ध चौहान जी से थे। चौहान जी कम्यूनिस्ट पार्टी के मेम्बर थे और 'हंस' के सम्पादक थे। सागर सिंह के यहाँ 'हंस' पत्रिका आती थी।

सागर सिंह ने अपने घर पर एक गोष्ठी का आयोजन किया। मुझे कविता कहने के लिए बुला लिया। उस गोष्ठी में चौहान जी से मेरी मुलाकात हुई। उसमें शमशेर जी आए थे। उस समय वे सरस्वती प्रेस में थे। सुरेन्द्र कुमार श्रीवास्तव आए थे। सुकू नाम से वे लिखते थे : 'ओ! बैल-से तुम पिस रहे मजदूर'। उस समय शिवमंगल सिंह सुमन वहीं थे। उस समय उनके घर पर एक कम्यून जैसा होता था। वे जिला स्तर पर कम्यूनिस्ट पार्टी के सेक्रेटरी थे। कम्यूनिस्टों की पार्टी बाकायदे बनारस में थी। बाद में सन् '37-38 में बथावर के रेड कोर्ट इलाके से सौ फीसदी वोट हमको मिला था। पहली बार पार्टी चुनाव जीतकर आई थी, तब मुझे पता चला कि वहाँ के जमींदारों के खिलाफ रुस्तम सैटीन, शिवमंगल सिंह सुमन—इन लोगों ने आन्दोलन किया था। एक अच्छा खासा जुड़ाव उनके साथ था। कम्यूनिस्ट पार्टी के साथ शिवदान सिंह चौहान, शिवमंगल सिंह सुमन, शमशेर, त्रिलोचन तथा प्रगतिशील लेखक संघ की बैठक होती थी। चौहान उस समय प्रान्तीय प्रगतिशील लेखक संघ के सेक्रेटरी थे। मैं भी चौहान जी के कारण एक सदस्य बन गया। बाद में जब मैं नौवीं में था, सन् '42 में (जब लड़ाई शुरू हुई) तब अमृतराय अचानक प्रकट हुए हमारे स्कूल में। उन्होंने 'सेल' या क्लास लेना शुरू किया। हम लोगों से कहा गया कि तुम लोग 'हिन्दीयुग : लोकयुद्ध' के सदस्य बनो। हम लोग पैम्पलेट खरीदते थे, पढ़ते थे। कुछ समझ में आए या न आए। जो कुछ पैम्पलेट में छपता, अमृतराय आकर समझाते थे हमको। हमारे हिन्दी के अध्यापक मार्कंडेय जी—उनकी हिन्दी बहुत अच्छी थी, और वे साहित्य के मर्मज्ञ थे। वे प्रेमचन्द जी को हमारे यहाँ बुलाया करते थे। प्रेमचन्द जी हमारे यहाँ जो कहानी प्रतियोगिता होती थी, उसमें दो-तीन बार आए। उसकी वे अध्यक्षता किया करते थे। आचार्य रामचन्द्र शुक्ल के वे परम भक्त थे। जब हजारी प्रसाद द्विवेदी आ गए, तो हजारी प्रसाद द्विवेदी की कोई गिनती ही नहीं थी। वे काशी प्रगतिशील लेखक संघ के उपाध्यक्ष थे। चौहान जी जेल चले गए, तो अमृतराय उसके सेक्रेटरी हो गए और त्रिलोचन जी के साथ मिलकर काम करने लगे। इसलिए पार्टी का जो स्वरूप बनने लगा, उसमें अमृतराय को जिम्मेदारी सौंपी गई थी कि यू.पी. कॉलेज और तमाम जगहों पर जाकर लड़कों को भरो। पहली बार हमने स्कूल में स्टूडेंट यूनियन बनाई। इससे पहले कोई यूनियन नहीं थी। यह बात ग्यारहवीं में मैं जब पहुँच गया तब की है। जब यूनियन हमने बनाई, तब तक समाजवादी पार्टी का काफी जोर हो गया था। इसमें राजनारायण थे। स्कूल के दिनों में पहली हड़ताल

हमने कराई। वहाँ कभी हड़ताल नहीं होती थी। उसकी एक फोटोग्राफ कहीं होगी। बलिया, बिहार के लड़के भी थे। झंडा लेकर की थी हड़ताल। एक पर्चा मैंने लिखा था, बाँटा गया। कुछ गर्जन-तर्जन हो रहा होगा, उसमें हो गई हड़ताल। हमारे प्रिंसिपल साहब जी.पी. सिंह मानते थे हम लोगों को। वे समझ गए कि इन सबको किसी ने बहकाया है—किसी आदमी के द्वारा। मुझे डिस्पेंसरी में भर्ती करवा दिया लोगों ने, कि तुमने लिखा है, मालूम हो जाएगा तो तुम तो निकाल दिए जाओगे। बाद में मार्कंडेय सिंह दिल्ली के लेफ्टिनेंट गवर्नर हुए—वे हमारे क्लासफेलो थे। उनको और सबको सस्पेंड किया गया। दूसरे दिन विजयादशमी की छुट्टी हो गई। कौन मुँह लेकर जावें अपने गाँव ? तो मैंने कहा—हम तो तुम्हारे यहाँ चलते हैं। बाद में जब छुट्टी खत्म हो गई तो प्रिंसिपल साहब ने बुलाया और कहा—क्या तुम लोगों का दिमाग खराब हो गया है ? हमने कहा—उसका सस्पेंशन तो खत्म कीजिए। वे हँसकर बोले कि अब तुम बार्गेन करोगे ? अरे, हमने उसे यूँ ही सस्पेंड किया है। तुम लोग तो पढ़ोगे ही, हम अपने लोगों की जिन्दगी थोड़े न खराब करेंगे लेकिन देखो, हड़ताल न करना। समाजवादियों के कहने पर तुम लोगों ने किया है। तुम लोग समझते नहीं हो। तुम्हारी पार्टी ऐसा गलत काम नहीं करती है। तो कम्यूनिस्ट पार्टी के साथ तब से सन् '43 से सम्बन्ध बना। साहित्य पढ़ते थे। मेम्बर बनने का सवाल नहीं था। अखबार पढ़ते थे। प्रगतिशील लेखक संघ में सक्रिय थे और कम्यूनिस्ट पार्टी का मेम्बर तो पार्टी का चुनाव लड़ने पर हुआ। सन् '59 ई. में हमसे चुनाव के लिए फार्म भराया गया। प्रगतिशील लेखक संघ का सदस्य तो मैं सन् '43 से था। उनकी तमाम गोष्ठियों में जाते थे, कविता पढ़ते थे। पार्टी की सदस्यता विधिवत् चुनाव लड़ते हुए ली। पहले पार्टी सभा में जाते थे, सारा साहित्य पढ़ते थे। गोदौलिया आता था। उसके नीचे किताबों की दुकान थी, लेकिन सदस्य नहीं बना था। पार्टी ने खुद कहा—तुमको सदस्य नहीं बनाएँगे हम लोग।

रवीन्द्र कात्यायन : बनारस हिन्दू यूनिवर्सिटी के अपने आरंभिक काल के संस्मरण हमें बताएँगे, द्विवेदी जी के समय का ? विश्वविद्यालय में जब आपका आगमन हुआ, अध्ययन के लिए, उस समय क्या परिवेश था ? कौन से लोग थे ? कैसा वातावरण था ? कैसे अनुभव हुए आपको ?

नामवर सिंह : सन् '43 ई. की जुलाई में मैंने बी.ए. में प्रवेश लिया। विश्वविद्यालय के बाहर ही राजासाहब ने क्षत्रिय स्कूल कायम किया था और उन्होंने महेन्द्रवी छात्रावास बनवाया था, तो उसमें नि:शुल्क प्रवेश मिल जाता था—उसी विद्यालय से पढ़कर निकले बच्चों को। चूँकि पैसा था नहीं, स्कॉलरशिप मिली नहीं थी और पिताजी मुझे मिडिल पास करवाकर प्राइमरी का मास्टर बनवाना चाहते थे। विद्यार्थी जी ने उन्हें डाँटकर कहा कि लड़का जब फर्स्ट क्लास पास हुआ है तो उसको शहर में हाईस्कूल पढ़ने के लिए भेजो।

रवीन्द्र कात्यायन : पिताजी की क्या इच्छा थी?

नामवर सिंह : पिताजी की इच्छा थी—बी.टी.सी. पास करके स्कूल का टीचर हो जाए। विद्यार्थी जी ने उनसे कहा—ये तुम गलत कर रहे हो। इसको भी तुम मास्टर बनाकर छोड़ोगे? इसे शहर में भेजो।

हाईस्कूल पढ़ने मैं आया। यही स्कूल था जहाँ कम पैसे में पढ़ाई हो जाती थी। छात्रावास था। पिताजी किसी तरह तैयार हो गए। उन्होंने कहा—इंटरमीडियट तक किसी तरह तुमको पढ़ा देते हैं, उसके बाद बस भई, हमारे बस का नहीं है। विश्वविद्यालय तुमको हम नहीं पढ़ा पाएँगे। अब तुम आगे अपनी पढ़ाई का इंतजाम कर लो। एक पैसा मैं नहीं दे पाऊँगा, लेकिन कर्ज लेकर किसी से मत पढ़ना। यदि कर्ज लेना हो तो मेरे पास से ले लेना। अब अपने तुम्हारे सम्पर्क हो गए हैं।

तो बी.ए. में गया। छात्रावास सस्ता मिल गया हमको। अपने खाने-पीने का इन्तजाम करना था। पिताजी दे नहीं सकते थे। उस समय इनकम-टैक्स विभाग में एक पुराने छात्र नवोधारी सिंह देवरिया के थे। हमारे हिन्दी वाले मार्कंडेय सिंह जी ने प्रिंसिपल साहब के कहने पर एक पत्र लिखकर उनके पास भिजवा दिया कि हमारे इस लड़के की आर्थिक मदद होनी चाहिए। कुछ ऐसा काम दें। उन्होंने कहा—मुफ्त में तो हम देते नहीं। बोले कि जो संस्थापक भिंनगा नरेश थे—राजर्षि उदय प्रताप सिंह जी देव, उनका जीवन-चरित लिखो और लोक-सामग्री इकट्ठा करो। किसी बहाने से हम लोग दे सकते हैं। इस बहाने कि तुम इस किताब को लिख रहे हो और थोड़ा लिख करके हर महीने हम लोगों को दे दिया करो। वे हमारे विद्यालय की प्राचीन छात्र परिषद के प्रेसीडेंट थे। बोले कि प्राचीन छात्र परिषद का कुछ पैसा है, उस पैसे में से तुमको कुछ दे दिया करूँगा, तुम्हारी फीस हो जाएगी।

तब तक मैं कुछ कविताएँ लिख लेता था। साधन शुरू हुआ। कभी बीस रुपये मिल जाते थे, कभी पच्चीस रुपये मिल जाते थे। कवि-सम्मेलन होता था, तो कुछ पैसे मिल जाते थे। यही जरिया था। जो कुछ करना था, सीमित साधन के साथ मैंने शुरू किया। सन् '47 तक कोई खर्च-वर्च नहीं था, क्योंकि एम.ए. तक मैं पान नहीं खाता था। इंटरमीडिएट तक मैंने कोई फिल्म नहीं देखी थी। किसी सवारी पर मैं नहीं चलता था। पैसे थे ही नहीं। त्रिलोचन जी का साथ मिला था। वे पैदल ही चलते थे, हमें खूब चलाते थे। विश्वविद्यालय में उस समय राधाकृष्णन हमारे वाइस चांसलर थे। विश्वविद्यालय के अन्दर रुइया छात्रावास के सामने गांधी चबूतरा कहलाता था। हमारी सारी प्रभातफेरी वहीं से शुरू होती थी और उस समय स्टूडेंट यूनियन नहीं थी। उस समय वह पार्लियामेंट कहलाता था और उसके प्राइम मिनिस्टर होते थे, लीडर होते थे और राधाकृष्णन जी इस मामले में कांग्रेस के साथ तो थे नहीं, लेकिन बदल गए। सन् '47 में विश्वविद्यालय के अन्दर बौद्धिक वातावरण तो था ही। एक तो वह घटना कि हर रविवार को सुबह आठ बजे संस्कृत विद्यालय में राधाकृष्णन का गीता

लेक्चर होता था। फर्श पर सब लोग बैठते थे, गाना गाते थे। गांधी व्याख्यान भी मैंने वहीं सुना। राधाकृष्णन जी ने आगे त्यागपत्र दे दिया क्योंकि इनके उम्मीदवार वाइस चांसलर हार गए थे, गोविन्द मालवीय जी ने इन लोगों को हराया था। इसलिए सन् '48 में मेरा खयाल है कि यह घटना है जब राधाकृष्णन जी ने इस्तीफा दिया था, तब मैं बी.ए. फाइनल में था।

वहाँ छात्रावास के बाहर मैं रहता था लेकिन राजनीतिक गतिविधियाँ, हलचल जारी थीं। आजादी तो मिल ही चुकी थी। एक लहर-सी थी, राजनीतिक चेतना थी और स्टूडेंट फेडरेशन ऑफ इंडिया के लोग थे। बल्कि प्राइम मिनिस्टर यूनियन था। कम्यूनिस्ट पार्टी के लोग थे, ऑल इंडिया स्टूडेंट फेडरेशन के लोग थे। समाजवादी विचारों के लोग थे। यानी उस समय राजनारायण, प्रभुनारायण—ये लोग वहीं के स्टूडेंट थे। ये समाजवादी थे। उस समय समाजवादियों व कांग्रेसियों के वोट अलग नहीं थे। आनंदीश्वर थे, उनसे मिलना-जुलना था। उस समय जिस आदमी से मेरा परिचय हुआ, वह रामधन हमारे क्लास फेलो थे। तीन बार फेल हो चुके थे। क्लास में हाजिरी लेते समय पंडित विश्वनाथ उनका नाम आखिर में लेते थे कि रामधन, सब इससे तंग। तब के साथी थे। ठाकुर प्रसाद एम.ए. के साथी थे। उस समय पंडित सुन्दर लाल आते थे, भाषण देते थे। संगीत सम्मेलन होता था। विश्वविद्यालय में उस समय महत्त्वपूर्ण परिवर्तन हुआ। 1949 ई. में हमारे गोविन्द मालवीय प्रो. वाइस चांसलर हुआ करते थे। वाइस चांसलर बनाकर वे अमरनाथ झा को ले आए। अचानक राधाकृष्णन के बाद दूसरी हस्ती अमरनाथ झा आ गए। इलाहाबाद से झा अवकाश ले चुके थे। झा साहब के समय हिन्दी विभाग के अध्यक्ष का पद खाली था, तो द्विवेदी जी को उन्होंने बुला भेजा। उन्होंने उस समय मना कर दिया, वे नहीं आए। द्विवेदी जी झा के चले जाने के बाद सन् '50 की जुलाई में आए, प्रोफेसर के रूप में। गोविन्द मालवीय जी उस समय वाइस चांसलर थे। बाद में उनका टर्म खत्म हो गया तो आचार्य नरेन्द्रदेव सन् '52 में आए, वाइस चांसलर के रूप में। वे आचार्य जी के साथ आते-जाते थे।

रवीन्द्र कात्यायन : द्विवेदी जी के साथ पहला परिचय किस तरह हुआ?

नामवर सिंह : द्विवेदी जी को सबसे पहले मैंने काशी नागरी प्रचारिणी सभा, 1943 में देखा था, जब मैं हाईस्कूल में था। कोई व्याख्यान देने के लिए आए थे। सहज भाषा पर बोले थे। मुझे यूँ याद है कि नाम सुन रखा था। उस समय के बाद 'साहित्य का साथी' मैंने पढ़ा था, और कुछ नहीं पढ़ा था। मैं उनका ऑटोग्राफ लेने के लिए आगे बढ़ा और पैर छूकर आशीर्वाद माँगा—दे दीजिए। उन्होंने ऑटोग्राफ में दोहा लिखकर दिया :

चढ़िए हाथी ज्ञान को, सहज दुलीचा डारि।
स्वान रूप संसार है, भूकन दे झक मारि॥

यह एक पहली छाप थी उनकी। बाद में उनका साहित्य भी पढ़ा। पंडित जी के सन् '50 में आने के पहले मैंने अपना डिजर्टेशन पूरा कर लिया था, अपभ्रंश का। मैंने एक पोस्टकार्ड दिया। लिखा था : 'हिन्दी पर अपभ्रंश का प्रभाव'। उन्होंने कहा, 'प्रभाव' तो ठीक नहीं, इसे करो—'हिन्दी के विकास में अपभ्रंश का योग'। बाकी और चीजों को लिखने के साथ उन्होंने कहा—कुछ सूचनाएँ देकर, बाकी चीजें सम्भव हैं कि मैं आऊँगा तो आपसे मिलकर बताऊँगा। कुछ काशी आने का कार्यक्रम बन रहा है।

आभास हो गया कि वे आ रहे हैं अध्यक्ष होकर। पता चला कि आ गए हैं पंडित जी। तो उनके एक भाई अमेरिका-रूस में थे। उनको क्वार्टर मिला था। उसमें एक झोपड़ी बनी थी। शाम का समय था। पंडित जी उसी खटिया पर निखरहरे बैठे हुए थे। आकर मैंने चरण-स्पर्श किया तो उन्होंने कहा—चलो, घूमने निकलते हैं। लोगों ने बताया है कि कोई नई प्रिंसिपल कॉलोनी बनी है, तुम जानते होगे। निकले घूमने उनके साथ, इधर-उधर की बातें करने लगे। उस क्वार्टर को उन्होंने पसन्द नहीं किया। अगला दिन बुध था। उन्होंने कहा कि अगले दिन क्लास लेने आना है, पहला क्लास तुम्हीं लोगों का होगा।

[अनभै, जनवरी-मार्च, 2006 में 'गाँव में पैदा हुई साहित्यिक रुचि' शीर्षक से प्रकाशित]

हिन्दी की हिमायत करनेवाले स्वयं हिन्दी के अच्छे लेखक नहीं हैं

रमेश थानवी

रमेश थानवी : हिन्दी भाषा एवं साहित्य के अध्ययन को विशेष गति देने के लिए जोधपुर विश्वविद्यालय में आपका क्या कार्यक्रम होगा?
नामवर सिंह : विश्वविद्यालय के सम्बन्ध में मेरी जो परिकल्पना है, उसमें मातृभाषा तथा उसके साहित्य और संस्कृति का अध्ययन विश्वविद्यालय की शिक्षा का केन्द्र है। इस दृष्टि से हिन्दी भाषा-भाषी क्षेत्र के समस्त विश्वविद्यालयों की शिक्षा का केन्द्र हिन्दी अध्ययन होगा और इस उद्‌देश्य की पूर्ति के लिए हमें वर्तमान हिन्दी अध्ययन को अधिक व्यापक आयाम प्रदान करना पड़ेगा। मेरी अपनी योजना एक ऐसा पाठ्यक्रम तैयार करने की है जिससे छात्रों में हिन्दी भाषा की सृजनशीलता के प्रति बोध जाग्रत हो और उसके साथ ही हिन्दी की स्वस्थ मानवीय एवं प्रगतिशील साहित्यिक परम्परा का संस्कार विकसित हो। पहली समस्या निश्चय ही एक नये पाठ्यक्रम की है। इसके बाद दूसरी समस्या है उस पाठ्यक्रम को पूरा-पूरा लागू करने के लिए शिक्षकों के प्रशिक्षण की और इस कार्य में मैं विश्वविद्यालयी दायरे से बाहर रचनारत साहित्यकारों के सक्रिय सहयोग की आवश्यकता अनुभव करता हूँ। दरअसल आवश्यकता है विश्वविद्यालयी और गैर-विश्वविद्यालयी क्षेत्रों के हिन्दी लेखकों और विचारकों के बीच संवाद की, जो एक अरसे से टूट गया है।

रमेश थानवी : क्या आप महसूस करते हैं कि विश्वविद्यालयों के वर्तमान पाठ्यक्रम हिन्दी भाषा की समृद्धि एवं विकास में कोई रचनात्मक योग दे रहे हैं?
नामवर सिंह : विश्वविद्यालय का वर्तमान पाठ्यक्रम सामान्यतः तीस वर्ष पुराना है। न वह आज की राष्ट्रीय परिस्थिति के अनुरूप है और न साहित्य की नवीन गतिविधियों का सहगामी ही।

रमेश थानवी : क्या आप हिन्दी भाषा एवं साहित्य के स्वातंत्र्योत्तर विकास में विश्वविद्यालयों के हिन्दी विभागों की कोई देन पाते हैं?

नामवर सिंह : स्वतंत्रता के बाद हिन्दी क्षेत्र में विश्वविद्यालयों की संख्या कई गुना ज्यादा हो गई। अध्यापकों और छात्रों की संख्या भी बहुत ज्यादा बढ़ी है। विश्वविद्यालयों से यह उम्मीद तो नहीं की जाती कि वे अच्छे कवि, कहानीकार, उपन्यासकार, नाटककार पैदा करें, लेकिन उनसे यह उम्मीद जरूर की जाती है कि वे हिन्दी आलोचना का विकास करें और शब्द-निर्माण, व्याकरण तथा भाषा-शिक्षा की वैज्ञानिक पद्धतियों के विकास की दिशा में कार्य कर सकें। किन्तु खेद के साथ स्वीकार करना पड़ता है कि आजादी के बाद संस्था के रूप में विश्वविद्यालयों ने इस दिशा में कोई उल्लेखनीय योग नहीं दिया। अलबत्ता व्यक्तिगत रूप में विश्वविद्यालयों में काम करनेवाले कुछ शिक्षकों ने थोड़ा-सा महत्त्वपूर्ण कार्य अवश्य किया है।

रमेश थानवी : समकालीन हिन्दी साहित्य का एक भी लेखक, कहानीकार, कवि अथवा आलोचक किसी भी हिन्दी विभाग की देन नहीं है। इसका क्या कारण है?

नामवर सिंह : यह सही है कि हिन्दी विभागों ने पिछले बीस व बाईस वर्षों में कोई महत्त्वपूर्ण रचनाकार पैदा नहीं किया, दो-चार अपवादों को छोड़कर और वे भी समकालीन महत्त्वपूर्ण रचनाकार हैं तो विश्वविद्यालयों की शिक्षा के कारण नहीं बल्कि उसके बावजूद, सच तो यह है कि वे रचनाकार स्वयं ही इतने खरे उतरे कि विश्वविद्यालयों की शिक्षा उन्हें बिगाड़ नहीं सकी, उनकी प्रतिभा को नष्ट नहीं कर सकी। प्रयास पूरा किया विश्वविद्यालयी शिक्षा ने उन्हें बिगाड़ने का लेकिन वे ही नहीं बिगड़े।

रमेश थानवी : पिछली दो दशाब्दियों में हिन्दी भाषा तथा साहित्य की जो उपलब्धियाँ हैं, उनसे हमारे हिन्दी विभाग प्रायः अनभिज्ञ ही रहे हैं और हिन्दी के अध्यापकों के लिए समकालीन साहित्य पर चर्चा एक वर्जना का विषय रहा है। इसके लिए आप किसे उत्तरदायी पाते हैं?

नामवर सिंह : यद्यपि परीक्षा में समकालीन साहित्य सम्बन्धी प्रश्न पूछकर अपनी बहुज्ञता और अद्यतनता प्रदर्शित करने का प्रयास अवश्य किया जाता है किन्तु शिक्षा के स्तर पर उसका कोई महत्त्व नहीं समझता। हमारे विभाग सिर्फ सूचना देना चाहते हैं और वह भी असूचित रहकर। हमारे विभागाध्यक्षों का रुख पैट्रोनाइजिंग है। वे अधिकार जताते हैं। इसके साथ ही हमारे समकालीन साहित्यकार जहाँ नितांत अतीतगामी हैं, फलस्वरूप दोनों के बीच कोई वार्तालाप नहीं होता, सम्बन्ध नहीं रहता। लेकिन इसके लिए भी उत्तरदायी उत्तरदायित्वपूर्ण पदों पर प्रतिष्ठित शिक्षकों की हीन-ग्रन्थि, बौद्धिक दिवालियापन और उनकी दकियानूसी दृष्टि ही है। उनके लिए 'कामायनी' की पंक्ति 'अपने जड़-गौरव के प्रतीक' बहुत ही उपयुक्त विशेषण है।

रमेश थानवी : तो फिर समकालीन साहित्य को पाठ्यक्रम में स्थान देने के सम्बन्ध में आपकी क्या राय है?

नामवर सिंह : प्रश्न समकालीन साहित्य को पाठ्यक्रम में रखने का उतना नहीं, जितना समकालीन बोध का है। और यदि यह समकालीन बोध प्राचीन साहित्य के माध्यम से हिन्दी के छात्रों में सम्प्रेषित किया जा सके तो समकालीन साहित्य को पाठ्यक्रम में रखना आवश्यक नहीं है। वर्तमान स्थिति में समकालीन साहित्य को पाठ्यक्रम में स्थान देने मात्र से विशेष लाभ की सम्भावना नहीं है, क्योंकि अधिकांश अध्यापक अज्ञेय को भी, अज्ञेय ही नहीं, निराला को भी देव, बिहारी की तरह की पढ़ाने के अभ्यासी हैं। जहाँ प्रेमचन्द के 'गोदान' में भी 'अंगीरस' की खोज की जाती है, वहाँ समकालीन साहित्य को पाठ्यक्रम में रखवाकर उसकी दुर्दशा न की जाए तभी भला है।

रमेश थानवी : राजस्थान तथा अन्य प्रान्तों में भी प्राथमिक शिक्षा से स्नातकोत्तर शिक्षा तक हिन्दी भाषा के व्याकरण सम्बन्धी ज्ञान का कोई विशेष महत्त्व नहीं दिया जाता। आपकी राय में क्या व्याकरण सम्बन्धी ज्ञान आवश्यक नहीं है?

नामवर सिंह : मेरे विचार से स्नातक पाठ्यक्रम से पहले ही हिन्दी व्याकरण की बुनियादी शिक्षा पूरी हो जानी चाहिए ताकि स्नातक तथा स्नातकोत्तर शिक्षा में हिन्दी भाषा के सृजनात्मक विकास की दिशा में शिक्षा दी जा सके। यदि राजस्थान में स्नातक कक्षा से पूर्व हिन्दी भाषा के व्याकरण की कहीं उपेक्षा की जाती है, यह खेद की बात है और यह कमी शीघ्र पूरी की जानी चाहिए।

रमेश थानवी : पिछले कुछ वर्षों से हिन्दी की हिमायत करने की भावना ने बल पकड़ा है, लेकिन क्या इससे हिन्दी के विकास को कोई गति मिल सकी है?

नामवर सिंह : हिन्दी की हिमायत ने दरअसल हिन्दी के विरोध को जन्म दिया है और इसका कारण यह है कि हिन्दी की जोरदार हिमायत करनेवाले स्वयं हिन्दी के अच्छे लेखक नहीं। लेकिन ऐसा भ्रम अवश्य व्याप्त है और इस भ्रम का कारण यही है कि हिन्दी के वे हिमायती हिन्दी से स्वार्थ-सिद्धि करना चाहते हैं। कोरी हिमायत से विकास को कोई गति नहीं मिल सकी है। उन हिमायतियों ने केवल वक्तव्य दिये हैं, फरमान पेश की है और नये नारे दिये हैं। उनका रुख आन्दोलन का रहा है, न कि रचना और निर्माण का।

[परिवेश (काशी हिन्दू विश्वविद्यालय की पत्रिका) के प्रवेशांक में प्रकाशित]

‘आलोचना’ पत्रिका एक मशाल है

महावीर अग्रवाल

महावीर अग्रवाल : राजकमल प्रकाशन की साहित्यिक पत्रिका ‘आलोचना’ का सम्पादन आपने कितने समय तक किया ?

नामवर सिंह : ‘आलोचना’ पत्रिका का सम्पादन 1967 से 1990 तक मैंने किया। पच्चीस वर्ष पूरे नहीं हो पाए। मेरे सम्पादन में निकले अंकों की संख्या तिरानबे थी जबकि मैंने सोचा था कि 100 अंक पूरे करके फिर मैं उससे विश्राम ले लूँगा, लेकिन ‘आलोचना’ अचानक बन्द हो गई। इस तरह लगभग चौबीस वर्षों तक मैंने ‘आलोचना’ का सम्पादन किया। बीच में तीर-चार अंक ऐसे थे, जिनकी सामग्री मैंने दी थी, लेकिन उनका विधिवत् सम्पादन मैंने नहीं किया था। ‘आलोचना’ के सम्पादन के दौरान जो अनुभव हुए और मैंने जो कुछ करने की कोशिश की, जो योजनाएँ बनाईं, उनको बताने से पहले पृष्ठभूमि के रूप में कुछ बातें कहना जरूरी है।

महावीर अग्रवाल : मुझे जितनी जानकारी है, ‘आलोचना’ के सम्पादन से पहले आप ‘जनयुग’ साप्ताहिक का सम्पादन कर रहे थे ?

नामवर सिंह : सन् 1960 से 1965 तक इस जीवन के बारे में मेरे छोटे भाई काशी ने ‘गर्वीली गरीबी वह’ संस्मरण लिखा है। उसमें बहुत सारी बातें आ गई हैं। उस समय मैं काशी में था और पाँच वर्षों से बेरोजगार था, यानी कि कोई नौकरी नहीं कर रहा था। उसमें संकेत है कि मैंने जब दिल्ली के लिए प्रस्थान किया, तो लौटना कब होगा, इसे न काशी जानते थे, न मैं। मार्च, 1965 में भारतीय कम्यूनिस्ट पार्टी तथा ‘जनयुग’ साप्ताहिक के निमंत्रण पर दिल्ली आया था।

महावीर अग्रवाल : इस आमंत्रण की भी कोई पृष्ठभूमि रही होगी ?

नामवर सिंह : पृष्ठभूमि यह थी कि ‘दिनमान’ साप्ताहिक का आरम्भ हो चुका था। कम्यूनिस्ट पार्टी वामपंथी विचारों की एक राजनीतिक साप्ताहिक पत्रिका की आवश्यकता अनुभव कर रही थी। मेरा ‘जनयुग’ साप्ताहिक का सम्पादन करना इसी योजना के तहत हुआ। मैं दो वर्षों तक सम्पादन करता रहा। इसी बीच एक घटना हो

गई कि राजकमल प्रकाशन की व्यवस्था में परिवर्तन हुआ। स्वामित्व में परिवर्तन हुआ। सम्भवतः अप्रैल-मई की घटना होनी चाहिए, राजकमल प्रकाशन के प्रबन्ध निदेशक ओम प्रकाश जी ने त्यागपत्र दे दिया और उसकी नई प्रबन्ध निदेशक शीला संधू बनीं; क्योंकि राजकमल प्रकाशन प्राइवेट लिमिटेड संस्था थी और उसमें उनके शेयर ज़्यादा थे। वैसे भी वे कार्यकारी निदेशक के रूप में पहले से कार्य करने लग गई थीं, लेकिन हिन्दी-जगत से परिचित नहीं थीं और हिन्दी-जगत भी उनको नहीं जानता था। चूँकि वे कम्यूनिस्ट पार्टी की सदस्य भी थीं, उनके पति श्री हरदेव संधू भी पार्टी के पुराने कार्यकर्ता थे, तो उन लोगों ने पार्टी से कहा कि पार्टी उन्हें कोई आदमी साहित्यिक सलाहकार के रूप में दे, ताकि वे प्रकाशन को ठीक ढंग से चला सकें। पार्टी ने मुझसे कहा कि मैं 'जनयुग' साप्ताहिक का काम करते हुए राजकमल प्रकाशन की मदद करूँ। और, अन्ततः मैंने 1966, जून माह से दो वर्ष के अनुबंध पर राजकमल में अपना कार्य प्रारम्भ किया। इस तरह दिल्ली के शुरुआती दिनों के कठिन समय में राजकमल प्रकाशन ने हर दृष्टि से मेरी बहुत मदद की। और फिर, दिल्ली में उन दिनों मैं आधा समय 'जनयुग' के लिए देता था तथा आधा राजकमल प्रकाशन के लिए काम करता था।

महावीर अग्रवाल : लगभग पचास वर्ष हो गए, आपका वह सम्बन्ध राजकमल प्रकाशन से किसी न किसी रूप में आज तक बना हुआ है।

नामवर सिंह : मेरे जो भी आत्मीय रिश्ते बनते हैं महावीर जी, उन्हें मैंने अपनी ओर से पूरी तरह निभाने की कोशिश की है। प्रेम और आत्मीयता बहुत कठिनाई से मिलती है, इसे बचाने की जद्दोजहद में आज भी लगा रहता हूँ। अनुबंध के दो साल पूरे हो जाने के बाद जब राजकमल प्रकाशन से मेरा अनुबंध समाप्त हुआ, तो मैं तय करने लगा था कि बनारस वापस चला जाऊँ। नौकरी महत्त्वपूर्ण नहीं है, लिखने-पढ़ने का काम करूँगा; जीवन चल जाएगा। लेकिन, शीला जी इसके लिए तैयार नहीं थीं। हो सकता है, उनकी दृष्टि में राजकमल के लिए मेरा मूल्य रहा हो! यदि ऐसा था, तो दो साल में मैंने जो विश्वसनीयता अर्जित की थी, उसका फल था।

महावीर अग्रवाल : साहित्य-जगत में उस समय यह कहा गया था कि 'आलोचना' के सम्पादन से शिवदान सिंह चौहान को आपके संकेत पर अलग किया गया और फिर आपको 'आलोचना' का सम्पादक बनाया गया; ऐसा क्यों हुआ?

नामवर सिंह : सच तो यह है कि जब चौहान जी के स्वातंत्र्योत्तर हिन्दी साहित्य पर केन्द्रित 'आलोचना' के पाँचवें अंक का समापन हो गया, तो न जाने क्यों चौहान जी सम्पादक पद से हटा दिये गए। इस सम्बन्ध में श्रीमती शीला संधू ने मुझसे न कुछ पूछा, न कहा। मुझे लगता है, ओमप्रकाश जी के बाद श्रीमती शीला संधू नये सिरे से सारी व्यवस्था कर रही थीं। यह सब इसलिए बताना जरूरी है कि चौहान जी के मन

में यह वहम है कि राजकमल में मेरे आने से या मेरे कहने से उनसे 'आलोचना' के सम्पादन का कार्य ले लिया गया। हालाँकि इन सबके बारे में मेरे पास कोई लिखित साक्ष्य तो है नहीं, लेकिन सच्चाई श्रीमती संधू बता सकती हैं। अगर मुझे सम्पादन की इच्छा होती, तो मैं 1965 में सलाहकार हो गया था, जबकि चौहान जी के सम्पादन में 'आलोचना' दिसम्बर, '66 तक निकली थी। चार अंक मेरे साहित्यिक सलाहकार रहते हुए ही निकले थे, तो मुझे 'आलोचना' के सम्पादन का कोई आकर्षण नहीं था, न ही राजकमल के साहित्यिक सलाहकार बनने का।

महावीर अग्रवाल : इसके बाद भी आप 'आलोचना' के सम्पादक बने?
नामवर सिंह : यहाँ बताना अनावश्यक नहीं होगा कि ओमप्रकाश जी के जाने के बाद राजकमल प्रकाशन के लिए स्थितियाँ बहुत प्रतिकूल हो गई थीं। ओमप्रकाश जी बहुत प्रभावशाली थे। हिन्दी के तमाम साहित्यकारों से उनका गहरा सम्बन्ध था। अत: अलग होने के बाद उन्होंने राजकमल के पुराने लेखकों को भड़काना शुरू किया। कई लेखकों से यह भी कहा कि कम्यूनिस्टों ने इसको ले लिया है, इसलिए सहयोग नहीं देना चाहिए। अज्ञेय जी उन दिनों 'दिनमान' का सम्पादन करते हुए दिल्ली में थे, उन्होंने हाथ खींच लिया। फादर कामिल बुल्के का अंग्रेजी-हिन्दी कोश छप रहा था राजकमल से, ओमप्रकाश जी के कहने पर उन्होंने मना कर दिया था। भगवती बाबू की किताबें राजकमल से छपती थीं, उनसे कहा गया कि मत छपाइए। मोहन राकेश का सम्बन्ध अक्षर प्रकाशन से हो गया था, जिसे जवाहर चौधरी और राजेन्द्र यादव ने मिलकर शुरू किया था, दूसरी ओर स्वयं ओमप्रकाश जी ने राधाकृष्ण प्रकाशन शुरू कर दिया। कमलेश्वर राजकमल प्रकाशन से छपनेवाली 'नई कहानियाँ' का सम्पादन कर रहे थे, अलग हो गए। मैं 'नई कहानियाँ' के सम्पादन के लिए भीष्म साहनी को ले आया। उनसे पुराने सम्बन्ध थे; मैत्री थी। हालाँकि वे दिल्ली कॉलेज में पढ़ा रहे थे और कहने लगे कि वे समय कैसे दे पाएँगे? मैंने कहा कि सहायक रहेंगे और यह काम आपको ही करना है।

महावीर अग्रवाल : ये सभी काम आपने राजकमल से अपने दो वर्ष के अनुबन्ध के बीच ही किए?
नामवर सिंह : दो वर्षों के उस दौर में कुछ और भी काम मैंने किए थे। मैंने फणीश्वर नाथ रेणु से आग्रह किया कि अपनी किताबें राजकमल को ही दें क्योंकि उनका 'मैला आँचल' ओमप्रकाश जी ही ले आए थे। फिर मैंने यात्राएँ कीं और लेखकों के बीच राजकमल के प्रति व्याप्त आशंकाओं को दूर किया। कुछ इस कारण और मुझसे स्नेहवश लेखकों का समर्थन राजकमल ने प्राप्त किया। मैंने दो नये काम भी किए थे : एक, राजकमल प्रकाशन से डॉ. रामविलास शर्मा का अनुबंध करवाया, जिनकी पुस्तकें इसके पहले विनोद पुस्तक भंडार—शिवलाल अग्रवाल, आगरा—से छपती

थीं। दूसरे, मैंने गुरुदेव हजारी प्रसाद द्विवेदी से अनुरोध किया कि राजकमल से आप जुड़िए। उन्होंने हमारे अनुरोध को स्वीकार किया। कई नये लोगों का सम्बन्ध राजकमल से मजबूत हुआ। कहने का मतलब, दो साल में मैं जितना कुछ कर सकता था, किया। नये प्रतिष्ठान के ऐसे खराब समय में मैंने राजकमल की मदद की थी। हमने एक-दूसरे को अच्छी तरह समझा और एक दूसरे के पूरक बने। यही कारण है कि आज भी सम्बन्धों में वहीं मिठास और खुशबू कायम है।

महावीर अग्रवाल : आपने दो वर्ष के अनुबंध होने के बाद भी राजकमल प्रकाशन की पत्रिका 'आलोचना' के सम्पादन-कार्य के लिए मना क्यों किया था?
नामवर सिंह : उस समय 'आलोचना' का पुनः सम्पादन शिवदान सिंह चौहान ने शुरू किया था। आपको यह भी बता दूँ कि शिवदान सिंह चौहान को पहली बार 'आलोचना' का सम्पादक बनाकर ओमप्रकाश जी ही लाए थे। पाँच अंक निकलने के बाद उन्होंने शिवदान सिंह चौहान को 'आलोचना' के सम्पादक-पद से अलग कर दिया था। उसके बाद दो या तीन वर्षों तक 'परिमल' के अनेक लोगों ने मिलकर 'आलोचना' का सम्पादन किया था। किसी कारणवश वे भी अलग हो गए और कुछ समय तक नन्ददुलारे वाजपेयी के सम्पादन में 'आलोचना' निकली। फिर 'आलोचना' बन्द हो गई। यह घटना 1959 की है, जब नन्ददुलारे वाजपेयी के हाथों 'आलोचना' बन्द हुई। उस समय मैं सागर में था। ओमप्रकाश जी ने मुझसे कहा था कि 'आलोचना' का सम्पादन आप करिए। मैंने स्वीकार नहीं किया था क्योंकि एक तो सागर से यह सम्भव नहीं था, दूसरा यह कि वाजपेयी जी हमारे हिन्दी विभाग के अध्यक्ष थे और उसमें मैं असिस्टेंट प्रोफेसर था। जिस पत्रिका से उनको अलग कर दिया गया हो, उसी पत्रिका का सम्पादन उनके अधीन काम करनेवाला एक अध्यापक करे, ऐसा अध्यापक, जो उनकी इच्छा के विरुद्ध नियुक्त किया गया हो—यह स्थिति दोनों में से किसी के लिए सुखद नहीं थी। अतः बहुत सोच-विचारकर मैंने प्रस्ताव अस्वीकार कर दिया था।

महावीर अग्रवाल : सागर में आपके रहते हुए भी 'आलोचना' का सम्पादक आपको बनाना चाहते थे। इसके पीछे भी कोई विशेष कारण रहा होगा?
नामवर सिंह : ओमप्रकाश जी के प्रस्ताव के पीछे भी कुछ वजह थी। बात यह थी कि चौहान जी के सम्पादन का पाँचवाँ और अन्तिम अंक 'इतिहास विशेषांक' निकला था। उस अंक की योजना बनाने में, ब्यौरेवार रूपरेखा तैयार करने में, उसके लिए सामग्री-संकलन करने में मैंने काफी श्रम किया था। यही नहीं, उसका पहला लेख 'इतिहास का नया दृष्टिकोण' मैंने लिखा था। अन्य लेखों के अलावा गुरुदेव हजारी प्रसाद द्विवेदी की बिहार राष्ट्रभाषा परिषद् से शीघ्र प्रकाशित होनेवाली पुस्तक 'हिन्दी साहित्य का आदिकाल' पुस्तक के प्रूफ से कुछ अंश चुनकर मैं बनारस से दिल्ली

आया था 'आलोचना' के उक्त अंक के लिए। इन सारी चीजों को देखते हुए चौहान जी ने सह-सम्पादक के रूप में 'इतिहास विशेषांक' में मेरा नाम दिया था। तो, एक पृष्ठभूमि थी, जो ओमप्रकाश जी ने तब वाजपेयी जी के स्थान पर सम्पादन करने का प्रस्ताव रखा था, लेकिन मैं किसी झंझट में नहीं पड़ना चाहता था, इसी कारण उनके प्रस्ताव को अस्वीकार कर दिया।

महावीर अग्रवाल : आपके द्वारा 'आलोचना' के सम्पादन का प्रस्ताव अस्वीकार करने पर 'आलोचना' का प्रकाशन किस तरह प्रारम्भ हुआ?

नामवर सिंह : ओमप्रकाश जी 'आलोचना' को प्रारम्भ करने के लिए कटिबद्ध थे। अन्ततः सन् 1964 में चौहान जी ने पुनः 'आलोचना' का सम्पादन शुरू किया। हालाँकि पहली बार जब उनका सम्बन्ध 'आलोचना' से टूटा था, तो उनके और ओमप्रकाश जी के बीच काफी कड़ुवाहट आ गई थी। लेकिन यह दोनों की भलमनसाहत कहिए या जरूरत कह लीजिए कि 'आलोचना' से दोबारा उनका सम्बन्ध जुड़ा और उन्होंने 'स्वातंत्र्योत्तर हिन्दी साहित्य' पर पाँच विशेषांक निकाले। जब मैं राजकमल के साहित्यिक सलाहकार के रूप में आया, तो वे 'आलोचना' की सामग्री देने आया करते थे। इसलिए, मेरा 'आलोचना' का सम्पादन करने का कोई सवाल ही नहीं उठता था।

महावीर अग्रवाल : विचार और व्यवहार की इतनी उच्चता होने के बाद भी अन्ततः आपने 'आलोचना' के सम्पादन का दायित्व क्यों स्वीकार किया?

नामवर सिंह : मुझे यह आज तक नहीं मालूम हो सका कि शिवदान सिंह चौहान जी 'आलोचना' के सम्पादन से क्यों हटा दिये गए। आपको ज्ञात ही है कि साप्ताहिक 'जनयुग' का सम्पादन कार्य चल ही रहा था कि राजकमल प्रकाशन के प्रबन्ध निदेशक का पदभार ओमप्रकाश से हटकर शीला संधू के पास आ गया। मुझसे शीला संधू ने राजकमल प्रकाशन के सलाहकार सम्पादक का पद सँभालने का अनुरोध किया। एक हजार रुपये मासिक मानदेय के साथ ही घर पर टेलीफोन की सुविधा प्रदान की गई। राजकमल से दो वर्ष का अनुबन्ध समाप्त होने के बाद मुझे लगा कि यह काम बहुत दिन करने लायक नहीं है। हमने बनारस लौटने का निश्चय कर लिया था। मेरे विचार से राजकमल को मेरी आवश्यकता कोई खास नहीं थी लेकिन, जैसाकि मैंने आपको बताया, शीला जी इसके लिए तैयार न थीं। दो साल काम करते-करते उनसे निजी सम्बन्ध भी हो गए थे, विचारधारा भी हमारी एक थी। उन्होंने कहा, हम चाहते हैं कि 'आलोचना' फिर से आरम्भ की जाए और आप इसका सम्पादन करिए। यद्यपि मैं इसके पैसे ज्यादा नहीं दे सकती, लेकिन आपके मन लायक काम होगा। देखिए, 'आलोचना' से राजकमल की प्रतिष्ठा जुड़ी है और इसका सम्पादन आपको करना है। मित्रों से राय लेकर, सोच-विचारकर मैंने 'आलोचना' का सम्पादन स्वीकार

किया और, जब मैंने पहला अंक निकाला, उस समय कुछ ऐसी स्थिति थी कि उस अंक का ऐतिहासिक महत्त्व है।

महावीर अग्रवाल : आपके सम्पादन में 'आलोचना' पत्रिका एक नये तेवर के साथ उभरने लगी, ऐसा उस समय के लेखक और सम्पादक कहते हैं। साहित्यिक पत्रिका 'आलोचना' को आपने और किस तरह बदला था?

नामवर सिंह : मैंने जैसे ही 1967 में 'आलोचना' पत्रिका का सम्पादन शुरू किया, इसके पहले अंक से ही मैंने इसे एक नया स्वरूप देने की कोशिश की। चौहान जी जब तक सम्पादक रहे, अधिकांश लेख अध्यापकों के ही छपते थे, फिर भी 'आलोचना' का स्वरूप साहित्यिक ही रहा। बाद के वर्षों में नन्ददुलारे वाजपेयी जी ने उसे विश्वविद्यालय की पत्रिका बना दिया था। मैंने इस पर भी ध्यान दिया कि 'आलोचना' को केवल हिन्दी तक सीमित न रखा जाए, बल्कि दूसरी भारतीय भाषाओं में जो कुछ लिखा जा रहा है, उसके बारे में भी सामग्री हो। बल्कि भारत के बाहर जो साहित्य है, जो साहित्यिक गतिविधियाँ हैं, वे भी हमारी परिधि में हों। इस दृष्टि से मैंने पहले अंक में निर्मल वर्मा से, जो उन दिनों चेकोस्लोवाकिया में थे, एक लेख मँगाया कि वहाँ के बुद्धिजीवी क्या सोचते हैं। उसमें मैंने दो कविताएँ छापी थीं; एक धूमिल की थी : 'बीस वर्ष बाद'। इसमें उन्होंने तिरंग झंडे के बारे में लिखा था कि क्या यह तीन थके हुए रंगों का नाम है या इसका कोई अर्थ है? 'चुनाव की पूर्व संध्या पर' एक कविता केदारनाथ सिंह की छापी थी।

महावीर अग्रवाल : आपके सम्पादन में 'आलोचना' के अंक जब लगातार प्रकाशित होने लगे, तब उनकी क्या विशिष्टता रही?

नामवर सिंह : वह समय अनेक दृष्टियों से एक संक्रमण काल का दौर था। मैंने योजना बनाई कि 'आलोचना' के हर अंक में एक संवाद रहा करेगा, ज्वलंत समस्याओं पर विभिन्न लोगों के विचार होंगे; क्योंकि मैं मानता हूँ कि आलोचना क्षेत्र विशुद्ध साहित्यिक नहीं है, अधिक व्यापक है। मुक्तिबोध इसी को 'सभ्यता समीक्षा' कहते थे। सन् 1967 में अप्रैल का अंक जून में आया था। उस समय चौथा आम चुनाव हो चुका था और चौथे आम चुनाव का विशेष महत्त्व इस कारण से है कि पहली बार प्रदेशों में गैर-कांग्रेसी संविद सरकारें बनी थीं। इस प्रकार कांग्रेस के वर्चस्व को चुनौती मिली थी। दूसरी खास बात है कि 1967 के समय को याद करें कि एक ओर नक्सल आन्दोलन प्रारम्भ हुआ था, कम्यूनिस्ट पार्टी के 1964 में दो टुकड़े पहले ही हो चुके थे। यह भी उल्लेखनीय है कि प्रदेशों में जो मिली-जुली सरकारें बनी थीं— उ.प्र. में, बिहार में, उनमें कम्यूनिस्ट और जनसंघ दोनों ही पार्टियाँ शामिल थीं। उन दिनों डॉ. रामविलास शर्मा अक्सर दिल्ली आते थे। दो-एक बार हमारे यहाँ भी ठहरे। मैंने उनसे अनुरोध किया कि वे 'चौथे आम चुनाव के बाद का भारत' विषय पर

लेख लिखें। उन्होंने जो लेख लिखा, उसे मैंने कई लोगों के पास भेजा। प्रतिक्रियाएँ तो लोग क्या देते, पर उसे मैंने आधार निबन्ध के रूप में छापा। इस लेख का शीर्षक 'फासिस्ट खतरा और वामपंथ' था। इसमें उन्होंने कहा था कि अगर कभी फासिस्ट तानाशाही आएगी तो इसकी जिम्मेदारी वामपंथ पर होगी।

महावीर अग्रवाल : आपने 'आलोचना' को नया रूप तो दिया ही, अनेक विशेषांक भी प्रकाशित किए; उन विशेषांकों के सम्बन्ध में कुछ बताइए?

नामवर सिंह : गुरुवर हजारी प्रसाद द्विवेदी जी साठ वर्ष के हुए, तो मैंने 'आलोचना' में उन पर सामग्री दी। षष्टिपूर्ति के अवसर पर एक आयोजन भी किया। आलोचना की भाषा पर परिसंवाद आयोजित किया क्योंकि मैं यह मानता हूँ कि आप जिस भाषा में सोचते हैं या लिखते हैं, वह भाषा आपके विचार, अन्तर्वस्तु, आपके जीवन की वास्तविकता को निर्धारित करती है। यह रचनाकार के लिए जितना सच है, आलोचक के लिए भी उतना ही सच है। इसलिए, आलोचना की भाषा का अर्थ यह नहीं है कि भाषा कठिन हो कि सरल, बल्कि आलोचना की भाषा से अभिप्राय आलोचना की अवधारणाएँ हैं। इस परिसंवाद में मैंने दर्शन के कई लोगों से भी लिखवाया। स्वयं मैंने एक लेख के रूप में सम्पादकीय लिखा। सच तो यह है कि मैं द्विवेदी जी के माध्यम से कई चीजें प्रस्तुत करना चाहता था।

महावीर अग्रवाल : गुरुदेव हजारी प्रसाद द्विवेदी के माध्यम से आपने 'आलोचना' में और कौन-कौन-सी चीजें प्रस्तुत कीं?

नामवर सिंह : एक तो यह कि वे परम्परा और आधुनिकता के अद्‌भुत संगम थे। मैं यह संकेत देना चाहता था कि हिन्दी में आलोचना का नाम लेते ही लोग आचार्य रामचन्द्र शुक्ल या नन्ददुलारे वाजपेयी को ही याद करते थे, जबकि आलोचना उससे आगे भी है। दूसरे, उन दिनों डॉ. नगेन्द्र की तूती बोल रही थी। अत: मैं बताना चाहता था कि प्राध्यापकीय या शास्त्रीय आलोचना सच्ची आलोचना नहीं है। श्रेष्ठ आलोचना की चिन्ता साहित्य से अधिक संस्कृति की होती है और उसके सामाजिक सरोकार होते हैं। आलोचक का एक मुख्य उद्‌देश्य यह भी है, जैसाकि इलियट ने कहा है कि हर आलोचक इतिहास की या अपनी परम्परा की पुन: व्यवस्था करता है। यों कहें कि आलोचना का एक कैनन होता है यानी कि आपकी दृष्टि में जो सबसे महत्त्वपूर्ण है—सार्थक है—वह क्या है? आपकी सूची क्या है? आपकी सूची में कौन लोग हैं? आलोचक का दायित्व है—साहित्य में प्रचलित कैनन पर विचार करना और जरूरत हो तो उस कैनन को बदल देना।

महावीर अग्रवाल : गुरुदेव हजारी प्रसाद द्विवेदी जी के बाद आपने गजानन माधव मुक्तिबोध पर 'आलोचना' का विशेषांक निकाला था। वह तीस वर्षों बाद भी अपनी महत्त्वपूर्ण पठनीय सामग्री और संयोजन के कारण अनूठा माना जाता है।

नामवर सिंह : अपनी पुस्तक 'कविता के नए प्रतिमान' मैं उन्हीं दिनों लिख रहा था। इस पुस्तक में आधुनिक कविता का कैनन बदलने का सवाल मेरे सामने था। अज्ञेय और 'नई कविता' की इतनी धूम थी कि मुक्तिबोध जैसा महत्त्वपूर्ण कवि उपेक्षित था। हजारी प्रसाद द्विवेदी पर विशेषांक निकालकर मैंने आलोचना के कैनन में परिवर्तन किया था, अब मैंने मुक्तिबोध पर विशेषांक निकाला। मुक्तिबोध पर किताब तो मैंने अलग से लिखी ही, लेकिन विशेषांक पहले निकाला था। जहाँ तक मुझे स्मरण है, मुक्तिबोध की जन्मतिथि 13 नवम्बर के आसपास ही 1967 में छपकर आया। उस समय मुक्तिबोध के पचास वर्ष पूरे हुए थे। इस तरह मैंने कविता में कैनन को बदलने की कोशिश की, तो उसी बीच नई पीढ़ी आ गई थी। धर्मवीर भारती ने, कमलेश्वर ने इसी पीढ़ी पर हमला बोल दिया था। 'धर्मयुग' में 'ऐयाश प्रेतों का विद्रोह' लेख छपा था। इस उभरती हुई युवा पीढ़ी में कविता में धूमिल, राजकमल जैसे लोग थे, तो कहानी में ज्ञानरंजन, काशी, कालिया और दूधनाथ थे। नई कविता के रोमानी भाव-बोध में रचे-बसे लोग इस पीढ़ी का विरोध कर रहे थे, तो मैंने 'आलोचना' का अंक 'युवा कविता पर एक बहस' निकाला। इस तरह साल भर के अन्दर चार अंकों के जरिये मैंने बताना चाहा कि 'आलोचना' में हम क्या करना चाहते हैं!

महावीर अग्रवाल : इन विशेषांकों के अतिरिक्त 'आलोचना' में और कौन-कौन-सी नई प्रवृत्तियों का समावेश किया?

नामवर सिंह : हम यह भी चाहते थे कि 'आलोचना' के अन्तर्गत हिन्दी पाठकों को विश्व-साहित्य की नई से नई प्रवृत्तियों के बारे में जानकारी होनी चाहिए। उस समय 'शैलीविज्ञान' की नई चीज चली थी, जिसके अन्तर्गत किसी साहित्यिक कृति का अध्ययन हम उसकी भाषा का विश्लेषण करते हुए करते थे। इस विषय पर हमने रवीन्द्रनाथ श्रीवास्तव के कई लेख 'आलोचना' में छापे। बाद में शैलीविज्ञान पर उनकी पुस्तक भी आई। बाद में और भी लोगों ने लिखा, लेकिन शुरुआत करने का श्रेय 'आलोचना' को ही जाता है। आलोचना की अधुनातन पद्धतियों से पाठक परिचित हों, इसके लिए शैलीविज्ञान, साहित्य का समाजशास्त्र, मार्क्सवादी आलोचना में विकसित होनेवाली नई प्रवृत्तियों पर मैंने सामग्री छापी थी। आजकल उत्तर-आधुनिकता का बहुत हल्ला है, लेकिन 'आलोचना' में बहुत पहले 'विच्छेदनवाद'—जिसको अंग्रेजी में 'डिकन्स्ट्रक्शन' कहते हैं—पर मैंने कई लेख छापे। सुरेश जोशी, जो गुजराती के महत्त्वपूर्ण कवि और आलोचक हैं, उनका 'आधुनिकता और उत्तर-आधुनिकता' लेख मैंने सन् 1984 में छापा था। इसके साथ ही हमने युवा रचनाकारों को भी पहचाना और नई रचनाशीलता को लगातार महत्त्व दिया।

महावीर अग्रवाल : मैंने भी इसे रेखांकित किया तथा समझने की कोशिश की है। 'आलोचना' (अंक 91 : अक्तूबर-दिसम्बर, 1989) में युवा कवि देवी प्रसाद मिश्र

की कविता 'मुसलमान' सर्वाधिक महत्त्व के साथ पृष्ठ तीन पर छापी गई। 'मुसलमान' कविता को मैं आज भी हिन्दी साहित्य की श्रेष्ठतम कविताओं में से एक मानता हूँ। युवा कहानीकार उदय प्रकाश के कहानी संग्रह 'तिरिछ' पर युवा रचनाकार अपूर्वानन्द की समीक्षा है। इसी अंक में आपने सोमदत्त से की गई मेरी बातचीत 'का चुप साध रहा बलवाना' शीर्षक से छापी थी। कृष्णा सोबती, केदारनाथ सिंह, और राजेश जोशी के साथ ही साठ के रघुवीर सहाय की इन पंक्तियों को, '...और यदि वे यथार्थ को यथास्थिति मिटाकर नया मनुष्य बनाने का साधन मानते हैं, तो केवल धरती के मधुर गीत नहीं गाते रहेंगे—धरती पर जो विध्वंस नये मनुष्य के भविष्य के विरुद्ध हो रहा है, उसका उद्‌बोधन भी करेंगे'—पढ़ने का सुख मिला है। आप 'दूसरी प्रवृत्ति' की चर्चा कर रहे थे। 'दूसरी प्रवृत्ति' को अधिक स्पष्ट करने की कृपा करें।

नामवर सिंह : 'आलोचना' में जिस 'दूसरी प्रवृत्ति' का प्रारम्भ मैंने किया, यह प्रवृत्ति है साहित्य के समाजशास्त्र की। यों तो साहित्य और समाज के रिश्ते पर बहुत पहले से विचार होता आ रहा था, लेकिन बगैर यह जाने कि इसका एक शास्त्र भी होता है। साहित्य शास्त्र है, तो समाजशास्त्र भी है। समाजशास्त्र के लोग इस रिश्ते को कैसे देखते हैं, इसकी पद्धतियाँ कैसी हैं, अलग सवाल है। यह दिखाने के लिए कि साहित्य के समाजशास्त्र की अनेक विचारधाराएँ होती हैं, मैंने गोल्डमान के लेख छापे, उन पर अंक निकाला। अंग्रेजी के कई लेखों का अनुवाद किया। जॉर्ज लूकाच की मृत्यु पर एक विशेषांक निकाला था, जिसमें मैंने भी एक लेख लिखा था। पूरनचंद्र जोशी, जो समाजशास्त्री हैं, उनके प्रेमचन्द पर कुछ लेख मैंने छापे थे।

महावीर अग्रवाल : आपने 'तद्‌भव' (अंक 3 : दिसम्बर, 2000, पृष्ठ 16) में लिखा है : 'अन्त में मैं कहना चाहूँगा कि यदि मुझे महत्त्वपूर्ण 'समालोचक' सहयोगी के रूप में न मिलते, तो उसका सम्पादन सम्भव नहीं था', इस पर तनिक विस्तार से कुछ कहिए।

नामवर सिंह : आरम्भ में 'आलोचना' का सम्पादन मैंने अकेले किया। कई वर्ष इसी तरह चलाया, लेकिन बाद में हमें सहयोगी की जरूरत पड़ी। कुछ दिनों तक विष्णु खरे का मैंने सहयोग लिया। जब मेरी नियुक्ति जोधपुर वि.वि. में हो गई, तो विष्णु खरे को सह-सम्पादक के रूप में साथ रख लिया। दरअसल, विष्णु खरे ज्यादा ही खरे हैं। उनका प्रबन्ध सम्पादक से मतभेद हुआ और उनका नाम नहीं जा सका सह-सम्पादक के रूप में। एक लेख को लेकर विवाद हुआ था। विवाद कटु हो गया। मैं दिल्ली में था नहीं, जोधपुर में था। इस बीच खरे साहब ने अशोक वाजपेयी के विरुद्ध कुछ लिखा। उसकी भाषा भी शायद सख्त थी। वैसे भी खरे साहब कभी-कभी भाषा का काफी सख्त प्रयोग करते हैं। खैर, उन दिनों राजकमल में मोहन गुप्त काम करते थे, शायद प्रूफ देखते समय खरे साहब का लेख उनकी नजर से गुजरा होगा। हो सकता है, उन्होंने इशारा किया हो! श्रीमती शीला संधू ने कहा, 'नहीं, यह नहीं जा

सकता।' शायद वह काटकर निकाल दिया गया। बाद में केवल मुझे सूचित कर दिया गया। वह दुखद प्रसंग था और मेरी इच्छा के विरुद्ध घटित हुआ था। उसके बाद नंदकिशोर नवल मेरे सहयोगी हुए। 'हिन्दी आलोचना का विकास' उनकी एक पूरी पुस्तक 'आलोचना' में धारावाहिक रूप में छपी थी; उसी तरह, जैसे मैनेजर पांडेय की 'साहित्य की इतिहास-दृष्टि' छपी थी। मुझे लगा कि नवल जी में प्रतिभा है। लेकिन, इसका यह मतलब नहीं कि मैं उनकी आलोचना-सम्बन्धी धारणाओं से सहमत हूँ। लेकिन वे कर्मठ हैं और कई वर्ष मेरे साथ रहे। बाद में नंदकिशोर नवल जी और प्रबन्ध सम्पादक शीला जी के बीच कुछ हुआ होगा। उन्होंने नवल जी को सूचित किया कि वे दूसरी व्यवस्था करना चाहती हैं। फिर, परमानन्द श्रीवास्तव का सहयोग मैंने लिया और उन्होंने बहुत ही अच्छे ढंग से 'आलोचना' को सँभालने में योगदान दिया।

महावीर अग्रवाल : पत्रिका 'आलोचना' का प्रकाशन अंक तिरानवे (अप्रैल-जून, 1990) के बाद बन्द हो गया और बहुत लम्बे समय तक 'आलोचना' बन्द ही रही। एक सुखद शुरुआत सहस्राब्दी में हुई। अप्रैल-जून, 2000 में 'फासीवाद और संस्कृति का संकट' जैसे गम्भीर और ज्वलंत विषय पर ऐतिहासिक विशेषांक 'सहस्राब्दी : अंक-1' छपकर आया। आपकी उदारता और सहृदयता का नया रूप भी हमने देखा। अब सम्पादन का दायित्व आपने परमानन्द श्रीवास्तव को सौंपकर मार्गदर्शक की भूमिका में प्रधान सम्पादक बनना स्वीकार किया। नामवर जी, आपके ही छह शब्द उधार लेकर कहूँ, तो 'आलोचना अगिनपक्षी है। फिर जी उठी'।

नामवर सिंह : नये परिवेश में 'आलोचना' की इस नई टीम का साहित्य-जगत ने भरपूर स्वागत किया। असंख्य पाठकों ने पत्र लिखकर हमारा मनोबल बढ़ाया। दरवाजे पर दस्तक देनेवाली और साहित्य का भविष्य लिखनेवाली नई पीढ़ी के बीच भी 'आलोचना' रुचि के साथ पढ़ी जा रही है। आपको साक्षात्कार लेनेवाला अवधूत माना जाने लगा है। कौन है ऐसा हिन्दी जगत में, जिससे इंटरव्यू आपने नहीं लिया है? सहस्राब्दी आलोचना में प्रकाशित हबीब तनवीर, ब.व. कारंत और विनोद कुमार शुक्ल के दुर्लभ साक्षात्कार आपने हमें लगातार उपलब्ध कराए हैं। मित्रों से टेलीफोन पर मिलनेवाली बधाई और शुभकामनाओं का सिलसिला अभी भी थमा नहीं है।

महावीर अग्रवाल : चौबीस वर्षों तक 'आलोचना' का सम्पादन करने के बाद आपने विनम्रतापूर्वक प्रधान सम्पादक के रूप में उसे निरन्तरता प्रदान की है। समय का चक्र तेजी से घूम रहा है और सहस्राब्दी 'आलोचना' के बीस अंक के बाद सम्पादन का दायित्व युवा कवि अरुण कमल के हाथों में है। 'आलोचना' के प्रति आपकी संलग्नता और प्रतिबद्धता के कारण ही सहस्राब्दी अंक इक्कीस (अप्रैल-जून, 2005) से सहस्राब्दी अंक पैंतालीस (अप्रैल-जून, 2012) तक 'आलोचना' की अभिव्यक्ति

डिपार्टमेंट खोला तब वे साठ साल के हो चुके थे। वे अज्ञेय को इस डिपार्टमेंट में ले आए। इसमें उन्होंने मेरी राय ली थी। एक बड़ा ही बौद्धिक वातावरण था। मैंने जो जोधपुर में शुरू किया था, उसे करने के लिए ही सम्भवत: आगे मुझे जे.एन.यू. आना था। तो उन्होंने वहाँ पूरी छूट दी कि 'एकदम नया कोर्स बनाओ'। मैंने सारे कोर्स बदलकर जोधपुर में एक नये ढंग का कोर्स बनाया—बी.ए. का थ्री ईयर कोर्स बनाया, प्री यूनिवर्सिटी का कोर्स बनाया, फिर उनके लिए किताबें तैयार कीं। आज भी मेरे पास उनकी कॉपियाँ होंगी। मैंने करीब एक दर्जन किताबें तैयार कीं—प्री यूनिवर्सिटी कोर्स से लेकर बी.ए. तक के कोर्स के लिए। गद्य-पद्य संकलन भी तैयार किए। चूँकि वहाँ रहते हुए मैं वहाँ के पब्लिक सर्विस कमीशन का मेम्बर भी था और राजस्थान बोर्ड में हिन्दी कमेटी का चेयरमैन था, अत: कोर्स तैयार करते समय मैंने यह बराबर ध्यान में रखा कि वहाँ के पास किए लड़के यहाँ पब्लिक कमीशन में आ सकें। मैंने इस तरह के पाठ्यक्रम तैयार किए जिससे दोनों संस्थानों को फायदा हो। मैं जोधपुर अक्टूबर, 1970 में पहुँचा और जे.एन.यू. सितम्बर, 1974 में आया। मैं रहता तो जोधपुर में था किन्तु जयपुर अक्सर आया-जाया करता था। जयपुर में कई मित्र थे, लेकिन हिन्दी के नहीं। उनमें से एक प्रोफेसर दया कृष्ण सागर के दिनों से ही मेरे मित्र थे और इलाहाबाद के दिनों के मित्र थे प्रोफेसर गोविन्दचन्द्र पांडेय। हिन्दीवालों में प्रोफेसर सरनाम सिंह से मेरे सम्बन्ध बहुत अच्छे हो गए थे।

तो जयपुर में बड़ा अच्छा समाज था। एक और अनुभव जो मुझे जोधपुर जाने से मिला, वह था एक खुला हुआ नया वातावरण और सबसे बड़ी बात कि हिन्दी विभाग को नये ढंग से बनाने की चुनौती, जिनमें कुछ नई नियुक्तियों का अवसर भी उपलब्ध था। वहाँ प्रगतिशील लेखक संघ को भी मैंने मजबूत किया और इस तरह से एक साहित्यिक समाज भी वहाँ बन गया। लेकिन जोधपुर जहाँ मैंने ये प्रयोग किए, था तो वह एक छोटा-सा शहर ही और उसका प्रभाव क्षेत्रीय ही रह सकता था, अखिल भारतीय नहीं हो सकता था। जोधपुर में रहते हुए ही साहित्य अकादमी की नई जनरल कौंसिल बनी और संयोग से 1971 के आस-पास मैं उसका सदस्य हो गया। तो दिल्ली से हमारा सम्बन्ध साहित्य अकादमी के चलते बना रहा। दिल्ली से गया था तो दिल्ली का साहित्यिक वातावरण और मित्र लोग तो यहीं रह गए थे। मैं अक्सर अप-डाउन करता रहता था। अकेला तो था ही।

इस बीच जे.एन.यू. बन गया था। हमारे जोधपुर के कई मित्र जे.एन.यू. आ गए थे। इनमें योगेन्द्र सिंह भी थे। बहुत बाद में प्रोफेसर योगेन्द्र उपकुलपति होकर अलघ आए थे। वे पहले जोधपुर में अर्थशास्त्र के प्रोफेसर थे। उन्हें मैं जोधपुर के दिनों से ही जानता था। संयोग से उसी समय विश्वविद्यालय अनुदान आयोग में प्रोफेसर सतीशचन्द्र चेयरमैन हो गए थे। उनसे हमारा पुराना सम्बन्ध था। विश्वविद्यालय अनुदान आयोग की कमेटी में मैं था। तो एक पूरा मैदान मुझे मिला—जोधपुर में प्रोफेसर होने

से, क्योंकि अगर मैं लेक्चरर होता तो इन कमेटियों में न होता। प्रोफेसर होने के जितने लाभ हो सकते थे और अवसर मिल सकते थे, वे सब मुझे मिले।

तो अक्सर मैं जब दिल्ली आता था तो योगेन्द्र जी से, विपिन जी से मिलता था। विपिन को मैं सन् 1965 से जानता था। दिल्ली यूनिवर्सिटी के इतिहास विभाग में थे। और कई लोग थे जिनसे मेरा परिचय था। राही मासूम रज़ा के नाते भी कई लोग जानते थे।

जोधपुर में दो-ढाई साल बीतते-बीतते कुछ ऐसा हुआ, कुछ ऐसी राजनीति चली कि प्रोफेसर वी. वी. जॉन को जाना पड़ा। त्यागपत्र दे दिया उन्होंने। उनके बाद लखनऊ विश्वविद्यालय के राजनीति विभाग के प्रोफेसर मसलदान उपकुलपति बनकर आए। बहुत भले आदमी थे लेकिन प्रोफेसर जॉन के जाने के बाद वह जो एक माहौल था यूनिवर्सिटी का, जाहिर है, वह तो रहा नहीं और मेरा मन भी उचाट था। लक्ष्य तो यही था कि दिल्ली वापस आ जाऊँ। खास तौर से जे.एन.यू. बनने के बाद एक आकर्षण पैदा हो गया था कि यहाँ कुछ बड़ा काम करने का मौका मिलेगा।

उन दिनों जे.एन.यू. के स्कूल ऑफ लैंग्वेजेज में विदेशी भाषाएँ ही पढ़ाई जाती थीं। प्रोफेसर नागचौधरी उपकुलपति थे। उन्होंने कहा कि जे.एन.यू. में भारतीय भाषाओं को भी होना चाहिए। मुझे लगता है कि इसकी प्रेरणा उन्हें जापानी भाषा के लेक्चरर सत्यभूषण वर्मा साहब से मिली होगी। वर्मा जी ने मेरे साथ काम किया था। जापानी भाषा जानते थे इसलिए जापानी विभाग में लेक्चरर हुए। तो गर्मियों में हिन्दी विभाग की रूपरेखा तय करने के लिए एक मीटिंग हुई जिसमें मुझे बुलाया गया। तब तक यह नहीं कहा गया था कि मुझे यहाँ आना है। मैं तो विशेषज्ञ के रूप में बुलाया गया था। चूँकि यहाँ स्कूल और सेंटर का कॉन्सेप्ट है इसलिए मैंने कहा कि हिन्दी-उर्दू को एक ही सेंटर में रखा जाए—सेंटर ऑफ इंडियन लैंग्वेजेज। जोधपुर से ही मेरी यह धारणा थी कि हिन्दी और उर्दू की पढ़ाई साथ-साथ होनी चाहिए, यह दोनों ही के हक में है। दोनों की उपाधियाँ अलग-अलग दी जाएँ, पर दोनों की पढ़ाई साथ-साथ हो। यह बात मैंने उस मीटिंग में रख दी। इसके बाद उपकुलपति ने मुझे बुलाया और कहा कि हम चाहते हैं कि आप हमारे यहाँ आ जाएँ। सारी कार्यवाही पूरी करने में विश्वविद्यालय को कुछ समय लगा और मुझे सितम्बर, 1974 में ऑफर मिल गया।

उसी समय आगरा विश्वविद्यालय के उपकुलपति बालकृष्ण राव ने मुझे कन्हैयालाल माणिकलाल मुंशी विद्यापीठ के डायरेक्टर पद का ऑफर भेज दिया। उन्होंने कहा कि रामविलास शर्मा यहाँ से अवकाश प्राप्त कर रहे हैं, अब तुम यहाँ आ जाओ। मैंने उन्हें बताया कि मुझे जे.एन.यू. का पत्र मिल चुका है और मैं वहीं जाना चाहता हूँ। जोधपुर के बाद आगरा का मतलब था—ताड़ से गिरे खजूर पर अटके, पर राव नहीं माने। बोले, 'यह डायरेक्टर की पोस्ट है।' मैंने उनसे कहा कि पद महत्त्वपूर्ण नहीं है। नये विभाग को शुरू करने का काम मुझे ज्यादा चुनौती भरा लग

रहा है, इसलिए जे.एन.यू. ही जाना पसन्द करूँगा। तो बालकृष्ण राव जी बोले कि 'भई, वह तो मैंने तमाम विरोधों के बावजूद पास करा लिया है। यहाँ तरह-तरह के लोग थे और मैं उन्हें लेना नहीं चाहता था, फिर मेरी रामविलास जी से भी बात हो गई है और उन्होंने कहा है कि नामवर सिंह को ले लो। तो अब तुम्हें यहाँ आना ही पड़ेगा। अभी ज्वाइन तो नहीं किया है—जे.एन.यू. में ?' मैंने कहा, 'ज्वाइन तो नहीं किया है,' तो बोले, 'हमारे यहाँ ज्वाइन करो'। जे.एन.यू. की चिट्ठी मिल चुकी थी। तब मैंने उपकुलपति से कहा कि देखिए, मैं कोशिश करूँगा कि एक महीना वहाँ रहूँ और ठीक एक महीने के बाद यहाँ आ जाऊँ। इस बीच मैं बालकृष्ण राव जी को भी मना लूँगा। उनका आदेश है, और उनकी बात भी रह जाए, तो मैं आगरा जाऊँगा। आगरा का क्वार्टर खाली था लेकिन मैं वहाँ गया नहीं, गेस्ट हाउस में रहता था और शनिवार को दिल्ली आ जाता था।

मेरा सामान दिल्ली में मार्कंडेय सिंह जी के यहाँ था। वे रेलवे में थे और स्कूल के दिनों के दोस्त थे। रेलवे स्टेशन के पास उनका बहुत बड़ा बँगला था, जहाँ एक कमरा मेरे लिए रहता था। जब भी मैं दिल्ली आता, वहीं रहता था। मार्कंडेय जी चन्द्रशेखर के बहुत अच्छे मित्र थे, क्लासफेलो थे।

मेरे आगरा जाने के बाद डॉ. रामविलास शर्मा की विदाई हुई और उन्होंने मुझे चार्ज दिया। आगरा-दिल्ली अप-डाउन करते हुए मैं जब भी सोमवार की सुबह दिल्ली से आगरा जाता तो सीधे रामविलास जी के घर पहुँचता और इंस्टीट्यूट की अम्बेसडर कार से उनको अपने साथ ही संस्थान ले आता। यह नित्य का नियम था। यू.जी.सी. का एक प्रोजेक्ट रामविलास जी को मिला था। ज्वाइन करने के बाद मैंने इस आशय का एक पत्र उन्हें दिया कि वे विश्वविद्यालय में प्रोजेक्ट पूरा करने तक रहेंगे। करीब-करीब एक महीना मैं के.एम.एम. इंस्टीट्यूट में रहा।

फिर मैंने बालकृष्ण राव से कहा कि अब आपकी बात रह गई, आपको कोई नया डायरेक्टर मिल जाएगा। राव बोले कि अगर मैं नियम का सख्ती से पालन करूँ तो आपको तीन महीने से पहले नहीं छोड़ सकता। मैंने कहा कि आपका टर्म तो खुद खत्म हो रहा है और आप दुबारा उपकुलपति होंगे या होना चाहेंगे अथवा नहीं, पर आपके यहाँ न रहने पर इस संस्थान की जो हालत होगी, वह आप खुद जानते हैं। यहाँ की जो पॉलिटिक्स है और जिस तरह के लोग यहाँ हैं, उसमें आपकी छाया के बिना काम करना मुश्किल होगा। सोचिए, मेरा क्या हाल होगा ? फिर रामविलास जी भी यहाँ नहीं हैं, एक प्रोजेक्ट पर ही काम कर रहे हैं। इस पर उन्होंने कहा कि ठीक है वरना मैं तो आपसे तीन महीने की तनख्वाह रखवाकर ही छोड़ता। मैंने कहा, मैं एक काम करता हूँ, एक महीने की जो तनख्वाह मिलनी है, वह मैं लिखकर दे देता हूँ कि मैंने उसे संस्थान को दिया। उन्होंने संस्कृत में गीता का एक श्लोक लिखा और दिया। वह मेरे पास है अभी भी। अक्षर धुँधले हो गए हैं। एकाध शब्द पढ़ा नहीं

जाता—यथोक्तं तत्रभवता श्रीकृष्णेन, 'सहजं कर्म कौन्तेय सदोषमपि न त्यजेत्'।...अत: 'यथानिश्चितं सम्यग् विचारणानंतरं यथाऽदिष्टम् अन्त:करणेन तथैव कर्तव्यम्'। आगे लिखा है : 'शुभं भवतु'। हस्ताक्षर बालकृष्ण राव : 26.10.74। उन्होंने रामविलास जी की विदाई और मेरे अभिनन्दन की तस्वीरें दीं।

मेरे जोधपुर और आगरा रहते हुए ही जे.एन.यू. में उर्दू की दो नियुक्तियाँ हो चुकी थीं। मुझे ठीक से याद नहीं है, हिन्दी की नियुक्ति मेरे सेंटर में आने के बाद हुई थी या फिर मैं विशेषज्ञ के रूप में आया था। क्योंकि जो चयन समिति हुई थी, सम्भवत: मेरे आने के बाद ही हुई थी क्योंकि डॉ. नगेन्द्र विशेषज्ञ थे। एक विशेषज्ञ देवेन्द्रनाथ शर्मा थे और मैं अध्यक्ष था। रीडर और लेक्चरर की दो नियुक्तियाँ हुईं जिसमें सुधीश जी और शोभा जी आए। गंगा प्रसाद विमल भी कैंडिडेट थे और मैं चाहता था कि उन्हें ले आऊँ। विमल जाकिर हुसैन में काम कर रहे थे। डॉ. नगेन्द्र ने विमल का विरोध किया। शोभा जी चूँकि यू.जी.सी. चेयरमैन की पत्नी थीं तो लगभग तय-सा था, और मुझे बता दिया गया था।

उन दिनों ओल्ड कैम्पस ही था। वहाँ स्कूल ऑफ लैंग्वेजेज की बिल्डिंग में कमरे ही नहीं थे। फर्स्ट फ्लोर पर डीन का कमरा होता था। उन्होंने बताया कि दो कमरे खाली हैं। एक आप ले लीजिए, दूसरा कमरा जो हमारे ऑफिस के ठीक सामने है, उर्दू के किदवई साहब ले लेंगे। बाकी लोगों के लिए कोशिश करते हैं, जब कमरे खाली होंगे तब मिल जाएँगे। जर्मनवाले चौथे तले पर थे, फ्रेंचवाले दूसरे तले पर, तीसरे पर कोई और था यानी जब हम आए थे तो जगह भी नहीं थी।

खास बात यह कि हम लोगों के आने के पहले ही जो दबाव पड़ा हमारे छात्रों पर। प्रवेश प्रक्रिया के द्वारा जे.एन.यू. में हिन्दी के सात छात्र एम.ए. के लिए जुलाई-अगस्त में ही प्रवेश ले चुके थे। स्थिति यह थी कि छात्र हैं लेकिन पढ़ानेवाला कोई अध्यापक है ही नहीं। उर्दू का एडमिशन अगले साल हुआ था। हमारा ऑफिस और क्लासरूम एक ही था, जिसमें हम पढ़ाते भी थे। हमारे पहले विद्यार्थियों में मनमोहन, घनश्याम मिश्रा, विजय चौधरी के अलावा चार विद्यार्थी और थे जिनमें दो लड़कियाँ भी थीं। इस प्रकार हिन्दी में सात विद्यार्थी थे। उर्दू में नामांकन नहीं होने के कारण वे निश्चिन्त थे। छात्रों के चयन में हमारा कोई हाथ नहीं था, विश्वविद्यालय द्वारा चयन किया गया था।

आते ही हमारा पहला काम था पाठ्यक्रम बनाना क्योंकि विद्यार्थी आ गए थे, कोई पाठ्यक्रम नहीं था, पढ़ाई भी नहीं हो रही थी। पहला सेमेस्टर दिसम्बर तक खत्म करना था, जिसकी परीक्षा भी होनी थी। अध्यापकों में सुधीश जी और शोभा जी आ गए थे। बी. एम. चिन्तामणि के पिताजी और हमारे नागचौधरी साहब के पिताजी मित्र थे, पारिवारिक सम्बन्ध थे। इस नाते नागचौधरी जी ने मुझे घर पर बुलाकर चिन्तामणि जी को टेम्परेरी रखने की बात की। द्विवेदी जी के नाते भी चिन्तामणि को

मैंने ले लिया। इस प्रकार अध्यापक तो हो गए थे और पाठ्यक्रम को लेकर जो एक टेंटेटिव नक्शा मेरे दिमाग में था, वह दे दिया। मुकम्मल कोर्स तो दूसरे सेमेस्टर से हमने बनाया अर्थात् जनवरी–फरवरी तक सही कोर्स बन पाया।

सुमन केशरी : आप जे.एन.यू. में 1974 में आए, कोर्स 1975 में तैयार हुआ और इमरजेंसी भी 1975 में ही लगी, जिसमें कुछ स्टूडेंट्स भी पकड़े गए, तो उस समय क्या स्थिति रही? आप लोगों को पढ़ाने में कोई दिक्कत आई?

नामवर सिंह : इमरजेंसी के समय मैं सर्वोदय इन्क्लेव में था, कैम्पस में नहीं था। क्योंकि उस समय तक रहने का कोई निश्चित ठिकाना नहीं था। सर्वोदय इन्क्लेव में ही किसी ने मकान खाली किया था, जिसे मैंने यूनिवर्सिटी के कहने से किराए पर ले लिया था। इमरजेंसी जून, 1975 में लगी थी और मैं कैम्पस आया था अगस्त या सितम्बर, 1975 में। इत्तफाक से वह मकान गोपीचन्द नारंग के घर के बगल में ही पड़ता था। उनके कारण एक कठिनाई में पड़ा था इसलिए जिक्र कर रहा हूँ। नारंग साहब चाहते थे कि मैं जे.एन.यू. में उर्दू के प्रोफेसर के लिए उनके बारे में कहूँ, क्योंकि उस समय वे रीडर थे।

जैसा कोर्स जोधपुर में बनाया था, उसका एक नक्शा मेरे दिमाग में था। तत्काल ही डिग्री के लिए कुछ टेक्स्ट और कोर्स की आवश्यकता थी। जैसाकि मैंने बताया कि अध्यापक केवल तीन ही थे—मैं, शोभा जी और सुधीश जी। शोभा जी को भक्तिकाल के अलावा किसी और क्षेत्र में दिलचस्पी थी नहीं। सुधीश जी को मैंने लिया ही इसलिए था कि कम–से–कम आधुनिक का टेक्स्ट तो पढ़ा लेंगे, मैं कितना पढ़ा पाऊँगा! मैंने अपने लिए इतिहास और आलोचना सम्बन्धी विषयों को रखा। इस प्रकार एक ढाँचा तैयार हो गया। भक्तिकाल शोभा जी, आधुनिक कविता के साथ कुछ उपन्यास और कहानी सुधीश जी, बाकी मैं।

तत्काल मैंने दो सेमेस्टर का कोर्स बनाया और उसको अप्रूव करा लिया। हमने यह तय किया कि 'हिन्दी साहित्य का इतिहास' नाम का अलग से कोई कोर्स नहीं होगा बल्कि हम इसे टुकड़ों में बाँट देंगे और उसके समानान्तर उसी तरह का टेक्स्ट होगा। इसके साथ ही हिन्दी में भारतीय काव्यशास्त्र और यूरोपीय सिद्धान्त, पाश्चात्य समीक्षा का एक पर्चा भी होता था।

मैं जिस विश्वविद्यालय से आया था, वहाँ वार्षिक परीक्षा होती थी इसलिए सेमेस्टर सिस्टम को समझने में जरा देर लगी। सेमेस्टर सिस्टम के अनुसार कोर्स स्ट्रक्चर को समझना था क्योंकि यह मेरे लिए बिलकुल नया था। इसलिए कुछ चीजें किदवई साहब और उर्दू के और भी लोगों के साथ मिलकर तय कीं। हमने कहा कि कुछ चीजें हिन्दी–उर्दू दोनों ही विद्यार्थियों के लिए अनिवार्य हों। पहला यह कि हिन्दी का विद्यार्थी उर्दू अवश्य पढ़े और उर्दू लिपि में पढ़े, क्योंकि स्क्रिप्ट उसको आनी चाहिए। इसके साथ ही कविताओं और गद्य का एक सेलेक्शन हो। इसमें कोई फिक्स्ड टेक्स्ट

नहीं था बल्कि यह टेक्स्ट टीचर इंचार्ज पर छोड़ दिया गया था। हमारा मतलब यह था कि विद्यार्थी स्क्रिप्ट सीख ले, ग्रामर सीख ले, शब्द-सम्पदा कुछ हो जाने पर मीर, ग़ालिब के कलाम को पढ़ सके। इस तरह टीचर कुछ चुनी हुई गजलें, नज़्में, कहानियाँ लड़कों को पढ़ाएँगे।

उर्दू में बुरा हाल था क्योंकि उर्दू के लड़कों ने हिन्दी पढ़ने से इनकार कर दिया। उनका कहना था कि हम हिन्दी पढ़कर आए हैं। उत्तर प्रदेश और बिहार में हाई स्कूल तक हिन्दी अनिवार्य है। केवल हिन्दीवालों ने उर्दू पढ़ी।

एक और कोर्स जो हमने अनिवार्य बनाया, वह था 'हिन्दी-उर्दू प्रदेश की संस्कृति का इतिहास'। यह कोर्स भी दोनों के लिए था। उर्दू के विद्यार्थी इसका भी विरोध करते थे, इसे नहीं पढ़ना चाहते थे। लेकिन मैंने कहा कि कम-से-कम एक कॉमन कोर्स तो रहेगा ही जिसे आधा मैं (हिन्दीवाले) और आधा किदवई साहब (उर्दूवाले) पढ़ाएँगे। तब तक मोहम्मद हसन साहब नहीं आए थे, क्योंकि उस समय वे नेहरू फेलोशिप पर थे। वे एक साल बाद आए। ऐसे वे आते रहते थे। गोपीचन्द नारंग लगे हुए थे, मुझसे बार-बार कहते थे कि मुझे ले लीजिए। पर मैंने तय कर लिया था कि इनको तो नहीं ही लेंगे। किदवई साहब भी उन्हें नहीं लेना चाहते थे। तब मैंने कहा कि हसन साहब को इनवाइट कर लेते हैं, प्रोफेसर के लिए। उनके आने के बाद ही हम लोगों ने पूरा कोर्स बनाया।

पहले साल (1974-75) में हम लोगों ने एम.फिल. का एडमिशन नहीं लिया, पहले साल में केवल एम.ए. शुरू किया। दुर्भाग्य से इमरजेंसी इसी बीच लग गई। इमरजेंसी लगने पर तो नक्शा ही दूसरा था। उस समय मैं बनारस में था। हमारे मित्र मार्कंडेय सिंह ने बताया कि इमरजेंसी लगनेवाली है और तुम दिल्ली छोड़ के जाओ।

सुमन केशरी : लेकिन सी.पी.आई. समर्थन कर रही थी इमरजेंसी का... ?

नामवर सिंह : वह तो एक अलग कहानी है। मैंने उसी में रिजाइन किया सी.पी.आई. से। इमरजेंसी के दौरान सारे पत्र-पत्रिकाओं, अखबारों को सेंसर के लिए भेजना पड़ता था। पब्लिकेशन ब्यूरो पी.टी.आई. में बैठता था। सख्त हिदायत थी सारी मैगजीनों को कि छपने से पहले उन्हें सेंसर के लिए भेजना होगा। मैंने भी 'आलोचना' का अंक सेंसर के लिए भेजा। उसे बाकायदा काले रंग से इतना मोटा-मोटा पोतकर मेरे पास भेजा गया कि मैं नक्शा समझ गया। अजय भवन में एक मीटिंग हुई जिसमें एक प्रस्ताव था कि प्रगतिशील लेखक संघ की ओर से, सेंसरशिप के पक्ष में एक रिज़ॉल्यूशन हम लोगों को पास कराना है। मैं इसके विरुद्ध था। मैंने कहा कि मैं पार्टी की मेम्बरशिप रिन्यू नहीं कराऊँगा। मतलब मेम्बरशिप छोड़ रहा हूँ। पर्टीकुलरली एक राइटर के नाते, एक जर्नलिस्ट के नाते इस सेंसरशिप को सपोर्ट नहीं करूँगा। बाकी लम्बी बहस चली कि इमरजेंसी लगनी चाहिए कि नहीं लगनी चाहिए।

दूसरा नमूना यह कि हमारे यहाँ जिन लड़कों का एडमिशन हुआ था, उनके

रिकॉर्ड को देखते हुए लिस्ट आई थी। उन लोगों में विजय चौधरी और चमनलाल का नाम था। शायद घनश्याम मिश्रा का भी नाम था। 1975 में जो एडमिशन हुए थे, उसकी लिस्ट भी भेजी गई थी। हिन्दी में तीन लड़के ऐसे थे जिनके नाम को ब्लैक घेरों से घेर दिया गया था, जिनका एडमिशन लेने से मना कर दिया गया था।

मैंने कहा कि मैं वी.सी. साहब से बात करूँगा और मैंने बात की। उनसे कहा कि एक तो मेरे यहाँ लड़के कम हैं—पाँच-सात लड़के ही हैं, तीन ये भी चले जाएँगे तो सेंटर का क्या होगा? मैंने कहा कि मैं अंडर-टेकिंग ले सकता हूँ इन लोगों की, आगे से कोई ऐसा काम नहीं करेंगे। लेकिन ये तो हमारे मुँह पर तमाचा है कि हमारे विद्यार्थी जेल चले जाएँ। लेकिन वे बोले कि नहीं, और कई सेंटरों में भी ऐसा हुआ है। हमने कहा कि हुआ होगा, हम तो गारंटी देते हैं। मैंने लिखकर वहीं टाइप करवाया, साइन किया कि मैं इनकी रेस्पॉन्सिबिलिटी लेता हूँ कि ऐसा कोई भी तोड़-फोड़ का काम ये नहीं करेंगे और इन लोगों को मैंने वहाँ से छुड़ाया, बकायदे एडमिशन हुआ। लेकिन इमरजेंसी की वजह से कोर्स स्ट्रक्चर में कोई बदलाव नहीं आया।

1975 के अगस्त-सितम्बर का महीना था। मेरा कमरा गेट के ठीक पास घुसते ही नीचे का पहला कमरा था। उस समय मेनका गांधी जर्मन की छात्रा थी। सारे स्टूडेंट्स ने इमरजेंसी के खिलाफ हड़ताल कर रखी थी। जे.एन.यू. में आप जानते हैं कि ऐसे पॉलिटिकल मामलों में टीचर्स और स्टूडेंट्स, पॉलिटिकल कमिटमेंट के साथ, एक साथ ही रहते हैं। अध्यापक हड़ताल तो नहीं करते, स्टूडेंट्स हड़ताल करते हैं लेकिन अध्यापकों की सिम्पैथी उनके साथ होती है।

इमरजेंसी की आँखों-देखी घटना बता रहा हूँ। एक ब्लैक कलर की कार दौड़ती हुई आई और एस.एल. गेट के ठीक सामने रुकी। एस.एफ.आई. (सी.पी.एम.) का प्रवीर पुरकायस्थ प्रेसिडेंट था। वहाँ उसके साथ हड़ताल करानेवाले लोग और एस.एल. के कई लोग थे। अचानक कार से कुछ लोग उतरे और प्रवीर को पकड़कर गाड़ी में खींच लिया। इशारा करने के लिए मेनका वहाँ खड़ी थी, उसने इशारा किया होगा। प्रवीर को गाड़ी में खींचकर कुछ लोगों ने पकड़ रखा था। उसके शरीर का ऊपरवाला आधा हिस्सा कार के अन्दर और बाकी आधा बाहर था, यह दृश्य अभी भी हमारी आँखों के सामने है। कार दौड़ती हुई एस.एल. से एस.आई.एस. की ओर निकलती हुई गेट के बाहर चली गई। स्टूडेंट यूनियन के लड़के चिल्ला रहे थे।

मैं बाहर निकला। मुझे अपने कमरे से बाहर निकलने में 15 सेकेंड लगे होंगे। मालूम पड़ा कि जब मेनका आ रही थी तो हड़ताल करनेवालों ने ताना मारा था कि तुम्हारा मियाँ क्या करवा रहा है, चूँकि उस समय मेनका-संजय की शादी हो चुकी थी। इस पर वह भन्नाई हुई निकली। उसने तुरन्त फोन पर शिकायत की होगी। कार और कुछ लोगों को बुलवाया, जो कि प्रवीर पुरकायस्थ को घसीटते हुए ले गए। भयानक दृश्य था!

जे.एन.यू. में क्या टीचर, क्या स्टूडेंट, कोई इमरजेंसी का समर्थक नहीं था। सी.पी.आई. के हों या सी.पी.एम. के, इमरजेंसी के सब विरुद्ध थे। कैम्पस में इमरजेंसी के खिलाफ जुलूस निकला तो विनय राय उसे लीड कर रहे थे—'इंटरनेशनल' गाते हुए।

इमरजेंसी के समय ही एक रात की घटना है जब हमला हुआ था। उस समय पंकज सिंह पढ़ते थे। रात को हमारे घर ठहरे हुए थे, क्योंकि उन लोगों को सूचना मिली थी कि आज कुछ गड़बड़ होनेवाला है। वे मेरे यहाँ थे इसलिए बच गए थे। इमरजेंसी के मामले में जहाँ तक मैं जानता हूँ, जे.एन.यू. में इसके पक्ष में एक भी रिजोल्यूशन पास नहीं हुआ—न जे.एन.यू.टी.ए. की ओर से, न स्टूडेंट यूनियन की ओर से। सी.पी.आई. के लोग जो इमरजेंसी के समर्थक भी होंगे, उनमें से भी किसी ने कोई प्रस्ताव पास नहीं किया, यह नहीं भूलना चाहिए।

सुमन केशरी : डॉ. साहब, यह बताइए कि स्टूडेंट्स पकड़े जा रहे थे, फिर पढ़ाई कैसे हुई ? यूनिवर्सिटी खुलने पर एडमिशन कैसे हुआ ? उस दौरान क्या-क्या हुआ ?
नामवर सिंह : हम लोग लगभग सभी लड़कों को जेल से छुड़ाकर लाए। एक-दो सीरियस केस थे, जैसे—देवी प्रसाद त्रिपाठी जेल में ही थे। मेरा खयाल है, प्रवीर पुरकायस्थ आ गए थे। सीताराम येचुरी जेल में नहीं थे। प्रकाश करात के बारे में तो अलग ही किस्सा है...। उस समय इलेक्शन नहीं हुआ था इसलिए स्टूडेंट यूनियन थी ही नहीं। इमरजेंसी हटने पर देवी प्रसाद जेल से छूटकर आए। उन्हें मैं पहले से जानता था। मुझसे उन्होंने बताया कि उन्हें आँखों के इलाज के लिए जेनेवा जाना है पर पास में पैसा नहीं है और न ही कपड़ा-लत्ता। मैंने 200 रु. दिये थे।

इमरजेंसी के बाद जे.एन.यू. में सीताराम येचुरी प्रेसिडेंट बने। हो सकता है, इमरजेंसी के समय देवी प्रसाद त्रिपाठी ही प्रेसिडेंट रहे हों! जब मैं जे.एन.यू. में आया था तब आनन्द कुमार प्रेसिडेंट थे। उन्होंने प्रकाश करात को हराया था। मैं बनारस से ही आनन्द कुमार को जानता था। इमरजेंसी की भनक लगते ही श्यामाचरण दुबे ने आनन्द कुमार को बाहर भिजवा दिया था।

असल में जे.एन.यू. के कुछ सेंटर पॉलिटिकली डिवाइडेड थे। जैसे—एस.आई.एस. में नॉन मार्क्ससिस्ट, उसमें कुछ नॉन कांग्रेसी और कुछ एंटी कांग्रेसी भी थे। कुछ सोशलिस्ट विचारों के भी थे। एस.आई.एस. में लेफ्ट का कोई वैसा असर नहीं था। एस.एस.एस. में योगेन्द्र सिंह थे। इतिहास डिपार्टमेंट में मार्क्सवादी विचारधारा के होते हुए भी डिवाइडेड थे। सी.पी.आई. के लोग थे, सी.पी.एम. की तरफ से शायद ही कोई हो। हिन्दी में सी.पी.आई. और सी.पी.एम., दोनों ही विचारधारा के लोग थे। राजनीति शास्त्र में सी.पी.आई. के थे क्योंकि वहाँ पी.सी. जोशी थे, दामोदरन थे इसलिए सी.पी.आई. का अच्छा प्रभाव था। सी.पी.एम. के लोग अर्थशास्त्र में ज्यादा थे। यहाँ उत्सा पटनायक, प्रभात पटनायक थे।

इस तरह ब्रॉडली लोग सी.पी.आई. विचारधारा को मानते थे। कोर्ट की मीटिंग में मोरारजी देसाई भी आए थे। स्टूडेंट यूनियन के विरोध करने पर इन्दिरा गांधी ने चांसलर पद से इस्तीफा दिया था।

जोधपुर का जो अनुभव हमारे पास था, उससे कोर्स तो बन गया था, लेकिन दबाव था उस कोर्स को पूरा करने का। टीचर कम थे। ऐसे अध्यापक की जरूरत थी जो आधुनिक साहित्य और थ्योरी पढ़ा सके। मैनेजर पांडेय को मैं जोधपुर से यहाँ लाया, लेकिन उन्होंने आने में एक साल का वक्त लगाया। केदारनाथ सिंह को लाना चाहता था। उस समय तक उनके यहाँ से हमारे यहाँ रिश्ता नहीं हुआ था। उनकी बेटी की शादी की बात मेरे बेटे से चल रही थी। मैंने उनसे तय किया कि पहले आप ज्वाइन कीजिए, शादी बाद में होगी। दोनों के लिए मुझे बहुत संघर्ष करना पड़ा। हमारे पास टीचर कम थे। सुधीश जी यहाँ आ गए थे। उनको तो मैं इम्फाल भेजने के चक्कर में था क्योंकि वह सेंटर भी चलाना था। वहाँ मैंने बाद में उदय प्रकाश को भेजा, देवेन्द्र कौशिक को भेजा। पर बाद में वहाँ का सेंटर टूट गया।

केदार जी उस समय पडरौना में थे। नागचौधरी साहब से मैंने कह दिया था कि आधुनिक कविता के लिए बिलकुल सही आदमी हैं, कवि हैं। 'कामायनी', 'निराला' आदि को अच्छे से पढ़ा सकेंगे। साथ ही भक्ति को भी पूरा करना था। शोभा जी तो टेक्स्ट तक नहीं पढ़ा सकती थीं। आन्दोलन हो गया था, पोस्टर लग गए थे, शोभा जी के खिलाफ : 'देवी, तुम तो यू.जी.सी. की बैसाखी पर आई हो' आदि...। यह सब इमरजेंसी में हुआ था। विजय चौधरी और कई लड़कों ने मिलकर किया था, हड़ताल हो गई थी।

विनय राय से मैंने कहा कि भाई, मुसीबत में फँस गया हूँ। उन्होंने कहा, यू.जी.सी. रुपया देती है, चेयरमैन की बीवी को नहीं रखेंगे तो किसको रखेंगे? किसी तरह निभाइए। मैं तो संकट में था। यू.जी.सी. के दबाव के कारण उनकी बीवी थीं। सुधीश भी बस यूँ ही से पढ़ानेवाले। पोएटिक्स पढ़ानेवाला कोई था ही नहीं।

सुमन केशरी : भक्ति पोएट्री भी कमजोर रह गई थी।
नामवर सिंह : चूँकि शोभा जी छोड़ती नहीं थीं। मैंने कोर्स इस तरह बनाया था कि टेक्स्ट और टेक्स्ट के समानान्तर उसका इतिहास।

सुमन केशरी : टेक्स्ट उन्होंने कभी पढ़ाया नहीं और भक्तिकालीन इतिहास पर तो उन्होंने ही अपना कब्जा रखा...।
नामवर सिंह : कोर्स में कमजोरी रहने का कारण यह था कि पूरा हिन्दी साहित्य पढ़ाने वाला हमारे पास कोई था ही नहीं।

सुमन केशरी : आरम्भिक दिनों में काव्यशास्त्र में भी बहुत दिक्कत हुई थी?

नामवर सिंह : मैं तो एप्रोचेज टू लिट्रेचर पढ़ाता था। भक्ति का टेक्स्ट पढ़ाना चाहता था लेकिन वह तो सारा शोभा जी लिये बैठी थीं। आधुनिक कविता के लिए केदार जी आ गए थे तो मैं छायावाद, नई कविता आदि को लेकर निश्चिन्त हो गया। सुधीश जी को गद्य में रुचि थी नहीं, उनको क्या कहूँ। तो काव्यशास्त्र और भक्ति को लेकर हमारे सामने बहुत बड़ी समस्या थी। बहुत बाद में पुरुषोत्तम को तो मैं लड़कर ले आया। उनकी जगह शोभा जी अरुण मिश्र को लाना चाहती थीं। खैर, जब पुरुषोत्तम आ गए तो लगा कि अब कुछ हो सकता है। गद्य के लिए मैं वीरभारत तलवार को ले आया। यू.जी.सी. नई पोस्ट देने के लिए तैयार नहीं थी। हमें इतने ही लोगों से पूरा कोर्स चलाना था।

सुमन केशरी : पुरुषोत्तम और वीरभारत के आने तक हम स्टूडेंट नहीं थे। इसलिए हमें काव्यशास्त्र सुधीश जी ने ही पढ़ाया था।

नामवर सिंह : अध्यापकों के अनुसार कोर्स को लेकर चलना था, इसलिए हमारे सेंटर में मन-मुआफिक कोर्स तो बना ही नहीं।

सुमन केशरी : इसके बावजूद डॉ. साहब, जो आपने कोर्स बनाया, और आप जैसे पढ़ाते थे, वह लाजवाब है। मैं दिल्ली विश्वविद्यालय के बेहतरीन कॉलेज— एल.एस.आर. से जे.एन.यू. 1977 में आई थी। पहले 6 महीने में जब आप हमें एप्रोचेज टू लिट्रेचर पढ़ा रहे थे, आपने शुरुआत ही की थी कि फॉर्मलिस्ट एप्रोच क्या है? पद्धति क्या है? बाद में समझाते हुए 'अभी टुक रोते-रोते सो गया है' में 'टुक' की व्यंजना क्या है? और अन्त में आपने क्लास खत्म की थी सस्यूर को पढ़ाते हुए। तब समझ में आया कि साहित्य को हम ऐसे पढ़ सकते हैं, यह एक एप्रोच है...।

नामवर सिंह : इसका कारण था कि जे.एन.यू. में अन्तरराष्ट्रीय विद्या की जो दुनिया है, बौद्धिक वातावरण है, उसमें हमारा विद्यार्थी विदेशी भाषाओं के लोगों के सामने, या राजनीति शास्त्र, अर्थशास्त्र, इतिहास आदि किसी भी विषय के विद्यार्थियों से जब मिले तो इंटेलेक्चुअली वह भी सब कुछ जानता हो, वह अपने को छोटा न समझे। यह भावना थी मेरे मन में।

इंग्लिश का हमारे यहाँ सेंटर था नहीं, एलिमेंट्री कोर्सेज को इंग्लिश कहते थे। मीनाक्षी जी के आने के बाद लिट्रेचर आया। लिंग्विस्टिक्स भी नहीं थी हमारे यहाँ। मेरा सपना था कि लैंग्वेज के साथ लिंग्विस्टिक्स भी हमारा हिस्सा हो, संस्कृत भी हो। लेकिन कुछ दबावों के कारण ऐसा नहीं हुआ। संस्कृत कोर्स एडवरटाइज किया गया था। लेकिन ऐसे लोगों के आने की आशंका थी, जिनका आना सेंटर के लिए घातक होता। इसलिए एडवरटाइज तो हुआ लेकिन अप्वाइंटमेंट नहीं हुआ। बाद में संस्कृत सेंटर अलग खुला। मैं चाहता था कि हमारा सेंटर हिन्दी, उर्दू, लिंग्विस्टिक्स, संस्कृत को मिलाकर हो।

अब जाकर यूनिवर्सिटी को जो मैंने नोट दिया है, उसमें यह कि 'सेंटर ऑफ इंडियन लैंग्वेजेज' नहीं बल्कि 'स्कूल ऑफ इंडियन लैंग्वेजेज' हो। इसका बहुत विरोध हो रहा है। कुछ लोग चाहते हैं कि लिंग्विस्टिक्स का एक अलग स्कूल हो, तो इस बात को लेकर तनाव है।

कोर्स बनाते समय हिन्दी और भारतीय भाषाओं पर मेरे दिमाग में बहुत कुछ था। इस बीच मुझे दो-तीन और कोर्स बनाने के मौके मिले। एक तो यू.पी.एस.सी. का। उस समय यू.पी.एस.सी. के चेयरमैन थे ए.आर. किदवई साहब, जो बाद में गवर्नर बने—बिहार के। वे चाहते थे कि उनके रहते यू.पी.एस.सी. में हिन्दी शामिल हो, जिसके लिए कोर्स मैं तैयार करूँ। यू.पी.एस.सी. के जरिये जो सेलेक्शन कमेटी होती थी, उसमें भी मैं होता था। यू.पी.एस.सी. का पुरानावाला कोर्स मैंने ही बनाया। दूसरा, यू.जी.सी. का नेट का कोर्स। कोर्स बनाते समय मैं हमेशा इस बात को ध्यान में रखता था कि जे.एन.यू. के बच्चे इसे क्वालीफाई कर सकें।

दूसरी बात जो ध्यान में रखता था, वह यह कि जे.एन.यू. के बौद्धिक वातावरण में हमारा लड़का अपने को हीन न महसूस करे। इंग्लिश कितनी जानता है या नहीं जानता, यह महत्त्वपूर्ण नहीं है। कम-से-कम जहाँ नॉलेज की बात हो, वहाँ 'वेस्टर्न लिट्रेरी थ्योरी', 'आइडियोलॉजी' आदि सब उसको मालूम हो। समाजशास्त्र, इतिहास या अन्य किसी विषय पर चर्चा हो तो हिन्दी का विद्यार्थी केवल हिन्दी का न होकर रह जाए। इंटेलेक्चुअली दूसरे लोगों से भी उसके संवाद हों, उसमें वह पीछे न हो। मैं चाहता था कि हमारा विद्यार्थी पुरानी भारतीय परम्परा से भी अपने को अलग न रखे। एक खुलापन हो। वैसा बैकग्राउंड भी हो।

सुमन केशरी : लेकिन वह पुराने बैकग्राउंड वाला जो हिस्सा था, डॉ. साहब, वह हमारा कमजोर रह गया... ?

नामवर सिंह : देवेन्द्र कौशिक को जब मैं ले आया, उन्होंने अपने अंडर संस्कृत काव्यशास्त्र पर ही काम करवाया। वे डी.यू. से आए थे। उनके लिए हमारे यहाँ तो जगह थी नहीं। इम्फाल से लौटकर आए और वापस चले गए। उदय प्रकाश को वहाँ रखा था, अगर टिक जाते तो कायदे से उनको अपने यहाँ अन्तर्भुक्त कर लेते। बाद में उदय केदार जी को लेकर आए थे कि हमको जे.एन.यू. में रख लीजिए। लेकिन मैंने कह दिया कि यह मेरे से नहीं होगा। उस समय छोड़कर नहीं गए होते तो आज जरूर प्रोफेसर होते।

सुमन केशरी : नेमि जी वाली बात बताइए, वे हमें नाटक पढ़ाते थे। उस कोर्स में उन्होंने वंशी कौल को बुलाकर पूरा वर्कशॉप करवाया...।

नामवर सिंह : नेमि जी को रखा गया था थियेटर के लिए। हमारे यहाँ नाटक पढ़ानेवाला कोई नहीं था। मैंने नाटक पढ़ाने के लिए नेमि जी से कहा, इस नाते वे हमारे यहाँ से

जुड़े। हमारे यहाँ पेंटिंग के लिए स्वामीनाथन रह चुके थे। तब तक 'स्कूल ऑफ आर्ट्स एंड एस्थेटिक्स' नहीं बना था। कोशिश हमारी यह थी कि बाहर के लोग यहाँ आएँ, जिसमें बड़े-बड़े राइटर और कवि भी होते थे, जो पढ़ाते थे, कविता पाठ होता था। यह कोशिश थी कि अपेक्षित अध्यापकों के न होते हुए भी हमारे यहाँ एक्टिविटी होती रहे जिस से कि विद्यार्थियों को इनपुट मिलता रहे और अधिक-से-अधिक फायदा हो। हमारे यहाँ देवेन्द्र शर्मा विजिटिंग प्रोफेसर के रूप में साल भर रहे थे। भीष्म साहनी, हजारी प्रसाद द्विवेदी, रामस्वरूप चतुर्वेदी आदि के सेमिनार, लेक्चर आदि होते रहते थे।

जे.एन.यू. को समझने के लिए या जो भी काम उस समय हुआ, उसे जानने के लिए आप 1974-1992 तक की 'आलोचना' पत्रिका की फाइल देख सकते हैं। 'आलोचना' में कई लोगों पर केन्द्रित विशेषांक निकले। अपने यहाँ के लोगों से भी लेख लिखवाकर छापे हैं। जैसे—पुरुषोत्तम अग्रवाल, मैनेजर पांडेय आदि से। मैनेजर पांडेय की पूरी-की-पूरी किताब मैंने छापी है। नंदकिशोर नवल की भी पूरी किताब मैंने छापी है। मैं 'आलोचना' के द्वारा अपने विद्यार्थियों के लिए पाठ सामग्री तैयार करता था। मैं जो भी एक्टीविटी करना चाहता था, 'आलोचना' पत्रिका द्वारा करता था।

सुमन केशरी : हम लोगों के समय में टी. एल. एस. या किसी अन्य पत्रिका अथवा पुस्तक में जो कुछ छपता था, हमारी क्लास में उसकी चर्चा जरूर होती थी। अप-टू-डेट सूचना और विश्लेषण के लिए आपकी क्लास जानी जाती थी...।

नामवर सिंह : चूँकि मेरा नियम था। मॉर्निंग में सेंटर, फिर खाना खाकर दोपहर में लाइब्रेरी। लाइब्रेरी ओल्ड कैम्पस में हुआ करती थी। वहाँ लाइब्रेरी में कौन सी किताबें मँगवानी हैं, कौन सी पत्रिकाएँ मँगवानी हैं, यह बताता था और मँगवाया भी जाता था। कुछ का तो मैं खुद ग्राहक बना। कुछ फोटोकॉपी करवाता था। फोटोकॉपी का तो मेरे पास बड़ा ढेर हो गया है। कुछ मैगजींस का तो जोधपुर रहते ग्राहक बन गया था। बहुत सारी विदेशी पत्रिकाएँ मैं खुद खरीदता था, कुछ मैगजीन लाइब्रेरी से मिल जाती थीं। लाइब्रेरी हमारी शरणस्थली थी। शाम को कुछ दोस्तों के घर पर जाता था। सबसे ज्यादा गोविन्द देशपांडे के यहाँ जाता था चूँकि हमारे ही ब्लॉक में रहते थे, 115 नम्बर में। थियेटर के बड़े-बड़े लोगों से वहाँ मेरी मुलाकात हुई। दूसरे, अनिल भट्टी, जर्मन के प्रोफेसर थे, उनके यहाँ जाता था। नये लोगों में सुवीरा जायसवाल, बी. डी. चट्टोपाध्याय, नीलाद्री, मृदुला मुखर्जी, आदित्य मुखर्जी, विमल प्रसाद, श्रीवास्तव जी आदि के यहाँ जाता था। गोपाल और रोमिला, ये दोनों कैम्पस में नहीं रहते थे। लेक्चर देने आती थीं रोमिला। बहुत अच्छा माहौल था। कुल मिलाकर जीने लायक जिन्दगी थी। मैंने मैनेजर पांडेय की विदाई के समय एक बात कही थी कि हम लोग यह तो जिक्र करते हैं कि जे.एन.यू. को हमने बनाया, पर यह भूल जाते हैं कि जे.एन.यू. ने हमको कितना बनाया। जे.एन.यू. का एक वातावरण है, हमारे छात्र-

छात्राओं ने हमें बनाया है। उनसे संवाद के दौरान हमने बहुत कुछ सीखा है। उनके सवाल ऐसे होते थे जिनका जवाब देने के लिए तैयारी करके जाते थे ताकि हम इस लायक हों कि उनके सवालों का सन्तोषप्रद जवाब दे सकें। घनानन्द ने कहा है :

लोग हैं लागि कवित्त बनावत,
मोहे तो मोरे कवित्त बनावत।

इसलिए हमने ही छात्र नहीं बनाए, छात्रों ने भी हमें बनाया—इस बात को कभी नहीं भूलना चाहिए। सबसे बड़ी बात यह कि अगर ऐसे छात्र न मिले होते, उनकी ओर से चुनौतियाँ न आई होतीं, तब कहीं और होते हम लोग। इसलिए जो मेधा, जो प्रतिभा हमको मिली, जिससे हम आगे बढ़े, ऐसे विद्यार्थी सबको मिलने चाहिए। खुद वे लोग बहुत पढ़ते थे। आप अगर बिना पढ़े क्लास में चले जाएँ तो आपकी जुबान नहीं खुलेगी, आप बोल नहीं सकते।

सुमन केशरी : आपका यह कहना कि छात्र बहुत जागरूक थे, पढ़-लिखकर आते थे, बिलकुल ठीक है। लेकिन मुझे ऐसा लगता है कि छात्र वह मोमबत्ती है जिस पर लौ बालने का काम गुरु करता है। एक बार लौ जला दी तो... ।

नामवर सिंह : हमारे यहाँ जो लोग आए थे, वे केवल स्टूडेंट नहीं थे। ऑलरेडी वे परिपक्व स्कॉलर थे। अपनी स्टूडेंट लाइफ में रिसर्च के दौरान ही जो पेपर्स उन्होंने लिखे, वे ऐसे जर्नल्स में छपे जहाँ ऐसे ही नहीं छप सकते थे। जे.एन.यू. में ऐसा हर विषय में हुआ। पर मुझे अफसोस है कि अपेक्षाकृत उर्दू में जितना होना चाहिए था, उतना नहीं हुआ। उर्दू की कल्चर थोड़ी अलग, शेरो-शायरी की कल्चर थी। हिन्दी के समानान्तर उर्दू में जो सीरियस स्कॉलर विकसित होने चाहिए थे, वे नहीं हुए। अली जावेद थे, बड़े एक्टिव थे। इनके अलावा और भी कई लोग थे जिनसे उम्मीद थी कि कुछ कर सकते हैं लेकिन वह नहीं हो सका। कम-से-कम विदेशी भाषाओं में एक काम जो हो सकता था, वह हुआ। फ्रेंच, स्पेनिश, रशियन, जर्मन आदि विदेशी भाषाओं से हमारा जो सम्बन्ध बना, वह काफी फायदेमंद रहा। इन विदेशी भाषाओं के लोगों से हिन्दी में हमने अनुवाद कराए जो कि 'आलोचना' पत्रिका में छापे गए। 'आलोचना' पत्रिका में जे.एन.यू. में पढ़ाई जानेवाली लगभग सभी विदेशी भाषाओं पर अंक निकाले गए। इस तरह जिसे अन्त:अनुशासनात्मक पद्धति कहते हैं, उसे अमल में ले आए। उसी प्रक्रिया में आगे चलकर हमने ट्रांसलेशन का कोर्स खुलवाया, जिसमें कि कुछ नहीं हो रहा। बार-बार मैंने कहा कि हमारे कोर्स बहुत पुराने पड़ गए हैं, बदलने की जरूरत है। बदलने का फॉर्मल तरीका एक तो पैनल है और दूसरा तरीका है कि वर्कशॉप किया जाए जिसमें हमारे ओल्ड स्टूडेंट्स, जो जानकार हैं तथा अच्छे पदों पर भी हैं, उन्हें बुलाया जाए। वे अपना-अपना सुझाव देंगे जिसे रिकॉर्ड करके उसे सेंटर से, बोर्ड से पास करा लिया जाए। पर ऐसा कुछ नहीं हो रहा।

मैं उस समय यू.जी.सी. का मेम्बर था, डॉ. नगेन्द्र भी थे। पूरा कोर्स मैंने बनाया

था। मैंने कहा कि एक तो ट्रांसलेशन का कोर्स, दूसरा हिन्दी टीचिंग का कोर्स होना चाहिए। जर्नलिज्म का भी एक कोर्स हो। ट्रांसलेशन जे.एन.यू. को दिया और डी.यू. के साउथ कैम्पस को जर्नलिज्म दिया। ट्रांसलेशन मैंने अपने यहाँ इसलिए दिया क्योंकि विदेशी भाषाओं को पढ़ाने के चलते हमारे यहाँ थोड़ी सम्भावना है। एक तिरुपति यूनिवर्सिटी को दिया। वल्लभ विद्या नगर को कम्प्रेटिव स्टडी दिया। मिनिस्ट्री ने अलग फंड प्रोवाइड किया था, कुछ सेंटर खोलने के लिए। मैंने इस कोर्स में सुझाव दिया था कि पहली नियुक्ति प्रोफेसर की करो, फिर रीडर और अन्त में लेक्चरर। कोई भी डिपार्टमेंट प्रेस्टीज तभी हासिल करता है जबकि वह प्रोफेसर से शुरू हुआ हो। नहीं तो वह तुच्छ समझा जाएगा। पर ऐसा नहीं हो सका। साउथ कैम्पस का जर्नलिज्म का कोर्स बन्द ही हो गया है। मेन डिपार्टमेंट वाले इसको इनकरेज ही नहीं करते।

सुमन केशरी : आप लोगों के समय आप लोगों को इतनी स्वायत्तता मिली हुई थी—चाहे यूनिवर्सिटी बनाने की बात हो, कोर्स स्ट्रक्चर बनाने की बात हो या स्टूडेंट्स को पढ़ाने की। यहाँ तक कि बावजूद 1975 के संकट के आपने सारे काम किए। इसके परिणाम बेहतर स्टूडेंट्स के रूप में आगे देखने को भी मिले। लेकिन अब तो स्वायत्तता का इतना हनन हो रहा है। उदाहरण के लिए चाहे कोर्स स्ट्रक्चर का मामला हो या अप्वाइंटमेंट का या फी स्ट्रक्चर का—हर जगह ऊपर से हस्तक्षेप होता है। हाल में तो एच.आर.डी. ने नये विश्वविद्यालयों में वी.सी. अप्वाइंट करने के लिए आवेदन मँगवाए थे। ऐसी स्थिति में आपके क्या विचार हैं?

नामवर सिंह : असल में स्वायत्तता दी नहीं जाती है, अर्जित की जाती है। इसको इमपावरमेंट कहते हैं। जैसे—जब हम कहते हैं कि स्त्रियाँ अपनी स्वाधीनता, ताकत हासिल करें। यह दान नहीं है कि कोई दे दे और हम ले लें। दान जिस तरह से दिया जाता है, उसी तरह से दान बन्द भी किया जाता है और दान छीना भी जा सकता है।

जैसाकि तुमने बताया कि वी.सी. की नियुक्ति के बारे में नया नियम बनाया जा रहा है। इसमें चाहिए कि जे.एन.यू. का जे.एन.यू.टी.ए., डी.यू. का डी.यू.टी.ए., इसके अलावा देशभर के टीचर्स, स्टूडेंट—सभी मिलकर इन चीजों के विरोध में संघर्ष करें। आज ही मैं 'जनसत्ता' में विपिन चन्द्रा का एक लेख पढ़ रहा था, जो रायपुर वाले डॉ. विनायक सेन के मुद्दे पर था। उसमें यह बात थी कि हमारे लोकतंत्र में अनेक अलोकतांत्रिक कानून बनाए गए हैं और बनाए जा रहे हैं। सरकार यह नहीं देख रही कि ये चीजें स्वयं हमारे बुनियादी संवैधानिक सिद्धान्तों के विरुद्ध हैं, अलोकतांत्रिक हैं। अब इसके लिए संघर्ष करने की जरूरत है।

सुमन केशरी : लेकिन सत्ताधारी सवाल खड़ा कर देते हैं कि नक्सलवाद बढ़ रहा है या टेररिज्म आ रहा है तो बहुत जरूरी है इस तरह की चीजें बनाना।

नामवर सिंह : नक्सलवाद आज तो नहीं आया है। 60 के दशक से आया है, 50 साल हो गए हैं। उग्र क्रान्तिकारी भी अंग्रेजों के जमाने से ही हैं, ऐसा कहा जा सकता है। इसके बावजूद कलोनियल गवर्नमेंट तक ने ऐसे नियम नहीं बनाए थे, जैसे नियम हमारी लोकतांत्रिक सरकार बना रही है। कम-से-कम शिक्षा संस्थाओं के मामले में ऐसी चीजें तो नहीं थीं। उदाहरणस्वरूप हम उस समय के यूनिवर्सिटी एक्ट, इलाहाबाद विश्वविद्यालय आदि जगहों की स्थितियाँ देख सकते हैं। पहले यूनिवर्सिटी का वी.सी. इलेक्ट होता था यूनिवर्सिटी कोर्ट के द्वारा, सरकार के द्वारा नहीं। जब मैं स्टूडेंट था तब मैंने वह चुनाव देखा है। यूनिवर्सिटी के अपने नियम होने चाहिए। उनके तहत वी.सी. का चयन होना चाहिए।

हमारा अनुमान है कि दिन-ब-दिन हम लोग एक मुक्त अर्थव्यवस्था की ओर जा रहे हैं। अगर आपको यूनिवर्सिटी चलाना है और किसी से (गवर्नमेंट) फंड नहीं लेना, अपने पैसे से चलाना है तो आप अपने कायदे-कानून बनाने के लिए स्वतंत्र हैं। लेकिन इसके लिए हमें अपना संविधान बदलना होगा। संविधान में एजुकेशन की अलग-अलग जिम्मेदारी दी गई है। कुछ सेंट्रल गवर्नमेंट को, कुछ स्टेट गवर्नमेंट को, कुछ पब्लिक की गुंजाइश अलग रखी गई है जिसे नॉन गवर्नमेंट कहते हैं। इस तरह लोग मुक्त हैं विश्वविद्यालय खोलने के लिए। एक जमाने में सरकार उन नियमों के बावजूद कुछ चीजों के बारे में हस्तक्षेप नहीं करती थी। जैसे—अध्यापकों की नियुक्ति के बारे में। ऐसा अब भी होता है। जैसे—यू.जी.सी. की नियुक्तियाँ जो होती हैं, उसमें एक रिसर्च नॉमनी होता है, जिसे व्यवहार में आम तौर से वीटो पावर मिलता है। इस पावर के तहत गलत अप्वाइंटमेंट को रोका जा सकता है। इसके बावजूद विश्वविद्यालय में वी.सी. या डिपार्टमेंट का हेड अपनी मनमानी करते हैं। यह मामला पेचीदा है—केवल वी.सी. की नियुक्ति का ही नहीं, टीचर्स की नियुक्ति का, स्टूडेंट्स के एडमिशन तक का; अर्थात् पूरे स्ट्रक्चर का है। कहीं-न-कहीं इस पर अंकुश तो होना ही चाहिए।

सुमन केशरी : ये लोकतांत्रिक प्रक्रिया मुझे लगता है कि एक योग्य व्यक्ति को लाने और चेक एंड बैलेंस बनाए रखने का मामला है...।

नामवर सिंह : पश्चिम में दोनों तरह के विश्वविद्यालय हैं—सरकारी और गैर-सरकारी। प्राइवेट में यूनिवर्सिटी सरकार से पैसा नहीं लेती। अपने ढंग से चलाती है। हार्वर्ड है, येल है, शिकागो है। मेरा मानना है कि शिक्षा-ज्ञान के मामले में दोनों बराबर होंगे। गैर-सरकारी यूनिवर्सिटी सरकार से कोई पैसा नहीं लेती।

सुमन केशरी : यदि आज की तारीख में आपको सेंटर, सी.आई.एल. बनाने का मौका मिलता है तो आप ऐसा क्या नहीं करेंगे जो उस समय हो गया या क्या करेंगे जो उस समय नहीं कर पाए?

नामवर सिंह : नाकरदा गुनाहों की भी हसरत कि मिले दाग, या रब अगर इन करदा गुनाहों की सजा है! जो गुनाह मैंने कर दिये, उसकी सजा तो मुझे मिल रही है। अब लौट के उसी तरह का सेंटर तो नहीं होगा। आज की जरूरतों के हिसाब से नये ढंग का कोर्स होगा जो पुराने कोर्स से एकदम अलग होगा।

सुमन केशरी : क्या होगा?

नामवर सिंह : ढाँचा बिलकुल अलग होगा। उसके हिसाब से आइटम भी बदल जाएँगे। मेरा मानना है कि पहले दो सेमेस्टर में 'कोर-कोर्सेज' को ध्यान में रखकर कोर्स बनाया जाए। बाकी दो सेमेस्टर में कई विकल्प हों। 'कोर-कोर्सेज' साहित्य पर केन्द्रित हों—मतलब हिन्दी लैंग्वेज और हिन्दी लिट्रेचर से सम्बन्धित हों। बाकी दो सेमेस्टर में विकल्प के रूप में मीडिया, ट्रांसलेशन एंड इंटरप्रिटेशन आदि को रखा जा सकता है। यह केवल डिप्लोमा सर्टिफिकेट कोर्स न हो बल्कि बच्चों को इसकी कम्प्लीट ट्रेनिंग दी जाए। अगर इस तरह के काम के लिए यूनिवर्सिटी पैसा नहीं देती है तो सेंटर को पहल करनी चाहिए कि वह किसी प्राइवेट सेक्टर के पास जाकर अपने कोर्सेज के बारे में बताए और उन्हें स्पॉन्सर करने को कहे। हिन्दी के कोर्सेज को प्रोफेशनलाइज करने की आवश्यकता है, नहीं तो हमारे हिन्दी के लड़के बेकार हो जाएँगे। जो भी स्टूडेंट आगे टीचर बनना चाहते हैं, उनके लिए टीचर ट्रेनिंग का भी एक कोर्स होना जरूरी है क्योंकि लिट्रेचर पढ़ना एक बात है और पढ़ाना दूसरी बात। एक कोर्स विज्ञापन का भी होना चाहिए क्योंकि आजकल विज्ञापन में हिन्दी का इस्तेमाल बहुत किया जा रहा है। जैसे—'जय हो' नाम का गाना हिन्दी की ही मदद से बना है और यह अपने-आपमें दिमाग का काम है। हम चाहते हैं कि इस तरह के वोकेशनल कोर्सेज के लिए सारी सुविधाएँ हों, विद्यार्थियों को अच्छी ट्रेनिंग दी जाए। एक थ्योरी पार्ट हो, दूसरा प्रैक्टिकल हो। इसके लिए बाकायदे लेबोरेट्री की व्यवस्था भी की जाए। क्योंकि आज के जमाने में इस तरह के कोर्स की अधिक आवश्यकता है। आज के जमाने में पुराने ढंग का कोर्स नहीं चल पाएगा।

सुमन केशरी : आपने कोर्स के रूप में हिन्दी लैंग्वेज एंड लिट्रेचर के स्कोप को बढ़ाने या बदलने की बात की। लेकिन मेरा आशय यह नहीं था। कभी-कभी लगता है कि भाषा की राजनीति या धर्म की राजनीति भी कोर्स को अपने ढंग से प्रभावित करती है। जब हम मीर या ग़ालिब को पढ़ते हैं और जब हम कोर्स में रीतिकालीन साहित्य पढ़ते हैं तो हमारी सेंसिबिलिटी मीर या ग़ालिब के ज्यादा नजदीक होती है। ऐसे में इनको अलग-अलग करके देखना अर्थात् हिन्दी-उर्दू को अलग करना अपनी सेंसिबिलिटी को झुठलाने जैसा तो नहीं है?

नामवर सिंह : अच्छा हुआ, तुमने यह प्रश्न पूछ लिया। मैंने डी.यू. का नया कोर्स बनवाया जो पास हो गया है। मैंने कहा कि भक्तिकाल, रीतिकाल, छायावाद, नई

कविता आदि को फॉर्म के आधार पर बाँटो। एक कोर्स लिरिक का हो जिसमें अपभ्रंश के दोहा से लेकर, सूर, कबीर के पद, रीतिकाल के सवैया, कवित्त, छायावाद के कवियों की छोटी कविताएँ तथा आज के कवि भी जो लिख रहे हैं, सब एक साथ हों। इसे हम ऐतिहासिक डॉक्यूमेंट के रूप में न पढ़ें बल्कि आज की कविता मानकर पढ़ें तो देखेंगे कि उसमें एक सम्बन्ध जुड़ जाएगा। साथ ही यह भी देखेंगे कि उसमें एक परम्परा है या कहीं चेंज होता है। जैसे—सूर के पद, कबीर के पद को आज भी गाया जाता है और उस म्यूजिक को हम आज का मानकर सुनते हैं। उसी तरह से मैंने कहा कि लम्बी कविताओं को अगर पढ़ाते हो तो 'रामचरितमानस' से लेकर 'मुक्तिबोध' की लम्बी कविता तक एक कोर्स होना चाहिए।

सुमन केशरी : मैं मीर और ग़ालिब की बात कर रही हूँ कि जो उर्दू की परम्परा है, उसमें क्या हो?

नामवर सिंह : गजल का एक कोर्स होना चाहिए, जिसमें मीर से लेकर फ़ैज़ अहमद फ़ैज़ या आज के दौर में भी कोई गजल लिख रहा हो, सभी को एक साथ पढ़िए। नज्म का भी दूसरा अलग कोर्स हो। हमने कहा कि फॉर्म के आधार पर विभाजित कीजिए, 'डिकेड और एज' के आधार पर नहीं।

सुमन केशरी : अगर हम फॉर्म के अनुसार करते हैं तो चाहे वह भाषा हो या सेंसेबिलिटी हो, ऐसा नहीं लगता कि उसके साथ न्याय नहीं कर पाएँगे। जैसे—हम भूषण को पढ़ रहे हैं तो भूषण की सेंसेबिलिटी एक डिफरेंट सेंसेबिलिटी है।

नामवर सिंह : रहा करे। आज जो 'वर्थवाइल' बचकर आया है, महत्त्व उसका है, वरना इस आधार पर संस्कृत को अब खत्म कर देना चाहिए।

सुमन केशरी : नहीं-नहीं, मैं यह बात नहीं कर रही। मेरा मानना है कि जैसे भूषण का जो काल था या जिसके लिए वे लिख रहे थे, ठीक है। हम उसको लिरिक्स में पढ़ रहे हैं लेकिन भूषण की सेंसेबिलिटी और घनानन्द की सेंसेबिलिटी अलग होगी।

नामवर सिंह : देखो, ऐसा है, इस पर जर्मन में पूरा-का-पूरा सिद्धान्त है—रिसेप्शन थ्योरी। रचना पुरानी हो या नई हो, महत्त्वपूर्ण यह नहीं है बल्कि हम रिसीव कैसे कर रहे हैं, यही इम्पॉर्टेंट है। हो सकता है कि हम आज के पोएट की अपेक्षा कबीर को ज्यादा रिसीव करें, तो 'रिसेप्शन इज मेन थिंग'। समझने का मतलब है—किसी चीज को अपनी जमीन पर उतार लेना। इसी को अवतार कहते हैं। केवल भगवान ही अवतार नहीं लेते हैं, कविता भी अवतार लेती है। इसलिए भगवान को हम निर्गुण ब्रह्म से सगुण बनाते हैं, टाइम से उसको बाहर करते हैं और अपनी जमीन पर उतार लेते हैं। फिर उससे जब हम बात करते हैं तब वह अपना होता है। जब तक दूरी बनी रहेगी, कालक्रम की तब तक हम उसको रिसीव नहीं कर सकते। हाउ टू रिसीव? और रिसीव करने के लिए अवतार जरूरी है। भगवान तो बहुत बड़े थे। यशोदा ने

कहा कि हम तो चाहते हैं कि तुम हमारी गोद में आकर खेलो, तभी तुम हमारे हो। इसी सिद्धान्त पर कोर्स बनने चाहिए। डी.यू. का कोर्स बनाते समय मैंने यही कहा, छोड़ो रीतिकाल और मध्यकाल। इससे दूरी बराबर बनी रहेगी और लगेगा कि हम रीतिकाल पढ़ रहे हैं। आज की बनाकर पढ़ो कविता को, आनन्द भी आएगा, तुम्हारी हो जाएगी, तुमको याद हो जाएगी। विद्या और ज्ञान का मतलब है 'इंटिमेसी'—अन्तरंगता! किसी चीज को इंटिमेट होना चाहिए। इसलिए इतिहास के कोर्स से साहित्य का कोर्स अलग होता है क्योंकि इतिहास में बराबर सेंस ऑफ हिस्ट्री बनी रहती है। वहाँ एंशिएंट, मिडेवल, मॉडर्न है।

हम तो इतनी दूर तक मान के चलते हैं कि 'ट्रांसलेशन स्टडीज' के अन्तर्गत विदेशी कविता अपनी कविता हो जाती है। ट्रांसलेशन स्टडीज का मतलब है—'क्वेश्चन ऑफ एप्रोप्रिएशन, यानी हाउ टू एप्रोप्रिएट'? यही मूल सिद्धान्त है।

सुमन केशरी : आपने इतने कोर्सेज बनाए, इतनी कमेटियों में रहे। डॉ. साहब, जब हम छोटे से क्लर्क की नौकरी करने जाते हैं तब पहले लिखित परीक्षा होती है, फिर इंटरव्यू और फिर ट्रेनिंग होती है। यहाँ तक कि स्कूल टीचर के लिए भी पहले बी.एड. करना होता है, क्लास लेनी होती है, पास करना पड़ता है। लेकिन हमारे यहाँ लेक्चरर बनने के लिए कुल 15 मिनट या आधा घंटा या हद-से-हद एक घंटे का इंटरव्यू काफी माना जाता है। भले ही वह उसके बाद पढ़ा पाए या नहीं यानी कि एक आदमी पन्द्रह मिनट में जाकर आपको इम्प्रेस कर दे और उसके बाद पैंतीस साल तक पढ़ाता रहे, चाहे पढ़ाना आता हो या नहीं, इस पर आपने कभी कुछ विचार किया है?

नामवर सिंह : उस पर बहुत सोचा है। हमारा बस चलता तो कर लेते। इस मामले में हम अमरीकन सिस्टम या ब्रिटिश सिस्टम को देख सकते हैं। वहाँ इंटरव्यू नहीं होता है बल्कि एक सेमिनार होता है जिसमें पूरी फैकल्टी होती है, स्टूडेंट्स होते हैं। उसमें उन्हें भी बुलाया जाता है जो कहीं पढ़ा रहे होते हैं या जिनका उस विषय में नाम होता है। उस सेमिनार में उनका लेक्चर होता है, सवाल-जवाब होते हैं और उसी दौरान यह तय हो जाता है कि यहाँ लायक यह व्यक्ति है या नहीं या यह किस पोस्ट (प्रोफेसर, रीडर या लेक्चरार) के लायक है। इस सिस्टम के तहत उसकी योग्यता का पूरा पता चल जाता है। यहाँ भी यही होना चाहिए। एक जो आदमी प्रतिष्ठित है, उसको ऑफर करके बुला लीजिए, कोई इंटरव्यू की जरूरत नहीं है। चाहें तो उसका एक लेक्चर करवा दें। सवाल-जवाब हो और फिर तय हो जाए, यह एक तरीका है। इंटरव्यू में बुलाकर 5-10 मिनट में किसी की योग्यता का पता नहीं लगाया जा सकता।

सुमन केशरी : लेकिन आप इतने बड़े पदों पर रहे, आपने इस तरह की शुरुआत करने की कोशिश नहीं की कि ऐसा हो?

नामवर सिंह : महात्मा गांधी यूनिवर्सिटी के दो-तीन ऑफर मैंने इसी तरह से दिलवाए हैं।

सुमन केशरी : प्रोफेसर के लिए दिलवाए होंगे, लेक्चरर के लिए तो नहीं दिलवाए होंगे?

नामवर सिंह : अभी तो इतना ही कर सकता हूँ। यह विश्वास की चीज है और इम्पावरमेंट की चीज है। हमारे यहाँ मुश्किल यह है कि किसी को अगर यह अधिकार दे दो तो उसका बहुत दुरुपयोग होता है।

दूसरा तरीका यह है कि जो भी डिपार्टमेंट या सेंटर हो, उसका चेयरमैन इनिशिएटिव ले कि हमारा स्टूडेंट है, क्योंकि दूसरों को आप जानते नहीं हैं। अगर स्टूडेंट्स में से ही किसी अच्छे स्टूडेंट की नियुक्ति आप करते हैं तो ठीक है। जे.एन.यू. में शुरुआती दौर में अधिकांशत: यहीं के स्टूडेंट्स को लिया गया।

सुमन केशरी : डॉ. साहब, मैं कह रही हूँ कि नियुक्ति में ट्रांसपैरेंसी बनी रहे। जैसे सौ एप्लीकेशंस आए, आपने उसको स्क्रीनिंग करके कुछ पैरामीटर बना लिया, उसके आधार पर आपने आठ-दस लोगों को चुन लिया, उनका ही सेमिनार करवा दिया तो इसमें बहुत ज्यादा समय तो जाएगा नहीं।

नामवर सिंह : ऐसा है कि कोई भी चीज देखने में अच्छी लगती है, 'फुलप्रूफ' कहीं नहीं होता। हमारा समाज इस मामले में इतना गड़बड़ हो गया है कि भगवान नाम की कोई चीज है, ऐसा डर खत्म हो गया है। बड़ी भद्र बेहयाई के साथ इसका लोग दुरुपयोग करेंगे। इसलिए फुलप्रूफ तो बहुत मुश्किल है।

सुमन केशरी : कम-से-कम दस लोगों के सामने तो होगा सही कि इसने ऐसा पढ़ाया था?

नामवर सिंह : मैंने तो बताया ही कि यह तरीका होते हुए भी इसमें कई गड़बड़ियाँ हैं। इंग्लैंड, अमरीका में भी ऐसा होता है, कई कहानियाँ मुझे पता हैं।

सुमन केशरी : गड़बड़ियाँ तो होती ही हैं। तय करके बता दिया जाता है कि हम आपसे यह सवाल पूछेंगे, आप तैयार कर लीजिए।

नामवर सिंह : सारी चीजों को फुलप्रूफ करना तो बड़ा मुश्किल है। लेकिन जहाँ स्ट्रक्चर मजबूत है, वहाँ ऐसा सीधा सम्भव नहीं है। उदाहरण के लिए जे.एन.यू. में मनमानी करके वी.सी. किसी को नहीं बुला सकता। फैकल्टी मेम्बर के सहयोग के बिना वी.सी. अपनी पसन्द के किसी आदमी को अप्वाइंट नहीं कर सकता। 'चेक एंड बैलेंस' जिसे कहते हैं, वह बहुत जरूरी है। लेकिन यह कैसा हो, कैसे हो, यह बड़ा पेचीदा मसला है।

चुनने की प्रक्रिया को लेकर इस वक्त देश में यू.पी.एस.सी. ही ऐसी संस्था है

जिस पर कोई अँगुली नहीं उठाई जा सकती है। अभी तक यह संस्था सन्देह के दायरे में नहीं है। चूँकि मैं यू.पी.एस.सी. की कई कमेटियों में रहा हूँ इसलिए देखा है कि कैसे-कैसे लोगों को चेक किया गया है। किस तरह से दबावों का सामना किया जाता है। इसी वर्ष देख लीजिए, तीनों टॉपर लड़कियाँ हैं जिनमें से एक ने तो हिन्दी माध्यम से ही इतना ऊँचा स्थान पाया है। मैं तो कहता हूँ, यू.पी.एस.सी. जैसी ही संस्था यूनिवर्सिटी के लिए भी बनाई जानी चाहिए। विशेषकर सेंट्रल यूनिवर्सिटी के लिए तो और भी जरूरी है। यूनिवर्सिटी को स्वायत्तता भी मिलनी चाहिए। मैं समझता हूँ कि इससे बहुत सारा भ्रष्टाचार दूर हो जाएगा। मतलब या तो सारी यूनिवर्सिटी को कम्प्लीट ऑटोनॉमी दे दीजिए या फिर एक कमीशन। इसी तरह वी.सी. का चुनाव यूनिवर्सिटी कोर्ट करे, जैसा बी.एच.यू. में मैंने देखा है। वहाँ के वी.सी. यानी राधाकृष्णन का उम्मीदवार हार गया और राधाकृष्णन ने रिजाइन किया हमारे सामने। इसलिए सिस्टम तो बनाए जा सकते हैं, लेकिन 'चेक एंड बैलेंस' की नीति जरूरी है।

[राजकमल प्रकाशन, नई दिल्ली, द्वारा प्रकाशित पुस्तक 'जे.एन.यू. में नामवर सिंह', सम्पादक : सुमन केशरी, प्रथम संस्करण, 2009 में 'भगवान ही नहीं, कविता भी अवतार लेती है' शीर्षक से प्रकाशित]

खंड-4

सामाजिक-सांस्कृतिक समीक्षा जारी रहनी चाहिए

पुरुषोत्तम अग्रवाल

पुरुषोत्तम अग्रवाल : 'आलोचना' का सम्पादन आपने किन परिस्थितियों में सँभाला? उस समय आपकी मुख्य चिन्ता क्या थी? पत्रिका की क्या अवधारणा आपके मन में थी? पिछले वर्षों के अनुभव की रोशनी में, उस अवधारणा की पूर्ति में आप स्वयं को कहाँ तक सफल मानते हैं?

नामवर सिंह : मेरे सम्पादन में 'आलोचना' का पहला अंक सन् 1967 की जुलाई में निकला। यह अप्रैल-मई-जून का अंक था। चौथे आम चुनाव के बाद निकले इस अंक के प्रकाशन के पहले मैंने एक विज्ञप्ति प्रकाशित की, जिसमें 'आलोचना' की आवश्यकता, उद्देश्य और योजना के बारे में विस्तार से बताया गया था। यह विज्ञप्ति इस अंक के अन्तिम कवर पर छपी थी।

आज उस विज्ञप्ति की दो बातें याद आ रही हैं। एक तो यह कि 1967 की भारतीय राजनीति और साहित्यिक वातावरण में मूल्यों का संकट अनुभव होता था। इसे मैंने मूल्यान्धता की स्थिति कहा। दूसरे, गहरे संक्रमण की उस स्थिति में मुझे लगा कि 'आलोचना' को सिर्फ साहित्यिक ही नहीं, सामाजिक-सांस्कृतिक दायित्व भी निभाने होंगे। इस प्रसंग में यह उल्लेखनीय है कि 'आलोचना' में आयोजित पहला संवाद चौथे आम चुनाव के बारे में ही था।

इस प्रकार संक्रमण की उस स्थिति में 'आलोचना' का मुख्य स्वर संवाद की पुन:स्थापना का था। इरादा यह था कि राष्ट्रीय समस्याओं पर जागरूक लेखकों और बुद्धिजीवियों के बीच संवाद हो। मैंने अपनी विज्ञप्ति में कहा था कि लगभग संवादहीनता की स्थिति उत्पन्न हो गई है। 'आलोचना' के माध्यम से कोशिश इसी संवादहीनता को तोड़ने की थी। इस रूपरेखा का कुछ आभास पहले अंक से मिलेगा।

प्रयत्न था कि समान विचारों वाले लोगों के बीच या ऐसे लोगों के बीच, जिनके मतभेदों के आधार कम-से-कम स्पष्ट हैं, संवाद फिर से कायम हो। बाद के वर्षों में 'आलोचना' की रूपरेखा स्पष्ट होती गई। 1970 तक तो प्राय: किसी-न-किसी विषय पर संवाद आयोजित किए गए। चौथे आम चुनाव के बाद मैंने 'आलोचना' की भाषा पर एक संवाद रखा। एक संवाद रोमैंटिक बनाम आधुनिक पर किया गया।

मुक्तिबोध पर केन्द्रित अंक में कविता और राजनीति के सम्बन्धों पर विचार किया गया। उन दिनों युवा कविता का बड़ा जोर था, तो एक संवाद उस पर भी हुआ। इस प्रकार नये-पुराने, वामपंथी-गैरवामपंथी लेखकों के बीच संवाद स्थापित करने में आलोचना की महत्त्वपूर्ण भूमिका रही, इसे दूसरों ने भी स्वीकार किया है।

बाद के बरसों में कुछ व्यवधान आए। मैं दिल्ली से जोधपुर चला गया। 'आलोचना' के लिए अपेक्षित समय देना सम्भव न रहा। संवादों का यह क्रम नहीं चला। इसकी पूर्ति मैंने दूसरे रूपों में करने की कोशिश की। इस समय मैंने अनुवाद ज्यादा किए। वस्तुतः कुछ विदेशी विद्वानों और लेखकों के विचारों से हिन्दी पाठकों का परिचय ही 'आलोचना' ने कराया। मिसाल के तौर पर जार्ज लूकाच, लूसिये गोल्डमान, वोल्टर बेंजामिन आदि। रोज़र गारोदी और हर्बर्ट मार्क्यूस के विचार भी 'आलोचना' में प्रकाशित हुए। संवादों की पूर्ति तो खैर, इससे नहीं हो सकती थी, लेकिन इन अनुवादों के माध्यम से हिन्दी पाठकों के सामने नवीनतम विचारधाराएँ रखने की कोशिश तो मैंने की ही। हालाँकि यह स्वीकार करता हूँ कि 'आलोचना' के आरम्भिक तीन वर्षों का स्तर बाद में न बना रह सका। बीच-बीच में एकाध अंक अच्छे निकल जाते थे, लेकिन कई हलके भी रहते थे।

'आलोचना' में पुस्तक समीक्षकों का महत्त्वपूर्ण स्थान था। शुरू से ही यह कोशिश रही कि समीक्षकों से बात कर समकालीन साहित्य की समीक्षा नियोजित ढंग से की जाए। जरूरत से ज्यादा प्रतिष्ठित और दूसरी तरफ नितान्त उपेक्षित, दोनों प्रकार के लेखकों का ठीक से मूल्यांकन हो। साथ ही कोई नया, सार्थक सर्जनात्मक प्रयास रेखांकित होने से छूट न जाए। कहना चाहिए कि 'आलोचना' के मार्फ़त ये दोनों काम बहुत अच्छे ढंग से हुए। बाद में 'आलोचना' के समीक्षकों के बिखर जाने के कारण पुस्तक समीक्षा का काम कुछ दिनों के लिए मद्धिम पड़ गया। पिछले तीन-चार वर्षों से पत्रिका में फिर से नया प्राण भरने की कोशिश कर रहा हूँ। चार-पाँच विशेषांक निकले हैं। पुस्तक समीक्षाएँ भी व्यवस्थित हुई हैं। प्रकाशन में भी नियमितता आई है। फिर भी अन्ततः मूल्यांकन तो आप ही लोग करेंगे।

पुरुषोत्तम अग्रवाल : आपने मूल्यान्धता और संवादहीनता का उल्लेख किया; क्या ये दोनों बातें आज भी लागू नहीं होती हैं? मूल्यान्धता जारी है। सतही संवादों को छोड़ दें, तो सही मायनों में संवाद आज भी सम्भव नहीं है। तो क्या 'आलोचना' की लगभग वही ऐतिहासिक भूमिका आज नहीं है, जो सन् '67 में थी?

नामवर सिंह : अंशतः यह बात सही है। आरोप-प्रत्यारोप ज्यादा हैं, सहयोगी प्रयास के रूप में साहित्यिक चिन्तन कम। वैचारिक आदान-प्रदान के द्वारा संवाद की पुनःस्थापना जरूरी है, लेकिन अभी यह सम्भव नहीं दिखता। टटोलने की कोशिश मैंने की है, लेकिन कुछ लोगों को 'आलोचना' का मंच ही स्वीकार्य नहीं है। पूर्वग्रह दूसरों के हो सकते हैं, तो मेरे भी।

पुरुषोत्तम अग्रवाल : इसका अर्थ यह हुआ है कि सन् '67 की तुलना में आज संवादहीनता कहीं अधिक तीक्ष्ण है?

नामवर सिंह : दिखता तो यही है।

पुरुषोत्तम अग्रवाल : क्या आपको ऐसा लगता है कि उस समय किसी भी तरह सही, लेकिन संवाद सम्भव था, लेकिन अब संवाद सम्भव ही नहीं है?

नामवर सिंह : मैंने यह कहा कि 'आलोचना' के मंच से सम्भव नहीं है। दूसरा कोई मंच सम्भव बना सके तो मुझे खुशी होगी। वैसे 'आलोचना' में अब भी विभिन्न विचारों का स्वागत है। इसे आज अमल में भी देख सकते हैं। लेकिन लगता है कि यह दौर फतवे देने का है, बहस करने का नहीं। प्रमाण है, इधर की साहित्यिक गोष्ठियाँ। संवाद के लिए अपेक्षित धैर्य और सहिष्णुता का मुझे अभाव दीख पड़ता है।

पुरुषोत्तम अग्रवाल : आलोचक और सम्पादक की भूमिका में आप क्या अन्तस्सम्बन्ध देखते हैं? आलोचना का सम्पादन सँभालने के कुछ ही दिन बाद आपकी सर्वाधिक विवादास्पद और चर्चित पुस्तक आई। उन्हीं दिनों बनी संविद सरकारों में इसका सन्दर्भ खोजते हुए 'पूर्वग्रह' के, आप पर केन्द्रित अंक में, एक सज्जन ने आपकी आलोचना-पद्धति को मार्क्सवाद नहीं, संविदवाद कहा। क्या ऐसे आरोप आपके सम्पादन पर भी लगाए गए हैं?

नामवर सिंह : मैंने कभी भी 'आलोचना' को अपने विचारों के प्रचार का साधन नहीं बनाया। 'आलोचना' उन बहुत थोड़ी-सी पत्रिकाओं में से है, जिनके द्वारा सम्पादक का आत्म-विज्ञापन नहीं हुआ है। यह कोई बड़ी बात तो नहीं है, लेकिन मेरी किसी पुस्तक की समीक्षा 'आलोचना' में नहीं निकली। इस सिद्धान्त का पालन मैंने बड़ी दृढ़ता से किया है। अपनी प्रशंसा में कभी कोई लेख नहीं छापा, जबकि दूसरे बहुत से सम्पादक करते हैं। जिनसे मैं असहमत हूँ, उनके विचार छापने की गुंजाइश बनाए रखी है, ताकि संवाद बना रहे। मैं 'आलोचना' को अपना पर्याय नहीं मानता। मैं 'आलोचना' में स्वयं को निमित्त मानता हूँ। जो रूप गोष्ठियों में संयोजक का होता है, 'आलोचना' में सम्पादक का रूप मैंने बहुत कुछ वही रखा है।

अब मेरी पुस्तकों को कोई कहे कि वह मार्क्सवाद नहीं, संविदवाद है, तो यह उनका अपना विचार है। आज तो एक नहीं, अनेक मार्क्सवाद हैं।

पुरुषोत्तम अग्रवाल : 'पूर्वग्रह' के उसी अंक में प्रकाशित एक इंटरव्यू में अपनी आलोचना-पद्धति पर आपने एफ.आर. लीविस, लूकाच व ग्राम्शी और बेंजामिन का प्रभाव स्वीकार किया है। क्या ऐसा कोई प्रभाव आपके सम्पादन-कर्म पर भी पड़ा?

नामवर सिंह : किसी प्रत्यक्ष प्रभाव या प्रेरणा का स्मरण नहीं है। फिर भी हिन्दी के अनेक सम्पादकों के प्रति मेरे मन में बहुत आदर है। हिन्दी के सबसे बड़े सम्पादक

आचार्य महावीर प्रसाद द्विवेदी का नाम इनमें पहला है। उनकी पत्रिका 'सरस्वती' अपने युग की आवश्यकता के अनुरूप थी, लेकिन 'सरस्वती' 'आलोचना' का आदर्श नहीं हो सकती। इसी प्रकार 'हंस' के सम्पादक प्रेमचन्द के प्रति भी मेरे मन में बहुत आदर है, लेकिन 'आलोचना' 'हंस' नहीं है। विदेशी पत्रिकाओं में जिसे मैं निकटतम कह सकता हूँ, वह है 'स्क्रूटनी'। यह पत्रिका बीस वर्षों तक एफ.आर. लीविस ने जिस निष्ठा और लक्ष्योन्मुखता के साथ निकाली, वह किसी के लिए भी स्पर्धा की वस्तु हो सकती है। लेकिन आदर्श वह भी नहीं हो सकती थी, क्योंकि उसकी ऐतिहासिक भूमिका एकदम अलग थी। 'स्क्रूटनी' टी.एस. इलियट के विचारों को माननेवाली घोषित रूप से मार्क्सवाद विरोधी पत्रिका थी। कुछ विचारों और कसौटियों में बहुत ही संकीर्ण थी। निश्चय ही 'आलोचना' का मॉडल 'स्क्रूटनी' नहीं थी। जनवादी और समाजवादी विचारों की पत्रिका होने के कारण 'आलोचना' 'स्क्रूटनी' से अलग थी। इसके अलावा 'स्क्रूटनी' में संवाद की स्थिति नहीं थी। उसके साथ एक निश्चित गुट था। 'आलोचना' के लेखकों की सूची बनाएँ तो ऐसा कोई गुट नहीं दिखेगा। कुछ लेखक अक्सर लिखते रहते हैं; खास तौर से पुस्तक समीक्षाएँ; लेकिन कोई गुट नहीं बना। 'आलोचना' ने 'स्क्रूटनी' सरीखी उखाड़-पछाड़ भी नहीं की। इसलिए मैं कह नहीं सकता कि ऐसा कोई प्रेरणास्रोत है, जिससे कि सम्पादक के रूप में मैंने प्रेरणा ली हो।

पुरुषोत्तम अग्रवाल : हालाँकि पहले सवाल में थोड़ा जिक्र हुआ है, लेकिन मैं विस्तार से जानना चाहूँगा कि पिछले डेढ़ दशक में 'आलोचना' की उपस्थिति का आप स्वयं क्या मूल्यांकन करते हैं?

नामवर सिंह : इस दौर में साहित्य और 'आलोचना' की स्थिति को कई रूपों में विभाजित किया जा सकता है। इधर आप देखेंगे कि 'आलोचना' पुराने रूप में ही नहीं निकल रही है। दोबारा सम्पादन स्वीकार करते ही मैंने अपना पहला अंक आचार्य हजारी प्रसाद द्विवेदी पर निकाला। फिर प्रेमचन्द पर दो अंक निकाले। उसके बाद नागार्जुन की सत्तरवीं वर्षगाँठ पर समकालीन कविता पर अंक निकाला। फिर रामविलास शर्मा पर। इन अंकों में व्यक्ति-पूजा नहीं की गई है, बल्कि आज के लिए जरूरी साहित्यिक मूल्यों-मान्यताओं को परिभाषित करने का यत्न किया गया है। यद्यपि ये परिसंवाद नहीं हैं, लेकिन फिर भी विभिन्न विचारों के लेखकों के विचार इनमें प्रकाशित किए गए हैं।

इसी के साथ पुस्तक समीक्षा का काम फिर से व्यापक रूप से शुरू किया गया है। समकालीन प्रकाशनों के मूल्यांकन द्वारा जो ठोस आलोचनात्मक कार्य हो सकता है, वह हवाई सैद्धान्तिक लेखन के मार्फत नहीं हो सकता। समकालीन अवांछित प्रवृत्तियों के विरुद्ध 'आलोचना' के माध्यम से कड़ा वैचारिक संघर्ष जरूरी है।

मेरी दृष्टि में इस वक्त मोर्चा दोहरा है। एक तो शुद्ध कलावाद-सौन्दर्यवाद का

मोर्चा, और दूसरे, मार्क्सवाद की उथली–फूहड़ समझ से प्रेरित स्थूल समाज–शास्त्रीयता। इन विशेषांकों के माध्यमों से 'आलोचना' ने शुद्ध कलावाद–सौन्दर्यवाद के विरुद्ध संघर्ष के उपयुक्त माध्यमों, प्रतीकों को रेखांकित किया है। दूसरी ओर, मार्क्सवाद की उथली समझ के आधार पर सौन्दर्य, कला और रूप सम्बन्धी बारीकियों की उपेक्षा करनेवाली स्थूल दृष्टि से लगातार मोर्चा लेने की जरूरत है। क्रान्तिकारी उत्साह के दौर में कई बार मार्क्सवादी आलोचक राजनीतिक शब्दावली का ही प्रयोग नहीं करते, बल्कि ऐसी दृष्टि अपनाते हैं, जो गैर–साहित्यिक होती है। पूर्वोक्त चारों साहित्यकारों के माध्यम से उस प्रवृत्ति की मैत्रीपूर्ण समीक्षा करने व उसकी सीमाएँ दिखाने की कोशिश 'आलोचना' ने की है। सफलता कहाँ तक मिली, मैं नहीं जानता।

पुरुषोत्तम अग्रवाल : क्या इस प्रवृत्ति की उपस्थिति क्रान्तिकारी उत्साह का वास्तविक सबूत देती है ? सन् '67 में तो फिर भी वातावरण था, लेकिन पिछले तीन–चार सालों में किसी क्रान्तिकारी उभार का वातावरण कम–से–कम मुझे नहीं दिखता; फिर भी साहित्य में छद्म क्रान्तिकारिता बढ़ती चली जा रही है—सर्जना और आलोचना, दोनों ही के स्तर पर। इस पर आपकी क्या टिप्पणी है ?

नामवर सिंह : टिप्पणी तो आपके सवाल में ही निहित है। छद्म क्रान्तिकारिता वस्तुतः वामपंथी शक्तियों की ताकत को नहीं, कमजोरी को अभिव्यक्त करती है। यह कमजोरी जन आधार की क्षीणता में निहित है। जब असुरक्षा की भावना व्याप्त हो, जब व्यापक जनसंगठन का वास्तविक आधार न हो, और जब जनता के सामान्य असन्तोष के आधार पर फूटने वाले स्वतःस्फूर्त आन्दोलनों को क्रान्तिकारी दिशा देने की दृष्टि न हो, तो निम्न मध्यवर्गीय बुद्धिजीवियों में छद्म क्रान्तिकारिता दिखाई पड़ती है। प्रमाण यह देना चाहूँगा कि एक राजनीतिक दल के लेखकों ने इस बीच अपना साहित्यिक संगठन बनाया है। यह संगठन हिन्दी तक सीमित है, जहाँ कि वह राजनीतिक दल लगभग नगण्य है। जहाँ वह राजनीतिक दल सत्ता में है, वहाँ लेखकों का संगठन गायब है। उदाहरण के लिए पश्चिम बंगाल स्पष्ट है, कि जहाँ सामाजिक आधार बहुत ही कमजोर है, वहीं सबसे ज्यादा क्रान्तिकारिता दिखाई जा रही है। अन्दाज लगाया जा सकता है कि यह क्रान्तिकारिता कितनी बेबुनियाद है। यह क्रान्तिकारिता तथाकथित 'आलोचना' में ही अधिक व्यक्त हो रही है, रचनात्मक साहित्य में कम। तो जहाँ न तो वस्तुनिष्ठ सामाजिक आधार हो और न ही अपेक्षित रचनात्मक साहित्य; जाहिर है कि वहाँ सच्ची साहित्यिक 'आलोचना' भी न होगी, बल्कि इसके नाम पर नारेबाजी–फतवेबाजी होगी। इन चीजों का असर न समाज पर पड़ने वाला है, न साहित्य पर। साहित्य में ये नारे, ये फतवे और ये घोषणा–पत्र कोई निर्णायक भूमिका नहीं निभाते। न तो ये लोग अपनी परम्परा का मूल्यांकन कर रहे हैं, न कोई नई साहित्य–दृष्टि दे रहे हैं, न दे सकते हैं। यह बात तो आपकी टिप्पणी से ही स्पष्ट है।

पुरुषोत्तम अग्रवाल : आपने अभी कहा कि 'आलोचना' का जोर इस समय दोहरे संघर्ष पर है। क्या इसका अर्थ यह लगाया जाए कि इस दौरान 'आलोचना' में प्रकाशित समीक्षाएँ व लेख सम्पादक के अपने विचारों और पूर्वग्रहों को व्यक्त कर रहे हैं?

नामवर सिंह : पुस्तक समीक्षाओं पर हमारा कोई वश नहीं है। इसे लोग बुर्जुआ मूल्य मानते हों, लेकिन 'आलोचना' में कोई समीक्षा वाला लेख प्रकाशित करते समय मैं कभी कलम नहीं चलाता। किसी असुविधाजनक विचार को भी मैं नहीं काटता। मैं केवल भाषा ठीक करता हूँ। तथ्य सम्बन्धी भूल यदि किसी लेख में जा रही हो तो लेखक को सूचित कर उसकी अनुमति से ही ठीक कर देता हूँ। वह भी एकतरफा नहीं। इससे स्पष्ट है कि पुस्तक समीक्षाएँ सम्पादक के विचारों को व्यक्त नहीं करतीं। लेकिन पुस्तक व उसके समीक्षक का चयन कहीं-न-कहीं सम्पादक की दृष्टि को तो सूचित करता ही है।

पुरुषोत्तम अग्रवाल : इन दिनों 'आलोचना' के स्वरूप में बदलाव स्पष्ट दिखता है। संवाद और विदेशी लेखकों के अनुवाद बिलकुल गायब हैं। कविताएँ प्रकाशित करने में 'आलोचना' ने बहुत ही महत्त्वपूर्ण भूमिका अदा की है, लेकिन इधर कविताओं के प्रति भी 'आलोचना' उदासीन है। क्या बदलाव सजग रूप से लाए जा रहे हैं?

नामवर सिंह : पहली समस्या बहुत व्यावहारिक है। बीच में बहुत दिनों तक अनियमित हो जाने के कारण 'आलोचना' के अंक पिछड़ गए। इसीलिए संयुक्तांक निकालकर मैंने 'आलोचना' की प्रकाशनावधि को अद्यतन बनाने की कोशिश की है। विशेषांकों के अलावा सामान्य अंकों को भी एक निश्चित रूप देने की कोशिश है, मसलन नवीनतम अंक उपन्यासों पर केन्द्रित है। अद्यतन बनाने की समस्या के कारण सामान्य अंकों पर पर्याप्त ध्यान नहीं दिया जा सका। कविताओं के बारे में बात यह है कि जब 'आलोचना' का सम्पादन मैंने शुरू किया तो चुनकर कविताएँ छापीं, ताकि कविता में हो रहे सार्थक परिवर्तन रेखांकित हों। अब मैं देखता हूँ कि कविता के प्रकाशन के अनेक माध्यम सुलभ हैं। कविता की वापसी तक की चर्चा हुई है। आज स्थिति यह है कि पत्रिकाओं में प्रकाशन के पहले ही कविताओं के संकलन प्रकाशित हो जाते हैं। कविता का प्रकाशन अब कोई समस्या नहीं है, इसलिए मैंने जानबूझकर फिलहाल कविताएँ छापना बन्द कर दिया है। कविताएँ छापनेवाली पत्रिकाएँ और भी हैं। कविता-पुस्तकें भी छप रही हैं धड़ाधड़; इसलिए यदि 'आलोचना' कविताएँ न छापे तो इससे कविता की कोई क्षति न होगी। 'आलोचना' की तो नहीं ही होगी। फिर भी मैंने कविताएँ न छापने की कसम नहीं खा रखी है।

रही बात संवादों की। यह विचार मैंने एकदम छोड़ नहीं दिया है। 'आलोचना' अब अद्यतन तो हो गई है। आगे के लिए, मेरी योजना मार्क्स की निधन शताब्दी के सिलसिले में विशेषांक निकालने की है। इसमें एक निश्चित विषय पर संवाद तो होगा ही; साथ ही महत्त्वपूर्ण समकालीन लेखकों के प्रासंगिक विचार भी देंगे। पुस्तक

समीक्षाओं को भी निश्चित रूप देने की योजना है। कुछ संक्षिप्त समीक्षाएँ छापेंगे और कुछ विस्तृत। लेकिन मुख्य समस्या नई पीढ़ी के आलोचकों और युवा विचारकों के सहयोग की है। 'आलोचना' की आरम्भिक सफलताओं में से एक यह भी कि हम उस समय की नई प्रतिभाओं को खोज सकें। इधर नई प्रतिभाओं का सहयोग उस हद तक नहीं मिल रहा है। यद्यपि कुछ युवा लेखक हैं, और हमारे सहयोगी नंदकिशोर नवल बिहार के कुछ युवकों की चीजें भी छाप रहे हैं, लेकिन वह पर्याप्त नहीं है। ताजगी किसी भी पत्रिका की शक्ति है—आलोचना को नये खून और ताजगी की जरूरत है, तलाश है। विश्वास है कि आगामी दिनों में इस दिशा में भी कुछ किया जा सकेगा।

पुरुषोत्तम अग्रवाल : हिन्दी और अन्य भारतीय भाषाओं के लेखकों की एक दुविधा यह है कि अपनी भाषाओं में लिखने के नाम पर हम सिर्फ साहित्य लिखते हैं। ज्ञान के अन्य क्षेत्रों में अपनी भाषा के मौलिक चिन्तन की परम्परा को बढ़ाने की कोशिश कम दिखती है। बहैसियत सम्पादक, इस विषय में आप क्या सोचते हैं? खास कर इसलिए भी कि 'आलोचना' के आरम्भिक दिनों में इस तरह की कोशिश थी, और इधर भी आपने रामविलास की साहित्येतर विषयों की पुस्तकों के अंश छापे हैं। क्या ऐसे नौजवान लेखकों को खोजने की कोई योजना आपके दिमाग में है, जो साहित्येतर विषयों पर हिन्दी में लिख रहे हों?

नामवर सिंह : साहित्य के अलावा, सामाजिक, राजनीतिक, सांस्कृतिक व धार्मिक समस्याओं पर लेख छापने की जरूरत बरकरार है। हिन्दी पत्रकारिता का इतिहास प्रमाणित करता है कि यह काम साहित्यिक पत्रिकाओं के माध्यम से ही होता रहा है। ऐसे विषयों पर 'आलोचना' के लिए लोगों को प्रेरित कर लिखवाने की कोशिश मैंने लगातार की है। कठिनाई यह है कि ऐसे लिखनेवाले मिलते कम हैं। कुछ लोगों को अंग्रेजी में लिखना सुगम लगता है, लाचारी में हमें अनुवाद छापने पड़ते हैं। कभी-कभी लोग हिन्दी में भी लिखते हैं। जैसे पी.सी. जोशी ने पहले अंग्रेजी में ही लिखा, लेकिन बाद में उन्होंने स्वयं हिन्दी में लेख दिये। आपने प्रश्न किया है तो मैं सबसे पहले आप ही से क्यों न कहूँ कि आगे आइए और सहयोग दीजिए! हमें खुशी होगी। 'आलोचना' को शुद्ध साहित्यिक पत्रिका हम भी नहीं बनाना चाहते। व्यापक रूप में 'आलोचना' सामाजिक-सांस्कृतिक आलोचना और समीक्षा का मंच है।

[कलावार्ता : अगस्त, 1983]

आलोचना करने का हक उसी को है जो प्रशंसा करना जानता है

हारून रशीद खान

हारून रशीद खान : डॉ. साहब, आपसे गाँव छूट गया, बनारस भी छूट गया और आप दिल्ली में आकर बस गए, लेकिन मुझे लगता है कि आपमें बनारस और गाँव अभी भी जीवित है।

नामवर सिंह : जन्मभूमि है हमारी जीयनपुर, कर्मभूमि है बनारस और दिल्ली। दिल्ली आने के बाद भी गाँव गया हूँ, गाँव-गाँव घूमा हूँ, इसलिए उसको भुलाया नहीं जा सकता। गाँव से मेरा लगाव है। दिल्ली कोट-पैंट वाला शहर है, मैं धोती-कुर्ता वाला हूँ। विदेश जाता था तो कोट-पैंट पहनकर जाता था—विशेष अवसरों पर, लेकिन यूरोप गया था धोती-कुर्ता पहनकर। गँवई हमारी पहचान है।

हारून रशीद खान : आप जब काशी हिन्दू विश्वविद्यालय में थे, साहित्य की नगरी काशी थी या इलाहाबाद?

नामवर सिंह : साहित्य की नगरी इलाहाबाद थी, बनारस नहीं थी। इलाहाबाद में दो-तीन दिन रहकर चले आते थे। मुझे साहित्यिक संस्कार ज्यादातर इलाहाबाद से ही मिले। वहाँ निराला जी थे, पंत जी थे, महादेवी जी थीं, हरिवंश राय बच्चन थे। उनके बाद की पीढ़ी के साहित्यकार जितने भी थे, सभी परिचित थे। महीने में एक बार इलाहाबाद चला जाता, सभी के दर्शन हो जाते।

हारून रशीद खान : आप द्वारा लिखित एक पुस्तक है : 'दूसरी परम्परा की खोज', जिसमें आपने आचार्य हजारी प्रसाद द्विवेदी को स्थापित किया है और आचार्य रामचन्द्र शुक्ल को पहली परम्परा से जोड़कर डॉ. रामविलास शर्मा के साथ खारिज किया है।

नामवर सिंह : हम लोग आम तौर से परम्परा की बात करते हैं। परम्परा एक नहीं है, परम्पराएँ हैं। इस पर रामविलास जी का कहना था कि आप ठीक कह रहे हैं, परम्परा नहीं होती, परम्पराएँ होती हैं। हिन्दुस्तान इतना महान देश है, प्राचीन है। हिन्दुस्तान में क्या एक गंगा ही है, और नदियाँ नहीं हैं? वेदान्त में अकेले शंकराचार्य

की परम्परा नहीं है। भक्ति की कई परम्पराएँ हैं, तो क्या साहित्य ही ऐसा छुट्टा है कि एक ही परम्परा हो? कबीरदास एक थे, तुलसीदास एक थे। राम का नाम ये भी लेते हैं, वे भी लेते हैं। दोनों बनारस के रहनेवाले। कबीर की परम्परा अलग, तुलसी की परम्परा अलग। पंडित जी ने तुलसीदास पर नहीं लिखा, कबीर पर लिखा। भारत में गंगा तो है, कर्मनाशा भी है। इसलिए 'दूसरी परम्परा' में मैंने कहा कि इतना बड़ा देश है, एकबग्गा तो नहीं हो सकता। ईसाई धर्म में भी दो परम्पराएँ हैं—कैथोलिक और प्रोटेस्टेंट। हमारी परम्परा एकवचन में है, इस रूढ़ि को तोड़ना है। मेरा कहना है कि यह सेकेंड ट्रेडिशन नहीं है, अदर ट्रेडिशन है। न छोटा है, न बड़ा। मुझे लिखना था 'दूसरी परम्परा की खोज' पर। दिन भर काम करता, रात में लिखता। सुबह एक चैप्टर तैयार किया। मेडिकल लीव लेकर काम न करूँ तो लोग कहेंगे, धोखा दिया। 'दूसरी परम्परा की खोज' में 'दूसरी' शब्द का अर्थ 'सेकेंड' नहीं है। यहाँ 'दूसरी' का अर्थ है 'और अन्य' यानी एक के अलावा अन्य भी हैं। अन्य की कई धाराएँ हैं। एक हफ्ते में यह किताब लिखी 'दूसरी परम्परा की खोज'।

हारून रशीद खान : 1982 से 2017 तक की आप द्वारा लिखित पुस्तक नहीं दिखाई देती। ऐसा क्यों डॉ. साहब?
नामवर सिंह : लेख लिखे हैं बहुत से। लेख बहुत महत्त्वपूर्ण होते हैं। अंग्रेजी के कई लोगों को जानता हूँ जिन्होंने ऐसेज ही लिखे हैं। किताब में भर्ती की बहुत-सी चीजें होती हैं। आप देखें तो मेरी अधिकांश किताबों में ऐसेज ही हैं। सभी किताबें लेखों के संकलन हैं। मेरी किताबें जो राजकमल प्रकाशन से छपी हैं, एक दर्जन से ज्यादा हैं। किसी से कम लेखन नहीं किया। बोला ज्यादा है, लिखा कम। गुणवत्ता देखी जाती है, संख्या नहीं। उस हिसाब से देखें तो रामचन्द्र शुक्ल के 'हिन्दी साहित्य का इतिहास' को छोड़कर केवल निबन्धों के संग्रह ही तो हैं : 'चिन्तामणि-एक' और 'चिन्तामणि-दो'। स्वयं गुरुदेव हजारी प्रसाद द्विवेदी के उपन्यासों को अलग करके देखें। रामचन्द्र शुक्ल की जितनी आलोचना की किताबें हैं, उनसे ज्यादा मेरी किताबें हैं।

हारून रशीद खान : आपमें और रामविलास शर्मा में भारतीय संस्कृति को लेकर बड़ा उलझाव था। रामविलास जी आर्यसंस्कृति को भारत, अफगानिस्तान, ईरान तक सीमित करते हैं और कहते हैं कि आर्य मूलतः भारतीय थे, जबकि एक बनी-बनाई राय है जिसे राहुल सांकृत्यायन ने भी स्वीकार कर 'वोल्गा से गंगा' लिखी। क्या बात है कि भारतीय संस्कृति के प्रस्थान-बिन्दु को लेकर इतने गहरे मतभेद हैं?
नामवर सिंह : इस पर विवाद नहीं था। यह मैंने कहीं नहीं लिखा है। राहुल जी 'वोल्गा से गंगा' लिखें या 'गंगा से वोल्गां' लिखें, इसकी यहाँ कोई प्रासंगिकता नहीं है। रामविलास जी ने जो लिखा है, उसे देखें तो हिन्दुत्व मालूम पड़ता है। रामविलास जी

का हिन्दुत्व बोलता है। उस समय समाजवाद के आधार पर एक नई सभ्यता बन रही थी जो दुनिया में मार्क्सवाद के आधार पर आई थी। लोग समाजवाद को यूटोपिया कहते थे, लेकिन उसे धरती पर सोवियत यूनियन ने उतारा। एक देश है जिसने करके दिखा दिया। समाजवाद आया और दुनिया में फैला। समाजवाद बन सकता है, यह आदर्श है मार्क्स का। इसे रूस ने पहली बार लेनिन के नेतृत्व में कायम किया। यह प्रयोग था, श्रेय देना चाहिए रूस को। दुनिया के अनेक देशों को फायदा हुआ। समाजवाद सारी दुनिया में फैला। जब समाजवाद आया तो अमेरिका, अफ्रीका, इंग्लैंड पर भी उसका असर पड़ा। मार्क्स का कद कोई छोटा नहीं कर सकता। आप मार्क्स के महत्त्व को कम नहीं कर सकते, रबड़ से मिटा नहीं सकते, भले ही विरोधी क्यों न हों।

हारून रशीद खान : रामविलास शर्मा और आपमें वही अन्तर है जो कॉडवेल, कार्नफोर्थ की आलोचना में और नवमार्क्सवादी आलोचक टेरी ईगल्टन, रेमंड विलियम्स इत्यादि में है। रामविलास जी की मार्क्सवादी आलोचना को लेकर आप बहुत कटु लगते हैं, ऐसा क्यों?

नामवर सिंह : रामविलास जी ने सबकी आलोचना की है, मार्क्सवादियों की भी, गैर-मार्क्सवादियों की भी। उनको हक है कि सबकी आलोचना करें, और मैं आलोचना करूँ तो क्यों एतराज है? मैंने बहुत लिखा है रामविलास जी पर और उसे छापा है 'आलोचना' में। कोई त्रुटि मुझमें दिखाई दे तो कोई आलोचना करे, मैं उससे नाराज नहीं होऊँगा। मार्क्सवादी आलोचकों की आलोचना सारी दुनिया में हुई है। कोई जरूरी नहीं कि सब एक ही राय के हों। मार्क्स ने स्वयं अपनी पूर्व स्थापनाओं की आलोचना की है, दोष दिखाया है। तुलसीदास की हम आलोचना करते हैं, कालिदास की आलोचना करते हैं, प्रशंसा भी करते हैं। इसलिए आलोचना का हक उसी को है जो प्रशंसा करना भी जानता है। यह परम्परा हमारे यहाँ है। कहा गया है, बड़ों में भी दोष-दर्शन करने की हिम्मत होनी चाहिए। हम लोग मूर्तिपूजक नहीं हैं। हम जिस देवता की पूजा करते हैं, उसमें अगर कोई त्रुटि दिखाई दे तो भी बताइए। संस्कृत का एक श्लोक है : 'दोषा वाचा गुरोरपि', अर्थात जो बड़े हैं, उनका भी दोष दिखाई पड़े, तो बताइए। यह हमारे शास्त्रों में है। यह खुद हमारे ही विद्वान कह चुके हैं—गुरु में भी दोष हो, तो बताओ। भारतीय संस्कृति की चिन्तनधारा इतनी उदार है, मुक्त है। अगर कोई मेरे दोष देखे, बताए, तो मैं उसको प्रणाम करूँगा, उसके ज्ञान को नमन करूँगा कि हाँ, मुझसे गलती हो गई और भला हुआ कि उसको गलती दिखाई पड़ी। मैंने रामविलास जी की आलोचना की है, तो यह अपराध नहीं है। वह पुराने किस्म के मार्क्सवादी थे। नववाम आन्दोलन के वह विरोधी थे। मेरी समझ में साहित्य के क्षेत्र में नववाम का होना बहुत महत्त्व का है। मैंने उसके अवदान को स्वीकारा और 'कविता के नए प्रतिमान' में उसका भारतीय परिवेश में उपयोग किया। इस नवता के

चलते ही मैं हिन्दी आलोचना में स्थापित हुआ। यद्यपि इसके चलते ही मेरे मार्क्सवादी मित्रों ने मेरी डटकर आलोचना की।

हारून रशीद खान : आपने अज्ञेय को भुलाकर मुक्तिबोध को उछाला। क्या यह प्रगतिशील आलोचना की सीमा नहीं है?

नामवर सिंह : यह कहना गलत है कि मैंने अज्ञेय को खारिज किया है। मैंने अज्ञेय की कविताओं का चयन किया। इसकी भूमिका लिखी। अज्ञेय मेरे साथ जोधपुर में एक साल रहे। मैंने प्रोफेसर वी.वी. जॉन से कहकर उन्हें जोधपुर बुलवाया था। उनकी इच्छा थी कि भारत के किसी यूनिवर्सिटी में प्रोफेसर बनें। मैं हेड था, डीन था। उनको मैं यू.पी. कॉलेज ले गया था, व्याख्यान दिलवाया था। हमारे और उनके बहुत अच्छे सम्बन्ध थे। वात्स्यायन जी हमारे घर एक महीना रहे। जो कमरा जोधपुर में मुझे मिला था, उसे मैंने वात्स्यायन जी को दे दिया था। जब मैं जोधपुर से आने लगा तो वात्स्यायन जी ने कहा, 'नामवर सिंह, आप जा रहे हैं तो मैं भी जा रहा हूँ'। विचारों में मतभेद हो सकता है, कोई शत्रुता नहीं रही है।

हारून रशीद खान : आपके दिमाग में पूर्वांचल की प्रतिभाएँ नहीं आईं। कुबेरनाथ राय, विवेकी राय, पी.एन. सिंह और जितेन्द्रनाथ पाठक जैसे लोग थे और बलिया के केदारनाथ सिंह थे। इन पर आपने कलम नहीं उठाई, बल्कि प्रतिकूल टिप्पणियाँ भी कीं। इधर के लोग कहते हैं, नामवर जी को इन जनपदों ने इतना सम्मान दिया, लेकिन उन्होंने कभी किसी को तरजीह नहीं दी।

नामवर सिंह : मेरा परगना पहले गाजीपुर में था, बाद में अलग हुआ। इसे अंग्रेजों ने अलग किया। गाजीपुर से मेरा लगाव है। मेरे बहुत से मित्र गाजीपुर में हैं। बनारस में रहता था तो अक्सर गाजीपुर जाता था। अब बात रही कि सबके बारे में लिखता चलूँ तो यह कोई जरूरी नहीं है। कोई सूची नहीं बना रखी है—किस पर लिखा, किस पर नहीं लिखा।

विवेकी राय बहुत बड़े साहित्यकार तो नहीं, लेकिन उनके जैसा सरल और सहज चरित्र पाना दुर्लभ होगा। वह प्रेमचन्द और रेणु की परम्परा में ठहरते हैं, क्योंकि ग्राम-जीवन ही उनके साहित्य का स्रोत रहा है। गाँव-कथा का जब भी उल्लेख किया जाएगा, विवेकी राय उसके एक प्रासंगिक सन्दर्भ होंगे। प्रेमचन्द और रेणु की क्षीण होती परम्परा को उन्होंने आजीवन अपना साक्ष्य बनाए रखा।

उनका उपन्यास 'सोनामाटी' वस्तुतः 'गोदान' और 'मैला आँचल' जैसे उपन्यासों की परम्परा की एक महत्त्वपूर्ण उपलब्धि है। प्रेमचन्द के गँवई सच का आगे विवेकी राय के साहित्य में दर्शन होता है। इसी तरह कुबेरनाथ राय एक विशिष्ट उपलब्धि हैं। निबन्धकार के रूप में वे हजारी प्रसाद द्विवेदी और विद्यानिवास मिश्र के समकक्ष हैं। उनके ललित निबन्धों में आई औपचारिकताएँ थोड़ी खटकती हैं। उनका भोजपुरी

मोह और उनके प्रतीक थोड़ी दिक्कत में डालते हैं, लेकिन वह एक साहित्यिक उपलब्धि हैं जो साहित्यिक मानकों को आगे बढ़ाते हैं। केदार जी का कवि-व्यक्तित्व इधर उभरा है और कुछ अच्छी कविताएँ उन्होंने लिखी हैं। वह मेरे रिश्तेदार हैं। इसलिए उन पर मैं कुछ कहना नहीं चाहता। प्रशंसा और निन्दा, दोनों ही मेरे लिए ठीक नहीं होंगी।

हारून रशीद खान : आज के कई बड़े-बड़े साहित्यकारों का लेखन दक्षिणपंथी होता जा रहा है। क्या डर से?

नामवर सिंह : डर से नहीं, स्वार्थ से। कुछ लेखक हैं जिनकी कोई विचारधारा नहीं है। ऐसे लोगों की कोई विचारधारा नहीं होती है। फायदा चाहते हैं। जो जहाँ से उनको कुछ पुरस्कार मिले, पद मिले, वहाँ पहुँच जाते हैं। पढ़े-लिखे लोगों का कोई अपना विचार तो है ही नहीं।

हारून रशीद खान : आपने कहा है कि गालिब मेरे सिरहाने में हैं। आप फिराक, गालिब और मीर में क्या फर्क महसूस करते हैं?

नामवर सिंह : फिराक साहब पर गालिब का बहुत असर है। मीर तो मीर ही हैं। गालिब खुद मानते थे, 'हम हुए तुम हुए कि मीर हुए, उसकी जुल्फों के सब असीर हुए'। जो सादगी मीर में है, गालिब में नहीं है। यह मीर और गालिब का फर्क है। मीर को उर्दू में 'खुदा-ए-सुखन' कहा जाता है। यदि मीर न होते तो गालिब नहीं होते। लेकिन मीर के दीवान में सारी चीजें देखने पर काफी 'कूड़ा' मिलेगा। गालिब ने एक भी कच्चा शेर नहीं आने दिया अपने दीवान में। यह सावधानी बरती है। वैसे गालिब यह भी कहते हैं, 'रेख्ते के तुम्हीं उस्ताद नहीं हो गालिब, सुनते हैं अगले जमाने में कोई मीर भी था'। सच पूछिए तो गालिब फारसीयत से ज्यादा दबे हैं।

हारून रशीद खान : आपके जीवन की कोई अविस्मरणीय घटना जिसे आप भूलना नहीं चाहते?

नामवर सिंह : अब स्मृति साथ नहीं देती, भूल जाता हूँ। दबाव डालने पर कोई बात याद नहीं आती, बातें फ्लैश के साथ याद आती हैं। अब लोगों का नाम तक भूल जाता हूँ। मुझे अपनी याददाश्त के लिए अभिमान रहा है, पर अब जैसे किसी की नजर लग गई!

हारून रशीद खान : आप अभी भी पान खाते हैं?

नामवर सिंह : पान काशी की पहचान है। बनारस शहर में आकर मैंने एक बार तय किया, जब तक विद्यार्थी हूँ, पान नहीं खाऊँगा। नौकरी करने लगूँगा तो अपने पैसे से पान खाऊँगा। माँ-बाप के पैसे से पान नहीं खाऊँगा अस्सी पर आएँ और पान न खाएँ? सिगरेट-बीड़ी नहीं पीता। अब भी 120 नम्बर जर्दा खाता हूँ। मेरे फ्रिज में

पान रखा हुआ है। एक ही लत है पान की। सुबह नाश्ते के बाद एक पान खाता हूँ। दिन भर नहीं खाता, रात में भी नहीं खाता। रात को पान काफी अरसे से नहीं खाता। जे.एन.यू. में मैंने एक पान वाले की दुकान खुलवाई। उससे कह दिया कि तुम्हें घाटा नहीं होगा, दुकान नहीं बन्द होगी। आज वह दुकान खूब चल रही है। लिखने का काम करता हूँ तो पान खाता हूँ।

हारून रशीद खान : क्या आप अब भी लिखते हैं?
नामवर सिंह : हाँ, लिख लेता हूँ पर ज्यादा नहीं—एक या दो पेज।

[वागर्थ : जनवरी, 2018]

अभी अवधारणा ही है हिन्दी जातीयता

गीतेश शर्मा

गीतेश शर्मा : रामविलास जी ने हिन्दी जातीयता की बात कही थी। क्या किसी हिन्दी प्रदेश में हिन्दी जातीयता का बोध दिखाई देता है?

नामवर सिंह : पहले आप थोड़ा-सा सुधार कर लें। हिन्दी जातीयता की बात सबसे पहले रामविलास जी ने नहीं, धीरेन्द्र वर्मा ने की थी। मूलतः यह परिकल्पना उनकी थी। वे बड़े भाषा-विज्ञानी थे। इलाहाबाद विश्वविद्यालय में हिन्दी विभाग के अध्यक्ष थे। उस समय हिन्दी के दो मुख्य केन्द्र हुआ करते थे—एक इलाहाबाद, दूसरा वाराणसी। इलाहाबाद को सरकारी केन्द्र कहा जाता था। यहाँ से पढ़ाई कर लोग बड़े सरकारी ओहदों, आई.ए.एस. आदि पर जाते थे। वाराणसी क्रान्तिकारी सोच के हिन्दी विद्वानों का केन्द्र था, जिसकी अगुवाई श्यामसुन्दर दास करते थे। उन्होंने 'काशी नागरी प्रचारिणी सभा' का गठन किया। पं. मदनमोहन मालवीय हिन्दू विश्वविद्यालय की स्थापना कर चुके थे।

धीरेन्द्र वर्मा ने 'हिन्दी परिषद' की स्थापना की, जिसकी नियमित बैठकें होती थीं और इनमें हिन्दी जातीयता पर चर्चा होती थी। इलाहाबाद में पुरुषोत्तम दास टंडन ने 'हिन्दी साहित्य सम्मेलन' की स्थापना की। टंडन जी खत्री थे। खड़ी बोली पर खत्री समाज का आधिपत्य था। खत्री प्रायः व्यापारी होते थे, जो काफी पैसा देते थे।

रामविलास जी ने सोवियत संघ के भाषावार प्रान्तों से प्रेरणा लेते हुए हिन्दी जातीयता का सिद्धान्त प्रतिपादित किया, परन्तु बात आगे नहीं बढ़ी, या यों कहें कि परिकल्पना से आगे नहीं बढ़ी। आज भी यह परिकल्पना ही है। हिन्दी किसी एक प्रदेश की भाषा नहीं, मध्य व उत्तर भारत के कई प्रदेशों की भाषा है। इसे हिन्दी-पट्टी भले कह लिया जाए, पर हिन्दी जातीयता का भान नहीं होता, जैसे तमिल, मलयालम, बांग्ला आदि भाषा-भाषियों में जातीयता का बोध होता है। अब तो आन्ध्र बँटने जा रहा है। देखना है, तेलगू जातीयता कहाँ तक रह पाती है!

हिन्दी प्रदेशों में विभिन्न बोलियों—मगधी, अवधी, मैथिली, ब्रज, मेवाड़ी आदि—का अपना लोक-साहित्य है। शिष्ट साहित्य हिन्दी में है, जो इनको एक सूत्र में पिरोता है, परन्तु कहीं जातीयता-बोध नहीं है।

सूरदास ब्रज के कवि थे, तुलसीदास अवधी के। हाँ, तुलसीदास ने ब्रज में भी लिखा, जैसे 'कवितावली' ब्रज में है।

हिन्दी-पट्टी में विभिन्न बोलियाँ वहाँ की सांस्कृतिक परम्परा का प्रतिनिधित्व करती हैं, परन्तु ये आम तौर पर लोक-साहित्य तक सीमित हैं।

आजादी के बाद भाषावार प्रान्तों की माँग उठी तथा भाषा के आधार पर प्रान्तों या राज्यों का गठन किया गया, परन्तु हिन्दी पर यह बात लागू नहीं हुई। आज हिन्दी के दस प्रदेश हैं। भाषा भले हिन्दी हो, पर बोलियाँ कई हैं, जिनकी अपनी-अपनी सांस्कृतिक परम्पराएँ हैं। इसलिए हिन्दी-जातीयता आज भी परिकल्पना के स्तर पर ही है।

एक वक्त था जब साहित्य में आम आदमी के प्रति सरोकार होता था। वह मार्क्सवाद-समाजवाद के आदर्शों-सिद्धान्तों से प्रेरणा लेता था। सामाजिक-आर्थिक न्याय की लड़ाई में महत्त्वपूर्ण भूमिका निभा रहा था। किन्तु आज के परिप्रेक्ष्य में, यह सब कहीं दिखाई नहीं दे रहा है।

देखिए, आदर्शों-सिद्धान्तों की चर्चा नहीं के बराबर हो रही है। दरअसल भूमंडलीकरण का एक प्रभाव यह हुआ है कि यूरोप नहीं, अमरीका 'मॉडेल' होता जा रहा है—वहाँ की जीवन-प्रणाली, आदर्श, सिद्धान्तहीनता आदि भी, परन्तु एक बात स्पष्ट है कि साहित्य में एक स्पष्ट विभाजन-रेखा है। अधिकांश साहित्य धर्मनिरपेक्षता की पुरजोर वकालत करता है। भाजपाई साहित्य को बाद दे दें, तो पाएँगे कि साहित्य व साहित्यकार धर्मनिरपेक्षता का झंडा बुलन्द किए हुए हैं। यह एक लड़ाई है, जो चल रही है, चलती रहेगी।

मैं कम्यूनिस्ट हूँ और कम्यूनिज्म में मेरा दृढ़ विश्वास है। हमारी समस्याओं का समाधान समाजवाद में है। आज भले ही लोग इससे दूर होते दिखाई दे रहे हों, परन्तु वक्त आएगा जब लोग पुनः इस ओर का रुख करेंगे।

गीतेश शर्मा : आपके बारे में कहा जाता है कि आप क्षत्रिय अस्मिता में विश्वास करते हैं तथा प्रत्यक्ष न सही, परोक्ष रूप से आपमें राजपूत होने का गर्व-बोध है।

नामवर सिंह : मेरे अन्तरंग मित्रों में राजपूत कम, अलग-अलग जातियों के लोग अधिक हैं, जिनमें से कई तो हमसफर-हमखयाल भी रहे हैं। चौथीराम यादव, तुलसीराम, जो दलित हैं; विद्यानिवास मिश्र, विष्णुकांत शास्त्री से मेरी अन्तरंगता रही। बेटी की शादी पंजाबी से हुई...।

गीतेश शर्मा : अभी हाल ही में आप पप्पू यादव की पुस्तक के लोकार्पण-समारोह में न केवल उपस्थित हुए बल्कि उसकी अध्यक्षता की और समाचार-पत्रों के अनुसार

उसकी प्रशंसा भी की। क्या यह एक प्रकार की अवसरवादिता नहीं कि हर खेमे में आप पैठ बनाए रखना चाहते हैं?

नामवर सिंह : देखिए, पप्पू यादव यदि मुझसे नहीं डरता तो मैं ही उससे क्यों डरूँ? मैं किसी को अछूत नहीं मानता, पर कहता अपनी बात हूँ। वहाँ जो कुछ कहा, व्यंग्य में कहा, और लोगों को लगा कि प्रशंसा कर रहा हूँ।

गीतेश शर्मा : क्या आप अपने जीवन से, कर्म से, लेखन से सन्तुष्ट हैं?

नामवर सिंह : सन्तुष्ट हूँ भी और नहीं भी। बहुत कुछ लिखना चाहता था, लिख नहीं पाया।

गीतेश शर्मा : आपको वाचिक परम्परा का पुरोधा माना जाता है। लिखने में आपने कंजूसी क्यों की?

नामवर सिंह : देखिए, बोलने से जुबान नहीं कटती, लिखने से हाथ कट जाता है। मैं हाथ कटाने से बचता रहा। क्यों झमेले में पड़ें? कई बार लिखने बैठा। सोचा, क्या लिखूँ, क्या नहीं, इसी ऊहापोह में लिख नहीं पाया।

गीतेश शर्मा : क्या है हिन्दी साहित्य का भविष्य?

नामवर सिंह : बहुत अच्छा है, उज्ज्वल है। बहुत लोग लिख रहे हैं और अच्छा लिख रहे हैं। साहित्य का नया दौर आया है, दलित-विमर्श के रूप में। एक वक्त था जब हम स्त्री के नाम पर मीराबाई को जानते थे। स्वाधीनता-संग्राम के दौरान सुभद्रा कुमारी चौहान सामने आईं, बाद में महादेवी वर्मा यानी स्त्री-लेखन में उँगलियों पर गिने जाने लायक नाम थे। अब तो लगभग पुरुषों के बराबर स्त्रियाँ लिख रही हैं।

दलित-लेखन भी जमकर हो रहा है। इनमें आपस में टकराव भी है। कई पुरुष दलित लेखक स्त्री-विरोधी हैं। स्त्री-विमर्श के भी कई आयाम, कई स्तर हैं, परन्तु मिला-जुलाकर अच्छा लिखा जा रहा है।

भाषा केवल साहित्य तक सीमित नहीं है, इसका जीवन के अन्य पहलुओं से भी सम्बन्ध है। हाँ, साहित्य भाषा की जान है।

गीतेश शर्मा : विज्ञान, चिकित्साशास्त्र, समाजशास्त्र, दर्शन आदि के क्षेत्र में?

नामवर सिंह : देखिए, यह भूमंडलीकरण की प्रक्रिया का नतीजा है। यह सही है कि आपके द्वारा उल्लिखित विषयों पर अनुवाद तो हैं, पर मूल लेखन नहीं है। दरअसल अर्थतंत्र व राजनीति हावी है और वह अंग्रेजी के पक्ष में है।

साहित्य-संस्कृति से मानव-जीवन पूर्ण होता है। मानवीय संवेदना से इसका गहरा लगाव है, पर विज्ञान आदि की उपेक्षा नहीं की जा सकती, जो कि की जा रही है। इस क्षेत्र में भविष्य को लेकर मैं आश्वस्त नहीं हूँ। उच्च-शिक्षा में हिन्दी का वह अवदान या स्थान नहीं है, जो होना चाहिए।

गीतेश शर्मा : लोग कहते हैं, भले ही मजाक में, कि भारत में हिन्दी में पी-एच.डी. कर जितने लोग डॉक्टर की उपाधि से विभूषित हो रहे हैं, वह दुनिया की तमाम भाषाओं की पी-एच.डी. से कहीं ज्यादा है।

नामवर सिंह : हाँ, यह बात तो सही है। पी-एच.डी., दरअसल, एक नौकरी पाने का धन्धा है। इससे नौकरी मिलती है। और बस, यही इसकी सीमा-रेखा है।

गीतेश शर्मा : समाज, साहित्य व संस्कृति से इसका कोई लगाव ? कोई सार्थकता ?

नामवर सिंह : भई, कहा न, समाज, साहित्य व संस्कृति से इसका कोई लगाव मैं तो नहीं समझता। हाँ, नौकरी मिलती है।

अब देखिए न, प्रेमचन्द, जयशंकर प्रसाद, हजारी प्रसाद द्विवेदी, दिनकर, राहुल, नागार्जुन आदि दर्जनों हिन्दी साहित्य-सेवी कहाँ पी-एच.डी. थे!

[लहक : फरवरी-मार्च, 2014]

बड़ी रचना आलोचक का मुँह नहीं जोहती

दयानन्द पांडेय

दयानन्द पांडेय : दिखने में बात बचकानी है और बहस पुरानी कि आलोचना बड़ी कि रचना?
नामवर सिंह : इन चीजों में क्या दिलचस्पी हो सकती है?

दयानन्द पांडेय : इसलिए कि सुगबुगाहट के ही तौर पर सही, यह सवाल फिर से टटोला जाने लगा है।
नामवर सिंह : हाँ, टटोला तो जा रहा है। पर यह इस पर निर्भर है कि कौन रचना है और कौन आलोचना।

दयानन्द पांडेय : पर यह सवाल नामवर सिंह के अर्थ में ज्यादा गूँजता है। कहूँ कि आपके समय से?
नामवर सिंह : गलत बात है यह। यदि रामचन्द्र शुक्ल जैसा आलोचक हो तो रचना भी उस दौर की उतनी बड़ी थी। बल्कि इसके बारे में एक लतीफा सुनाएँ। जैनेन्द्र जी से किसी ने पूछा था कि 'अक्ल बड़ी कि भैंस?' तो जैनेन्द्र जी ने कहा था कि 'किसकी अक्ल और किसकी भैंस?' तो जब रचनाएँ अच्छी होती हैं तो आलोचनाएँ भी अच्छी होती हैं।

दयानन्द पांडेय : यह तो ठीक बात है, लेकिन अगर इस सवाल को थोड़ा और साफ करके नामवर सिंह, निर्मल वर्मा, राजेन्द्र यादव प्रसंग से जोड़ कर बात करें तो?
नामवर सिंह : मैं कहता हूँ, इसलिए ही निर्मल वर्मा बड़े लेखक नहीं हैं? दुनिया के लेखकों में उनका नाम है। सिर्फ हिन्दी नहीं, बाकी भाषाओं में भी वह खूब छपे और सराहे गए हैं। इस नाते एक बात मान और जान लीजिए कि आलोचना किसी लेखक को बड़ा बनाती नहीं है। उसके बड़प्पन को स्वीकार करवाती है।

दयानन्द पांडेय : तो राजेन्द्र यादव आप पर इस तरह की तोहमत लगातार क्यों

लगाते रहे हैं? खास कर निर्मल वर्मा प्रसंग पर?
नामवर सिंह : यह सवाल तो राजेन्द्र यादव से पूछिए। रही बात निर्मल की तो निर्मल राजेन्द्र से बड़े लेखक हैं, यह दुनिया मानती है। दुनिया की कई भाषाओं में वह छपे हैं और पुरस्कार मिलना भी, जो बड़े लेखक होने का पैमाना है तो निर्मल को ज्यादा पुरस्कार भी मिले हैं।

दयानन्द पांडेय : यह तो आपकी ही महिमा से हुआ बताते हैं वह?
नामवर सिंह : मैं फिर कह रहा हूँ कि आलोचक किसी लेखक को बड़ा नहीं बनाता, उसके बड़प्पन को स्वीकार करता, करवाता है। अब निराला को ही लीजिए। निराला को उस दौर के आलोचकों ने नहीं माना था। पर आलोचक गलत साबित हुए और निराला बड़े हो गए।

दयानन्द पांडेय : आलोचकों की बात आज की तारीख में चल रही है?
नामवर सिंह : अगर रचना बड़ी होगी तो देर-सवेर अपने को स्वीकार करवा लेगी।

दयानन्द पांडेय : नहीं, जैसे प्रेमचन्द को लें। उनके जमाने में आलोचकों की उतनी स्वीकार्यता नहीं थी और लेखक आलोचकों का मुँह नहीं जोहते थे। पर आज आलोचकों की स्वीकार्यता कहीं ज्यादा है और लेखक आलोचकों को बड़े 'मोह' से देखते हैं और उनका कहा जोहते हैं।
नामवर सिंह : प्रेमचन्द के जमाने में भी रामचन्द्र शुक्ल थे और शुक्ल ने उनको स्वीकार किया था। पर तब एक आलोचक थे अवध उपाध्याय। अवध उपाध्याय को लोग भूल गए हैं। पर इन्हीं अवध उपाध्याय ने प्रेमचन्द के उपन्यास 'प्रेमाश्रम' को टॉल्स्टाय के एक उपन्यास का अनुवाद तथा 'रंगभूमि' को मैकरे का अनुवाद कहा था। पर देखिए कि प्रेमचन्द को आज लोग जानते हैं, लेकिन अवध उपाध्याय को कोई नहीं जानता।

दयानन्द पांडेय : पर यह तो आप फिर भी मानेंगे कि कई बार आलोचक कुछ को बेवजह 'स्थापित' कर देते हैं तो कुछ को बेवजह 'खारिज'।
नामवर सिंह : यह मत भूलिए कि रचनाकार भी आलोचक होते हैं। वह भी किसी को स्वीकार करते हैं और किसी को खारिज। पर साहित्यिक दुनिया किसको स्वीकार करती है, मुख्य बहस इस पर होती है। किसी एक-दो आलोचक का सवाल नहीं होता।

दयानन्द पांडेय : इधर तो हिन्दूवादी-दलितवादी का दौर चल रहा है?
नामवर सिंह : बहुत दिनों तक दलितों को दबाया गया है। अब उनका उभार हो रहा है। युग की इस नई प्रवृत्ति को पहचानना और स्वीकारना होगा। अभी तक दलितों में जो साहित्यकार हुए, उन्हें मान्यता नहीं दी गई। एक समय कबीर को लोग नहीं

मानते थे। रैदास को नहीं मानते थे। अब मानते हैं। दलित भी अब संगठित होकर लिख रहे हैं।

दयानन्द पांडेय : पर क्या इसलिए कि इन दिनों भारतीय राजनीति में दलित तत्त्व उभार पर है, इसलिए साहित्य में भी दलित-दलित होने लगा है? बल्कि इसी पर दलित लेखन के लिए डिक्टेट किया जाने लगा है, यह ठीक है?
नामवर सिंह : डिक्टेशन राइटिंग ठीक नहीं है।

दयानन्द पांडेय : पर राजेन्द्र यादव जैसे लोग इस बात के पक्षधर दिखते हैं?
नामवर सिंह : राजेन्द्र या कोई भी प्रोत्साहन दे सकता है। किसी के डिक्टेशन पर साहित्य न तो लिखा जाता है और न ही पढ़ा जाता है।

दयानन्द पांडेय : इन दिनों किताबों के न छप पाने का बड़ा रोना है। प्रकाशक कागज आदि की महँगाई लेकर बैठ जाते हैं। खास कर हिन्दी साहित्य छापने की बाबत।
नामवर सिंह : बावजूद इसके, किताबें भी छप रही हैं।

दयानन्द पांडेय : आप तो राजनीति में थे। अब फिर राजनीति में आने का मन नहीं करता?
नामवर सिंह : नहीं। और राजनीति के बारे में कोई बात नहीं करूँगा।

दयानन्द पांडेय : पर आप तो दो-तीन बार चुनाव लड़ चुके हैं?
नामवर सिंह : अब चुनाव नहीं लड़ सकता। पैसा नहीं है कि चुनाव लड़ूँ।

दयानन्द पांडेय : तो जब चुनाव लड़े थे तो पैसा था?
नामवर सिंह : तब भी नहीं था। पर 1959 में जब चुनाव लड़ा था तब बिना पैसे के चुनाव लड़ा था। तब बिना पैसे के चुनाव लड़ा जा सकता था, अब नहीं।

दयानन्द पांडेय : आप धोती-कुर्ता पहनते हैं और जहाजों में बैठते हैं। क्या आपको लोग नेता समझकर जलते-भुनते नहीं, या फिर सिफारिशों वगैरह के चक्कर में पड़ जाते हों तो क्या करते हैं?
नामवर सिंह : यह मेरी पहले की पोशाक है, आज की नहीं। फिर किसी ने मुझे नेता समझने का भ्रम आज तक नहीं पाला।

[दयानन्द पांडेय के ब्लॉग 'सरोकारनामा' पर
'आलोचक किसी को बड़ा या छोटा नहीं करता' शीर्षक से प्रकाशित]

पुनर्पाठ से इतिहास की गलतियों को सुधारा जाता है

अरुण आदित्य

अरुण आदित्य : यह बातचीत सिर्फ एक विषय 'पुनर्पाठ' पर केन्द्रित है। सबसे पहले इस शब्द को ही समझते हैं, पुनर्पाठ यानी क्या?
नामवर सिंह : पुनर्पाठ यानी फिर से पढ़ना। फिर से विचार करना। पुनर्विचार का सीधा सम्बन्ध सन्दर्भ से है। पर हमारे यहाँ कई ऐसे भी लोग हैं जो किसी बात पर पुनर्विचार करना ही नहीं चाहते हैं। जिन्दगी भर एक ही बात को दोहराते रहते हैं। एक ही लकीर को पीटते रहते हैं। पहले यह कहा गया है, पहले वह कहा गया है, यही कहते रहते हैं। उनका जोर मूल पाठ पर रहता है। मूलपाठ पर जोर देने को ही बुनियाद-परस्ती या फंडामेंटलिज्म कहते हैं। प्रत्येक देश-काल में ऐसे लोग मिल जाते हैं। चूँकि समय के साथ हर बात का सन्दर्भ बदल जाता है इसीलिए पुनर्पाठ की जरूरत महसूस होती है—चाहे वह कोई रचना हो या अवधारणा। किसी शब्द का अर्थ दरअसल उसके सन्दर्भ में होता है। सन्दर्भ बदल जाने के साथ अर्थ बदल जाता है।

अरुण आदित्य : पुनर्पाठ की जरूरत के साथ-साथ इसके अपने खतरे भी होते हैं?
नामवर सिंह : बिलकुल, खतरे तो हर चीज में हैं। सबसे अहम बात यह होती है कि पुनर्पाठ का मकसद क्या है। कुछ लोग अपनी सुविधा और अवसर देखकर पाठ करते हैं। हमारे कथावाचकों को देखिए, वे स्थान, समय और श्रोताओं का मूड देखकर 'रामचरितमानस' की चौपाइयों के तरह-तरह के पाठ करते रहते हैं। यह पुनर्पाठ नहीं, अवसरवाद है। मतलब यह कि जितना बड़ा खतरा मूल पाठ पर बल देने में है, उतना ही बड़ा खतरा अवसर के मुताबिक पाठ को बदल देने में है। तत्त्ववाद और अवसरवाद, दोनों ही घातक हैं। अपनी सुविधा के मुताबिक पाठ करने की प्रवृत्ति नई नहीं है। तमाम बड़े विचारक इसके शिकार हुए हैं। स्वामी विवेकानन्द के विचारों की अलग-अलग व्याख्याएँ की जा रही हैं। गांधी जी तक को अपनी सुविधानुसार पढ़ा जा रहा है।

अरुण आदित्य : आखिर पुनर्पाठ का कोई फार्मूला तो है नहीं। हर आदमी अपनी मानसिक संरचना के मुताबिक ही पाठ करता है। फिर अवसरवादी पाठ और एक जरूरी पुनर्पाठ के बीच का अन्तर कैसे पहचाना जाए?

नामवर सिंह : जैसाकि मैंने पहले भी कहा, पाठ करते समय सन्दर्भ बहुत महत्त्वपूर्ण होता है। अंग्रेजी में कहते हैं कि हर टेक्स्ट का एक कांटेक्स्ट होता है। इसलिए सही तरीका यह है कि पहले मूल पाठ के सन्दर्भ का उल्लेख किया जाए। फिर बताया जाए कि उसी पाठ या उक्ति का आज के सन्दर्भ में नया अर्थ क्या है। सन्दर्भ के साथ-साथ पाठ करनेवाले की मंशा भी बहुत मायने रखती है। एक ही रचना का पाठ एक ही सन्दर्भ में दो व्यक्ति अलग-अलग तरीके से करते हैं। निष्कर्ष भले ही पाठ के भीतर से निकाले जा रहे हों लेकिन उन्हें पाठककर्ता के उद्देश्य के साँचे से होकर भी गुजरना पड़ता है। एक गीता की कितनी टीकाएँ लिखी गई हैं। गीता में ज्ञान, भक्ति और कर्म—तीनों की चर्चा है। तिलक ने 'गीता-रहस्य' लिखा तो पूरा जोर कर्म पर दिया क्योंकि आजादी की लड़ाई में इसकी जरूरत थी। जो गीता अर्जुन को अस्त्र उठाने का सन्देश देती है, वही गांधी को अहिंसा की प्रेरणा देती है। उसी गीता को हाथ में लेकर क्रान्तिकारी फाँसी के फन्दे पर झूल रहे थे। एक ही गीता का अर्थ क्रान्तिकारी के लिए एक, तिलक के लिए दूसरा और गांधी के लिए तीसरा था। वेद और बाइबल के भी कई अर्थ लगाए जाते हैं। एक ही मार्क्स को अलग-अलग सन्दर्भ में पुनर्पाठ करते हुए हमारे यहाँ सीपीआई, सीपीआई-एमएल से लेकर लिबरेशन तक कितने संगठन बन गए हैं।

अरुण आदित्य : अवसरवादी पाठ के साथ-साथ कुपाठ के भी खतरे बढ़ रहे हैं। प्रेमचन्द से लेकर आज के रचनाकारों तक के कुपाठ काफी चर्चा में रहे हैं।

नामवर सिंह : कुपाठ की परम्परा नई नहीं है। हर युग में होता रहा है। तुलसीदास ने भी तो लिखा है :

हरित भूमि तृण संकुल समुझि परहिं नहिं पंथ,
जिमि पाखंड विवाद ते लुप्त होंहि सद्ग्रंथ।

सद्ग्रंथों यानी अच्छी कृतियों को लेकर पाखंड-विवाद की परम्परा रही है। सद्ग्रंथों को विवादों के जरिये लुप्त करने का प्रयास किया जाता रहा है।

अरुण आदित्य : अवसरवादी पाठ या कुपाठ को एक तरफ कर दें तो पुनर्पाठ की एक ऐतिहासिक जरूरत भी होती है?

नामवर सिंह : बिलकुल होती है। पुनर्पाठ बहुत जरूरी हो जाता है—पुनर्मूल्यांकन के सन्दर्भ में। साहित्य में कई ऐसे लोग होते हैं, जो अपने समय में उपेक्षित रह जाते हैं। बहुत समय बाद जब उनका पुनर्पाठ होता है तो उनके महत्त्व को समझा जाता है। कबीर, सूर, तुलसी—सबके साथ ऐसा हुआ है। स्वयं प्रेमचन्द के समय में उनके

महत्त्व को नहीं स्वीकार किया गया। समकालीन कवियों में मुक्तिबोध इसके उदाहरण हैं। जीते जी उन्हें वह महत्त्व नहीं मिला, जिसके वे हकदार थे, लेकिन बाद में उनके अवदान को स्वीकारा गया। त्रिलोचन जी के साथ भी यही हुआ। उन्हें भी बहुत बाद में महसूस किया गया कि वे कितने बड़े कवि हैं। इसका उलटा भी होता है। कुछ लोग जो बहुत ऊँचे पद पर होते हैं, प्रभावशाली भूमिका में होते हैं, उन्हें उनके वास्तविक अवदान से ज्यादा महत्त्व मिल जाता है। जब तक वे पद पर होते हैं, चारों ओर उनकी वाह-वाह होती रहती है, लेकिन जब वह दुनिया में नहीं रहते या दुनिया में रहते हुए भी प्रभावशाली नहीं रह जाते तो उनके अवदान का फिर से मूल्यांकन होता है तो पता चलता है कि इसमें तो कुछ ऐसा था ही नहीं, जिसे इतना महत्त्व दिया जा रहा था। इस तरह पुनर्पाठ से इतिहास की गलतियों को सुधारा भी जाता है। तो साहित्यकारों के महत्त्व का सेंसेक्स भी समय के साथ चढ़ता-गिरता रहता है।

अरुण आदित्य : पुनर्पाठ होता है तो इतिहास के कुछ फैसलों पर भी उँगलियाँ उठती हैं। मसलन नागार्जुन, शमशेर और त्रिलोचन के होते हुए श्रीनरेश मेहता को ज्ञानपीठ पुरस्कार मिल गया। लेकिन समय ने इन चारों की जगह तय कर दी है, तो क्या उस फैसले पर भी सवाल नहीं उठता?

नामवर सिंह : पुरस्कार साहित्यिक कद नापने की कसौटी नहीं है। छोटे-मोटे पुरस्कारों की बात छोड़िए, नोबेल पुरस्कार तक को भी कोई कसौटी नहीं माना जा सकता। टॉल्स्टॉय को नोबेल नहीं मिला था। और सार्त्र ने तो घोषणा होने के बाद भी 'आलू का बोरा' कहकर नोबेल पुरस्कार को ठुकरा दिया था। टैगोर को जिस किताब पर मिला था, वह उनकी कमजोर कृति थी। टैगोर की कई कृतियाँ इससे अच्छी हैं। जहाँ तक ज्ञानपीठ की बात है, यह क्यों भूलते हैं कि महाकवि निराला को भी ज्ञानपीठ नहीं मिला था, जबकि पंत को मिला था। हजारी प्रसाद द्विवेदी को नहीं मिला था। दिनकर को मिला पर बच्चन को नहीं मिला। निराला जी को तो साहित्य अकादमी पुरस्कार भी नहीं मिला था। महादेवी को भी साहित्य अकादमी पुरस्कार नहीं मिला था, लेकिन ज्ञानपीठ मिला।

अरुण आदित्य : पुनर्पाठ के खतरे भी हैं। आपने सुमित्रानन्दन पंत का पुनर्मूल्यांकन करने की कोशिश की तो मुकदमेबाजी में फँसा दिया गया।

नामवर सिंह : पंत जी वाले मामले में बात को सन्दर्भ से काटकर पेश किया गया। मैंने जो कहा था, कई लोग पहले भी वह बात कह चुके हैं। मैंने कहा था कि पंत जी का उठान जिस तरीके से हुआ, उसके बाद उनकी सृजनात्मकता में लगातार ह्रास होता गया। 'पल्लव' उनकी सर्वाधिक क्रान्तिकारी रचना थी, लेकिन बाद में क्रमिक विकास होने के बजाय क्रमिक ह्रास होता गया। इसके विपरीत निराला की आरम्भिक कविताएँ कमजोर थीं, लेकिन बाद में उनका उत्तरोत्तर विकास होता गया। पंत जी के

पास प्रसाद की 'कामयानी' जैसी कोई पुस्तक नहीं है। निराला की 'राम की शक्ति-पूजा' जैसी एक भी रचना नहीं है उनके पास। महादेवी जी ने एक जैसा स्तर बनाए रखा। उन्होंने कमजोर कविताएँ छपवाई ही नहीं। मैंने यही बात वहाँ कही थी। मैंने यह कहा था कि किसी साहित्यकार का मूल्यांकन करते हुए उसके विकास और उसके अवदान को समग्रता में देखना चाहिए। जयशंकर प्रसाद ने कविता के अलावा नाटक और उपन्यास लिखे। यह देखना जरूरी है कि अपने समय में किसी लेखक का सृजनात्मक हस्तक्षेप कितना है। इस दृष्टि से देखा जाए तो उस युग के कवियों में निराला का स्थान पहला है, दूसरा प्रसाद का, तीसरा महादेवी का और चौथा पंत जी का है। यह पाठ मेरा है। इस दृष्टि से मैं देखता हूँ।

अरुण आदित्य : किसी रचना का एक समकालीन पाठ होता है, जो उस दौर के विमर्श से प्रभावित रहता है। मसलन महादेवी को विरह और पीड़ा की कवि करार दिया गया। लेकिन आज जब स्त्री-विमर्श साहित्य के केन्द्र में है तो उनकी रचनाओं का इस सन्दर्भ में पुनर्पाठ किया जा सकता है। 'मैं नीर भरी दुख की बदली' जैसी वेदनामयी कविता में भी स्त्री-विमर्श के सूत्र हैं। 'विस्तृत नभ का कोई कोना, मेरा न कभी अपना होना' में क्या स्त्री के स्पेस की बात नहीं है?

नामवर सिंह : बिलकुल। महादेवी सिर्फ विरह-वेदना और पीड़ा की कवि नहीं हैं। उनकी रचनाओं में वेदना से परे तेजस्विता भी है। 'रात के उर में दिवस की चाह का सुर हूँ' जैसी तेजस्वी पंक्तियाँ भी उन्होंने लिखी हैं। मेरा यही कहना है कि किसी भी रचनाकार को उसकी रचनाधर्मिता की समग्रता में ही देखना चाहिए। आज स्त्री-विमर्श, दलित-विमर्श साहित्य के केन्द्र में हैं तो इन पर ढेरों किताबें आ रही हैं। उसकी तुलना में स्त्रियों और दलितों की रचनाएँ बहुत कम आ रही हैं। हाँ, कुछ आत्मकथाएँ इस बीच बहुत अच्छी आई हैं, जिनमें महिला रचनाकारों ने अपने संकोच से मुक्ति पाकर लिखा है। यह सब अपने स्पेस की ही बात है।

अरुण आदित्य : पुनर्पाठ का काम अगली पीढ़ियों पर छोड़ देना चाहिए या लेखक को खुद भी अपनी रचना का पुनर्पाठ करना चाहिए?

नामवर सिंह : अगर पुनर्पाठ का मतलब पुनर्विचार या नये सन्दर्भों में रचना का पाठ है तो एक सचेत लेखक, चाहे वह रचनाकार हो या आलोचक, अपने लिखे हुए पर भी पुनर्विचार करता रहता है। अध्ययन-अनुभव से हमारी चेतना लगातार विकसित होती है। ऐसे में जरूरी नहीं है कि 25 साल पहले आपने जो स्थापना दी थी, वह आज भी आपको उतनी ही सटीक लगे। प्रेमचन्द के विकास-क्रम को देखिए। उन्होंने विचार और रचनाशीलता के स्तर पर किस तरह वक्त के साथ अपने को बदला है। हमारे गुरु आचार्य हजारी प्रसाद द्विवेदी के यहाँ भी पहले और बाद के कहे में अन्तर्विरोध दिखता है। सचेत लेखक-कलाकार इस तरह के अन्तर्द्वन्द्व से गुजरता ही है। लेकिन

कुछ लोग ऐसे भी होते हैं, जिन्हें समझ में आ जाता है कि उन्होंने जो स्थापना दी थी, वह गलत थी, इसके बावजूद उस पर अटल रहते हैं। यह नैतिक दृढ़ता नहीं, बल्कि हठधर्मिता है। एक सजग लेखक लगातार आत्मालोचन करता रहता है और अपने को परिमार्जित करता रहता है। इसीलिए कहा जाता है कि किसी रचनाकार के विकास को समझना हो तो उसकी रचनाओं को कालक्रम के अनुसार पढ़ना चाहिए।

अरुण आदित्य : दूसरी परम्परा के बाद अब तीसरी परम्परा को खोजने की भी कोई तैयारी है?

नामवर सिंह : दरअसल 'दूसरी परम्परा की खोज' में दूसरी परम्परा का मतलब द्वितीय परम्परा नहीं बल्कि एक और परम्परा है। वह गणना के क्रम में दूसरी नहीं थी इसलिए तीसरी या चौथी परम्परा का कोई सवाल नहीं है।

[पाखी : अक्टूबर, 2019 में 'पुनर्पाठ की जरूरत और कुपाठ के खतरे' शीर्षक से प्रकाशित]

यह लघु-मानवों के अभ्युदय का दौर है

गोपेश्वर सिंह और **प्रेम भारद्वाज**

प्रेम भारद्वाज : आचार्य हजारी प्रसाद द्विवेदी से मूल शिक्षा क्या ग्रहण की?
नामवर सिंह : 'चढ़िए हाथी ज्ञान को सहज दुलीचा डाल'!

प्रेम भारद्वाज : प्रथम वाक्य लिखने में आप परिश्रम करते हैं, क्या है इसका रहस्य?
नामवर सिंह : रहस्य जैसा कुछ नहीं। अंग्रेजी की वह उक्ति है न : 'Well began, half done'।

शुरुआत अच्छी तो आधा काम हो गया। बस, यही समझ लीजिए।

प्रेम भारद्वाज : मंच पर जाने से पहले की तैयारी कैसी होती है?
नामवर सिंह : अध्यापन-कक्ष में जाने जैसी, जो अक्सर बेकार साबित होती है।

प्रेम भारद्वाज : अकेलापन कितना परेशान करता है?
नामवर सिंह : वैसे तो अकेले होने के क्षण कम ही होते हैं, लेकिन जब होते हैं तो आलम कुछ ऐसा होता है :

तुम मेरे पास होते हो गोया
जब कोई दूसरा नहीं होता।

लेकिन उस 'तुम' के बारे में सवाल न ही करें तो अच्छा।

प्रेम भारद्वाज : प्रेम? आपकी दृष्टि में?
नामवर सिंह : 'प्रेमा पुमर्थो महान्'।

प्रेम भारद्वाज : हिन्दुत्व क्या है आपकी नजर में?
नामवर सिंह : 'त्व' अवांछित है।

प्रेम भारद्वाज : मौत से डर लगता है?
नामवर सिंह : जो निश्चित है, उससे डर क्या?

बकौल गालिब 'मौत का एक दिन मुअय्यन है', लेकिन मिसरे के दूसरे हिस्से

का तजुर्बा नहीं : 'नींद क्यों रात भर नहीं आती'?

प्रेम भारद्वाज : जीवन का सबसे दुख-भरा पल?
नामवर सिंह : माँ को उसकी अन्तिम घड़ी में न देख सका।

प्रेम भारद्वाज : सबसे बड़ी खुशी?
नामवर सिंह : 'कि खुशी से मर न जाते अगर एतबार होता'। गरज़ कि अभी तक ऐसी खुशी का मौका आया ही नहीं।

प्रेम भारद्वाज : बड़े आलोचक की पहचान?
नामवर सिंह : राजशेखर की 'काव्य-मीमांसा' के अनुसार जो 'तत्त्वाभिनिवेशी' है और आनन्दवर्धन की तरह 'सहृदय-हृदय चक्रवर्ती'।

गोपेश्वर सिंह : ऐसा काम जिसे करने का अफसोस हो?
नामवर सिंह : अफसोस तो यही है कि अफसोस भी नहीं।

गोपेश्वर सिंह : ऐसा काम जिसे न करने का अफसोस हो?
नामवर सिंह : हजारों ख्वाहिशें ऐसी कि हर ख्वाहिश पे दम निकले।

गोपेश्वर सिंह : वह अकेली पुस्तक जिसे आप निर्वासन में साथ रखें?
नामवर सिंह : रामचरितमानस।

गोपेश्वर सिंह : आपका प्रिय भोजन?
नामवर सिंह : सत्तू।

गोपेश्वर सिंह : दुबारा जीवन मिले तो आप कैसा जीवन जीना चाहेंगे?
नामवर सिंह : पुनर्जन्म में विश्वास ही नहीं है।

गोपेश्वर सिंह : आपकी प्रिय अकेली आलोचना पुस्तक?
नामवर सिंह : 'दूसरी परम्परा की खोज'।

गोपेश्वर सिंह : अकेला आलोचक?
नामवर सिंह : विजयदेव नारायण साही।

गोपेश्वर सिंह : अकेला कवि?
नामवर सिंह : रघुवीर सहाय।

गोपेश्वर सिंह : अकेला कहानीकार?
नामवर सिंह : निर्मल वर्मा।

गोपेश्वर सिंह : अकेला उपन्यासकार?

नामवर सिंह : फणीश्वरनाथ रेणु।

गोपेश्वर सिंह : अकेला निबन्धकार?
नामवर सिंह : हरिशंकर परसाई।

गोपेश्वर सिंह : किसी एक महापुरुष को चुनना हो तो किसे चुनेंगे?
नामवर सिंह : महात्मा गांधी।

गोपेश्वर सिंह : गांधी और मार्क्स में किसी एक को चुनना हो तो?
नामवर सिंह : मार्क्स को—विचारक के रूप में।

गोपेश्वर सिंह : इस दशक के 10 कवि, 10 कहानीकार, 10 उपन्यासकार और 10 आलोचक?
नामवर सिंह : इन सवालों को सुनकर त्रिलोचन जी के एक सानेट की यह पंक्ति सहसा याद आ रही है :

'प्रगतिशील कवियों की नई लिस्ट निकली है, उसमें कहीं त्रिलोचन का तो नाम नहीं है'। वाकया 1950 के आसपास का है। इशारा स्व. प्रकाशचन्द्र गुप्त की ओर था। इसके बाद ऐसी भूमिका में उतरने का साहस भला यह नाचीज कैसे करता?

वैसे, इस दशक में उभरने वाली कुछ प्रतिभाओं के बारे में पूछना चाहें तो बात और है।

गोपेश्वर सिंह : वही सही—एक-एक करके कविता, कहानी, उपन्यास और आलोचना के क्षेत्र की नई प्रतिभाएँ?
नामवर सिंह : (क) कवियों में अष्टभुजा शुक्ल, हरिश्चन्द्र पांडे, देवीप्रसाद मिश्र, राकेश रंजन और गीत चतुर्वेदी ने मुझे आकृष्ट किया।

(ख) कहानीकारों में महेश कटारे, एस.आर. हरनोट, योगेन्द्र आहूजा, नीलाक्षी सिंह, अल्पना मिश्र और संजय कुन्दन ने। और हाँ, यदि गीत चतुर्वेदी की सौ-सौ पृष्ठों की लम्बी कहानियों को उपन्यास न कहकर कहानी ही मानें तो निश्चय ही गीत चतुर्वेदी भी।

(ग) जहाँ तक उपन्यासों का सवाल है, कम ही पढ़ पाया हूँ। हाल ही में जिन उपन्यासों को पढ़ने के लिए समय निकाल पाया, उनमें 'विसर्जन' के लेखक राजू शर्मा और हरीचरन प्रकाश के 'उपकथा का अन्त' की याद ताजा है।

(घ) जहाँ तक आलोचना का सवाल है, या तो साहित्यिक समालोचना के नाम पर किसिम-किसिम के 'विमर्श' हो रहे हैं या फिर ऐतिहासिक अनुसंधान के कार्य हो रहे हैं। कभी-कभी अच्छी पुस्तक समीक्षाएँ मिल जाती हैं या फिर किसी पूर्ववर्ती कृति का गम्भीर पुनर्पाठ। अभी हाल ही में पुरुषोत्तम अग्रवाल की 'अकथ कहानी प्रेम की' आई है जो कबीर की गम्भीर पुनर्व्याख्या है। अन्य युवा आलोचकों

में से कुछ के नाम लेने का मतलब होगा, उन्हें औरों के निशाने पर लाना, जो आप भी न चाहेंगे।

गोपेश्वर सिंह : आप अपने खतों का क्या करते हैं?
नामवर सिंह : कौन से खत? जो मुझे मिले हैं, वे प्रायः सुरक्षित हैं—खास तौर से साहित्यिक मित्रों के। उनमें से कुछ-एक तो प्रकाशित भी हो गए हैं। जहाँ तक मेरे लिखे हुए पत्रों का सवाल है, उनमें से कुछ तो काशी ने प्रकाशित कर दिये हैं, बाकी तो उनकी थाती है जिन्हें लिखे गए हैं।

वैसे, दूर-संचार के वाचिक साधनों की वृद्धि के चलते पत्र-लेखन की प्रवृत्ति क्षीण हो चली है। स्वयं मैंने ही पत्र लिखना छोड़ रखा है तो औरों से क्या शिकायत करूँ? वैसे रमेशचन्द्र शाह जैसे बन्धु आज भी हैं जो अपनी चिर-परिचित घुणाक्षर न्यायवाली लिपि में कभी-कभी पत्र लिख भेजते हैं।

गोपेश्वर सिंह : बनारस से उखड़कर दिल्ली में आ बसने पर आपने क्या खोया और क्या पाया?
नामवर सिंह : आपा खोया, सरोपा पाया।

गोपेश्वर सिंह : एक आलोचक का जनपद क्या है? और इसी के साथ यह कि आपका जनपद कौन-सा है?
नामवर सिंह : 'जनपद' से आपका अभिप्राय क्या है, यह ठीक-ठीक समझ नहीं पा रहा हूँ; फिर भी अपनी समझ के अनुसार मेरा जनपद तो जे.एन.यू. यानी जवाहरलाल नेहरू यूनिवर्सिटी है। लगभग वैसे ही, जैसे एफ.आर. लीविस का कैम्ब्रिज था, रामचन्द्र शुक्ल जी का काशी हिन्दू विश्वविद्यालय और हजारी प्रसाद द्विवेदी का विश्व भारती, शान्तिनिकेतन!

गोपेश्वर सिंह : आपके समय में और आज के साहित्यिक माहौल में बदलाव क्या है?
नामवर सिंह : 'आपके समय' का क्या मतलब? क्या आज के साहित्यिक माहौल का हिस्सा मैं नहीं हूँ? इस हिस्सेदारी को महसूस करके ही 'बदलाव' को समझा जा सकता है। प्रसंगवश मुझे बौद्ध दर्शन की 'प्रतीत्य-समुत्पाद' की अवधारणा याद आ रही है, जिसका अर्थ है : 'विच्छिन्न प्रवाह'। यह बदलाव बीसवीं सदी के अन्तिम दशक से ही शुरू हो गया था, जब सोवियत रूस के समाजवाद का अन्त हो गया, जो राजनीति की भाषा में 'दूसरी दुनिया' कहलाती थी। विडम्बना यह कि इसके बाद वह 'तीसरी दुनिया' भी खत्म हो गई जिसमें अपना देश 'भारत' गिना जाता था। गरज कि अर्थतंत्र की दृष्टि से सम्पूर्ण विश्व एक जैसा हो गया, जिसे 'भूमंडलीकरण' के नाम से पहचाना जा रहा है; जिसका मोटे तौर से अर्थ है : 'बाजार-तंत्र का

वर्चस्व'! कला, साहित्य और संस्कृति में भी इस बाजार-तंत्र का दखल साफ दिखाई पड़ रहा है। इस बदलाव को 'विच्छिन्न प्रवाह' की रोशनी में देखने की कोशिश की जा सकती है।

गोपेश्वर सिंह : आपने जब शुरू किया तब शीत-युद्ध का समय था। दुनिया दो शिविरों में बँटी थी। आलोचना भी। आपने एक शिविर को चुना। यदि आज शुरू करना हो तो अपने सामने कौन चुनौती होगी?

नामवर सिंह : इस भूमंडलीकरण की आँधी की चपेट में जब अपनी तीसरी दुनिया भी आ गई है तो हमें मार्क्स के 'कम्यूनिस्ट घोषणा-पत्र' के वजन पर वही नारा फिर दुहराना होगा कि दुनिया के लेखको, एक हो! खोने के लिए तुम्हारे पास कुछ नहीं है, सिवा अपनी जंजीरों के। लेखकों के लिए ये जंजीरें खास तौर से अपने दिमागी मकड़जाले हैं।

गोपेश्वर सिंह : यथार्थवाद और कलावाद-रूपवाद का जो विवाद था, वह आज आलोचना के लिए कोई मायने रखता है या नहीं?

नामवर सिंह : विडम्बना यह है कि अपनी आलोचना इतनी 'यथार्थवादी' हो गई है कि साहित्य के रूप-पक्ष और कला-पक्ष पर फिर से जोर देने की जरूरत महसूस होती है—यह जानते हुए कि 'रूपवाद' और 'कलावाद' इतिहास की वस्तु हो चुके हैं!

गोपेश्वर सिंह : लेखक की मृत्यु हो चुकी है और सबका अपना-अपना पाठ है, तब आलोचना?

नामवर सिंह : निराला के उस गीत को याद कीजिए : 'मरा हूँ हजार मरण'।

लेखक की मृत्यु कई तरह से होती है। इस 'मृत्यु' के धोखे में न आइए! मृत्यु तो आज दरअसल पाठक की हो गई है। फिलहाल मेरी चिन्ता के केन्द्र में वह पाठक है।

गोपेश्वर सिंह : महावृत्तांत का दौर खत्म हो चुका है, तब विश्वदृष्टि की जरूरत क्यों है? है भी या नहीं?

नामवर सिंह : 'महावृत्तांत का अन्त' अब एक पिटा हुआ मुहावरा है। यह तो 'लघु' मानवों के अभ्युदय का दौर है। विजयदेव नारायण साही के उस लेख को क्यों भूल रहे हैं?

गोपेश्वर सिंह : दार्शनिकों ने दुनिया की तरह-तरह से व्याख्या की है। क्या सचमुच व्याख्या हो चुकी है?

नामवर सिंह : उपर्युक्त उक्ति को आपने आधे में ही क्यों छोड़ दिया? उत्तरार्द्ध को भी याद कीजिए क्योंकि असल काम है दुनिया को बदलना!

गोपेश्वर सिंह : अध्यापन आलोचना में कितना सहायक, कितना बाधक होता है?

नामवर सिंह : वह तो एक तरह से मेरी 'प्रयोगशाला' रही है। अब वह छुटी तो अपना लिखना भी कम हो गया!

वह शेर है न :

जब मैक़दा छुटा तो फिर अब क्या जगह की कैद!
मस्जिद हो, मदरसा हो, कोई खानाक़ाह हो!

गोपेश्वर सिंह : परिवार आलोचना-कर्म में बाधक है या साधक?

नामवर सिंह : यहाँ तो कोई परिवार भी अब नहीं रहा! फिर भी लिखना कहाँ हो पाता है!

लिखा तो सब कुछ तभी, जब भरा-पूरा परिवार साथ था—मेरा अपना सच तो यही है।

[पाखी : अक्टूबर, 2010]

महत्त्वपूर्ण है वाद-विवाद-संवाद

मीनाक्षी जोशी

मीनाक्षी जोशी : आप बनारस विश्वविद्यालय में उस समय के छात्र थे जब आचार्य हजारी प्रसाद द्विवेदी, श्यामसुन्दर दास, केशव प्रसाद मिश्र, नन्ददुलारे वाजपेयी, विश्वनाथ प्रसाद मिश्र से लेकर शिवदान सिंह चौहान तक की अनुगूँज थी। ऐसे पर्यावरण में रहकर आपके साहित्यिक मानस पर पहला प्रभाव क्या पड़ा? और सबसे अधिक किसका प्रभाव पड़ा?

नामवर सिंह : मैं सन् 1947, जुलाई में काशी विश्वविद्यालय आया जबकि शहर में तो 1940 में ही आ गया था। संयोग से उस समय प्रगतिशील लेखक संघ बहुत सक्रिय था तथा शिवदान सिंह चौहान तब 'हंस' के सम्पादक थे। स्कूल के दिनों में ही मैंने उनका नाम सुना था। 1945 के आसपास नन्ददुलारे वाजपेयी आए, वे प्रलेस से जुड़े थे। उनसे भी परिचय हुआ किन्तु जब मैं विश्वविद्यालय पहुँचा, वे जा चुके थे। केशवप्रसाद मिश्र व विश्वनाथ प्रसाद मिश्र वहाँ थे। इस प्रकार हम सब प्रलेस से जुड़ गए थे। उस समय की एक बात याद आती है जब मैं बी.ए. प्रथम वर्ष का विद्यार्थी था, तब निराला जी की 50वीं वर्षगाँठ के अवसर पर मैंने उत्साहपूर्वक समारोह में सक्रिय हिस्सा लिया था तथा निराला जी ने अपने हाथों मुझे पुरस्कार दिया था। इसी पृष्ठभूमि में हजारी प्रसाद द्विवेदी 1950 में आए। काशी में साहित्यिक वातावरण तब उत्कर्ष पर था। मेरे वहाँ पहुँचने के पूर्व आचार्य रामचन्द्र शुक्ल, प्रेमचन्द एवं जयशंकर का निधन हो चुका था। यह मेरा दुर्भाग्य था। किन्तु उनकी छाप, स्मृति अब भी काशी विश्वविद्यालय पर थी। यही सब हमें संस्कार के रूप में मिली। मेरे जीवन में साहित्य की बुनियाद भी यहीं से आरम्भ हुई।

मीनाक्षी जोशी : एक अध्यापक या प्राध्यापक के रूप में अध्यापन के लिए आपकी पसन्द का विषय क्या रहा?

नामवर सिंह : पढ़ने-पढ़ाने को लेकर मेरी रुचि 'अपभ्रंश' भाषा से शुरू हुई। इसकी प्रेरणा मुझे केशवप्रसाद से मिली। उन्होंने हमें चन्द्रधर शर्मा 'गुलेरी' के दोहे पढ़ाए थे। केशव जी के मार्गदर्शन में ही मेरा शोध-कार्य 'पृथ्वीराज रासो की भाषा' पूरा

हुआ। मैंने अध्यापन में सभी विधाएँ पढ़ाने का आनन्द लिया है। एम.ए. के विद्यार्थियों को भाषाविज्ञान पढ़ाता था तो बी.ए. के छात्रों को कहानियाँ और उपन्यास। अध्यापन में बोलने का सुख है। मेरा पढ़ाना छात्रों को इतना अच्छा लगता था कि दूसरी कक्षाओं के विद्यार्थी भी मेरी कक्षा में आकर बैठ जाते थे। यही काशी विश्वविद्यालय की देन है और सौभाग्य से हजारी प्रसाद द्विवेदी मेरे गुरु रहे। इसी दौरान मेरी कुछ पुस्तकें—'आधुनिक साहित्य की प्रवृत्तियाँ', 'छायावाद', 'कहानी नई कहानी', 'इतिहास और आलोचना' आदि—छपीं।

मीनाक्षी जोशी : अनेक आलोचकों की भाँति आपने भी अपना सर्जनात्मक जीवन तो कविता से ही प्रारम्भ किया। डॉ. रामविलास शर्मा, यहाँ तक कि स्वयं रामचन्द्र शुक्ल तक इसके उदाहरण हैं। फिर क्या कारण था कि कविता छोड़कर आप आलोचना में उतर आए?

नामवर सिंह : हाँ, प्रारम्भ में कुछ कविताएँ लिखी थीं किन्तु अब मेरे पास एक भी कविता नहीं रही। 1951 में मेरा काव्य-संग्रह छपते-छपते रह गया था। उस संग्रह का 'बकलमखुद' भी प्रकाशित हो गया था, पर छोड़िए, 'जो बीत गई सो बात गई'। दरअसल तब नई उम्र का उत्साह था। कुछ नया करने का जुनून भी था। संयोग से आरम्भ में केवल कविताएँ ही लिखता था। औघड़दानी कवि त्रिलोचन के सम्पर्क में आया। बहुत फुर्सत उनके पास भी थी और मेरे पास भी। काशी का चालीस का दशक रचनात्मक दृष्टि से बहुत महत्त्वपूर्ण था। उस दौर में नागार्जुन जी से मुलाकात हुई, शमशेर जी मिले। और आलोचना की ओर जब प्रवृत्त हुआ तो गुरुदेव हजारी प्रसाद के चरणों में बैठकर लिखना सीखा। लेकिन कहीं-न-कहीं काव्य-संवेदना मरी न थी। वही काव्य-संवेदना मेरी आलोचना की उर्वर भूमि है।

मीनाक्षी जोशी : आपने आचार्य हजारी प्रसाद द्विवेदी जी को लेकर 'दूसरी परम्परा की खोज' पुस्तक लिखी। यह 'दूसरी' परम्परा क्यों?

नामवर सिंह : विश्वविद्यालय द्वारा एक साल के लिए प्राप्त राशि से इस पुस्तक को लिखा था। आम तौर पर लोग 'परम्परा' का प्रयोग एकवचन में करते हैं, पर मैंने इसे 'परम्पराएँ' कहा है। अनेक धर्मों और सम्प्रदायों की परम्पराओं की तरह हर साहित्यकार की भी परम्पराएँ होती हैं। यह लिखते समय मन में केवल आलोचना नहीं थी, अन्य परम्पराओं की ओर ध्यान आकर्षित कराने वाले द्विवेदी जी ही थे। यहाँ 'दूसरी' का तात्पर्य अंकों के एक, दो से नहीं बल्कि 'एक और' से है। लोग भूल जाते हैं, जब भक्ति की परम्परा आई तो केवल भक्ति ही नहीं, दूसरी भी कई धाराएँ उसके समानान्तर चल रही थीं। शुक्ल जी को ही मानदंड क्यों बनाया जाए? मैंने यही बताया कि दूसरी परम्पराएँ भी क्रान्तिकारी हैं। मैंने जो कहा, उसके लिए द्विवेदी जी तो माध्यम हैं।

मीनाक्षी जोशी : आज हजारी प्रसाद जी और शुक्ल जी की आलोचना-परम्परा में क्या मुख्य अन्तर या समानता पाते हैं?

नामवर सिंह : आपको पता होगा कि द्विवेदी जी ने स्वयं आचार्य शुक्ल जी की प्रशंसा की है। उनकी आलोचनाओं को स्वीकारा है। उनका उद्‌देश्य कभी भी शुक्ल जी के महत्त्व को कम करना नहीं रहा। और फिर सबका अपना महत्त्व तो होता ही है। संगीत, साहित्य, चित्रकला आदि में 'एको अहं बहुस्याम:' की भारतीय परम्परा विशिष्ट रूप से रही है। यह लोकतांत्रिक व्यवस्था है, अत: कट्टरता के स्थान पर उदारता, संकीर्णता के स्थान पर व्यापकता की दृष्टि हमें साहित्य से मिलनी ही चाहिए।

मीनाक्षी जोशी : आपकी आलोचकीय दृष्टि प्रगतिवादी मानी जाती है। स्पष्ट कहूँ तो आपको मार्क्सवादी आलोचक ही कहा जाता है। क्या आप इस विचार से सहमत हैं? किसी वाद-विशेष के आधार पर साहित्य-रचना या आलोचना को क्या आप उचित मानते हैं?

नामवर सिंह : हजारी प्रसाद जी ने एक अनुभव सुनाया था। एक बार विद्वानों के बीच शास्त्रार्थ चल रहा था कि ईश्वर एक है या अनेक, सगुण है या निर्गुण, आदि। एक चेला भ्रमित होकर मेरे पास आया और बोला, आपकी क्या राय है? वे बोले, सचमुच कोई परम सत्ता है, यह तो मानते हो न? यदि वह सर्वशक्तिशाली है तो क्या वह एक, दो, तीन रूपों में बँध सकेगा या बँधा रहेगा? तो मैं प्रगतिशीलता से जुड़ा हूँ। वैसे तो जलेस, प्रलेस और जसम—तीनों अपने को मार्क्सवादी कहते हैं। राजनीतिक दृष्टि से जलेस प्रभावशाली है किन्तु संगठन की दृष्टि से प्रलेस का प्रभाव अधिक है। तीनों की स्वतंत्र सत्ता है। तब परिस्थितियाँ और थीं। आज क्यूबा को छोड़कर कोई भी देश समाजवादी नहीं है। अच्छा होगा, राजनीति से बाहर निकलकर, एकजुट होकर कुछ काम करें।

मीनाक्षी जोशी : मार्क्सवादी आलोचना को अक्सर अनुदार और प्रतिबद्ध आलोचना कहा जाता है, क्या आप सहमत हैं?

नामवर सिंह : इस नई दुनिया में जहाँ नवउदारवादी नीति चल रही है, वहाँ हमें इस मार्ग से कोई सीख लेनी चाहिए। मैंने हाल ही में एक किताब पढ़ी है : Why Marx was right ? लेखक हैं—Terry Eagleton। ध्यान दीजिए, इसमें was शब्द पर। वहाँ पर is नहीं है। मुझे यह शीर्षक बहुत सार्थक लगा। चिन्तक और विचारक के रूप में आज भी मार्क्सवाद में मेरी आस्था है। माओ और लेनिन का प्रभाव अब नहीं रहा। सम्भव है, भविष्य में कोई नया रूप आए, जैसे आज अन्ना हजारे।

द्वन्द्ववाद और भौतिकवाद का दर्शन मार्क्सवाद की रीढ़ है! इस दर्शन ने साहित्य को नई दृष्टि दी है। मैं किसी विचार का कट्टरपंथी नहीं हूँ। वह धर्म में होती है, विज्ञान में नहीं। मैं वैज्ञानिक दृष्टिकोण को मानता हूँ इसीलिए तो 'समावर्तन' में

प्रकाशित द्वादश कवियों की, जो चाहे किसी भी विचारधारा के हों, चर्चा की मैंने।

क्योंकि उन रचनाओं में एक खुलापन है। मैंने केवल मार्क्सवादी वालों को नहीं सराहा। सबसे सहमत होना अनिवार्य नहीं है। महत्त्वपूर्ण है संवाद और फिर विवाद—मनुष्य-मनुष्य के बीच सहभाव युक्त। यह प्रलाप नहीं। मैं स्वगत संवाद में विश्वास करता हूँ और मुख्य ध्येय मात्र साहित्य है। अब यह बात अलग है कि जिसके कमंडल में जितना अटेगा, उतना ही तो पाएगा।

मीनाक्षी जोशी : 1943, तारसप्तक के बाद से लेकर अब तक जो भी हिन्दी साहित्य रचा गया है, उसे आप श्रेष्ठता के स्तर पर कितना उपयुक्त मानते हैं? हमारे समय के आलोचकों की दिशा और दृष्टि के सम्बन्ध में आपके क्या विचार हैं?

नामवर सिंह : नये आलोचक मुझसे और मेरी पीढ़ी के लोगों से आगे ही हैं। नई पीढ़ी में कुछ-कुछ आलोचक तो बहुत अच्छा काम कर रहे हैं। वे पैनी दृष्टि के साथ सुलझी हुई विचारधारा रखते हैं। आम तौर से लोग समझते हैं कि आलोचना के क्षेत्र में ज्यादातर विश्वविद्यालय के शिक्षक हैं, जिनमें मौलिकता का नितान्त अभाव है। दुख होता है कि विश्वविद्यालय से आनेवाले शोध-प्रबन्ध आलोचना बनकर आ रहे हैं। सभी पुस्तकें बुरी नहीं हैं। इसके अलावा जो लोग पत्र-पत्रिकाओं से जुड़े हैं, उनकी समीक्षाओं में ताजगी है।

हिन्दी में पिछले एक दशक से विशेष कर 21वीं शताब्दी की शुरुआत से जो नई पीढ़ी उभरकर आई है, मुफस्सिल जगहों से, दूरदराज के इलाकों से और उसमें भी खास हैं दलित और पिछड़े वर्गों के पढ़े-लिखे युवक। कुछ महिलाएँ भी आई हैं। यह हिन्दी साहित्य के लिए नई घटना है। अपने समाज और दुनिया को देखने की नई दृष्टि है इनमें। स्थानीय बोलचाल की भाषा में कविताएँ, कहानियाँ, उपन्यास आदि ये लिख रहे हैं, जो बहुत उत्साहवर्धक है। छत्तीसगढ़ के खैरागढ़ के युवा लेखक 'वनवासी' की एक कहानी देखी। उस पर मैंने टिप्पणी भी की है। निर्मला पुतुल झारखंड की आदिवासी रचनाकार हैं। इधर नई पुस्तकों की समीक्षाएँ तथा पुनर्पाठ भी बहुत अच्छे लिखे जा रहे हैं जो मुझे आश्वस्त करते हैं।

मीनाक्षी जोशी : आज के लेखकों का झुकाव किन विधाओं के प्रति अधिक है?

नामवर सिंह : हिन्दी में इस समय यात्रा-वृत्तान्त, संस्मरण और आत्मकथाएँ अच्छी लिखी जा रही हैं। इधर अच्छे कहानीकारों की संख्या में कुछ कमी आई है। उपन्यासों पर भी अच्छा काम हो रहा है। हिन्दी में सबसे त्रासद स्थिति नाटकों की है। रंगमंच तो है पर नाटक नहीं, जबकि महाराष्ट्र और गुजरात में नाटक की परम्परा आज भी जीवित और लोकप्रिय है। हिन्दी में अब तो कहानियों और उपन्यासों को मंचित किया जा रहा है।

मीनाक्षी जोशी : हाल ही में आपकी चार पुस्तकें प्रकाशित हुई हैं : 'प्रेमचन्द और भारतीय समाज', 'हिन्दी का गद्य पर्व', 'जमाने से दो-दो हाथ' और 'कविता की जमीन और जमीन की कविता'। इनके विषय में कुछ बताइए?

नामवर सिंह : दरअसल आशीष त्रिपाठी की मेहनत और सूझ-बूझ के कारण ही ये पुस्तकें आ सकी हैं। उसने ही बड़ी लगन से मेरे लेखों को, जो यहाँ-वहाँ बिखरे पड़े थे, संकलित किया और पुस्तकें तैयार कीं। मैं कृतज्ञ हूँ उसका। चार किताबें अभी और आने वाली हैं, जिनमें बहस है। ये विषय शुद्ध साहित्यिक नहीं, साहित्येतर हैं।

[समावर्तन : अंक 44, नवम्बर, 2011 में 'निराला जी के हाथों पुरस्कार एक भविष्य के आलोचक को' शीर्षक से प्रकाशित]

सर्जना के लिए साहित्यिक आन्दोलन अनिवार्य नहीं

कमलकान्त

कमलकान्त : हिन्दी कथा साहित्य में ऐतिहासिक भूमिका अदा करनेवाली पत्रिका 'कहानी' फिर से निकलने जा रही है। कहानी-आन्दोलनों के दौर में आपने इसमें लिखा। आज की कहानी को लेकर आप क्या सोचते हैं? आज कहानी में 'यथार्थवाद' पर ज्यादा जोर दिया जा रहा है। क्या यह भी कोई आन्दोलन है?

नामवर सिंह : ऐसा कोई आन्दोलन नहीं है। महत्त्वपूर्ण यह है कि बिना आन्दोलन के भी आज अच्छी कहानियाँ लिखी जा रही हैं। फ्रांस में एक समय 'न्यू नॉवेल' नाम की चीज चली थी, लेकिन महत्त्वपूर्ण लिखा गया हो, ऐसा नहीं। 'नई कहानी' के आन्दोलन के बारे में यह धारणा कि अच्छी कहानियाँ किसी आन्दोलन के तहत लिखी गईं, तो यह गलत है।

किसी समय समानान्तर, सचेतन कहानी का आन्दोलन चलाने की कोशिश हुई थी लेकिन हम जानते हैं कि यह सृजनात्मक नहीं था, क्रियेटिव नहीं था, बल्कि एक दुकानदारी जैसा बना दिया गया था। उसका उद्‌देश्य अपने को स्थापित करना था। उससे कहानी कुछ बन गई हो, ऐसा नहीं था। जो लोग आज भी किसी ऐसे आन्दोलन की बात करते हैं, वह ऐसी ही बात है। पिछले एक-डेढ़ दशक से तो कोई आन्दोलन नहीं, बावजूद इसके कुछ अच्छी कहानियाँ लिखी गईं। दूसरी भाषाओं में तो कोई आन्दोलन नहीं चलाया गया, लेकिन हम देखते हैं कि वहाँ बेहतर लिखा जा रहा है : मराठी में, गुजराती में, मलयालम में। हिन्दी के आज के कहानीकारों को दूसरी भाषाओं की कहानियों के सन्दर्भ में भी अपनी शक्ल-सूरत देखनी चाहिए कि हम कहाँ खड़े हैं।

हिन्दी कहानी की परम्परा कोई बहुत लम्बी नहीं है। कहानी की परम्परा हिन्दी से ज्यादा लम्बी और समृद्ध उर्दू में है। हमें नहीं भूलना चाहिए कि प्रेमचन्द की शुरुआत तो उर्दू में हुई थी। वह परम्परा मंटो, इस्मत चुगताई, राजेन्द्र सिंह बेदी और उसके बाद के दौर में देखिए तो जैसे इन्तजार हुसैन। तो लगातार अच्छी कहानियाँ लिखी गईं।

किसी हिन्दी वाले को नहीं सूझा कि वह जातक को अपनाकर कहानी लिखे।

मैंने एक लेख भी लिखा था इस बारे में। विजयदान देथा ने राजस्थानी लोककथा के पुनर्लेखन द्वारा यह काम किया। उसमें एक महत्त्वपूर्ण चीज यह है कि वे गैर-यथार्थवादी कहानियाँ थीं। किसी नुस्खे में यह नहीं लिखा है कि यथार्थवादी कहानी ही कहानी कहला सकती है। जीवन का कोई सच यथार्थवादी शैली में भी आ सकता है और फैंटेसी के रूप में भी। कला में 'रिप्रेजेंटेशनल' चीज की अपेक्षा 'नॉन रिप्रेजेंटेशनल', 'एब्स्ट्रैक्शन' के जरिये भी चीज जोरदार कही जा सकती है तो यह बात कहानी में क्यों नहीं हो सकती? हमारे कहानी लेखकों की जो सबसे बड़ी कमी है, वह है कल्पनाशीलता की। हमारे नये लेखकों को चेखव, गोदार या मार्खेज दिखते हैं, इतनी समृद्ध लोककथाओं का जखीरा नहीं दिखता।

युवा कहानीकारों में स्वयं प्रकाश की कुछ कहानियाँ अच्छी लगीं। उदय प्रकाश की कहानी 'टेपचू', जिसकी बहुत चर्चा रही है, एक गढ़ी हुई और नकली कहानी लगी। उसकी तुलना में 'तिरिछ' का अतियथार्थवाद जिसे लोग जादुई यथार्थ कहते हैं, ज्यादा प्रासंगिक और तर्कसंगत है। लेकिन उदय प्रकाश की यह खूबी है कि वे कहानी को अपनी भाषा बनाने के प्रति बहुत सजग हैं। इधर के ज्यादातर दूसरी कहानीकारों में ऐसी चेतना नहीं दिखाई देती।

हिन्दी कहानी को खड़ा करने में 'कहानी' पत्रिका की बहुत महत्त्वपूर्ण भूमिका रही है। नई कहानी के दौर की ज्यादातर अच्छी कहानियाँ 'कहानी' पत्रिका में ही छपीं। कई कहानीकारों को इस पत्रिका ने बनाया। खास कर भैरव प्रसाद गुप्त के सम्पादन काल में बहुत महत्त्वपूर्ण काम हुआ। यह पत्रिका फिर से प्रकाशित होने जा रही है, तो इसे नये कहानीकारों को खोजना चाहिए। कहानी में सम्भावना का 'प्लेटफॉर्म' बनना चाहिए।

कमलकान्त : आपने अपने शुरुआती दिनों में कविताएँ भी लिखीं। आम तौर पर यह समझा जाता है कि असफल कवि आलोचक हो जाता है। ऐसे कौन से कारण थे जब आपने स्वयं को आलोचना-केन्द्रित बनाया?

नामवर सिंह : मैं नहीं मानता इस बात को। सन् '41 में गाँव से पढ़ाई के लिए बनारस आया था। गाँव में तब का जो साहित्यिक वातावरण था, पुरानी कविता का था—मध्यकालीन, रीतिकालीन काव्य से छायावाद तक। बनारस आया तो समकालीन साहित्य, खास कर कविता की दुनिया से परिचय हुआ। कविताएँ ही लिखना चाहता था। आलोचना लिखने की सोची भी नहीं थी। जिस साहित्यिक परिवेश से आया था, उसमें खास कर त्रिलोचन, और ज्यादातर कवि ही थे। कविता के क्षेत्र में बड़ी हलचल थी। नई कविता रूप धर चुकी थी जो पुराने सभी छन्द-बाँध तोड़कर आई थी। कहानी के क्षेत्र में एक ठहराव आया हुआ था। कविता की तुलना में कहानी की चर्चा नहीं के बराबर थी। अन्य साहित्यिक विधाओं की तुलना में वह दूसरे दर्जे की चीज समझी जा रही थी। आज भी कोई बेहतर स्थिति नहीं है कहानी की। साहित्यिक

'इस्टेब्लिशमेंट' में—कहानी, नाटक या उपन्यासों की तुलना में आज भी कविता की स्थिति बहुत ऊपर है।

कहानी पर आलोचना लिखने की शुरुआत तो मैंने 1956 में की, पर नये कहानीकारों तथा उनके लेखन से परिचय सात-आठ साल पहले से ही हो चुका था। इधर कुछ अच्छी कहानियाँ आई थीं। उन्हीं दिनों श्रीपत राय ने 'कहानी' पत्रिका को फिर से शुरू करने की सोची। पहले की तमाम पत्रिकाएँ, जैसे—'हंस', 'सरस्वती' बन्द हो चुकी थीं। तब मिलकर सोचा कि 'कहानी' पत्रिका को मंच बनाएँ और कविता की तरह कहानी को स्थापित करने का प्रयास किया जाए। दोस्तों का आग्रह भी था और लगा कि कहानी जैसी विधा, जो अपने समाज के सच से सीधा साक्षात्कार कराती है, की उपेक्षा हो रही है।

कमलकान्त : क्या यह लेखकीय दोहरापन नहीं है कि निर्मल वर्मा अपनी तमाम कहानियाँ तो विदेशी पृष्ठभूमि जैसी ही संवेदना को लेकर लिखें और कहानियों से इतर प्रोज में राष्ट्रीयता, भारतीय अस्मिता और धर्म की सत्ता की बात करें?

नामवर सिंह : यह एक तरह का दिखावा है। विदेशों में रहनेवाले या बार-बार जानेवाले लोगों को अपने देश की कोई अद्भुत चीज दिखानी होती है। बतौर फैशन, धर्म को भी ले जाते हैं। वहाँ जाकर अस्मिता का राग भी गा सकते हैं। यह आधुनिक समाज की विसंगतियाँ हैं। वे इससे अलग नहीं हैं।

कमलकान्त : आपने कहानी पर लिखना क्यों बन्द किया?

नामवर सिंह : कहानी की आत्मा हिरोइज्म में प्रवेश करती गई और आलोचना पर रोटियाँ सेंकी जाने लगीं। कहानियाँ आलोचना-सम्मत, आलोचनोन्मुख होकर लिखी जाने लगीं। कहानी में जीवन और समाज को एक तरफ रख नये प्रतीक, बिम्ब और भाषा के टोटके और लटके-झटके ढूँढ़े जाने लगे। कहानीकार जमीन से टूटकर गमलों में खिलने लगे। पत्र-पत्रिकाओं, प्रतिष्ठानों और सत्ता के पास पहुँचने की होड़ होने लगी थी। कहानी पीछे छूट गई और कहानीकार साहित्येतर दन्द-फन्द में आगे निकल गए। यही समय था जब मैंने कहानी पर लिखना बन्द कर दिया था।

[कहानी : मार्च, 1994 में 'कुछ तो पैग़ाम-ए-ज़बानी और है' शीर्षक से प्रकाशित]

हिन्दी गद्य पर गम्भीरता से विचार नहीं हुआ

धर्मेन्द्र त्रिपाठी

धर्मेन्द्र त्रिपाठी : पिछले पचास वर्ष के दौरान आपने गद्य साहित्य को नजदीक से देखा है। उसकी विभिन्न विधाओं पर आपकी दृष्टि गई होगी। गद्य साहित्य में विभिन्न विधाओं को लेकर क्या परिवर्तन आया है?

नामवर सिंह : गद्य की मुख्य विधा उपन्यास, कहानी और निबन्ध माने जाते रहे हैं। निबन्ध में विचार-प्रधान निबन्ध या ललित निबन्ध प्रमुख हैं। इस बीच कुछ ऐसी विधाएँ सामने आई हैं और महत्त्वपूर्ण रूप में सामने आई हैं, जिनमें पहले लिखा तो गया था लेकिन वह इतना महत्त्वपूर्ण नहीं था कि लोगों का ध्यान आकृष्ट करे। उदाहरणस्वरूप मैं दो-तीन विधाओं का नाम लेना चाहूँगा। पांडेय बेचन शर्मा 'उग्र' ने 'अपनी खबर' नाम से आत्मकथा लिखी। आत्मकथाएँ हिन्दी में बहुत कम लिखी गई हैं, लेकिन यह आजादी के बाद की आत्मकथा है। उग्र की आत्मकथा इतनी बेलाग, दो-टूक, बेखौफ है और इतनी अच्छी लिखी गई है कि लगता है, वैसा उग्र ही लिख सकते थे। फिर इसका नाम 'अपनी खबर' भी बड़ा आकर्षित करने वाला है। इस प्रकार एक तो आत्मकथा नामक विधा हुई।

दूसरे, हिन्दी में अच्छी जीवनियाँ नहीं थीं। लेकिन आजादी के बाद तीन ऐसी जीवनियाँ लिखी गईं, जो कई दृष्टियों से उल्लेखनीय हैं। डॉ. रामविलास शर्मा ने 'निराला की साहित्य-साधना' के पहले खंड में निराला जी की जीवनी लिखी है। मैं समझता हूँ कि रामविलास जी का यह सर्वोत्तम ग्रंथ है। यह केवल जीवनी नहीं है निराला की, यह इतनी डूबकर लिखी गई है कि जीवनी के क्षेत्र में एक प्रतिमान है। फिर अमृत राय ने प्रेमचन्द की जीवनी लिखी : 'कलम का सिपाही'। इसमें कुछ कलात्मक त्रुटियाँ अवश्य हैं, बावजूद इसके अमृत जी ने इसको बहुत डूबकर लिखा है। और तीसरी जीवनी एक बंगाली लेखक की है, जो हिन्दी के भी उतने ही अपने हैं। वे हैं शरत्चन्द्र। विष्णु प्रभाकर ने शरत्चन्द्र की जीवनी लिखी है : 'आवारा मसीहा' नाम से। विष्णु प्रभाकर का लिखा कुछ भी मुझे अच्छा नहीं लगा है, लेकिन 'आवारा मसीहा' के लिए वे हमेशा याद किए जाएँगे हिन्दी में। जीवनी जैसी विधा भी इतनी

सर्जनात्मक हो सकती है, ऐसी कल्पना नहीं की गई थी। यह एक नई विधा है।

इसी क्रम में कहूँ तो कुछ संस्मरण लोगों ने लिखे हैं। एक संस्मरण मनोहर श्याम जोशी का है : 'बातों-बातों में'। किसी-किसी के बोलचाल के लहजे की हू-ब-हू नकल उतारने में मनोहर श्याम जोशी जैसा कोई दूसरा अभिनेता नहीं है। इस पुस्तक में उन्होंने अनेक लोगों के बारे में लिखा है और अद्‌भुत पुस्तक है यह। फिर काशीनाथ सिंह ने संस्मरण की एक पुस्तक लिखी है : 'याद हो कि न याद हो'। काशीनाथ मेरे छोटे भाई हैं। इस पुस्तक में उन्होंने मेरे बारे में भी लिखा है, लेकिन होल्कर हाउस में हजारी प्रसाद द्विवेदी और त्रिलोचन के बारे में या 'देख तमाशा लकड़ी का' अध्याय में बनारस के अस्सी चौराहे के बारे में जो लिखा है, वह अद्‌भुत गद्य है।

इनके अलावा कुछ यात्रा-वृत्तान्त लोगों ने लिखे हैं, जो बहुत ही सर्जनात्मक हैं। यात्रा-वृत्तान्तों में निर्मल वर्मा के यात्रा-वृत्तान्त उल्लेखनीय हैं। उनके कुछ यात्रा-वृत्तान्त 'चीड़ों पर चाँदनी' और 'हर बारिश में' आदि हैं। इसके अलावा उनके लिखे आईलैंड और जर्मनी के यात्रा-वृत्तान्त महत्त्वपूर्ण हैं। अभी हाल ही में यात्रा-वृत्तान्तों पर मंगलेश डबराल की एक पुस्तक आई है : 'एक बार आयोवा'। आह, क्या गद्य है!

आजादी के बाद एक और नई विधा सामने आई है—डायरी। शमशेर के 'गद्य' तथा 'और गद्य' नाम से दो संकलन हैं, जिनमें उनकी डायरी है। यह 'कल्पना' में छपी थी। इन डायरियों को देखें तो पाएँगे कि शमशेर की कविताओं की जो अपनी भाषा, अलग पहचान है, वह इन डायरियों के गद्य में भी उसी खूबसूरती से मिलती है। इसके अलावा मलयज और विजयदेव नारायण साही ने भी डायरियाँ लिखी हैं।

अब जब बात चली है तो एक और विधा की चर्चा कर दूँ। यह एकदम नई विधा है। अपने समय की महत्त्वपूर्ण पत्रिका 'दिनमान' में सर्वेश्वर जी 'चरचे और चरखे' नामक एक स्तम्भ लिखा करते थे। यह बहुत ही दिलचस्प होता था। अब यह कौन सी विधा थी, यह ठीक-ठीक बताना बड़ा कठिन है। यह ठीक उसी तरह की विधा थी, जैसे बालमुकुन्द गुप्त जी 'भारत मित्र' में 'शिवशम्भु के चिट्ठे' में लिखा करते थे। अब यह कोई अलग विधा तो थी नहीं, बस, बालमुकुन्द जी भंग की तरंग में इसे लिख मारते थे। लेकिन एक खास तरह का गद्य इसमें होता था, व्यंग्यात्मक पुट लिये।

लगे हाथ मैं यह भी चर्चा कर दूँ कि एक और विधा है। रघुवीर सहाय की एक पुस्तक है : 'दिल्ली मेरा परदेस'। यह एक तरह से रिपोर्ट है, जो अखबारनवीस लिखता है। अद्‌भुत गद्य है यह। अब अखबारवालों की हर स्टोरी तो इस लायक नहीं होती कि साहित्य बन जाए, लेकिन रघुवीर सहाय की 'दिल्ली मेरा परदेस' बार-बार पढ़ने लायक पुस्तक है और एक नई विधा है, जो पहले नहीं थी।

इस प्रकार कहानी, उपन्यास और निबन्ध के अलावा पिछले पचास वर्षों में आत्मकथा, जीवनी, संस्मरण, यात्रा-वृत्तान्त और डायरी जैसी नई विधाएँ प्रकाश में आई हैं, जिनके गद्य की अपनी खूबसूरती है और अपना महत्त्व है।

धर्मेन्द्र त्रिपाठी : आजादी के बाद के पचास सालों में गद्य की आलोचना के क्या मानदंड रहे हैं और इनमें किस तरह का परिवर्तन आया है?

नामवर सिंह : हिन्दी की आलोचना तो काव्य-प्रधान रही है। गद्य की जो मान्य तथा लोकप्रिय विधाएँ हैं, उदाहरण के लिए उपन्यास और कहानी, उन पर शिक्षोपयोगी और पाठ्यपुस्तक सुलभ ग्रंथ तो लिखे गए हैं, लेकिन पुस्तकें कम हैं। हैं, लेकिन बहुत कम हैं। अब जब उपन्यास और कहानी का यह हाल है तो गद्य पर अलग से पुस्तकों की कल्पना आप कर सकते हैं। उस जमाने में लोग गद्य-शैली पर विचार करते थे, लेकिन गद्य का मतलब मात्र शैली नहीं है। वास्तव में गद्य पर जितनी गम्भीरता से विचार होना चाहिए था, वह नहीं हुआ। इसलिए जब गम्भीरता से विचार नहीं हुआ तो उसके मानदंड का भी कोई ठीक-ठाक स्वरूप तय नहीं हो पाया।

आज से पच्चीस-तीस साल पहले की बात है। शमशेर जी की एक पुस्तक थी 'दोआब'। वह आउट ऑफ प्रिंट थी और उसका दूसरा संस्करण निकालने की बात चल रही थी। रामविलास जी उन दिनों दिल्ली आते-जाते रहते थे और यहाँ आने पर मेरे यहाँ ही ठहरते थे। उन्होंने 'दोआब' के दूसरे संस्करण की भूमिका लिखने की बात स्वीकार ली। यह अलग बात है कि पुस्तक का दूसरा संस्करण नहीं निकल सका, लेकिन रामविलास जी की वह भूमिका 'आलोचना' में प्रकाशित हुई। उसका शीर्षक था : 'अच्छे गद्य की पहचान'। वास्तव में अच्छे गद्य का कोई एक साँचा बना हुआ नहीं है कि उस साँचे में आनेवाला गद्य ही अच्छा गद्य कहलाएगा। तरह-तरह के गद्य होते हैं और वे सभी अच्छे हो सकते हैं या उनमें से अधिकांश अच्छे हो सकते हैं। अच्छे गद्य की पहचान क्या है, इसका कोई शास्त्र बना नहीं है। लेकिन जैसाकि रामविलास जी ने अपनी उस भूमिका में लिखा है, उससे पता लगता है कि अच्छा गद्य क्या है। उन्होंने 'दोआब' की भूमिका में लिखा है कि जैसे पंडित जवाहरलाल नेहरू की भाषण देने की शैली थी—वह दो कदम आगे जाकर फिर पीछे लौटते थे, वैसे ही शमशेर के भी बोलने की शैली थी। वह अटक-अटककर बोलते थे। तो साँस के टूटने और जुड़ने की जो लय थी शमशेर में (यह उनकी कविता में भी है), उसको रामविलास जी ने पकड़ा था। उनके गद्य की इस 'टोन' को रामविलास जी ने पकड़ा था। इसका कारण यह है कि रामविलास जी के पास चीजों की पहचान और उसको देखने की दृष्टि तो है ही, लेकिन उन्होंने शमशेर को भी बहुत नजदीक से देखा था।

इस प्रकार किस्म-किस्म के जो गद्य लिखे गए हैं, उनकी पहचान नहीं हो पाई। किसी जमाने में कहा जाता था : 'गद्यं कवीनाम् निकिषम् भवेत्' अर्थात् गद्य तो

कवियों का निकष है। अगर मैं भूलता नहीं तो एजरा पाउंड ने, जो कविता में आधुनिकता के जनक माने जाते हैं, एक जगह कविता के बारे में लिखा है : 'कविता को भी गद्य की तरह सुलिखित होना चाहिए'। इसमें यह समझ है कि गद्य तो अच्छी तरह लिखा हुआ होता है, लेकिन कविता लोग भावोच्छ्वास के रूप में लिखते हैं। हिन्दी में सुलिखित गद्य के अनेक उदाहरण हैं और उनको पहचानने की जरूरत है। मैं समझता हूँ कि गद्य का जो सहृदय पाठक है, वह परस्पर-विरोधी प्रवृत्तियों को भी पसन्द कर सकता है। उदाहरण के लिए, रघुवीर सहाय का गद्य और उसका वाक्य-विन्यास। उनके गद्य का वाक्य-विन्यास ऐसा है, जैसे जलेबी बनाते हैं। बावजूद इसके, उनके गद्य में जो बारीकी है, सूक्ष्मता है, वह उस वाक्य-विन्यास से इतर किसी दूसरे वाक्य-विन्यास में कही ही नहीं जा सकती। इसके बरअक्स आप श्रीकान्त वर्मा का गद्य देखिए—छोटे-छोटे वाक्य, धारदार, नुकीले। 'विट' का प्रयोग उसमें ज्यादा होता था, विरोधाभास का चमत्कार होता था। श्रीकान्त का बिलकुल दूसरा अन्दाज था। मुझे दोनों ही अच्छे लगते हैं।

एक बार जैनेन्द्र जी ने प्रेमचन्द के उपन्यास 'गबन' की समीक्षा लिखी थी। इसमें जैनेन्द्र जी ने प्रेमचन्द के बारे में कहा था कि बात को सुलझाकर कहने की कला जितनी प्रेमचन्द के पास थी, उतनी और किसी के पास नहीं थी। ध्यान रखने की बात है कि यह बात जैनेन्द्र जी कह रहे हैं, जो किसी सुलझी हुई बात को भी रहस्यमय बनाकर कहने के लिए प्रसिद्ध हैं। लेकिन उन्हें प्रेमचन्द का सुलझाव पसन्द आता है। प्रेमचन्द का गद्य एक बिलकुल अलग ढंग का था और जैनेन्द्र जी का गद्य बिलकुल दूसरे ढंग का था, लेकिन दोनों एक-दूसरे के गद्य को पसन्द करते थे।

वास्तव में सन् 1950 के बाद हिन्दी का गद्य वयस्क हुआ है—सचेत, सावधान, आत्मचेतस गद्य। उसमें सूक्ष्मताएँ, बारीकियाँ, अर्थच्छायाएँ, नये शब्दों को गढ़ने और लोक-बोली के शब्दों को शिष्ट साहित्यिक हिन्दी में पचाकर ढालने की अनेक कलाएँ और कौशल दिखाई पड़ते हैं। विशेषकर पिछले पचास वर्षों में हिन्दी के लेखकों ने हिन्दी गद्य को इतना आगे बढ़ाया है कि अभी तक उसका लेखा-जोखा ठीक से हुआ नहीं है। इसका कारण यह है कि लोगों के पास समझ और दृष्टि ही नहीं है। कविता के बारे में टेढ़ा-सीधा लोग लिख देते हैं। कविता की व्याख्या करेंगे तो थोड़ा-बहुत गद्य में लिख लेंगे, लेकिन गद्य के बारे में गद्य में लिखना तो बड़ा टेढ़ा काम है। गद्य के बारे में वह समझ लोगों को है नहीं और न ही उसकी पहचान और दृष्टि है। भाषा के बारे में सामान्यत: लोग बड़े असावधान हैं और एक तरह की बेरुखी है भाषा को लेकर। लेकिन वहीं कुछ ऐसे भी हैं, जो भाषा के प्रति अत्यन्त ही सावधान हैं। यह एक फर्क है। प्रसिद्ध शायर दाग ने उर्दू के बारे में एक बार कहा था :

नहीं दाग आसाँ है यारों से कह दो,
कि आती है उर्दू जबाँ आते-आते।

इसको उद्धृत करते हुए लोगों ने कहा कि यदि आप इसमें 'उर्दू' की जगह 'हिन्दी' कर दें (कि आती है हिन्दी जबाँ आते-आते), तब भी यह बात उतनी ही सही है। हिन्दी आपकी मातृभाषा है, इसका यह अर्थ नहीं कि जो भी चाहे, वह अच्छी हिन्दी लिख ले। यहाँ तो शुद्ध हिन्दी के लाले पड़े हुए हैं, अच्छी हिन्दी तो दूर की बात है।

धर्मेन्द्र त्रिपाठी : इसका कारण आप क्या मानते हैं?

नामवर सिंह : हम लोग जब स्कूल में पढ़ते थे तो एक सुलेख की कक्षा होती थी। अच्छा हस्तलेख लिखना भी एक गुण है, इस पर ध्यान दिया जाए। जब से यह बालपेन चली है, लोग घसीटकर लिखना ही अच्छा समझते हैं। आजकल के बच्चों का हस्तलेख आम तौर पर खराब हो गया है। आज हिन्दी में शिरोरेखा लोग नहीं लिखते हैं। सुलेख लिखना अपनी संस्कृति और संस्कार का गुण है, यह लोग भूल गए हैं। इसी प्रकार हिन्दी लिखना भी एक संस्कार है, संस्कृति है। इसका धीरे-धीरे निर्माण हुआ है—भारतेन्दु जी के जमाने से। अब तो लोग अपना लिखा हुआ ही सुधार कर फिर से देखने की जहमत नहीं उठाते, गलतियाँ अगर चली गईं तो चली गईं।

दूसरी बड़ी भारी दिक्कत मीडिया ने पैदा की है, खास कर इलेक्ट्रॉनिक मीडिया ने। दूरदर्शन में तो अब भी गनीमत है, लेकिन जी.टी.वी., स्टार टी.वी. और न जाने कौन-कौन से टी.वी. तो कई भाषाओं की खिचड़ी बोलने में अपनी शान समझते हैं। लेकिन ऐसे वातावरण में भी अच्छा गद्य लिखने वाले लेखक हैं, पहचानने वाले नहीं हैं। लेख लिखकर या किताब लिखकर उनके बारे में भले ही न बताएँ, लेकिन हम सभी लोग जानते हैं कि किसका लेख अच्छा होता है और किसका बुरा।

धर्मेन्द्र त्रिपाठी : इस दौरान किस विधा का पतन हुआ है और कौन सी विधा लोकप्रिय हुई है?

नामवर सिंह : गद्य की विधाओं में एक जमाने में निबन्ध का एक महत्त्वपूर्ण स्थान था। निबन्ध, अर्थात् 'नितराम् बन्धः'—जो बहुत अच्छी तरह बँधा हुआ हो। जैसे आचार्य रामचन्द्र शुक्ल, बालमुकुन्द गुप्त, बालकृष्ण भट्ट, शिवपूजन सहाय जी जैसे लोग लिखते थे। इसी परम्परा में आगे हजारी प्रसाद द्विवेदी, पंडित विद्यानिवास मिश्र आदि आते हैं। निबन्ध के क्षेत्र में निर्मल वर्मा ने भी सराहनीय काम किया है और निश्चय ही वे एक श्रेष्ठ कोटि के निबन्धकार हैं। लेकिन इन सबके बावजूद आज निबन्ध विधा का पतन हुआ है, यह कहते हुए मुझे जरा भी संकोच नहीं है। इसके बरअक्स कहानी और उपन्यास विधा अधिक लोकप्रिय हुए हैं।

धर्मेन्द्र त्रिपाठी : हिन्दी का रचनाकार अपने परिवेश के सरोकारों से कितना सचमुच और कितना छद्म रूप से जुड़ा हुआ है? वह उससे कितना प्रभावित है और कितना प्रभावित करना चाहता है? उसकी संवेदनशीलता परिवेश के साथ किस हद तक है?

नामवर सिंह : एक जमाना था जब लोगों में, लेखकों में मसीहाई अन्दाज था,

जिसके तहत समझते थे कि कविता, कहानी या उपन्यास लिखेंगे तो परिवेश बदल जाएगा, दुनिया बदल जाएगी। अब वह मसीहाई अन्दाज तो रहा नहीं और साहित्य की औकात लोगों की समझ में आ गई है। किसी रचना से क्रान्ति हो जाए, ऐसा पहले भी नहीं होता था, आज भी नहीं होता। लेकिन उसका असर धीरे-धीरे तो पड़ता ही है, भले देर से पड़े। उदाहरण के लिए, प्रेमचन्द ने जब लिखा था, तब उसका उतना असर नहीं हुआ जितना आज उनकी रचनाओं का असर दिखाई पड़ रहा है—चाहे उन्होंने किसानों की जिन्दगी के बारे में लिखा हो या दलितों तथा महिलाओं के बारे में लिखा हो।

आज वह अन्दाज तो नहीं है और अगर कोई ढूँढ़ता है तो गलत जगह ढूँढ़ता है। लेकिन हिन्दी लेखकों का सरोकार अपने समाज के प्रति न हो, यह मैं नहीं मानता। आप इधर की लिखी हुई कहानियाँ देखें, कविताएँ देखें, उपन्यास देखें तो उतना ही सामाजिक सरोकार उनमें मिलेगा, और नये-से-नये लेखक में मिलेगा। इसलिए यह तो कहना गलत है कि आज के लेखक शुद्ध साहित्य की साधना कर रहे हैं और समाज में हस्तक्षेप नहीं कर रहे हैं, मेरी समझ से कर रहे हैं।

धर्मेन्द्र त्रिपाठी : क्या आज के हिन्दी लेखकों की कोई सामान्य संवेदना है?

नामवर सिंह : सामान्य संवेदना जैसी चीज एक युग के बीत जाने के बाद लोग ढूँढ़कर निकालते हैं। जैसे आजादी की लड़ाई के दौरान छायावाद की एक सामान्य संवेदना ढूँढ़ने की कोशिश की गई या प्रगतिशील आन्दोलन जब चला तो उस दौर में लोगों ने एक सामान्य संवेदना ढूँढ़ निकाली और लोगों का खयाल था कि हर लेखक की दृष्टि वही थी। लेकिन यह पहले भी नहीं था और आज भी मैं मानता हूँ कि वर्तमान दौर में लेखकों की संवेदनाएँ अलग-अलग हैं और यह जो बहुलता है, वह हमारे साहित्य की समृद्धि की सूचक है। संवेदनाओं में अगर एकरूपता होगी तो एक साँचे में ढला हुआ साहित्य लिखा जाएगा। आजकल लोगों को तकलीफ इसी बात की है कि उनको एक साँचा नहीं दिखाई पड़ रहा है। इस बहुलता का स्वागत-सम्मान करने के लिए हम तैयार नहीं हैं। एक दौर में लिखने वाले रघुवीर सहाय की जो संवेदना थी, कोई जरूरी नहीं है कि वही केदारनाथ सिंह की या कुँवर नारायण की हो। या जो संवेदना मनोहर श्याम जोशी के उपन्यासों की है, कोई जरूरी नहीं कि वही असगर वजाहत की हो। वास्तव में यह विविधता या बहुलता इस दौर की विशेषता है।

धर्मेन्द्र त्रिपाठी : आप एक प्रसिद्ध समीक्षक हैं और बहस तथा आलोचना शुरू करने के लिए प्रख्यात रहे हैं। प्रायः आपके वक्तव्यों में नई स्थापना करने का भाव रहता है। परन्तु वैचारिक स्तर पर बहुतों को ऐसा लगता है कि आप उत्सुकता बढ़ा देते हैं, लेकिन आगे कुछ नहीं होता। इस प्रसंग में हिन्दी समीक्षा और आलोचना की आधुनिक स्थिति पर आप क्या कहना चाहेंगे?

नामवर सिंह : मेरे बारे में जो कुछ कहा गया, उस पर तो कुछ टिप्पणी नहीं करूँगा, यह लोगों की अपनी समझ है। लेकिन हिन्दी आलोचना की वर्तमान स्थिति के बारे में एक भ्रामक धारणा स्वयं रचनाकारों द्वारा प्रचारित की गई है या की जा रही है कि आलोचना में दरिद्रता है, हिन्दी में आलोचना नहीं है या उसका ह्रास हो गया है। मैं नहीं जानता कि यह कहते समय उनके ध्यान में यह हो कि आज हिन्दी में रामचन्द्र शुक्ल और हजारी प्रसाद द्विवेदी नहीं हैं। बड़े-बड़े आलोचकों पर नजर रखकर आज देखने की कोशिश करेंगे तो लोग कहेंगे कि फिर आज हिन्दी में कोई प्रेमचन्द भी नहीं है। लेकिन यदि इस समय की पत्रिकाओं को आप देखें (यद्यपि हिन्दी में कम हो गई हैं) तो उनमें पुस्तकों के बारे में जो समीक्षाएँ छप रही हैं या निबन्ध छप रहे हैं, उनसे लगता है कि हिन्दी आलोचना की भाषा में काफी सूक्ष्मता आई है, बारीकी आई है। लोग तह में, गहराई में जाना चाहते हैं।

आलोचना को हम दो ही चीजों से जाँचते हैं। एक तो जो हमारी कालजयी कृतियाँ हैं, उनकी व्याख्या की जाए और दूसरे यह कि समकालीन लेखन में जो सार्थक है, महत्त्वपूर्ण है, मूल्यवान है—उसकी पहचान। मुझे नहीं लगता कि इस दौर में ये दोनों काम नहीं हो रहे हैं—कालजयी कृतियों की नई व्याख्याएँ की जा रही हैं, ध्यान है उस पर लोगों का। अपनी परम्परा का पुनर्मूल्यांकन कर रहे हैं। एक परम्परा के स्थान पर उसमें जो दूसरी अन्तर्धाराएँ हैं, उनकी पहचान की जा रही है। उसमें उलट-फेर भी हुआ है। जो नये सिद्धान्त हैं, वे रोज तो बनते नहीं; लेकिन पश्चिमी दुनिया में साहित्य के जो प्रचलित सिद्धान्त हैं, उनसे हिन्दी के लोग भी अवगत हैं। आपने देखा होगा कि इधर उत्तर-आधुनिकता की काफी चर्चा है और हिन्दी के लोग कूप-मंडूक नहीं हैं। पश्चिम के जो महत्त्वपूर्ण साहित्यिक विचारक हैं—चाहे वे उत्तर संरचनावादी हों या मार्क्सवादी—उन विचारों पर स्वतंत्र लेख और उनकी मान्यताओं के पक्ष-विपक्ष में उनका विश्लेषण भी हुआ है। 'पूर्वग्रह' में एक अरसे तक होता रहा है। 'साक्षात्कार' में आप देखेंगे। स्वयं 'हंस' में जो साहित्यिक या सांस्कृतिक चर्चा हुई है, उसमें आप देखेंगे। इसलिए मुझे नहीं लगता कि जीवन्तता नहीं है, मुझे तो स्फूर्तिप्रद लगता है। 'पहल' में भी आप देखें तो इस तरह की आलोचनात्मक रचनाएँ छपती हैं।

धर्मेन्द्र त्रिपाठी : आपकी प्रतिभा को देखते हुए बहुत लोगों को यह अपेक्षा थी और है कि आप स्पष्ट कोटियाँ निर्धारित करते हुए, कुछ निष्कर्ष निकालते हुए विशेष लिखेंगे। लेकिन ऐसा हुआ नहीं ?

नामवर सिंह : यह सवाल अक्सर पूछा गया है। इसका अर्थ यह है कि लोग मुझसे इतना स्नेह करते हैं, इसीलिए इतनी ज्यादा अपेक्षाएँ लोगों को हैं। मैं उन्हें पूरी नहीं कर सका, इस पर शर्मिन्दा हो सकता हूँ, पश्चात्ताप कर सकता हूँ और संकल्प कर सकता हूँ कि जो कुछ जीवन के शेष दिन बचे हुए हैं, उनमें लोगों की अपेक्षाएँ पूरी

कर सकूँ। इससे अधिक इस पर क्या टिप्पणी करूँ?

धर्मेन्द्र त्रिपाठी : आलोचना में पूर्वग्रह का मुद्दा एक अरसे से उठता रहा है, लेकिन सत्तर के दशक के बाद यह कुछ ज्यादा ही मुखरित हुआ है। आज आलोचकों के खेमे बँटे हुए हैं। तटस्थ लोग आज समीक्षा से क्यों अलग हो रहे हैं?

नामवर सिंह : पूर्व धारणाएँ होना बुरा नहीं है। वास्तव में किसी पाठक का दिमाग कोरी स्लेट नहीं होता है, उसे पहले की पढ़ी हुई पुस्तकों की या समीक्ष्य पुस्तक के बारे में लिखित या श्रुत राय की भी जानकारी होती है और उस धारणा से वह किसी किताब को पढ़ना शुरू करता है। लेकिन धीरे-धीरे पढ़ने के क्रम से वह धारणा बदल भी जाती है और ईमानदार आलोचक उस धारणा को बदलकर अपनी दूसरी धारणा व्यक्त करता है। सच पूछिए तो सच्चा पूर्वग्रह इसमें हमेशा बाधक नहीं होता। यदि किसी आलोचक के लिए पूर्वग्रह जड़ या रूढ़ हो जाए और वह उसे अपनी प्रतिष्ठा का प्रश्न बना ले तो यह हानिकारक है—समीक्ष्य पुस्तक के लिए हो या न हो, लेकिन यह स्वयं उस समीक्षक या आलोचक के लिए हानिकारक है। मुझे लगता है कि हिन्दी में लोगों की जो पूर्वधारणाएँ हैं, वे व्यक्तिगत हैं। उसे पूर्वग्रह नहीं, बल्कि राग और द्वेष कहना चाहिए। हमारा दोस्त है, इसलिए उसकी प्रशंसा करें और हमारा दुश्मन है, इसलिए उसकी निन्दा करे—इस प्रकार के निजी सम्बन्धों पर आलोचनाएँ करने वाले हिन्दी में कुछ लोग हैं। लेकिन इन लोगों की संख्या थोड़ी है और यह हिन्दी साहित्य की आम धारणा नहीं है।

धर्मेन्द्र त्रिपाठी : कहा जाता है कि एक असफल साहित्यकार सफल आलोचक होता है। इस निष्कर्ष से आप कहाँ तक सहमत हैं?

नामवर सिंह : मेरा मानना है कि एक असफल साहित्यकार असफल आलोचक होता है। एक असफल साहित्यकार कभी भी सफल आलोचक नहीं हो सकता। यह जुमलेबाजी कभी किसी ने की होगी, जिसे लोग स्वीकार भी करते हैं, मगर मैं इसे नहीं मानता।

धर्मेन्द्र त्रिपाठी : हिन्दी आलोचना का भविष्य क्या है?

नामवर सिंह : हिन्दी आलोचना का भविष्य उतना अन्धकारमय नहीं है, जितना देश का भविष्य। मुझे तो देश का भविष्य ज्यादा अन्धकारमय दिखाई पड़ता है, आलोचना का भविष्य उसकी अपेक्षा प्रकाशमय है।

धर्मेन्द्र त्रिपाठी : सुनने में आया है, इन दिनों आप दो किताबें लिख रहे हैं। उनमें से एक आलोचना की भी है। इसके बारे में थोड़ा बताएँ?

नामवर सिंह : अब तो मुँह से बात निकल गई है, जब किताब सामने आ जाए तो समझ लीजिए कि ठीक है। जिसको कहते हैं कि :

इरादे बाँधता हूँ, तोड़ता हूँ, छोड़ देता हूँ,
कहीं ऐसा न हो जाए, कहीं वैसा न हो जाए।

तो इरादे तो हैं, लेकिन इरादे जब किताब की शक्ल ले लें, तब समझना चाहिए कि कोई बात बनी। इरादे तो सबके रहा करते हैं।

धर्मेन्द्र त्रिपाठी : आजकल आलोचना करना आपने छोड़ रखा है। इसका क्या कारण है?

नामवर सिंह : छोड़ा नहीं है। पहले भी मैं बहुत ज्यादा लिखाड़ नहीं था, कम ही लिखता था। जरूरत महसूस होती थी तो लिखता था, आज भी जरूरत होती है तो लिखता हूँ। पिछले साल भर से मैं बीमार पड़ा हूँ, इसीलिए नहीं लिख रहा हूँ। और कोई बात नहीं है।

राष्ट्रीय जीवन के प्रवक्ता : अखबार

मधुकर

मधुकर : अखबारों से तो आपका बहुत आत्मीय और निकट का सम्बन्ध है। बहुत हद तक तो पाठकों की राय से भी आप रूबरू होंगे। अखबारों में खबरों के स्थान के बारे में आपकी और पाठकों की क्या राय है?
नामवर सिंह : यू.पी.एस.सी. की परीक्षाओं में परीक्षार्थियों से पूछते हैं कि आप कौन-सा अखबार पढ़ते हैं? उनमें आप पहले क्या पढ़ते हैं? ज्यादातर लोग कहते हैं कि वे पहले पृष्ठ के बाद एडिटोरियल पेज पढ़ते हैं। बहुत कम कहते हैं कि स्पोर्ट्स या सिटी न्यूज पढ़ते हैं। विदेश के समाचार पढ़ते हैं, ऐसे बहुत कम जवाब आते हैं। एडिट पेज वाले ज्यादा मिलते हैं। इसलिए मेरा खयाल है कि स्पोर्ट्स अन्दर में होना चाहिए।

मधुकर : हिन्दी अखबारों के सम्पादकीय पृष्ठ के बारे में आपकी क्या राय है?
नामवर सिंह : हिन्दी का एडिटोरियल पेज कमजोर है। एक तो अंग्रेजी अखबारों का ही एडिटोरियल पेज कमजोर होता है। कभी-कभार अच्छा आ जाता है।

मधुकर : क्या कारण है कि हिन्दी अखबारों का सम्पादकीय पृष्ठ कमजोर होता है?
नामवर सिंह : कारण यह है कि हिन्दी अखबारों की जरूरत के मुताबिक लिखनेवाले लोग कम हैं या उनको एप्रोच कम किया जाता है और चिन्तन का, विचारों का जो स्तर है, मसलन विदेशी समस्याओं पर लिखने वाले हिन्दी में बहुत कम लोग हैं और देश की जो राष्ट्रीय समस्याएँ, खास कर आर्थिक मुद्दों के बारे में, हिन्दी में मुझे बहुत कमजोर दिखाई देती हैं। बहुत ही कमजोर। यह इसलिए कि उदाहरण के लिए यह समझ लीजिए कि अयोध्या का जो विवाद है, उसके इतिहास या पुरातत्त्व की पृष्ठभूमि के सम्बन्ध में आपके सम्पादकीय विभाग को जो कुछ भी लिखा दिया जाए, छप जाता है। दूसरे विद्वानों से लेकर देने की बात बहुत कम होती है। अखबारों में, अंग्रेजी के अखबारों में इससे जुड़ी सामग्री ज्यादा है। विभिन्न राजनीतिक दलों की स्थिति या अन्तरराष्ट्रीय मुद्राकोष या विश्वबैंक की स्थिति, इन समस्याओं के

बारे में जो लिखा जाना चाहिए, वह उस तरह से नहीं लिखा जाता है। सार्वजनिक संस्थानों के बारे में या सरकार ने जो नीति तय की है, उस पर सम्पादक को अपनी टिप्पणी लिखनी चाहिए।

मधुकर : भाषायी पत्रकारिता के बारे में आपकी क्या राय है?

नामवर सिंह : भाषायी पत्रकारिता का अपना इतिहास है। भाषायी पत्रकारिता आम जनता की आवाज को सामने रखती है और उसके दबाव के द्वारा ब्यूरोक्रेट और सरकार को प्रभावित करती है। भाषायी पत्रकारिता में मुझे एक बहुत बड़ी कमजोरी दिखाई देती है। हिन्दी के अखबारों में सम्पादक के नाम वाले कॉलम में लोग पत्र लिखते ही नहीं। इस कॉलम को क्यों नहीं इतना जीवन्त बनाया जाता कि लोग गर्व करें कि साहब, मैंने सम्पादक के नाम पत्र लिखा है? अपनी समस्या पर पत्र लिखकर सरकार का ध्यान आकृष्ट कर सकते हैं।

मधुकर : आपकी राय में पत्र वाले कॉलम को कैसे जीवंत किया जा सकता है?

नामवर सिंह : मैं नहीं जानता कि सम्पादक के नाम पत्र वाले इंचार्ज कौन होते हैं। रघुवीर सहाय यह काम करते थे। वे पत्रों के लिए बहुत जिम्मेदार आदमी को रखते थे और कहते थे कि सम्पादक के नाम जो पत्र आता है, उसको ध्यान से पढ़कर, चुनकर प्रकाशित करो और उसे 'मत-सम्मत' के नाम से छापते थे। आवश्यक नहीं कि आप लेख लिखें, लेकिन किसी समस्या पर प्रतिक्रिया स्वरूप छोटा-सा पत्र तो लिख ही सकते हैं। आप देखते होंगे कि टाइम्स ऑफ इंडिया में 'लेटर टू एडिटर' का कॉलम महत्त्वपूर्ण स्थान पर रहता है। पुराने अखबारों में हम देखते हैं कि इस कॉलम को बहुत महत्त्व दिया जाता था। इसके लिए ढंग से संगठित करना होगा। जो अच्छे पत्र आते हैं, लीड पत्र हैं, उन्हें पुरस्कृत करें। उसे टोकन के रूप में या प्रोत्साहन के रूप में इस्तेमाल करें, तो इसका महत्त्व बढ़ेगा। इससे एकरसता टूटती है। लेटर छापने को महत्त्व देंगे तो क्यों नहीं पत्र लिखेंगे? मैं खुद लिखना चाहता हूँ, किन्तु हिन्दी में बहुत छोटा-सा, कोने में पत्र का कॉलम बनाकर उसे महत्त्वहीन कर दिया जाता है।

मधुकर : अखबारों की अपनी विशिष्ट पहचान कैसे बनती है?

नामवर सिंह : अखबार तो एलसिशियन डॉग के समान होता है। एडिटर के व्यक्तित्व का प्रतिरूप होता है। 'दिनमान' में वात्स्यायन ने अपनी छाप डाली, रघुवीर सहाय ने अपनी छाप डाली। दैनिक अखबारों में देखें, 'एक्सप्रेस' में अरुण शौरी, गिरीलाल जैन ने अपना प्रभाव छोड़ा। प्रभाष जोशी की भी अपनी पहचान है। इससे भाषा की अपनी खास ठसक बनती है। राजेन्द्र माथुर ने अपनी हिन्दी चलाई, जो 'एसपी' (सुरेन्द्र प्रताप) नहीं छोड़ सके। एसपी बहुत अच्छे कार्यकारी सम्पादक हैं, लेकिन कुल मिलाकर राजेन्द्र माथुर ने विचारों के स्तर पर जो अपनी पहचान बनाई, वह एसपी नहीं कर पाए। वहाँ तो सूर्यकान्त बाली जैसे लोग उनकी नाक के नीचे भाजपा का डंका पीटते

हैं। एक तो भाषायी तेवर होता है। दूसरा यह कि भाषायी तेवर के साथ एक पहचान बनती है। चरित्रहीन अखबार नहीं चाहिए। कुछ कॉज ऐसे होते हैं जिन पर लगातार प्रहार होना चाहिए। कुछ मुद्दे ऐसे हैं जिन्हें निरंतर उठाना चाहिए। कुछ मुद्दे मुख्यधारा के हों, कुछ इलाकाई हों, इससे अखबार की अपनी पहचान बनती है। क्रिया से युक्त वाक्य शीर्षक के रूप में लिये जाएँ। यह राजेन्द्र माथुर का चलाया हुआ है। पहले अखबारों के शीर्षक में क्रिया नहीं होती थी।

[अपूर्ण। 'प्रभात खबर' के राँची संस्करण में 1991 में कभी प्रकाशित]

आलोचकों को जज मान लिखी जा रही हैं कहानियाँ

प्रभाष जोशी, प्रेम भारद्वाज, शैलेय,
चन्दन पांडेय, अपूर्व जोशी

अपूर्व जोशी : उत्तराखंड की मनोरम वादियों और सरोवर नगरी नैनीताल में, मैं 'पाखी' की ओर से आप सबका स्वागत करता हूँ। नामवर जी, आपको विशेष रूप से धन्यवाद। आपने हमारे अनुरोध पर कार्यक्रम के लिए तो सहमति दी ही, अपने सुझाव भी दिये कि इस कार्यक्रम को क्या रूप दिया जाए। हिन्दी साहित्य की दो पीढ़ियाँ आज आमने-सामने हैं जिनके दरमियान लगभग 60 वर्ष का अन्तराल है। एक तरफ हिन्दी आलोचना के शिखर-पुरुष 84 वर्षीय डॉ. नामवर सिंह हैं तो दूसरी तरफ युवा कथाकार 26 वर्षीय चन्दन पांडेय। इस विशेष आयोजन में एक विशेष उपस्थिति है वरिष्ठ पत्रकार प्रभाष जोशी जी की। कवि-कथाकार शैलेय और प्रेम भारद्वाज—इन दो पीढ़ियों के बीच सन्तुलन बनाने के लिए मौजूद हैं। हम बात करने जा रहे हैं 1950 के बाद की कहानियाँ, नई कहानियाँ तथा कहानियों के वर्तमान दौर तक उसमें आए बदलाव के बारे में कि कब और किस तरह कहानी ने करवट बदली।

नामवर जी 'नई कहानी' के आलोचक रहे हैं। तो मैं शुरुआत उन्हीं से करना चाहता हूँ।

नामवर सिंह : अपूर्व जी! मुझे कहानियों पर बातचीत का आगाज करते हुए खुशी हो रही है। मैं नई कहानियों पर इक्का-दुक्का लिखता तो रहा हूँ, लेकिन बाद में उस पर लिखना मैंने बन्द कर दिया था। बन्द करते समय मैंने मीर का शेर याद किया था : 'जिससे खोई थी नींद मीर ने कल, किबला फिर वही कहानी याद आई'। आज हिन्दी कहानी की नई पीढ़ी के लेखकों को देखते हुए मन हो रहा है 'नई कहानी' पर एक बार फिर से बात करने का। 1950 के आसपास 'नई कविता' की चर्चा शुरू हो गई थी। 'नई कविता' की चर्चा उन लोगों ने शुरू की जो स्वाधीनता के बाद प्रयोगवाद-प्रगतिवाद के दौर से गुजर रहे थे। एक नई शुरुआत करने के इरादे से इसे 'नई कविता' नाम दिया। पर इसे प्रयोगवाद नहीं कहा गया। यह बहुत कुछ पश्चिम की नकल था। उस समय 'न्यू सिग्नेचर' (टी.एस. इलियट) नाम से किताब भी निकली थी। कुल

मिलाकर स्वाधीनता के बाद कहानी जगत में नई शुरुआत हुई थी। प्रेमचन्द के बाद नई पीढ़ी के लगभग आधे दर्जन कहानीकार—मोहन राकेश, राजेन्द्र यादव, भीष्म साहनी, फणीश्वर नाथ रेणु, निर्मल वर्मा, कमलेश्वर अच्छी कहानियाँ लिख रहे थे। सभी 'नई कहानी' के प्रमुख लेखक थे। इसी समय पहले 'कहानी' नाम से फिर 'नई कहानी' नाम से पत्रिका भी निकली। 'नई कविता' के साथ-साथ यह गहमा-गहमी कहानी में शुरू हो गई। इसी वक्त अज्ञेय का कहानी संग्रह 'जयदोल' भी आया था, जिसमें दूसरे महायुद्ध के अनुभवों पर कहानियाँ थीं। आचार्य नरेन्द्रदेव ने 'नवसंस्कृति संघ' नाम से एक संस्था स्थापित की थी। इस तरह एक नया शब्द चल पड़ा था—नई संस्कृति, नई कविता, नई कहानी। तो उस समय मैंने बड़ी हिचक के साथ कहानी पर स्तम्भ शुरू किया। 1964-65 के आसपास फिर परिवर्तन आया। उस समय नक्सलबाड़ी आन्दोलन शुरू हो चुका था। तो निषेधवाद, अकहानी, अकविता शुरू हुआ। नई के बाद 'अ' विशेषणवाचक का दौर शुरू हुआ।

प्रभाष जोशी : जैसे 'पूर्व' के बाद अपूर्व जोशी।

प्रेम भारद्वाज : बहुत सुन्दर। मैं समझ रहा था कि कोई टिप्पणी आ सकती है।

नामवर सिंह : तो वह एक दौर था। उस दौर में धूमिल, राजकमल चौधरी, मुद्राराक्षस जैसे कवि आए थे। निषेधवादी दौर कुछ दिनों तक चला। लगभग एक दशक से कम। इसी समय कम्यूनिस्ट पार्टी विभाजित हुई। कांग्रेस में जवाहरलाल नेहरू के बाद एक नई शुरुआत थी। देश संक्रमण के दौर से गुजर रहा था, और नक्सलवादी आन्दोलन शुरू हो गया था। राजनीति और अर्थतंत्र में परिवर्तन हो रहा था। इसे प्रभाष भाई बेहतर जानते हैं। हमारे लोकतंत्र को लेकर कई गहमागहमी थी, कुछ लोगों को आपत्तियाँ थीं। अर्थतंत्र में बदलाव का एक लम्बा दौर चला। 'हंस' पत्रिका का नया सम्पादन शुरू हुआ। 'नई कहानी' के सम्पादक भीष्म साहनी हो गए। यह एक विचित्र बात है कि उस दौर के उपन्यासों पर चर्चा बहुत कम, लगभग नहीं के बराबर हुई। उपन्यासों को लेकर कभी कोई आन्दोलन नहीं चला। इसी समय रेणु का 'मैला आँचल' आया। भला हो नलिन विलोचन शर्मा का जिन्होंने इसका नोटिस लिया। अगर उन्होंने इसकी समीक्षा नहीं लिखी होती तो हिन्दी साहित्य जगत इसे ठीक से जान भी नहीं पाता। पहले यह किसी अज्ञात प्रकाशन से छपा, फिर राजकमल ने इसे छापा।

प्रेम भारद्वाज : 'अपरम्परा' में छपा था।

नामवर सिंह : आज हम लोग जिस दौर की बात कर रहे हैं, वह 21वीं शताब्दी में शुरू हुआ था। 20वीं शताब्दी का आन्दोलन अब इतिहास बन गया। पिछले 9 साल में पहले के लिखने वालों ने तो लिखना बन्द कर दिया। अब राजेन्द्र यादव कहानी नहीं लिखते हैं। कमलेश्वर रहे नहीं। मोहन राकेश चले गए। भीष्म साहनी नहीं रहे।

तो ये सारे लोग नहीं रहे। और खुशी की बात है कि कविता में भी नई पीढ़ी आई है। कुछ ऐसे लोग हैं जो कविता लिखने के साथ कहानी भी लिखते हैं। ऐसा उस समय बहुत कम था। आम तौर पर कहानीकार, कहानीकार ही थे। हालाँकि राजेन्द्र यादव का कविता-संग्रह छपा था जो मुख्यत: कथाकार हैं। इस दौर में कुछ कविता भी लिख रहे हैं, कहानी भी। जैसे शैलेय जी यहाँ बैठे हुए हैं। प्रकट हुए वे कविता-संग्रह 'या' के साथ, बाद में 'यहीं कहीं से' कहानी-संग्रह भी आ चुका है। यह एक नया दौर है जिसमें रचनाकार कहानी और कविता दोनों लिख रहे हैं।

इस नये दौर में विमर्श का दौर भी चला। इस विमर्श में राजेन्द्र यादव ने 'दलित-विमर्श' और 'स्त्री-विमर्श' को खूब परवान चढ़ाया। पहले जमाने में स्त्री-विमर्श कम होता था। आम तौर पर सेकुलरिज्म की बात की जाती थी क्योंकि विभाजन की छाया बेहद घनी थी। हर लेखक ने बँटवारे की समस्या पर कहानियाँ लिखीं, उपन्यास लिखे। लेकिन अब यह सवाल किया जाना चाहिए कि क्यों आज हिन्दू-मुस्लिम समस्या को लेकर वैसा भाव नहीं है जो विगत युग में रहा? स्वयं भारतीय समाज में दलित, पिछड़ा वर्ग, स्त्री और दलितों के संगठन जिसे 'अम्बेडकरवाद' कहेंगे, वे बड़े आक्रामक रूप में पत्रिकाएँ निकाल रहे हैं। इसलिए स्त्री-विमर्श एवं दलित-विमर्श साहित्य में छा गया। लेख ज्यादा लिखे जा रहे हैं। कम-से-कम एक दर्जन से ज्यादा दलित लेखक पैदा हो गए हैं। उनकी पत्रिकाएँ निकल रही हैं। स्त्री-विमर्श पर उपन्यास आ रहे हैं। स्त्री लेखिकाएँ पहले भी थीं। कृष्णा सोबती और मन्नू भंडारी ने अपने लेखन को स्त्री-विमर्श कभी नहीं कहा।

प्रभाष जोशी : आपको ऐसा नहीं लगता नामवर जी, ये सारे विमर्श जो आपने बताए, इनको साहित्य की रचनात्मकता में प्रकट करने के बजाय उनको वैचारिक स्तर पर आलोचना की तरह प्रकट की जाए? पिछले 20 वर्षों में इन पर ज्यादा ध्यान दिया गया और उसमें कोई ऐसी क्रिएटिविटी नहीं दिखती जो लीजेंड हो। उसकी रचनात्मकता जो सबसे ज्यादा असर डाल सकती थी, वह पीछे हटी और वैचारिकी का विमर्श आगे आया। विमर्श में कोई बहुत प्रखर बौद्धिकता हो, ऐसा नहीं था। अलबत्ता मुझे ऐसा लगता है कि यह उस युग का रिफ्लेक्शन है जिसमें रचनात्मकता कम होती जाती है और बात की बात ज्यादा होती है।

नामवर सिंह : यह जो 'विमर्श' है, यह शब्द अंग्रेजी के डिस्कोर्स से अनुवादित है। साहित्य में विमर्श के नाम पर अमर्ष ज्यादा दिखाई पड़ता है। विमर्श बहुत कम है।

शैलेय : बहुत सही।

नामवर सिंह : विमर्श करने का काम जिन लोगों ने किया है, वे न कविता लिखते हैं, न कहानी। दलित-विमर्श डॉ. धर्मवीर ने शुरू किया और वे कहानीकार तो नहीं हैं। उनका एक कविता-संग्रह मुझे बहुत पहले मिला था। 20-25 साल पहले, जब

वे केरल में नये-नये अफसर बनकर गए थे, शायद 'कम्पाला' ऐसा ही कुछ नाम था उसका। अब उन्होंने हिन्दी के जितने बड़े साहित्यकार थे, उन पर आक्रमण किया। यहाँ तक कि प्रेमचन्द पर भी। जिस प्रेमचन्द ने दलितों के बारे में कई कहानियाँ लिखीं। 'कफन' कहानी हो या उनका उपन्यास 'गबन', 'रंगभूमि' में तो कथा-नायक सूरदास जाति से चमार हैं। फिर भी उन्होंने प्रेमचन्द पर हमला किया। यह कुछ इसी तरह से है, जैसे अम्बेडकरवादियों ने गांधी पर हमला किया था 'पूना पैक्ट' को लेकर। फिर भी तमाम चीजों को भुलाकर गांधी जी ने डॉ. अम्बेडकर को मंत्रिमंडल में शामिल करने का प्रस्ताव दिया तथा संविधान बनाने का दायित्व सौंपा। आम तौर पर दलित-विमर्श करनेवाले न कहानी लिखते हैं, न कविता। रामपुर में कंवल भारती हैं। कई किताबें लिखी हैं दलित-विमर्श पर। चिन्तक हैं। वे न कविता लिखते हैं, न कहानी। कथा-कृति अगर किसी जीवन्त चीज को प्रस्तुत नहीं करती तो वह कथा-कृति नहीं है। दुख है कि दलित-साहित्य को विमर्श ने नुकसान पहुँचाया है। राजेन्द्र यादव कहानी-उपन्यास लिखना बन्द कर 'हंस' के जरिये स्त्री, दलित-विमर्श में दिलचस्पी ले रहे हैं। स्त्री-विमर्श के नाम पर मैत्रेयी पुष्पा, प्रभा खेतान को छापते हैं। जैसा प्रभाष जी ने कहा कि विमर्श साहित्य-सृजन नहीं है, बौद्धिक व्यापार है। स्त्री-विमर्श में कई रचनात्मक प्रतिभा वाली लेखिकाएँ हैं। लेकिन उनको बाध्य किया जा रहा है कि वे कहानी-उपन्यास न लिखकर लेख लिखें। ज्यादातर लोगों की दिलचस्पी है कि लेख लिखें या न लिखें, आत्मचरित्र जरूर लिखें। उनके जीवन को जयशंकर प्रसाद के शब्दों में : 'छोटे से जीवन की कैसे बड़ी कहानी आज कहूँ, चाहे अच्छा नहीं चोरों की गुफा में मौन रहूँ, सुनकर बोलो क्या भला करोगे, मेरी भोली आत्मकथा का?' प्रेमचन्द 'हंस' का आत्मकथा विशेषांक निकाल रहे थे तो उन्होंने जयशंकर प्रसाद से अपनी आत्मकथा लिखने को कहा। प्रसाद ने 'आत्मकथा' नाम से कविता भेज दी : 'थके पथिक का कन्धा लेकर, सीवन को उधेड़कर देखो मेरी कथरी के, छोटे से जीवन की कैसे बड़ी कथाएँ आज कहूँ'! गांधी जी ने अपनी आत्मकथा में सत्य के प्रयोग किए, क्या वह साहित्य है? प्रेमचन्द, जयशंकर प्रसाद ने अपनी आत्मकथाएँ नहीं लिखीं। उस दौर के लेखकों को देखिए। हजारी प्रसाद द्विवेदी ने 'बाणभट्ट की आत्मकथा' तो लिखी पर अपनी आत्मकथा नहीं लिखी। तो साहित्यकार जो लिखता है, वह एक तरह से उसका विमर्श है, उसका आत्मअंश है।

प्रभाष जोशी : सर्जना ही उच्च दर्जे की स्थितियाँ हैं।

शैलेय : जैसे हम लिम्बाले की 'अक्करमाशी' को देखें या फिर 'जूठन' को देखें। आज जब कंवल भारती का जिक्र होता है, तो हम पाते हैं कि वे दलितों की समस्या को वर्ण-व्यवस्था की दृष्टि से तो लेतें हैं लेकिन समाज-व्यवस्था की दृष्टि से न लेने के कारण एक अराजक विद्रोह-सा निकलता। इस बीच दलित वर्ग से जो कहानीकार

आ रहे हैं, वे पूरी समाज-व्यवस्था को केन्द्र में न लेकर, केवल दलित-उत्पीड़न के कॉकस में ही कॉकटेल बनाते रहते हैं और अपना आक्रोश व्यक्त करते रहते हैं। कोई रचनात्मक विद्रोह दलित कहानियाँ क्यों नहीं ला पा रहीं, यह एक यक्ष प्रश्न है।

नामवर सिंह : मेरे मन में भी यह जिज्ञासा है। बाबा साहेब गांधी से बहस करते रहे। उन्होंने भी आत्मकथा नहीं लिखी। क्यों नहीं लिखी ? लिख सकते थे वे। बड़े संघर्षों का जीवन था उनका। आज सभी अम्बेडकरवादी अपनी आत्मकथाएँ लिख रहे हैं और अपने को अम्बेडकरवादी भी कहते हैं। कुल मिलाकर आपने (शैलेय जी की तरफ इशारा करते हुए) जो मराठी आत्मकथाओं का जिक्र किया, वे अच्छी हैं। आम तौर पर सभी दलितवादी लेखकों की आत्मकथाओं का पैटर्न एक-सा है। उससे श्रेष्ठ साहित्य नहीं रचता। इसलिए कि हर आदमी की आत्मकथा साहित्य नहीं बन सकती। जिसका जीवन भरा-पूरा हो, उसकी आत्मकथा साहित्य बन सकती है। दुनिया के प्रतिष्ठित लेखकों ने आत्मकथाएँ नहीं लिखीं, क्योंकि वे जानते थे कि इसमें रस नहीं है, कुछ खास नहीं है। आप देखें, गोर्की ने आत्मकथानुमा जो लिखा, उसे 'मेरा बचपन' नाम दिया। टॉल्स्टॉय ने 'मेरा युवाकाल' लिखा मगर उसे आत्मकथा नहीं कहा। इन चीजों से सबक न लेकर जो कथाकार हैं, वे अनजाने में दूसरे चरित्रों के माध्यम से अपने जीवन की झलक देखकर लिख रहे हैं। तुलसीदास ने आत्मकथा नहीं लिखी, लेकिन उनका 'रामचरितमानस', 'कवितावली', 'विनय-पत्रिका' पढ़कर हमें पता लग जाता है कि उनका जीवन कैसा रहा।

प्रभाष जोशी : 'रामचरितमानस' में जितना राम का चरित्र है, उतना ही तुलसी का भी।

नामवर सिंह : वे राम के चरित्र के बहाने अपनी भी कहानी साथ-साथ लिख रहे थे। इसलिए यह दलित-लेखन में उल्लेखनीय हो सकता था क्योंकि उनके पास महत्त्वपूर्ण आत्मानुभव, भोगा हुआ यथार्थ और उनका जीवन है। लेकिन यह सब इतना कम है कि साहित्य का विषय कम बनता है। मराठी में कुछ उपन्यास, जैसे 'अक्करमाशी' का नाम लिया गया, वह बेहतर है। उसमें ज्यादा साहित्यिक तत्त्व हैं। हिन्दी में वैसा नहीं है। हिन्दी में आत्मकथाएँ भी कुछ खास नहीं आईं। उसके बाद कुछ कहानियाँ एवं उपन्यास भी आए। वे कुल मिलाकर साहित्य की कसौटी में किस श्रेणी में हैं, इसका मूल्यांकन किया जाना चाहिए। इस सिलसिले में मुझे ओमप्रकाश वाल्मीकि का कहानी-संग्रह 'सलाम' का स्मरण आता है। मुझे लगा कि ओमप्रकाश वाल्मीकि ठीक-ठाक कहानीकार हैं, और कोई लेखक जमा नहीं। अजय नावरिया बस लिख रहे हैं। कठिनाई यह हो गई है प्रभाष जी, कि दलितों में भी छत्तीसों जातियाँ हैं। मराठी वाले महार हैं। बाबा साहब महार थे, इसलिए महार अपने आपको श्रेष्ठ समझते हैं। वे कहते हैं कि ओमप्रकाश वाल्मीकि तो भंगी हैं। डॉ. धर्मवीर ने कहा कि मैं भंगियों से बात नहीं कर सकता, क्योंकि चमार श्रेष्ठ हैं। हिन्दी भाषा वाले प्रदेशों में

चमार संख्या में भी ज्यादा हैं, श्रेष्ठ भी हैं। भंगी तो बहुत नीचे हैं यानी जाति-व्यवस्था उनके अन्दर भी मौजूद है। तीसरे हैं सोनकर जी, क्या कहलाते हैं?

प्रेम भारद्वाज : खटीक।
नामवर सिंह : हाँ, खटीक होते हैं सोनकर। अजय नावरिया भी शायद सोनकर हैं। तो अब इस तरह देखें तो छत्तीसों जातियाँ दलितों में हैं—कुछ श्रेष्ठ हैं, कुछ नीची। ब्राह्मण-व्यवस्था का दुष्चक्र ऐसा है कि हजारी प्रसाद द्विवेदी के शब्दों में हर जाति को अपनी जाति से छोटी जाति मिल जाती है।

प्रेम भारद्वाज : उन्हें सन्तुष्टि मिल जाती है।
नामवर सिंह : इसीलिए द्विवेदी जी इसे दुष्चक्र कहा करते थे। यह कभी खत्म नहीं हो सकता है क्योंकि हर जाति को श्रेष्ठ होने के लिए अपने से नीची जाति मिल जाती है। यह ब्राह्मणवाद नहीं है बल्कि पूरा का पूरा साइकिल है। चक्रव्यूह है। अगर यह एक सीधी रेखा में होता तो उसे तोड़ सकते थे। यह वर्तुलाकार है। इसका कोई अन्त नहीं है। विमर्श भी एक बन्द गली की तरफ पहुँच गया है जहाँ नया कोई उजास, नया कोई तथ्य नहीं है। इसे राजनीति के परिप्रेक्ष्य में देखें तो पिछले चुनाव में ही मालूम हो गया था, जिस आधार से उ.प्र. में मायावती तप रही थीं।

अपूर्व जोशी : बहुजन।
नामवर सिंह : बहुजन समाज अन्ततः ब्राह्मणों की सहायता के बगैर काम नहीं कर सकता है। मायावती के मुख्य सलाहकार ब्राह्मण हैं।

अपूर्व जोशी : जो उन्हें सर्वजन की ओर ले आए।
नामवर सिंह : काशीराम से हटकर वह अब सर्वजन की ओर आ गईं। इसलिए उस विमर्श का सैद्धान्तिक आधार भी दलित चक्र है। तो अब विमर्श में गुंजाइश है ही नहीं। इसमें क्षेत्र रह गया है, जैसे—धर्मक्षेत्र, कुरुक्षेत्र। वही साहित्य सर्जना है। जैसाकि प्रभाष जी ने कहा, इसे इस साहित्य-सर्जना में देखा जाना चाहिए। कुल मिलाकर कि किन सवर्ण साहित्यकारों की चर्चा आज हो रही है। नई पीढ़ी के लिखने वालों का पहला संग्रह आ चुका है जो दलित नहीं हैं। और कोई गर्व से कि हम हिन्दू हैं या सवर्ण हैं, यह कहते हुए भी नहीं लिख रहा है। ये नई प्रतिभाएँ प्रकट हुई हैं। उनकी कहानियों में स्त्री और दलित हैं। हम तो हिन्दी की सभी कहानियों को एक समझकर पढ़ते हैं। लिखने वाला कौन है, उसका नाम हम नहीं देखते। कबीर ने कहा था कि 'जाति न पूछो साधु की, पूछ लीजियो ज्ञान। काम करो तलवार का, पड़ी रहन दो म्यान॥' हम लोग म्यान को लेकर बहस कर रहे हैं, तलवार नहीं देख रहे हैं कि उसमें धार है या नहीं। वह काटती है या नहीं। बावजूद इसके कुछ पत्रिकाएँ केवल धन्धा कर रही हैं। बाजार को ध्यान में रखकर विशेषांक निकाल रही हैं। 'हंस' ने यही

किया। 'कथादेश' कुछ कम करती है। अधिकांश पत्रिकाओं ने अनुपात का ध्यान न रखते हुए बिना गुणवत्ता की परवाह किए यह किया। क्योंकि उसमें लिखने वाला स्त्री या पुरुष दलित है। इसलिए दलित-विमर्श, स्त्री-विमर्श में शामिल है और इस विमर्श के बाहर भी शामिल है। मुख्य सवाल यह है कि साहित्य पर कहानियाँ जो लिखी जा रही हैं, आज वे कहानियाँ क्या हैं और कैसी हैं, इस पर हम लोग विचार करें तो अच्छा है वरना हम लोग इस दुष्चक्र में अधिकांश समय नष्ट करेंगे।

प्रेम भारद्वाज : अब मैं चाहता हूँ, नामवर जी के बाद आज के दौर के बहुत तेजी से उभरे युवा कथाकार चन्दन पांडेय कुछ कहें। ये बताएँ कि 'नई कहानी' को वे किस नजरिये से देखते हैं ? क्या कुछ खास पाते हैं उनमें ? बार-बार कहा जा रहा है कि आज के दौर की कहानियाँ पुरानी जमीन तोड़कर नई जमीन तैयार कर रही हैं। वह नयापन क्या है ? वह क्या है जो 'पुरानी' या 'नई कहानी' में नहीं था ? किस कहानी से या कथा-तत्त्व से नये-पुराने के बीच विभाजन रेखा खींची जा रही है ?

नामवर सिंह : नई कहानियाँ नहीं, उसे आज की कहानी कहिए। इसके साथ 'युवा' शब्द भी नहीं जोड़ना चाहिए। युवा शब्द भी बहुत हो गया है। चन्दन पांडेय को मैं साहित्य का राहुल नहीं कह रहा। प्रयोजन के रूप में बल्कि आज के युग में रचनाकार हैं यह। मैं चाहता हूँ कि सवाल उठाने की बजाय कहानियों पर अपने विचार रखें।

चन्दन पांडेय : सबसे पहले मैं 'पाखी' को धन्यवाद देना चाहूँगा कि इस पत्रिका ने मुझे नामवर सिंह जी जैसे लीजेंड से बात करने का मौका दिया। मैं पिछले पाँच वर्षों से कहानियाँ लिख रहा हूँ और यह पहला मौका है जब मैं किसी बातचीत में शामिल हो रहा हूँ। पहले मैं अपने लेखन के विषय में बताना चाहूँगा कि मैंने पिछले लेखकों को पढ़ते हुए ही लिखने के बारे में सोचा। मैंने पहले से नहीं सोचा था कि मैं कहानियाँ लिखूँगा। 50 के दशक के बाद की कहानियों को पढ़ते हुए लगा कि मेरे पास कुछ ऐसी बातें हैं जिन्हें सामान्य लोग देख नहीं पाते जिन्हें मैं बताना चाहता हूँ। इसे गुमान के तौर पर न लेकर एक अनुभव के तौर पर लिया जाए। जैसे मैं अगर बात करूँ 50 के दौर की, तो शुरू में मैंने राजेन्द्र यादव का संग्रह पढ़ा। पर मुझे उनकी कहानियाँ पसन्द नहीं आईं। उनके बरअक्स मुझे रेणु की कहानियाँ अच्छी लगीं। यहाँ तक कि उनके उपन्यास से ज्यादा उनकी कहानियाँ प्रभावशाली लगती हैं। इसके अलावा चार नाम और भी हैं जिनकी कहानियाँ मुझे पसन्द आईं : ज्ञानरंजन, दूधनाथ, काशीनाथ, रवीन्द्र कालिया। सबसे ज्यादा मैंने ज्ञानरंजन को पढ़ा। उसके बाद एक सीधी छलाँग उदय प्रकाश पर लगाई। लेकिन इससे पहले मैं प्रियंवद को काफी पढ़ता रहा। जब इंटर में पढ़ रहा था, उस वक्त 'तद्भव' के अंक चार में प्रियवंद की एक कहानी आई थी : 'फाल्गुन की एक उपकथा'। उसे मैंने पढ़ा और काफी प्रभावित हुआ। मेरे हिसाब से उनकी सबसे अच्छी कहानी 'अधेड़ औरत का प्रेम' आई। इसी समय मेरा

बी.एच.यू. में बी.ए. में दाखिला हो गया था। वहाँ की लाइब्रेरी में 'हंस' के '86 से लेकर आज तक के अंक पढ़े। प्रियंवद को पढ़ते-पढ़ते जब एकरसता-सी आने लगी तो एक दिन मैंने 'हंस' का एक अंक निकाला जिसमें देखा कि एक हँसते हुए कथाकार की फोटो थी। उसे पढ़ा और उस कहानी का मुझ पर बहुत असर पड़ा। वह उदय प्रकाश की 'तिरिछ' कहानी थी। उस कहानी को पढ़कर मैं सीधा घर चला आया। वास्तविक तौर पर सुन्न कर देनेवाली कहानी थी। उसके बाद मैंने उदय प्रकाश को गम्भीरता से पढ़ना शुरू किया। और फिर मैंने पीछे की यात्रा की। एक बार मैं जिन्हें पढ़ चुका था, उन्हें पुनः पढ़ा। फिर लगा कि मुझे कुछ कहानियाँ लिखनी चाहिए। कहीं न कहीं मेरे पास एक कन्सर्न था कि मैं लिखूँ, जो मैं चाहता हूँ। मेरे लिए मेरा समाज और आजकल जिस तरह की राजनीति को हम देखते हैं, वह कॉपी और कलम की तरह है। जो मैं चाहता हूँ, भरसक न दिखे, पर एक सपोर्ट की तरह रहे। और उसमें कहीं यह रिफ्लेक्शन न आए कि हमने किसी एक ऐसे औजार का सहारा लिया है जो हम अपनी कमी के तौर पर ले रहे हैं। जैसे 70-80 के दशक की कहानियों में एक टिपिकल अन्त हुआ करता था, एक टिपिकल शुरुआत भी। व्यवसाय की भाषा में बात करें तो कहीं न कहीं वह उसे फेंट रहे थे। जैसे अभी हम विमर्शों की बात कर रहे थे तो कहीं न कहीं वे उस फार्म को अपना रहे हैं। 70 के दशक में बहुत-सी पिछलग्गू कहानियाँ लिखी गईं, जो राजनीति को जस्टीफाई करती हैं। हम जो राजनीति में नहीं कर पा रहे थे, वह नारा अब कहानी में आने लगा।

प्रेम भारद्वाज : ऐसी कौन सी कहानियाँ हैं जिन्हें आप पिछलग्गू कहानियाँ कह रहे हैं?

चन्दन पांडेय : मैं उनका ट्रेंड बताता हूँ।

प्रेम भारद्वाज : ट्रेंड नहीं, नाम बताइए।
नामवर सिंह : यह चर्चा सगुण हो रही है, निर्गुण नहीं।

अपूर्व जोशी : इसलिए मैं भी इनके प्रश्न पर हँसा था।

चन्दन पांडेय : मैं भी खुद अमूर्तन पर बिलकुल विश्वास नहीं करता। खैर, उन दिनों एक आन्दोलन था। खास तौर पर कम्यूनिस्ट आन्दोलन और नक्सली आन्दोलन, जिनके सीधे सपोर्ट में कहानियाँ लिखी जा रही थीं। उनके द्वन्द्व को कहीं कोई टक्कर नहीं दी जा रही थी। कोई टकराव नहीं था। ऐसी भी कहानियाँ जिनका शीर्षक मुझे याद नहीं, जिसमें जमींदार के घर टैंक चलवा दिया जाता है।

प्रेम भारद्वाज : संजीव की 'अपराध' को किस श्रेणी में लेते हैं?

चन्दन पांडेय : 'अपराध' को मैं एक बच्चे की याद के रूप में लेता हूँ।

नामवर सिंह : तुम अपनी कहानी का उदाहरण देकर बताओ कि क्या कहना चाहते हो, दूसरों को छोड़ो। तुम्हारी कहानी में क्या ठोस है, जो पहले नहीं कहा गया है?

चन्दन पांडेय : जी, मैं अपनी कहानी पर ही आ रहा हूँ।

शैलेय : यह बात सामने लाएँ कि नयापन क्या है? बात संवेदना की हो, पर तथ्यपरक हो।

प्रेम भारद्वाज : पुराने में क्या नहीं था जो नये में है? या फिर केवल भाषा-कौशल और शिल्प का ज्यादा कमाल है?

चन्दन पांडेय : मैंने अपने शब्दों में जो लिखा है, उसे डिफाइन बाद में किया। मुझे लगता है, वर्ग का बँटवारा उतना नहीं रह गया जितना कि न्याय की आकांक्षा है। न्याय तक पहुँच किसकी है? मैं न्यायिक संघर्ष को मानता हूँ। इस विषय को लेकर मैंने एक कहानी 'भूलना' लिखी थी। लिखने से पहले मेरे पास बस इतनी थीम थी कि पहाड़ में एक युवक पकड़ा गया था जिसके पास कुछ कम्यूनिस्ट किताबें पाई गई थीं।

अपूर्व जोशी : जीवनचन्द्र पांडे?

चन्दन पांडेय : मैं नाम जानता हूँ, पर कुछ कारणों से बता नहीं सकता। मैंने सोचा कि ऐसा कैसे हो सकता है कि केवल कम्यूनिस्ट किताब रखने के कारण ही वह पकड़ा गया? एक कानून आया यू.एस.ए. में जिसमें सोचने पर भी प्रतिबन्ध था। अगर सत्ता को लगता है कि आप उसके खिलाफ सोच रहे हैं तो आपको अरेस्ट किया जा सकता है। उससे मैंने टेक ऑफ प्वाइंट लिया। 'भूलना' कहानी में एक पिता है, दो भाई हैं। एक छोटा भाई है जो कमरे में पढ़ता रहता है। एक ही कमरे का मकान है। चारों लोग एक ही कमरे में हैं। पिता, माता, बड़ा भाई, छोटी बहन—वे अपने में गुम हैं। अपने जीवन के संघर्षों में इस कदर गुम हैं कि वे अपने छोटे भाई को भूल जाते हैं। एक रात बात करते-करते बत्ती बुझा देते हैं। छोटा भाई उठता है और बत्ती जला लेता है। तब उन्हें खयाल आता है—अच्छा, तू पढ़ रहा था? यहाँ से मैंने एक फैंटेसी उठाई कि एक दिन जनगणना वाले आते हैं तो माँ अपने दो ही बच्चों के नाम बताती है। जब छोटे को देखती है तो उसे पकड़कर रोने लगती है, 'ऐसा मैंने सोचा नहीं था कि ऐसा हो जाएगा'। कुछ और प्रसंग भी हैं। एक दिन उन्हें लगता है कि उनके घर में कोई है और वह शोर मचा देते हैं। आसपास के लोग जमा हो जाते हैं। लेकिन जब तक उन्हें यह समझ में आता है कि वह हमारा ही भाई है तब तक स्थितियाँ बिगड़ जाती हैं। उस कहानी में मेरा कहने का मकसद यह था कि हम अपनी गलतियों के लिए स्वयं भी जिम्मेदार हैं, जबकि हम शासन-व्यवस्था को

जिम्मेदार मानते हैं। हमारी भी कहीं न कहीं जिम्मेदारी बनती है कि हमें क्या करना है। उस कहानी में मैंने यह बात कहने की कोशिश की।

प्रेम भारद्वाज : यह तो एक कहानी की बात हुई। नई पीढ़ी क्या लिख रही है? इस पीढ़ी में 'नया' क्या है? कौन-सी नई लाइन शुरू हुई है, उसकी बात कीजिए।

चन्दन पांडेय : नई पीढ़ी में कई तरह के अप्रोच हैं। जैसे भाषा के अप्रोच। एक खास किस्म की भाषा, जो पहले ब्लैक एंड व्हाइट डिफाइन करने के लिए हुआ करती थी, वह अब नहीं है। मैं जिन कहानियों को अच्छा मानता हूँ, उनमें ऐसा ब्लैक एंड व्हाइट नहीं है। एक ही आदमी है जो घर में अपनी पत्नी को पीटता है। हो सकता है कि ऑफिस में बहुत ईमानदार हो! इसी तरह से ऑफिस में बहुत करप्ट हो और घर में बच्चों को बहुत अच्छी शिक्षा दे रहा हो! यह ब्लैक एंड व्हाइट का मिश्रण है। यह हमारा नयापन है।

नामवर सिंह : साहित्य में एक लम्बे अरसे से जिन्दगी सफेद और स्याह में नहीं बँटी हुई है। अंग्रेजी में जो वर्ड है...।

अपूर्व जोशी : ग्रे एरिया।

नामवर सिंह : और सच पूछो तो वही चुनौती है जो ग्रे एरिया में है। स्याह और सफेद तो बहुत साफ दिखते हैं। सवाल यह है कि वह ग्रे एरिया कौन-सा चुनते हैं। एक ग्रे एरिया तो राजनीति हो सकता है, दूसरा सामाजिक भी। सार्वजनिक जीवन का भी ग्रे एरिया हो सकता है, नैतिक प्रश्नों का भी। ये न्याय की बात कर रहे थे तो कई तरह के न्याय हैं—सामाजिक न्याय, आर्थिक न्याय, नैतिक न्याय।

चन्दन पांडेय : नैतिक न्याय को लेते हुए मैंने एक 'सुनो' कहानी लिखी थी। उसमें एक पति है जो डिफेंस मिनिस्ट्री में है जो बहुत ही संवेदनशील माना जाता है। और वहाँ जो दूसरे धन्धे हैं, जैसे हथियार बेचने का। वह एक इसी तरह के ग्रुप में फँस जाता है। उस पर आरोप लगता है। बहुत संघर्ष करता है। वहाँ भी शक का दायरा शुरू होता है और खराब परिणति होती है। इस कहानी में भी मैंने नैतिक न्याय को उठाने की कोशिश की।

नामवर सिंह : शैलेय जी! आप कवि-कथाकार दोनों हैं। दोनों में ही आपकी गति-रुचि समान है। जो बातें चन्दन ने कीं, उनसे सम्बन्धित आपका अनुभव क्या कहता है?

शैलेय : भारद्वाज जी ने जिस 'नयेपन' को सामने लाने के लिए पूरा जोर लगाया, मैं उसे सामने लाना चाहता हूँ। जैसे संजीव की 'अपराध' और प्रियवंद की 'बोसीदनी' 'सारिका' के एक अंक में एक साथ आती हैं। 'अपराध' कहानी में दिखाया गया है कि नक्सलाइट को शासन-व्यवस्था किस तरह प्रताड़ित करती है। उसका नायक कैदियों के बीच जाता है, बातें करता है और शोध तैयार करता है। अन्त में उसे

लगता है कि जिन पर शोध करके मैं महाविद्यालय में लग जाऊँगा, मैं सहमत होते हुए भी उनके संघर्षों में शामिल नहीं हूँ। इस द्वन्द्व में वह अन्ततः वापसी के समय ट्रेन से पुल पर अपनी थीसिस छपाक से फेंक देता है। 'अपराध' में जिस नैतिकता का प्रश्न उठाया गया, उसमें एक नयेपन को लाया। उसने भुनाने की जगह स्टैंड लेने का एक नया जज्बा दिया। यह एक 'नयापन' है। यह नयापन आगे बढ़ने पर सृंजय की 'कामरेड का कोट' में दिखता है। इसमें एक कार्यकर्ता पूरी निष्ठा के साथ काम करता है। दिन-रात संगठन में लगा हुआ। लेकिन जब संगठन के निर्णय होते हैं और उन निर्णयों के अनुपालन की स्थितियाँ आती हैं, तो कार्यशैली में अन्तर दिखता है। ग्रासरूट पर काम करनेवाले कार्यकर्ताओं के लिए ऊपरी कमेटी के सदस्य आते हैं और जब उनके अन्तर्विरोध खुद उस नायक की समझ में आते हैं जो सबसे ज्यादा समर्पित है तो वह विचारधारा का समर्थन करते हुए भी कार्यशैली का विरोध करता है। और लालकोट को एक तरह से सलाम कर देता है। यह सृंजय का नयापन था।

प्रेम भारद्वाज : यह 80 के दशक की बात थी।

शैलेय : इस नयेपन को आगे बढ़ाते हुए हम पहुँचते हैं महेश कटारे तक। उनकी कई कहानियाँ ऐसी हैं जो समर्थन और विद्रोह पर एक साथ चलते हुए भी निर्णय पाठक पर छोड़ देती हैं। महेश मुझे संजीव और सृंजय से भी आगे दिखते हैं। जहाँ संजीव कहते हैं कि इस विरोध में मेरा नैतिक समर्थन या विद्रोह है। सृंजय कहते हैं कि पार्टी में यह अन्तर्विरोध या ये खामियाँ हैं। महेश कटारे दोनों को साथ लेने के बाद तटस्थ छोड़ देते हैं कि वह दिग्भ्रमित हैं, उन्हें क्या करना चाहिए? यह नयापन महेश कटारे की देन है। अभी मैंने एक कहानी पढ़ी थी : 'लाल बहादुर...' या ऐसा कुछ...।

अपूर्व जोशी : 'लाल बहादुर का इंजन'। राकेश मिश्र की कहानी।

शैलेय : हाँ, 'लाल बहादुर का इंजन'। मैं भूल गया था।

अपूर्व जोशी : सत्य घटना पर आधारित है।

शैलेय : अब 'लाल बहादुर का इंजन' को हम देखें तो इसमें भी नयेपन की तलाश है। उसमें क्या है कि एक गाँव से आया हुआ व्यक्ति हॉस्टल में आता है। उसके पास अपना एक पूरा अनुभव है और अब यहाँ वह उस अनुभव को शेयर करना चाहता है। लेकिन जिनके साथ वह शेयर करना चाहता है, वह उस अनुभव-प्राप्त आदमी का इस्तेमाल करना चाहते हैं।

अपूर्व जोशी : वे शोषण करना चाहते हैं।

शैलेय : यह वर्तमान दौर की बड़ी विडम्बना है। इस इस्तेमाल को उजागर किया

मिश्र ने। यह आज की कहानी का 'नयापन' है। जो मेरा कहानी संग्रह 'यही कहीं से' आया, मेरा जो 22 साल का संगठित अनुभव रहा, वह इस कहानी में है। मैंने देखा कि कार्यशैली के स्तर पर आज भी हमारी कोर कमेटियाँ मनोगत तरीके से निर्णय लेती हैं।

चन्दन पांडेय : एक बात मैं कहना चाहूँगा, मुझे अभी टेकऑफ प्वाइंट नहीं मिल रहा था। मैं 70 के दशक की बात कर रहा था। वहाँ एकमात्र काम राजनीति को माना गया। इसके अतिरिक्त बाकी सारी चीजें गौण थीं या काम की नहीं थीं। इसका पहला उदाहरण 'अपराध' कहानी से दिया गया। थीसिस फेंक देना, जिस पर इतने साल काम किया है। जरूरी नहीं कि सारे के सारे लोग जाकर मोर्चे पर लड़ें। आज की तारीख में नक्सलवाद को उठा लीजिए। कम्यूनिकेशन गैप इसकी सबसे बड़ी खामी है। आज हमारे लिए छत्तीसगढ़ या झारखंड का अबूझमाड़ एरिया बिलकुल दूसरा देश हो चुके हैं। इसे एक जुमले के तौर पर न लिया जाए। हम उसे एक समस्या के तौर पर लेते हैं, जबकि वह एक इश्यू है, एक सरोकार है। लेकिन हम उन्हें अखबारों में आसानी से मान लेते हैं कि लॉ-ऑर्डर प्राब्लम है। मेरा कहना यह है कि अगर इतने साल की मेहनत पर, आपको अपने काम पर भरोसा नहीं है कि हमने जो तैयार किया, वह अच्छी बात है। यह अगर लोगों के पास जाए तो वे उसे अधिक करीब से जानेंगे। कहीं न कहीं यह एक मनोगत बात थी, सब्जेक्टिव किस्म से राय बनाने का एक नजरिया। हम मान लेते हैं कि उसमें पुल की कोई जरूरत नहीं है। अचानक से लोगों के पास जाएँगे और लोग समझ जाएँगे, जबकि हमें लगता है कि हमें खास तैयारी की जरूरत है, जिसके तहत वह थीसिस काम आती। अगर वह लेक्चररशिप में आ जाते तो हो सकता था कि वह सिविल सोसाइटी का ग्राउंड बनाते। मैं जो ब्लैक एंड व्हाइट की बात कर रहा था, वह यही है। एक रचनाकार से हर तरह की डिमांड होती है। वह मोर्चे पर भी जाए, कहानी भी लिखे। उसके अन्दर कुछ एक्टिविज्म होनी चाहिए। यह रचनाकार से डिमांड रहती है हमेशा, जबकि रचनाधर्मिता ही अपने-आपमें एक पूरा काम है। हमारे समाज में रोल बदल सकता है जिसमें किसी को बढ़त हासिल हो सकती है। आज हो सकता है कि पॉलिटिक्स को बढ़त हासिल है। वह एक लीडिंग रोल प्ले कर रही है। इसे एक शुभ संकेत के तौर पर लें। अगर हमारी राजनीति एक बराबर का इकोनॉमी लेवल तैयार करके देती है, एक सही समाज तैयार करके देती है, तो उन दिनों अपने-आप साहित्य लीडिंग रोल में आ जाएगा।

नामवर सिंह : अभी नक्सल और क्रान्ति पर बात की जा रही थी। पुराना अनुभव अगर देखें तो यशपाल का 'देशद्रोही' उपन्यास और रूसी साहित्य में लिहनिस्ट हुआ करते थे, जिस पर तुर्गनेव ने भी लिखा है, कई लोगों ने लिखा है—इसे विचारप्रधान कहते हैं। वे तमाम कृतियाँ कमजोर साबित हुईं। 'देशद्रोही' यशपाल का सबसे अच्छा उपन्यास नहीं माना जाता। काफ्का के 'ट्रायल' में पॉलिटिक्स नॉलेज थी। यह मैं

मानकर चलता हूँ कि बड़ा साहित्य वह है जिसमें नानार्थ सम्भावनाएँ हों। हमारी-आपकी प्रेमचन्द पर बहस हो रही थी, उनकी कहानी 'पूस की रात' पर। 'पूस की रात' ही क्यों, 'गोदान' का अन्त भी उसी तरह से हुआ। 'कफन' का अन्त भी उसी तरह से। लेखक भले ही मध्यम स्वर में कहे, सवाल उठा के छोड़ दे, लेकिन झकझोर देता है।

अपूर्व जोशी : पाठक को।

नामवर सिंह : हाँ, पाठक को झकझोर देता है। 'कफन' कहानी में वह ठगनी क्या झमकावे तो होता है। लेकिन इसके साथ ही घीसू और माधव 'कफन' का पैसा पी गए सब। यह विद्रोह था। कफन न खरीदना बगावत थी। वे सोचते हैं, 'कफन' तो उसे मिल ही जाएगा पर यह रात, पैसा फिर नहीं मिलेगा। समाज लाज रखने के लिए बिना 'कफन' के उसे जलाएगा नहीं, इसलिए यह बड़ी पुण्यात्मा है, हम लोगों को देकर गई। प्रेमचन्द वहाँ लाइन नहीं देते हैं कि आप वहाँ क्या करें। लेकिन एक समूची व्यवस्था के प्रति विद्रोह जगाते हैं। इस व्यवस्था से ऐसा होता है, इसको बदल देना चाहिए। किसी राजनीतिक संगठन को भले ही दिशा न मिले, पाठक को प्रोग्राम न मिले, लेकिन जो देता है समाज को, वह मुख्य है। यह मैं इसलिए कह रहा हूँ कि सारे स्त्री-विमर्श, दलित-विमर्श से स्त्रियों को वोट मिल जाते हैं। पार्लियामेंट में 1/3 का आरक्षण की माँग होती है। बहुत बहस चलती है अखबारों में। महत्त्वपूर्ण वह नहीं है कि मिल जाए। यह दुनिया अगर मिल भी जाए तो क्या है! महत्त्वपूर्ण बात यह है कि कोई समाज आपकी चेतना को झकझोर दे कि यह गलत है। जो केवल माओवादियों और नक्सलाइट के अनुकूल ठप्पा मारकर पार्टी को समर्थन देनेवाली कहानियों को लिखते हैं तो वह गलती दोहराते हैं।

चन्दन पांडेय : यही मैं कहना चाहता था।

नामवर सिंह : प्रभाष जी, आप ऐसा मानते हैं या नहीं?

प्रभाष जोशी : कहानी राजनीति को जस्टीफाई करने के लिए नहीं लिखी जाती। कहानी वह है जिससे राजनीति और कई चीजें एक साथ निकलती हैं।

शैलेय : एक बात मैं जोड़ना चाहूँगा।

नामवर सिंह : अच्छा, एक छोटी-सी बात कहना चाहूँगा। आपने एक उदाहरण दिया महेश कटारे का। हाल ही में उनका 'छछिया पर छाछ' कहानी-संग्रह मैंने पढ़ा। और मैंने यह देखा कि 60 वर्ष की उम्र पार कर चुका वह लेखक भिंड-मुरैना में रहते हुए जमीन की भाषा बुन्देलखंडी के शब्दों को लेकर बढ़िया हिन्दी लिख रहा है। हिन्दी में खप जानेवाले शब्दों से एक ऐसी भाषा लिखी जो चकित करती है। कहीं वैचारिकी नहीं है, कोई आइडियोलॉजी नहीं है पर वह पठनीय है। कटारे का दलित-विमर्श भी

देखा मैंने और स्त्री-विमर्श भी। उनकी एक कहानी है 'तूर्यनाद'। बाप अपने बेटे का नाम रखवाने पंडित जी के यहाँ जाता है। पंडित जी कहते हैं कि तुम पन्नालाल हो तो बेटा हीरालाल होगा, तो यह नाम हुआ। यह धानुक जाति का है, तुरही बजाना काम है। गाँव में राष्ट्रपति आते हैं। कलेक्टर के आग्रह पर हीरालाल तुरही बजाता है। इससे बड़ा नाम होता है। एक बार मुख्यमंत्री आते हैं तो सभी कहते हैं कि राष्ट्रपति के आगमन पर तुरही बजाई थी तो अब भी तुरही बजनी चाहिए। वह बजाना नहीं चाहता। वह सोचता है कि हमारी तुरही का यही प्रयोग रह गया है? बहुत हठ करने पर वह तुरही बजाने आता है पर वह 'तूर्यनाद' करता है तो सब सुनकर आश्चर्य करने लगते हैं। यह खुशी-आह्लाद की न होकर शोक की तुरही होती है। कहानी यहीं खत्म हो जाती है। अब महेश कटारे ने 60 वर्ष के होने के बावजूद नई पीढ़ी के बीच एक कलाकार की जो स्थिति है, उसमें अपनी राजनीति दिखा दी।

अपूर्व जोशी : बिलकुल दिखा दी।

नामवर सिंह : इसमें एक धानुक जाति का अस्पृश्य व्यक्ति है। इसमें एक बात और दिखाई देती है, जो हमारी पुरानी व्यवस्था चली आ रही थी। एक-दूसरे का भेद जानते हुए भी सारी जातियाँ एक-दूसरे के सुख-दुःख में जिस तरह से शामिल होती हैं, इसका जवाब देते हैं महेश कटारे कि कोई बात तो है इस अत्यन्त आततायी जाति-व्यवस्था में कि इसने 6 हजार साल तक सरवाइव कर लिया। बड़े-बड़े समाज-सुधारक आए। कुछ तो है इसमें सरवाइवल एलीमेंट। पंडित जी एक धानुक जाति के आदमी से 'तूर्यनाद' में जिस तरह बात करते हैं और जिस तरह उसके दुःखों पर बात करते हैं, उससे मालूम होता है कि हम लोग राजनीतिक क्रान्तिकारिता से अन्धे होकर इस समाज-व्यवस्था में व्याप्त तमाम ऊँच-नीच, जिसे अम्बेडकर भी नहीं समझ सके, से असहमत होते हैं। यह कहानी जीवन को ज्यादा गहराई से समझने की सोच पैदा करती है। इस संग्रह की एक कहानी का मैं और जिक्र करूँगा। कहानी है 'आदिपाप'। प्रेमचन्द की भाषा में जो ठेठपन था, वह इनकी कहानी में भी दिखता है। आज कहानी में जो भाषा लिखी जा रही है, वह सरकारी हिन्दी है। कथानायक पढ़ा-लिखा है पर 'ओरिजनल सीन' को आदिपाप कहा है। इसमें स्त्री के बारे में एक और कहानी है, नाम है 'कल्सिया'। वह धन्धा करती है स्टेशन के पास जाकर। एक पाँव कटा व्यक्ति उस पर लार टपकाते हुए दिखाया जाता है। स्त्री का नाम सावित्री रखा है। वह उसके पंजे में नहीं फँसती— वह, जो बिकाऊ औरत समझी जाती थी! जीवन की परिस्थितियों में किस तरह से अपने को अलग रखती है, इससे गलत नजर रखनेवाला उससे बहुत प्रभावित है। उससे कहता है कि वह जहाँ भी रहे, सुखी रहे। अब क्या लोग स्त्री-विमर्श की चर्चा करते हैं? धन्धा करनेवाली स्त्री स्वयं अपने जीवन के अनुभवों को लेते हुए कैसे अपने नैतिक साहस को बरकरार रखती है? जो आदमी उस पर नजर रखता था, वही बदलता है। ऐसी चीजें आज

कहीं दिखाई नहीं पड़तीं। हम लोग बहुत सतही स्तर पर स्त्री–विमर्श करते हैं। स्त्रियों को जो स्वतंत्रता मिली है, वे कई समस्याओं का विरोध कर रही है। कोई तो चीज है गाँव में जो परिवार में अब भी स्त्री–पुरुष के सम्बन्ध के कारण परिवार–व्यवस्था को लागू किए हुए है। यूरोप में परिवार टूट चुके हैं। हमारे यहाँ टूट रहे हैं। तमाम चीजों के होते हुए भी संयुक्त परिवार में कुछ था, जो हम परिवार के बिना रह नहीं सकते थे। सुरक्षा थी एक परिवार में, यह अब टूट रहा है। स्त्री–विमर्श वाले परिवार के बारे में बात तक नहीं कर रहे। हर परिवार टूट रहा है। और वही बूढ़ा–बूढ़ी रह गए हैं। माँ–बाप ने पढ़ा–लिखाकर इस लायक बनाया, उनकी चिन्ता ही नहीं। एक जमाने में पारिवारिक नॉवेल लिखे जाते थे। हिन्दी में ऐसे पारिवारिक नॉवेल भरे पड़े हैं। 'गोदान' में परिवार के टूटने की भी कहानी है। गोबर झुरिया को लेकर चला गया। होरी–धनिया भुगत रहे हैं। आज इस परिवार की चिन्ता करनेवाले युवा लेखक क्या कर रहे हैं, मैं जानना चाहता हूँ।

चन्दन पांडेय : परिवार के बारे में मेरी शुरुआत में पाँच कहानियाँ छपी थीं।

प्रेम भारद्वाज : आप केवल अपनी नहीं, अपने दौर के परिवेश, कथा–तत्त्वों और कहानियों की बात कहें।

चन्दन पांडेय : कुछ लोगों का कहना है कि मैं परिवार के दायरे से बाहर नहीं निकल पा रहा हूँ। मेरे पिछले संग्रह की कहानियों में परिवार आता है—चाहे वह मेरे परिवार के कारण हो या रिफ्लेक्शन हो उसका। जो परिवार मैंने गाँव में देखा है, इधर पिछली कहानियों में वह नहीं है। अब विषय बदल गया है। मेरी एक कहानी 'रेखाचित्र में धोखे की भूमिका' है। उसमें एक छोटा भाई है जो अपनी बड़ी बहन के प्रेम में मदद करता है। उसकी चिट्ठियाँ लाता–ले जाता है। एक दिन पिता और चाचा मिलकर उसके प्रेमी को मार देते हैं। चिट्ठी गायब होने की एक घटना होती है जो भाई बहन को नहीं बताता है। उसे लगता है कि इससे बहन की बदनामी होगी। इसी चिट्ठी के खेल में उसे एक चिट्ठी और दी जाती है कि इसे उस लड़के को देकर आओ। जब लड़का आता है तब उसे मार दिया जाता है। मेरी 'भूलना' कहानी में भी माँ–बाप हैं, भाई–बहन हैं। इसी तरह मेरी 'परिन्दगी है कि नाकामयाबी' के नाम से दो बहनों की कहानी है। माँ–बाप से प्रेम को लेकर विद्रोह की कहानी है जो साजिशन तरीके से विद्रोह को सफल बनाती है। बावजूद इसके मैं कहना चाहूँगा, जैसा आपने ही एक उदाहरण दिया है अपने एक साक्षात्कार में कि संयुक्त परिवार होने के जो नुकसान हैं, उससे कहीं सहमति बन नहीं पाती है। किरण सिंह के साथ आपने अपने एक इंटरव्यू में कहा था कि तब नया–नया चाँपाकल लगा है जिसमें कुछ लोग आपको तेली का बच्चा समझकर मिसविहेब कर देते हैं। इसमें आपने अपने कपड़ों की तरफ इशारा किया था। मेरा खुद बड़ा परिवार है। मेरे पिता सर्विस में हैं, मेरे सभी चाचा

सर्विस में नहीं हैं। मैं देखता हूँ कि घर की खेती से वे उतना नहीं कर पाते और न ही मेरे पिता उनको उतना कर पाते हैं कि वे बराबर का स्टेटस मेंटेन कर सकें। तो इन चीजों को देखकर लगता है कि परिवार का टूटना सही चीज है। हाँ, उसमें सुधार की जरूरत है।

प्रेम भारद्वाज : यह तो आपकी बात हुई। आपके दौर के जो और लोग लिख रहे हैं, उनकी कहानियों में परिवार कहाँ और किस रूप में है?

नामवर सिंह : हाँ, मैं आपके परिवार की बात नहीं कर रहा। मैं साहित्य की बात कर रहा हूँ, जिसमें परिवर्तन हो रहे हैं। उस परिवर्तन के बारे में तुम्हारी पीढ़ी को चिन्ता है कि नहीं?

चन्दन पांडेय : हाँ, सर, अगर बाकायदा नाम लेकर कहें तो जैसे वन्दना राग की कहानी आई थी 'यूटोपिया'। उसमें माँ-पिता, बेटी हैं। बेटी का अपहरण हो जाता है। यह साम्प्रदायिकता पर कहानी है कि माँ कैसे अपनी बेटी को बचाने के लिए संघर्ष करती है।

शैलेय : मैं यहाँ पर एक बात कहना चाहता हूँ। मैं बहुत उत्साहित हूँ कि प्रेम भारद्वाज ने नयेपन को बार-बार प्वाइंट आउट किया है। मुझे इनका बहुत अच्छा विषय लगा। लेकिन नई पीढ़ी के जो कहानीकार हैं, वे बार-बार राजनीति और साहित्य को अलग-अलग करके रखते हैं। थोड़ा-सा लगता है कि यह अलग काम ही है...।

चन्दन पांडेय : नहीं, वह अलग काम नहीं है पर वह साथ का काम भी नहीं है। यह एक ऐसी चीज है, जैसे हम एक जंक्शन बनाते हैं। आप अगर सामाजिक कार्यकर्ता हैं या राजनीतिक कार्यकर्ता हैं और आपको लगता है कि हमारी कहानियाँ आपके किसी मकसद में काम आ सकती हैं, तो हमें भी ऐसा ही लगता है। क्योंकि कहानी लिखने के लिए पहली अनिवार्य शर्त है : कहीं न कहीं का एक छोटा अनुभव। उसी अनुभव को हम अपनी पढ़ाई-लिखाई, प्रतिभा से निखारकर कहानी बनाते हैं। तो वह अनुभव रचनाकार कहाँ से लेता है? संघर्ष से लेता या किसी जीवन से लेता है। पूरा बोर्खेस का स्ट्रक्चर ही ऐसा है कि वे हमेशा सुनी हुई बात पर कहानी लिखते हैं। अगर आपको लगता है कि यह रचना हमारे लिए, हमारे संघर्ष के लिए जरूरी है, इसे हम अगर अपने लोगों के पास ले जाते हैं तो कहीं न कहीं वे संघर्ष में भाग लेने के लिए जागरूक होंगे। ऐसे में ही तो यह समाज के लिए प्रेरणास्रोत बनती है। लेकिन फोर्स करना कि खास नियम के तहत या विचारधारा के तहत कहानियाँ लिखी जाएँ, गलत है। आपने एक बात असंगठित मजदूर वाली कही थी कि यह चीज मेरी कहानियों में नहीं है। इस सम्बन्ध में मेरा पहला आग्रह यही है कि पहले हमें उस पर बात करनी चाहिए, जो है और हम उस पर बात करने लगते हैं, जो नहीं है।

प्रेम भारद्वाज : लेकिन हमारे अपने आसपास जो हो रहा है, जो समाज का महत्त्वपूर्ण हिस्सा है, अगर कहानियों में नहीं आ रहा है तो कमी है?
नामवर सिंह : बिलकुल।

प्रेम भारद्वाज : दो-चार बातें अभी और हैं।
नामवर सिंह : आज के जमाने में जो उखड़ा हुआ लेखक है, जो विदेश में ही ज्यादा रहा है, वह लेखक भी कहानी को मानवीय संवेदना तथा परम्परा से समृद्ध बनाता है। जहाँ तक महेश कटारे की बात है तो उनकी कहानियों में जातिसूचक नाम लेना बुरा नहीं है। नायक बार-बार कहता है कि मैं ब्राह्मण हूँ। लेकिन कहीं उसमें ब्राह्मणवाद नहीं आता। वह तथ्य ही है। प्रेमचन्द की कहानियों में एक जमाने में जातिसूचक शब्द होते थे। जाति के बारे में बताया जाता था लेकिन कहीं उसका असर नहीं पड़ता था। ये नये लेखक उखड़े हुए लोग हैं। जानता हूँ, इसका प्रतिवाद तो करोगे लेकिन यह बताओ कि आधार है कि नहीं?

चन्दन पांडेय : मैं एक उदाहरण देना चाहता हूँ। अपने समय के एक लेखक कुणाल सिंह का। मुझे उनकी सभी कहानियाँ, एक-दो को छोड़कर, अच्छी लगती हैं।
नामवर सिंह : नीलाक्षी सिंह के बारे में तुम्हारी क्या राय है?

चन्दन पांडेय : मैं पहले कुणाल के बारे में बताता हूँ। उनकी एक कहानी आई थी 'डूब'। वह पंजाब-समस्या पर थी। इसे आप पहले पन्ने पर पकड़ लेते हैं तो ठीक है वरना पूरी कहानी में आप कहीं नहीं पकड़ पाएँगे कि यह पंजाब की समस्या पर है। उसमें एक लड़का आतंकवादी बता मार दिया गया है या गायब कर दिया गया है। यह उसके माँ-बाप के लिए ट्रेजडी है। उस लड़के की एक बहन है, उससे छुप-छुपकर प्यार करनेवाला एक आदमी है जो अन्ततः बता नहीं पाता है और दूर चला जाता है। उनकी एक और कहानी है 'सनातन बाबू का दाम्पत्य'। यहाँ भी परिवार है। उसमें एक काल्पनिक पत्नी है। एक आदमी है जिसकी शादी नहीं हुई है। वह कल्पना करता है कि पत्नी ने थाली-बर्तन माँज दिया है, जबकि सारा काम वह खुद करता है लेकिन कल्पना में अपनी पत्नी को देखता है। एक और कहानी है 'शोकगीत'। इसमें बेरोजगारी में कैसे रिश्ते छूट जाते हैं, यह दिखाया गया है। यद्यपि पूरी कहानी प्रेमिका पर केन्द्रित है। दो दोस्त हैं जो यह बताते नहीं हैं कि हमारी नौकरी छूट गई है। इसलिए घर में झूठ बोलते हैं। कैसे इसके लिए वे अपने-आपको मानसिक रूप से तैयार करते हैं, यह परिवार के महत्त्व को दिखाता है कि बाहर हम झूठ बोल सकते हैं लेकिन घर में झूठ बोलने के लिए तैयारी करनी पड़ती है। अगर नीलाक्षी की बात करें तो पारिवारिक द्वन्द्व को लेकर उनकी कहानी 'टेकबे त टेक न त गो' है, जिसका नाम बाद में 'प्रतियोगी' कर दिया गया। इसमें पति-पत्नी के सम्बन्ध के साथ ही उनका इगो स्ट्रगल दिखाया गया कि कैसे सारा श्रेय पति को चला जाता है।

फिर ऐसी ही उनकी एक काफी चर्चित कहानी है 'उस परिन्दे का इन्तजार सा कुछ' और इसमें हर डाइमेंशन आता है। एक माँ–बेटी हैं जो दंगे में फँसी हैं। और उन दोनों का कैसा अपना साहचर्य है!

प्रेम भारद्वाज : वह दोस्ती की कहानी ज्यादा है, परिवार की नहीं।

चन्दन पांडेय : अगर दो बहनों को परिवार मानें तो नीलाक्षी की कहानी है 'माना, मान जाओ'। दो बहनें हैं, उसमें छोटी बहन पाँच–छह साल की है और बड़ी आठ–नौ साल की। उसमें बड़ी को ज्यादा प्रॉयोरिटी मिलती है तो छोटी में कैसी ईर्ष्या झलकती है : और वह बड़ी के फंक्शन में न जाने के लिए कैसे खुद को बुखार में डाल लेती है! ये सब सम्बन्ध परिवार में होते हैं।

प्रेम भारद्वाज : यह दुर्भाग्य कह लीजिए या संयोग, आज जो कहानीकार हैं जिनके पीछे कोई सम्पादक है या कोई पत्रिका है या कुछ लोग हैं, उनकी चर्चाएँ होती हैं। लेकिन कई अच्छे कथाकार हैं जिनकी चर्चाएँ नहीं होतीं। एक अच्छी कहानी परिवारवाद पर मुझे याद आ रही है। लेखक का नाम याद नहीं। 'हंस' के पिछले मार्च के अंक में छपी थी। 'बँटवारा' नाम था। कहानी का एक दृश्य है बँटवारे का। बँटवारा हो रहा है। परिवार का मामला है, कोई खेत बाँट रहा है, कोई सामान। तभी मँझले भाई की पत्नी से नहीं रहा जाता, वह उठती है और कहती है कि मुझे कुछ कहने का हक है या नहीं? जेठ जी, यह बेटा क्या तुम्हारा बेटा नहीं है और देवर जी, यह बेटा किसका है? इसको क्या कहेंगे आप? रोंगटे खड़े कर देनेवाली कहानी थी। इस कहानी की कहीं कोई चर्चा नहीं हुई। ऐसी कहानियों की चर्चाएँ क्यों नहीं होतीं—परिवार तो यहाँ भी है और तल्ख रूप में है?

नामवर सिंह : अब परिवर्तन आ गया है। पहले जब संयुक्त परिवार होता था तो बड़े भाई के सामने छोटा भाई अपने बच्चों को प्यार नहीं कर सकता था। संयुक्त परिवार में वह अशिष्टता समझी जाती थी। यह सब बातें कहानियों में कहाँ हैं? अब इकहरापन है। कहानी लिखने की प्रेरणा जो है, वह विभिन्न विचारधाराओं के आधार पर न बने बल्कि मानवीय आधार पर बने।

अपूर्व जोशी : क्या आज की कहानी में विचारधारा का बोझ हावी नहीं है? जैसे अभी 'लाल बहादुर का इंजन' की चर्चा हुई। मैंने कई लोगों से इस कहानी के बारे में बातचीत की तो मेरे साथियों ने उसे बहुत ज्यादा एप्रिशिएट नहीं किया। उन्होंने इसे राकेश मिश्र का विचलन बताया। मैं यह जानना चाह रहा हूँ कि हमारी विचारधारा का बोझ हमारे साहित्य पर हावी हो रहा है या नहीं, आज की कहानी के सन्दर्भ में?

शैलेय : मैं यहाँ चन्दन भाई और मेरे कई साहित्यकार भाइयों से जानना चाहता हूँ

कि हम ब्रेख्त, गोर्की से लेकर प्रेमचन्द और मुक्तिबोध की 'कामायनी : एक पुनर्विचार' को देखते हैं जिसमें मुक्तिबोध लिखते हैं कि 'साहित्य ही नहीं, बिना विचार के दुनिया में कुछ भी सम्भव नहीं है।' मेरा सीधा मानना है कि व्यवस्था से अधिक महत्त्वपूर्ण व्यक्ति है और जीवन से अधिक महत्त्वपूर्ण है जीवन-दृष्टि। साहित्य अगर व्यक्ति और व्यक्ति के जीवन-दृष्टि को संवेदनापरक दृष्टि से रेखांकित कर उसका रूपान्तरित प्रस्तुतीकरण नहीं कर सकता है तो वहाँ साहित्य अपने-आपमें थोड़ा किनारे हो जाएगा।
नामवर सिंह : मानवीय दृष्टि और जीवन-दृष्टि, दोनों अलग चीजें हैं।

शैलेय : दृष्टिकोण अलग मुद्दा हो गया है।
नामवर सिंह : हाँ! ज्यादातर हम दृष्टिकोण पर ध्यान देते हैं। आँख नीली भी होती है, लाल भी। कई रंग होते हैं। अगर दृष्टि की ही बात करें तो किसी की आँख देखकर उसके दिल और दिमाग में क्या है, पता लगाया जा सकता है। केवल कोण में हम नहीं देखते। बाएँ देख रहे हैं या दाएँ या सीधे। हम लोग आम तौर पर आउटलुक के अर्थ में देखते हैं। साहित्य आँख है और आँख के जितने गुण-धर्म हैं, वह सब होना चाहिए।

शैलेय : प्रेम और परिवार को मैं ऐसे देखता हूँ, जैसे हम मन्नू भंडारी की 'यही सच है' और प्रियवंद की 'बोसीदनी', संजीव की 'दुनिया की सबसे हसीन औरत' को लें; या फिर 'रामसजीवन की प्रेमकथा' या 'मोहन दास' जैसी कहानियों का जो पारिवारिक जीवन-मूल्य है। 'यही सच है' का नायक और 'दुनिया की सबसे हसीन औरत' का नायक, दोनों ही अपने-अपने समय में प्रेम को अलग-अलग परिभाषित करते हैं। 'यही सच है' की नायिका ढूँढ़ती है कि स्थायित्व कहाँ है, वहीं 'दुनिया की सबसे हसीन औरत' में श्रम का सौन्दर्य कितना है। संजीव ने यही नयापन दिया कि श्रम का सौन्दर्य हमें एक नया सरोकार दे सकता है। निराला की 'वह तोड़ती पत्थर' कविता भी इसी दृष्टि की बात करती है।
नामवर सिंह : 'वह तोड़ती पत्थर' में ह्रदय पत्थर है। वह चोट अपने ह्रदय पर मारती है। वह केवल सड़क पर पत्थर तोड़ती नहीं है। उन्होंने अन्त में कहा है कि 'मैं तोड़ती पत्थर'।

शैलेय : मुझे लगता है कि कहानियों का जो नया ट्रेंड आ रहा है, आज से 50 साल पहले की और आज की कहानियों में साफ-साफ अन्तर आ गया है। जो जीवन-मूल्यों की टकराहट है, उसमें सामुदायिक जीवन-मूल्य की जगह व्यक्ति जीवन-मूल्य अधिक महत्त्वपूर्ण हो गया है। जैसे आप कहते हैं एकल परिवार, उसका खंडन-विखंडन साथ-साथ है। किराये की कोख भी चल पड़ी है। क्योंकि प्यार कोई रोबोट नहीं करेगा, प्यार के लिए मनुष्य की जरूरत होगी। नई कहानियाँ इस मनुष्यता को कहीं-कहीं लाती हैं। जैसे वन्दना राग की कहानी से मैं सहमत नहीं हो पाया। लेकिन

एक सोमा बंद्योपाध्याय की कहानी पढ़ी 'बनी, तुम किसकी बुनी'। यह 'परिकथा' में छपी थी। इसमें घर में काम करनेवाली दो छोटी-छोटी लड़कियाँ हैं लेकिन घर की मालकिन और उनके बीच जो सम्बन्ध होता है, वह कहीं लगता है कि हम उन्हें अपनी बेटियों के रूप में देखें। नहीं देख पाते हैं तो हमारी दृष्टि की यह लिमिटेशन भी है। यहाँ अब यह बहस शुरू होती है कि कहानी में रूप अधिक महत्त्वपूर्ण है या अन्तर्वस्तु? तो नई कहानियों में चाहे नीलाक्षी सिंह हों, चन्दन पांडेय हों या कुणाल सिंह हों, रूप पर ज्यादा जोर दिया जा रहा है। अन्तर्वस्तु हाशिए पर है। इससे कहानी में जो सकारात्मक रचनात्मकता है, वह कम हो रही है। उत्तर-आधुनिकता के आने के साथ-साथ एक तरह का दिग्भ्रम पैदा हो गया था कि इतिहास का अन्त, कविता का अन्त हो गया। उसी तरह से यह भी आ रहा है धीरे-धीरे कि विचारधारा का अन्त नहीं, विचार का ही अन्त हो गया है। अभी कालिया जी से मेरी बात हुई 'नया ज्ञानोदय' के कुछ अंकों पर। बात हुई कि कहानियों का ट्रेंड कैसा आ रहा है? नई कहानियों में दस-बारह कहानियाँ गिना सकता हूँ जिनमें लेखक अन्तर्वस्तु पर कम ध्यान दे रहे हैं और कहानी के रूप पर अधिक जोर दे रहे हैं।

नामवर सिंह : चूँकि अंग्रेजी भाषा से लिया है यह शब्द अन्तर्वस्तु। आपने कहा कि रूप पर अधिक ध्यान देते हैं, अन्तर्वस्तु पर कम। अंग्रेजी में एक किताब लिखी गई थी : 'कन्टेंट ऑफ फार्म'। फार्म का ही कन्टेंट होता है। फार्म के बाहर कन्टेंट है ही नहीं। शब्दों और कथानक की रचना के द्वारा जो अन्तर्वस्तु उभरकर आती है, वही अन्तर्वस्तु है। साहित्य में कन्टेंट एनालिसिस समाजशास्त्र की तरह नहीं होता है, बल्कि रूप से ध्वनित-व्यंजित व्यक्तिरूप शब्द-विन्यास ही नहीं है। कथानक की संरचना भी रूप ही है। उसका आरम्भ और अन्त, संवाद—सारी चीजें फार्म पर हैं और उस फार्म से निकलने वाली व्यंजित ध्वनि अन्तर्वस्तु है। उसी की बात हम लोग करें।

चन्दन पांडेय : यह कहना कि रूप पर ज्यादा जोर है तो आप कहीं न कहीं उस कन्टेंट से सहमत नहीं हैं। अगर आपको कहानी पसन्द नहीं आ रही है तो इसका मतलब है कि कन्टेंट भी पसन्द नहीं है। आपका यह कहना कि रूप पर ज्यादा जोर है और कन्टेंट पर कम, गलत है। आप पिछली दस-बारह कहानियों के नाम लीजिए तब आप देखिए, कहाँ रूप का अधिक प्रयोग हुआ है। हम उससे सहमत नहीं होंगे, पर कोई उसी फार्म में जाकर अपनी बात कर रहा है। जैसे एक उदाहरण दूँगा मैं, 'सनातन बाबू का दाम्पत्य' कहानी मुझे बेहद पसन्द है। उसमें एक अकेले आदमी का दुख है। उसे बड़े कॉमिक रूप से रखा है कि एक अकेला आदमी किस तरह से सोचता है अपने जीवन के बारे में।

प्रेम भारद्वाज : एक खास बात चन्दन पांडेय की कहानियों के बारे में रेखांकित

करना चाहता हूँ कि इनकी कहानियों में संवाद बहुत कम है। लेखकीय हस्तक्षेप ज्यादा होना कहानी के लिए अच्छा है या बुरा है? पात्र कम बोल रहे हैं, लेखक ज्यादा हावी हो रहा है, इसे किस रूप में देखते हैं?

चन्दन पांडेय : संवाद के कम होने का मतलब यह नहीं है कि लेखकीय हस्तक्षेप अधिक है। हो सकता है, घटना का डिस्क्रिप्शन ज्यादा हो।

नामवर सिंह : ऐसा है कि कोई कहानी अदालत का मुकदमा नहीं है कि मुवक्किल की ओर से वकील ही बोले। कहानी वह अदालत है जहाँ वकील के बोलने की गुंजाइश उतनी नहीं है जितनी मुवक्किल की। लेखक वकील नहीं है और इसलिए कहानी में कोई जज भी नहीं होता। आम तौर पर होता यह है कि लेखक यह भूल जाता है और वह मुवक्किल की तरह खड़ा होता है तथा अलोचकों को जज समझता है। कई कहानीकार आलोचकों को जज मानकर कहानी लिखते हैं जो कि गलत है। कुछ लेखक तो सम्पादकों को ध्यान में रखकर कहानी भेजते हैं।

प्रेम भारद्वाज : एक और बहुत बड़ी कमी आज के दौर की कहानियों में दिखाई देती है। कहानियों में बड़े और लोकप्रिय विषय, जैसे आतंकवाद, साम्प्रदायिकता, बाजारवाद हैं लेकिन इन कहानियों में स्त्री या हाशिए के लोग बहुत कम आ रहे हैं।

नामवर सिंह : कहानीकारों का काम यह है कि केवल जोर-जोर से बोली जाने वाली आवाजों को ही न कैद करें बल्कि खामोशियों और चुप्पियों के बारे में भी बोलें। खामोशियों और चुप्पियों को वाणी देना लेखक का काम है।

शैलेय : लेखक का नैतिक दायित्व है।

अपूर्व जोशी : मुझे लगता है, आज की सम्पूर्ण बातचीत का जो सार निकलता है, जैसे नामवर जी ने कहा कि कहानी और उपन्यास में परिवार की चर्चा ही नहीं होती। मैं चन्दन के सन्दर्भ में कह रहा हूँ। आपकी 82 में पैदाइश है तो आपने वह दौर ही नहीं देखा है। आपने वह दबाव ही नहीं देखे जो संयुक्त परिवार में होते हैं। संयुक्त परिवार के मूल्य, संस्कार आदि जो हमने देखा, आपने वह भी नहीं देखा। जैसे हम लखनऊ जाते थे तो हमें अपनी बुआ के घर ही रुकना पड़ता था। यह स्थिति तो समय के साथ बदली।

शैलेय : संयुक्त परिवार स्वतः नहीं बिखरा है। कई आर्थिक दबाव काम करते हैं। कैरियर है। बहुत सारे कारण हैं।

अपूर्व जोशी : तो वह बदलाव आज की कहानियों में आने ही थे। सबसे महत्त्वपूर्ण बात है कि कहानी पर विचारधारा का बोझ नहीं होना चाहिए, जैसे महेश कटारे की कहानी है। उनकी कहानी एक बात सामने रखती है। उसमें कहीं विचारधारा का बोझ हावी नहीं होता है। दूसरी बात, विचारधारा के अलावा जो है, वह यह कि जो

भी चीज जोर से बोली गई है, उस चीज का दौर चल पड़ा है—भूमंडलीकरण का दौर या उसके विरोध का दौर, तो उसी तरह की कहानियाँ आ रही हैं। अब जैसे आतंकवाद पर ही कई कहानियाँ आ रही हैं लेकिन जो हाशिए के लोग हैं, वे लोग जिनकी आँखें ही सब कुछ बयाँ कर देती हैं, वह दृष्टि कहानी में नजर नहीं आ रही, वह गायब है।

[पाखी : अगस्त, 2009]

फासीवादी विचारों से टकराकर ही अच्छा लेखन सम्भव हो पाता है

स्वतंत्र मिश्र

स्वतंत्र मिश्र : आप आलोचना के शिखर-पुरुष हैं। क्या उम्र के इस पड़ाव में आपको लगता है कि कुछ करना रह गया?

नामवर सिंह : देखिए, आकांक्षाओं पर कोई लगाम नहीं लगा सका। लेकिन उम्र के इस पड़ाव में आकर पढ़ने-लिखने की क्षमता में कमी आ जाती है। एक अरसे से लिखना छूट गया है। अब बोलना ज्यादा होता है, जिसे हम मौखिक साहित्य कहते हैं। लेकिन मैं व्यक्तिगत तौर पर इसे साहित्य नहीं मानता। मेरे श्रद्धेय रामविलास शर्मा ने प्रतिज्ञा की थी कि वे सभा, गोष्ठियों में नहीं जाएँगे। उन्होंने इसे जीवन के अन्तिम दिनों तक निभाया भी। वे आसन मारकर लिखते रहे। बाद के दिनों में वे लिख नहीं पाते थे। वे तैयारी करके रखते और कोई जाता और उनके कहे को कागज पर उतार लेता। मैं उन दिनों जवाहरलाल नेहरू विश्वविद्यालय (जे.एन.यू.) में था। मैंने उनके लिए यह व्यवस्था की थी। बाद की बहुत सारी किताबें उन्होंने बोलकर ही लिखवाई हैं। मैं ऐसा नहीं कर पाया। मुझे इसका अभ्यास भी नहीं है। मैं दिन भर पढ़ने-पढ़ाने, मिलने-मिलाने और सभा-गोष्ठियों में व्यस्त रहता और फिर रात को खाना खाकर दस बजे रात से लेकर सुबह के चार-पाँच बजे तक रोज लिखने का काम करता। मैंने 'दूसरी परम्परा की खोज' सात या आठ दिन में लिखी थी। 'कविता के नए प्रतिमान' मैंने एक महीने में पूरी की थी। पिछले 11-12 साल से दिन भर की व्यस्तताओं के बाद अब रात को सिर्फ पढ़ने का काम हो पाता है।

स्वतंत्र मिश्र : पिछले दिनों आप पर 'जे.एन.यू. में नामवर' किताब आई। हाल ही में राजकमल से भी चार किताबें प्रकाशित हुई हैं। सामयिक प्रकाशन से भी प्रेम भारद्वाज के सम्पादन में आप पर एक किताब आई है। आप इसे कैसे देखते हैं?

नामवर सिंह : सच पूछिए तो मुझे आशीष त्रिपाठी की किताबों के प्रकाशन से खुशी मिली है। आशीष बनारस हिन्दू विश्वविद्यालय में प्राध्यापक हैं। अलग-अलग पत्र-

पत्रिकाओं में मेरे छपे लेखों को वे संकलित करने का काम कर रहे हैं। मेरी आठ पुस्तकें राजकमल से छप चुकी हैं जबकि चार पुस्तकें अभी प्रकाशित होनी हैं। आशीष की इस योजना के अन्तर्गत दो साल के भीतर कुल बारह खंडों में इसे समेटने की योजना है। इससे लोगों को यह पता चलेगा कि मैंने बोलने से ज्यादा लिखने का काम किया है। ये साहित्य से सम्बन्धित मेरे अलग-अलग विषयों पर लिखे गए लेख हैं। बहुत सारे लोग अपने भाषण तक का रिकॉर्ड भी रखते हैं। यह कला मुझे नहीं आती और मुझे यह थोड़ा अहंवादी भी लगता है। अज्ञेय जी शुरू से ही अपने साथ एक छोटा-सा टेप-रिकॉर्डर लेकर चलते थे। इसलिए अज्ञेय जी का बोला हुआ कुछ भी लुप्त नहीं हुआ है। मैंने ऐसा कभी नहीं किया। मुझे लगता है कि ऐसा करने से आदमी आत्मचेतस हो जाता है। मुक्त होकर बोलने का अपना मजा है।

स्वतंत्र मिश्र : राजेन्द्र यादव ने बहुत लम्बे अरसे से कहानी लिखनी बन्द कर दी है। वे कहते हैं कि मुझे बड़े दायरे तक अपनी बात पहुँचानी है इसलिए मैंने वैचारिक लेखन का सहारा लेना शुरू कर दिया है। आप क्या सोचते हैं?
नामवर सिंह : वे ठीक कर रहे हैं। यह समझदारी का सूचक है। उन्हें लगा कि मैं अब कहानी या उपन्यास नहीं लिख सकता हूँ तब उन्होंने छोड़ दिया। वे जिस स्तर का लेखन चाह रहे होंगे, नहीं लिख पा रहे होंगे और 'हंस' के सम्पादक के तौर पर लिखना तो हो ही रहा था। सच है कि उन्होंने 'हंस' में अपनी लेखनी के बूते कई जरूरी बहसों को भी जन्म दिया है। उनका लेखन महत्त्वपूर्ण है। उन्होंने इन लेखों का संकलन भी तैयार करवाया है।

स्वतंत्र मिश्र : लेकिन मेरा सवाल यह है कि क्या कहानी या उपन्यास की तुलना में वैचारिक लेखन की पहुँच ज्यादा लोगों तक होती है?
नामवर सिंह : वैचारिक लेखन अपने विचार के प्रचार के लिए होता है, जबकि रचनात्मक साहित्यिक लेखन आस्वाद के लिए। दोनों के कार्य अलग-अलग होते हैं। इस समय राजेन्द्र यादव का वैचारिक लेखन ज्यादा लोगों तक पहुँच रहा है लेकिन एक समय था जब उनकी कहानियाँ बड़े दायरे तक पहुँच रही थीं। तात्कालिक समस्याओं पर उन्होंने खुलकर बहुत जोरदार ढंग से लिखा है। उनके वैचारिक लेखन को लोग नहीं भूल पाएँगे।

स्वतंत्र मिश्र : पिछले दिनों आपने 'तद्भव' पत्रिका के कार्यक्रम में साहित्य को सत्ता की कान्ता यानी 'जोरू' कहा था। क्या आपको लगता है कि साहित्य सत्ता की जकड़ से बाहर हो पाया है?
नामवर सिंह : मुझे बिलकुल याद नहीं आ रहा है कि मैंने ऐसा कुछ कहा है। साहित्य सत्ता को चुनौती देने का काम करता है। लेकिन सत्ता लोकतांत्रिक है और यदि वह कोई काम लोक-हित में करती हो तब उसकी आलोचना करने का कोई मतलब

नहीं। लेकिन यदि कोई फासीवादी सरकार सत्ता में आती है और वह मुक्त विचारों पर प्रतिबन्ध लगाती है तो ऐसी स्थिति में सत्ता से टकराकर ही अच्छा लेखन हो सकता है।

स्वतंत्र मिश्र : पिछले दिनों आपके भाई काशीनाथ सिंह को 'रेहन पर रग्घू' के लिए साहित्य अकादमी पुरस्कार से नवाजा गया। उन्होंने 'तहलका' को दिये इंटरव्यू में कहा था कि अगर उन्हें 'काशी का अस्सी' किताब के लिए पुरस्कृत किया गया होता तो ज्यादा खुशी मिलती। उन्होंने यह भी कहा था कि साहित्य अकादमी ने ज्यादातर मौकों पर लेखकों को उनकी श्रेष्ठ रचना को पुरस्कृत करने के बजाय उनकी दूसरी कृति को सम्मानित किया है।

नामवर सिंह : काशी की 'काशी का अस्सी' मुझे भी प्रिय है। काशी ने बिलकुल ठीक कहा है। साहित्य अकादमी की पुरस्कार देने की प्रक्रिया में ही खामियाँ हैं। पंत जी को उनकी बड़ी कमजोर किताब के लिए पुरस्कृत किया गया। उन्हें बहुत देर से पुरस्कार दिया गया। यशपाल और रेणु के साथ भी अकादमी ने यही किया। रेणु को सर्वश्रेष्ठ कृति 'मैला आँचल' के लिए पुरस्कार नहीं दिया गया। जैनेन्द्र जी को उनकी सबसे कमजोर किताब के लिए पुरस्कृत किया गया। उन्हें बहुत देर से पुरस्कृत किया गया। उदय प्रकाश के साथ भी ऐसा ही हुआ है। साहित्य अकादमी ही नहीं बल्कि ज्ञानपीठ पुरस्कार भी लोगों को अच्छी किताबों के लिए नहीं दिया गया है। कुँवर नारायण को ज्ञानपीठ बहुत देर से मिला। निर्मल वर्मा को ज्ञानपीठ उनकी बहुत कमजोर किताब के लिए मिला है। पुरस्कार देने की प्रक्रिया में ही समस्या है जिसकी वजह से ऐसा होता आया है। उसकी राजनीति ही अलग है। इसलिए पुरस्कार किसी कृति या कृतिकार के श्रेष्ठ होने का मानदंड नहीं है। कई लेखकों के साथ ऐसा हुआ है। इसलिए काशी के साथ भी ऐसा हुआ है तो उससे काशी का लेखन छोटा नहीं होगा, बल्कि पुरस्कार देने की प्रक्रिया पर ही सवाल उठेगा।

स्वतंत्र मिश्र : पत्रिका 'फॉरवर्ड प्रेस' में प्रेम कुमार मणि ने लिखा है कि 'गोदान' में प्रेमचन्द का गाँव दूर से दिखता है जबकि रेणु का गाँव भोगा हुआ गाँव है। वे रेणु को बड़ा करने के लिए प्रेमचन्द को छोटा बता रहे हैं। आपकी टिप्पणी चाहूँगा।

नामवर सिंह : पहली बात यह है कि रेणु और प्रेमचन्द की तुलना नहीं होनी चाहिए। तुलना समसामयिक लेखकों की ही होनी चाहिए। रेणु की तुलना उनके युग के लेखकों से की जानी चाहिए। प्रेमचन्द से रेणु की तुलना कैसे हो सकती है? प्रेमचन्द का ऐतिहासिक महत्त्व है। प्रेमचन्द की तुलना में रेणु ने बहुत कम लिखा है। प्रेमचन्द ने तीन सौ से ज्यादा कहानियाँ लिखी हैं। उनसे कई गुना बड़े उपन्यास लिखे हैं। प्रेमचन्द के कथा-साहित्य की दुनिया बहुत बड़ी है। महत्त्वपूर्ण बात तो यह है कि उन्होंने स्वाधीनता-संघर्ष के दौर में अपना लेखन किया इसलिए उनकी जगह कोई नहीं ले

सकता है। अलग-अलग दौर में बहुत बड़े साहित्यकार हो सकते हैं लेकिन वे प्रेमचन्द नहीं हो सकते।

स्वतंत्र मिश्र : दलित साहित्य और स्त्री लेखन के बारे में आप क्या सोचते हैं?
नामवर सिंह : दलित लेखन बड़ी मात्रा में हो रहा है, यह बहुत अच्छी बात है। लेकिन स्त्रियों के मुकाबले दलित लेखन कम हो रहा है। गुणवत्ता के दृष्टिकोण से अगर देखें तो दलित लेखन के मुकाबले स्त्रियों का लेखन ज्यादा मजबूत भी है। दलित लेखन में कुछ ही लोग बहुत अच्छा लिख रहे हैं। दलित-विमर्श की तुलना में स्त्री-विमर्श पर केन्द्रित पत्रिकाएँ कम हैं लेकिन स्त्री-विमर्श पर पुस्तकों की संख्या ज्यादा है। संख्या की दृष्टि से नहीं, गुणवत्ता के आधार पर साहित्य को देखने की दरकार है। पश्चिमी देशों में वुमेन स्टडीज (स्त्रियों द्वारा रचे गए साहित्य का अध्ययन) और ब्लेक स्टडीज (अश्वेत समुदाय द्वारा रचे गए साहित्य का अध्ययन) के नतीजों को अनुपात और गुणवत्ता के आधार पर देखा जाए तो बहुत अच्छा ब्लैक लिट्रेचर लिखा गया है। ब्लैक लिट्रेचर अफ्रीका, अमरीका और यूरोप—सभी जगह लिखा जा रहा है। उस लिहाज से हमारे यहाँ दलित साहित्य कम है। ब्लैक लिट्रेचर 19वीं शताब्दी से ही मिलना शुरू हो जाता है। हमारे यहाँ बाबा साहब अम्बेडकर के बाद दलित लेखन की शुरुआत हुई। शायद देर से शुरू होने की वजह से दलित लेखन का स्तर गुणवत्ता के लिहाज से कमजोर है।

स्वतंत्र मिश्र : साहित्य में नई पौध के बारे में क्या सोचते हैं?
नामवर सिंह : देखिए, नये लोग हम लोगों से बेहतर स्थिति में हैं और बहुत ही अच्छा लिख रहे हैं। कविता और कहानियाँ अच्छी आ रही हैं। आम तौर पर उपन्यास उतने अच्छे नहीं आ रहे हैं। आलोचनात्मक लेखन का स्तर बहुत बढ़िया है। अब बहुत सारी पत्रिकाएँ प्रकाशित होने लगी हैं और हर पत्रिका में युवा कहानीकार और युवा कवि छप रहे हैं। कुछ समय पहले 'कथादेश' का कहानी विशेषांक आया था। उसमें युवाओं की बहुत अच्छी कहानियाँ पढ़ने को मिलीं। दूरदर्शन पर एक कार्यक्रम आता है जिसमें मुझे नई किताबों पर बात करनी होती है। पिछले चार साल से यह कार्यक्रम प्रसारित हो रहा है। इस कार्यक्रम को करने के दौरान मुझे अन्दाजा हुआ कि अच्छी कविता, कहानियाँ और आलोचना की गम्भीर पुस्तकें लिखी जा रही हैं।

[तहलका : 15 अगस्त, 2012]

अहस्तान्तरित होता है कविता का निकष

प्रमोद कुमार अग्रवाल

प्रमोद कुमार अग्रवाल : आप हिन्दी साहित्य के मूर्धन्य समीक्षक एवं हिन्दी जगत के नेता हैं। हिन्दी साहित्य के विकास के विषय में आपके क्या विचार हैं?

नामवर सिंह : हिन्दी की अनेक संस्थाएँ हैं जो अपने-अपने ढंग से कार्य कर रही हैं। सरकार को जो करना चाहिए था, वह सरकारी ढंग से हो रहा है। आम आदमी के बीच हिन्दी का स्वतः प्रचार-प्रसार हो रहा है। जब से भूमंडलीकरण का दौर आया है, तब से अंग्रेजी का प्रभाव बढ़ा है। आजकल लोग हिंग्लिश बोलते हैं। जिन्हें अंग्रेजी नहीं आती, वे मिलावट करते हैं। वे दिखावा करते हैं कि वे पढ़े-लिखे हैं। मिलावट हर तरह से बुरी है, जैसे दूध में मिलावट। सुदूर कोनों से हिन्दी की पत्रिकाएँ निकल रही हैं। वे हिन्दी के प्रचार-प्रसार में अहम योगदान दे रही हैं। इनमें लिखनेवाली बहुत-सी स्त्रियाँ आ गई हैं। पिछड़े वर्ग के बहुत लोग, जो इतिहास के मूक नायक हैं, पहली बार बड़ी संख्या में आगे आए हैं। ऐसे ही दलित वर्ग के एक लेखक धर्मवीर ने 'मेरी पत्नी और भेड़िया' पुस्तक में नारियों की बदचलनी तथा अपने पुरुषों को भ्रष्टाचार के लिए उत्प्रेरित करने की प्रक्रिया को उजागर किया है। पर दलितों में भी जाति-व्यवस्था का दुष्चक्र विद्यमान है। दलित वर्ग में भी उच्च एवं निम्न वर्ग हैं। वहाँ भी भेद-विभेद है। चमार अपने को ऊँचा समझते हैं, मुसहर, बरार को निम्न समझते हैं। अम्बेडकर की जाति के लोग स्वयं को चमार से ऊँचा समझते हैं। ब्राह्मणों तथा राजपूतों में कई उपजातियाँ हैं। इस नवजागरण काल में संस्कार बदलने का सवाल है। अनेक सामाजिक आन्दोलन हो रहे हैं। एक और नवजागरण की आवश्यकता है। वह है—साहित्य और संस्कृति का नवजागरण। इसी जागरण से बलात्कार की घटनाएँ रोकी जा सकती हैं। ऐसा नहीं कि बलात्कार की घटनाएँ पूर्व में नहीं घटती थीं, पर आजकल ये सामने आ रही हैं, यह शुभ लक्षण है। लोग इनका हल खोज रहे हैं।

प्रमोद कुमार अग्रवाल : हिन्दी सिनेमा में हिन्दी का विशुद्ध प्रयोग कैसे हो सकता है? क्या हिन्दी फिल्में या टेलीविजन धारावाहिक कहानियों की गहराई में जाने से कतरा रहे हैं?

नामवर सिंह : हिन्दी सिनेमा का स्वर्ण युग बीत चुका है। न तो वैसे कलाकार हैं, न ही निर्देशक और न ही वैसे पटकथा लेखक एवं न ही वैसे गीत लेखक हैं। केवल भाषा के मिलावट के साथ-साथ कहानियों के मिश्रण का दौर चल रहा है, जो दर्शक पर कोई प्रभाव नहीं छोड़ता। हमें इसे बदलने की आवश्यकता है ताकि साहित्यिक उपन्यास एवं कहानियों को उनका उचित स्थान प्राप्त हो सके।

प्रमोद कुमार अग्रवाल : मीडिया के विषय में आपका क्या कहना है?
नामवर सिंह : यह अच्छा है कि बहुत सारे चैनल उपलब्ध हैं। अच्छा-बुरा सभी जनता को परोसा जा रहा है। मीडिया जनता की रुचि के अनुसार काम करता है। उसके लिए 'टी.आर.पी.' का अत्यन्त महत्त्व है। जैसी जनता की रुचि होगी, मीडिया वैसे ही नाचेगा। अत: जनता की रुचि बदलने की आवश्यकता है। यह काम साहित्यकार सफलतापूर्वक कर सकते हैं। यह साहित्यकार का दायित्व भी है। पर कुछ चैनल हिन्दी में अच्छा काम कर रहे हैं, जैसे एन.डी.टी.वी.।

प्रमोद कुमार अग्रवाल : राजनीतिक दलों के विषय में आपकी क्या राय है?
नामवर सिंह : राजनीतिक नेता इतने गड़बड़ हैं कि देश रसातल में जा सकता है। राजनीतिक ढाँचे में बहुत गिरावट आई है। पाँच साल में कमा खा लो, बाद में मिले या न मिले, यही सबसे बड़ा लक्ष्य है उनका। आजादी के बाद कांग्रेस को लेकर एक आश्वस्ति थी। उसमें राजनीतिक इच्छा-शक्ति थी। 1950-55 के दौरान सभी काम अच्छा हुआ। भ्रष्टाचार ऊपर से नीचे जाता है, नीचे से ऊपर नहीं जाता। नौकरशाही की वजह से देश बचा हुआ है। हमारी प्रशासनिक सेवा अंग्रेजों की देन है। अंग्रेजों ने नौकरशाही का जो स्टील फ्रेम दिया, उसमें गिरावट आई है, पर इसका कोई विकल्प नहीं है। आप जैसे कई नौकरशाहों ने निर्धनों, भूमिहीनों तथा कृषकों के लिए उत्तम काम किया है।

प्रमोद कुमार अग्रवाल : नक्सलवादी आन्दोलन का क्या हल है? क्या नक्सलवादी हिंसा न्यायसंगत है? क्या पुलिस या राज्य की हिंसा इसका सही उत्तर है?
नामवर सिंह : नक्सलवादी आन्दोलन का हल भूमि-सुधारों के क्रियान्वयन तथा प्रभावशाली एवं समतामूलक विकास-कार्यों में है। किसी प्रकार की भी हिंसा न्यायसंगत नहीं है, पर जब राज्य अपनी सीमा या संयम का उल्लंघन करता है तो जनता में हिंसा भड़कती है। अत: राज्य को न्यायसंगत विकास करना चाहिए, ताकि हिंसा न पनपे। राज्य या पुलिस द्वारा हिंसा, नक्सली हिंसा का सटीक उत्तर नहीं है।

प्रमोद कुमार अग्रवाल : क्या उच्चतम न्यायालय जनहित वाद (पी.आई.एल.) के माध्यम से देश को सही दिशा-निर्देशन दे रहा है?
नामवर सिंह : यह एक अच्छा कदम है।

प्रमोद कुमार अग्रवाल : धार्मिक प्रवचनों में हिन्दी के व्यवहार के विषय में आपके क्या विचार हैं?

नामवर सिंह : स्वामी अवधेशानन्द जी गिरि विशुद्ध हिन्दी में प्रवचन देते हैं। वे एक बार मुझे हवाई जहाज में मिले थे। वे प्रकांड विद्वान एवं हिन्दी-प्रेमी संत हैं। इसी प्रकार हिन्दी के प्रचार-प्रसार में कई संत प्रत्यक्ष या अप्रत्यक्ष रूप से संलग्न हैं।

प्रमोद कुमार अग्रवाल : हिन्दी को राष्ट्रभाषा स्वरूप या अन्तरराष्ट्रीय स्वरूप कैसे प्राप्त हो सकता है?

नामवर सिंह : सरकार को इस दिशा में और अधिक प्रयत्न करना चाहिए। मेरे गुरु श्री हजारी प्रसाद द्विवेदी जब राष्ट्रीय राजभाषा हिन्दी समिति के अध्यक्ष थे, तो उन्होंने नेहरू से कहकर हिन्दी को राष्ट्रभाषा स्वरूप दिलाने में अनेक नीतिपरक निर्णय करवाए। उसके बाद कोई विशेष काम नहीं हुआ। उन निर्णयों के अनुपालन में हिन्दी राजभाषा समितियाँ सभी स्तरों पर कार्य कर रही हैं, पर सम्यक् परिणाम सामने नहीं आ रहे हैं। जब देश में सम्यक् राष्ट्र-प्रेम जाग्रत होगा तो हिन्दी स्वयमेव राष्ट्रभाषा बन जाएगी। क्योंकि राष्ट्रप्रेम देश की मिट्टी एवं भाषा से जुड़ा है।

प्रमोद कुमार अग्रवाल : हिन्दी साहित्य में पुरस्कार कैसे दिये जाते हैं?

नामवर सिंह : अधिकांश पुरस्कार ठीक दिये जाते हैं। कई साहित्यकार अपुरस्कृत भी रह गए हैं।

प्रमोद कुमार अग्रवाल : हिन्दी साहित्य की प्रगतिशील गोष्ठी के विषय में आप क्या सोचते हैं? उन्होंने बटाईदारों तथा भूमिहीनों के विषय में क्यों नहीं लिखा?

नामवर सिंह : यह ठीक है कि भूमिहीनों तथा बटाईदारों की समस्याओं के विषय में हिन्दी साहित्य में कम लिखा जा रहा है। जनवादी साहित्य लेखक संघ तथा समकालीन आलोचना विवादों में घिरी है।

प्रमोद कुमार अग्रवाल : हिन्दी साहित्य के प्रकाशकों का क्या भविष्य है? क्या उनके पास हिन्दी पुस्तकों के निर्यात की अच्छी सम्भावनाएँ हैं? क्या हिन्दी को डिजिटल हो जाना चाहिए?

नामवर सिंह : प्रकाशकों को कोई तकलीफ नहीं है। अब अनेक पुस्तकों का प्रकाशन हो रहा है। भारत में भी हिन्दी की पुस्तकों का प्रकाशन तथा बिक्री दिन-प्रतिदिन बढ़ रही है। यह उज्ज्वल भविष्य का सूचक है। विदेशों में रहने वाले पैंतीस लाख प्रवासी भारतीयों के लिए हिन्दी पुस्तकें निर्यात होती हैं। हिन्दी को भी डिजिटल हो जाना चाहिए। वर्तमान में कदम से कदम मिलाकर चलने का समय है।

प्रमोद कुमार अग्रवाल : आप हिन्दी साहित्य के अग्रज हैं। आपका उदीयमान साहित्यकारों के लिए क्या सन्देश है?

नामवर सिंह : साहित्य में बहुत बड़ी संख्या में स्त्रियाँ आई हैं। दलित वर्ग के भी बहुसंख्यक लेखक हैं। यह एक बहुत बड़ा अंश है। उनके अपने संसाधन हैं। उनके अपने प्रकाशन संस्थान हैं। वे स्त्रियों एवं दलितों के अधिकारों के लिए शंखनाद कर रहे हैं। यह एक बहुत बड़ी देन है। इनसे साहित्य समृद्ध हुआ है।

प्रमोद कुमार अग्रवाल : हिन्दी की पत्र-पत्रिकाओं का स्तर कैसे उन्नत हो सकता है?
नामवर सिंह : हिन्दी में अच्छी पत्र-पत्रिकाएँ निकल रही हैं। 'वैश्विक साहित्य' उनमें विशेष है।

प्रमोद कुमार अग्रवाल : बुन्देलखंड का प्रतिनिधित्व कौन साहित्यकार करता है?
नामवर सिंह : दद्दा अर्थात् मैथिलीशरण गुप्त ही बुन्देलखंड का प्रतिनिधित्व करने के लिए काफी हैं। वैसे साहित्य की दृष्टि से बुन्देलखंड एक समृद्ध अंचल है।

प्रमोद कुमार अग्रवाल : 'वैश्विक साहित्य' को आपके आशीर्वाद की आवश्यकता है। इस पत्रिका को और कैसे उन्नत किया जाए?
नामवर सिंह : 'वैश्विक साहित्य' पत्रिका के लिए मेरी शुभकामनाएँ।

प्रमोद कुमार अग्रवाल : 'कविता' पर आपके विचार क्या हैं?
नामवर सिंह : निष्कर्ष के रूप में मैं यही कहूँगा कि कुल मिलाकर मैंने आपको कोई निर्देश नहीं दिया है। आपको कोई 'कैनन' नहीं दिया है। मैं सिर्फ यह कहना चाहता हूँ कि कविता के बारे में निर्णय लेते वक्त इन बातों को आप याद रखिए। मैंने अपनी किताब में लिखा है कि कविता की परख का जो निकष है, वह चाबी नहीं है। हम आपको दे दें कि ताला खोल लीजिएगा। यह हस्तान्तरित नहीं किया जा सकता। अर्जित किया जाता है। हर पाठक अर्जित करता है। यह टिकिट 'नॉन ट्रांसफरेबल है, फिर भी हम लोग ट्रांसफर कर दिया करते हैं। कविता का निकष ट्रांसफरेबल होता है। हर पाठक, हर सहृदय पाठक स्वयं अर्जित करता है और निर्णय उसका अपना हुआ करता है। दूसरों की दी हुई चाबी से खोले जानेवाले और होते हैं और ताले भी और हुआ करते हैं। कविता वह ताला है, जिस ताले में हर आदमी किसी दूसरे की दी हुई चाबी नहीं लगाता है, बल्कि खुद अपने खोलता है। अर्थ, रस, भाव, बोध प्राप्त करके अपना जजमेंट देता है। मुझे लगता है कि हर जजमेंट हर मामले में निहायत व्यक्तिगत होता है। आपकी अपनी साधना में जितनी ताकत होगी, उतनी ही उसको सामाजिक स्वीकृति प्राप्त होगी।

मैंने मुक्तिबोध को अज्ञेय से बड़ा कवि कहा तो दाँव पर लगाकर कहा। वह स्वीकार हो सका तो उसके कुछ कारण होंगे। उनमें जाना चाहिए। रामचन्द्र शुक्ल ने जो हिन्दी आलोचना की परम्परा बनाई है, और मैंने अपनी मोहर लगाई है।

['वैश्विक साहित्य' पत्रिका के किसी अंक में प्रकाशित]

सबसे मुश्किल है सरल लिखना

स्मिता

स्मिता : नामवर सिंह होने का अर्थ क्या है?

नामवर सिंह : पेशे से मैं अध्यापक रहा हूँ। पहले काशी विश्वविद्यालय फिर देश के दूसरे विश्वविद्यालयों और अन्त में जवाहरलाल नेहरू विश्वविद्यालय। इन विश्वविद्यालयों में कविताएँ, कहानी और उपन्यास भी पढ़ाता रहा। काशी हिन्दू विश्वविद्यालय में रूखे माने जानेवाले विषय भाषाविज्ञान पर काम किया। पुरानी भाषाएँ, जैसे अपभ्रंश, जिसे जानने वाले कम लोग मिलते हैं, उस पर काम किया। जे.एन.यू. में जब नये ढंग के पाठ्यक्रम की शुरुआत हुई, तो साहित्य सिद्धान्त और हिन्दी आलोचना की परम्परा पढ़ाने लगा। लगभग 50 साल से भी अधिक समय से 'आलोचना' पत्रिका का सम्पादन कर रहा हूँ। मैंने मुख्य रूप से आलोचना पर ही लिखा है। इसके साथ-साथ समकालीन साहित्य से भी मेरा लगाव-जुड़ाव रहा। उसकी अभिव्यक्ति के रूप में दूरदर्शन पर प्रसारित होने वाले कार्यक्रम 'आज सवेरे' में नई प्रकाशित पुस्तकों (गद्य-पद्य) की चर्चा करता हूँ। ये सभी मेरी रुचि के काम हैं। वाद-विवाद और संवाद करता रहा हूँ।

स्मिता : आपने कविता लिखने से शुरुआत की, फिर आलोचना की ओर किस तरह मुड़े?

नामवर सिंह : एक उम्र होती है जब आदमी प्रेम करता है और कविता लिखता है। शुरुआत में मैंने भी ऐसा ही किया था। मैंने कुछ कविताएँ लिखीं और वे प्रकाशित भी हुईं। कुछ अप्रकाशित भी रहीं, पर मुझे अध्यापन करना था, जिसमें कविता की कोई गुंजाइश नहीं है। फिर मैं आलोचना की ओर मुड़ गया। मैंने इसे ही अपना क्षेत्र बना लिया है।

स्मिता : क्या आप मानते हैं कि आपकी भाषा में जो कसावट है, वह आपके गुरुओं, मार्कंडेय सिंह और पंडित केशव प्रसाद मिश्र, की देन है?

नामवर सिंह : हाई स्कूल से इंटरमीडिएट तक मार्कंडेय सिंह हमारे हिन्दी के अध्यापक

थे। भाषा के बारे में वे बहुत ज्ञान रखते थे। उनका दृष्टिकोण बेजोड़ था। जब काशी हिन्दू विश्वविद्यालय में आया, तो एम.ए. तक पंडित केशव प्रसाद मिश्र का मेरे ऊपर बहुत प्रभाव रहा। उनका जयशंकर प्रसाद के साथ बड़ा बढ़िया सम्बन्ध था। केशव जी 'कामायनी' काफी रोचकता से पढ़ाते थे। वे नपा-तुला और बिलकुल सधा हुआ लिखते थे। कभी भी वे अपनी लेखनी से वाग्जाल नहीं फैलाते थे। उन्हीं की वजह से मैंने भाषाविज्ञान चुना। भाषाविज्ञान में मेरी रुचि होने की वजह से उन्होंने मुझे अपभ्रंश पढ़ाया था, जो बहुत कम लोगों को मालूम है। एम.ए. के अन्तिम वर्ष और शोध-कार्यों के दौरान आचार्य हजारी प्रसाद द्विवेदी जी का भी मेरे ऊपर प्रभाव पड़ा। उनके पास अखिल भारतीय हिन्दी साहित्य की दृष्टि थी। एक तो वे संस्कृत के पंडित थे। दूसरी ओर उन पर शान्तिनिकेतन की परम्परा, गुरु रवीन्द्रनाथ ठाकुर और विश्वास भारती का भी प्रभाव था।

स्मिता : अंग्रेजी का मिश्रण भाषा के लिए कितनी बड़ी चुनौती है?
नामवर सिंह : खाने में खिचड़ी सुविधाजनक जरूर है, लेकिन हम उसे सम्मानजनक भोजन नहीं मानते हैं। हिन्दी-अंग्रेजी मिलाकर जो हम हिंग्लिश बोलते हैं, दोनों भाषाओं के लिए खतरनाक है। इससे दोनों भाषाओं का अपमान होता है। यह प्रवृत्ति उन्हीं लोगों में देखी जाती है, जिन्हें न सही तरीके से हिन्दी आती है और न सही तरीके से अंग्रेजी आती है। जो जानते हैं, वे भाषा की मिलावट नहीं करते हैं। बोलने में तो यह चल सकता है, लेकिन ऐसा लिखना तो अन्याय है।

स्मिता : भाषा सरल होनी चाहिए या लच्छेदार?
नामवर सिंह : सीधी रेखा खींचना बड़ा टेढ़ा काम है। उसी तरह सीधी और सरल भाषा लिखना मुश्किल काम है। गांधी जी जैसी सरल भाषा लिखते और बोलते थे, वह अनुकरणीय है। आम तौर पर बड़े-बड़े लेखक संस्कृतनिष्ठ हिन्दी लिखते हैं, जो सही नहीं है। बोलचाल की भाषा वाली हिन्दी लिखनी चाहिए, जिसमें बोली के शब्द भी आते हों। जैनेंद्र कुमार की हिन्दी लाजवाब थी। स्वच्छ जल स्वास्थ्यकर होता है। भाषा भी गंदले पानी की तरह नहीं होनी चाहिए।

स्मिता : कुछ वरिष्ठ लेखक इन दिनों स्तरहीन आलोचना लिखे जाने का आरोप लगाते हैं?
नामवर सिंह : आम तौर पर मेरी उम्र के लेखक जो अस्सी पार कर चुके हैं, उन्हें अपना समय इतना महत्त्वपूर्ण लगता है कि सभी समकालीन लेखकों को खारिज करते रहते हैं। मैं ऐसी दृष्टि नहीं रखता हूँ। नये कवि, कहानीकार, उपन्यासकार बहुत बढ़िया लिख रहे हैं। किसी एक का नाम लेना मुश्किल है। आलोचना की कई सारी पत्रिकाएँ निकल रही हैं। मुझे यह नहीं लगता है कि पहले वाले दौर के लेखकों

से वे किसी मामले में भी कमतर हैं। दलित लेखन खूब हो रहा है। स्त्री कथाकार इन दिनों बहुत बढ़िया लिख रही हैं।

स्मिता : क्या अंग्रेजी की अपेक्षा हिन्दी पाठकों की संख्या कम है?
नामवर सिंह : अंग्रेजी भाषा में लिखने वालों के लिए पूरे भारत और विदेश के भी पाठक हैं। हिन्दी की अपेक्षा उनका बाजार बहुत बड़ा है। लेकिन पढ़ने वालों की संख्या कम है। उसकी तुलना में हिन्दी का पाठक समुदाय बहुत बड़ा है। हिन्दी में अनुवाद का कार्य बहुत हुआ है। अलग-अलग भारतीय भाषाओं में लिखे गए साहित्य का हिन्दी में अनुवाद खूब हुआ है। हिन्दी के लेखक और पाठक के ज्ञान का क्षेत्र विस्तृत है। अगर आप विश्व पुस्तक मेला देखें, तो वहाँ बड़ी संख्या में युवा हिन्दी लेखक और पाठक जुटते हैं।

स्मिता : इन दिनों क्या लिख रहे हैं?
नामवर सिंह : लेखन साधना है, जिसमें बहुत अधिक मानसिक श्रम लगता है। 90 के करीब पहुँच चुका हूँ। जो लिखना था, लिख चुका। तीन-चार घंटे लगातार बोल सकता हूँ, लेकिन लिख नहीं सकता। अब ताकत नहीं रही। मैंने तब तक लिखा है जब तक एकनिष्ठ होकर लिख सकता था। लेखन निर्बाध होना चाहिए। चलताऊ चीज मैं नहीं कर सकता।

स्मिता : आप युवा लेखकों को क्या संदेश देना चाहेंगे?
नामवर सिंह : बिना माँगे सलाह नहीं देनी चाहिए। युवा लेखक खुद समझदार हैं। वे अपना रास्ता खुद तय करते हैं। वे अच्छी तरह जानते हैं कि उन्हें क्या लिखना चाहिए और क्या नहीं। अब वह जमाना गया जब उस्ताद और गुरु होते थे। संगीत में यह अब भी कायम है। साहित्य में ऐसा नहीं होता है। आत्मचेतस हैं युवा। वे अपनी खूबियों के साथ-साथ कमजोरियों को भी जानते हैं।

[दैनिक जागरण : 4 जनवरी, 2015]

दे और दिल उनको, जो न दे मुझको जबाँ और

तराना परवीन

तराना परवीन : अगर आपको अपना इंटरव्यू खुद लेना होता, तो आप अपने-आप से क्या प्रश्न करते? कुछ प्रश्न, जो आपको बहुत महत्त्वपूर्ण लगते हों? दो दिन से आप उदयपुर में हैं और आपको लग रहा हो कि कुछ सवाल हैं, जो बहुत अहम हैं, वे आपसे नहीं किए गए और जिनके बारे में आप खुद कुछ कहना चाहते हैं?
नामवर सिंह : मुश्किल यह है कि दूसरों से बातचीत होती रहती है, खुद-ब-खुद बात करने का मौका ही नहीं मिलता है। मैं अपने रूबरू आईने के सामने भी ठीक से नहीं हो पाता हूँ तो यह जिन्दगी की मसरूफियात का असर है। अपने-आपसे तभी बातचीत होती है जब दूसरे सवाल पूछते हैं, तब कुछ बातें सूझ जाती हैं।

तराना परवीन : हिन्दी में कहावत है, नाम में क्या रखा है? क्या प्रो. नामवर सिंह जी इससे सहमत हैं?
नामवर सिंह : हाँ, सही है। लोग कम जानते हैं, क्योंकि आम तौर से नामवर नाम कम होता है और यह नाम मेरे माँ-बाप नहीं दिया था। छोटा-सा गाँव है हमारा। मेरे पिता जी स्कूल में टीचर थे। मैंने अपनी माँ से सुना है कि जब खबर मिली कि मास्टर के घर पहला बेटा हुआ है, तो पड़ोस की एक बूढ़ी औरत आई और आकर कहा कि इसका नाम 'नामवर' रखो।

तराना परवीन : क्या वह इस शब्द का मतलब समझती थी?
नामवर सिंह : नहीं, वह जाने क्यों आई और आकर कहा कि इसका नाम नामवर रखो और चली गई और एक हफ्ते के अन्दर कुत्ते के काटने से उसकी मृत्यु भी हो गई। मेरे पिता जी मेरा नाम 'रामजी' रखना चाहते थे, 'रामजी, रामजी' करते थे। तो बात आई-गई हो गई। मेरी माँ बताती थी कि कोई मुझे 'रामजी' बुलाता या पिता जी मुझे 'रामजी' बुलाते तो मैं रोने लगता था, तो लोगों ने कहा कि आप इसका नाम वही चलने दीजिए जो वह बूढ़ी औरत दे गई है। पिताजी को 'रामजी' नाम इतना पसन्द था कि जब दूसरा भाई हुआ तो उसका नाम 'रामजी' रखा। यह नाम बूढ़ी औरत का दिया हुआ है, चिपक गया हमारे साथ।

तराना परवीन : वर्तमान दौर में हिन्दी की दशा के बारे में आप क्या सोचते हैं?

नामवर सिंह : बहुत धड़ल्ले से हिंग्लिश बोली जा रही है, खिचड़ी हिन्दी में अंग्रेजी शब्दों की मिलावट। पढ़े-लिखे लोगों में भी है, यहाँ तक कि जो पढ़े-लिखे नहीं हैं, वे भी अंग्रेजी मिलाकर बोलते हैं और एक हीनता ग्रंथि का यह सूचक है। वे साबित करना चाहते हैं कि वे आधुनिक हैं, गँवार नहीं, इसलिए वे अंग्रेजी के कुछ शब्द बीच में डालते रहते हैं। हमारे एक अध्यापक थे, काशी हिन्दू विश्वविद्यालय में भाषाविज्ञान पढ़ाते थे—पं. केशव प्रसाद मिश्र। उन्होंने एक दिन क्लास में पढ़ाते हुए बनारस के पास की घटना बताई कि लड़के गंगा जी से लौट रहे थे, नाव पर चढ़कर बैठे एक-दूसरे से कह रहे थे कि 'आज हम खूब रोये'। वे चौंक गए कि क्यों रोये? थोड़ी देर बाद मालूम हुआ कि 'रॉ' (नाव) जो अंग्रेजी का शब्द है, उसे हिन्दी में मिलाकर लड़कों ने इस्तेमाल किया कि 'आज हम खूब रोये, रोइंग की'। वे कहते थे कि मेरा कोई विद्यार्थी अगर इस तरह की हिन्दी बोलेगा तो मैं उसे क्लास में घुसने नहीं दूँगा। यह मैं आपको बता रहा हूँ, तीस साल पुरानी बात है और बनारस में प्रसार परिषद् थी, तो वहाँ नियम बना रखा था कि कोई आदमी अगर हिंग्लिश बोलेगा गोष्ठी में, तो उस आदमी पर एक रुपये का जुर्माना लगेगा। एक भी शब्द अंग्रेजी का प्रयोग हिन्दी में करेगा तो जुर्माना लगेगा। हिन्दी को लेकर राजभाषा का जो आन्दोलन चल रहा था, उसी के तहत प्रसार परिषद् ने नियम बना रखा था कि बोलो तो सिर्फ हिन्दी, उर्दू के शब्द आ सकते हैं, जो हिन्दी में अंग्रेजी मिलाएगा तो एक शब्द पर एक रुपया जुर्माना होगा। यह सावधानी थी एक जमाने में जबान के लिए। एक जमाने में उर्दू में फारसी हो तो ठीक, लेकिन कोई अरबी का इस्तेमाल करे तो उर्दू वाले खुद नाखुश होते। क्या खूबसूरत थी अकबर इलाहाबादी की जबान! मैं कहता हूँ कि वे आदर्श हैं हमारे लिए। पुराने शायरों में मीर की जबान थी, नजीर अकबराबादी की थी, और जो आधुनिक शायर हैं, आजमगढ़ के लोग हैं, राही तो हमारे क्लासफेलो थे। तो राही मासूम रजा हैं, कैफी हैं, लखनऊ वाले हैं। लखनऊ वाले तो जबान के मामले में चौकस थे। और उसमें भी अच्छी जबान शिया खानदानों की खासियत थी। माफ करना, सुन्नी लोग अगर बुरा न मानें। अपनी जबान के बारे में उर्दू के लोग जितने चौकस थे, उतने हिन्दी में नहीं हैं। प्रेमचन्द बहुत मुश्किल लिखते थे उर्दू में। लोगों को शिकायत थी, तो वे कहा करते थे कि आखिर मैं कायस्थ का बेटा हूँ, आधा मुसलमान हूँ। तो बहुत मुश्किल उर्दू प्रेमचन्द लिखा करते थे और बहुत देर से उन्हें हिन्दी में हुनर हासिल हुआ। हमारे यहाँ कायस्थों को आधा मुसलमान कहा जाता था। मुंशीगीरी का काम था, मुंशी प्रेमचन्द कहलाते थे। इसलिए मैं कह रहा हूँ कि एक जमाने में गांधी जी ने जब हिन्दुस्तानी चलाई थी, उसका बहुत मजाक उड़ाया गया था। हिन्दुस्तानी में गलत तरह से फारसी लाते थे, और वह बदसूरत हिन्दी होती थी। **बदसूरत** हिन्दुस्तानी होती थी। तो गांधी जी ने हिन्दुस्तानी वाला आन्दोलन इसलिए

चलाया। हम भूल जाते हैं कि गुजराती में तीन तरह की गुजराती चलती थी—एक पारसी गुजराती होती थी, एक मुस्लिम गुजराती होती थी। तीनों में जो लफ्जों के रूप होते थे, वे अलग-अलग होते थे। बाद में उसको मिलाया गया। ग्वालियर सल्तनत के तहत गुजरात तो गुजराती का बहुत बड़ा गढ़ था। मुगलों के जमाने में हिन्दी से ज्यादा अरबी-फारसी के लफ्ज मराठी में होते थे। उस हिसाब से हिन्दी में वह नहीं हुआ और अब मैं समझता हूँ कि बिहार में संस्कृत और भोजपुरी की मिलावट होती है। और यह नये लेखन, जैसे कविता में तो नहीं, लेकिन नॉवेल में होता है, कहानी में होता है। आंचलिक उपन्यास जो फणीश्वरनाथ रेणु ने लिखा था तो उसमें बोलियों की घुली-मिली चीज थी। तो बोलियाँ आएँ जो खूबसूरत हैं। आम जनता को समझ में आने लगे, इसलिए हिन्दी अगर अपनी बोलियों से शब्द लेती है तो बहुत अच्छा है। खास तौर से रचनात्मक साहित्य में। मैं खुद इसी तरह लिखने की कोशिश करता हूँ, क्योंकि हम जो पढ़ाने वाले लोग हैं, जो आलोचना पढ़ाते हैं, क्लास रूम लेक्चर में वह संस्कृतनिष्ठ ज्यादा होती है। मैं भी शिक्षक रहा हूँ, लेकिन मेरे लिए आदर्श सरल भाषा है। सरल भाषा की पहली जरूरत है, आपके वाक्य छोटे हों। जैसे ही लम्बा वाक्य हुआ तो वह क्लिष्ट हो जाएगा, इसलिए छोटे वाक्य लिखो। गांधी जी की भाषा भी बहुत अच्छी लगती है मुझको। वे बहुत छोटे-छोटे वाक्य लिखते थे। हमारे यहाँ जो मकान बनते हैं, एक बड़ी ईंट के, एक छोटी ईंट के, यहाँ छोटी ईंट को लखौरी ईंट कहते हैं। छोटी ईंट से बना हुआ मकान आप देखें। उसी तरह छोटे वाक्यों से भाषा असरदार होती है। जिसका चिन्तन उलझा हुआ होगा, उसका वाक्य-विन्यास भी उलझा हुआ होगा। उलझन जहाँ होगी, किताबी हिन्दी होगी। माफ करना, पूरा लेक्चर दे गया।

तराना परवीन : वर्तमान पीढ़ी में जो कट-कॉपी-पेस्ट की प्रवृत्ति है, ऐसे में जो बड़े लेखक हैं, वे उनको कैसे मार्गदर्शन दें? ऐसी पीढ़ी को कैसे रास्ता दिखाएँ जो पढ़ती ही नहीं है?

नामवर सिंह : देखो, आजकल जो खास तौर से लेख लिखे जाते हैं, आलोचनात्मक लेख लिखे जाते हैं, उसमें उदाहरण बहुत होते हैं। अमुक ने कहा है, इन्होंने कहा है। पांडित्य बघारने के लिए देशी-विदेशी, दोनों के उदाहरण बहुत देते हैं। तो मैं यूँ मान के चलता हूँ कि समर्थ आदमी किसी के कंधे का सहारा लेकर चलेगा तो उसकी चाल बिगड़ेगी। आप खुद चलेंगे तो अच्छे ढंग से चलेंगे, लेकिन अगर आप किसी के कंधे का सहारा लेकर चलेंगे तो चाल खराब होगी। तो इसलिए दूसरों का उदाहरण देते हुए अगर लोग ज्यादा लिखते हैं, तो उसमें पंडिताई झलकती है। खुद अपना सोचा हुआ लिखो। गांधी जी कितना सरल बोलते थे! सरल वाक्य लिखते थे। विनोबा भी बहुत अच्छा और सरल लिखते थे, तो हमारे सामने तो गांधी जी और विनोबा हैं। लोहिया हिन्दी में अन्य नेताओं में बहुत सुन्दर लिखते थे। राम-कृष्ण, धरती-माता—

इन विषयों पर उन्होंने लिखा है। कृष्ण पर उनके जो लेख पढ़े हैं, वे आदर्श लेख हैं।

तराना परवीन : वर्तमान पीढ़ी का आलोचना और आलोचकों के प्रति क्या रवैया है? क्या यह पीढ़ी यह चाहती है कि आलोचक सिर्फ उनकी तारीफ करें, क्योंकि लोगों में बर्दाश्त की ताकत इतनी कम हो गई है कि वे अपने बारे में कुछ बुरा सुन नहीं सकते?

नामवर सिंह : हाँ। पुस्तक समीक्षाएँ तो काफी लिखी जा रही हैं, और पुस्तक समीक्षा को पढ़कर लगता है कि ये लगभग प्रायोजित हैं।

तराना परवीन : ऐसा लगता है, किसी दोस्त ने या स्वयं लेखक ने ही लिख दी हो?

नामवर सिंह : हाँ, ऐसा ही मालूम होता है। यदि किसी पुस्तक को पढ़कर आपके मन में लगे कि इसके बारे में लिखना चाहिए, तो वह आलोचना है। पर यदि लिहाज में लिखा जाए कि चलो, कहा है, लिखना ही है, लिख देते हैं। तो जिस पर लिखने का मन चाहे, उसी पर लिखें। लगे तो उसके खिलाफ ही लिखें। कोई जरूरी नहीं कि तारीफ करें। तो मैं यूँ आजकल अनुभव करता हूँ कि दूरदर्शन पर समीक्षा का छोटा-सा कार्यक्रम होता है, तो उस कार्यक्रम में मैं किताब पढ़ता हूँ और उसका नमूना यह रखा है कि उस किताब का एक हिस्सा चुन करके, जिसे पढ़कर लोग जान जाएँ कि किताब कैसी है, छपा हुआ दिखा देते हैं। एक लड़की वह पढ़ देती है और हमारे साथ में पाठक पढ़ते हैं। जो खटकने वाली चीजें हैं, उस ओर भी इशारा कर देता हूँ। छोटी समीक्षा होती है। यह समीक्षा नहीं है, परिचय है, क्योंकि दूरदर्शन पर आप समीक्षा नहीं कर सकते हैं, परिचय दे सकते हैं कि दर्शक उसको पढ़े, या उसमें पढ़ने की इच्छा जागे। जानबूझकर ऐसी ही किताब चुनता हूँ जिसके बारे में लगता है कि दर्शकों को, पाठकों को किताब पढ़नी चाहिए। कविता, कहानी, उपन्यास जैसे लिखे जा रहे हैं, उन पर जो समीक्षाएँ आ रही हैं, इसमें कोई शक नहीं है कि नये लोग बहुत अच्छा लिख रहे हैं। और एक अच्छी घटना हुई है, तुम तो पूछोगी नहीं, यह देखकर आश्वस्ति होती है कि स्त्री लेखिकाएँ बड़ी संख्या में लिख रही हैं। कहानियाँ, उपन्यास, कविताएँ लिख रही हैं। उसमें मुश्किल यह है कि तुमने पूछा नहीं, पर बता दूँ कि स्त्री लेखिकाओं की कहानियाँ बहुत अच्छी हैं। कविताएँ तो नहीं, लेकिन वे कहानियाँ और उपन्यास बहुत अच्छा लिख रही हैं।

तराना परवीन : स्त्री लेखिकाओं द्वारा कविताएँ कम या अच्छी नहीं लिखने की वजह क्या है?

नामवर सिंह : असल में कविता हमारे यहाँ बड़े संकट से गुजर रही है। वह यह है कि कविता गद्य की तरह लिखी जा रही है। लोग भूल जाते हैं कि हिन्दी के सबसे बड़े प्रयोगवादी कवि अज्ञेय थे। तो अज्ञेय की कोई भी कविता, उसमें तुक न हो, अनुप्रास जरूरी नहीं कि हो, लेकिन लय तो होनी ही चाहिए। मैं तो यहाँ तक मानता

हूँ कि गद्य की भी एक लय होती है। बोलचाल का जो लहजा है, वही लय है गद्य की और चूँकि कविता संगीत के निकट आती है, इसलिए कविता में एक लय होनी चाहिए। अब मान लो कि कुछ लम्बी (बड़ी) बहर में कविता लिखी जाती है, जैसे 'मफाएलातुन' जिसमें अमीर खुसरो की यह गजल है : 'जेहाले मिस्कीन मकुन तगाफुल दुराए नैनाँ बनाए बतियाँ/के ताबे-हिजराँ, नदारम ए जाँ, न लीहो काहे लगाए छतियाँ'। इसकी रिद्म ही बताती है कि सचमुच छाती से लगने की इच्छा है और छाती से लगाने की इच्छा है। 'शबान-ए हिज्रां दराज चूं जुल्फ वरोज-ए-वसलत चूँ उम्र कोताह सखी, पिया को जो मैं न देखूँ तो कैसे काटूँ अँधेरी रतियाँ। यकायक अज दिल दो चश्म जादू ब-सद फरेबम बबुर्द तस्कीं किसे पड़ी है जो जा सुनावे, प्यारे पी को हमारी बतियाँ। चू शम्म-ए-सोजाँ, चू जर्रा हैराँ, हमेशा गिरयाँ बइश्के-आँ मह, न नींद नैनाँ, न अंग चैना, न आप ही आवें, न भेजे पतियाँ'। यह बहर बड़ी लम्बी है। फारसी और खड़ी बोली की है। एक जमाने में बहर हिन्दी में बहुत प्रचलित थी। जयशंकर प्रसाद की 'इन्दु की विशाल किरणें, प्रकाश तेरा बता रही है', ये हिन्दी की बहर है फारसी-उर्दू की तर्ज पर। इसे सँभालना बहुत मुश्किल है। बड़ी बहर में लिखना मुश्किल है। छोटी बहर में लिखना आसान है, जैसे मीर तकी मीर की। अधिकतर शायरी और जबान भी आसान है उनकी। संस्कृत के छन्द हिन्दी में प्रचलित नहीं थे, क्योंकि वे संस्कृत में लिखे थे। संस्कृत के छंद संस्कृत भाषा के हैं, उर्दू के छंद तो बोलचाल से आए हैं। तो बोलचाल के जो छंद हैं, वे संस्कृत में तो आ ही नहीं सकते। हमारी बोलचाल छंद तो दोहा, चौपाई हैं, जिसे तुलसीदास ने लिखा है। चौपाई हमारा छंद है और सौरठिया तो राजस्थान का है : 'ढोलामारू रा दूहा'! ठेठ राजस्थान का छंद दोहा है। हिन्दी में इसलिए तुलसीदास ने 'दोहावली' लिखी। दोहा सोरठा हो जाता है, यह राजस्थान का छंद है। तो लोकबोलियों में जो छंद चलते हैं, लोकगीतों के जो छंद हैं, उन्हें हिन्दी में देखें, क्योंकि खड़ी बोली तो कायदे से उर्दू भी है और उर्दू में लोगों ने दोहे लिखे हैं, कोई तो बात होगी। पाकिस्तान में इतना दोहा लोगों ने लिखा है, लगता है कि दोहा कोई उर्दू का ही छंद है, हिन्दी का तो रहा नहीं। अब हिन्दी में दोहा कोई लिखता ही नहीं।

तराना परवीन : वर्तमान पीढ़ी में नामवर सिंह जी जैसे खरे आलोचकों को समझने का दमखम है, या वे उन्हें दरकिनार करने में लगे हैं?

नामवर सिंह :

या रब, वो न समझे हैं न समझेंगे मेरी बात
दे और दिल उनको, जो न दे मुझको जबां और।

[8 सितम्बर, 2012, उदयपुर]

रचना की तिलिस्मी खोह में प्रवेश करने के लिए भाषा पर मजबूत पकड़ होना निहायत जरूरी है

बलराम प्रसाद

बलराम प्रसाद : सौंदर्य का वृहत्तर रूप मनुष्य के अन्तर्मन में भाषा के जरिये ही उतरता है। भाषा कभी वरदान तो कभी अभिशाप भी बन जाती है। छोटे से लेकर बड़े रचनाकारों की रचना के तिलिस्म का प्रवेशद्वार भी भाषा ही है। आपको इतनी समृद्ध सुसंस्कृत भाषा की चेतना, पहचान और संस्कार कैसे, कहाँ और किससे मिली?
नामवर सिंह : भाषा अभिव्यक्ति का सशक्त माध्यम है। रचना के तिलिस्म खोह में प्रवेश करने के लिए भाषा पर मजबूत पकड़ होना निहायत जरूरी है। मैं खुशकिस्मत हूँ कि मुझे आरम्भिक दौर में ही सबसे पहले स्कूल में अंग्रेजी भाषा का संस्कार अंग्रेजी पढ़ानेवाले अध्यापक टी.पी. सिंह से और हिन्दी भाषा का संस्कार हिन्दी पढ़ानेवाले अध्यापक मार्कंडेय सिंह से मिला। साथ ही भाषा का एक संस्कार बनारस में मिला—काशी की सुसंस्कृत परम्परा से। काशी और प्रयाग की गंगा-जमुनी संस्कृति का मेरे ऊपर ऋण है और आज जो मैं हूँ, भाषायी संस्कार जो मुझमें है, उसी संस्कृति की देन है।

बलराम प्रसाद : राष्ट्रभाषा हिन्दी सहित साहित्य और संस्कृति को बढ़ावा देने में देश के सरकारी संस्थानों के मुकाबले गैर-सरकारी संस्थानों का क्या योगदान है?
नामवर सिंह : अब तक के अनुभवों के आधार पर, मेरा मानना है कि साहित्य-संस्कृति-कला को बढ़ावा देने में देश के सरकारी संस्थानों के मुकाबले गैर-सरकारी संस्थानों की भूमिका कहीं ज्यादा असरदार रही है। साहित्य-संस्कृति-कला की लोक-परम्परा कभी भारतेन्दु मंडली की 'नागरी प्रचारिणी सभा' और 'हिन्दी साहित्य सम्मेलन' जैसी संस्थाओं का साहित्य और संस्कृति के साथ-साथ कला के विकास को बनाये रखने में भारी योगदान रहा है। 'सरस्वती', 'धर्मयुग', 'हंस' जैसी पत्रिका का प्रकाशन सरकार ने नहीं किया था। इसे किसी सामान्य व्यवसायी ने शुरू किया था। आज साहित्य के क्षेत्र में भारतीय ज्ञानपीठ की ओर से दिया जाने वाला

पुरस्कार साहित्य की बड़ी-बड़ी संस्थाओं के पुरस्कारों से कहीं ज्यादा सम्मानित है।

बलराम प्रसाद : आपकी और राजेन्द्र यादव की दोस्ती जगजाहिर थी। आप कई बार उन्हें 'लंगोटिया यार' कह चुके हैं। अभी कुछ अरसा पहले ही आप दोनों की दोस्ती ने साठ साल की उम्र पार की थी। 29 अक्टूबर, 2013 को राजेन्द्र यादव नहीं रहे, उनका स्वर्गवास हो जाने पर आप कैसा महसूस करते हैं?

नामवर सिंह : राजेन्द्र निःसन्देह बहुत अच्छे मित्र थे। मित्र-धर्म कोई उनसे सीखे। मैं उनके कई व्यक्तिगत गुणों का प्रशंसक रहा हूँ। उनका दिल बहुत बड़ा था और दिमाग बहुत तेज। वे बड़े खुले दिल के व्यक्ति थे। अपनी तिकड़ी में सबसे बेहतर मनुष्य। हालाँकि हमारे बीच कई मुद्दों पर असहमतियाँ बनी रहती थीं, तीखी बहसें भी होती थीं, लेकिन इसका कोई असर हमारे निजी रिश्तों पर कभी नहीं पड़ा। मसलन मैं साहित्य में आरक्षण के खिलाफ हूँ। पढ़ाई, नौकरियों, जीवन-स्तर-सुधार आदि विषयों में आरक्षण होना चाहिए, लेकिन एक पीढ़ी तक। कोई भी समाज स्थायी आरक्षण के बल पर विकास नहीं कर सकता। दलित, स्त्री, अल्पसंख्यक या पिछड़े वर्गों से आनेवाले लेखन को गुणवत्ता के आधार पर मुख्यधारा में स्वीकार कर लेना चाहिए। इसके लिए अलग से आरक्षण की जरूरत नहीं है। उसी तरह राजेन्द्र के दलित-विमर्श को मैंने कभी समर्थन नहीं दिया। यदि यह काम तुलसीराम या ओमप्रकाश वाल्मीकि करें तो बात समझ में आती है, पर राजेन्द्र करते थे तो मेरी समझ से बिलकुल परे है। कुछ लोग राजेन्द्र के इस काम को दलितों का नेता बनने की महत्त्वाकांक्षा के रूप में देखते थे। साहित्य की कसौटी तो गुणवत्ता है, जाति नहीं। परन्तु मैं अब महसूस करता हूँ कि राजेन्द्र की दुनिया बड़ी थी—हम सबकी दुनिया से भी बड़ी।

मुझे राजेन्द्र के जाने के बाद इस बात का गहरा अहसास हो रहा है कि एक आदमी के जाने से जगह कितनी खाली हो जाती है। साहित्य-संसार में तो खालीपन आ ही गया है, मेरी निजी जिन्दगी में भी खालीपन आ गया है। उसके चले जाने से जो स्थान खाली हुआ है, उसे अब दिगंत भी नहीं भर सकता।

बलराम प्रसाद : क्या कारण है कि हिन्दी में नाट्य-विधा पर आलोचनाएँ कम उपलब्ध हैं जबकि अंग्रेजी एवं संस्कृत में तो काफी लिखा गया है?

नामवर सिंह : मैं यह स्वीकार करता हूँ कि हिन्दी में नाट्य-समीक्षा कमजोर है। अफसोस तो इस बात से है कि जिस हिन्दी साहित्य की शुरुआत नाटकों से हुई हो, उसमें सबसे कमजोर कोई विधा है तो वह नाटक है। उसी तरह उसकी समीक्षा की स्थिति है। हालाँकि जयशंकर प्रसाद के बाद मोहन राकेश ने इसे कुछ हद तक सँभाला परन्तु स्थिति चिन्ताजनक ही है जबकि संस्कृत में सबसे ज्यादा नाटकों पर लिखा गया है तथापि नाटकों के मंचन पर तो हिन्दी में फिर भी लिखा जाता है, लेकिन

नाटकों पर लिखा ही नहीं जाता और स्थिति सुधरने के बजाय बिगड़ती जा रही है।

बलराम प्रसाद : पिछले सौ वर्षों में हिन्दी साहित्य-लेखन के मुख्य प्रस्थान-बिन्दु क्या है ?

नामवर सिंह : वैसे गहन मंथन करने के बाद विचारों और भाषा की दृष्टि से भी हमारा विकास इकहरा नहीं है। मैं हिन्दी साहित्य के इतिहास को त्रिवेणी के रूप में देखता हूँ। इनमें कई दिग्गजों सहित आचार्य रामचन्द्र शुक्ल का योगदान मूल्यवान है। कई परम्पराएँ साथ चलती हैं। अन्य भाषाओं में भी ऐसा है। हिन्दी में उन सबके बीच आदान-प्रदान है और टकराव भी है।

बलराम प्रसाद : आजादी के 67 साल पार करने के बावजूद हिन्दी राष्ट्रभाषा नहीं बन पाई, जबकि एक सम्पूर्ण पीढ़ी पली, बढ़ी और उसका अन्त हो गया, लेकिन राष्ट्रभाषा बनाम राजभाषा के प्रसंग में सम्पर्क भाषा का मुखौटा पहनाकर सारे काम अंग्रेजी में किए जाते हैं। आखिर इसका क्या कारण है ?

नामवर सिंह : हिन्दी को राष्ट्रभाषा बनाम राजभाषा के विवाद के तहत सम्पर्क भाषा बना दिया गया है ताकि जनता इसी मकड़जाल में फँसी रहे। भाषायी ज्ञान और समझ के मामले में हमसे अंग्रेजों की सूझबूझ बेहतर थी। पहले प्रशासनिक सेवा की जगह आई.सी.एस. होता था। वह भी लन्दन में। तब ग्रियर्सन ने सर्वे करके ब्रितानिया सरकार को रिपोर्ट भेजी थी कि अगर यहाँ पर (भारत में) शासन करना है तो यहाँ की भाषा जानना बेहद जरूरी है। और इस तरह जो भी आई.सी.एस. में चयनित होता था, वह एक भाषा को सीखने के लिए खास ट्रेनिंग के लिए स्कूल ऑफ ओरिएंटल एंड अफ्रीकन स्टडीज (एस.ओ.ए.एस.) में भाषायी अध्ययन करता था। अगर तमिलनाडु में उसे नियुक्त करना है तो तमिल सिखलाई जाती थी, बंगाल में नियुक्त करना है तो बांग्ला और बिहार में तो हिन्दी। पर भारत सरकार सिर्फ अंग्रेजी से ही काम चलाना चाहती है।

बलराम प्रसाद : क्या भारत में हिन्दी कभी राष्ट्रभाषा बन पाएगी ?

नामवर सिंह : हिन्दी वैसे गुपचुप तरीके से राष्ट्रभाषा का दर्जा पा चुकी है। कश्मीर से लेकर कन्याकुमारी तक देश की कुल 80 प्रतिशत आबादी किसी न किसी रूप से हिन्दी से जुड़ी है जिसमें मजदूर से लेकर बड़े-बड़े व्यवसायी वर्ग शामिल हैं। हिन्दी में आंचलिकता का, बोलियों का योग है और विचारधाराओं का योग भी।

बलराम प्रसाद : हमारे यहाँ श्रेष्ठ आलोचना की कमी है, इस सन्दर्भ में आपके क्या विचार हैं ?

नामवर सिंह : मैं ऐसा नहीं मानता हूँ। हमारे यहाँ बहुत अच्छे आलोचक हैं। कई रचनाकारों ने भी बहुत ही अच्छी आलोचनाएँ की हैं। हाँ, गड़बड़ी यह हुई है कि हम

सृजनशीलता को बढ़ावा नहीं दे रहे। हम लोग शोध-प्रबन्धों के नाम पर आलोचना पैदा कर रहे हैं, लेखक नहीं।

बलराम प्रसाद : अपसंस्कृति के बारे में आपकी क्या राय है?
नामवर सिंह : भारतीय संस्कृति में अंग्रेजी संस्कार घुसपैठ कर रही है, यह राष्ट्र के लिए भयावह है और घातक भी। समय रहते अगर चेता नहीं गया तो इसके दुष्परिणाम भयंकर सिद्ध हो सकते हैं। जब संस्कृति भ्रष्ट हो जाती है तो उसे 'अपसंस्कृति' कहते हैं। मगर विडम्बना यह है कि फिर भी उसे 'संस्कृति' कहते हैं।

बलराम प्रसाद : जहाँ और रचनाकारों ने मोटे-मोटे ग्रंथ लिख डाले, उनके बनिस्बत आपने बहुत कम लिखा है, फिर भी आप शिखर-पुरुष कहलाते हैं। इसका क्या राज है?
नामवर सिंह : यह बात सही है कि आखिर मैंने लिखा क्या है? अक्सर लोग कहते, पूछते हैं, मैंने क्या लिखा है? यह बात सही है। मैंने बहुत कम लिखा है। मुझे पढ़ने का ज्यादा शौक था। यह इच्छा मेरी जवाहरलाल नेहरू विश्वविद्यालय में पूरी हुई। जे.एन.यू. में मैं बोला और 'आलोचना' जैसी पत्रिका में लिखा। मेरे नहीं लिखने के एक कारण के तौर पर यह भी है कि पढ़ने का इतना शौक होता है कि मैं पढ़ने में लगा रहता हूँ। मेरे आधे दिन इलाहाबाद में और आधे बनारस में बीते। बाकी दिल्ली में तबाह हो गए हैं। वैसे एक बात मैं साफगोई से आपको बता दूँ कि मैं एक फरमाइशी लेखक हूँ। जब कहा गया तो लिख दिया। मेरा सारा का सारा लेखन फरमाइशी है।

बलराम प्रसाद : आपकी सबसे प्रिय पुस्तक 'दूसरी परम्परा की खोज' के परिप्रेक्ष्य में राष्ट्रभाषा हेतु 'तीसरी परम्परा की खोज' लिखने का मन नहीं किया?
नामवर सिंह : किया था, पर अब मैं बूढ़ा हो गया हूँ। हाथ-पाँव के साथ दिमाग की गति भी क्षीण हो गई है। हाँ, कोई शोधार्थी अगर इस विषय में लिखना चाहे तो मैं सलाह एवं मार्गदर्शन कर सकता हूँ।

[आजकल : जून, 2015 में 'मैं एक फरमाइशी लेखक हूँ' शीर्षक से प्रकाशित]

हजारों ख्वाहिशें ऐसी कि हर ख्वाहिश पे दम निकले

अभिज्ञात

अभिज्ञात : कई दशकों तक लगातार आलोचक के तौर पर अपने रचनाकर्म के बाद अब क्या कुछ करने की इच्छा बाकी रह गई है? वह क्या है जो नहीं कर पाने का अफसोस रह जाएगा?
नामवर सिंह : गालिब का यह शेर मैं कहना चाहूँगा कि 'हजारों ख्वाहिशें ऐसी कि हर ख्वाहिश पर दम निकले'। मेरी कई तमन्नाएँ अधूरी हैं—क्या कहूँ, क्या न कहूँ, और हर इच्छा काफी बलवती है।

अभिज्ञात : लिखने को लेकर भावी योजना क्या है?
नामवर सिंह : उम्र के चलते स्वास्थ्य-सम्बन्धी सीमाएँ हैं। लिखने बैठने के लिए पहले वाली ऊर्जा अब नहीं रही। पहले तो मैं लिखने के लिए नौ-दस बजे रात तक खा-पीकर तैयार हो जाता था और रात भर लिखता रहता था। थोड़ा-बहुत दिन में सो लिया तो सो लिया। यह क्रम आठ-दस दिन लगातार चलता और एक ग्रंथ तैयार हो जाता था। अब व्यस्तताएँ बढ़ गई हैं। इस शहर से उस शहर सेमिनारों तथा अन्य कार्यों वश जाना पड़ता है। तो अब जो कुछ बोल लेता हूँ, वही मेरा रचा हुआ है। इसलिए लोग कहते हैं कि मैं मौखिक साहित्य रचता हूँ। अब रात भर बैठकर लिखनेवाली ऊर्जा नहीं रही।

अभिज्ञात : तीन-चार दशकों तक लगातार आलोचना साहित्य के शीर्ष पर बने रहने का राज क्या है? साहित्य की दुनिया में आपकी वही भूमिका है जो अमिताभ बच्चन की सिनेमा में है।
नामवर सिंह : आलोचना की दुनिया का अमिताभ बच्चन कहे जाने की मुझे खुशी है। मैंने कभी कहा था : 'गुण ना हेरानो गुण-ग्राहक हेरानो है', वह गलत साबित हो रहा है। अब तो लगता है कि गुण-ग्राहक तो बहुत हैं, गुणवानों की ही कमी हो गई है। आप चाहें तो इसी को राज कह लें। मुझे खुशी होती है कि लोग मुझे लगातार प्रासंगिक मानते रहे हैं।

अभिज्ञात : किसी परिवार में, किसी क्षेत्र में, जब कोई व्यक्ति ख्याति प्राप्त कर लेता है तो उसी परिवार के दूसरे व्यक्ति की प्रतिभा दब जाती है। इस सन्दर्भ में अपने छोटे कथाकार भाई काशीनाथ सिंह के बारे में क्या कहना चाहेंगे?

नामवर सिंह : मेरा परिवार इस मिथ को तोड़ता है। काशीनाथ सिंह ने अपना स्वतंत्र व्यक्तित्व और ख्याति अर्जित की है।

अभिज्ञात : यह तो सही है लेकिन वे इन दिनों अपनी कहानी 'काशी का अस्सी' को लेकर खासी चर्चा में हैं। उस पर फिल्म बन रही है और कहा जा रहा है कि इस फिल्म के आने के बाद फिल्मी दुनिया में जो कहानियों का ढर्रा है, वह बदल जाएगा। और चूँकि फिल्म साहित्य की तुलना में एक बड़ा माध्यम है, लोग आपको काशीनाथ सिंह के भाई की वजह से जानने लगेंगे, जैसाकि हरिवंश राय बच्चन के साथ हुआ है। साहित्येतर जगत के लोग अमिताभ बच्चन के कारण हरिवंश राय बच्चन को जानते हैं।

नामवर सिंह : मेरे लिए इससे बढ़कर कोई खुशी नहीं हो सकती है कि मैं काशीनाथ सिंह के भाई के तौर पर जाना जाऊँ। कहानी पर तो फिल्म बन सकती है, कवि फिल्मों में गीत लिख सकते हैं पर आलोचना साहित्य का तो फिल्म मीडिया में इस्तेमाल नहीं हो सकता। मैं यह मानता हूँ कि फिल्म साहित्य से बड़ा और पापुलर माध्यम है और आम आदमी पर अपनी अधिक पकड़ रखता है। मैं मानता हूँ कि मेरा सबसे बड़ा मीडिया मेरे छात्र हैं। जहाँ कहीं भी मेरा कोई छात्र है, वहाँ मैं हूँ और उससे जुड़े लोगों तक मेरी पहुँच है। मेरे छात्र जानते हैं कि जवाहरलाल नेहरू विश्वविद्यालय में हिन्दी की कैसी धाक मेरे चलते बनी। अध्यापन के लिए मेरे वहाँ पहुँचने के पूर्व हिन्दी बोलनेवाले अपने को दीन-हीन समझते थे और अंग्रेजी वाला माहौल था। अमूमन सभी लोग अंग्रेजी में ही बातचीत करते थे। मैं देहाती वेशभूषा धोती-कुर्ता में वहाँ पहुँचा था और मैंने वहाँ धड़ल्ले से हिन्दी में बातचीत शुरू की। बाद में तो हिन्दी की स्थिति जे.एन.यू. में इतनी सबल हो गई कि वहाँ छात्रसंघ ने अपनी भाषा के तौर पर हिन्दी को ही अपना लिया। वहाँ अब जो पोस्टर-बैनर आदि लगते हैं, वे हिन्दी में होते और हिन्दी की जो कक्षाएँ मैं लेता था, उसमें दूसरी भाषा के छात्र-छात्राएँ व अध्यापक तक पहुँच जाया करते थे।

अभिज्ञात : आज जो नई पीढ़ी साहित्य-सृजन में लगी है, उसके सन्दर्भ में क्या कहना चाहेंगे?

नामवर सिंह : अद्‌भुत और सराहनीय। मैं यह कहना चाहूँगा कि बीसवीं सदी में जो कुछ महत्त्वपूर्ण लेखन हुआ है, इस सदी का लेखन अभी से ही यह जता रहा है कि वह उससे बहुत आगे है। अब होनहार रचनाकारों की पूरी फौज तैयार है। उपन्यास में तो कम लेखन हो रहा है किन्तु कविता, कहानी, आलोचना—इन विधाओं में नई

प्रतिभाएँ उल्लेखनीय योगदान दे रही हैं और मैं नई पीढ़ी की रचनाशीलता के प्रति आश्वस्त हूँ।

अभिज्ञात : साहित्य में एक साहित्यिक धारा के तौर पर जिस 'जनवाद' की चर्चा पिछले दशक में जोर-शोर से थी, चुनावी राजनीति में वामपंथी दलों की शिकस्त से उसका आभामंडल क्षीण हो गया है। क्या यह मान लिया जाए कि यह दौर जनवाद के पतन का या उत्तर-जनवाद का है?

नामवर सिंह : पहले तो यह समझें कि जनवाद को साहित्य की धारा के तौर पर जिन्होंने अभिहित किया, वह मार्क्सवादी कम्यूनिस्ट पार्टी (माकपा) का साहित्यिक मोर्चा था। लेकिन उनकी जो साहित्यिक सोच है, उस पर पहले से ही प्रगतिशील लेखक संघ और प्रगतिवादी साहित्य से जुड़े लोग चल रहे थे। यदि जनवाद का अर्थ मेहनतकश मजदूरों, कृषकों व आर्थिक तौर पर पिछड़े लोगों के प्रति सहानुभूति से है तो वह साहित्य में हमेशा से ही विद्यमान रहा है और रहेगा। निम्न मध्यवर्ग को भी उसमें जोड़ लें।

अभिज्ञात : बुद्धिजीवियों में एक दिग्भ्रम दिखाई देता है। क्या मान लिया जाए कि विचारधारा संकट में है?

नामवर सिंह : एक जमाना था जब वामपंथी विचारधारा के बरअक्स विचारधारा के अन्त की बात चली थी। अन्त का मतलब वहाँ सैद्धान्तिक विचारों से था। किन्तु मैं यह मानता हूँ कि आम आदमी या दबे-कुचले लोगों की समस्याओं के हल का सपना कभी नहीं मरता और जब तक मनुष्य में सही और गलत का निर्णय लेने की क्षमता बची रहेगी, विचारधारा का अन्त नहीं होगा। मनुष्य रेशनल एनिमल है, इसे वैज्ञानिकों ने माना है। मनुष्य ही वह प्राणी है जिसमें कला होती है और हर कला में कहीं न कहीं विवेक होता है। साहित्य में भले कुछ लोग सही दिशा नहीं तय कर पा रहे हों लेकिन उनके अन्दर विवेक है और वे सही-गलत के द्वन्द्व से उबर ही जाएँगे। विचार भले धारा के रूप में न रहे किन्तु विचार तो बने ही रहते हैं। और हर समाज में हर समय नैतिकता के प्रश्न होते हैं, भले ही अलग-अलग समय में वे अलग-अलग हों।

अभिज्ञात : जयपुर लिट्रेचर फेस्टिवल के रंग-ढंग के सन्दर्भ में यह प्रश्न उठे हैं कि क्या साहित्य का उत्सव होना चाहिए और ऐसा साहित्य के हित में कहाँ तक होगा?

नामवर सिंह : जयपुर में साहित्य को लेकर जो उत्सव हुआ, उस पर पूरी तरह से बाजारवाद हावी था। एक तरह से साहित्य को रचने की कोशिश थी। खूब पैसा खर्च हुआ और वह एक प्रदर्शन की तरह था। वहाँ साहित्य प्रमुख नहीं रह गया था, साहित्य का प्रदर्शन मुख्य था। हालाँकि साहित्यिक उत्सवों को हम आम भारतीयों के जीवन के अन्य उत्सवों की तरह लें तो कोई हर्ज नहीं है। हमारे तमाम तीज-त्योहार उत्सवपूर्ण

होते हैं। दुर्गा पूजा, गणेश पूजा, होली, दिवाली, ईद, गुड फ्राइडे—सब उत्सव हैं और हमें न तो इनसे परहेज है और न ही मुझे इनमें कोई बुराई नजर आती है। हमारा समाज उत्सवपूर्ण है। हमारे समाज का यह स्वभाव है। यहाँ तक कि मोहर्रम शोक से जुड़ा मामला है, इसके बावजूद ताजिये पूरे उत्सव के रूप में निकाले जाते हैं। यदि साहित्य से जुड़े कार्यक्रम हमारे जीवन में उत्सव के रूप में आएँ तो क्या हर्ज हो सकता है?

[ई-कोश 'गद्यकोश' में प्रकाशित]

आलोचना के लोकतंत्र में कोई शंकराचार्य नहीं है

दिल्ली विश्वविद्यालय के छात्र

सवाल : चर्चा है कि 'लखनऊ' में आपने प्रगतिशील आन्दोलन की 75वीं बरसी पर की गई एक सभा में आरक्षण का विरोध करते हुए कोई बयान दिया है।

नामवर सिंह : लखनऊ के हमारे एक मित्र ने एक लेख लिखा है कि मैंने एक वक्तव्य दिया है कि आरक्षण नहीं होना चाहिए। मैंने उसमें यह कहा था कि 'साहित्य' में आरक्षण नहीं हो सकता। हालाँकि यह भी बहुत से लोगों के गले नहीं उतरेगा। विषयवस्तु साहित्य में हमेशा बदलता रहता है। एक जमाना था, जब बहुत सारे लोग 'हाय भारत, हाय भारत' किया करते थे। 'भारत-व्याकुल' बहुत से लोगों ने ऐसी कविताएँ लिखीं। साहित्य में दौर आते रहते हैं। राष्ट्रीय आन्दोलन के जमाने में 'हाय भारत' करना सही था। अब तो लोग नहीं कर रहे हैं।

हमारे सामाजिक जीवन में स्त्री-विमर्श की एक परम्परा है। एक समय था मीरा का। राष्ट्रीय आन्दोलन के दौरान सुभद्रा कुमारी चौहान और महादेवी वर्मा जैसी इक्की-दुक्की प्रतिभाएँ दिखाई पड़ती हैं। आजादी के बाद और बहुत-सी लेखिकाएँ आईं। मन्नू भंडारी और उषा प्रियम्वदा जैसी लेखिकाओं ने अपनी जगह बनाई।

जहाँ तक दलित अभिव्यक्ति का सवाल है, भक्ति आन्दोलन में हमें संत रैदास और उनके बहुत-से संत साथी दिखाई पड़ते हैं। राष्ट्रीय आन्दोलन के दौरान महावीर प्रसाद द्विवेदी ने 'सरस्वती' में हीरा डोम की कविता 'अछूत की शिकायत' प्रकाशित की। ठेठ कनौजिया ब्राह्मण थे, लेकिन वह कविता छापी।

आज दलित उत्पीड़ित वर्गों के लोग लिख रहे हैं। उनका स्वागत किया जाना चाहिए। यह उपेक्षित वर्ग की साहित्यिक मुखरता है। गालिब ने कहा था : 'मैं भी मुँह में जुबान रखता हूँ, काश, पूछो कि मुद्दआ क्या है'।

आज ये लोग भी यही कह रहे हैं। उनको यह कहने का हक है। स्त्रियाँ अपनी बात लिख रही हैं। दलित भी लिख रहे हैं। सरस्वती के मन्दिर में सबका स्वागत है। सबके लिए जगह है। लेकिन साहित्य का अपना मानदंड तो होगा। साहित्य में मूल्यांकन वर्ण-व्यवस्था के अनुसार नहीं होगा। लिंग और जाति के भेद पर नहीं होगा। कसौटी

तो रचना ही होगी। यह निश्चित है कि साहित्य में हर एक लेखक केवल अपनी योग्यता, प्रतिभा और रचना से मकाम हासिल करता है। प्रतियोगिता और संघर्ष से हासिल करता है।

साहित्य में आरक्षण प्रतिशत और संख्या के आधार पर नहीं होगा। आप यह नहीं कह सकते कि इतने प्रतिशत जगह हमारे लिए सुरक्षित कर दो। साहित्य में किसी की जगह सुरक्षित नहीं है। एक समय था जब छायावाद में पंत टॉप पर थे। प्रसाद भी नहीं ठहरते थे उनके सामने। 'कामायनी' की रचना के पहले। 'कामायनी' लिखी तब प्रसाद का महत्त्व बढ़ा, लेकिन वह भी तब, पंत खराब कविताएँ लिखने लगे, और उनका सर्वोच्च आसन छिन गया। प्रसाद को भी निराला ने अपने रचनात्मक संघर्ष से विस्थापित कर दिया। इसलिए साहित्य में प्रतिशत नहीं चलता, संख्या नहीं चलती, प्रतिभा चलती है, गुण चलते हैं।

जादू वह जो सर चढ़कर बोले। अनेक लेखिकाओं ने दिखा दिया है। क्या कृष्णा सोबती को अपनी जगह बनाने के लिए स्त्री कोटे की जरूरत पड़ी? उनका लेखन तमाम लेखकों को उनकी स्थिति दिखा गया। इसी तरह दलित प्रतिभाएँ आएँगी। वे अपनी प्रतिभा के बल पर अपना डंका बजाएँगी। जैसे 'मुर्दहिया' के लेखक ने अभी-अभी किया है। आरक्षण जरूरी है। समाज में। राजनीति में, अर्थनीति में। लेकिन यह समझना भी जरूरी है कि साहित्य में जाति, धर्म, रंग नहीं देखा जाता। न ही देखा जाना चाहिए। आपका मूल्यांकन इन आधारों पर नहीं, केवल गुणवत्ता के आधार पर होगा। 'जो बढ़कर खुद उठा ले हाथ में मीना उसी का है'।

सवाल : अज्ञेय के आपके पुनर्मूल्यांकन पर विवाद हो रहे हैं। आपने अज्ञेय को उत्तरशती का प्रतिनिधि कवि कहा। आपकी पुस्तकें पढ़कर बड़ी हुई पीढ़ी खुद को ठगा हुआ अनुभव कर रही है। आपको पढ़कर ही वह मुक्तिबोध को यह स्थान देती रही है। सवाल नम्बर देने का नहीं है, लेकिन हिन्दी की पूरी अर्द्धशती के प्रतिनिधि कवि की पहचान का है। क्या यह पहचान प्रेम और प्रकृति की संवेदनात्मक विविधता के आधार पर की जाएगी, अथवा अपने समय की चाल की अचूक पहचान के आधार पर? किस कवि को एक युग का प्रतिनिधित्व करने का अधिकार है—उसे, जिसकी कविताओं के बिना उस युग के भीषणतम संघर्षों और सबसे भीतरी गतिचक्रों को जानना नामुमकिन हो, या उसे, जो केवल युग की परिधि पर चक्कर काटता हुआ 'कालातीत' कविताएँ लिखता रहा हो?

नामवर सिंह : नेशनल बुक ट्रस्ट के लिए 'अज्ञेय का एक चयन' मैंने तैयार किया है। भूमिका में मैंने उन्हें अर्द्धशती का हिन्दी का सबसे बड़ा कवि कहा है। कहना था कि कुफ्र हो गया। गुनाह हो गया।

लोग कहते हैं, किसी समय मैंने अज्ञेय का विरोध किया था। ठीक कहते हैं। अब मैं यह तो नहीं कहूँगा कि तब अति रह्यो अचेत। लेकिन यह कहना चाहूँगा कि

वात्स्यायन जी का विरोध मैंने एक खास दौर में खास परिस्थितियों में किया था। आप गौर से देखेंगे तो पाएँगे कि समय के साथ खुद वात्स्यायन जी की राजनीति और विचारधारा किस तरह बदलती गई है। उनका एक दौर वह है जब 'शेखर' लिखा गया। 'जयदोल' की कहानियाँ लिखी गईं। वह अज्ञेय का क्रान्तिकारी दौर है। रचनात्मक रूप से भी श्रेष्ठ दौर है। तब वे भगत सिंह के दल में काम करते थे। बाद में वे असम के मोर्चे पर अंग्रेजी सेना में कर्नल बनाए गए। लेकिन यह वह दौर था, जब दूसरे विश्वयुद्ध के दौरान सोवियत संघ पर जर्मनी का हमला हुआ। भारत समेत दुनिया भर के कम्यूनिस्ट हिटलर के खिलाफ अंग्रेजों का समर्थन करने के लिए बाध्य हुए। तब अज्ञेय एम.एन. राय के प्रभाव में थे, जो कभी कम्यूनिस्ट हुआ करते थे। लेकिन उनका दूसरा दौर वह है, जिसमें वे कांग्रेस फॉर कल्चरल फ्रीडम से जुड़ते हैं। यह 1947 में 'इत्यलम' के प्रकाशन के समय से लगाकर 1960 तक का समय है। इस दौर में पहले वे इलाहाबाद रहे, फिर दिल्ली पहुँचे। इस समय उन्होंने पहले एक अंग्रेजी पत्रिका निकाली, फिर 'प्रतीक' निकाला। कांग्रेस फॉर कल्चरल फ्रीडम सी.आई.ए. के लिए काम करती थी। इस जाल में दुनिया भर के बहुत सारे लेखक-बुद्धिजीवी फँसे। अपने-अपने देशों में कम्यूनिस्ट विचारधारा और संस्कृति के विरोध में अपनी पूरी शक्ति लगाई। यह सब कोल्ड वार का हिस्सा था। यही वह दौर है, जिसमें मैंने उनका सबसे अधिक विरोध किया। यह एक तात्कालिक राजनीतिक परिस्थिति थी।

इस दौर के बाद एक बार फिर अज्ञेय अपनी जड़ों की ओर लौटते हैं। उनकी कुछ सबसे महत्त्वपूर्ण कविताएँ इसी दौर की हैं, जैसे 'नाच' नाम की कविता। कुछ मैं भी इसमें निमित्त बना। अज्ञेय के जोधपुर वि.वि. आने और यहाँ डेढ़ साल तक उनके निवास में मैं निमित्त ही था। इच्छा तो खुद कुलपति की थी कि अज्ञेय आएँ। डेढ़ साल तक हमारा निकट संवाद रहा। मुझे भी बहुत कुछ मिला और मैंने देखा कि अज्ञेय की जीवन-दृष्टि भी बदली। जीवन भी बदला। एक नई शादी भी की। कांग्रेस फॉर कल्चरल फ्रीडम तब तक बेनकाब हो चुकी थी। इसलिए वैसे भी उस ओर का रास्ता बन्द हो चुका था।

अब हम कोल्ड वार के दौर से बाहर आ चुके हैं। अब हम उस समय के दबावों से मुक्त होकर विचार कर सकते हैं। अगर हम छायावाद के बाद की हिन्दी कविता पर गौर करें, तो अन्य विषयों को छोड़कर कविता के दो शाश्वत विषयों—प्रकृति और प्रेम—पर जितनी विविधता, व्यापकता, गहराई और प्रचुरता वात्स्यायन जी की कविताओं में है, वह आश्चर्यजनक है।

कुछ लोग शमशेर को अज्ञेय से बड़ा कवि और कलाकार मानते हैं। मुझे भी उनकी बहुत-सी कविताएँ ऐसी लगती हैं। लेकिन शमशेर ने कम लिखा है। मुक्तिबोध की कविता 'अँधेरे में' और अज्ञेय की 'असाध्य वीणा'—दोनों दो अलग-अलग

दृष्टियों के साथ चलने वाली बेजोड़ कविताएँ हैं। मुक्तिबोध के पास और भी महत्त्वपूर्ण कविताएँ हैं, लेकिन अज्ञेय जैसी विविधता नहीं है। जो लोग केदारनाथ अग्रवाल को मानते हैं, उनकी दृष्टि में वही सबसे बड़े हैं। लेकिन नागार्जुन की कविताओं में रंग और रस की विविधता को देखते हुए शायद ज्यादा लोग उन्हें ही पहले नम्बर पर रखना चाहेंगे।

'असाध्य वीणा' पर झेन दर्शन का प्रभाव है। इसका सम्बन्ध बौद्ध शून्यवाद से है। यह अपनी ही चीज है, विदेशी नहीं। कला 'कला के अहंकार' को त्यागे बिना नहीं सधती। जो भी यह सोचता है कि वह बजाने वाला है, वह नाकाम रहता है। और जब कोई सौंप देता है अपने-आपको, तब वीणा आप-से-आप बज उठती है। जैसे सारी सृष्टि बोल उठती है। कला की इस प्रक्रिया को, इस साधना को लेकर अज्ञेय बेहद सचेत हैं। शब्दों का उनके जैसा निर्माता और उपयोगकर्ता और कोई नहीं है। अगर अज्ञेय का एक शब्दकोश बनाया जाए तो हिन्दी कविता का एक अद्‌भुत और विराट सन्दर्भ-ग्रंथ बन जाएगा। किसी को यह काम करना चाहिए।

जब मैंने 'प्रतिमान' (कविता के नए प्रतिमान) लिखा था, तब मुक्तिबोध के दुखद निधन का आघात एकदम ताजा था। आज इस बात का अन्दाजा लगाना बेहद मुश्किल है कि उस जमाने में किस हद तक मुक्तिबोध की उपेक्षा की गई थी। वे 'तारसप्तक' के कवि थे। 'तारसप्तक' की चर्चाओं में भी मुक्तिबोध का नाम न आता था। खुद वात्स्यायन जी ने उन्हें दुबारा नहीं प्रकाशित किया। ऐसी ही उपेक्षा में वे गुजर गए, तो मेरे सामने इस कठोर उपेक्षा को खतम कर मुक्तिबोध को कवि के रूप में स्थापित करने की फौरी चुनौती थी। क्योंकि प्रश्न यह था कि अगर अब भी उनका मूल्यांकन न हुआ, तब फिर कब होगा? खतरा यह था कि मुक्तिबोध की समूची विरासत हिन्दी से छूट न जाए। इसलिए उस समय मुक्तिबोध पर अतिरिक्त बल देना पड़ा। मुक्तिबोध पर अतिरिक्त बल और अज्ञेय का अतिरिक्त विरोध। इन दो जरूरतों के चलते तब मेरी दृष्टि पूरी तरह सन्तुलित नहीं रह पाई। मैं स्वीकार करता हूँ कि उस समय का मेरा मूल्यांकन सन्तुलित न था। लेकिन आज जब मैंने अज्ञेय की समूची काव्य-यात्रा को फिर से देखा है, और अभी मैं उनके गद्य को विचार क्षेत्र से बाहर ही रख रहा हूँ, तब मुझे यह कहने में कोई हिचक नहीं है कि वे अर्द्धशती में हिन्दी के सबसे बड़े कवि हैं।

लेकिन कोई इससे यह न समझे कि मैं कोई तुलना कर रहा हूँ, या मैं यह कह रहा हूँ कि अन्य कवियों की श्रेष्ठतम कविताएँ अज्ञेय की श्रेष्ठ कविताओं से घटकर हैं। मैंने शमशेर, मुक्तिबोध, केदार, नागार्जुन से अज्ञेय की कोई तुलना नहीं की है। मैं क्या, किसी ने भी ऐसी तुलना करके कोई फाइनल जजमेंट दे दिया हो, ऐसा नहीं है। अध्यापन में नम्बर दिये जाते हैं, साहित्य में नम्बर नहीं दिये जाते। नम्बर देना आलोचना नहीं है। आलोचना का काम है, कवि या कविता के उन गुणों और मूल्यों

की ओर ध्यान दिलाना, जिन पर लोगों का ध्यान नहीं है।

मैं चाहता हूँ कि हिन्दी में आलोचना का ऐसा जीवंत वातावरण बने जिसमें बहुत से लोग अपने–अपने प्रिय कवियों के गुणों को दिखाते हुए उनकी श्रेष्ठता को लेकर बहस में शरीक हों। जितनी ऐसी बहसें चलेंगी, आलोचना का लोकतंत्र उतना ही मजबूत होगा। आलोचना के लोकतंत्र में कोई शंकराचार्य नहीं है। उसका दरवाजा सबके लिए खुला है। आलोचना के लोकतंत्र में फतवे नहीं चल सकते, न चलने दिये जाने चाहिए।

[दिल्ली विश्वविद्यालय : नामवर जी के साथ सीधा संवाद, 8 नवम्बर, 1990]

बेहद खतरनाक है सस्ती लोकप्रियता

संजीव कुमार और **ज्ञानेन्द्र कुमार सन्तोष**

संजीव कुमार : अपने आरम्भिक साहित्यिक जीवन के बारे में बताएँ?

नामवर सिंह : बात उन दिनों की है जब मैं उदय प्रताप कॉलेज में इंटरमीडिएट की पढ़ाई कर रहा था। कविता लिखने में मेरी रुचि थी। 1941 से कविता से लेखक जीवन की शुरुआत मैंने की। मेरी पहली कविता 'दीवाली' इसी साल 'क्षत्रिय मित्र' पत्रिका (बनारस) में प्रकाशित हुई थी। इसी दौरान पहले शिवदान सिंह चौहान से परिचय हुआ और बाद में प्रगतिशील लेखक संघ से जुड़ा। क्योंकि इस संस्थान को चौहान जी ने एक साहित्यिक संस्था के रूप में जिन्दा किया था।

वह घटना सन् 1946 के आस-पास की होगी जब मैंने अज्ञेय जी को अपने कॉलेज में बुलाया था। वे शिलौंग से आए थे। लेकिन अज्ञेय जी कविता और साहित्य पर कुछ बोले ही नहीं, जबकि लोग उम्मीद करते थे कि वे कवि हैं, कविता पर बोलेंगे या 'शेखर : एक जीवनी' के लेखक हैं, इसलिए साहित्य पर बात करेंगे, लेकिन लोगों को निराशा हुई। वे न कविता पर बोले, न साहित्य पर, वे असमिया मच्छर पर बोले। हाँ, चाय पर बात करते हुए उन्होंने 'शेखर : एक जीवनी' पर जरूर बात की, क्योंकि मार्कंडेय जी ने उनसे 'शेखर : एक जीवनी' पर कुछ सवाल पूछे थे। यह अज्ञेय जी से मेरी पहली मुलाकात थी। उसके बाद वे इलाहाबाद आ गए रहने। तब मैं वहाँ यदा-कदा उनसे मिलने जाया करता था।

संजीव कुमार : वामपंथ से आप कैसे जुड़े?

नामवर सिंह : बनारस कांग्रेस का तो गढ़ था ही। कांग्रेस के कमलानन्द त्रिपाठी थे, सोशलिस्ट पार्टी के सम्पूर्णानन्द थे, काशी विद्यापीठ के नरेन्द्रनाथ जी थे। कम्यूनिस्ट पार्टी भी बहुत मजबूत थी। वहाँ से रुस्तम सैटीन थे। उन्हीं दिनों मैं कम्यूनिस्ट पार्टी से जुड़ा। हम लोगों का मुख्य केन्द्र होता था गोदौलिया चौराहा।

संजीव कुमार : बनारस और काशी हिन्दू विश्वविद्यालय के बारे में कुछ बताएँ?

नामवर सिंह : इंटर करने के बाद 1947 में मैंने काशी हिन्दू विश्वविद्यालय में बी.ए.

में दाखिला ले लिया था और हॉस्टल में रहता था। उसका नाम महेंद्रवी लॉज था जो संकटमोचन मन्दिर के पास था। पचास-साठ लड़के उन दिनों उस लॉज में रहा करते थे। मैं रोज पहले गंगास्नान करता और उसके बाद संकटमोचन मन्दिर जाता था। उन दिनों यह मेरा प्रतिदिन का रुटीन था। काशी हिन्दू विश्वविद्यालय से ही 1951 में हिन्दी में एम.ए. किया। उसके बाद 1953 में जब काशी हिन्दू विश्वविद्यालय में अस्थायी रूप में व्याख्याता के पद पर मेरी नियुक्ति हुई तो मुझे हॉस्टल छोड़ना पड़ा। और मैं लोलार्क कुंड के पास ही किराये के मकान में रहने लगा। वहाँ मैं अपनी माँ और भाइयों के साथ रहा करता था।

उन दिनों साहित्यकारों में शम्भूनाथ सिंह और त्रिलोचन शास्त्री विद्वान व्यक्ति थे, लेकिन उनके पास कोई डिग्री नहीं थी। मैं इन दोनों से काफी मिलता-जुलता था और साहित्य की चर्चा किया करता था। दोनों आस-पास ही रहा करते थे। एक बार त्रिलोचन जी से गंगा तैरकर पार करने की बात पर मेरी ठन गई । वे कहते थे कि मैं गंगा तैरकर पार कर लेता हूँ। बात को बढ़ा-चढ़ाकर कहने की उनकी आदत थी।

वे रोज-रोज कहा करते थे, इसलिए एक दिन मैंने भी ठान लिया कि चलो, गंगा के उस पार। एक बार तैरकर मैं गया रेती पर और वहाँ थोड़ी देर रुकने के बाद मैंने तो किसी तरह गंगा पार कर लिया लेकिन त्रिलोचन जी बहाव में बहुत दूर तक चले गए। उस दिन पता चला कि त्रिलोचन जी ने कभी तैरकर गंगा पार नहीं किया। हाँकने की उनकी आदत थी। लेकिन मैंने उसी दिन कान पकड़ कसम खाई कि आज के बाद कभी ऐसा काम नहीं करूँगा।

संजीव कुमार : आचार्य द्विवेदी से आपकी मुलाकात कैसे हुई? काशी हिन्दू विश्वविद्यालय में आपकी नियुक्ति कैसे हुई?

नामवर सिंह : सन 1950-51 में गुरु जी (आचार्य हजारी प्रसाद द्विवेदी) से मेरी मुलाकात काशी हिन्दू विश्वविद्यालय में ही हुई। एम.ए. करने के बाद वहीं एक दिन उन्होंने कहा कि विश्वविद्यालय में पंचवर्षीय योजनाएँ शुरू हो रही हैं। तुम अपने यहाँ से पंचवर्षीय योजना भेजो। जब योजना मंजूर हो गई तो वहाँ दो पद अस्थायी रूप में सृजित हुए। लेकिन इस नियुक्ति के लिए भी बाजाब्ता साक्षात्कार हुए थे। उसी पंचवर्षीय योजना के तहत पंडित जी ने एक पद पर मुझे नियुक्त किया और दूसरे पद पर रामदरश मिश्र को। यह नियुक्ति चूँकि पंचवर्षीय योजना के तहत थी इसलिए यह नियुक्ति अस्थायी ही मानी गई। बहरहाल छह साल पढ़ाने के बाद विश्वविद्यालय से मेरी छुट्टी हो गई।

संजीव कुमार : आपने सीपीआई से चुनाव भी लड़ा था?

नामवर सिंह : सन् 1959 के लोक सभा उपचुनाव में चकिया-चन्दौली से मैं भारतीय कम्यूनिस्ट पार्टी का उम्मीदवार था। लेकिन मैं चुनाव हार गया। यह सीट थी राममनोहर

लोहिया की। जब उपचुनाव में उन्होंने लड़ने से मना कर दिया तो सोशलिस्ट पार्टी ने मेरी जाति (राजपूत) के ही उम्मीदवार को खड़ा कर दिया। वहाँ मेरी जाति-बिरादरी के बहुत लोग थे। उपचुनाव में असफलता के साथ-साथ मैं विश्वविद्यालय से भी मुक्त हो गया।

संजीव कुमार : चुनाव में असफलता और नौकरी खोने के बाद आपने क्या किया?
नामवर सिंह : चुनाव हारने और नौकरी जाने के बाद थोड़े दिनों तक मैं 1959-60 में सागर विश्वविद्यालय (म.प्र.) के हिन्दी विभाग में असिस्टेंट प्रोफेसर रहा। उसके बाद मैं फिर बनारस लौटा और 1960 से 1965 तक बनारस में रहकर ही स्वतंत्र लेखन कार्य करता रहा। फिर बनारस में मेरे लिए कुछ खास नहीं था इसलिए मैं दिल्ली आ गया।

चूँकि मैं पार्टी के टिकट पर चुनाव लड़ा था तो पार्टी ने दिल्ली से एक पत्रिका निकालने का फैसला किया और उसे निकालने की जिम्मेदारी मुझे दी गई। उन दिनों मैं 'जनयुग' पत्रिका निकाला करता था। उन दिनों राजकमल में भारी परिवर्तन हुए। श्रीमती शीला संधू राजकमल की मैनेजिंग डायरेक्टर हो गईं। लेकिन शीला संधू हिन्दी नहीं जानती थीं इसलिए लेखक अपनी किताब वापस लेने लगे थे। तो उन्होंने कम्यूनिस्ट पार्टी के श्रीपाद अमृत डांगे से कहा कि मुझे एक पार्ट टाइम व्यक्ति चाहिए जो हिन्दी जानता हो। पार्टी का काम तो मैं करता ही था इसलिए पार्टी ने मुझे वहाँ भेज दिया क्योंकि वहाँ से मुझे इसके बदले एक हजार रुपये मिलनेवाले थे। मैं वहाँ साहित्य सलाहकार के रूप में कार्य करने लगा। मैं भी घूम-घूमकर साहित्यकारों से मिलकर यह बताने लगा कि आप अपनी पुस्तक वापस न लें। राजकमल प्रकाशन एक 'आलोचना' पत्रिका भी निकालता था। शीला संधू ने मुझे 'आलोचना' पत्रिका के सम्पादन का दायित्व भी सौंपा। उन दिनों मैं मॉडल टाउन में रहता था। दिल्ली विश्वविद्यालय में पढ़ानेवाले बहुत से लोग उन दिनों मॉडल टाउन में ही रहते थे। पहले विश्वनाथ त्रिपाठी के यहाँ रहा, बाद में अलग मकान लेकर रहने लगा। उन दिनों वह साहित्यकारों का 'हब' था। बाद में राजकमल प्रकाशन ने मुझे 'आलोचना' का सम्पादक तो रहने दिया लेकिन साहित्य सलाहकार के पद से हटा दिया। लेकिन सिर्फ 'आलोचना' के सम्पादकी से काम नहीं चलने वाला था। इसलिए मैं तिमारपुर के सस्ते किराये के मकान में रहने लगा। उन दिनों मेरे मित्र आई.पी.एस. मार्कंडेय सिंह जो बाद में चन्द्रशेखर के जमाने में दिल्ली के लेफ्टिनेंट गवर्नर हुए, वे क्लासफेलो थे—यूपी कॉलेज के दिनों में। वे भी दिल्ली में ही थे। उनसे भी मिलना-जुलना हमेशा होता था।

संजीव कुमार : जोधपुर विश्वविद्यालय जाना कैसे हुआ?
नामवर सिंह : बालकृष्ण राव आगरा यूनिवर्सिटी के वाइस चांसलर थे। उन्होंने मुझे के.एम. मुंशी इंस्टीट्यूट का डायरेक्टर का पद ऑफर किया। मैं के.एम. मुंशी इंस्टीट्यूट

में ही था कि मुझे एक दिन अचानक एक टेलीग्राम मिला जोधपुर से। वह तार जोधपुर विश्वविद्यालय से था जिसमें मुझे हिन्दी विभाग के विभागाध्यक्ष के रूप में बुलाया गया। मैंने यह तार राव साहब को दिखाया तो उन्होंने कहा कि मैं तुम्हें रोकूँगा तो नहीं क्योंकि यह पोस्ट सिर्फ पाँच वर्ष के लिए है और वह पोस्ट स्थायी है लेकिन मैं तुमसे एक महीने का वेतन वापस लूँगा। खैर, मेरे रहते रामविलास जी ने वहाँ डायरेक्टर के पद पर ज्वाइन किया और मैंने एक महीने तक आगरा से दिल्ली अप-डाउन किया। एक महीना पूरा होने पर मैंने जोधपुर विश्वविद्यालय में ज्वाइन किया। वहाँ वाइस चांसलर वी.वी. जॉन थे। वहाँ मैंने नये सिरे से पाठ्यक्रम बनाया।

संजीव कुमार : जे.एन.यू. कब और कैसे आए?

नामवर सिंह : 1974 में मुझे जवाहरलाल नेहरू विश्वविद्यालय के उप-कुलपति नाग साहब का नियुक्ति-पत्र मिला। उन्होंने मुझे भारतीय भाषा केन्द्र के अध्यक्ष के रूप में जे.एन.यू. बुलाया था, और मैं गर्मी की छुट्टियों से पहले ही आ गया लेकिन ज्वाइन मैंने जुलाई में किया। उन्हीं दिनों पंडित जी के बाद साहित्य अकेडमी के हिन्दी समिति का अध्यक्ष मुझे बनाया गया।

संजीव कुमार : संघ लोक सेवा आयोग में हिन्दी के लिए अपनी भूमिका पर प्रकाश डालें।

नामवर सिंह : उन दिनों संघ लोक सेवा आयोग के अध्यक्ष थे ए.आर. किदवई (अखलाक उर-रहमान किदवई), एस.आर. किदवई (सिद्दीकुर रहमान किदवई) हमारे साथ जे.एन.यू. में उर्दू पढ़ाते थे। हो सकता है, ए.आर. किदवई को उन्होंने मेरे बारे में बताया होगा। एक दिन ए.आर. किदवई साहब का फोन आया कि आओ, मुझसे मिलो। मैं मिलने गया तो उन्होंने कहा कि हिन्दी देश की राष्ट्रभाषा है और देश के सिविल सेवा के अधिकारी हिन्दी न जानें, यह ठीक नहीं, इसलिए मैं सिविल सर्विसेज की परीक्षा में हिन्दी इंट्रोड्यूस करना चाहता हूँ। तुम्हारी क्या राय है? तो मैंने कहा कि स्वागत योग्य कदम है। बताइए, इसमें मुझे क्या करना है? उन्होंने कहा कि संघ लोक सेवा आयोग की परीक्षा में हिन्दी को इंट्रोड्यूस करना है इसलिए पाठ्यक्रम बनाओ। मैंने कहा कि एक, तीन या पाँच व्यक्तियों की कमेटी बनानी पड़ेगी तो उन्होंने कहा कि तुम नाम बताओ। मैंने दो नाम और बताए और वे राजी हो गए और कहा कि तुम्हारे लिए यहाँ से गाड़ी जाया करेगी और उन दोनों लोगों को आने-जाने का खर्च उन्हें मिल जाया करेगा। फिर हम लोगों ने मिलकर संघ लोक सेवा आयोग के हिन्दी का सिलेबस तैयार किया। सिलेबस के बाद मैंने संघ लोक सेवा आयोग की परीक्षा की कॉपी जाँचने का भी काम किया। बाद में उन्होंने मुझे इंटरव्यू बोर्ड में भी रखा। क्योंकि उससे पहले हिन्दी में साक्षात्कार नहीं लिया जाता था। इसका श्रेय ए.आर. किदवई को जाता है।

संघ लोक सेवा आयोग के बाद ए.आर. किदवई राज्यपाल बनकर बिहार गए, तो फिर बिहार भी उन्होंने मुझे बुलाया और कहा कि कॉलेजों में व्याख्याता के पद खाली पड़े हैं, मैं उन्हें जल्द से जल्द भरना चाहता हूँ। तुम हवाई जहाज से आओ और राज भवन में ठहरोगे और मेरी गाड़ी तुम्हें राजभवन से बिहार लोक सेवा आयोग लेकर जाएगी। और तुम्हारे खाने-पीने की भी व्यवस्था राजभवन में ही होगी। तुम यहाँ किसी बाहरी व्यक्ति से नहीं मिलोगे क्योंकि बिहार बहुत ही बदनाम राज्य है। अगर यहाँ तुम्हारी बदनामी होगी तो मेरी भी बदनामी होगी। उसके बाद बिहार में अब तक कॉलेजों में कोई नियुक्ति नहीं हुई है। ए.आर. किदवई के साथ यह मेरा अनुभव है।

संजीव कुमार : सुनते हैं, आपातकाल के दौरान ही एक कार्यक्रम में प्रधानमंत्री इन्दिरा गांधी से आपके सम्बन्धों की शुरुआत हुई थी?
नामवर सिंह : हाँ, आपातकाल के दौरान ही उनसे मेरी पहली मुलाकात हुई थी। उस कार्यक्रम में श्रीमती इन्दिरा गांधी बतौर मुख्य अतिथि आई थीं और मैं मुख्य वक्ता था। मैंने इन्दिरा गांधी को सम्बोधित नहीं किया। चूँकि उन्होंने देश में आपातकाल लगाया था इसलिए वह मेरे गले नहीं उतरती थीं। मेरा सम्बोधन इस प्रकार था : 'आदरणीय बच्चन जी और मित्रो'। हाल ही में ज्ञानपीठ का एक समारोह था। मैं प्रवर समिति का अध्यक्ष था। उसके नाते मुझे स्वागत करना था। इस कार्यक्रम के मुख्य अतिथि प्रधानमंत्री नरेन्द्र मोदी थे। सारा भाषण लिखा हुआ था। लेकिन मैंने जो सम्बोधन किया, वह इस प्रकार था : 'बन्धुवर नेमाड़े, श्री मोदी, आदरणीय मंच और सभागार में उपस्थित सज्जनो'! मैंने माननीय या आदरणीय आदि सम्बोधन श्री मोदी के लिए भी नहीं लगाया।

संजीव कुमार : अटल जी के बारे में कोई संस्मरण है तो सुनाएँ?
नामवर सिंह : ग्वालियर में अटल जी खूब कविता सुनाया करते थे। वहाँ शिवमंगल सिंह सुमन मेरे बड़े भाई जैसे ही थे। वे भी बहुत अच्छी कविता पढ़ा करते थे। जब वे गवर्नमेंट कॉलेज के प्रिंसिपल हुए तो ग्वालियर कई बार उन्होंने मुझे बुलाया था। ग्वालियर में एक बार कवि सम्मेलन में गया तो वहाँ अटल जी को कविता सुनाते सुना : 'हार नहीं मानूँगा, रार नहीं ठानूँगा, काल के कपाल पर लिखता हूँ, मिटाता हूँ'। वाजपेयी जी को पहले से जानता था और उन्हें कई बार कवि-सम्मेलनों में कविता पढ़ते सुना था। जब अटल जी देश के प्रधानमंत्री थे तो गुजरात दंगों के बाद जावेद अख्तर के साथ उनसे मिलकर मेमोरेंडम देने गया। इस प्रतिनिधि मंडल में मुझे हिन्दू प्रतिनिधि बनाकर लाया गया था। वाजपेयी जी ने शाम पाँच बजे का टाइम मिलने के लिए दिया था। हम लोग पाँच मिनट देर से पहुँचे। जैसे ही पहुँचे तो उन्होंने कहा कि कामरेड लोग भी टाइम के पंक्चुअल नहीं होते! आप लोग पाँच मिनट लेट

हैं। आप लोग प्रधानमंत्री से भी इन्तजार करवाते हैं। हम लोग तो मेमोरेंडम लिखकर ले गए थे लेकिन वाजपेयी जी ने पूछा कि कहिए, क्या कहना है? जब जावेद ने लिखा हुआ मेमोरेंडम आगे बढ़ाया तो उन्होंने कहा कि यह तो हम देख लेंगे, आप लोगों को कहना क्या है? तो जावेद अख्तर ने मेरी तरफ इशारा किया। तब मैंने कहा कि 'आपने गुजरात वाली घटना पर कहा था कि यह घटना हमारे माथे पर कलंक है। आपके माथे पर चंदन का टीका ही शोभा देता है, कलंक का टीका नहीं। आप उसे पोंछ क्यों नहीं देते?' वाजपेयी ने छूटते ही कहा कि 'पोंछ तो दूँ पर उसके बाद सिर रहेगा कि नहीं!' मैंने हाथ जोड़ते हुए कहा कि 'देश का प्रधानमंत्री अगर ऐसा सोचता है तो मुझे कुछ नहीं कहना है।' यह घटना मैं कभी भूल नहीं सकता।

संजीव कुमार : चन्द्रशेखर और विश्वनाथ प्रताप सिंह से भी आपकी मित्रता रही है। इन दोनों के स्वभाव में क्या समानता और भिन्नता थी?

नामवर सिंह : विश्वनाथ प्रताप सिंह को तो मैं अपने उदय प्रताप कॉलेज के दिनों से जानता हूँ। वे भी उसी कॉलेज में मेरे साथ पढ़ते थे। उन दिनों विश्वनाथ प्रताप सिंह की जान को खतरा था इसलिए हमेशा एक बन्दूकधारी उनके साथ रहता था। जब वे इलाहाबाद रहने लगे तब भी मैं उनके घर आता-जाता था। यहाँ जब वे सिर्फ सांसद थे तब भी मैं उनके बुलाने पर उनके घर जाता था। विश्वनाथ प्रताप सिंह जब प्रधानमंत्री बने तब भी मुझे दिल्ली अपने निवास पर बुलाते थे और खाना खिलाते थे। इस तरह कहें तो विश्वनाथ प्रताप सिंह से मेरा बहुत ही घरेलू सम्बन्ध था। वहीं चन्द्रशेखर से हमारा सम्बन्ध मार्कंडेय सिंह की वजह से था। चन्द्रशेखर अच्छे राजनेता थे तो विश्वनाथ प्रताप सिंह अच्छे कवि भी थे। वे अच्छी कविता लिखते थे। इनकी कविताओं को मैंने चुना भी था। जब वे प्रधानमंत्री थे तो उन्होंने मुझे कविता संग्रह की भूमिका लिखने को कहा तो मैंने कहा कि लोग कहेंगे कि आप प्रधानमंत्री होकर कविता छपवा रहे हैं, इसलिए मैं भूमिका नहीं लिखूँगा। अगर आप प्रधानमंत्री नहीं होते तो मैं आपकी कविताओं की भूमिका लिख देता। वे अच्छे कवि थे। हाइकूनुमा छोटी-छोटी कविताएँ लिखा करते थे। विश्वनाथ प्रताप सिंह बहुत अच्छे पेंटर भी थे। चन्द्रशेखर के प्रधानमंत्री नहीं रहने पर मैंने उनकी पुस्तक चन्द्रशेखर की 'जेल डायरी' की भूमिका लिखी है। मार्कंडेय सिंह की वजह से चन्द्रशेखर के घर पर बराबर जाया करता था।

संजीव कुमार : गांधी जी के बारे में आपके शुरुआती विचार क्या थे?

नामवर सिंह : बचपन से मैं कामता प्रसाद विद्यार्थी जी के यहाँ जाया करता था। उनके यहाँ सस्ता साहित्य मंडल से छपी पुस्तकें आया करती थीं। वहीं मैंने गांधी जी के 'सत्य के मेरे प्रयोग' पुस्तक पढ़ी। 'हिन्द स्वराज' आदि किताबें भी मैंने वहीं पढ़ीं। सच कहूँ तो सबसे पहले मैं गांधी जी से ही प्रभावित हुआ था।

संजीव कुमार : स्वतंत्रतापूर्व किस राजनीतिक दल से आपकी वैचारिक समानता थी?

नामवर सिंह : कांग्रेस से मेरी वैचारिक समानता रही थी। उन दिनों बनारस से 'हंस' पत्रिका निकलती थी और शिवदान सिंह चौहान उसके सम्पादक थे। जब मैं प्रगतिशील लेखक संघ से जुड़ा तो मार्क्सवाद की तरफ झुकाव हुआ। दूसरे शब्दों में कहूँ तो प्रगतिशील लेखक संघ के नाते मैं मार्क्सवादी था। कई बंगाली लेखकों से मित्रता हुई जो कम्यूनिस्ट पार्टी से जुड़े थे। उन दिनों बनारस में कम्यूनिस्ट पार्टी मजबूत थी। रुस्तम सैटीन और पी.सी. जोशी मुझे कम्यूनिस्ट पार्टी के और नजदीक लाए।

कम्यूनिस्ट पार्टी ने भारत विभाजन के दिनों एक बुकलेट छापी थी : 'गांधी-जिन्ना फिर मिलें'। कम्यूनिस्ट पार्टी विभाजन नहीं चाहती थी। उस समय एक पी.सी. जोशी की लाइन थी और दूसरी वी.पी. रणदिवे की लाइन थी। पी.सी. जोशी नेहरूवादी थीं, इसलिए बाद में उनको हटा भी दिया गया। वी.पी. रणदिवे एक्सट्रीम लेफ्ट लाइन के थे। मैं स्वभावत: पी.सी. जोशी और रुस्तम सैटीन वाली लाइन का ही था। मैं इसी लाइन को अन्त तक मानता रहा हूँ, मैं एक्सट्रीम लेफ्ट का कभी नहीं रहा।

संजीव कुमार : आपने सीपीआई से लोकसभा का उपचुनाव भी लड़ा था, फिर पार्टी की सक्रिय सदस्यता कब छोड़ी?

नामवर सिंह : मैंने पार्टी से कभी इस्तीफा तो दिया नहीं इसलिए पार्टी छोड़ने की बात नहीं कही जा सकती। हाँ, जब कम्यूनिस्ट पार्टी ने आपातकाल में इन्दिरा गांधी का समर्थन किया तो कम्यूनिस्ट पार्टी से मेरा मोह-भंग हुआ और मैंने कम्यूनिस्ट पार्टी का मेम्बरशिप रिन्यू नहीं कराया।

संजीव कुमार : भारत के बौद्धिक वर्ग में आज भी वामपंथ का मजबूत आधार है। इसके बावजूद वामपंथ सिमट रहा है। ऐसा क्यों है?

नामवर सिंह : कारण तो कुछ लोग यह कहेंगे कि सोवियत संघ जो समाजवाद का केन्द्र हुआ करता था, जहाँ सबसे पहले-पहल वामपंथ स्थापित हुआ, जब वहीं समाजवाद खत्म हो गया तो और जगह रहकर क्या करेगा? यानी जब मक्का में ही इस्लाम खत्म हो जाएगा तो दूसरी जगह पर उसके रहने का कोई मतलब नहीं रह जाता। अगर मार्क्स के नियम को ही मानें तो उसके अपने आन्तरिक अन्तर्विरोध ही समाजवाद के खात्मे का कारण बना है। मार्क्स के अनुसार, जब पूँजीवाद अपने अन्तर्विरोधों के कारण खत्म हो सकता है तो वह समाजवाद पर भी लागू होगा। इसलिए अपने अन्तर्विरोधों के कारण समाजवाद रूस, चीन, क्यूबा आदि देशों से खत्म हो गया। नियम या सिद्धान्त है, तो वह हर जगह समान रूप में लागू होगा। लेकिन इससे मार्क्स अप्रासंगिक नहीं होते।

संजीव कुमार : समाजवाद का अन्तर्विरोध क्या है?

नामवर सिंह : समाजवाद का अन्तर्विरोध है वर्गहीन समाज। सपना था साम्यवाद का, लेकिन समाज में एक शासक वर्ग और दूसरा शासित वर्ग पैदा हो गया। डिक्टेटरशिप के खात्मे के लिए समाजवाद पहला स्टेज है। लेकिन समाज में आज भी डिक्टेटरशिप विद्यमान है। यही समाजवाद का अन्तर्विरोध है।

संजीव कुमार : नरेन्द्र मोदी सरकार का एक साल पूरा हो गया है, उस पर कुछ कहना चाहेंगे?

नामवर सिंह : मैं फिलहाल नरेन्द्र मोदी सरकार के बारे में कुछ नहीं कहना चाहता। मैं पाँच साल इन्तजार करूँगा। नरेन्द्र मोदी महत्त्वाकांक्षी हैं और इन दिनों उफान पर हैं। उनका असर मीडिया और अन्य चीजों पर दिखाई पड़ता है। इसलिए मैं कोई टिप्पणी नहीं करना चाहूँगा। मैं अभी इन्तजार करूँगा, चुप रहूँगा—वैसे ही, जैसे वे ललित मोदी के मामले में चुप हैं। मैं उनके बारे में चुप हूँ।

संजीव कुमार : आपने आजादी के बाद के सभी प्रधानमंत्रियों को देखा है, क्या प्रधानमंत्री मोदी की किसी से तुलना करना चाहेंगे?

नामवर सिंह : 'जीवित कविः आशयो न वर्णनीयः' अर्थात् जो कवि जीवित हो, उसके बारे में कुछ नहीं कहना चाहिए। इसलिए आचार्य पुराने कवियों के बारे में ही कुछ कहते थे।

संजीव कुमार : अन्ना-अभियान से निकले आम आदमी पार्टी के वर्तमान और भविष्य पर आप क्या कहना चाहेंगे?

नामवर सिंह : आम आदमी पार्टी की दुर्गति तो देख रहे हैं। हाल ही में जब केजरीवाल के एक मंत्री पर फर्जीवाड़े का आरोप लगा तो उसे हटाना पड़ा। केजरीवाल ने अपने को उपहासात्मक बना रखा है। पहली बार जब उसकी सरकार नहीं बनी तो उसको बड़ी सहानुभूतियाँ मिली थीं। और इसने अन्ना को हाशिए पर डाल दिया। जिन मित्रों के साथ मिलकर उसने पार्टी बनाई, उन्हीं मित्रों को सत्ता मिलते ही दूर कर दिया। पहले अन्ना हजारे, उसके बाद प्रशांत भूषण, आनन्द कुमार और योगेन्द्र यादव जैसे लोगों को दूर किया। इससे केजरीवाल की छवि धोखेबाज की बनी है। अब आप आम आदमी पार्टी की गुठलियों का जो भी दाम लगा लें, क्योंकि इस पार्टी में अब आम नहीं है।

संजीव कुमार : आज आप रेणु को किस स्थान पर रखेंगे?

नामवर सिंह : कुछ लोग रेणु को प्रेमचन्द से बड़ा मानते थे। लेकिन रेणु ने भले ही प्रेमचन्द से कम लिखा हो पर रेणु में गहराई बहुत अधिक है। मेरा एक लेख है, 'व्यापकता और गहराई'। लोग उस समय भी कहा करते थे कि प्रेमचन्द में व्यापकता तो है लेकिन गहराई नहीं है। उसके बरअक्स जैनेन्द्र और अज्ञेय में गहराई बहुत अधिक

दिखाई पड़ती है जबकि इनमें व्यापकता नहीं है। व्यापकता और गहराई में डाइलेक्टिकल सम्बन्ध है। कुएँ और तालाब की तुलना करें तो तालाब में व्यापकता होगी लेकिन कुएँ में गहराई होगी। दूसरी तरफ अगर तालाब की व्यापकता कम होगी तो उसकी गहराई भी कम हो जाएगी। कुएँ में गहराई होती है लेकिन व्यापकता नहीं। मसलन—गीता। गीता भले ही बहुत पहली पुस्तक है लेकिन गीता के दर्शन में जो गहराई है, वह अन्यत्र दुर्लभ है। इसमें कथा तो कोई है नहीं। इसी तरह 'उसने कहा था' एक छोटी कहानी है, उसमें व्यापक जीवन नहीं है लेकिन गहराई है। प्रेमचन्द के 'गोदान' और रेणु के 'मैला आँचल' की तुलना करें तो 'मैला आँचल' में 'गोदान' से व्यापकता कम है लेकिन गहराई अधिक है। हालाँकि कभी–कभी यह होता है कि व्यापकता कम होने के साथ–साथ गहराई भी कम होती है। लेकिन यह बात तालाब के बारे में तो सही है लेकिन कुएँ के बारे में सही नहीं है। कई मीडिया वालों के पास सूचनाएँ तो होती हैं लेकिन उनमें राजनीतिक समझ नहीं होती।

अज्ञेय कवि हैं। 'शेखर : एक जीवनी' शायद उनकी आत्मकथा है। लेकिन 'शेखर' के बरअक्स 'बाणभट्ट की आत्मकथा' टिकेगी। उसी तरह जैनेन्द्र ने जीवन का बहुत बड़ा फलक नहीं लिया है लेकिन जैनेन्द्र 'त्यागपत्र' की वजह से टिकेंगे। गहराई के मामले में भी समुद्र समुद्र ही रहेगा। जैसे 'महाभारत' में कई गीताएँ हैं। 'महाभारत' तो महाभारत ही है। जैसे कि हिन्द महासागर। हिन्द महासागर में गहराई भी है और व्यापकता भी है। 'महाभारत' के सामने लोग 'वाल्मीकि रामायण' को दूसरे नम्बर पर ही रखते हैं। यद्यपि कवित्व और काव्य 'वाल्मीकि रामायण' में ज्यादा है जो व्यास के 'महाभारत' में नहीं है। इस लिहाज से 'रामायण' का जो महत्त्व है, वह 'महाभारत' का नहीं है। लोगों ने 'महाभारत' को इतिहास कहा है और 'रामायण' को काव्य।

संजीव कुमार : मुस्लिम समुदाय की अशिक्षा, बदहाली और गरीबी के क्या कारण हैं?

नामवर सिंह : अगर इस्लाम, ईसाई और हिन्दुत्व की तुलना करें तो दुनिया के पैमाने पर ईसाइयत का विस्तार बहुत अधिक है। उसकी तुलना में इस्लाम बहुत छोटा है। मेरी यह समझ है कि दुनिया की एक बड़ी आबादी ईसाई है। भौगोलिक स्तर पर हिन्दुत्व का फैलाव कम है। वहीं इस्लामिक देश भौगोलिक दृष्टि से ज्यादा हैं। जहाँ तक मुस्लिम के पिछड़ेपन की बात है तो इस्लाम की संकीर्णता के चलते ही इस्लाम का विकास नहीं हो पाया। उदाहरणस्वरूप—पाँच वक्त की नमाज, मुहर्रम मनाओ, एक महीना रोजा रखो आदि। ये सब इस्लाम की संकीर्णताएँ हैं जिसकी वजह से उसका विकास नहीं हुआ। इस्लाम का इतिहास देखें तो यह सबसे कम समय का है। हम अगर वेद को मानें तो सबसे पुराना तो हिन्दुत्व ही है। उसके बाद ईसाई धर्म का इतिहास है। हिन्दुत्व के बहुत सारे तत्त्व ईसाई धर्म ने लिया है। किसी धर्म का विस्तार इस बात पर निर्भर है कि वह कितना उदार या संकीर्ण है। ईसाइयत इस्लाम की

तुलना में ज्यादा उदार है इसलिए इसका विकास ज्यादा हो रहा है। इस मामले में हिन्दुत्व सबसे ज्यादा उदार है क्योंकि उसके पास कोई एक किताब नहीं है। न एक ईश्वर है, न एक धर्मग्रंथ। इसलिए अंग्रेजों ने हिन्दुस्तान को बदलने की कोशिश बहुत की पर हिन्दुस्तान ईसाई मुल्क नहीं बना। चर्च खोले, बहुत कुछ किया, लेकिन कुछ आदिवासियों को जरूर पैसे का प्रलोभन देकर ईसाई बनाया। इससे पहले इस्लाम आया, धर्म परिवर्तन भी हुआ, लेकिन हिन्दुस्तान को इस्लाम में बदल नहीं सके। जो धारण किया जा सके, वह धर्म है। हिन्दू जन्म से ही होता है, बनता नहीं है। यह अकेला धर्म है जिसमें धर्मांतरण नहीं है। इसलिए 'मनुस्मृति' में इसे 'मानव धर्म' कहा गया है। हिन्दू धर्म में जो खुलापन है, उसी के चलते बहुत से ईसाइयों और मुस्लिमों ने हिन्दू धर्म स्वीकार किया। खास कर सूफियों ने हिन्दू धर्म से बहुत कुछ लिया है।

संजीव कुमार : पिछले कुछ सालों में दलितों का विकास हुआ है, लेकिन दलित नेतृत्व हाशिए पर जा रहा है।

नामवर सिंह : इस पर अम्बेडकर ने बहुत विचार किया है। खास चीज है 'सत्ता की हाइरार्की'। अम्बेडकर समझते थे इस हाइरार्की को। इन लोगों ने एक शब्द चलाया 'दलित'। जाति-व्यवस्था हिन्दू समाज की ताकत और बुराई, दोनों है। यह जाति इतनी दूर तक शामिल है कि यह दलितों में भी है। जैसे दलितों की एक जाति महार, अपने को चमार से ऊपर समझता है। बाबू जगजीवन राम चमार थे और अम्बेडकर महार। इसलिए राजनीति में भी एक वर्ग नहीं बन पाया। वैसे हमारे यहाँ आरम्भ में वर्ण-व्यवस्था थी, जाति-व्यवस्था नहीं थी।

संजीव कुमार : स्त्री-विमर्श की तुलना में दलित-विमर्श ज्यादा प्रचारित हो रहा है, लेकिन दलित-लेखन से ज्यादा रचनात्मक स्त्री-लेखन प्रतीत हो रहा है।

नामवर सिंह : जाहिर है, स्त्रियों की तादाद ज्यादा है। स्त्री कहने का मतलब है— आधी दुनिया और जब आप दलित कहते हैं तो उसका मतलब दस फीसदी के लगभग। दलित-विमर्श मूलतः राजनीतिक है, लेकिन स्त्री-विमर्श ज्यादा मानवीय है। इसलिए स्त्री-लेखन ज्यादा रचनात्मक और वैविध्यपूर्ण है।

संजीव कुमार : क्या स्त्री-पराधीनता का कारण जैविक है?

नामवर सिंह : स्त्री-पराधीनता का कारण मैं जैविक नहीं मानता। मेरे पास आँकड़े नहीं हैं लेकिन दुनिया में लगभग बराबर-बराबर स्त्री और पुरुष हैं। जो काम पुरुष कर सकता है, वह काम स्त्री भी कर सकती है। हमारा समाज पुरुष-प्रधान है लेकिन हमारे यहाँ ऐसे भी दौर रहे हैं जब स्त्री प्रधान रही है। हमारे यहाँ कारू कामाख्या को 'स्त्री देश' ही कहा जाता है। देश में ऐसी जनजातियाँ भी हैं, जहाँ स्त्री की प्रधानता है। इसलिए हमारे यहाँ शक्ति की पूजा होती है और कहा जाता है कि

बिना शक्ति के शिव 'शव' हैं। शिव में 'इ' शक्ति है, उसे हटा दें तो शिव 'शव' हो जाएगा।

संजीव कुमार : साहित्य में प्रगतिशील साहित्य हावी रहा है लेकिन बदले राजनीतिक माहौल में दक्षिणपंथी साहित्य की प्रवृत्ति उभरने लगी है।

नामवर सिंह : मैं एक ही सिद्धान्त मानता हूँ। साहित्य में 'सह' शब्द है। जब 'शब्द' भी सुन्दर हो और 'अर्थ' भी सुन्दर हो तो साहित्य होता है। 'सह' भाव साहित्य का धर्म है। इसलिए वही साहित्य श्रेष्ठ होगा जो साहित्य-धर्म का पालन करेगा। मतलब जाति में समानता, स्त्री-पुरुष में समानता, धनी-गरीब में समानता। इसे ही साहित्य का सहधर्म या 'सह-अस्तित्व' कहते हैं। 'शान्तिपूर्ण सह-अस्तित्व' साहित्य का महत्त्वपूर्ण धर्म है। इसमें विरोधी लोग भी इस शान्तिपूर्ण सह-अस्तित्व का पालन करें। 'जियो और जीने दो' का मतलब है कि हम जिससे सहमत नहीं हैं, उसे भी जीने दें। साहित्य का एक ही सिद्धान्त है : 'शान्तिपूर्ण सह-अस्तित्व'। इसे मानव समाज का धर्म बनाना चाहिए।

संजीव कुमार : आलोचना में आप शीर्षस्थ मान लिये गए हैं। आपसे संवाद करनेवाला कोई नहीं है। इस बौद्धिक सन्नाटे का आपकी साहित्यिक सक्रियता पर क्या असर पड़ रहा है?

नामवर सिंह : मुझे अपने बारे में कोई भ्रम नहीं है। मैं इस मुगालते में नहीं हूँ। आलोचना के क्षेत्र में बहुत लोग हैं और अच्छा काम कर रहे हैं। मैं किसी को अपना प्रतिद्वन्द्वी नहीं मानता। इसलिए कि 'सन्तन को कहा सीकरी सो काम, आवत-जात पनहिया टूटी बिसरि गयो हरि नाम'। जो मुझे दिखाई पड़ता है, वही कहता हूँ, मुँहदेखी नहीं करता।

संजीव कुमार : ऐसा लगता है कि जिस तरह 'बाणभट्ट की आत्मकथा' आचार्य हजारी प्रसाद द्विवेदी की कथा है, क्या उसी तरह 'दूसरी परम्परा की खोज' के वास्तविक नायक नामवर सिंह ही नहीं हैं?

नामवर सिंह : पुस्तक लिखते समय मुझे इसका अहसास नहीं हुआ। इसके बाद भी नहीं हुआ। मैं यह विनम्रता के कारण नहीं कह रहा हूँ। मैं अपनी सीमाएँ जानता हूँ।

संजीव कुमार : आप उन पुस्तकों का नाम बताएँ जो कागज पर नहीं उतर सकीं?

नामवर सिंह : 'हजारों ख्वाहिशें ऐसी कि हर ख्वाहिश पै दम निकले,
बहुत निकले मेरे अरमान लेकिन फिर भी कम निकले।'

संजीव कुमार : यदि अवसर हो तो किस विषय पर लिखना चाहेंगे?

नामवर सिंह : मैं बोलकर लिखाता नहीं। मैंने जो भी लिखा है, अपने हाथ से लिखा

है। और अब अपनी ऐसी स्थिति नहीं है कि कलम लेकर कुछ लिख सकूँ। इसलिए मैंने यह इरादा ही छोड़ दिया :

‘इरादे बाँधता हूँ, छोड़ता हूँ, तोड़ देता हूँ,
कहीं ऐसा न हो जाए, कहीं वैसा न हो जाए’।

संजीव कुमार : कुछ बड़ा पाने के लिए कुछ बड़ा खोना पड़ता है। आपने बड़ा क्या खोया है?

नामवर सिंह : मैं बड़ा और छोटा के रूप में नहीं सोचता, और न ही इन दोनों छोरों से परे मैं अपने को मानता हूँ। मेरी स्थिति इन चीजों से अलग है। न किसी से बड़ा होने की चाह है, न मैं अपने को किसी से छोटा समझता हूँ। मैं जो हूँ और इतने दिनों में जो निमित्त होकर बना हूँ, उससे मैं अलग नहीं हो सकता। मेरी नजर में सब बराबर हैं। मैं अब किसी होड़ में शामिल नहीं हूँ।

संजीव कुमार : अगर आप अपने को आलोचना के मैदान से बाहर मान रहे हैं तो मैदान में किसे मानते हैं?

नामवर सिंह : जो मैदान में आना चाहे, आलोचना का मैदान खुला है :

‘जो बढ़कर खुद उठा ले, हाथ में मीना उसी का है’।

संजीव कुमार : भारतीय काव्यशास्त्र चिन्तन परम्परा में आप किसे श्रेष्ठ मानते हैं?

नामवर सिंह : अभिनवगुप्त। वैसे बड़े तो आनन्दवर्द्धन हैं जिन्होंने ध्वनि की खोज की। लेकिन ‘यथोत्तरं मुनिनाम प्रमाण्यम्’ यानी एक मुनि के बाद जो दूसरा मुनि आता है, वह श्रेष्ठ होता है। अगर आनन्दवर्द्धन न हुए होते तो अभिनवगुप्त न होते। आधार तो आनन्दवर्द्धन का ही है लेकिन जो पांडित्य कश्मीरी शैववाद का है, वह अन्यत्र दुर्लभ है। अभिनवगुप्त ने ध्वनि को जिस रूप में प्रतिष्ठित किया, वैसा पांडित्य किसी और में नहीं दिखता।

संजीव कुमार : भारतीय दर्शन की परम्परा में आप किसे श्रेष्ठ मानते हैं?

नामवर सिंह : निस्संदेह शंकराचार्य। भारतीय दर्शन में शंकर जिस ऊँचाई पर पहुँचे, वहाँ तक कोई नहीं पहुँच पाया। अद्वैतवाद जैसा दर्शन किसी और का नहीं है। इसलिए शंकराचार्य से श्रेष्ठ कोई हो ही नहीं सकता।

संजीव कुमार : आज लोकप्रिय साहित्य को आलोचक निम्न श्रेणी या लुगदी साहित्य कह रहे हैं, जबकि एक जमाने में बाबू देवकीनन्दन खत्री को पढ़ने के लिए लोग हिन्दी सीखते थे। इसे आप कैसे देखते हैं?

नामवर सिंह : यह आचार्य रामचन्द्र शुक्ल की टिप्पणी है। आचार्य शुक्ल ने यह टिप्पणी जिस दौर के लिए किया है, उस दौर के लिए इस टिप्पणी को सही मान सकते हैं। अंग्रेजी में दो शब्द हैं : ‘पॉपुलर’ और ‘पॉपुलिस्ट’। ‘पॉपुलिस्ट’ वह है जो

वाहवाही ले उड़े और 'पॉपुलर' वह है जो लोकप्रिय हो। प्रेमचन्द पॉपुलर हैं। पॉपुलिस्ट बाजारू हैं जबकि पॉपुलर लोकप्रिय। मेरे विचार से साहित्य में पॉपुलर होना ठीक है लेकिन पॉपुलिस्ट होना ठीक नहीं।

संजीव कुमार : आज बाजार हमारी जिन्दगी पर हावी है। बाजार हमें संचालित करने लगा है। ऐसे दौर में क्या साहित्य भी बाजारू होने लगा है?
नामवर सिंह : अभी तक तो नहीं हुआ है। लोगों में यह विवेक बचा हुआ है। 'बाजारू' शब्द बहुत ही खराब है। जैसे बाजारू औरत ठीक नहीं होती, वैसे ही बाजारू लोकप्रियता ठीक नहीं। बाजारू से मतलब सस्ती लोकप्रियता है। सस्ती लोकप्रियता बेहद खतरनाक है।

[यथावत : 16-31 जुलाई, 2015 में 'जैसे हम हैं, वैसे ही रहें' शीर्षक से प्रकाशित]

हिन्दी रचनाशीलता की दुनिया व्यापक है

शशिकान्त

शशिकान्त : उम्र के इस मकाम पर (90 साल की उम्र में) आप कैसा महसूस कर रहे हैं और आपकी दिनचर्या क्या है?

नामवर सिंह : देखो, अब याददाश्त कमजोर हो गई है। सेहत भी ठीक नहीं रहती। 28 जुलाई के आयोजन के लिए राय साहब ने मुझसे कुछ लिखने का आग्रह किया है। लेखक और साहित्यकार लोग मिलने आते हैं और कविता, कहानी को लेकर अपनी शंका प्रकट करते हैं। इन सभी विषयों पर मैं पहले बहुत कुछ लिख-बोल चुका हूँ। अब मैं खुद कुछ भी लिखने में असमर्थ हूँ। छोटे भाई काशीनाथ सिंह ने मेरे बारे में बहुत कुछ लिखा है। और लोगों ने भी लिखा है। आजकल समय मिलने पर किताबें और पत्रिकाएँ पढ़ता हूँ।

शशिकान्त : बतौर अध्यापक, रचनाकार और सलाहकार आपकी एक लम्बी पारी रही है। उस सन्दर्भ में कुछ बताएँ? हिन्दी भाषा और साहित्य के क्षेत्र में जो सक्रियता रही है, उसे किस नजरिये से देखते हैं?

नामवर सिंह : हिन्दी साहित्य या हिन्दी रचनाशीलता की व्यापक दुनिया है। हिन्दी भाषा और साहित्य का काफी विस्तार हुआ है। बहुत से लोगों ने अपनी रचनाशीलता से इसको समृद्ध किया है। इसमें सन्देह नहीं कि हिन्दी के कुछ महत्त्वपूर्ण लेखकों ने साहित्य जगत को कुछ विश्वस्तरीय रचनाएँ दी हैं।

शशिकान्त : हिन्दीभाषी समाज का अपने साहित्यकारों के प्रति जो नजरिया है, उससे आप कितना सन्तुष्ट हैं?

नामवर सिंह : हिन्दीभाषी समाज या हिन्दी पाठक का अपना महत्त्व है। इसमें सन्देह नहीं कि रचनाकार व पाठक के बीच जो रिश्ता होता है, उससे कुछ नया उभरकर सामने आता है। लेकिन मैं यह कहना चाहूँगा कि अभी भी हिन्दीभाषी समाज को अपने साहित्यकार से बहुत प्यार या लगाव नहीं है। विदेशों में मैं देखता हूँ कि जब दो लोग बात करते हैं तो पाँच-सात मिनट के अन्दर उनकी बातचीत में मिल्टन,

हेमिंग्वे, शेक्सपियर, ब्रेख्त, चेखव आदि का उद्धरण सामने आने लगता है लेकिन यहाँ ऐसा नहीं दिखता। हिन्दी में बहुत से जनकवि हैं लेकिन हिन्दी जगत में उनकी रचनाएँ उस रूप में प्रचारित नहीं होतीं।

शशिकान्त : आपने हिन्दी के जनकवियों का उल्लेख किया है। हिन्दी में आपके प्रिय जनकवि या कवि कौन हैं?
नामवर सिंह : बहुत हैं। किन-किन का नाम लूँ?

शशिकान्त : आप खुद को त्रिलोचन के सहयात्री ही नहीं बल्कि अग्रश्रवा भी मानते रहे हैं। उनका व्यक्तित्व पक्ष हिन्दी समाज में काफी रोचक रहा है। आप उन्हें कब से और किस रूप में जानते हैं तथा उनकी किस काव्यकृति ने आपको सबसे ज्यादा प्रभावित किया?
नामवर सिंह : यह सच है कि त्रिलोचन जी अपने जीवन में ही किंवदंती बन गए थे। ऐसी किंवदंती कि लोग उनके बारे में बहुत नहीं जानते। उनसे मेरी पहली मुलाकात 1941 की जुलाई में काशी में हुई। वे शिवपुर में रहते थे, सेंट्रल जेल के सामने एक लॉज में और मैं पास ही के उदयप्रताप कॉलेज में पढ़ता था। और यह पहली मुलाकात धीरे-धीरे साहचर्य में बदल गई, जो 1965 तक अटूट चलता रहा। वे नियमित रूप से मेरे छात्रावास में आया करते थे—1947 तक उदयप्रताप कॉलेज में और उसके बाद 1953 तक काशी हिन्दू विश्वविद्यालय में। उसके बाद 1965 तक बनारस छूटने के बाद भी दूसरे-तीसरे दिन मिलते रहने का मौका मिलता रहा। अक्सर ही मिलना होता था। उन दिनों की हजारों यादें हैं।

मैं 'धरती' को आज भी त्रिलोचन की सर्वश्रेष्ठ काव्यकृति मानता हूँ। वैसे आधुनिक हिन्दी कविता की परम्परा में 'धरती' का ऐतिहासिक महत्त्व है। चालीस के दशक की प्रयोगशील और प्रगतिशील दोनों ढंग की कविताओं के बीच 'धरती' को रखकर देखें तो त्रिलोचन की कविताओं का ऐतिहासिक महत्त्व सूरज की रोशनी की तरह खुलकर सामने आ जाएगा। यह कहते हुए मेरे सामने पंत जी की 'ग्राम्या' भी है और 'तारसप्तक' की कविताएँ भी। वैसे तब तक न केदारनाथ अग्रवाल की कविताओं का संग्रह 'युग की गंगा' छपा था और न नागार्जुन का पहला काव्य-संग्रह 'युगधारा'। 'धरती' की पहली समीक्षा मुक्तिबोध ने लिखी थी, जो जुलाई, 1946 में 'हंस' में छपी थी। मुक्तिबोध की समीक्षा का भी ऐतिहासिक महत्त्व है। उसी समीक्षा में मुक्तिबोध का यह उल्लेखनीय वाक्य था : 'केदारनाथ अग्रवाल, गिरिजा कुमार माथुर, भवानीप्रसाद मिश्र आदि नये उठते हुए कवियों में त्रिलोचन का स्थान महत्त्वपूर्ण है—भाव की दृष्टि से और टेक्निक की दृष्टि से'।

शशिकान्त : इन्दिरा गांधी राष्ट्रीय कलाकेन्द्र ने महात्मा गांधी अन्तरराष्ट्रीय हिन्दी विश्वविद्यालय के साथ आगामी 28 जुलाई को आपका जन्मोत्सव मनाने का फैसला

किया है। आप कैसा महसूस कर रहे हैं?

नामवर सिंह : इन्दिरा गांधी राष्ट्रीय कलाकेन्द्र का अध्यक्ष बनने के बाद रामबहादुर राय आए थे। उन्होंने 28 जुलाई को दिल्ली में एक आयोजन करने की इच्छा प्रकट की ।

शशिकान्त : महात्मा गांधी अन्तरराष्ट्रीय हिन्दी विश्वविद्यालय ने इस अवसर पर 'बहुवचन' पत्रिका का एक अंक आप पर केन्द्रित करने का फैसला किया है।

नामवर सिंह : अच्छा! मैं तीन विश्वविद्यालयों को अपना करीबी मानता हूँ। एक, बनारस हिन्दू विश्वविद्यालय; दो, जवाहरलाल नेहरू विश्वविद्यालय और तीसरा, महात्मा गांधी अन्तरराष्ट्रीय हिन्दी विश्वविद्यालय। इन तीनों विश्वविद्यालयों ने मुझे बहुत प्यार और सम्मान दिया है।

महात्मा गांधी अन्तरराष्ट्रीय हिन्दी विश्वविद्यालय बहुत अच्छा विश्वविद्यालय है। विश्वविद्यालय के वर्तमान कुलपति प्रो. गिरीश्वर मिश्र लिखने-पढ़ने वाले व्यक्ति हैं। जब से वे विश्वविद्यालय के कुलपति बने हैं, बहुत अच्छा काम कर रहे हैं। मैं उनको शुभकामनाएँ देता हूँ।

शशिकान्त : महात्मा गांधी अन्तरराष्ट्रीय हिन्दी विश्वविद्यालय की ओर से प्रकाशित होनेवाली पत्रिकाओं के बारे में आपकी क्या राय है?

नामवर सिंह : विमल झा 'पुस्तक वार्ता' अच्छा निकाल रहे हैं। 'बहुवचन' के पिछले कुछ अंक भी अच्छे हैं।

[बहुवचन : 50, 2016]

सच और झूठ की तमीज खत्म होना आज का सच है

श्याम सुशील

श्याम सुशील : बच्चों और युवाओं को आप कौन–सा गुरुमंत्र देना चाहेंगे ?
नामवर सिंह : हमारे गुरुदेव पं. हजारी प्रसाद द्विवेदी का कथन है : 'किसी से न डरना, गुरु से भी नहीं, मंत्र से भी नहीं, वेद से भी नहीं और लोक से भी नहीं'। इस मंत्र को हमेशा याद रखो।

श्याम सुशील : आपको बचपन में स्कूल जाना कैसा लगता था ?
नामवर सिंह : बहुत अच्छा लगता था। बड़े उत्साह से जाते थे। हमारे पिता जी प्राइमरी के मास्टर थे। हमारे मास्टर बहुत अच्छे थे—प्यार करनेवाले। इतना स्नेह करते थे। स्कूल न जाने के बारे में कभी सोचा ही नहीं।

श्याम सुशील : बचपन में कौन–कौन से खेल खेला करते थे ?
नामवर सिंह : कबड्डी। कबड्डी मेरा प्रिय खेल था।

श्याम सुशील : कभी–कभी पढ़ाई को लेकर आपकी पिटाई भी हुई ?
नामवर सिंह : कभी पिटाई नहीं हुई। कोई पिटाई नहीं हुई।

श्याम सुशील : स्कूल के दिनों में कोई पुरस्कार आदि मिला था आपको ?
नामवर सिंह : मैं अन्ताक्षरी में बहुत अच्छा था। कई पुरस्कार मुझे मिले। पूरे जिला स्तर पर मैं जीतकर प्रथम आया था। एक बार बनारस में जब कक्षा छह में था, तो पं. विश्वनाथ प्रसाद मिश्र (रीतिकाल के प्रोफेसर) एक अन्ताक्षरी प्रतियोगिता के निर्णायक थे। उनके हाथों मुझे पुरस्कारस्वरूप 'घनानन्द और आनन्दघन' नामक किताब मिली थी।

श्याम सुशील : अपने मन की बातें माँ से खुलकर कह पाते थे या पिता से ?
नामवर सिंह : माँ से। माँ का मैं सबसे बड़ा बेटा था। वह कहती थी, 'तुम पहली भूख–प्यास के हो' (मानसिक, हृदय की भूख–प्यास)। यानी बच्चा हो, यह हर स्त्री

की कामना होती है। तो मुद्दत की कामना पूरी हुई थी। माता-पिता की शादी के नौ साल बाद मेरा जन्म हुआ था।

श्याम सुशील : एक बड़ी बहन भी तो थी आपकी?
नामवर सिंह : जब मेरा जन्म हुआ तो वह पाँच साल की थी। रेशमी या रेशमा नाम था उसका। यही माँ ने बताया था। जब मैं तीन साल का था तो वह गुजर गई।

श्याम सुशील : बचपन की पढ़ी कोई विशेष कविता, कहानी या किसी लेखक की कोई किताब, जिसकी याद आज भी आपके मन में बनी हुई है?
नामवर सिंह : मेरे पिता 'रामचरितमानस' का पाठ करते थे। मैं उसको सुनता था। मेरे चाचा बहुत अच्छा गाते थे। मुझे 'मानस' की बहुत-सी चौपाइयाँ कंठस्थ हो गई थीं। मेला से 'रामचरितमानस' का गुटका खरीद लिया था, पढ़ता रहता था।

श्याम सुशील : बचपन की कोई इच्छा, जो बाद में जाकर पूरी हुई या आज तक भी पूरी नहीं हुई?
नामवर सिंह : कोई महत्त्वाकांक्षा नहीं थी। मैंने जीवन में कोई ऊँचा पद नहीं चाहा। बचपन में ही तय कर लिया था कि अध्यापन करना है। पिताजी अध्यापक थे। शिक्षक बनना ही मेरी इच्छा थी।

श्याम सुशील : इस उम्र में भी आप इतने चुस्त-दुरुस्त दिखते हैं। अपने शरीर को स्वस्थ बनाए रखने के लिए आप क्या-क्या करते हैं?
नामवर सिंह : कुछ नहीं करता। स्कूल में नियमित पी.टी. होती थी। शाम को खेलना अनिवार्य था। कोई कमरे में रह नहीं सकता था। बारहवीं तक इतना नियमित जीवन हमारा था। विश्वविद्यालय में आने के बाद बी.ए., एम.ए. में छात्रावास से गंगा तक एक मील पैदल जाता था। खूब तैरता था, खूब नहाता था, कसरत होती थी। तब का जीवन ऐसा था। मैं पैदल बहुत चलता था। आज भी नित्य चालीस मिनट राउंड लगाता हूँ। खान-पान में संयम बरतता हूँ। स्वल्प भोजन। रात 10.30 या 11 तक सो जाता हूँ। सुबह पाँच बजे उठ जाता हूँ। दोपहर एक बजे भोजन। दो बजे सोता हूँ। तीन बजे उठ जाता हूँ। मीट छोड़े कई साल हो गए। साठ के बाद नहीं लिया। अब अंडा भी नहीं। शुद्ध शाकाहारी। मुक्त आहार और विहार।

श्याम सुशील : आपका मनपसन्द भोजन क्या है?
नामवर सिंह : सबसे प्रिय भोजन मेरा सतुआ और उसके बाद मूँग की दाल की खिचड़ी।

श्याम सुशील : सब्जी में क्या प्रिय है?
नामवर सिंह : तोरी और लौकी।

श्याम सुशील : आपका मनपसन्द फल ?
नामवर सिंह : लंगड़ा आम। पंडित जी (आचार्य हजारी प्रसाद द्विवेदी) कहते थे, आम कोई फल थोड़े ही है। मैं बनारस का हूँ तो लंगड़ा आम।

श्याम सुशील : मनपसन्द मिठाई ?
नामवर सिंह : रसगुल्ला।

श्याम सुशील : आपका प्रिय नशा ?
नामवर सिंह : पान मगही, बनारसी, सादी सुरती। खैनी सुबह-सवेरे। प्रतिज्ञा की थी कि पिताजी के पैसे से यह काम नहीं करना। एम.ए. तक पान नहीं खाया। इंटर तक सिनेमा नहीं देखा। बारहवीं की परीक्षा देकर 'ज्वार-भाटा' देखी।

श्याम सुशील : आपका प्रिय लेखक, जिसे आप बार-बार पढ़ना चाहेंगे ?
नामवर सिंह : एन्तोन चेखव।

श्याम सुशील : और भारतीय लेखकों में ?
नामवर सिंह : पं. हजारी प्रसाद द्विवेदी।

श्याम सुशील : आपकी अपनी प्रिय पुस्तक ?
नामवर सिंह : दूसरी परम्परा की खोज।

श्याम सुशील : अन्य किसी लेखक की कोई प्रिय किताब ?
नामवर सिंह : कभी सोचा ही नहीं इस पर।

श्याम सुशील : आपको सबसे ज्यादा प्यार किस पर आता है ?
नामवर सिंह : मेरी नातिन है लोरी, तो बच्चों में स्नेह लोरी को। आत्मीयता सबसे ज्यादा काशी से है। भाई होते हुए भी जिसको मित्रता कहें तो सबसे ज्यादा आत्मीय काशी।

श्याम सुशील : किस बात पर रोना आता है ?
नामवर सिंह : रोना कोई स्थायी भाव नहीं है। (कुछ देर सोचने के बाद) रोना तो नहीं कहेंगे, लेकिन जिस चीज से सबसे अधिक दुख होता है, वह विश्वासघात है। जिन लोगों के लिए मैंने कुछ किया है, देखता हूँ, वे पीछे से छुरा भोंक रहे हैं। एहसान फरामोशी।

श्याम सुशील : हँसी किस बात पर आती है ?
नामवर सिंह : अपने आप पर।

श्याम सुशील : इस दुनिया में सबसे अच्छी चीज आपको क्या लगती है ?

नामवर सिंह : कुछ हमारे अहेतुक मित्र हैं। नि:स्वार्थ भाव वाले। बिना किसी स्वार्थ के। और सौभाग्य से मुझे ऐसे मित्र मिले 'उम्र भर एक मुलाकात चली आती है', ऐसे लोग हमारे मित्र हैं।

श्याम सुशील : आज के समय का सबसे बड़ा झूठ क्या है?
नामवर सिंह : सबसे बड़ा झूठ यह है कि झूठ है ही नहीं। यह तमीज मिट गई है झूठ-सच की।

श्याम सुशील : सबसे बड़ा सच?
नामवर सिंह : सच-झूठ की तमीज का खत्म होना सबसे बड़ा सच है।

श्याम सुशील : और सबसे बड़ा आश्चर्य?
नामवर सिंह : तमाम लोगों को मरते देख रहे हैं, फिर भी हम मरना नहीं चाहते। जीने की इच्छा। यही आश्चर्य है, हम जीना चाहते हैं, मरना नहीं चाहते।

*[बच्चों की हस्तलिखित पत्रिका 'नन्ही कलम' के लिए 2007 में की गई बातचीत।
वागर्थ : अगस्त, 2016 में पहली बार 'उम्र भर एक मुलाकात चली आती है'
शीर्षक से प्रकाशित]*

✪✪✪